# Lehr- und Handbücher zu Sprachen und Kulturen

## Herausgegeben von
### José Vera Morales und Martin M. Weigert

### Bisher erschienene Werke:

*Arabisch*
*Waldmann*, Wirtschaftswörterbuch
Arabisch-Deutsch · Deutsch-Arabisch

*Chinesisch*
*Kuhn · Ning · Hongxia Shi*, Markt
China. Grundwissen zur erfolgreichen
Marktöffnung
*Liu · Siebenhandl*, Einführung in die
chinesische Wirtschaftssprache

*Englisch*
*Ehnes · Labriola · Schiffer*, Politisches
Wörterbuch zum Regierungssystem
der USA · Englisch-Deutsch,
Deutsch-Englisch, 3. Auflage
*Fink*, Wirtschaftssprache Englisch –
Zweisprachiges Übersetzer-Kompendium
*Fink*, EconoTerms A Glossary of
Economic Terms, 6. Auflage
*Fink*, EconoTexts I, 3. Auflage
*Fink*, EconoTexts II, 2. Auflage
*Guess*, Professional English, 4. Auflage
*Königs*, Übersetzen Englisch –
Deutsch
*O'Neal*, Banking and Financial
English, 2. Auflage
*Schäfer · Galster · Rupp*, Wirtschafts-
englisch, 11. Auflage
*Wheaton · Schrott*, Total Quality
Management
*Zürl*, English Training: Confidence in
Dealing with Conferences, Discussions,
and Speeches

*Französisch*
*Jöckel*, Training Wirtschaftsfranzösisch,
3. Auflage
*Lavric · Pichler*, Wirtschaftsfranzösisch
fehlerfrei – le français économique
sans fautes, 2. Auflage

*Italienisch*
*Haring*, Wirtschaftsitalienisch
*Macedonia*, Italienisch für Alle
*Macedonia*, Wirtschaftsitalienisch
2. Auflage
*Macedonia*, Made in Italy

*Polnisch*
*Milińska*, Übersetzungskurs Polnisch-
Deutsch und Deutsch-Polnisch

*Russisch*
*Baumgart · Jänecke*, Rußlandknigge,
2. Auflage
*Fijas · Tjulnina*, Wirtschaftsrussisch –
Wörterbuch Band I: Deutsch-Russisch
*Fijas · Tjulnina*, Wirtschaftsrussisch –
Wörterbuch Band II: Russisch-Deutsch
*Rathmayr · Dobrušina*, Texte schrei-
ben und präsentieren auf Russisch

*Spanisch*
*Jöckel*, Wirtschaftsspanisch – Ein-
führung
*Padilla Gálvez*, Wirtschaftsspanisch-
Wörterbuch Spanisch-Deutsch ·
Deutsch-Spanisch
*Padilla Gálvez · Figueroa de Wachter*,
Wirtschaftsspanisch: Textproduktion
*Padilla Gálvez*, Wirtschaftsspanisch:
Marketing
*Schnitzer · Martí*, Wirtschaftsspanisch –
Terminologisches Handbuch, 3. Auflage
*Schnitzer u. a.*, Übungsbuch zu
Wirtschaftsspanisch, 2. Auflage
*Vera-Morales*, Spanische Grammatik,
3. Auflage

*Tschechisch*
*Schmidt*, Deutsch-tschechisches Wörterbuch der Betriebswirtschaftslehre

# Training
# Wirtschaftsfranzösisch

## Lehr- und Übungsbuch

Von

Dr. Sabine Jöckel

3., völlig überarbeitete und erweiterte Auflage

R. Oldenbourg Verlag München Wien

**Die Deutsche Bibliothek – CIP-Einheitsaufnahme**

Jöckel, Sabine:
Training Wirtschaftsfranzösisch : Lehr- und Übungsbuch / von Sabine
Jöckel. – 3., völlig überarb. und erw. Aufl.. – München ; Wien :
Oldenbourg, 2001
  (Lehr- und Handbücher zu Sprachen und Kulturen)
  ISBN 3-486-25753-6

© 2001  Oldenbourg Wissenschaftsverlag GmbH
Rosenheimer Straße 145, D-81671 München
Telefon: (089) 45051-0
www.oldenbourg-verlag.de

Gedruckt auf säure- und chlorfreiem Papier
Umschlagillustration: Hannes Weigert
Gesamtherstellung: Druckhaus „Thomas Müntzer" GmbH, Bad Langensalza

ISBN 3-486-25753-6

# Vorwort

## Wer kann mit diesem Buch arbeiten?

Im Prinzip natürlich jeder, der über ein allgemeinsprachliches Mindestniveau verfügt. Folgende Personengruppen können jedoch besonderen Nutzen aus der Arbeit mit diesem Buch ziehen:

- Führungskräfte der Wirtschaft, die die Fremdsprache auf einem inhaltlich, sprachlich und methodisch anspruchsvollen Niveau einsetzen möchten.
- Wirtschaftsstudenten, vor allem in internationalen Studiengängen.
- Romanistikstudenten, die Kompetenz in den Bereichen Handel, Wirtschaft und Politik erwerben wollen.
- Zukünftige Wirtschaftsübersetzer und -dolmetscher.
- Zukünftige Europasekretärinnen, Fremdsprachliche Direktionsassistentinnen, Fremdsprachenkorrespondenten etc.
- Alle Personen, die sich auf einen Studienaufenthalt, ein Praktikum oder einen beruflichen Einsatz in Frankreich vorbereiten wollen.

## Welche Prüfungen können mit diesem Buch vorbereitet werden?

- Die verschiedenen Prüfungen der Chambre de Commerce et d'Industrie de Paris in ihrer neuen Fassung aus dem Jahre 2000.
- In besonderem Maße geeignet ist dies Buch zur Vorbereitung der Prüfungen "Diplôme de français des affaires Degré 1 / Degré 2". Die entsprechenden Übungstypen wurden in sämtlichen Kapiteln berücksichtigt.
- Die Übersetzer- und Dolmetscherprüfungen der deutschen Industrie-und Handelskammern.

## Wie kann mit diesem Buch gearbeitet werden?

Dieses Buch ist variabel einsetzbar. Eine lineare Abfolge des Lernens und Arbeitens wird nicht vorgegeben, weder durch den Gesamtaufbau noch durch die Kapitelgliederung. Vielmehr kann ein individuell angepasstes Programm erstellt werden, das sich nach dem sprachlichen und fachlichen Ausgangsniveau, der Zielsetzung und der zur Verfügung stehenden Zeit richtet.
Eine Bearbeitung in mehreren Durchgängen ist empfehlenswert. Wer zum Beispiel in einem ersten Durchgang in ausgewählten Kapiteln nur Teile des Vokabulars und einfachere Übungen und Texte bearbeitet hat, kann in späteren Durchgängen eine Ausweitung auf umfangreicheres und anspruchsvolleres Material vornehmen. Der hierdurch in Gang gesetzte spiralförmige Lernprozess, bei dem der Blick auf die Basis, d.h. die früheren Lernstufen, immer frei bleibt - ist nachweislich effizienter und nachhaltiger als herkömmliches Lernen.
Darüber hinaus kann auch die Zugangsweise zu den Kapiteln variiert und die Arbeit somit abwechslungsreich gestaltet werden.

## Welche Orientierungshilfen gibt dieses Buch?

Eine Stütze bei der Gestaltung des eigenen Arbeitsprogramms - ob im Selbststudium oder im Unterricht - ist die sorgfältig erstellte Systematik des Buches. Die Kapitel beschäftigen sich mit einem sehr weit gefassten Oberthema. Jedes Kapitel wiederum ist in Rubriken unterteilt, die ihrerseits weiter thematisch untergliedert sind. Die Inhaltsübersichten zu Beginn jeden Kapitels geben hierüber detailliert Auskunft.

- **VOCABULAIRE**

   Das Vokabular ist aus Fachliteratur und Presse sowie firmeninternen Materialien gewonnen. Es ist dem Sinnzusammenhang des entsprechenden Themas gemäß gegliedert. Diese Anordnung ermöglicht die sofortige Anwendung und effiziente Einübung mit Hilfe der entsprechenden Materialien aus den anderen Rubriken. In dieser Rubrik sollte unbedingt herumgestöbert werden, ob auf der Suche nach bestimmten Ausdrücken oder aufs Geratewohl, damit sich Vertrautheit mit dem umfangreichen Wortschatz einstellen kann.

- **ENTRAÎNEMENT**

   Dieser Rubrik kommt in dem genannten Zusammenhang der Wortschatzanwendung eine zentrale Hilfsfunktion zu. Auf verschiedenen Niveaustufen werden Fragen und Materialien angeboten, die ebenso Anlass bieten zur Mobilisierung von Alltagswissen wie zur Erörterung komplexer Wirtschaftsfragen und zu Debatten über umstrittene Themen. In allen Phasen der Themenbearbeitung kann diese Rubrik ins Spiel gebracht werden.

- **EXERCICES**

   Auch hier sind die Materialien authentisch und aktuell. Die Übersetzungssätze dienen nicht nur der Einübung des Wortschatzes in Satzzusammenhängen, sondern liefern auch Information und Beispielmaterial sachlicher und inhaltlicher Art. Sie machen die unterschiedlichen Strukturen der beiden Sprachen bewusst und können damit auch Anlass zur gezielten Besprechung syntaktischer und grammatikalischer Probleme sein - im Unterricht - oder zum gezielten Nachschlagen - im Selbststudium.

   Von geringerem Schwierigkeitsgrad sind Übungstypen wie Lückensätze, Lückentexte, Fragen zum Verständnis von Grafiken u.ä., die keine selbständige sprachliche Produktion erfordern.

   Neu in dieser Auflage sind die Multiple-Choice-Fragen zu Wirtschaftskenntnissen, die mit Hilfe der Informationen im Buch alle beantwortet werden können. Auch die traditionelle Handelskorrespondenz kann hier (Kapitel 4-8) geübt werden.

   Die Aufgabentypen folgen der Anordnung des Vokabulars, so dass gegebenenfalls kleine Einheiten herausgelöst und zusammen mit dem entsprechenden Vokabular bearbeitet werden können.

   Am Schluss des Buches gibt es Lösungen zu den Übungen.

- **TEXTES**

  Die Texte entstammen einer Vielzahl von Quellen und variieren nach Länge und Schwierigkeitsgrad. Sie sind authentisch, d.h. sie sind nicht aus didaktischen Gründen verändert worden, allenfalls Kürzungen wurden vorgenommen. Die Arbeitsaufträge zu den Texten entsprechen weitgehend der neuen Fassung der CCIP-Prüfungen, die besonderen Wert auf Resümee und Argumentation sowie Stellungnahme legen. Dieser Zugang ist dem Berufsalltag in anspruchsvollerer Funktion sehr nahe. Präsentationen, Verhandlungen, Lektüre von Geschäftsberichten, Abfassung eigener Berichte u.ä. basieren auf den hier eingeübten Verfahren. Ebenfalls neu ist , dass auch deutscheTexte angeboten werden, deren Inhalt in der Fremdsprache zusammengefasst werden soll.

- **INFORMATIONS**

  Dieser Teil enthält zu den vorgestellten Themen eine Auswahl von Basisinformationen sowie Lektürestoff und Material für den Unterricht.

Ich möchte an dieser Stelle all meinen Studenten danken, mit denen und an denen ich meine Unterrichts- und Lernkonzepte entwickeln konnte - von der intermas, Malente bis zur Rheinischen Fachhochschule Köln. Dank gilt auch den Teilnehmern meiner Sprachtrainings in Unternehmen, denen ich viele konkrete Einsichten in firmeninterne Zusammenhänge und Belange verdanke.

Darüber hinaus danke ich meiner Familie für Ihre Geduld und ganz besonders meinem Sohn Holger, der mir bei den Grafiken behilflich war.

# Table des matières / Inhaltsverzeichnis

Vorwort

Introduction  Le circuit de l'économie nationale............................  1

Chap.1
Environnement politique ..................................................  19

Chap.2
Conjoncture économique....................................................  87

Chap.3
L'entreprise ..............................................................155

Chap.4
Le monde du travail .......................................................219

Chap.5
Marketing.................................................................283

Chap.6
Transports.................................................................351

Chap.7
Banques et Assurances.....................................................401

Chap.8
Nouvelles technologies de l'informatique
et de la communication....................................................465

Solutions.................................................................498

Bibliographie.............................................................514

# Introduction
# Le circuit de l'économie nationale

**Vocabulaire** ...................................................................................................... **2**
**Entraînement** .................................................................................................... **6**
**Exercices** ........................................................................................................... **8**
**Textes** ...............................................................................................................**12**
    *Manifeste (1.)*
    *Les besoins sont-ils saturés ? (2.)*                                      **14**
**Informations** .....................................................................................................**16**
    *Généralités*
    *Les acteurs de la vie économique*
    *Le circuit de l'économie nationale*

## VOCABULAIRE

| | |
|---|---|
| le circuit de l'économie nationale | der volkswirtschaftliche Kreislauf |
| la vie/l'activité économique | das Wirtschaftsleben/ |
| | die Wirtschaftätigkeit |
| les agents économiques, les acteurs | die Wirtschaftssubjekte |
| de la vie économique | |

| | |
|---|---|
| **le marché** | der Markt |
| l'offre (f) | das Angebot |
| offrir | anbieten |
| la demande | die Nachfrage |
| demander | nachfragen |
| la valeur | der Wert |
| le prix | der Preis |
| fixer | festsetzen |
| acheter | kaufen |
| l'achat (m) | der Kauf |
| la vente | der Verkauf |
| vendre | verkaufen |
| payer | bezahlen |
| les biens (m) | die Güter |
| les services (m) | die Dienstleistungen |
| la marchandise | die Ware |

| | |
|---|---|
| **les besoins** (m) | die Bedürfnisse |
| subvenir à, satisfaire ses besoins | seine Bedürfnisse befriedigen |
| la satisfaction | die Befriedigung |
| les besoins alimentaires/vestimentaires | die Nahrungs-/Kleidungsbedürfnisse |
| les besoins de logement | die Wohnungsbedürfnisse |
| les besoins vitaux, primaires | die lebensnotwendigen Bedürfnisse |
| les besoins élémentaires, fondamentaux | die Grundbedürfnisse |
| le minimum vital | das Existenzminimum |
| le luxe | der Luxus |
| le niveau de vie | der Lebensstandard |
| la richesse | der Reichtum |
| la pauvreté | die Armut |

| | |
|---|---|
| le désir | der Wunsch |
| le manque de | der Mangel an |
| ils manquent de | es mangelt, fehlt ihnen an |
| se procurer qc | sich etwas beschaffen |
| s'approprier qc | sich etw. aneignen |
| la rareté, la pénurie | die Knappheit |
| faire un choix, opter pour | eine Entscheidung treffen |
| la maximisation | die Maximierung |
| la minimisation | die Minimierung |

| | |
|---|---|
| **l'entreprise** (f) | das Unternehmen |
| les matières premières | die Rohstoffe |
| l'extraction (f) | die Förderung, der Abbau |
| gérer/gaspiller les ressources | die Ressourcen verwalten/vergeuden |
| le travail | die Arbeit |
| produire | produzieren, herstellen |
| la production | die Produktion |
| le producteur | der Hersteller |
| les coûts (m) | die Kosten |
| les recettes (f) | die Einnahmen |
| les charges (f) | die Aufwendungen, Belastungen, Kosten |
| la valeur ajoutée | der Mehrwert |
| la création de valeur ajoutée | die Wertschöpfung |
| le rendement | der Ertrag, die Rendite, die Leistung |
| le profit, le bénéfice | der Gewinn |
| la productivité | die Produktivität |
| la rentabilité | die Rentabilität, Wirtschaftlichkeit |
| les facteurs de production | die Produktionsfaktoren |
| les moyens/techniques de production | die Produktionsmittel/-techniken |
| le processus de production | der Produktionsprozess |
| l'allocation (f) | die Allokation (bestmögliche Verteilung der Produktionsfaktoren auf die jeweiligen Verwendungszwecke) |
| | |
| **les biens** de première nécessité | die Gegenstände des täglichen Bedarfs, die lebenswichtigen Güter |
| les biens de consommation | die Konsumgüter |
| les biens durables | die Gebrauchsgüter, langlebigen Güter |
| les biens de production | die Produktionsgüter |
| les biens d'équipement | die Investitions-, Ausrüstungsgüter |
| les biens et services destinés à la vente | die für den Verkauf bestimmten Güter und Dienstleistungen |
| | |
| **le commerce**, les échanges (m) | der Handel |
| la distribution | die Verteilung, der Vertrieb |
| l'approvisionnement (m) | die Versorgung |
| les fournisseurs | die Lieferanten, die Zulieferer |
| fournir | liefern |
| choisir les moyens de transport | die Transportmittel auswählen |
| les importations/exportations | die Importe/Exporte |
| la douane | der Zoll |

| | |
|---|---|
| **le ménage** | der Haushalt |
| la résidence | der Wohnsitz, die Wohnung |
| les particuliers | die Privatpersonen |
| l'emploi (m) | die Beschäftigung, der Arbeitsplatz |
| employer | beschäftigen |
| toucher un salaire | Gehalt, Lohn beziehen |
| gagner sa vie | seinen Lebensunterhalt verdienen |
| la rémunération | die Bezahlung, Vergütung |
| percevoir, toucher des revenus | Einkommen beziehen |
| disposer d'un revenu | über ein Einkommen verfügen |
| la distribution, répartition des revenus | die Einkommensverteilung |
| le pouvoir d'achat | die Kaufkraft |
| être disposé à faire qc | bereit sein, etw. zu tun |
| acquérir | erwerben |
| dépenser | ausgeben |
| les dépenses (f) | die Ausgaben |
| le consommateur | der Verbraucher |
| consommer | verbrauchen |
| la consommation | der Verbrauch, Konsum |
| la consommation finale/intermédiaire | der End-/Zwischenverbrauch |
| l'affectation de .. à .. (f) | die Verwendung von .. für .. |
| | |
| **le secteur bancaire** | der Bankensektor |
| les flux de la monnaie | die Geldströme |
| la masse monétaire | die Geldmenge |
| les opérations financières | die Geldgeschäfte |
| les capitaux (m) | die Geldmittel, Gelder |
| l'investissement (m) | die Investition(stätigkeit) |
| investir | investieren |
| le placement monétaire | die Geldanlage |
| accorder des crédits | Kredite vergeben |
| le taux d'intérêt | der Zinssatz |
| les intérêts (m) | die Zinsen |
| la rémunération | die Verzinsung |
| emprunter | leihen |
| prêter | verleihen, ausleihen |
| s'endetter | sich verschulden |
| les dettes (f) | die Schulden |
| l'endettement (m) | die Verschuldung |
| les économies (f) | die Ersparnisse |
| l'épargne (f) | das Sparen, das Sparaufkommen |
| épargner | sparen |
| déposer de l'argent sur un compte | Geld auf einem Konto hinterlegen |
| retirer de l'argent | Geld abheben |
| | |
| la compagnie d'**assurance** | die Versicherungsgesellschaft |
| souscrire une assurance | eine Versicherung abschließen |
| la prime | die Prämie |
| couvrir un risque | ein Risiko decken |
| assurer, garantir contre | versichern gegen |
| indemniser | entschädigen |

| | |
|---|---|
| **les administrations publiques** | die öffentlichen Haushalte, Behörden, öffentliche Verwaltung |
| l'Etat (m) | der Staat |
| les pouvoirs publics | die öffentliche Hand, die Behörden |
| les collectivités locales | die Gebietskörperschaften |
| les services collectifs | die staatlichen Dienstleistungen |
| les services non marchands | die nicht gewerblichen Dienstleistungen |
| la gestion des finances publiques | die Verwaltung der öffentlichen Finanzen |
| | |
| percevoir des impôts (m) | Steuern erheben |
| les cotisations sociales | die Sozialabgaben, -beiträge |
| la Sécurité Sociale (Sécu) | die Sozialversicherung |
| les prélèvements obligatoires | die Steuern und Abgaben |
| la redistribution | die Umverteilung |
| effectuer des transferts (m) | Transferzahlungen vornehmen |
| l'allocation (f) | die Unterstützung, Beihilfe |
| la subvention | die Subvention |
| subvenir aux dépenses | die Ausgaben bestreiten |
| les versements (m) | die Zahlungen |
| | |
| **le régime économique** | das Wirtschaftssystem |
| l'autarcie (f) | die Autarkie |
| le troc | der Tauschhandel |
| l'économie d'échange monétaire | die Geldwirtschaft |
| la division du travail | die Arbeitsteilung |
| l'économie (sociale) de marché | die (soziale) Marktwirtschaft |
| l'interdépendance (f) | die wechselseitige Abhängigkeit, Verflechtung |
| | |
| la libéralisation | die Liberalisierung |
| la libre concurrence | der freie Wettbewerb |
| le libre-échange | der Freihandel |
| la mondialisation | die Globalisierung |

## ENTRAÎNEMENT

### 1. Vous le savez déjà !?

Pour répondre aux questions ci-dessous, recourez à vos expériences et à vos connaissances générales. Utilisez les expressions figurant sur la liste de vocabulaire. N'hésitez pas à deviner, à poser des questions, à dire des banalités ou à vous répéter. Essayez toujours de vous imaginer des situations concrètes et de trouver des exemples. Vous n'êtes obligé ni de répondre à chaque question isolément ni de suivre exactement l'ordre donné.

1.  Expliquez les besoins que vous avez et les manières de les satisfaire.
    D'après quels critères faites-vous vos choix ?
2.  Les besoins évoluent historiquement. Pourriez-vous en donner des exemples ?
3.  Qu'est-ce qui distingue le niveau de vie de votre pays et celui d'un pays du Tiers monde ?
4.  Le luxe, qu'est-ce que c'est pour vous ?
5.  Quelles sont les fonctions des entreprises ?
    Que font-elles pour approvisionner les consommateurs ?
6.  Quel usage est fait des différentes catégories de biens ?
7.  Quel est le rôle des particuliers / des ménages dans l'économie ?
8.  Quelles sont les dépenses concrètes des ménages ?
9.  L'Etat intervient-il dans l'économie ? De quelle manière ?
10. Quel est votre propre rôle dans l'économie ? Connaissez-vous des personnes qui jouent d'autres rôles ?
11. Quelles sont les différences entre un régime d'autarcie et un système où les économies des différents pays sont interdépendantes ?
12. Comment fonctionne le troc ? Existe-t-il encore de nos jours ?
13. Quels changements l'introduction de la monnaie implique-t-elle ?
14. Qu'est-ce que la division du travail ? Quel rôle a-t-elle joué dans l'évolution historique des économies ?
15. Qu'entend-on par "économie de marché" ? Quel est le nouvel élément dans "l'économie sociale de marché" ?

### 2. Sujets d'approfondissement

Recourez à la rubrique INFORMATIONS pour aborder les sujets suivants. Procurez-vous des informations dans la presse, à la télévision, par Internet. Et n'oubliez pas que vous pourrez trouver des informations dans les TEXTES et les EXERCICES.

1.  Expliquez les bases de l'économie nationale à l'aide des notions suivantes :

    besoins - demande - biens - offre - marché
    ménage - consommation - épargne - travail
    entreprise - production - investissement
    administrations publiques - impôts - services - versements

2.  L'empire de Robinson. Ecrivez l'histoire :
    Après un naufrage, Robinson se retrouve sur une île habitée par des tribus sauvages qui ne connaissent que le troc. A sa mort, l'île sera devenue le centre d'un commerce moderne et florissant reliant les îles du voisinage et le continent. Que s'est-il passé ?

3.  Décrivez le processus de l'industrialisation au 19<sup>e</sup> siècle. Consultez, le cas échéant, vos manuels scolaires d'histoire.

4.  Expliquez la transition d'une économie socialiste à une économie de marché en vous appuyant sur des exemples concrets.

5.  Décrivez les relations entre une économie nationale et le "reste du monde" en vous appuyant sur des exemples.

## 3.  Sujets de discussion/de rédaction

En classe, vous pourrez traiter les sujets dans une discussion libre ou avec des rôles fixés préalablement. Les conclusions peuvent faire l'objet d'un devoir écrit. Si vous traitez les sujets par écrit, élaborez un plan : introduction - discussion de la question : opposez les arguments, appuyez-vous sur vos connaissances, lectures, expériences - conclusion : ce n'est qu'ici qu'intervient votre propre opinion. Veillez à ce que l'enchaînement de vos arguments soit logique et convaincant.

1.  L'augmentation de la productivité n'a-t-elle que des effets positifs ?
2.  L'air et l'eau - des biens librement disponibles ?
3.  Economie - écologie - une contradiction ?
4.  Les pays du Tiers monde pourront-ils améliorer les conditions de vie de leurs habitants ?
5.  La mondialisation des échanges - risque ou chance ?

## 4.  Sujets de commentaires

Exprimez librement tout ce qui vous vient à l'esprit à propos des informations et citations ci-dessous. Vos commentaires pourront comprendre, selon le cas, des explications de causes et d'effets, des analyses d'implications diverses, des considérations historiques, des comparaisons, des prises de positions personnelles etc.

1.  "Au cas où aucun changement n'interviendrait dans notre système actuel, l'expansion démographique et l'expansion économique s'arrêteraient au plus tard au cours du siècle prochain."
    (Dennis-L.Meadows, The limits to growth, 1972)

2.  Dans les pays développés, l'industrie a fondé sa croissance sur la satisfaction de besoins toujours renouvelés. En incitant à consommer toujours plus, en suscitant des désirs toujours autres, elle a favorisé l'avènement d'une société du tout-jetable.
    (Economie et environnement, 1993)

## EXERCICES

**1.** Traduisez :

1. Pour faciliter les échanges, les hommes ont été incités à introduire la monnaie.
2. L'organisation de l'activité des hommes allait de plus en plus être fonction de la monnaie.
3. L'interdépendance des agents économiques s'est accrue considérablement.
4. C'est en travaillant pour produire des marchandises que nous obtenons les revenus qui nous permettent d'acheter ce que nous désirons consommer.
5. La description de l'économie en terme de circuit et de flux de biens et de monnaie n'est pas la seule possible.
6. On entend par bien au sens économique une richesse matérielle que l'homme peut s'approprier pour satisfaire un besoin.
7. Même dans une économie libérale, les interventions des pouvoirs publics dans la vie économique sont nombreuses : impôts et douanes, subventions, restrictions à l'importation.
8. L'Etat accroît la demande par le pouvoir d'achat qu'il distribue et par les achats qu'il réalise.
9. Lorsque les ménages sont confrontés à une baisse de leur pouvoir d'achat, ils essaient de maintenir leur niveau de vie en diminuant leur épargne.
10. L'adoption de l'économie de marché conduit souvent à de graves déséquilibres sociaux, à une progression insupportable des inégalités et provoque ainsi des réactions de rejet.

**2.** Traduisez :

1. Im Verhältnis zu den unbegrenzten Bedürfnissen der Menschen sind die Güter, die ihrer Befriedigung dienen, immer knapp.
2. Vielen Menschen mangelt es sogar an den lebensnotwendigen Gütern wie Nahrung, Kleidung und Wohnung.
3. Die Tätigkeiten der Banken, der Versicherungen und des Handels gelten als Dienstleistungen.
4. Die Arbeitsteilung hat zu einer Steigerung der volkswirtschaftlichen Produktivität geführt und somit den Lebensstandard verbessert.
5. Der volkswirtschaftliche Kreislauf stellt die Geld- und Güterströme zwischen den Haushalten, den Unternehmen, dem Staat und den Banken dar.
6. Das Angebot ist die Gütermenge, die die Unternehmen auf einem Markt absetzen wollen.
7. Während die privaten Haushalte konsumieren und sparen, haben die Unternehmungen die Funktion zu produzieren und zu investieren.
8. Die Zahlungen der öffentlichen Haushalte bewirken eine Umverteilung der Einkommen.
9. Die öffentlichen Haushalte nehmen Zahlungen an Privatpersonen vor.
10. Die Konsumenten, die über die notwendige Kaufkraft verfügen, verschaffen sich alles, was sie brauchen.

**3.** Reliez les éléments du schéma suivant par des flèches en indiquant les numéros correspondants et écrivez ensuite un texte qui explique les relations.

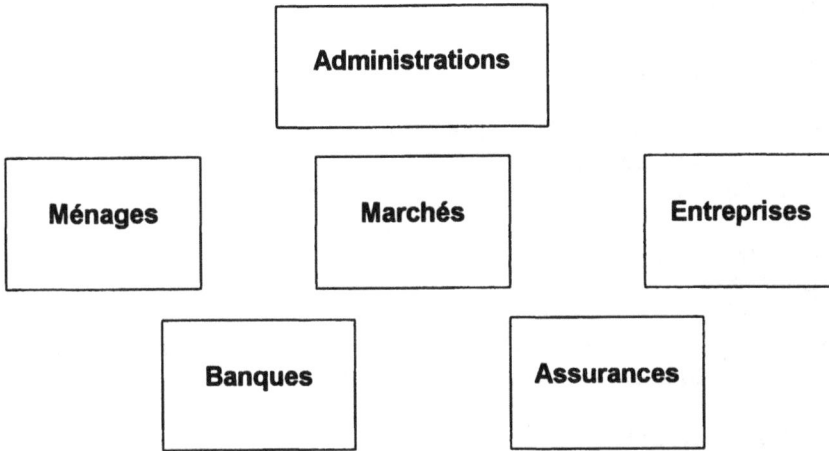

```
                        ┌─────────────────────┐
                        │   Administrations    │
                        │                      │
                        └─────────────────────┘

┌──────────────────┐   ┌─────────────────────┐   ┌──────────────────┐
│     Ménages      │   │      Marchés        │   │   Entreprises    │
│                  │   │                     │   │                  │
└──────────────────┘   └─────────────────────┘   └──────────────────┘

        ┌──────────────────┐   ┌──────────────────┐
        │     Banques      │   │    Assurances    │
        │                  │   │                  │
        └──────────────────┘   └──────────────────┘
```

1. Dépenses en biens de consommation.
2. Paiement de salaires.
3. Octroi de crédits.
4. Prestation de services non marchands.
5. Offre de biens.
6. Paiement d'impôts.
7. Octroi d'allocations.
8. Paiement de primes.
9. Dépôt d'argent pour épargne.
10. Placement d'argent non dépensé.
11. Couverture de risques.
12. Retraits d'argent.
13. Dépenses en biens d'équipement.
14. Paiement de cotisations sociales.
15. Prestation de travail.
16. Octroi de subventions.

**4.** Répondez aux questions en cochant la réponse qui vous paraît exacte :

1. Comment s'appelle l'utilisation de biens et services qui fait disparaître ceux-ci dans la production d'un autre bien ?
   a) Consommation finale
   b) Consommation intermédiaire
   c) Consommation d'équipement
   d) Consommation productrice

2. Quel critère définit le ménage ?
   a) Avoir des liens de parenté
   b) Etre marié
   c) Vivre dans la même résidence principale
   d) Etre économiquement dépendants les uns des autres

3. Vous êtes chef d'entreprise. A qui vous adressez-vous pour couvrir les risques liés à votre activité ?
   a) À une entreprise de transport
   b) À une assurance
   c) À l'administration
   d) À la Sécurité Sociale

4. Vous avez perdu votre emploi. Qu'est-ce qui remplace votre salaire pour que vous puissiez subvenir à vos besoins ?
   a) Une allocation
   b) Une subvention
   c) Un rendement
   d) Un revenu

5. Vous échangez avec un autre particulier une machine à laver contre un ordinateur. Cette opération s'appelle comment ?
   a) Commerce
   b) Transaction réelle
   c) Troc
   d) Transfert social

6. Une entreprise qui a des charges supérieures aux recettes, qu'est-ce qu'elle a perdu ?
   a) Ses recettes
   b) Son revenu
   c) Sa valeur
   d) Sa rentabilité

7. Les entreprises et les particuliers investissent leur capital pour augmenter la valeur de celui-ci. Comment s'appelle cette opération ?
   a) Investissement
   b) Placement
   c) Dépense
   d) Engagement

8. Laquelle parmi les activités suivantes n'est pas effectuée par une entreprise ?
   a) La vente de voitures
   b) Le transport de biens de consommation
   c) Le versement d'allocations
   d) Le paiement de cotisations sociales

9. Quel problème parmi les suivants **ne** sert **pas** à caractériser la situation des pays les plus pauvres du tiers monde ?
   a) Des cotisations sociales trop élevées
   b) Une formation insuffisante
   c) Une pénurie d'épargne
   d) Le manque d'investissements

10. De quelle façon l'Etat - ou un organisme international équivalent - contribue-t-il à créer les conditions nécessaires à la libre concurrence entre les agents économiques ?
    a) En nationalisant les entreprises qui ont le monopole dans un secteur.
    b) En fixant les prix pour certains biens de première nécessité.
    c) En sanctionnant les ententes sur les prix entre les producteurs.
    d) En achetant les produits des petites entreprises pour leur donner plus de chances sur le marché.

5. Cherchez les notions correspondant aux définitions :

1. Quantité d'un bien ou d'un service que les consommateurs sont disposés à acquérir en un temps donné et à un prix et sur un marché définis.
2. Institution dont la fonction principale consiste à produire des services non marchands destinés à la collectivité ou à effectuer des opérations de redistribution de revenus.
3. Organisation économique disposant de moyens humains et matériels qu'elle combine en vue de produire des biens et services destinés à la vente.
4. Sentiment de manque ou d'envie susceptible de déboucher sur un achat.
5. Quantité d'un bien ou d'un service que les fournisseurs sont disposés à fournir à un prix déterminé, à un moment donné.
6. Lieu théorique où se rencontrent l'ensemble des offres et des demandes de biens, de services et de capitaux.

| a)besoin | c)offre | e)entreprise |
| b)demande | d) administration publique | f)marché |

6. Cherchez les notions correspondant aux définitions :

1. Différence entre la valeur d'une production et celle des consommations intermédiaires, c'est-à-dire celles qui ont servi à la réaliser.
2. Part des revenus des entreprises ou des particuliers qui est mise en réserve pour être gardée ou investie.
3. Rapport entre la production obtenue et le travail, ou le capital mis en œuvre.
4. Montant des sommes qu'une entreprise reçoit pendant une période donnée.
5. Emploi de capitaux en vue d'accroître et d'améliorer la production et le rendement d'une entreprise.
6. Somme perçue par un individu à titre de rémunération d'une activité ; produit d'un capital.
7. Prélèvement que l'Etat ou les collectivités locales opèrent sur les ressources des agents économiques afin de subvenir aux charges publiques.
8. Rapport entre l'effet produit par une dépense initiale et le montant de cette dépense. S'applique aussi à l'agriculture et aux moteurs.
9. Différence entre les recettes et les charges d'une entreprise liées à la production et à la vente de ses produits.

| a) revenu | d)profit | g)investissement |
| b)rendement | e)impôt | h)épargne |
| c)valeur ajoutée | f)productivité | i) recettes |

TEXTES

## 1. Manifeste

*ESPOIR*

La spirale des désordres et des souffrances qui affectent l'humanité est sauvagement destructrice. Plusieurs milliards d'êtres humains sont d'ores et déjà condamnés à l'agonie.

**Avec Espoir, nous croyons qu'il est possible d'inverser le mouvement et d'œuvrer pour une société et un monde plus fraternels.**

La dimension économique de la vie et des échanges est importante. Elle n'est pourtant pas la mesure de toutes choses.

**Avec Espoir, nous voulons une économie au service des hommes, une économie soumise à une volonté politique qui défende l'intérêt de tous, avec une vigilance particulière pour celui des personnes fragiles et vulnérables.**

La société actuelle a tendance à réduire ses membres au rôle de producteurs-consommateurs. Il convient de cultiver une autre image de l'homme et de créer pour lui les conditions d'existence en rapport avec sa dignité.

**Avec Espoir, nous croyons que l'homme est un être capable d'aimer et digne d'être aimé.**

Rien n'empêche, aujourd'hui, que tous aient accès à un cadre de vie agréable et disposent des éléments matériels indispensables à une existence décente.

Les richesses nécessaires existent. Mais elles sont inégalement réparties.

La fraude porte atteinte au patrimoine national et doit être combattue.

Mais les pouvoirs publics sont souvent trop durs avec les petits et trop accommodants avec les fraudes des puissants, plus scandaleuses et plus coûteuses pour la société.

**Avec Espoir, nous souhaitons que la répartition des richesses se fasse selon les règles de l'égalité et de la justice.**

La protection sociale coûte cher, nous dit-on.

Plutôt que de la revoir à la baisse ou de la rendre sélective, **il convient de développer un esprit solidaire au nom duquel nous nous sentirions mutuellement responsables les uns des autres.**

**Avec Espoir, nous voulons tourner le dos aux prétendus modèles de réussite liés à un système de compétition sans merci entre tous dans une société obnubilée par l'argent.**

« Que le meilleur gagne » n'est pas notre devise si le meilleur désigne celui qui ne se soucie que de lui-même et qui est disposé à tout écraser sur son passage.

Les impasses du système actuel sont manifestes.

C'est du côté du partage qu'il faut explorer des directions nouvelles.

Nous avons commencé à creuser dans cette voie et nous sommes convaincus qu'il vaut la peine d'aller plus loin.

**Avec Espoir, nous croyons qu'il y a un autre avenir, à inventer et à vivre.**

ASSOCIATION ESPOIR,
78a, avenue de la République,
68000 COLMAR
4 avril 1995

**A   Questions de compréhension**

1.   Comment l'association "Espoir" caractérise-t-elle l'état de l'humanité ?
2.   Quels facteurs considère-t-elle comme responsables de cette évolution ?
3.   Quels sont les objectifs d'"Espoir" ?
4.   A quelles conditions ces objectifs pourront-ils être réalisés, selon "Espoir" ?

**B   Résumez le texte en quelques phrases.**

**C   Analyse**

Expliquez, en donnant des exemples concrets, les expressions suivantes :

1.   une société et un monde plus fraternels
2.   une économie au service des hommes
3.   la répartition des richesses selon les règles de l'égalité et de la justice
4.   esprit solidaire
5.   un système de compétition sans merci
6.   une société obnubilée par l'argent

**D   Commentaire**

1.   Trouvez-vous dans le manifeste d'"Espoir" des affirmations que vous approuvez, des objectifs avec lesquels vous pourriez vous identifier ? Quelles objections pourriez-vous avancer contre les thèses de l'association ? Exprimez librement votre opinion.

2.   Caractérisez votre comportement en tant qu'être humain et agent économique. Des contradictions surgissent-elles de temps en temps ? Pourquoi ? Quel serait votre idéal ?

3.   Analysez les thèses de l'association "Espoir" en tenant compte de vos connaissances sur le fonctionnement des économies, la psychologie humaine et en vous appuyant sur des exemples historiques et actuels.

## 2. Les besoins sont-ils saturés ?

Les progrès considérables réalisés depuis cinquante ans livrent une vision optimiste de la capacité des sociétés à améliorer la satisfaction des besoins individuels et collectifs. L'ouvrier du XIX\ :sup:e siècle vivait dans la pénurie perpétuelle. Une fermeture d'usine, une crise cyclique, un accident ou une maladie, et c'était la misère, la sous-alimentation, la mort. Celui de la fin du XX\ :sup:e siècle dispose généralement d'une automobile, de la télévision, d'un logement largement équipé, d'une protection médicale et sociale.

Avec les progrès de la productivité, la capacité des sociétés à satisfaire les besoins de base s'accroît. Mais, dès lors qu'ils sont satisfaits, des besoins plus élaborés se développent. Ainsi, en 1956, 45,4 % du budget des ménages étaient consacrés à l'alimentation, contre 18 % en 1995. En un demi-siècle, depuis 1951, le revenu disponible des ménages dont la personne de référence est un ouvrier est passé d'une moyenne d'environ 60 000 francs à près de 150 000 d'aujourd'hui. Alors que 20 % des ménages disposaient d'une voiture en 1954 et 8 % du téléphone, on atteint presque la saturation aujourd'hui : respectivement 79 % et 96,3 % des ménages sont équipés. Les besoins correspondants - les transports et les télécommunications - pourraient être considérés aujourd'hui comme satisfaits.

Depuis le ralentissement de la croissance intervenu au milieu des années 70, la consommation croît moins vite. La capacité des ménages à dépenser véritablement plus décline. Ce retournement remet en question l'idée du développement continu de la société de consommation. En même temps, l'extension de la pauvreté, l'émergence de mouvements comme celui des chômeurs ou de Droit au logement montrent avec force qu'une partie croissante de la population n'a plus accès à des biens élémentaires. Sans les Restos du cœur certains pourraient encore ne pas manger à leur faim, comme chaque année d'autres meurent de froid.

Crise ou pas crise, la hiérarchie des besoins se renouvelle en permanence, faisant de la saturation une sorte de ligne d'horizon qui recule au fur et à mesure qu'on marche dans sa direction. Le luxe d'hier devient le besoin de base d'aujourd'hui. La machine à laver, le téléphone, la salle de bain, l'habillement et le logement décent s'intègrent peu à peu à ces besoins de base, engendrant l'exclusion de ceux qui n'ont pas les moyens de les satisfaire.

Tout en se renouvelant, les besoins changent de forme. La consommation immatérielle se développe. D'une manière générale, la consommation de services se développe, sur une base souvent inégalitaire : elle profite surtout aux ménages qui disposent de revenus leur permettant d'acheter le temps des autres (ménage, garde d'enfant, etc.) La consommation des ouvriers et celle des cadres restent, malgré les apparences, nettement distinctes. C'est particulièrement le cas des nouvelles technologies de l'information et de la communication : alors que 23 % des ménages étaient dotés de micro-ordinateurs en 1997, ils étaient 58,6 % chez les cadres et 11 % chez les ouvriers.

On est loin de l'avènement d'une société de loisirs et de culture souvent décrite comme inéluctable. Le poste culture-loisirs conserve à peu près la même part dans le budget total des ménages depuis 1956 : de l'ordre de 6 %, chez les cadres comme chez les ouvriers. La baisse des prix de certains matériels (hi-fi, vidéo, micro-informatique) n'explique pas tout : en période de crise, les ménages réduisent d'abord leurs achats moins vitaux. Ainsi, les vacances n'ont pas connu l'expansion attendue : en 1964, déjà 40 % des adultes partaient en vacances dans l'année ; en 1982, 56 % et 59 % en 1995, même si 90 % des cadres partent.

Avant de partir en vacances, d'aller au cinéma, au restaurant ou au théâtre, les ménages paient les factures de téléphone, le loyer, les impôts, l'essence de la voiture et les assurances diverses. Le poste en expansion majeure chez les ouvriers est le logement, qui représente maintenant 30 % de leurs dépenses, contre 17 % en 1956. Une évolution liée pour partie à la hausse relative des prix de l'immobilier, mais aussi aux sacrifices nécessaires pour accéder à la maison individuelle.

Quel sens donner à cette course sans fin de la société pour satisfaire des besoins en perpétuelle évolution ? La réponse n'est pas évidente. Une société égalitaire où tous les besoins seraient satisfaits relève sans doute d'un fantasme totalitaire. Cela dit, si le progrès économique et social passe par la croissance de la consommation, il faut s'interroger à la fois sur le caractère soutenable du mode de vie qu'elle engendre et sur la répartition des richesses qui l'accompagne.

(Alternatives Economiques, Hors-série, 2$^e$ trim. 1999)

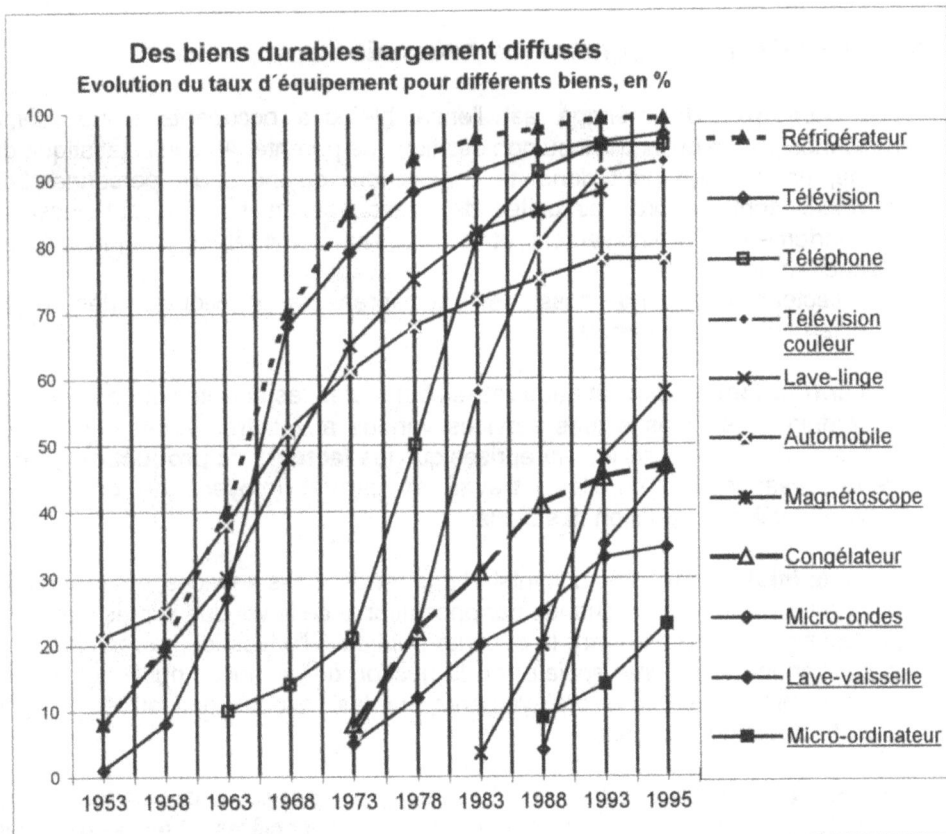

**Des biens durables largement diffusés**
Evolution du taux d'équipement pour différents biens, en %

- - ▲ - Réfrigérateur
—◆— Télévision
—▫— Téléphone
—•— Télévision couleur
—✕— Lave-linge
—✕— Automobile
—✳— Magnétoscope
—△— Congélateur
—◆— Micro-ondes
—◆— Lave-vaisselle
—▪— Micro-ordinateur

1953  1958  1963  1968  1973  1978  1983  1988  1993  1995

**A   Résumé**
Trouvez, pour chaque paragraphe, un titre caractérisant son contenu et élaborez ensuite un résumé du texte.

**B   Exposé-débat**
Exposez les informations, exemples et idées fournis par le texte 2. - ou par les textes 1. et 2. - et le graphique pour appuyer votre argumentation dans un débat à propos de la question :                    *Les besoins sont-ils saturés ?*

## INFORMATIONS

### Généralités

Afin de satisfaire les besoins variés des humains, il a fallu mettre en valeur les ressources naturelles du sol et du sous-sol, c'est-à-dire les récolter ou les extraire et les transformer. On donne le nom d'**économie** à l'ensemble des activités humaines qui s'y emploient.

Les besoins humains sont toujours illimités, tandis que les biens qui servent à les satisfaire sont rares. Des biens comme l'air et le soleil sont considérés comme librement disponibles, ce qui n'est peut-être plus tout à fait vrai. La pénurie des biens oblige à opérer des choix selon le principe économique d'atteindre le maximum avec des moyens donnés (**maximisation**) ou de réaliser un objectif déterminé avec un minimum d'efforts (**minimisation**).

## Les acteurs de la vie économique nationale

- Les **ménages** : Un ménage est l'ensemble des occupants d'une même résidence privée qu'ils aient ou non des liens de parenté. Au sens statistique du terme, un ménage peut donc ne comprendre qu'une seule personne. Les ménages sont d'abord des unités de consommation, mais ils ont aussi un comportement d'investissement et de placement monétaire et financier ou d'endettement.
  Ce secteur comprend aussi les entrepreneurs individuels (les petits commerçants et agriculteurs).

- Les **entreprises** : Cette rubrique rassemble toutes les activités qui aboutissent à produire des biens et des services vendus aux autres acteurs de la vie économique. C'est dans les entreprises que les **facteurs de production nature** (terre, ressources naturelles), **travail et capital** (moyens de production) contribuent à la production des biens.

- Les **administrations** : Les administrations rendent des services, qui font partie de la production non marchande par opposition à celle vendue sur les marchés. Les administrations assurent la sécurité publique, l'éducation, la redistribution des revenus (la Sécurité sociale) ou la gestion des finances publiques. Leurs revenus proviennent des prélèvements sur les revenus des autres acteurs (impôts, cotisations sociales).

- Les **banques** et les **assurances** : Les fonctions principales des banques sont la création de monnaie et les opérations financières. Les assurances compensent les conséquences de certains événements (accidents, incendies, vols, décès) par le paiement d'une somme d'argent. Leurs ressources proviennent de primes et de cotisations volontaires payées par ceux qui veulent couvrir les risques des événements faisant l'objet de l'assurance.

## Le circuit de base de l'économie nationale

Pour produire des biens et des services, les entreprises achètent du travail aux ménages et leur distribuent en contrepartie des revenus. Les ménages dépensent une grande partie de ces revenus en achetant les biens et les services produits et vendus par les entreprises. Le **marché** est le lieu où s'échangent les biens et services produits par les entreprises et les revenus dépensés par les ménages. Il représente l'ensemble des achats et des ventes de biens et de services. Il assure la confrontation de l'**offre** et de la **demande**.

**La valeur ajoutée :** elle mesure les ressources nouvelles créées par l'activité humaine. Supposons qu'un sac de clous soit vendu 5 francs. Si l'entreprise qui le fabrique et qui le vend a dépensé 2 francs en acier et en énergie pour le fabriquer (**consommations intermédiaires**), la valeur ajoutée sera de 3 francs.

### Le circuit de l'économie nationale

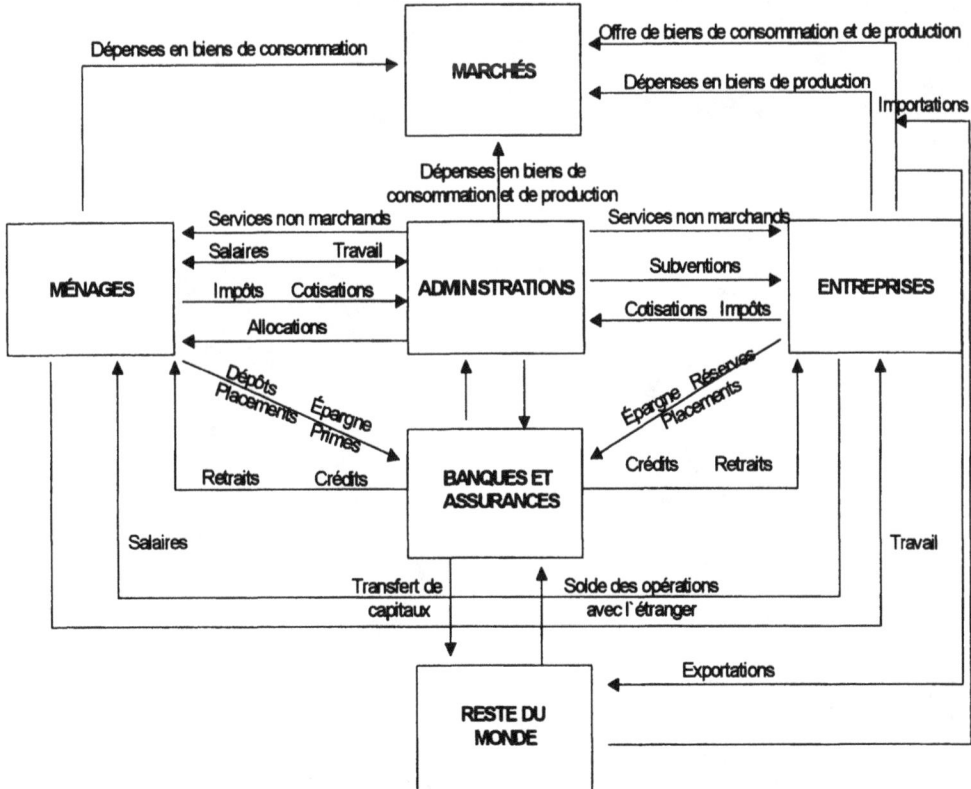

# Environnement politique

**Vocabulaire** ..................................................................................**20**
  Sources d'informations
  Elections                                                                        21
  Institutions                                                                     23
  Législation                                                                      27
  Débats/Actions politiques                                                        30
  Budget/Impôts                                                                    33
  Politique sociale                                                                36
  Démographie/Population active                                                    37
  Environnement international                                                       39
**Entraînement**..................................................................................**42**
**Exercices** .......................................................................................**49**
  Sources d'informations 1.1-3 ; 6.1 ;
  Elections 1.4 ; 6.2-6 ; 9.1-4 ;
  Institutions 1.5-10 ; 4. ; 9.5 ; 14.1-3 ;
  Législation 2.1 ;6.7-9 ; 9.6-10 ; 12. ;
  Débats/Actions politiques 2.2 ; 10.1 ;
  Budget/Impôts 2.3-9 ; 6.10 ; 7. ; 10.2-7 ; 14.4-8 ;
  Politique sociale 2.10 ; 8.1-2 ; 10.8 ; 13. ;
  Démographie 5. ; 8.3-4 ; 10.10 ; 11.1-3 ;
  Environnement international 3. ; 8.5-10 ;11.4-10 ; 14.9-10
**Textes** ...........................................................................................**59**
  L'exemple allemand (1.)
  Länderfinanzausgleich (2.)                                                        60
  Länder wollen Finanzen neu regeln (3.)                                            61
  Debatte über Verbot der NPD spaltet Politiker in zwei Lager (4.)                 62
  Schröder affronte l'extrême droite (5.)
  Fremdenfeindlichkeit schadet massiv (6.)                                          63
  Brüssel fordert aktive Einwanderungspolitik (7.)
  Le Limousin n'est pas encore assez attractif (8.)                                 64
  Europe, il te manque la volonté de puissance (9.)                                 65
  Armut anders bekämpfen (10.)                                                      66
  La Banque mondiale lie progrès démocratique et lutte contre la pauvreté (11.)    67
  Öffnung der Märkte gefordert (12.)                                                68
**Informations** ..................................................................................**69**
  Les élections
  Les partis                                                                        71
  La Constitution de la V⁰ République                                               74
  Législation et gouvernement                                                       75
  Le rôle du président                                                              76
  Le système politique allemand
  Repères d'histoire politique                                                      77
  Pouvoir local                                                                     78
  La décentralisation                                                               79
  L'aménagement du territoire                                                       80
  Tendances démographiques                                                          81
  Le budget de l'Etat                                                               82
  Les impôts
  Histoire de la construction européenne                                            84
  Institutions européennes                                                          86

## VOCABULAIRE

### Sources d'informations

| | |
|---|---|
| **la presse** | die Presse |
| le journal | die Tageszeitung |
| l'hebdomadaire (m) | die Wochenzeitschrift |
| le mensuel | die Monatszeitschrift |
| la presse spécialisée | die Fachpresse |
| un numéro consacré à | eine ... gewidmete Ausgabe |
| le numéro spécial | das Sonderheft |
| paru le | erschienen am |
| la publication | die Publikation |
| publier | publizieren |
| rédiger | abfassen |
| imprimer | drucken |
| éditer | herausgeben, veröffentlichen |
| distribuer | verteilen, vertreiben |
| diffuser | verbreiten |
| divulguer des informations | Informationen verbreiten |
| les médias | die Medien |
| des sources officielles | offizielle Quellen |
| des sources officieuses | inoffizielle, halbamtliche Quellen |
| le J.O./Journal officiel | das Amtsblatt |
| | |
| l'I.N.S.E.E./Institut national de statistique et d'études économiques | französisches Amt für Statistik und Wirtschaftsanalysen |
| l'Office fédéral de statistique (D) | das Statistische Bundesamt |
| les statistiques | die Statistiken |
| une enquête semestrielle/trimestrielle | eine halbjährliche/vierteljährliche Studie, Untersuchung, Erhebung |
| | |
| le sondage d'opinion | die Meinungsumfrage |
| le questionnaire | der Fragebogen |
| le rapport | der Bericht |
| le rapport annuel sur l'économie | der Jahreswirtschaftsbericht |
| l'indice (m) | der Index |
| les données (f) | die Daten |
| | |
| selon | nach, laut, gemäß |
| faire l'objet de | Gegenstand von ... sein |
| signaler qc | etw. herausstellen, auf etw. aufmerksam machen |
| il ressort de | es geht aus .. hervor |
| révéler | aufdecken, zeigen |
| | |
| à la lecture des données, on est frappé(e) par | beim Lesen der Daten fällt auf, ist man überrascht von |

## Elections

| | |
|---|---|
| les élections (f) | die Wahl(en) |
| les présidentielles | die Präsidentschaftswahlen |
| les législatives | die Parlamentswahlen |
| les municipales | die Gemeindewahlen |
| les cantonales | die Kantonalwahlen |
| les régionales | die Regionalwahlen |
| les européennes | die Europawahlen |
| le suffrage universel direct | das allgemeine direkte Wahlrecht |
| le mode de scrutin | das Wahlsystem |
| le scrutin majoritaire | das Mehrheitswahlrecht |
| le premier/second tour | der erste/zweite Wahlgang |
| le ballotage | die Stichwahl |
| le désistement | der Verzicht auf die ..., Rücktritt von der Kandidatur |
| | |
| la (représentation) proportionnelle | das Verhältniswahlrecht |
| la barre, le seuil des 5 % | die 5-Prozent-Hürde |
| franchir | überschreiten |
| | |
| **les échéances électorales** | die Wahltermine |
| le calendrier électoral | die Wahltermine |
| la date butoir | der Stichtag |
| anticiper | vorziehen |
| repousser | verschieben |
| le parti | die Partei |
| fonder | gründen |
| au sein de | innerhalb |
| le congrès, les assises (f) | der Parteitag |
| se dérouler | ablaufen |
| la scission | die Spaltung |
| une formation issue de | eine aus ... hervorgegangene Formation |
| le camp conservateur/socialiste | das konservative/sozialistische Lager |
| | |
| la campagne électorale | der Wahlkampf |
| le discours | die Rede |
| les affiches | die Plakate |
| les circulaires (f) | die Rundschreiben |
| .. minutes d'antenne | .. Minuten Sendezeit |
| le cheval de bataille | das Haupt-, Lieblingsthema |
| la circonscription électorale | der Wahlkreis |
| dresser, établir la liste des candidats | die Kandidatenliste aufstellen |
| figurer sur la liste | einen Listenplatz haben |
| la tête de liste | der Spitzenkandidat |
| la candidature | die Kandidatur |
| faire acte de candidature | kandidieren |
| éligible | wählbar |
| entrer en lice | in den Ring steigen, den Kampfplatz betreten |
| | |
| briguer qc | sich um etw. bewerben, bemühen |

| | |
|---|---|
| **le bureau de vote** | das Wahllokal |
| le citoyen | der Bürger |
| l'électeur, l'électrice | der Wähler, die Wählerin |
| s'inscrire dans les listes électorales | sich in die Wählerlisten eintragen (lassen) |
| les inscrits | die Wahlberechtigten |
| voter pour qn | jdn wählen, für jdn stimmen |
| le vote par procuration | die Wahl per Bevollmächtigten |
| le vote par correspondance | die Briefwahl |
| appeler aux urnes | an die Wahlurnen rufen |
| se rendre aux urnes | zur Wahl gehen |
| s'abstenir | sich enthalten (der Stimme) |
| l'abstention (f) | die Enthaltung |
| le taux d'abstentions | der Anteil an Enthaltungen |
| la participation | die Beteiligung |
| les bulletins blancs ou nuls | die ungültigen Stimmzettel |
| | |
| **le score** | das Wahlergebnis |
| le dépouillement | die Auszählung |
| décompter les voix | die Stimmen auszählen |
| les estimations | die Hochrechnungen |
| le pourcentage | der Prozentsatz |
| le vote, la voix | die Stimme |
| les suffrages exprimés | die abgegebenen Stimmen |
| la majorité absolue/relative | die absolute/relative Mehrheit |
| l'issue (f) | der Ausgang, das Ergebnis |
| le siège | der Sitz |
| le mandat | das Mandat |
| échouer | scheitern |
| l'échec (m) | das Scheitern, der Misserfolg |
| réussir | Erfolg haben |
| la réussite | der Erfolg |
| la percée, la poussée | der Durchbruch |
| la défaite/victoire électorale | die Wahlniederlage/der Wahlsieg |
| remporter la victoire | siegen, den Sieg erringen |
| l'emporter sur | besiegen, über ... siegen |
| arriver en tête | vorne liegen, siegen |
| la percée, la poussée | der Durchbruch |
| essuyer une défaite cinglante, cuisante | eine schwere Niederlage einstecken müssen |
| la donne a changé | die Situation hat sich .., die Macht-verhältnisse haben sich geändert |

| Institutions |

| | |
|---|---|
| la Constitution | die Verfassung |
| la séparation des pouvoirs | die Gewaltenteilung |
| le pouvoir législatif/exécutif/judiciaire | die Legislative/Exekutive/Judikative |
| la jurisprudence | die Rechtsprechung |
| la législation | die Gesetzgebung |
| les Chambres | Senat und Abgeordnetenhaus, die Kammern |
| le Sénat (Luxembourg) | der Senat |
| l'Assemblée nationale (Palais Bourbon) | die Nationalversammlung |
| le Parlement | das Parlament |
| les députés | die Abgeordneten |
| le cumul des mandats | die Ämterhäufung |
| le groupe parlementaire | die Fraktion |
| la législature | die Legislaturperiode |
| la session | die Sitzungsperiode |
| les sénateurs | die Senatoren |
| le président de la République (Elysée) | der französische Staatspräsident |
| le quinquennat | die fünfjährige Amtszeit |
| le Conseil d'Etat | der Staatsrat |
| le Conseil constitutionnel | der Verfassungsrat, das -gericht |
| veiller à la constitutionnalité des lois | die Verfassungsmäßigkeit der Gesetze überwachen |
| la saisine | die Anrufung |
| saisir un tribunal (d'une affaire) | ein Gericht anrufen (in einer Sache) |
| relever de la compétence de | in die Zuständigkeit von .. fallen |
| la Cour des Comptes | der Rechnungshof |
| la Cour de Cassation | der Kassationshof |
| la Cour d'appel | das Berufungsgericht |
| le tribunal d'instance | das Amtsgericht |
| **le gouvernement** | die Regierung |
| se composer de | sich zusammensetzen aus |
| le Premier ministre (Matignon) | der Premierminister |
| le ministère | das Ministerium |
| le porte-parole du gouvernement | der Regierungssprecher |
| le Conseil des ministres | der Ministerrat |
| le/la ministre d'Etat | der/die Staatsminister/in |
| le/la ministre délégué/e | der/die beigeordnete Minister/in |
| le/la secrétaire d'Etat | der/die Staatssekretär(in) |
| le remaniement ministériel, le revirement gouvernemental | die Regierungsumbildung |
| la valse des chaises musicales | das Stühlerücken |
| la motion de censure | der Misstrauensantrag |
| poser la question de confiance | die Vertrauensfrage stellen |
| remettre sa démission | seinen Rücktritt einreichen |

| | |
|---|---|
| **exercer/détenir le pouvoir** | die Macht ausüben/innehaben |
| disposer de | verfügen über |
| accéder au pouvoir | an die Macht gelangen |
| la prépondérance | die Vormachtstellung, das Übergewicht |
| s'emparer de | sich .. bemächtigen |
| les attributions (f) | die Kompetenzen, der Aufgabenbereich |
| la mission | der Auftrag |
| chargé de | betraut mit, zuständig für |
| habilité à | befugt zu |
| veiller à | darauf achten, dafür sorgen |
| jouir de droits | Rechte genießen |
| les prérogatives | die Vorrechte |
| être réservé à | vorbehalten sein |
| le contre-seing | die Gegenzeichnung |
| | |
| **Ministre de l'Economie des Finances et de l'Industrie** (Bercy) | Wirtschafts- und Finanzminister |
| Secrétaire d'Etat chargé du Commerce extérieur | Staatssekretär für den Außenhandel |
| Secrétaire d'Etat chargé du Budget | Staatssekretär für das Budget |
| Secrétaire d'Etat chargé des PME, du Commerce, de l'Artisanat et de la Consommation | Staatssekretär für KMU, Handel, Handwerk und Verbraucher |
| Secrétaire d'Etat chargé de l'Industrie | Staatssekretär für Industrie |
| **Ministre de l'Emploi et de la Solidarité** | Arbeits- und Sozialminister |
| Ministre délégué à la Famille et à l'Enfance | Beigeordneter Familienminister |
| Ministre délégué à la ville | Beigeordneter Städteminister |
| Secrétaire d'Etat à la santé et aux handicapés | Staatssekretär für das Gesundheitheitswesen |
| Secrétaire d'Etat aux droits des femmes et à la formation | Staatssekretär für Frauenrechte und Ausbildung |
| Secrétaire d'Etat à l'Economie solidaire | Staatssekretär für den Solidarsektor |
| **Garde des Sceaux** | Siegelbewahrer |
| **Ministre de la Justice** | Justizminister |
| **Ministre de l'Intérieur** | Innenminister |
| Secrétaire d'Etat chargé de l'Outre-mer | Staatssekretär für Übersee |
| **Ministre de l'Education nationale** | Erziehungsminister |
| Ministre délégué à l'Enseignement professionnel | Beigeordneter Minister für Berufsschulwesen |
| **Ministre des Affaires étrangères** (Quai d'Orsay) | Außenminister |
| Ministre délégué chargé des Affaires européennes | Beigeordneter Minister für Europäische Angelegenheiten |
| Ministre délégué de la Coopération et de la Francophonie | Beigeordneter Minister für Koordination und Frankophonie |
| **Ministre de la Défense** | Verteidigungsminister |
| Secrétaire d'Etat chargé des Anciens combattants | Staatssekretär für die Kriegsveteranen |

| | |
|---|---|
| **Ministre de l'Equipement, des Transports et du Logement** | Verkehrs- und Wohnungsbauminister |
| Secrétaire d'Etat chargé du Logement | Staatssekretär für den Wohnungsbau |
| Secrétaire d'Etat chargé du Tourisme | Staatssekretär für Tourismus |
| **Ministre de la Culture et de la Communication** | Minister für Kultur und Kommunikation (D: Kultusminister) |
| | |
| Secrétaire d'Etat au Patrimoine et à la Décentralisation culturelle | Staatssekretär für das Kulturerbe und die Dezentralisierung im Kulturbereich |
| **Ministre de l'Agriculture et de la Pêche** | Landwirtschaftsminister |
| **Ministre de l'Aménagement du Territoire et de l'Environnement** | Raumplanungs- und Umweltminister |
| **Ministre des Relations avec le Parlement** | Minister für Beziehungen zum Parlament |
| **Ministre de la Fonction publique et de la Réforme de l'Etat** | Minister für den Öffentlichen Dienst und die Staatsreform |
| **Ministre de la Jeunesse et des Sports** | Jugend- und Sportminister |
| **Ministre de la Recherche** | Forschungsminister |
| | |
| **la collectivité territoriale, locale** | die Gebietskörperschaft |
| la circonscription administrative | der Verwaltungsbezirk |
| le pouvoir local | die Lokalgewalt, -macht |
| les responsables | die Verantwortlichen |
| les autorités, les pouvoirs publics | die Behörden, die Amtsgewalt |
| la fonction publique | der öffentliche Dienst |
| les homologues | die Amtskollegen; die entsprechenden Institutionen |
| | |
| les élus locaux | die örtlichen Abgeordneten |
| les élus | die gewählten Vertreter |
| la commune | die Gemeinde |
| la municipalité | die Stadtverwaltung |
| l'agglomération (f) | die Ortschaft, Stadt |
| la mairie | das Bürgermeisteramt |
| le maire | der Bürgermeister |
| les D.O.M.-T.O.M./Départements et Territoires d'Outre-Mer | die überseeischen Departements und Gebiete |
| la métropole | die Metropole |
| la France métropolitaine | das französische Mutterland |
| l'Hexagone | Frankreich |
| hexagonal, tricolore | französisch |
| francophone | französischsprachig |

| | |
|---|---|
| **la décentralisation** | die Dezentralisierung |
| l'aménagement du territoire | die Raumplanung |
| le centralisme | der Zentralismus |
| la DSU/dotation de solidarité urbaine | die Ausgleichszahlung |
| la DGF/dotation globale de financement | die globale Zuteilung von Finanzmitteln |
| | |
| **le fédéralisme** | der Föderalismus |
| l'Etat fédéral | der Bundesstaat |
| le chancelier | der Kanzler |
| la Diète fédérale | der Bundestag |
| la Loi fondamentale (D) | das Grundgesetz |
| la réunification | die Wiedervereinigung |
| l'unification (f) | die Einigung |
| l'unité (f) | die Einheit |
| l'ancienne R.D.A., l'ex-R.D.A. | die ehemalige DDR |
| | |
| **les anciens/nouveaux Länder** | die alten/neuen Bundesländer |
| les Länder orientaux/occidentaux | die östlichen/westlichen Bundesländer |
| la péréquation financière | der Finanzausgleich |
| les contributeurs/bénéficiaires | die Geber-/Nehmerländer, Zahler/Empfänger |
| | |
| Berlin | Berlin |
| la ville-Etat de Brême | der Stadtstaat Bremen |
| Hambourg | Hamburg |
| le Schleswig-Holstein | Schleswig-Holstein |
| la Basse-Saxe | Niedersachsen |
| la Rhénanie-du-Nord-Westphalie | Nordrhein-Westfalen |
| la Hesse | Hessen |
| la Rhénanie-Palatinat | Rheinland-Pfalz |
| le Bade-Wurttemberg | Baden-Württemberg |
| la Bavière | Bayern |
| la Sarre | das Saarland |
| le Mecklembourg-Poméranie Antérieure | Mecklenburg-Vorpommern |
| le Brandebourg | Brandenburg |
| la Saxe | Sachsen |
| la Saxe-Anhalt | Sachsen-Anhalt |
| la Thuringe | Thüringen |

## Législation

| | |
|---|---|
| la législation | die Gesetzgebung |
| la procédure | das Verfahren, die Verfahrensweise |
| en matière de | in Sachen, bei dem Thema, was .. angeht |
| | |
| le règlement | die Regelung |
| conformément aux termes de l'article .. | gemäß Artikel .. |
| compte tenu de | unter Berücksichtigung von, in Anbetracht |
| stipuler | bestimmen, festlegen, vorsehen |
| être soumis à la loi | dem Gesetz unterliegen |
| soumettre à qn | jdm vorlegen, unterbreiten |
| être soumis à l'approbation | der Zustimmung unterliegen, zur Genehmigung vorgelegt werden |
| | |
| reconnaître | anerkennen |
| | |
| **le projet de loi** | der Gesetzentwurf (Regierungsinitiative) |
| la proposition de loi | die Gesetzesvorlage |
| portant sur, relatif,ve à | über, bezüglich, zu |
| élaborer | ausarbeiten, erarbeiten, erstellen |
| initier | in Gang bringen, beginnen |
| proposer | vorschlagen |
| déposer un projet de loi | einen Gesetzesentwurf einbringen |
| | |
| **la session** | die Sitzungsperiode |
| siéger | tagen |
| fixer l'ordre du jour | die Tagesordnung festlegen |
| figurer à l'ordre du jour | auf der Tagesordnung stehen |
| présider | den Vorsitz führen |
| la présidence | der Vorsitz, die Präsidentschaft |
| participer, assister à | teilnehmen an |
| contribuer à | beitragen zu |
| | |
| **la délibération** | die Beratung |
| délibérer | beraten |
| la lecture | die Lesung |
| l'allocution (f) | die Ansprache |
| le discours | die Rede |
| alléguer des arguments | Argumente anführen |
| convaincre qn de qc | jdn von etw überzeugen |
| la conviction | die Überzeugung |
| le débat d'orientation | die Grundsatzdebatte |
| un débat houleux | eine bewegte, lebhafte Debatte |
| clore les débats | die Debatten abschließen |
| décider de | entscheiden über |
| la décision | die Entscheidung |

| | |
|---|---|
| **le vote** | die Abstimmung |
| adopter une loi | ein Gesetz annehmen |
| abroger une loi | ein Gesetz aufheben |
| déroger à une loi | ein Gesetz abändern, |
| | von e-m Gesetz abweichen |
| | |
| la motion | der Antrag |
| l'amendement (m) | der Abänderungsvorschlag |
| recevable | zulässig, berechtigt |
| | |
| à l'unanimité | einstimmig |
| qc fait l'unanimité | alle sind sich über etwas einig |
| être unanime | einhellig sein, übereinstimmen |
| être divisé sur | uneins sein in |
| approuver | zustimmen, billigen |
| désapprouver | missbilligen, ablehnen |
| rejeter, refuser | zurückweisen, ablehnen |
| en cas de désaccord | bei Uneinigkeit |
| la commission mixte paritaire | der paritätisch besetzte gemischte |
| | Ausschuss |
| | |
| ratifier | ratifizieren |
| entériner (une loi) | (ein Gesetz) billigen, bestätigen |
| promulguer | offiziell verkünden |
| faire paraître au Journal Officiel (J.O.) | im Amtsblatt veröffentlichen |
| être/entrer en vigueur | in Kraft sein/treten |
| | |
| **les mesures gouvernementales** | die Regierungsmaßnahmen |
| prendre, adopter des mesures | Maßnahmen ergreifen |
| le train de mesures, le dispositif | der Maßnahmenkatalog, das |
| | Maßnahmenpaket |
| | |
| la marge de manœuvre | der Handlungsspielraum |
| publier des déclarations | Verlautbarungen veröffentlichen |
| annoncer | ankündigen |
| le communiqué | das Kommuniqué |
| décréter | erlassen |
| le décret | der Beschluss, die Verfügung |
| reconduire un décret | eine Verfügung erneuern |
| l'ordonnance (f) | die Verfügung, Rechtsverordnung |
| l'arrêté (m) | der Erlass |
| la résolution | die Entschließung |
| | |
| **avoir l'intention** de faire qc | die Absicht haben etw. zu tun |
| projeter de, compter faire qc | planen, vorhaben etw. zu tun |
| s'efforcer de faire qc | sich bemühen, etw zu tun |
| se consacrer à | sich .. widmen |
| faire preuve de | an den Tag legen |
| s'apprêter à faire qc | sich anschicken, etw. zu tun |
| s'atteler à une tâche | sich an eine Aufgabe begeben, sich |
| | hineinknien |
| | |
| s'employer à faire qc | sich etw. angelegen sein lassen |

| viser à | auf .. abzielen, auf ... ausgehen |
| viser qch | streben nach, anpeilen |
| poursuivre des objectifs | Ziele verfolgen |
| le but | das Ziel |
| la priorité | das vorrangige Ziel |

| **mettre en route** | auf den Weg bringen |
| mettre en place | einsetzen, einführen |
| mettre en œuvre | ins Werk setzen, umsetzen, realisieren |
| procéder à, effectuer | durchführen |
| instituer, instaurer, introduire | einführen |
| imposer | durchsetzen, verordnen |
| appliquer | anwenden |
| finir par faire qc | schließlich etw tun |
| arrêter, cesser de faire qc | aufhören etw zu tun |
| continuer de (à) faire qc | weiterhin etw tun |
| mettre fin à | ein Ende bereiten |
| maîtriser | unter Kontrolle haben, beherrschen |
| il parvient à faire qc | es gelingt ihm, etw. zu tun |
| tirer les leçons de | Lehren aus .. ziehen |

| **autoriser qn à faire qc** | jdm erlauben, genehmigen, etw zu tun |
| donner feu vert à | grünes Licht geben |
| défendre, interdire qc à qn | jdm etw verbieten |
| la défense, l'interdiction (f), la prohibition | das Verbot |
| empêcher | verhindern, hindern |
| éviter | verhindern, vermeiden |
| intervenir | eingreifen, einschreiten |
| observer, respecter | beachten, einhalten |
| les fondements | die Basis, Grundlagen |

| **la contravention** | der Verstoß |
| l'infraction (f) | die Übertretung, Vertragsverletzung |
| la falsification, les faux | die Fälschung |
| le recel | die Unterschlagung |
| l'abus (m) de biens sociaux | die Veruntreuung |
| l'abus (m) | der Missbrauch |
| aggraver, renforcer les peines | die Strafen verstärken |
| percevoir des amendes | Bußgelder erheben |
| passible d'une amende | bußgeldpflichtig |
| puni d'une amende | mit Bußgeld belegt |
| porter, déposer (une) plainte | Klage einreichen |
| la procédure | das Verfahren |

Environnement politique*

| tenir compte de, prendre en considération | berücksichtigen, einbeziehen |
| faire allusion à | anspielen auf |
| aborder un sujet | ein Thema angehen, ansprechen |
| soulever la question | die Frage aufbringen, aufwerfen |
| réfléchir | nachdenken, überlegen |
| relever | hervorheben |
| considérer comme | ansehen als |
| être considéré comme | gelten als, angesehen werden als |
| être censé (verbe) | betrachtet, angesehen werden als |
| qualifier de | bezeichnen als |
| recourir à, avoir recours à | verwenden, einsetzen, zurückgreifen auf, Gebrauch machen von |
| s'appuyer sur | sich stützen auf |
| profiter de qc | von etw profitieren |
| profiter à qn | jdm zugute kommen |
| favoriser | begünstigen |
| faciliter | erleichtern |

| **la préoccupation**, le souci | die Sorge, die Besorgnis |
| évoquer comme sujet d'inquiétude | als Anlass zur Beunruhigung ansprechen |
| se sentir concerné | sich betroffen fühlen |
| se rendre compte de | sich bewusst werden, bemerken |
| avoir intérêt à faire qc. | im Interesse jds liegen, etw. zu tun |
| inquiéter, préoccuper | beunruhigen |
| s'inquiéter | sich beunruhigen |
| craindre, redouter qc | etw befürchten |
| craindre pour qc | um etw fürchten |
| se fier à | sich verlassen auf |
| se méfier de | misstrauen |
| la méfiance/confiance | das Misstrauen/Vertrauen |
| le mécontentement | die Unzufriedenheit |
| se plaindre de qc | sich über etw beklagen |
| déplorer | beklagen |
| la rancœur | der Groll |
| la grogne | die Unzufriedenheit (e-r Gruppe) |
| râler | meckern, schimpfen |
| le tollé | der Aufruhr, das Geschrei |
| **mener/poursuivre une campagne** | eine Kampagne führen/fortsetzen |
| la campagne d'information | die Aufklärungskampagne |
| mener des recherches sur | Untersuchungen über ... anstellen |
| démontrer | zeigen, aufzeigen |
| prouver | beweisen |
| la preuve | der Beweis |
| déceler, détecter | aufdecken, herausfinden |
| avoir tort/raison | Unrecht/Recht haben |
| lancer un appel | einen Aufruf erlassen |
| lancer un avertissement | eine Warnung aussprechen |

| | |
|---|---|
| **le risque** | das Risiko |
| comporter des risques | Risiken bergen |
| passer sous silence, taire | verschweigen |
| sous-estimer/surestimer | unter-/überschätzen |
| le danger | die Gefahr |
| la menace | die Bedrohung |
| la sécurité | die Sicherheit |
| protéger | beschützen, schützen |
| la protection | der Schutz |
| s'améliorer | sich (ver)bessern |
| se détériorer, se dégrader | sich verschlechtern |
| s'avérer, se révéler indispensable | sich als unerlässlich erweisen |
| (in)suffisant | (un)genügend, (nicht) ausreichend |
| | |
| l'incident (m) | der Zwischenfall, der Störfall |
| l'accident (m) | der Unfall |
| le scandale | der Skandal |
| se produire, survenir, intervenir | sich ereignen, eintreten |
| se multiplier | sich häufen |
| | |
| **déclencher** | auslösen, in Gang setzen |
| accélérer/ralentir | beschleunigen/verlangsamen |
| causer, provoquer | verursachen, hervorrufen |
| engendrer | hervorbringen |
| entraîner | mit sich bringen, nach sich ziehen |
| conditionner | bedingen |
| aboutir à qc | schließlich zu etw führen |
| amener | herbeiführen |
| mener à | zu .. führen |
| avoir un impact | eine Auswirkung haben |
| tenir à | an .. liegen, von .. herrühren |
| être tributaire de | abhängen von |
| | |
| **engager un débat/la lutte** | eine Debatte/den Kampf einleiten |
| relancer un débat sur | die Debatte über . wieder in Gang bringen |
| le détracteur, l'adversaire (m) | der Gegner, Feind |
| le défenseur, partisan | der Befürworter, Parteigänger |
| se prononcer pour, en faveur de/ | sich zugunsten von, für .. / |
| contre | gegen aussprechen |
| lutter pour/contre | für/gegen .. kämpfen |
| s'engager pour | sich für .. einsetzen |
| s'engager à faire qc | sich verpflichten, etw zu tun |
| saluer/contester | begrüßen/bestreiten, protestieren |
| mettre en question, remettre en cause | in Frage stellen |
| critiquer | kritisieren |
| dénoncer | anprangern, bloßlegen, -stellen |
| lever le lièvre | den Stein ins Rollen bringen, zeigen, wo der Hund begraben liegt |
| | |
| s'opposer à | sich .. widersetzen, entgegenstellen |
| combattre qc | etw bekämpfen |

| | |
|---|---|
| hostile à | feindlich |
| être contesté | umstritten sein |
| être dans la ligne de mire, dans le collimateur | im Visier sein |
| être sur la sellette | auf der Anklagebank sitzen, im Kreuzfeuer der Kritik stehen |
| la bête noire | das rote Tuch, ein Dorn im Auge |
| la pierre d'achoppement | der Stein des Anstoßes |
| le point d'achoppement | der Knackpunkt, Streitpunkt |

| | |
|---|---|
| **la manifestation** | die Demonstration |
| la levée de boucliers | der Widerstand, die Demonstration |
| le bras de fer | die harte Auseinandersetzung, die Zerreissprobe (Armstemmen) |
| l'épreuve de force (f) | die Kraftprobe |
| le différend | die Meinungsverschiedenheit, der Streit |
| la tension monte | die Spannung wächst |
| le bouleversement | die Umwälzung |
| ébranler | erschüttern |
| le revirement | die Wende, Umorientierung |
| la volte-face | die Kehrtwendung, die Sinnesänderung |
| bousculer | umstoßen, umwerfen |
| basculer de .. à | von .. auf .. umschwenken |

| | |
|---|---|
| **l'environnement** (m) | die Umwelt |
| les écologistes | die Umweltschützer |
| la pollution | die Umweltverschmutzung |
| les GES/gaz à effet de serre | die Treibhausgase |
| le réchauffement | die Erwärmung |
| la centrale nucléaire | das Atomkraftwerk |
| les déchets nucléaires | der Atomabfall |
| le retraitement | die Wiederaufbereitung |
| le site de stockage | das Lager |
| l'abandon de l'énergie nucléaire | der Ausstieg aus der Atomenergie |
| **la maladie de la vache folle**/ESB | Rinderwahnsinn, -seuche/BSE |
| les farines animales, carnées | das Tiermehl |
| les OGM/organismes génétiquement modifiés, transgéniques | die genmanipulierten Organismen |
| le clonage | das Clonen |
| la bioéthique | die Bioethik |
| **le sida** | Aids |
| la recrudescence | der Wiederausbruch |
| le dépistage | der Vorsorgetest |
| **l'extrême droite** | die Rechtsextremen |
| les crânes rasés | die Skinheads |
| la xénophobie | die Fremdenfeindlichkeit |
| le racisme | der Rassismus |
| perpétrer des actes de violence | Gewalttaten begehen |
| les agressions (f) | die Angriffe |
| l'assentiment tacite | die stillschweigende Billigung |

## Budget/Impôts

| | |
|---|---|
| le budget de l'Etat | der Staatshaushalt |
| les caisses de l'Etat, le Trésor | die Staatskasse |
| le projet de loi de finances | die Haushaltsvorlage |
| le débat d'orientation budgétaire | die Haushaltsdebatte |
| le collectif budgétaire | der Haushalt, der Nachtragshaushalt |
| la rallonge budgétaire | der Nachtragshaushalt |
| le volet dépenses/recettes | die Ausgaben-/Einnahmenseite |
| l'enveloppe (f) | das Budget, die vorgesehenen Mittel |
| les crédits (m) | die Mittel, Gelder |
| allouer | zuwenden, bereitstellen |
| débloquer | freigeben |
| consacrer des moyens à | Mittel verwenden für |
| affecter à | zuweisen, bestimmen für |
| les objectifs chiffrés | die Zahlenvorgaben |
| boucler le budget | den Haushalt ausgleichen |
| | |
| **le déficit/l'excédent budgétaire** | das Haushaltsdefizit/der Haushaltsüberschuss |
| le déficit public | das Haushaltsdefizit, die Neuverschuldung |
| la dette publique | die staatliche Gesamtverschuldung |
| se creuser | sich auftun, erweitern, klaffen |
| faire, pratiquer des coupes | einschneidende Kürzungen vornehmen, den Rotstift ansetzen |
| amputer le budget | das Budget beschneiden |
| contenir les dépenses dans des limites raisonnables | die Ausgaben in vernünftigen Grenzen halten |
| le plafonnement | die Deckelung |
| combler un déficit | ein Defizit ausgleichen |
| le surcroît de recettes | der Einnahmenüberschuss |
| | |
| **l'impôt** (m), la contribution, la taxe | die Steuer |
| les prélèvements sociaux | die Sozialabgaben |
| les prélèvements obligatoires | die Steuern und Abgaben |
| la contribution | die Steuer, Abgabe |
| l'impôt sur le revenu | die Einkommen(s)steuer |
| la C.S.G./Contribution sociale généralisée | die Allgemeine Zusatzsteuer (seit 1991) |
| la C.R.D.S./Contribution au Remboursement de la dette sociale | Sondersteuer zum Abbau des Sozialversicherungsdefizits (seit 1996) |
| le complément de solidarité | die Solidaritätssteuer (D) |
| l'impôt sur le culte | die Kirchensteuer (D) |
| la taxe d'habitation | die Wohnraumsteuer |
| la vignette | die Kraftfahrzeugsteuer |
| la taxe professionnelle | die Gewerbesteuer |
| l'impôt sur les sociétés | die Körperschaftssteuer |
| l'impôt sur les bénéfices | die Gewinnsteuer |

| | |
|---|---|
| l'impôt sur le revenu du capital | die Kapitalertragssteuer |
| la taxe sur le foncier (non) bâti | die Grundsteuer auf (un)bebaute Grundstücke |
| l'impôt sur les mutations foncières | die Grunderwerbssteuer |
| les droits de succession | die Erbschaftssteuern |
| l'impôt sur les donations | die Schenkungssteuer |
| les droits de mutation | die Veräußerungssteuern |
| l'I.S.F./l'impôt de solidarité sur la fortune | die Vermögen(s)steuer |
| la T.V.A./taxe à, sur la valeur ajoutée | die Mehrwertsteuer, Umsatzsteuer |
| la TIPP/taxe intérieure sur les produits pétroliers | die Mineralölsteuer |

| | |
|---|---|
| **le système fiscal** | das Steuersystem |
| la progressivité de l'impôt | die Steuerprogression |
| la rétroactivité fiscale | die rückwirkende Gültigkeit |
| les autorités fiscales | die Steuerbehörden |
| le Trésor public | das Finanzamt, die Staatskasse |
| la Direction générale des impôts | die Oberste Finanzbehörde |
| le fisc | das Finanzamt |
| le trésorier-payeur | der Leiter des Finanzamts |
| les régimes fiscaux, d'imposition | die Steuersysteme |
| la fiscalité | die Steuern, Steuerlast, das Steuersystem |

| | |
|---|---|
| **le recouvrement de l'impôt** | die Steuererhebung, -eintreibung, -einzug |
| la collecte des impôts | das Erheben der Steuern, die Steuererhebung |
| les rentrées fiscales | die Steuereinnahmen |
| les recettes fiscales | das Steueraufkommen |
| rapporter | einbringen |
| le rendement | der Ertrag |

| | |
|---|---|
| **l'imposition** (f), la taxation | die Besteuerung |
| imposer | besteuern |
| le taux d'imposition | der Steuersatz |
| le salaire imposable | das zu versteuernde Einkommen |
| l'assiette (f) | die Veranlagung, Bemessungsgrundlage |
| le seuil d'imposition | der Eingangssteuersatz |
| le taux marginal | der Spitzensteuersatz |
| la tranche d'imposition | die Progressionsstufe |
| le barème d'imposition | die Steuertabelle |

| | |
|---|---|
| le prélèvement, la retenue à la source | die Besteuerung an der Quelle |
| recouvrer à la source | an der Quelle einbehalten |
| prélever directement sur la fiche de paie | direkt vom Lohn abziehen |
| le prélèvement libératoire | die Pauschalbesteuerung |
| la double imposition | die Doppelbesteuerung |
| le crédit d'impôt | die Steueranrechnung |

| | |
|---|---|
| frapper d'un impôt | mit einer Steuer belegen |
| recouvrer | eintreiben, erheben |
| percevoir | erheben |
| relever | anheben |
| abaisser | senken |
| appliquer | anwenden |
| ponctionner | schröpfen, zur Ader lassen |
| l'alourdissement des impôts, de la pression fiscale, le tour de vis fiscale | die Erhöhung der steuerlichen Belastung, das Anziehen der Steuerschraube |
| majorer les impôts de | die Steuern um .. erhöhen |
| | |
| **l'avantage fiscal** | die Steuervergünstigung, -begünstigung |
| l'allègement fiscal, le dégrèvement d'impôts | die Steuerentlastung, -erleichterung |
| le quotient familial | Koeffizient zur Berücksichtigung der Familiengröße bei der Einkommen(s)steuerberechnung |
| la déduction fiscale | der steuerliche Abzug |
| la réduction d'impôt | die Steuerermäßigung |
| l'abattement fiscal | der Steuerfreibetrag |
| le plafond | die Höchstgrenze |
| plafonner | nach oben begrenzen |
| les incitations fiscales | die steuerlichen Anreize |
| la dérogation | die Befreiung, Ausnahme |
| | |
| **le contribuable** | der Steuerzahler, Steuerpflichtige |
| imposable | steuerpflichtig |
| exonéré d'impôt | von der Steuer befreit, steuerbefreit |
| le lieu d'imposition | der steuerliche Wohnsitz |
| la carte fiscale | die Steuerkarte |
| le conseiller fiscal | der Steuerberater (D) |
| déposer la déclaration d'impôts | die Steuererklärung abgeben |
| le mandat de contribution | der Steuerzettel, -schein |
| l'avertissement de mise en recouvrement, l'avis d'imposition | der Steuerbescheid |
| devoir | schulden |
| acquitter | entrichten, begleichen |
| l'acquittement de l'impôt | die Steuerabgeltung |
| supporter | tragen, bezahlen müssen |
| exigible | fällig |
| net d'impôt | steuerfrei |
| assujetti à la TVA | mehrwertsteuerpflichtig |
| verser des acomptes | Vorauszahlungen leisten |
| à valoir sur | anrechenbar auf |
| imputer sur | anrechnen auf |
| | |
| déduire | absetzen |
| déductible | absetzbar, abzugsfähig |
| l'avoir fiscal, le crédit d'impôt | die Steuergutschrift |

| | |
|---|---|
| la niche fiscale | das Steuerschlupfloch |
| le remboursement fiscal | die Steuererstattung |
| le redressement fiscal | die Nachveranlagung, Steuernachberechnung |

| | |
|---|---|
| **l'infraction fiscale** | das Steuervergehen |
| la fraude fiscale | die Steuerhinterziehung |
| frauder le fisc | die Steuern hinterziehen, das Finanzamt hintergehen |
| à titre de pénalité | als Strafe, Strafsteuer |
| l'évasion fiscale | die Steuerabwehr, -flucht |
| le contrôle fiscal | die Steuerprüfung |
| la prescription | die Verjährung |

## Politique sociale

| | |
|---|---|
| le niveau de vie | der Lebensstandard |
| les conditions de vie | die Lebensbedingungen |
| le coût de la vie | die Lebenshaltungskosten |
| le revenu par tête d'habitant | das Pro-Kopf-Einkommen |
| les disparités (f) | die Unterschiede |
| l'exclusion (f) | die Ausgrenzung |
| la fracture sociale | der Riss in der Gesellschaft |
| favoriser l'insertion | die Eingliederung fördern |
| les laissés-pour-compte | die Stiefkinder, Gestrandeten |
| les défavorisés | die Benachteiligten |
| être démuni | mittellos, arm sein |
| les marginaux | die Randgruppen |
| les S.D.F./sans-domicile-fixe | die Obdachlosen |
| le demandeur d'asile | der Asylbewerber |
| la politique d'immigration | die Ein-, Zuwanderungspolitik |

| | |
|---|---|
| **le secteur social** | der soziale Bereich |
| les équipements sociaux | die sozialen Einrichtungen |
| l'Etat-providence | der Wohlfahrtsstaat |
| la législation sociale | die Sozialgesetzgebung |
| la protection sociale | das soziale Netz, das System der sozialen Sicherung |
| la Sécurité sociale | die Sozialversicherung |
| l'avancée sociale | der soziale Fortschritt |
| les acquis sociaux | die sozialen Errungenschaften |
| le SMIC, Smic/salaire minimum inter-professionnel de croissance | der gesetzlich garantierte Mindestlohn, der dynamische Mindestlohn |
| le RMI/revenu minimum d'insertion | die Beihilfe zur Wiedereingliederung |
| le revenu de remplacement | die Lohnersatzleistung |
| avoir droit à | Anspruch haben auf |
| bénéficier de | von .. profitieren, .. bekommen |
| les aides (f) | die Beihilfen, die Unterstützung |
| une allocation | eine Beihilfe |
| sous condition de ressources | einkommensabhängig |

| | |
|---|---|
| **le logement social** | der soziale Wohnungsbau |
| les H.L.M./habitations à loyer modéré | die Sozialwohnungen |
| l'habitation collective | das Mehrfamilienhaus |
| la maison individuelle | das Einfamilienhaus, das Eigenheim |
| le locataire | der Mieter |
| le propriétaire | der Besitzer, Hauswirt |
| le bail (pl. baux) | der Mietvertrag |
| le loyer | die Miete |
| les terrains à bâtir | das Bauland |

## Démographie/Population active

| | |
|---|---|
| la démographie | die Demographie |
| la population | die Bevölkerung |
| le recensement | die Erhebung, Erfassung, Volkszählung |
| enregistrer | erfassen, verzeichnen |
| évaluer, estimer à | schätzen auf |
| le nombre d'habitants | die Einwohnerzahl |
| la densité de population | die Bevölkerungsdichte |
| la fécondité | die Fruchtbarkeit |
| les naissances (f) | die Geburten |
| le taux de natalité | die Geburtenrate |
| les femmes en âge de procréer | die Frauen im gebärfähigen Alter |
| les décès (m) | die Todesfälle |
| la mortalité | die Sterblichkeit |
| l'espérance de vie (f) | die Lebenserwartung |
| l'apport migratoire (m) | die Zuwanderung |
| les migrations | die Wanderbewegungen |
| l'âge au mariage | das Heiratsalter |
| la scolarisation | der Schulbesuch, die Einschulung |

| | |
|---|---|
| **l'explosion démographique** | die Bevölkerungsexplosion |
| la surpopulation | die Überbevölkerung |
| surpeuplé | überbevölkert |
| la famine | die Hungersnot |

| | |
|---|---|
| **la répartition de la population** | die Bevölkerungsverteilung |
| la pyramide des âges | die Alterspyramide |
| la proportion | der Anteil, das Verhältnis |
| la part dans | der Anteil an |
| la tranche, classe d'âge | die Altersgruppe |
| les moins de 20 ans | die unter Zwanzigjährigen |
| l'excédent de ... sur | der Überschuss von ... über |
| le baby boom | die geburtenstarken Jahrgänge |
| la dénatalité | der Pillenknick, Geburtenrückgang |
| le recul, la chute, la baisse | der Rückgang |
| la pilule | die "Pille" |
| la contraception | die Verhütung |
| l'IVG/interruption volontaire de grossesse | der Schwangerschaftsabbruch |

| | |
|---|---|
| l'avortement (m) | die Abtreibung |
| le vieillissement de la population | die Überalterung der Bevölkerung |
| l'allongement (m) de la scolarité | die Verlängerung der Schulzeit |
| l'abaissement (m) de l'âge de la retraite | die Senkung des Rentenalters |

| | |
|---|---|
| **la politique nataliste** | die Politik der Geburtenförderung |
| influer sur | einen Einfluss auf ... haben |
| l'incidence (f) sur | der Einfluss auf |
| la constitution d'une famille | die Familiengründung |
| concilier travail et maternité | Berufstätigkeit und Mutterschaft miteinander verbinden |
| retarder | verschieben, hinauszögern |
| la crèche | die Krippe |
| l'aide ménagère | die Haushaltshilfe |
| prendre en charge un enfant | ein Kind versorgen, pflegen, übernehmen |
| avoir un enfant à charge | ein Kind zu versorgen haben |
| la pension alimentaire | die Unterhaltszahlung |

| | |
|---|---|
| **la population active** | die Erwerbsbevölkerung |
| la population active occupée | die erwerbstätige Bevölkerung |
| les actifs | die Erwerbspersonen, Berufstätigen |
| le taux d'activité | die Beschäftigungsrate |
| les personnes susceptibles de travailler | die erwerbsfähigen Personen |
| parvenir à l'âge de travailler | ins arbeitsfähige Alter kommen |
| le chômage | die Arbeitslosigkeit |
| les chômeurs | die Arbeitslosen |
| les retraités | die Rentner |
| cotiser pour les retraites | Rentenbeiträge zahlen |
| une retraite à taux plein | eine volle Rente |
| calculer en fonction de | nach .. berechnen |
| la décote | der Abschlag |

| | |
|---|---|
| **augmenter** | zunehmen, steigen, erhöhen |
| diminuer, baisser | abnehmen, sinken |
| l'augmentation (f) | die Zunahme, das Anwachsen |
| la diminution | die Abnahme, Verringerung |
| progresser | zunehmen, wachsen |
| régresser | zurückgehen, abnehmen |
| la progression | die Zunahme |
| la régression | der Rückgang |
| croître, s'accroître | wachsen |
| la croissance | das Wachstum |
| l'accroissement (m) | der Zuwachs |
| le rythme d'accroissement | das Tempo der Zunahme |
| s'accélérer | sich beschleunigen |
| le déclin | der Niedergang, der starke Rückgang |
| stagner, se stabiliser autour de | sich um .. herum stabilisieren |
| représenter .. % | .. % darstellen, ausmachen |

## Environnement international

| | |
|---|---|
| les pays industrialisés | die Industrieländer |
| les pays en voie de développement | die Entwicklungsländer |
| les pays sous-développés (ancien) | die unterentwickelten Länder |
| les PMA/pays les moins avancés | die ärmsten Länder |
| le Tiers monde | die Dritte Welt |
| les pays émergents | die aufstrebenden Länder |
| les NPI/nouveaux pays industrialisés | die Schwellenländer |
| l'Europe centrale/orientale | Mittel-/Osteuropa |
| l'Europe du Sud/Nord | Süd-/Nordeuropa |
| les PECO/pays d'Europe centrale et orientale | die mittel- und osteuropäischen Länder |
| les pays anglo-saxons | die angelsächsischen Länder |
| outre-Rhin | (in) Deutschland |
| outre-Atlantique | (in) Amerika |
| outre-Manche | (in) Großbritannien |
| l'OCDE/Organisation de coopération et de développement économique | die OECD |
| l'ONU/Organisation des Nations Unies | die UNO |
| les casques bleus | die Blauhelme |
| l'OTAN/Organisation du traité de l'Atlantique Nord | die Nato |
| C.S.C.E./Conférence sur la sécurité et la coopération en Europe | KSZE/Konferenz zur Sicherheit und Zusammenarbeit in Europa |
| E.E.E./Espace économique européen | EWR/Europäischer Wirtschaftsraum |
| A.E.L.E./Association européenne de libre-échange | EFTA/Europäische Freihandelsassoziation |
| les ONG/organisations non gouvernementales | die Nichtregierungsorganisationen |
| la Banque mondiale | die Weltbank |
| le FMI/fonds monétaire international | der IWF/Internationale Währungsfonds |

| | |
|---|---|
| **U.E./**Union européenne | EU/Europäische Union |
| la CE/Communauté Européenne | die EG/Europäische Gemeinschaft |
| U.E.M./Union économique et monétaire | WWU/Wirtschafts- und Währungsunion |
| | |
| **Parlement européen** | EP/Europäisches Parlament |
| Conseil de l'Europe | ER/Europäischer Rat |
| Conseil des ministres | Rat der Europäischen Union, |
| | EU-Ministerrat |
| Commission européenne | Europäische Kommission |
| Cour de justice | EuGH/Europäischer Gerichtshof |
| Cour des comptes | EuRH/Europäischer Rechnungshof |
| C.E.S./Comité économique et social | WSA/Wirtschafts- und Sozialausschuss |
| B.E.I./Banque européenne | EIB/Europäische Investitionsbank |
| d'investissement | |
| F.E.D.E.R./Fonds européen de | EFRE/Europäischer Fonds für regionale |
| développement régional | Entwicklung |
| F.S.E./Fonds social européen | ESF/Europäischer Sozialfonds |
| F.E.D./Fonds européen de | EEF/Europäischer Entwicklungsfonds |
| développement | |
| Euratom, C.E.E.A./Communauté | EURATOM/Europäische Gemeinschaft |
| européenne de l'énergie atomique | für Atomenergie |
| F.E.O.G.A./Fonds européen d'orien- | EAGFL/Europäischer Ausrichtungs- |
| tation et de garantie agricole | und Garantiefonds für die |
| | Landwirtschaft |
| P.A.C./politique agricole commune | G.A.P./Gemeinsame Agrarpolitik |
| P.E.S.C./politique extérieure et de | GASP/Gemeinsame Außen- und |
| sécurité commune | Sicherheitspolitik |
| Haut représentant pour la politique | Hoher Beauftragter der Gemeinsamen |
| extérieure et de sécurité commune | Außen- und Sicherheitspolitik |
| P.E.D./politique européenne de défense | Europäische Verteidigungspolitik |
| FRR/Force de réaction rapide | Krisenreaktionstruppe |
| la force d'intervention | die Eingreiftruppe |
| la CIG/conférence intergouvernementale | die Regierungskonferenz |
| | |
| le sommet | der Gipfel, das Gipfeltreffen |
| la présidence tournante | die wechselnde Präsidentschaft |
| la pondération des voix | die Stimmengewichtung |
| le règlement | die Verordnung |
| la directive | die Richtlinie |
| la décision | die Entscheidung |
| la recommandation | die Empfehlung |
| transposer dans la législation nationale | in die nationale Gesetzgebung umsetzen |

| | |
|---|---|
| **la construction européenne** | der europäische Aufbau |
| le pays membre, l'Etat membre | das Mitgliedsland, der Mitgliedsstaat |
| l'adhésion (f) à, l'entrée dans | der Beitritt |
| adhérer à | beitreten |
| communautaire | gemeinschaftlich, Gemeinschafts- |
| les pays tiers | die Drittländer |
| les pays associés | die assoziierten Länder |
| le partenariat | die Partnerschaft |
| | |
| **un espace économique** | ein Wirtschaftsraum |
| abolir les frontières | die Grenzen abschaffen |
| lever les barrières | die Schranken aufheben |
| limiter l'entrée de produits | die Einfuhr von Waren begrenzen |
| les relations commerciales | die Handelsbeziehungen |
| le marché commun | der Gemeinsame Markt |
| le marché unique | der Binnenmarkt |
| | |
| l'élargissement à l'Est | die Osterweiterung |
| l'acquis (m) communautaire | das Regelwerk der EU |
| la taille et la composition de | die Größe und Zusammensetzung |
| la commission | der Kommission |
| le passage à la majorité qualifiée | der Übergang zur qualifizierten Mehrheit |
| | |
| **les négociations** (f) | die Verhandlungen |
| les tractations | die inoffiziellen Verhandlungen |
| les tergiversations | die Winkelzüge |
| à l'issue d'une réunion, rencontre | zum Abschluss einer Zusammenkunft |
| l'ampleur des divergences | das Ausmaß der Divergenzen |
| le dossier épineux, délicat | das heikle, schwierige Thema |
| le casse-tête | die harte Nuss |
| | |
| céder | nachgeben |
| le consensus | der Konsens |
| la concertation | die Absprache, Einigung |
| sans concertation préalable | ohne vorhergehende Einigung |
| l'accord, les accords (m) | die Übereinkunft |
| aux termes d'un accord | nach dem Wortlaut eines Vertrages |
| la convention | die Vereinbarung, das Abkommen |
| conventionnel, le | vertraglich, vertragsgemäß |
| le traité | der Vertrag |
| les dispositions du traité | die Bestimmungen des Vertrags |

## ENTRAÎNEMENT

### 1. Vous le savez déjà !?

Pour répondre aux questions ci-dessous, recourez à vos expériences et à vos connaissances générales. Utilisez les expressions figurant sur la liste de vocabulaire. N'hésitez pas à deviner, à poser des questions, à dire des banalités ou à vous répéter. Essayez toujours de vous imaginer des situations concrètes et de trouver des exemples. Vous n'êtes obligé ni de répondre à chaque question isolément ni de suivre exactement l'ordre donné.

### Sources d'informations

1. De quelle manière vous renseignez-vous sur l'actualité ? Comparez vos sources d'informations.
2. Quels sont les sujets politiques qui vous paraissent importants pour l'Allemagne, la France, l'Europe, le monde entier à l'heure actuelle ?

### Elections

1. Avez-vous déjà voté ? Qu'est-ce qui vous a amené à prendre votre décision ?
2. Comment les élections se déroulent-elles normalement ?
3. Des élections ont-elles eu lieu récemment ? Quel type d'élections ? Quels étaient les résultats ? Pouvez-vous les commenter ?
4. Quels partis connaissez-vous en France / en Allemagne ? Que pensez-vous de leurs programmes, leurs leaders ?
5. En France, on cite le mot allemand "Politikverdrossenheit". Quelles sont les causes de ce phénomène et comment peut-on y remédier ?

### Institutions

1. Quel est votre avis concernant le gouvernement actuel en Allemagne / en France / dans d'autres pays ? Quels ministres, quels hommes ou femmes politiques connaissez-vous ?
2. Quel est le rôle de l'opposition dans une démocratie ?
3. Pourriez-vous nommer quelques institutions du pouvoir central / local en France ou en Allemagne ?
4. A quoi sert la séparation des pouvoirs (exécutif, législatif, judiciaire) ? Est-elle réalisée dans les démocraties occidentales ?
5. Quelles sont les attributions concrètes des différents ministères figurant dans le vocabulaire ? Comparez avec les ministères existant actuellement dans votre pays. Quels choix la répartition des tâches traduit-elle ?
6. Le chef du gouvernement allemand / français ou d'un autre pays a-t-il récemment procédé à un revirement ministériel ? Pourquoi ? Qu'en pensez-vous ?
7. Quel est le rôle des Länder en Allemagne et des régions en France ? Qu'est-ce que vous considérez comme avantage / inconvénient ?
8. De quelle manière les collectivités locales peuvent-elles intervenir dans l'économie ?

### Législation

1. Vous souvenez-vous de lois qui ont été adoptées récemment ou qui sont discutées actuellement ?
2. Quelles lois pourraient avoir des effets sur votre vie ? Donnez des exemples concrets ou fictifs.

### Débats/Actions politiques

1. Pourriez-vous caractériser et commenter l'une des grandes controverses politiques en Allemagne / en Europe, par exemple sur les centrales nucléaires, l'avortement, la limitation de la vitesse sur les autoroutes, le recyclage des déchets, la nationalité et l'immigration, la génétique... ?
2. Connaissez-vous des débats ou controverses qui ont eu lieu en France ?
3. Connaissez-vous des différends qui opposent ou opposaient l'Allemagne et la France ?
4. Quelles réformes font, à l'heure actuelle, l'objet d'un débat ou sont en train d'être réalisées ? Quels arguments sont allégués par les partisans / détracteurs des projets ?
5. Par quels problèmes actuels vous sentez-vous concernés ? Participez-vous à des manifestations ?

### Budget/Impôts

1. Quelle est l'importance des décisions budgétaires de l'État ? D'où viennent les recettes, où vont les dépenses ?
2. Quels sont les problèmes liés à un déficit budgétaire ? Connaissez-vous des Etats qui ont un excédent budgétaire ?
3. Quels sont les objectifs de la politique financière d'un gouvernement ?
4. Quels impôts payez-vous et comment ? Quels impôts ne vous concernent pas ?
5. Quelle est la différence entre les impôts directs et les taxes indirectes ?
6. Qui perçoit les impôts? A quoi servent les recettes fiscales ?
7. Que peut-on faire pour réduire les impôts à acquitter ?
8. De quelle manière les gens fraudent-ils le fisc ? Quelles en sont les causes et les conséquences ?
9. Quelles sont les conséquences d'un alourdissement / d'une réduction des charges fiscales pour les ménages, les entreprises, l'économie d'un pays ?
10. Quelles mesures sont prises pour rendre les impôts plus justes ? Croyez-vous qu'elles sont efficaces ?

### Politique sociale

1. Qu'est-ce que l'Etat-providence ? Quels sont ses effets positifs / négatifs ?
2. Quels sont pour vous des acquis sociaux indispensables ?
3. La pauvreté existe-t-elle dans votre pays ? Pourquoi / pourquoi pas ?
4. Quelles mesures peut-on prendre, à l'échelle de l'Etat ou sur initiative privée, pour lutter contre l'exclusion ? Quels groupes sont concernés ?
5. Dans quelle mesure l'Etat aide-t-il en matière de logement ? Qu'en pensez-vous ? Connaissez-vous d'autres aides de l'Etat ?

*Environnement politique*

---

| Démographie/Population active |

1. De quels facteurs dépend le nombre d'habitants d'un pays ?
2. Quelles sont les causes de l'explosion démographique et de la surpopulation ? Quels pays sont concernés ? Quelles mesures ont été prises ?
3. Quels sont les effets positifs ou négatifs du rajeunissement de la population qu'on peut observer dans les pays ayant un taux de natalité très élevé ?
4. Quelles sont les causes et les conséquences de la baisse du taux de natalité et du vieillissement de la population dans les pays européens ?
5. De quelle façon la politique peut-elle favoriser les naissances ? Quelle est votre opinion concernant la politique nataliste telle qu'elle est pratiquée en France ? Que pensez-vous des mesures que les gouvernements allemands ont prises / prennent en faveur des familles ?

| Environnement international |

1. Quelles organisations internationales ont de l'importance pour nous ?
2. Que pensez-vous de l'ONU ?
3. Avez-vous des contacts internationaux ? Comment les avez-vous noués ? Avez-vous rencontré des problèmes, des malentendus ? Ces contacts sont-ils un enrichissement pour vous ? Si oui, dans quel sens ?
4. Avez-vous plutôt le sentiment d'appartenir à une nation ou à l'Europe ?
5. Quels sont les membres actuels de l'Union européenne ? Avez-vous des informations concernant la situation de quelques pays membres ?
6. Quelles institutions de l'UE connaissez-vous ?
7. Quelles sont les activités de l'Union européenne ? Donnez des exemples.
8. Vous sentez-vous concerné(e) par la construction européenne ? Partagez-vous l'euroscepticisme qui règne dans beaucoup de pays ?
9. Quels sont les problèmes actuels liés à la construction européenne ?
10. Que pensez-vous de l'élargissement de l'UE à l'Est ?

## 2. Sujets d'approfondissement

Recourez à la rubrique INFORMATIONS pour aborder les sujets suivants. Procurez-vous des informations dans la presse, à la télévision, par Internet. Et n'oubliez pas que vous pourrez trouver des informations dans les TEXTES et les EXERCICES.

1. Cherchez des informations concernant des élections et présentez-les.
2. Décrivez et comparez les élections en France et en Allemagne. Prenez en considération le système des partis, les différents types d'élections, le mode de scrutin, les échéances.
3. Décrivez l'organisation du pouvoir central en France et dégagez ses particularités en le comparant au système allemand.
4. Décrivez l'organisation du pouvoir local en France.
5. Expliquez le problème français du centralisme et dressez le bilan de la décentralisation.
6. Discutez le rôle du Conseil constitutionnel et du Bundesverfassungsgericht dans la vie politique.
7. Analysez les conséquences politiques de la réunification allemande sur le plan national, européen et international.
8. Expliquez comment une idée se transforme en loi.
9. Décrivez les étapes de la construction de l'Union européenne et la situation actuelle.
10. Expliquez le rôle des différents organismes supra-nationaux.

## 3. Sujets de discussion/rédaction

En classe, vous pouvez traiter les sujets dans une discussion libre ou avec des rôles fixés préalablement. Les conclusions peuvent faire l'objet d'un devoir écrit. Si vous traitez les sujets par écrit, élaborez un plan : introduction - discussion de la question : opposez les arguments, appuyez-vous sur vos connaissances, lectures, expériences - conclusion : ce n'est qu'ici qu'intervient votre propre opinion. Veillez à ce que votre rédaction soit logique, que l'enchaînement de vos arguments soit convaincant.

1. Fédéralisme - centralisme : quel modèle est plus efficace ?
2. La démocratie progresse-t-elle sur la planète ?
3. L'écologie, suffit-elle comme programme politique d'un parti ?
4. Le réchauffement de la planète - sommes-nous prêts à bouleverser nos habitudes ?
5. La dénatalité dans les pays industrialisés - une menace pour l'avenir ?
6. L'immigration - une nécessité pour le Vieux Continent ?
7. Pays industrialisés / pays du Tiers monde - l'écart se réduit-il ?
8. L'O.N.U. - peut-elle encore remplir sa mission ?
9. L'Europe unie - utopie ou réalité ?
10. L'Europe - a-t-elle vocation à jouer un rôle important dans le monde ?

## 4. Sujets de commentaires

Exprimez librement tout ce qui vous vient à l'esprit à propos des informations et citations ci-dessous. Vos commentaires pourront comprendre, selon le cas, des explications de causes et d'effets, des analyses d'implications diverses, des considérations historiques, des comparaisons, des prises de positions personnelles etc.

1. Faites des comparaisons :

| Belgique | Allemagne | France | Italie | Espagne |
|---|---|---|---|---|
| Population en millions<br>10 | 80,6 | 58,1 | 56,9 | 39,1 |
| Superficie<br>30 500km² | 356 900 km² | 549 000 km² | 301 200 km² | 504 800 km² |
| Les deux plus grandes agglomérations en milliers d'habitants<br>Bruxelles 977<br>Anvers 483 | Berlin 3 335<br>Hambourg 1 595 | Paris 2 175<br>Marseille 808 | Rome 2 829<br>Milan 1 549 | Madrid 2 991<br>Barcelone 1 668 |
| Nombre de communes<br>596 | 16 068 | 36 763 | 8 074 | 8 027 |

2. La part de l'Ile-de-France :  (chiffres de 1991)

| | |
|---|---|
| Surface de l'hexagone | 2,2 % |
| Population nationale | 18,8 % |
| Population active ayant un emploi | 21,5 % |
| Agents de l'Etat | 23,3 % |
| Revenu total des ménages | 25,9 % |
| Produit intérieur brut | 28,7 % |
| Effectifs universitaires | 29,5 % |
| Cadres et professions intellectuelles supérieures | 38,3 % |
| Chercheurs | 59,3 % |
| Sièges sociaux des 200 plus grandes entreprises | 78 % |
| Marchés boursiers | 96 % |

3. En France, on peut maintenant être élu au poste de maire dès l'âge de 18 ans. En Allemagne, le Land de Basse-Saxe a introduit le droit de vote à partir de 16 ans.

4. 1999 werteten nur 48% aller Arbeitnehmer im Osten die deutsche Einheit als Gewinn, 8% betrachteten sie eindeutig als Verlust.                    (Aktuell 2001)

5. **Sondage Enjeux Les Echos / SOFRES**

*Parmi les phénomènes suivants, lesquels vous paraissent les plus inquiétants?*

| | |
|---|---|
| La dégradation de l'environnement | 51 % |
| La faim dans le monde | 40 % |
| Le développement du Sida | 39 % |
| La sécurité alimentaire | 36 % |
| Le développement des réseaux criminels internationaux, comme la mafia russe | 21 % |
| Les mouvements terroristes | 17 % |
| Les risques de guerre | 16 % |
| La spéculation financière | 14 % |
| La mondialisation de l'économie | 13 % |
| Le pouvoir croissant des grandes entreprises face aux Etats | 11 % |
| La menace des virus informatiques | 6 % |

*Parmi ces différentes organisations et institutions, quelles sont celles qui doivent élaborer les règles de l'économie ?*

| | |
|---|---|
| Les Etats, les gouvernements | 69 % |
| Les organisations de consommateurs, les mouvements de citoyens | 26 % |
| Les grandes institutions internationales | 24 % |
| La Bourse, les marchés financiers | 15 % |
| Les entreprises multinationales | 8 % |
| Les syndicats | 7 % |

(Enjeux, juillet-août 2000)

6. Si l'on en croit un récent sondage du Bund der Steuerzahler, littéralement la Fédération des payeurs d'impôts, 43 % des personnes interrogées estiment que ceux qui ne trichent pas avec le fisc ne méritent que la compassion. Chaque année, plus de 100 milliards de marks (350 milliards de francs) échappent aux caisses de l'Etat fédéral et des Länder. De façon générale, les citoyens qui paient leurs impôts passent pour des idiots alors que ceux qui se soustraient à leur devoir fiscal sont vus comme des partisans de l'économie de marché.

(Le Monde, 05/08/1995)

7. a) "Les organismes sociaux réclament un « pacte » contre la pauvreté". Les chiffres de l'exclusion : 5 millions de personnes en situation précaire, dont plus de 1 370 000 jugées en grande difficulté et 250 000 sans domicile fixe (mai 1995).

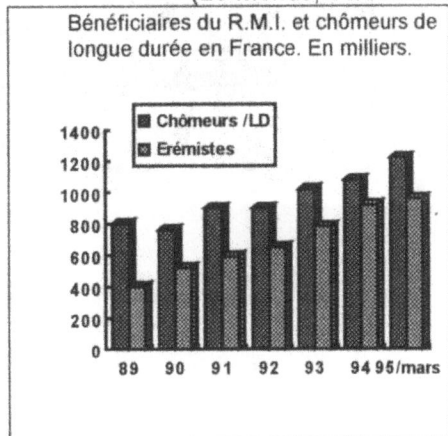

Bénéficiaires du R.M.I. et chômeurs de longue durée en France. En milliers.

b) In Deutschland: Jeder dritte Arbeitslose zählt zu den Langzeitarbeitslosen. 700 000 Menschen haben keine eigene Wohnung. 180 000 sind gänzlich obdachlos.

Ende 1999: 2,73 Mio. Empfänger von Sozialhilfe im engeren Sinne. Dies ist ein leichter Rückgang, der sich allein der Entwicklung im Westen verdankt. In den neuen Ländern und Berlin erhöhte sich die Zahl um 7,5 %.

(FR, 06/1995, Aktuell 2001)

c) Quelques maires en France viennent de prendre des arrêtés municipaux pour interdire la mendicité dans leurs villes (été 1995).

## 8. Fin de la transition démographique

En Tunisie, chaque femme a mis au monde 2,2 enfants en moyenne en 1998, un niveau proche des pays européens, contre plus de 7 enfants en 1960. En 2000, on devrait atteindre 2,5 enfants par femme au Maroc et 2,3 en Algérie, si les tendances observées ces dernières années se poursuivent, contre respectivement 6,9 et 8 enfants en 1972. L'Ined conclut donc, dans le dernier numéro de la revue Population et Sociétés, à la fin de la transition démographique au Maghreb. Cette baisse s'explique notamment par l'élévation de l'âge au mariage, la diffusion de la contraception et la scolarisation accrue des filles. Un mouvement qui illustre l'évolution du statut des femmes dans les pays du Maghreb. (Alternatives Economiques, septembre 2000)

9.

### Bevölkerung: Geburten *

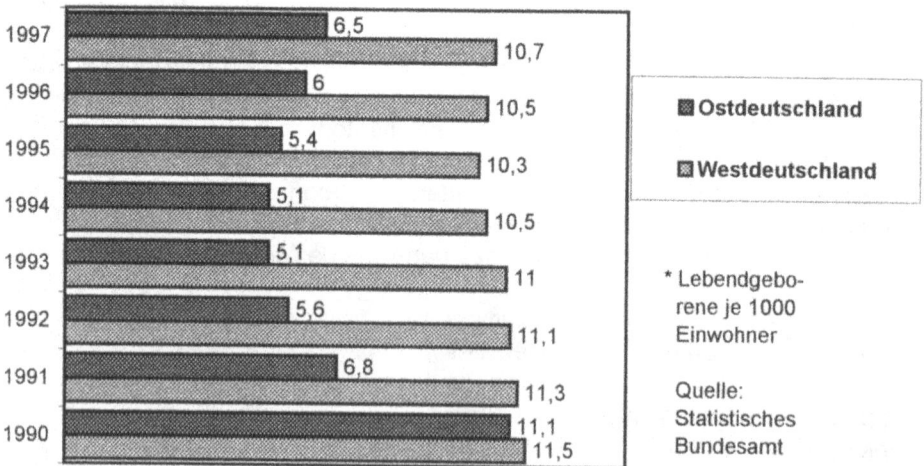

| | Ostdeutschland | Westdeutschland |
|---|---|---|
| 1997 | 6,5 | 10,7 |
| 1996 | 6 | 10,5 |
| 1995 | 5,4 | 10,3 |
| 1994 | 5,1 | 10,5 |
| 1993 | 5,1 | 11 |
| 1992 | 5,6 | 11,1 |
| 1991 | 6,8 | 11,3 |
| 1990 | 11,1 | 11,5 |

* Lebendgeborene je 1000 Einwohner

Quelle: Statistisches Bundesamt

(Aktuell 2000)

## EXERCICES

**1.** Cochez le mot qui manque dans la phrase :

1.  Les sondages d'opinion sont ..... sur ce point : l'environnement présente la deuxième préoccupation majeure des Français, immédiatement après le chômage.
    *a)anonymes*   *b)unitaires*      *c)égalitaires*        *d)unanimes*
2.  Une ..... de l'INSEE montre qu'il y a plus de demandeurs d'emploi au sud qu'au nord de la France.
    *a)audience*   *b)enquête*        *c)requête*            *d)procédure*
3.  Le nombre de chômeurs a encore diminué en février, ....., ..... statistiques publiées le mardi 28 mars par le Ministère du Travail.
    *a)selon les*   *b)suite aux*      *c)après les*          *d)à la suite des*
4.  En 1974, il ne manquait que 400 000 voix à François Mitterrand, candidat d'union de la gauche, pour ..... au second tour de l'élection présidentielle.
    *a)remporter*   *b)l'emporter*     *c)échouer*            *d)s'emparer*
5.  Sous la pression des élus locaux, la conduite de la politique d' ..... du territoire passe de plus en plus entre les mains des communes.
    *a)expansion*   *b)aménagement*   *c)extension*          *d)administration*
6.  Les ..... extraordinaires du Parlement peuvent être convoquées soit par le gouvernement, soit sur la demande de la majorité des membres de l'Assemblée.
    *a)séances*     *b)réunions*       *c)commissions*        *d)sessions*
7.  Le Conseil constitutionnel ..... à la constitutionnalité des lois, au cours de leur élaboration ou avant qu'elles soient promulguées.
    *a)correspond*  *b)veille*         *c)tient*              *d)vise*
8.  Cet article de loi ..... que les contrefaçons seront punies d'une amende.
    *a)prône*       *b)ratifie*        *c)stipule*            *d)spécule*
9.  Les deux ordonnances destinées à favoriser la participation des salariés seront ..... au prochain Conseil des Ministres.
    *a)soussignées* *b)assujetties*   *c)délivrées*          *d)soumises*
10. Le ministère de la Culture a été l'un des premiers à s'engager dans la voie de la décentralisation, notamment par le biais de conventions de plan passées avec des régions ou des ..... locales.
    *a)mairies*     *b)responsables*   *c)collectivités*      *d)agglomérations*

**2.** Cochez le mot qui manque dans la phrase :

1.  En octobre 1999, lorsque le projet de loi de finances a été ..... , le gouvernement prévoyait, pour l'an 2000, une croissance de 2,7 %.
    *a)annoncé*     *b)imposé*         *c)déposé*             *d)soutenu*
2.  Le délicat dossier du renvoi des déchets nucléaires allemands stockés à La Hague doit faire ....., aujourd'hui, d'un accord politique entre les gouvernements français et allemands.
    *a)l'objectif*  *b)l'objet*        *c)le souci*           *d)le centre*
3.  L' ..... de la taxe sur les alcools et de la TIPP représentera près de 8 milliards supplémentaires à la charge des ménages.
    *a)épargne*     *b)économie*       *c)allocation*         *d)alourdissement*

4. Notre ..... de T.V.A. comporte des exclusions qui faussent le jeu de la concurrence entre entreprises françaises, mais surtout entre firmes françaises et étrangères.
   *a)tarif        b)registre          c)pourcentage        d)régime*
5. L'extension de la CSG à l'ensemble des revenus ..... pourrait générer jusqu'à 19,8 milliards de francs par an.
   *a)exonérés      b)exclus           c)exclusifs          d)isolés*
6. Depuis le 31 janvier 1995, les ..... allemands paient un impôt majoré de 7 % directement prélevé sur les fiches de paie.
   *a)électeurs     b)contribuables    c)responsables       d)investisseurs*
7. Les parents d'enfants majeurs peuvent ..... des impôts une pension alimentaire.
   *a)déduire       b)payer            c)acquitter          d)soustraire*
8. Les ..... obligatoires - c'est-à-dire les impôts et les cotisations sociales - vont de nouveau augmenter.
   *a)enlèvements b)dégrèvements   c)allègements        d)prélèvements*
9. D'autres pays européens n'ont pas hésité à bousculer leurs habitudes administratives, comme la République d'Irlande, qui a mis en place une administration unique chargée du ..... des impôts et des cotisations sociales.
   *a)perception    b)taux             c)recouvrement       d)redressement*
10. Les aides au logement, dont chacun peut bénéficier sous condition de ....., seront simplifiées et augmentées pour les travailleurs faiblement rémunérés.
   *a)ressources b)loyer              c)cotisation         d)droit*

**3.** Cochez le mot qui manque dans la phrase :

1. La première tâche de la Commission est d' ..... les propositions de nouvelle réglementation ou de nouvelle loi politique, et de les soumettre à l'avis du Parlement européen et au vote du Conseil des ministres.
   *a)élaborer      b)accueillir       c)exécuter           d)imposer*
2. Les Etats membres doivent ..... et s'abstenir d'adopter toute disposition nationale contraire à une nouvelle norme communautaire.
   *a)accepter      b)abolir           c)éliminer           d)abroger*
3. En application des ..... européennes sur les marchés publics de travaux et de fournitures, certains marchés doivent être publiés au Journal officiel des communautés européennes.
   *a)droits        b)directives       c)clauses            d)saisies*
4. L'appartenance à un espace sans frontières internes impose une ..... permanente entre les Etats et leurs administrations.
   *a)dissertation b)régression        c)concertation       d)alternance*
5. La France rejette le projet d'accord de l'OCDE sur la construction navale, car celui-ci ..... la suppression des aides nationales.
   *a)adopte        b)entérine         c)enterre            d)accorde*
6. L'UE et la Turquie ont signé un accord d'union douanière qui est entré en ..... le 1er janvier 1996, après approbation par le Parlement européen.
   *a)validité      b)vie              c)vigueur            d)loi*
7. Des organisations non-gouvernementales rachètent des dettes de pays du ..... monde et ceux-ci investissent des sommes équivalentes dans des projets de développement.
   *a)tiers         b)tertiaire        c)troisième          d)demi*

8. L'élaboration de la Charte européenne des ..... fondamentaux donne lieu en ce moment même à une vive bataille politique à l'issue incertaine.

   a)*objectifs*      b)*lois*            c)*droits*            d)*accords*

9. Le premier débat en ..... des ministres européens sur le projet de libéralisation de la Poste a révélé l'ampleur des divergences entre les Quinze.

   a)*Conseil*      b)*Comité*         c)*Réunion*         d)*Commission*

10. Les quinze ministres européens chargés du développement se retrouvent aujourd'hui à Bruxelles pour tenter de mettre en ..... une nouvelle politique plus efficace.

    a)*vie*          b)*vigueur*        c)*décision*         d)*œuvre*

4. Complétez le texte suivant à l'aide des mots donnés en bas du texte :

Le congrès du Parlement, réunissant _____(1) et sénateurs à Versailles, a _____(2) hier une révision de la _____(3) de 1958 étendant le champ du référendum, instaurant la _____(4) parlementaire unique de neuf mois et modifiant le _____(5) de l'immunité des élus des deux _____(6). Un vote obtenu par 674 _____(7) pour et 178 contre, soit 31 voix de plus que lors du vote séparé par les deux chambres. Le texte devrait recueillir les 3/5es des _____(8) (512) pour être adopté. La gauche - PS et PC - a voté contre. Philippe Séguin, président de l'Assemblée nationale et président du congrès, assurait que cette _____(9) de la Constitution était « aussi importante pour le pouvoir _____(10) aujourd'hui, qu'elle l'avait été en 1962 pour l'exécutif ».

(Libération, 1/8/1995)

| a)*régime* | d)*législatif* | g)*suffrages* | k)*voté* |
|---|---|---|---|
| b)*Constitution* | e)*session* | h)*voix* | |
| c)*modification* | f)*chambres* | i)*députés* | |

5. Dans le texte suivant, quatre parties de phrases ont été supprimées. Retrouvez chacune d'elles parmi les six phrases a)-f) données en bas du texte :

De janvier à fin mai dernier, 319 000 bébés seraient nés en France, ..... (1). Si ce rythme se maintenait sur l'ensemble de l'année, ..... (2). L'effet premier janvier n'explique pas l'ampleur d'une telle progression. Le mouvement s'est amorcé en réalité dès 1995 : ..... (3). L'économie n'explique pas tout, ..... (4). Depuis la fin des années 80, la fécondité suit le cycle de l'activité.

(Alternatives Economiques, septembre 2000)

a) *si les tendances observées ces dernières années se poursuivent*

b) *mais l'amélioration de l'emploi des jeunes adultes n'est sans doute pas pour rien dans ce redémarrage*

c) *soit 17 400 de plus qu'au cours des cinq premiers mois de 1999, selon les données de l'Insee*

d) *un niveau proche des pays européens*

e) *entre 1994 et 1998, les naissances annuelles ont augmenté de 29 000*

f) *les naissances augmenteraient de l'ordre de 35 000 cette année*

6. Traduisez :

1. Il ressort de l'enquête que plusieurs communes sont loin d'être en accord avec la législation sur le traitement des déchets ménagers.
2. La Ve République a institué le scrutin majoritaire à deux tours : chaque électeur doit voter, non pour une liste, mais pour un candidat. Si l'un des candidats de la circonscription réunit plus de la moitié des suffrages exprimés au premier tour, il est élu ; sinon, on procède à un second tour à la majorité relative.
3. Le 7 mai 1995, Jacques Chirac, avec 52,64 % des voix, contre 47,36 % à Lionel Jospin, remporte le second tour, qui est marqué par 20,33 % d'abstentions et 5,97 % de bulletins blancs ou nuls.
4. Là où l'Allemagne fait confiance aux organes intermédiaires - souvent paritaires - associant syndicats, ouvriers, organisations patronales et Länder, en France, le système socio-économique privilégie l'action directe de l'Etat.
5. Les lois de la décentralisation initient un renforcement des instances régionales et locales et viennent contrebalancer l'excessive centralisation française, mais ne rendent pas les régions de l'hexagone aussi performantes et autonomes que leurs homologues allemandes.
6. A l'issue d'une réunion entre le Premier ministre et les principaux responsables syndicaux et professionnels agricoles, plusieurs mesures en faveur du monde agricole ont été annoncées.
7. Le Parlement a adopté à l'unanimité, en mai 1999, une loi dite Le Texier, qui demandait aux collectivités publiques de veiller au respect de critères sociaux dans l'achat des fournitures scolaires, notamment en ce qui concerne le travail des enfants.
8. A son arrivée au pouvoir, à l'automne 1998, le gouvernement rouge-vert de Gerhard Schröder s'est engagé à "mettre fin à l'emploi de l'énergie nucléaire aussi vite que possible".
9. Le projet de loi relatif à l'épargne salariale, qui sera soumis à l'Assemblée nationale dès l'ouverture de la session, le 3 octobre, a fait l'objet, mardi 19 septembre, d'une série de critiques au sein du groupe PS de l'Assemblée.
10. Lors de la dernière discussion budgétaire, l'ancien ministre du Budget, Nicolas Sarkozy, a tenté de faire adopter le principe de la non-rétroactivité des dispositions fiscales nouvellement votées.

7. Traduisez :

1. Pour boucler son budget 2000 avec un programme d'économies de 30 milliards de deutschemarks, le ministre des finances Hans Eichel prévoit d'indexer l'augmentation des pensions sur l'inflation dans les deux prochaines années.
2. Pour la quatrième année consécutive, les enveloppes affectées à la politique traditionnelle de l'emploi diminuent, tandis qu'augmentent celles affectées à la politique de la Ville et à la Solidarité.
3. Le relèvement de la CSG imposera aux contribuables un effort de 41,5 milliards de francs.
4. Sur une somme de 100 francs ponctionnés par les collectivités locales, l'Etat, et les organismes de protection sociale, seulement 13,50 francs proviennent de l'impôt sur le revenu.

5. Le nombre de contribuables exonérés de l'impôt sur le revenu a augmenté de 360 000 en 1994, selon les chiffres provisoires du ministère des finances, alors que le nombre de personnes imposées ne progressait que de 200 000.

6. Un mécanisme de "stabilisation" des taxes sur les carburants va ainsi entrer en vigueur le 1er octobre : la taxe intérieure sur les produits pétroliers baissera à chaque fois que les cours du brut augmenteront les rentrées de TVA.

7. La réforme de la taxe professionnelle devra être engagée en priorité par le prochain gouvernement.

8. Les revenus de la taxe professionnelle seront redistribués aux communes en raison inverse du nombre d'habitants, ce qui laisse l'avantage aux communes les plus rurales, dans un souci d'aménagement du territoire et de maintien de la vie locale.

9. Il y a une limite à la baisse des taux d'imposition. Elle ne doit pas remettre en cause la progressivité de l'impôt, qui, en France, a valeur constitutionnelle, au terme de l'article 13 de la Déclaration des droits de l'homme : la charge commune "doit être également répartie entre tous les citoyens, en raison de leurs facultés".

10. Pour équilibrer le "Forec", fonds d'allégements de charges lié à la réduction du temps de travail (86 milliards de francs en 2001), le gouvernement va transférer à la Sécurité sociale la totalité des recettes du tabac.

---

**8.** Traduisez :

1. Une expérience menée dans l'Oise montre que la mise en place d'un système d'aide sociale et de soins à domicile pour les plus de 60 ans se révèle bénéfique pour les personnes âgées et économique pour la Sécurité sociale.

2. La préfecture de Saône-et-Loire multiplie depuis plusieurs années les actions en faveur des exclus, mais la situation ne cesse de se dégrader.

3. L'essor de la population active à partir de 1962 a résulté de la conjugaison de l'arrivée sur le marché du travail de la génération du baby-boom, de l'accroissement du taux d'activité chez les femmes de 25 à 49 ans et d'une importante arrivée de main-d'œuvre étrangère.

4. Parmi les 26 millions d'actifs habitant en France au premier janvier 1999, 2,1 millions - soit 8,1 % - sont des immigrés, indique une étude de l'Insee livrant les premiers résultats du recensement sur ce sujet.

5. La Commission de Bruxelles étudiera les conditions d'un élargissement éventuel de l'Union à des pays d'Europe centrale et orientale.

6. L'Acte unique européen entré en vigueur le 1er juillet 1987 se fixait comme objectif la constitution d'un espace sans frontières intérieures dans lequel est assurée la libre circulation des marchandises, des personnes, des services et des capitaux.

7. Tous les six mois, à la fin de chaque présidence, les chefs d'Etat et de gouvernement des Quinze se réunissent pour une réunion au sommet, qui fait le bilan du semestre écoulé, et trace les grandes orientations pour le futur.

8. Le Parlement européen a voté en faveur d'une proposition de directive visant à restreindre la consommation de tabac par une meilleure information du fumeur.

9. Malgré la perspective de l'élargissement communautaire aux pays de l'Est en 2002, l'Espagne continuera de percevoir des fonds de cohésion jusqu'à ce que son revenu par tête atteigne 90 % de la moyenne européenne, ce qui devrait se produire en 2006.

10. La Commission européenne ouvrira, dans une semaine au plus tard, des procédures d'infraction contre quatre pays - la France, l'Allemagne, le Luxembourg et le Portugal - accusés de ne pas avoir transposé la directive sur l'ouverture du marché européen du gaz à la concurrence.

**9.** Traduisez :

1. Bei den Parlamentswahlen von 1986 haben die Sozialisten die Mehrheit verloren, was zur "Cohabitation" führte.
2. Bei den Wahlen in Nordrhein-Westfalen haben die Grünen 10 % der Stimmen erhalten und damit ihr Wahlergebnis von 1990 verdoppelt.
3. Nach vorläufigen Ergebnissen liegt nach Auszählung der abgegebenen Stimmen in 17 von 40 Wahlbüros der Bürgermeister von Ajaccio im ersten Wahlgang mit 44,37 % der Stimmen vorn.
4. 63 Prozent der Wähler sehen in der rechtsradikalen Partei NPD eine Gefahr für die Demokratie in Deutschland.
5. Deutschland ist ein föderativer Bundesstaat mit 16 Ländern, die jeweils über ein Parlament und eine regionale Regierung verfügen.
6. Führende Politiker von Bund und Ländern haben es abgelehnt, den von der Rinderseuche betroffenen Branchen die geforderten hohen staatlichen Beihilfen zu gewähren.
7. Der deutsche Bundespräsident hat die Frage aufgeworfen, ob und in welcher Form die Wehrpflicht fortbestehen sollte.
8. Der neue französische Staatspräsident hat die Einführung einer Verfassungsreform angekündigt, deren wesentliches Ziel es sein wird, die Rolle des Parlaments zu stärken.
9. Zum vierten Mal binnen eines Jahres hat der französische Premierminister Lionel Jospin seine Regierung umbilden müssen.
10. Der Änderungsantrag, der das Prinzip des Nachtarbeitsverbots für Frauen aufhebt, ist in der Regierungsmehrheit sehr umstritten.

**10.** Traduisez :

1. Heute sind zwei von drei Franzosen durch die Zerstörung der Umwelt beunruhigt.
2. Die neuen Ausgaben sind durch Einsparungen bei anderen Budgetposten in Höhe von 22, 3 Milliarden Francs finanziert worden.
3. Überschüsse bei der Sozialversicherung sowie den Ländern und Gemeinden erlauben es Deutschland, sein gesamtstaatliches Defizit schon bis 2004 auszugleichen.
4. Professor Thierry Philip, Vorsitzender der staatlichen Verbandes der Zentren für Krebsbekämpfung meint, dass die dem Staatssekretariat für Gesundheit zugewiesenen Mittel unzureichend seien, um die Ziele des Plans zur Krebs-bekämpfung zu verwirklichen.
5. Die Einkommensteuererklärung muss vor dem 1. März jeden Jahres abgegeben werden.
6. Seit dem 1. Oktober 1994 ist die Höchstgrenze für Steuerermäßigungen bei Renovierungsarbeiten in der Wohnung angehoben worden.
7. Die Effizienz der Beschäftigungspolitik ist gering, trotz der bedeutenden Summen, die für sie aufgewendet werden.

8.  Personen, die niemals Sozialbeiträge gezahlt haben, müssen sich an ihre Gemeindeverwaltung wenden, um eine Sonderaltersbeihilfe zu erhalten.
9.  Seit mehr als zwanzig Jahren wächst die Erwerbsbevölkerung kontinuierlich und unterliegt tiefgreifenden Veränderungen.
10. Die Vorhersagen der UNO kündigen für das Jahr 2025 an, dass in Deutschland jeder Vierte älter als 65 sein wird und dass ein einziger Erwerbstätiger die Beiträge für einen Rentner zahlen wird.

**11.** Traduisez :

1.  Die Zahl der Geburten nimmt in Deutschland ständig ab, während die Lebenserwartung seit Beginn der 70er Jahre um 5 Jahre gestiegen ist.
2.  Der Anteil der über 60jährigen an der Bevölkerung wird für 2030 auf 35 % geschätzt.
3.  Der Geburtenrückgang und die Herabsetzung des gesetzlichen Rentenalters bringen Zusatzbelastungen für die Kassen der Sozialversicherung mit sich.
4.  Dieses Abkommen sollte als Vorbild für andere Abkommen mit mittel- und osteuropäischen Ländern dienen.
5.  Mit 52,2 % Ja-Stimmen haben sich die schwedischen Wähler für einen Beitritt ihres Landes zur Europäischen Union ausgesprochen.
6.  Die neuen Mitglieder (Österreich, Schweden, Finnland - EU-Erweiterung 1995) sind reiche Staaten, die mehr in das europäische Budget einzahlen als sie davon profitieren.
7.  Die Kommission muss dafür sorgen, dass das Gemeinschaftsrecht korrekt angewandt und eingehalten wird.
8.  Das Europaparlament hat mit großer Mehrheit der Grundrechtecharta der EU zugestimmt.
9.  Der Vizepräsident der Europäischen Investitionsbank sprach sich für einen Beginn der Osterweiterung mit acht Ländern im Jahr 2004 aus.
10. Der Generalsekretär der UNO, Kofi Annan, hat die Staats- und Regierungschefs der G8-Staaten dazu aufgerufen, die Staatsverschuldung der armen und hochverschuldeten Länder und der von Konflikten und Naturkatastrophen betroffenen Länder zu streichen.

**12.** Cherchez les notions correspondant aux définitions :

1.  Invitation à agir dans telle direction.
2.  Acte obligatoire, directement applicable, adressé à une personne ou à une catégorie de personnes bien identifiées.
3.  Décision prise par une autorité administrative.
4.  Acte de portée générale, obligatoire, s'appliquant directement dans les Etats-membres de l'U.E.
5.  Décision prise par le Premier ministre en vue de l'exécution des lois.
6.  Acte qui impose aux Etats-membres d'atteindre un certain but dans un délai donné, tout en leur laissant le choix des moyens juridiques appropriés.

| | | |
|---|---|---|
| *a)règlement* | *c)décret* | *e)directive* |
| *b)arrêté* | *d)décision* | *f)recommandation* |

**13.** Prenez connaissance du texte suivant et des questions posées en bas et cochez la réponse qui vous paraît exacte :

L'allocation de présence parentale (APP), dont la création avait été annoncée le 15 juin par Lionel Jospin, sera versée à partir de janvier 2001, a expliqué Ségolène Royal, ministre déléguée à la famille et à l'enfance, mardi 19 septembre. Pour cette nouvelle allocation versée aux parents d'un enfant gravement malade ou blessé (accidents nécessitant de longues rééducations, cancers, allergies lourdes), une enveloppe de 200 millions de francs a été dégagée des excédents de la branche Famille de la Sécurité sociale. L'allocation se montera à 3 000 francs par mois pour un parent qui travaillait à plein temps, à 2 000 francs par mois s'il conserve un mi-temps et à 1 500 francs s'il maintient son activité à 80 %. Si les deux parents optent pour un mi-temps, son montant est porté à 4 000 francs par mois. L'APP offre, selon Mme Royal, "un cadre juridique protecteur" aux parents, en assurant le "maintien de la protection sociale, la reconnaissance d'un statut sans risque de licenciement ou de contrôle impromptu de la Sécurité sociale." (Le Monde, 21/09/2000)

1. D'après le texte, l'APP
   a) garantira aux parents d'enfants malades le droit de prendre un congé non rémunéré et en compensera les effets.
   b) permettra aux parents d'un enfant gravement malade de réduire leur temps de travail pour s'occuper de l'enfant sans subir des pertes considérables.
   c) protègera les parents d'enfants gravement ou blessés contre le licenciement.
   d) aidera les parents d'enfants gravement malades à subvenir aux besoins accrus de l'enfant en matière de rééducation, médicaments etc..

2. Laquelle des conditions suivantes doit être remplie pour bénéficier de l'allocation ?
   a) Le temps de travail des deux parents doit être réduit de 50 %.
   b) L'enfant doit être gravement malade ou blessé, par exemple souffrir d'un cancer.
   c) Les deux parents doivent avoir travaillé avant.
   d) Il faut avoir cotisé à la Sécurité sociale un minimum de 1 500 francs.

3. Le père ou la mère d'un enfant gravement malade ou blessé recevra
   a) 3 000 francs par mois à condition d'avoir réduit son temps de travail de moitié.
   b) 4 000 francs par mois, si l'autre parent n'a qu'un travail à mi-temps.
   c) 2 000 francs par mois s'il / si elle ne travaille que 80 % du temps de travail normal.
   d) 1 500 francs s'il /si elle n'avait travaillé antérieurement qu'à mi-temps.

4. D'après le texte,
   a) la branche Famille de la Sécurité sociale se verra allouer 200 millions de francs.
   b) la nouvelle allocation sera financée par l'Etat.
   c) le bilan de la Sécurité sociale sera excédentaire en 2001.
   d) les parents d'enfants gravement malades ou blessés pourront bénéficier de l'APP dès janvier 2001.

**14.** Répondez aux questions en cochant la réponse qui vous paraît exacte :

1. Par quel moyen l'Assemblée nationale peut-elle renverser le gouvernement ?
   a) Une motion de censure
   b) Un amendement
   c) Un référendum
   d) Une pétition

2. Parmi les personnes suivantes, laquelle **n'est pas** habilitée à déposer des lois ?
   a) Un ministre
   b) Un sénateur
   c) Le président de la République
   d) Un député

3. Laquelle parmi les mesures suivantes **n'est pas** favorable à la décentralisation?
   a) La suppression du contrôle administratif exercé par le pouvoir central
   b) L'institution d'assemblées élues à tous les niveaux locaux
   c) La cession d'impôts locaux aux collectivités locales
   d) L'implantation de grandes entreprises et banques à Paris

4. Comment s'appelle la base sur laquelle un impôt ou une cotisation est calculé ?
   a) Taux marginal
   b) Quotient familial
   c) Assiette
   d) Tranche

5. Qu'est-ce que le principe de la progressivité de l'impôt ?
   a) La proportion prélevée devient plus importante pour les hauts salaires que pour les bas salaires.
   b) La quantité de biens ou de services produits par unité de temps de travail augmente ce qui entraîne des recettes fiscales plus importantes.
   c) Le système fiscal s'adapte aux changements de la société moderne.
   d) Les contribuables sont obligés de payer les impôts tous les trois mois.

6. Qu'est-ce qu'on déduit du salaire brut pour calculer le salaire net versé au salarié français?
   a) Les prélèvements obligatoires
   b) Les cotisations sociales
   c) Les primes et allocations
   d) L'impôt sur le revenu

7. Quel organisme français n'est pas responsable du recouvrement des impôts ?
   a) La Direction générale des impôts
   b) Le Trésor public
   c) La Douane
   d) L'ASSEDIC

8. Lequel parmi les impôts suivants **n'est pas** un impôt direct ?
   a) La TIPP
   b) L'impôt sur le revenu
   c) La CSG
   d) L'impôt sur les sociétés

9. Laquelle parmi les institutions européennes suivantes est élue démocratique-ment par les peuples européens ?
   a) La Commission européenne
   b) Le Parlement européen
   c) Le Conseil européen
   d) La Cour de justice

10. Quelle caractéristique **n'est pas** commune à tous les membres de l'Europe des Quinze ?
   a) La libre circulation des marchandises, des personnes et des capitaux
   b) La représentation  dans le Conseil des ministres
   c) La validité de la monnaie unique à partir de 2002
   d) La politique agricole commune (PAC)

## TEXTES

### 1. L'exemple allemand
*La République fédérale a institué un système de solidarité*
*entre Länder riches et pauvres*

La réunification et la décision de déplacer la capitale de Bonn à Berlin n'ont pas fondamentalement remis en cause l'un des acquis fondamentaux de la démocratie allemande : le fédéralisme. Les Länder avaient été supprimés par Hitler au nom de l'unité du Reich, puis, à l'Est, par le régime communiste de RDA. L'une des priorités essentielles du gouvernement de Bonn après le 3 octobre 1990 (date de l'unification) a donc été de remettre en place les Länder de l'Est et de les réintégrer dans l'espace politique et économique du pays.

Il s'agit d'aider les nouveaux Länder à disposer des ressources financières dont ils ont besoin pour assurer leur part de souveraineté : les deux tiers des dépenses publiques sont assurées, en Allemagne, par les Länder et les communes. La difficulté est d'autant plus grande que les revenus fiscaux des nouveaux Länder sont encore très limités, alors que leurs dépenses d'investissement sont bien plus élevées qu'à l'Ouest.

La Constitution allemande oblige les dirigeants allemands à assurer des conditions de vie harmonieuses dans l'ensemble du pays (article 106 de la Loi fondamentale). Depuis l'unification et jusqu'à la fin de 1994, l'Etat fédéral et les Länder de l'Ouest ont donc fourni 160,7 milliards de marks (environ 550 milliards de francs) aux nouveaux Länder, par le biais d'un fonds financier créé pour l'occasion (le « fonds de l'unité allemande », financé par l'emprunt mais aussi par de généreuses contributions budgétaires). Cette répartition des ressources ne représente qu'une partie des énormes transferts financiers de l'Ouest vers l'Est. La part des aides fédérales a largement dépassé celle des Länder de l'Ouest.

Tout va changer à partir du 1er janvier 1995, date à laquelle les nouveaux Länder de l'Est participeront pleinement au système de péréquation financière qui permet une répartition horizontale des ressources entre Länder riches et Länder pauvres. Calculé sur la base de la « capacité financière » de chaque Land (son revenu fiscal par habitant), ce système a été conçu pour corriger, et non pour effacer totalement, les disparités de niveau de vie entre les différentes régions d'Allemagne. Tout est fait pour que les Länder les plus pauvres ne descendent pas au-dessous de 95 % de la « capacité financière » de la moyenne générale. Les Länder les plus riches, après la péréquation, ne doivent pas descendre en dessous de 100 % de la moyenne.

Ainsi s'est mis en place un système de cofinancement des Länder : ceux-ci disposent de ressources propres grâce au droit qui leur est donné de percevoir une part des impôts sur le revenu et sur les sociétés, ainsi que la totalité des revenus de l'impôt de succession, de l'impôt sur le capital, sur les automobiles, sur la bière et les casinos. Au terme de négociations très difficiles entre les dirigeants du gouvernement allemand et les responsables régionaux de l'Ouest au printemps de 1993, les Länder ont obtenu le droit de percevoir une part plus importante de la TVA que par le passé (44 % au lieu de 37 %).

Il y a donc deux sortes de Länder : ceux qui donnent et ceux qui reçoivent. Parmi les premiers, on compte traditionnellement la Hesse, le Bade-Wurttemberg, la Bavière, la Rhénanie-du-Nord-Westphalie et Hambourg. Quant à la Sarre, et à la ville-Etat de Brême, ils se retrouvent régulièrement en queue de la deuxième catégorie. La ville de Berlin, jusqu'ici, a été exclue de ce système grâce aux subventions de l'Etat fédéral. Elle devrait se retrouver, avec les Länder de l'Est, dans le groupe des « receveurs ». A l'Est, seule la Saxe apportera une contribution financière aux autres Länder (200 millions de marks l'an prochain). La Thuringe, qui recevra 42,7 millions de marks, percevra la plus forte somme, suivie par le Mecklembourg-Poméranie antérieure, la Saxe-Anhalt et le Brandebourg.

La facture sera lourde à payer pour les Länder de l'Ouest. Un Land comme la Rhénanie-du-Nord-Westphalie passera ainsi, en 1995, du statut de bénéficiaire à celui de contributeur, et devra donner 3,1 milliards de marks alors qu'il recevait 67 millions de deutschemarks en 1993 (il s'agit de la région la plus peuplée d'Allemagne, avec 16 millions d'habitants). Obligés de partager les revenus de la TVA avec les nouveaux Länder, les Länder de l'Ouest ont le couteau sous la gorge. Du coup, des mesures d'économies drastiques sont engagées, avec notamment des suppressions d'emplois, des limitations dans les hausses de salaires de l'administration et des économies dans le domaine des équipements sociaux, y compris, voire surtout, dans les Länder gouvernés par les sociaux-démocrates. Le nouveau système de péréquation financière entre les Länder permettra de dégager chaque année une somme de 57 milliards de marks au profit de l'Est, c'est-à-dire un bon tiers des transferts financiers annuels réalisés par l'Allemagne au profit de l'ex-RDA. (Texte publié dans le contexte de la discussion du projet sur l'aménagement du territoire en France)

(Le Monde, 6/11/94)

**Résumé**
Cherchez, pour chaque paragraphe, les mots-clés et regroupez autour d'eux les expressions du même champ lexical. En vous appuyant sur vos résultats, rédigez un résumé.

## 2. Länderfinanzausgleich 1998/1999

| | | | |
|---|---|---|---|
| Nordrhein-Westfalen | + 3095 | 2578 | + = Geberland |
| Hessen | + 3435 | 4744 | - = Nehmerland |
| Baden-Württemberg | + 3473 | 3426 | |
| Bayern | + 2901 | 3188 | |
| Hamburg | + 613 | 665 | |
| Schleswig-Holstein | 0 | -174 | |
| Bremen | - 912 | 665 | |
| Niedersachsen | - 787 | 1037 | |
| Mecklenburg-Vorpommern | - 876 | 921 | |
| Berlin | - 4888 | 5316 | |
| Brandenburg | - 1041 | 1147 | |
| Sachsen | - 1990 | 2149 | |
| Sachsen-Anhalt | - 1205 | 1300 | |
| Thüringen | - 1160 | 1218 | |
| Rheinland-Pfalz | - 431 | 379 | |
| Saarland | - 228 | 294 | |

Angaben in Millionen DM
(SZ, 27/03/2000)
(Aktuell 2001)

## 3. Länder wollen Finanzen neu regeln

Nach ihrer zweitägigen Konferenz in Berlin verständigten sich die Ministerpräsidenten der 16 Länder einstimmig auf ein "Eckpunktepapier", das als Leitlinie gelten soll. Danach bleiben die bisherigen Ländergrenzen unangetastet. Bayerns Ministerpräsident Edmund Stoiber (CSU) sagte, dass die Geberländer auch künftig die ärmeren Staaten unterstützen wollen. Über die Höhe der künftigen Zahlungen konnten sich die Ministerpräsidenten noch nicht einigen.

Das Verfahren soll für die Länder mehr Anreize bieten, selbst Einnahmen zu erzielen. Diese fehlten bisher, wie Stoiber sagte. Er verwies auf ein Beispiel: Würde etwa Bremen seine Einnahmen um 100 DM erhöhen, blieben der Hansestadt davon nur zwei DM für die eigene Kasse. Der Rest wandere in den Finanzausgleich.

Die Ministerpräsidenten waren sich einig, die neuen Länder weiter besonders zu unterstützen. In dieser Woche treffen sich die Ministerpräsidenten der Ostländer, um über die Anforderungen des Solidarpakts II zu beraten. 2004 läuft das bisherige System aus. Offen blieb auf der zweitägigen Konferenz ebenfalls, inwieweit Stadtstaaten wie Berlin, Bremen oder Hamburg ihre besonderen Privilegien, die sie beim Finanztransfer bevorzugen, weiter erhalten sollen.

Das Bundesverfassungsgericht hatte im November 1999 den Länderfinanzausgleich teilweise für verfassungswidrig erklärt. Die Richter verlangten, bis spätestens 2005 das System neu zu regeln; bis Ende 2002 muss der Bundestag "Maßstäbe" für das neue Verfahren verabschieden. Der Finanzausgleich hilft vor allem den neuen Bundesländern, Berlin, Bremen und dem Saarland. Zu den Geberländern zählen besonders Nordrhein-Westfalen, Bayern, Baden-Württemberg. Insgesamt umfasst der Solidarausgleich, einschließlich der Zuweisungen des Bundes und der Umsatzsteuereinnahmen der Länder über 50 Milliarden DM. Der engere Finanzausgleich zwischen armen und reichen Ländern macht gut 14 Milliarden DM aus. Nordrhein-Westfalen hat in den vergangenen Jahren mehr als acht Milliarden DM gezahlt, Bayern drei Milliarden DM.

Die Ministerpräsidenten pochten angesichts der bevorstehenden EU-Osterweiterung auch auf ihre regionalen Kompetenzen. Sie wollen keine Gestaltungskompetenzen aufgeben, die die EU-Wettbewerbshüter als verbotene Staatsbeihilfen kritisieren. Dabei geht es um den öffentlich-rechtlichen Rundfunk, die Sparkassen und die Sozialdienste der Länder. Diese Aufgaben seien Teil der öffentlichen Daseinsfürsorge und nicht Angelegenheit der EU, hieß es. Die Länder drohen damit, ihre Zustimmung zur Osterweiterung zu verweigern, sollten die Länder ihre Gestaltungsspielräume abgeben müssen. (SZ, 27/03/2000)

### A Résumé
Résumez les informations essentielles en français.
Mettez les informations du texte 3 en rapport avec celles du texte 1.

### B Compte rendu
Rendez compte des informations données dans le tableau 2.

### C Exposé-débat
Préparez vos arguments ainsi que les objections éventuelles d'un interlocuteur pour présenter et défendre votre point de vue dans un débat à propos de la question : *Le système fédéral allemand peut-il servir de modèle à la France ?*

## 4. Debatte über Verbot der NPD spaltet Politiker in zwei Lager

Trotz der ablehnenden Haltung der Bundesregierung wollen Bayern und Baden-Württemberg ein NPD-Verbot durchsetzen. Die beiden Unions-geführten Länder schlugen gestern eine Bund-Länder-Arbeitsgruppe zur Überprüfung eines entsprechenden Antrags beim Bundesverfassungsgericht vor. Nach Ansicht des baden-württembergischen Innenministers Thomas Schäuble soll die Bund-Länder-Arbeitsgruppe bereits im August erstmals tagen. Bei der nächsten Innenministerkonferenz im September könne dann über einen Verbotsantrag entschieden werde, sagte der CDU-Politiker in Stuttgart. Auch Bayerns Innenminister Günter Beckstein schloss eine Bundesratsinitiative nicht aus. Mehrere SPD-geführte Länder sowie die CDU-regierten Länder Thüringen und Sachsen äußern sich dagegen skeptisch.

Über das Verbot einer Partei entscheidet nach Artikel 21 des Grundgesetzes das Bundesverfassungsgericht. Verboten wird eine Partei, wenn ihre Ziele oder das Verhalten ihrer Anhänger darauf gerichtet ist, die freiheitlich-demokratische Grundordnung zu beeinträchtigen oder den "Bestand der Bundesrepublik Deutschland zu gefährden". Den Antrag können Bundesrat und Bundestag stellen. Wenn es sich um eine Landespartei handelt, ist auch die jeweilige Landesregierung antragsberechtigt.

(Handelsblatt, 04-05/08/2000)

## 5. Schröder affronte l'extrême droite

"Ne laissez pas une poignée de crânes rasés détruire ce que vous avez construit ici". C'est la leçon que Gerhard Schröder martèle aux Allemands de l'Est. Pendant les quinze derniers jours du mois d'août, le chancelier va visiter au pas de course plus de trente localités dans les cinq nouveaux Länder de l'Est. Un voyage prévu pour d'autres motifs : 59 % des Allemands estiment en effet que Schröder néglige, depuis son arrivée au pouvoir, l'Est de son pays. Mais, après la vague d'agressions racistes que connaît l'Allemagne depuis le début de l'été, le chancelier profite de cette tournée pour rappeler que son gouvernement ne tolère pas ces agressions xénophobes.

Accusé de n'avoir rien entrepris depuis deux ans alors que les incidents racistes sont le lot quasi quotidien dans certaines régions de l'ex-RDA, le gouvernement rouge-vert veut prouver qu'il attaque le mal à la racine. Il devra en premier lieu se prononcer sur l'interdiction du NPD, le parti néonazi qui compte, selon les renseignements généraux, quelque 6 000 membres. Schröder y est favorable. Mais de nombreux experts s'y opposent. Une mise hors la loi par la Cour constitutionnelle de Karlsruhe, estiment-ils, acculerait les militants du NPD à la clandestinité. Ils échapperaient ainsi à tout contrôle et se draperaient dans un rôle de martyrs susceptible de leur apporter de nouvelles sympathies. De plus, interdire le NPD serait se voiler la face : les violences perpétrées par les groupuscules d'extrême droite recueillent - surtout à l'Est - l'assentiment tacite de la majorité silencieuse.

(Le Point, 25/08/2000)

## 6. Fremdenfeindlichkeit schadet massiv

Fremdenfeindliche Straftaten wirken sich nach Angaben des deutschen Außenhandels negativ auf die Geschäftsbilanz aus. "Gerade für Deutschlands Außenhandel ist die Fremdenfeindlichkeit ein massives Problem", sagte der Präsident des Bundesverbandes des Deutschen Groß- und Außenhandels, Michael Fuchs, in Berlin. Im Ausland werde das noch überzeichnet und das Bild des hässlichen Deutschen werde hervorgezogen, erklärte er. Das führe zu geschäftlichen Problemen für Deutschland, das auf Auslandsgeschäfte angewiesen sei wie kaum ein zweites Land. Fuchs führte an, dass ein gewichtiger Teil des deutschen Wohlstands und auch der Arbeitsplätze davon abhänge, dass die Wirtschaft im Ausland als geachteter Partner Geschäfte machen könne.

(SZ, 18/11/2000)

## 7. Brüssel fordert aktive Einwanderungspolitik

Die EU-Kommission hat sich für eine aktive Einwanderungspolitik in Europa ausgesprochen. Die Parole "Null Einwanderung" werde der Realität nicht mehr gerecht, sagte der zuständige Justizkommissar Antonio Vitorino. Sie habe nur dazu geführt, dass immer mehr Menschen auf illegalem Wege versuchten, nach Europa zu kommen. Von den europäischen Regierungen erwartet Vitorino jetzt "politische Führungskraft" und ein "klares Bekenntnis" zu mehr Einwanderung und zu multikulturellen Gesellschaften.

Die Politiker müssten ihren Bürgern klar machen, dass eine kontrollierte Einwanderung dem eigenen Land Vorteile bringen könne, heißt es in der Mitteilung der Kommission. Viele Staaten hätten allerdings noch starke Vorbehalte gegen eine Einwanderung von Menschen von außerhalb der Europäischen Union, obwohl es auf dem Arbeitsmarkt einen Bedarf gebe, der nicht mehr in den Grenzen der Europäischen Union allein gedeckt werden könne.

Vitorino will mit seinem Text eine "breite Debatte" eröffnen, die bis Ende 2001 auf EU-Ebene abgeschlossen werden soll.

Im Bericht der Kommission zur künftigen Einwanderungspolitik findet sich übrigens auch ein Beitrag zur deutschen Debatte über die "Leitkultur". Wer nach Europa kommt, um hier zu leben, müsse die "Werte der Gemeinschaft" akzeptieren, schreibt Vitorino. Dazu gehören für ihn die demokratischen Spielregeln, das Prinzip des Pluralismus, die Menschenrechte und die Gleichberechtigung von Mann und Frau.

(SZ, 23/11/2000)

**A Résumé**
Résumez les textes 4-7 en français.

**B Exposé-débat**
Prenez position à propos des questions suivantes :

*L'extrême droite menace-t-elle la démocratie allemande ?*
*Intégration ou société multiculturelle - quel est le meilleur choix ?*
*Une politique d'immigration européenne -*
*quels pourraient en être les points de repère ?*

## 8.  Le Limousin n'est pas encore assez attractif

Le Limousin trouve dans ce recensement des raisons d'espérer, mais surtout d'agir. Sa population est passée de 722.900 habitants à 710.000, mais cette baisse démographique s'est poursuivie entre 1990 et 1999, à un rythme légèrement ralenti. Elle n'est plus annuellement que de 0,2 %, contre 0,24%, la région perdant 2.900 personnes par le solde naturel, différence entre les naissances et les décès. Mais elle affiche un excédent migratoire de 1.500 personnes par an depuis le début des années 90. Plus de personnes viennent vivre dans la région qu'il n'en partent.

"L'attractivité du Limousin fonctionne", constate Henri Théron, directeur régional de l'Insee. Mais peut-on accélérer ? La région s'y emploie de manière volontariste. Ce ne sont cependant pas 1.500 personnes qu'il faut accueillir chaque année en Limousin, mais au moins le double. Le recensement quantifie donc la politique de l'accueil, devenue pour le président de la région, Robert Savy, "la grande cause régionale".

L'étude prospective "Limousin 2007" en avait souligné la nécessité et, depuis deux ans, la région se donne les moyens d'attirer les actifs nécessaires au maintien de ses activités et à sa revitalisation. Les outils destinés à renforcer "l'apport migratoire" seraient vains sans une dynamique régionale. Sur ce plan, la bonne surprise vient de Limoges. La ville stabilise sa population passant de 133.364 habitants en 1990 à 133.591 et l'agglomération grimpe à 173.000 habitants, pratiquement un Limousin sur quatre. Elle se positionne comme la première agglomération du Centre-Ouest. La Haute-Vienne en profite. Sa population ne bouge pratiquement pas, alors que la Creuse perd 6.900 habitants et la Corrèze, 5.800.

Alors qu'il y a neuf ans les communes attractives étaient surtout dans les zones périurbaines, on en trouve aujourd'hui un peu partout. Le retour des Limousins partis travailler ailleurs qui reviennent pour la retraite n'y est pas étranger. Benoît Lajudie, coordinateur de "Limousin 2017", y voit aussi un "effet emplois". Comment expliquer que toutes les communes proches de l'A 20 voient leur population grimper, sinon par la facilité accrue d'aller travailler à Limoges ou Brive ? Et d'ajouter : "L'accueil de personnes extérieures ne sera efficace que s'il contribue à l'emploi".

(Les Echos, 30-31/07/1999)

**A  Résumé**

Résumez les informations du texte en distinguant les données démographiques et les mesures politiques.

**B  Commentaire**

Commentez les problèmes des déséquilibres régionaux en France et en Allemagne. Prenez en considération la perspective de la politique, de la population, des entreprises et des commerçants. Faites des propositions concernant les mesures envisageables et leurs effets éventuels.

## 9.    Europe, il te manque la volonté de puissance

Dans son discours au Bundestag, le 27 juin, Jacques Chirac a souhaité une "répartition claire des compétences entre les différents niveaux de l'Europe". Il a également souhaité que l'on réfléchisse aux "frontières géographiques ultimes de l'Europe" pour aboutir à la "première Constitution européenne". Ces éléments sont importants. Mais les questions institutionnelles ne doivent pas occulter le débat stratégique. L'Europe ne se fait pas dans le vide, mais au sein d'une économie mondiale en voie de hiérarchisation. Ce diagnostic est probablement au cœur de l'opposition entre ceux qui veulent une Europe structurée qui s'impose face aux autres grandes puissances et ceux qui souhaitent une Europe déstructurée, zone de libre-échange ouverte à toutes les ambitions.

Si l'on est convaincu que le monde est, d'une part, un ensemble politique constitué d'individus dont les désirs priment sur les intérêts à long terme d'Etats-nations (de toute façon en voie de désintégration), et, d'autre part, un marché global de centaines de millions d'opérateurs économiques et sociaux atomisés, il n'y a pas besoin d'une Europe forte.

Si l'on conçoit au contraire que l'économie mondiale est dans une phase de hiérarchisation des puissances, il y a urgence absolue à doter l'Europe des moyens de s'imposer dans ce jeu mortel de classement des économies et des centres de décision qui traduit essentiellement l'ordre des volontés. Les peuples européens doivent choisir rapidement entre deux visions de l'Europe : "communauté de puissance" ou "communauté de souffrance". Une Europe de libertés formelles, qui ne serait pas une communauté de puissance, ne serait qu'une coquille vide dont les règles de droit serviront de marchepied à l'exploitation de ses peuples par les capitalistes américain et japonais, et demain, pourquoi pas, chinois ou coréen.

Dans ce contexte, les "réformes institutionnelles" et la réflexion constitutionnelle qui fascinent la classe politique française depuis le discours du ministre vert des Affaires étrangères allemand, Joschka Fischer, le 12 mai, ne doivent pas servir de cache-misère à l'absence de réflexion stratégique en France. L'institutionnel ne doit pas masquer les enjeux stratégiques.

Précisons d'emblée que l'Europe politique à édifier ne se résume pas à la construction d'un Etat fédéral ou à la recherche élusive d'un Etat-nation européen. La constitution politique de l'Europe doit favoriser l'essor de la société civile et des réseaux de puissance européens. L'Etat fédéral doit être le vecteur de puissance d'une union d'Etats-nations capables de favoriser l'essor de leurs entreprises et de leurs créateurs de richesses matérielles, scientifiques et culturelles, dans un monde global. Il faut bien comprendre que, si l'Europe souffre d'un déficit démocratique, ce n'est pas un déficit de représentation, car la représentation des peuples est réelle - même si elle s'exerce davantage par le Conseil européen que par le Parlement européen. Ce n'est pas non plus un déficit juridique résultant d'un sous-développement de l'Etat de droit européen qui est au contraire proliférant et dont le seul défaut est de ne pas être constitutionnel. Le déficit européen est un déficit d'objectifs stratégiques communs.

(L'Expansion, 06-19/07/2000)

**Exposé-débat**
Présentez, en vous appuyant sur le texte, votre point de vue sur la question suivante :                                *L'Europe unie - pour quoi faire ?*

## 10. Armut anders bekämpfen

Die Weltbank hat sich gegen die Überzeugung gewandt, dass wirtschaftliches Wachstum allein Armut beseitigen kann. In ihrem jährlichen Entwicklungsbericht fordert sie neue Wege der Arbeitsbekämpfung. Ihr Ziel ist es, sich stärker in die Sozialpolitik der betroffenen Länder einzumischen.

In einer Zeit unerwarteten Reichtums, schreibt die Weltbank, leben noch immer 2,8 Milliarden Menschen in Armut, was knapp der Hälfte der Weltbevölkerung entspreche. Das Durchschnittseinkommen in den 20 reichsten Ländern sei inzwischen 37 Mal so hoch wie in den 20 ärmsten; vor vierzig Jahren sei diese Lücke noch halb so groß gewesen. Allein in Ostasien, Nordafrika und dem Mittleren Osten hat sich die Armutssituation im vergangenen Jahrzehnt verbessert. Dagegen kletterte die Armut im restlichen Afrika, in Südasien und in Lateinamerika wieder an. Der prozentual deutlichste Zuwachs jedoch war in Osteuropa und Zentralasien festzustellen. Dort schnellte die Zahl der Armen von einer auf 24 Millionen in die Höhe.

Der neue Chefökonom der Weltbank, Nicholas Stern, kritisierte die bisherige Armutsdebatte. Sie habe sich zu sehr auf den falschen Gegensatz zwischen Marktreformen einerseits und Regierungsprogrammen, die den Armen helfen, andererseits, konzentriert. In Wirklichkeit sei beides nötig, so Stern. Der Chefökonom zitierte Studien, wonach Freihandel und Inflationskontrolle den Armen mindestens ebenso viel gebracht haben soll wie den Reichen. Gleichzeitig gebe es jedoch auch andere Studien, die zeigten, dass die Wirtschaft umso stärker wachse, je kleiner die Lücke zwischen Arm und Reich sei. Es sei daher wichtig, dass sich ein Land nicht nur am Freihandel beteilige, sondern auch effiziente Programme zur Einkommensumverteilung habe wie auch ein öffentliches Bildungswesen. Weil auch in gut funktionierenden Märkten nicht genügend etwa in Aids-Impfstoffe investiert werde, sei eine staatliche Intervention unerlässlich.

(SZ, 14/09/2000)

## 11. La Banque mondiale lie progrès démocratique et lutte contre la pauvreté

La Banque mondiale redéfinit sa conception de la pauvreté pour l'élargir aux multiples handicaps liés dont souffrent les plus défavorisés. Le rapport intitulé "Attaquer la pauvreté", que publie l'institution, mardi 12 septembre, se félicite de certains progrès acquis depuis quarante ans : l'espérance de vie a augmenté de vingt ans en moyenne dans le tiers-monde et le taux de mortalité infantile a été divisé de plus de moitié. Mais dans le même temps, le fossé a doublé entre les pauvres et les riches : le revenu moyen des vingt pays les plus riches est aujourd'hui 37 fois plus élevé que celui des vingt pays les plus démunis.

S'appuyant sur les expériences dont le rapport fait la synthèse, la Banque mondiale propose de mettre en œuvre une "stratégie" en trois points :
- améliorer l'accès des plus pauvres aux besoins essentiels que sont l'emploi, les routes, l'électricité, l'eau, la santé, etc. (cela passe par la mise en route de programmes économiques qui favorisent la croissance, donc respectueuses des politiques orthodoxes);
- favoriser la participation des catégories les plus défavorisées aux instances politiques pour qu'elles aient voix au chapitre (ce qui nécessite dans la plupart des cas des réformes dans le fonctionnement de l'Etat);
- promouvoir des mécanismes permettant d'amortir les effets des chocs économiques mais également des catastrophes naturelles, de la maladie, de la violence individuelle, etc. pour créer un environnement favorable à l'initiative individuelle et à l'intégration économique de tous.

Alors que la communauté internationale s'est donné pour objectif, lors du sommet du millénaire de l'ONU, la semaine passée, de diviser la pauvreté par 2 d'ici à 2015, le rapport rappelle quelques chiffres qui montrent l'urgence d'une action collective et concertée des institutions multilatérales, des gouvernements et des pays eux-mêmes. Sur les 6 milliards d'habitants de la planète, 2,8 milliards vivent avec moins de 2 dollars par jour, 6 enfants sur 100 n'atteignent pas leur premier anniversaire et 8 enfants meurent avant d'avoir 5 ans. D'ici à 2025, 2 milliards d'êtres humains vont venir grossir la population mondiale. La quasi-totalité d'entre eux (environ 97 %) naîtront dans le tiers-monde.

Dans les années 50 et 60, les experts ne juraient que par les grands travaux d'infrastructures. Lors des années 70, ils ont mis l'accent sur l'éducation et la santé. Dans la décennie 80 qui a débuté avec la crise de la dette et la récession mondiale, les économistes ont magnifié le libéralisme et fait la promotion des marchés. Les discours sur la bonne gouvernance et l'Etat de droit ont dominé les années 90. Aujourd'hui, la Banque mondiale lie l'amélioration de la situation des populations à plus de démocratie.

(Le Monde, 14/09/2000)

## 12.   Öffnung der Märkte gefordert

In einem von Annan präsentierten Bericht, der von den Vereinten Nationen, der Weltbank, dem Internationalen Währungsfonds (IWF) und der Organisation für wirtschaftliche Zusammenarbeit und Entwicklung (OECD) gemeinsam ausgearbeitet wurde, bekräftigten die internationalen Organisationen erneut die Notwendigkeit zur Umsetzung der beim Sozialgipfel von Kopenhagen 1995 festgelegten Ziele.

Dazu gehören die Halbierung der Zahl der Personen, die mit weniger als einem Dollar pro Tag leben müssen, bis zum Jahr 2015, der Zugang aller Kinder zu einer Grundschule, die Beseitigung der Diskriminierung der Frau, die Reduktion der Kindersterblichkeit, die Senkung der Todesrate bei Geburten, der Zugang aller zu Gesundheitsdiensten und die Forderung umweltverträglicher Entwicklungsmodelle.

In dem Bericht wird allerdings auch unmissverständlich darauf hingewiesen, dass die beim Sozialgipfel von Kopenhagen gemachten feierlichen Versprechen bisher nur wenig Auswirkungen gezeitigt haben. Während beispielsweise die Zahl der in extremer Armut lebenden Personen seit 1995 in Asien stark zurückgegangen sei, habe die Zahl der Armen in Afrika weiter zugenommen. Wenn die gegenwärtige Entwicklung anhalte, würden zudem auch in 15 Jahren 100 Millionen Kinder vom Besuch der Grundschule ausgeschlossen bleiben. Im Bereich der Kindersterblichkeit seien die Fortschritte in einzelnen Staaten aufgehoben worden.

Nach Angaben der UN leben zur Zeit 1,2 Milliarden Menschen in absoluter Armut, 150 Millionen sind arbeitslos, 750 Millionen unterbeschäftigt, 800 Millionen haben keinen Zugang zu Gesundheitsdiensten, 33 Millionen sind mit dem Aids-Virus infiziert und 850 Millionen Analphabeten.

(SZ, 27/06/2000)

**A    Résumé**
Faites un résumé en français des textes 10 - 12 en distinguant informations et propositions.

**B    Exposé-débat**
Préparez vos arguments ainsi que ceux d'un adversaire éventuel pour présenter et défendre votre point de vue sur la question suivante :

> *Comment les pays riches pourront-ils*
> *lutter plus efficacement contre la pauvreté ?*

## INFORMATIONS

## Les élections

### Modes de scrutin

- **Proportionnelle** : les candidats se regroupent par liste. Les électeurs votent pour l'une d'elles en général sans pouvoir mêler les noms de l'une et de l'autre (panachage) ni éliminer des candidats sur la liste (vote préférentiel). Les sièges sont répartis proportionnellement aux voix obtenues.

- **Majoritaire** : c'est le candidat qui recueille le plus de voix qui est élu. S'il y a deux tours, il faut obtenir la majorité absolue des suffrages exprimés au premier tour ; la majorité relative suffit au second. Le candidat qui n'a plus de chances opère un désistement en faveur d'un autre candidat.

- **En Allemagne**, il y a un "droit de suffrage proportionnel personnalisé": la moitié des députés est élue dans les circonscriptions électorales à la majorité relative, l'autre moitié est élue d'après le scrutin de liste (listes de candidats proposés par les partis à l'échelon du Land). Chaque électeur allemand possède donc deux voix en un seul tour. Toutes les élections se déroulent selon le même mode de scrutin. Pour être représenté, un parti doit obtenir plus de 5 % des suffrages. Ce seuil a récemment été mis en question à l'échelle locale par le Conseil constitutionnel (Bundesgerichtshof), qui a été saisi par les Verts.

**Le vote par correspondance**, très apprécié en Allemagne, a été supprimé en France en 1975 en raison des abus et fraudes auxquels il avait donné lieu.

**Le vote par procuration** permet à un électeur français de se faire représenter au bureau de vote, le jour du scrutin, par un autre électeur de son choix.

- **L'inscription** : pour pouvoir voter en France, il faut s'inscrire sur les listes électorales de la commune de sa résidence principale. Ensuite, le citoyen reçoit une carte électorale valable trois ans. Dans la plupart des communes, les jeunes qui atteignent 18 ans sont automatiquement inscrits, mais cette inscription ne leur est pas notifiée..
L'électeur allemand reçoit automatiquement, avant les élections, une invitation qui lui indique son bureau de vote et qu'il doit présenter le jour des élections, avec sa carte d'identité.

| Elections | Quand? | Qui? | Comment? |
|---|---|---|---|
| Municipales | tous les 6 ans | conseillers municipaux | suffrage universel direct<br>scrutin de liste<br>mode mixte* |
| Cantonales | tous les 3 ans<br>par moitié | conseillers généraux | suffrage universel direct<br>scrutin majoritaire<br>à deux tours |
| Régionales | tous les 6 ans | conseillers régionaux | suffrage universel direct<br>scrutin de liste à deux tours<br>à la proportionnelle ** |
| Législatives | tous les 5 ans | députés de<br>l'Assemblée générale | suffrage universel direct<br>scrutin majoritaire à deux<br>tours |
| Sénatoriales | tous les 3 ans<br>par tiers | sénateurs | suffrage indirect<br>scrutin majoritaire à deux<br>tours/départ. de 1à 4 sén.<br>proportionnelle/dép.de plus<br>de 4 sénateurs |
| Présidentielles | tous les 7 ans | président de la<br>République | suffrage universel direct<br>scrutin majoritaire<br>à deux tours |
| Européennes | tous les 5 ans | députés du Parlement<br>européen | suffrage universel direct<br>scrutin de liste à la<br>proportionnelle |

\* Dans les communes de plus de 3 500 habitants, c'est le nouveau système des régionales qui est appliqué

\*\* Depuis une réforme (1999) scrutin de liste à deux tours, à la proportionnelle, mais avec une prime majoritaire à la liste arrivée en tête au premier tour et avec des seuils de 5 % pour participer au second tour, de 3 % pour fusionner avec une autre liste.

# Les partis

• **RPR** (Rassemblement pour la République)
Le parti existe sous ce nom depuis 1976. Jacques **Chirac** en est le président de 1974 à 1995. Son objectif est de rassembler, comme le Général de Gaulle, le peuple français autour de quelques principes fondamentaux : "humanisme", "certaine idée de la France et de l'indépendance nationale", "conception de l'Etat exigeante et volontariste". Chirac libéralise la doctrine économique et ouvre son parti vers une plus grande intégration de l'Europe. Redevenu en 1995 parti du président, il est néanmoins dominé par les lignes de fracture entre les partisans de différents camps (séguinistes, juppéistes ..). En 1999, Charles Pasqua fonde le **RPF** (Rassemblement pour la France) dont le vice-président est Philippe de Villiers. Mais leur entente n'est pas faite pour durer.

• **UDF** (Union pour la Démocratie Française)
En 1978, Valéry **Giscard d'Estaing** rassemble des partis conservateurs de toutes tendances sans pour autant constituer un parti unifié : PR (Parti Républicain), CDS (Centre des Démocrates Sociaux), PRS (Parti Radical Socialiste). Son objectif est de parvenir à une société libérale, de responsabilité et de solidarité ("libéralisme avancé"). Créé pour être "le parti du président" et pour contrecarrer l'influence du RPR, il perd une grande partie de son autonomie suite à la défaite de Giscard d'Estaing en 1981. Depuis 1990, UDF et RPR ont une alliance pour les élections : l'union pour la France (UPF). La rénovation, entreprise en 1995 et 1996 par François Bayrou et François Léotard est remise en cause par la défaite aux élections législatives de 1997 et aux régionales de 1998. De surcroît, des tensions internes existent entre les partisans et les détracteurs d'une alliance avec le FN au niveau régional. En 1998, l'UDF éclate. **Démocratie libérale**, issue du PR, reprend son autonomie sous son nouveau chef Alain Madelin. Il se réclame du libéralisme pur. Ce qui reste de l'UDF modifie les statuts pour constituer un parti unifié.

• **PS** (Parti Socialiste)
C'est le parti avec la plus grande tradition (depuis 1879). Dans sa forme actuelle, il est fondé par François **Mitterrand** en 1971. Son objectif est d'engager le pays sur la voie de la démocratie socialiste, par étapes et par des moyens démocratiques. Faiblesses structurelles : peu de rapports directs avec le mouvement syndical, moins de 200 000 adhérents (le SPD en compte, en 1993, 886 000), faiblesse de l'organisation, structure en courants.
En 1972, Mitterrand signe le programme commun de la gauche avec le PCF. Le parti socialiste devient le parti dominant de la gauche, un parti national, rajeuni, ouvert à tous les milieux socioprofessionnels et toutes les traditions. Au gouvernement entre 1981 et 1993, le parti se transforme en parti de gestion réformiste, usé par le pouvoir (affaires). Après sa défaite cinglante aux élections législatives de 1993 (17 %), le PS retrouve son souffle en 1995 avec le bon score de son candidat aux élections présidentielles, **Lionel Jospin.** Celui-ci entreprend la rénovation de son parti et publie, en 1996, un programme économique et social marqué par un "réalisme de gauche". Lors des législatives de 1997, le PS obtient 27,8 % des suffrages et revient au pouvoir.
Lionel Jospin gouverne avec une majorité plurielle formée de socialistes, communistes, Verts et quelques petits groupes.

- **FN** (Front national)
Fondé par Jean-Marie **Le Pen** en 1972. Son objectif est de combattre les socialistes et les communistes et de revenir à plus de fermeté dans les domaines de la justice et de l'immigration ("les Français d'abord"). Le parti est localement implanté, structuré et discipliné et dispose de réseaux prolongeant son influence dans les milieux les plus divers. Il prend la relève de la fonction protestataire naguère exercée par le PCF. Dans les années 80, il remporte des scores de 10 à 14 % aux élections européennes et régionales ; Le Pen obtient aux présidentielles entre 14 et 16 %. A l'Assemblée nationale, le FN ne dispose d'aucun siège, mais aux municipales de 1995, il gagne trois mairies (Mulhouse, Orange et Marignane), auxquelles s'ajoute Vitroles en 1997. En 1998, le parti compte 50 000 adhérents.
La situation change lorsque, en 1999, des débats internes aboutissent à une scission entre les partisans de Jean-Marie Le Pen et de Bruno **Mégret**, qui crée le **MNR** (Mouvement national républicain). A partir de là, les deux formations semblent affaiblies.

- **PCF** (Parti communiste français)
Fondé en 1920, dirigé pendant de longues années par Georges **Marchais**, actuellement par Robert **Hue**. Son objectif est de conquérir le pouvoir par les masses populaires, transformer la société capitaliste en une société sans exploiteurs ni exploités. Après la guerre, c'est le premier parti de la France. Depuis ce temps, il connaît un déclin s'accélérant de plus en plus ces dernières années. Robert Hue essaie de rajeunir et d'ouvrir son parti. Depuis 1997, il participe au gouvernement de Lionel Jospin.

- **Les Verts**
Le parti des Verts est fondé en 1984. Il est dirigé par Antoine **Waechter**. Les Verts rejettent les structures classiques des partis traditionnels, fortement centralisés et hiérarchisés et refusent la professionnalisation de la politique. En 1989, ils remportent un succès aux européennes (10,67 %). En 1990, Brice **Lalonde**, ministre de l'Environnement du gouvernement socialiste depuis 1988, fonde Génération Ecologie. Son objectif est de mettre en place un projet de société écologiste. Les deux formations dirigées par Lalonde et Waechter forment l' "Entente écologiste" aux élections législatives de 1993, mais ne remportent que de maigres 8 %.
Depuis ce temps, l'heure est à l'éclatement. Neuf formations coexistent. Les Verts sont dirigés par Dominique **Voynet**, favorable à un rapprochement entre écologistes et militants de gauche. Antoine Waechter, mis en minorité dans son ancien parti, crée le Mouvement écologiste indépendant.
Le projet politique des Verts se déplace de l'écologie vers la constitution d'une "force politique alternative". Ils signent un accord électoral avec le PS et obtiennent, en 1997, avec un score de 5,12 %, six sièges à l'Assemblée nationale ainsi qu'un poste au gouvernement (ministère de l'environnement). En 2000, un Vert devient secrétaire d'Etat à l'Economie solidaire. Les autres formations écologistes restent marginalisées. La liste des Verts obtient aux élections européennes 9,72 %, devançant celle des communistes (6,8 %).

**En Allemagne,** les partis font preuve d'une plus forte continuité. Ils sont très organisés et ont plus d'adhérents que les partis français. En général, le système fédéral favorise la recherche de compromis non seulement au sein des partis, mais entre les partis d'horizons très différents.

**Le SPD** (social-démocratie) peut se réclamer de la plus longue tradition, mais son programme a connu des mutations profondes. Le parti entend être un parti du centre (Mitte). **La CDU/CSU** (tradition chrétienne, conservatrice) et **le FDP** (libéraux) ont été fondés au lendemain de la guerre. Les deux partis ont formé le gouvernement entre 1982 et 1998. Depuis, le FDP a du mal à dépasser le seuil des 5 % et n'est plus présent au gouvernement dans la plupart des Länder.

En Allemagne, le mouvement écologiste est très fort et implanté dans le milieu contestataire, ce qui a mené à des querelles intenses entre "fondamentalistes" et "réalistes". Les "réalistes" ont fini par s'imposer, mais, pour autant, le parti **"Die Grünen"** n'est pas un parti comme les autres : principe de rotation pour les postes de dirigeants, taux de femmes élevé, pas de cumul de mandats. Depuis 1983, ils sont représentés au Bundestag et participent aux gouvernements de plusieurs Länder. En 1990, ils décident de fusionner avec "Bündnis 90", une formation issue du mouvement des citoyens est-allemands. Aux élections législatives de 1998, ils accèdent au gouvernement avec le SPD et obtiennent trois ministères : (Affaires Etrangères, Santé et Environnement.

**Le PDS** est l'héritier du parti SED de l'ex-RDA et représente un projet socialiste. Il connaît un certain succès dans les nouveaux Länder, mais reste néanmoins marginalisé.

Les diverses formations **d'extrême droite** (DVU, NPD, Die Republikaner) ne passent pas la barre des 5 % aux élections législatives. Ils participent, sous des noms divers, à des Parlements régionaux, en général pour de courtes périodes, et réalisent de bons scores aux municipales en Hesse et en Saxe-Anhalt, dans des bastions ouvriers touchés par la crise. Le NPD compte environ 48 000 adhérents. Son degré d'organisation a été certainement sous-estimé. L'Internet leur est une aide précieuse pour diffuser leurs idées. Depuis 1997, le nombre de crimes racistes augmente de façon inquiétante, surtout dans les nouveaux Länder. Le gouvernement a l'intention d'interdire le parti NPD et en a déjà déclenché la procédure.

# La Constitution de la Vᵉ République

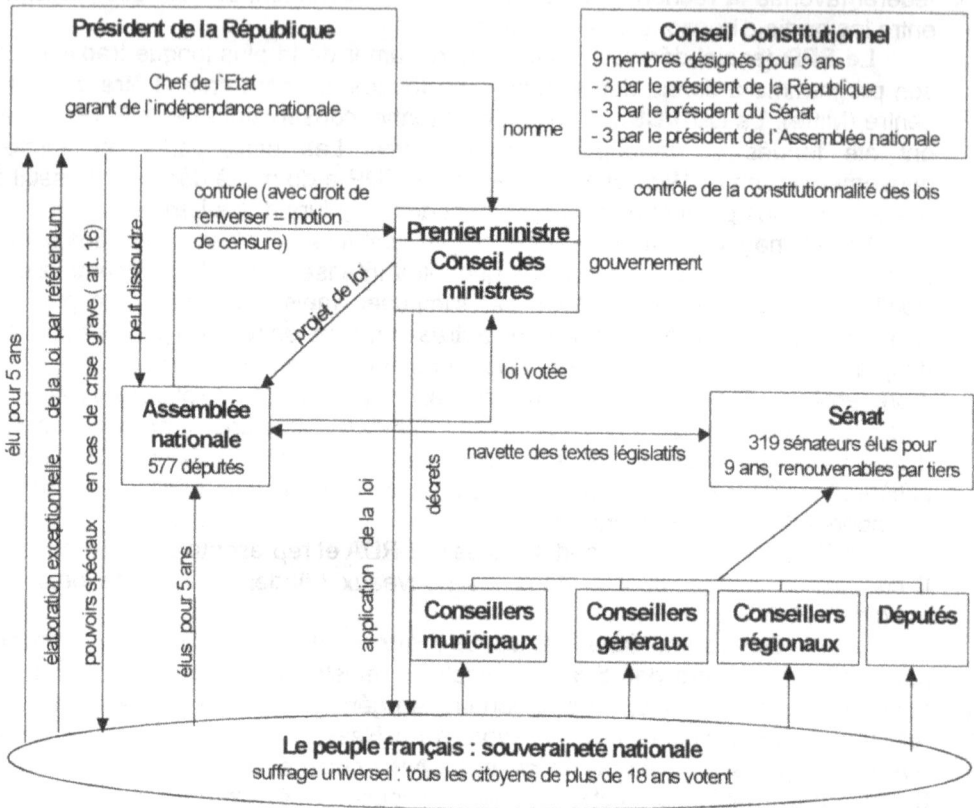

| Président de la République | Conseil Constitutionnel |
|---|---|
| Chef de l'Etat<br>garant de l'indépendance nationale | 9 membres désignés pour 9 ans<br>- 3 par le président de la République<br>- 3 par le président du Sénat<br>- 3 par le président de l'Assemblée nationale |

nomme

contrôle de la constitutionnalité des lois

contrôle (avec droit de renverser = motion de censure)

**Premier ministre**
**Conseil des ministres**

gouvernement

projet de loi

loi votée

élu pour 5 ans

élaboration exceptionnelle de la loi par référendum

en cas de crise grave (art. 16)

peut dissoudre

pouvoirs spéciaux

**Assemblée nationale**
577 députés

navette des textes législatifs

**Sénat**
319 sénateurs élus pour 9 ans, renouvenables par tiers

décrets

application de la loi

élus pour 5 ans

| Conseillers municipaux | Conseillers généraux | Conseillers régionaux | Députés |
|---|---|---|---|

**Le peuple français : souveraineté nationale**
suffrage universel : tous les citoyens de plus de 18 ans votent

## Pourquoi la cinquième ?

| Iᵉʳᵉ République | 1792 - 1804 | Révolution française - Coup d'Etat de Napoléon |
|---|---|---|
| IIᵉ République | 1848 - 1852 | Révolution du février - restauration de la monarchie (Napoléon III) |
| IIIᵉ République | 1870 - 1940 | Fin de l'Empire de Napoléon III dans la guerre franco-allemande - défaite contre les Allemands et instauration du régime de Vichy |
| IVᵉ République | 1946 - 1958 | Régime caractérisé par de fréquents changements de gouvernement et un exécutif faible |
| Vᵉ République | depuis 1958 | Retour de De Gaulle sur la scène politique dans la crise d'Algérie : affaiblissement du Parlement, renforcement de l'exécutif |

**Le Conseil d'Etat** dispose d'une double fonction de juge administratif suprême et de conseiller du gouvernement. Aujourd'hui, il intervient dans un nombre croissant de conflits et donne son avis sur les questions de société : droit des étrangers, diagnostic prénatal, foulard islamique, hausse des loyers ... En fait, il est devenu créateur de droit.

# Législation et gouvernement

- **Le vote des lois**
  L'initiative des lois appartient aux membres du gouvernement (projet de loi), aux députés ou sénateurs (proposition de loi). Le texte est déposé sur le bureau de l'Assemblée nationale ou du Sénat, présenté par un rapporteur, discuté par une commission et présenté finalement devant l'Assemblée nationale qui peut le voter, modifier ou rejeter. En cas d'approbation, le texte est présenté devant le Sénat qui peut également le voter, le modifier ou le rejeter. En cas de désaccord, le texte sera soumis à une commission mixte paritaire qui est réunie à l'initiative du gouvernement. Celui-ci peut, de cette manière, faire sauter les amendements ou le veto du Sénat. Si le Conseil constitutionnel ne s'y oppose pas, la loi est promulguée par le président de la République et publiée au Journal Officiel de la République française.

- **L'article 44, le vote bloqué** permet au gouvernement de reconstruire son texte et d'en demander l'adoption par un seul vote d'ensemble.

- **Le 49.3.**
  Souvent, pour faire passer une loi, le Premier ministre recourt au paragraphe 49.3. Cet article l'autorise à engager la responsabilité de son gouvernement devant les députés, à propos d'un texte. S'il n'y a pas de vote en faveur d'une motion de censure, le texte est adopté.

- **La motion de censure**
  Si elle est signée par 1/10 des députés, la discussion est acceptée. Si elle est ensuite votée à la majorité absolue, le gouvernement remet sa démission au président de la République.

- La **question de confiance**
  Le Premier ministre peut lui-même prendre l'initiative en posant la question de confiance aux députés.

  **Le président et le gouvernement** peuvent prendre des décisions dans tous les domaines qui ne sont pas réservés au Parlement.

- **Décrets** : il y a des décrets présidentiels, p.ex. pour la nomination du Premier ministre. Le Premier ministre prend des décisions appelées décrets ministériels pour l'exécution des lois votées par le Parlement. Il dispose également d'un pouvoir de décision autonome.

- **Arrêtés** : ce sont des décisions prises par une autorité administrative.

- **Ordonnances** : le Parlement peut autoriser le gouvernement à prendre des mesures qui sont normalement du domaine de la loi. Les ordonnances entrent en vigueur quand elles sont signées par le président de la République et quand elles sont publiées. Mais elles ne prennent effet qu'à condition qu'un projet de loi de ratification soit déposé devant le Parlement dans un délai fixé.

# Une particularité française - le rôle du président :

- coexistence d'un pouvoir démocratique incarné par la majorité parlementaire issue du système des partis et d'un pouvoir d'Etat en charge de la continuité de la nation placé entre les mains du président de la République ;
- personnalisation du pouvoir ;
- existence d'un "domaine réservé" au président : défense nationale, affaires étrangères, en particulier africaines et européennes ;
- participation à la législation : il peut refuser sa signature et, dans le cas des ordonnances, obliger le gouvernement à retourner devant le Parlement. Le contreseing rend indispensable un accord entre l'Elysée et Matignon ;
- faculté du président de changer le gouvernement en dehors de tout événement électoral ou parlementaire. L'élection présidentielle entraîne toujours la nomination d'un nouveau gouvernement ou même des élections législatives ;
- jusqu'en l'an 2000 le mandat de sept ans (septennat). Par référendum le septennat a été transformé en quinquennat.

# Le système politique allemand

**Bundespräsident :**
- chef de l'Etat, en représentant l'unité ;
- élu par l'Assemblée fédérale (Bundesversammlung) composée à 50 % par des membres du Bundestag et à 50 % par des représentants des Parlements des Länder ;
- élu pour 5 ans, rééligible une fois ;
- peut dissoudre le Bundestag sur proposition du chancelier.

**Bundeskanzler :**
- chef du gouvernement ;
- élu pour 4 ans par la Diète fédérale (Bundestag) ;
- peut être renversé par un "konstruktives Misstrauensvotum", une motion de censure qui n'est valable que si la majorité du Bundestag élit un successeur au chancelier.

**Bundestag :**
- élu par le peuple pour 4 ans ;
- vote les lois ;
- choisit le chancelier, contrôle le gouvernement.

**Bundesrat :**
- représente les Länder ;
- composé de membres des gouvernements des Länder ;
- possède le droit d'approuver les lois concernant les intérêts des Länder et d'opposer son véto.

**Bundesverfassungsgericht :**
- juges élus par le Bundestag et le Bundesrat pour 12 ans ;
- veille à la conformité des lois à la Constitution.

# Repères d'histoire politique

**1958 - 1969**
Charles De Gaulle président de la République.
**1969 - 1974**
Georges Pompidou président de la République.
**1974 - 1981**
Valéry Giscard d'Estaing président de la République.
1974 - 76 Jacques Chirac Premier ministre, 76 - 81 Raymond Barre.
1974 Révision de la Constitution à l'initiative de Giscard d'Estaing : 60 députés ou sénateurs ont le droit de saisir le Conseil constitutionnel. Réforme qui provoque une rapide et croissante intervention du Conseil dans le jeu politique.
**1981 - 1995**
Mitterrand président.
**1981 - 1986**
Majorité absolue des socialistes à l'Assemblée nationale. Pierre Mauroy Premier ministre. 1981 - 83 : mise en œuvre du programme commun (nationalisations, décentralisation, hausse du SMIC, abolition de la peine de mort, retraite à 60 ans)
1983 : tournant. Crise économique. Plan d'austérité. Laurent Fabius Premier ministre. 1984 : rupture avec les communistes qui quittent le gouvernement.
**1986 - 1988**
Défaite des socialistes aux législatives. Cohabitation entre un président de gauche et une majorité parlementaire de droite. Chirac Premier ministre. Privatisations.
**1988 - 1993**
Mitterrand, réélu président, dissout l'Assemblée nationale. Aux élections législatives, les socialistes gagnent, mais ne disposent plus d'une majorité absolue. Rocard est nommé Premier ministre. Le 49.3 est souvent appliqué. Instauration du RMI et de la CSG.
1991 - 92 Edith Cresson Premier ministre, 1992 - 93 Pierre Bérégovoy.
Multiplication des affaires, peu de marge de manœuvre.
**1993 - 1995**
Après la défaite des socialistes, Edouard Balladur Premier ministre. La politique est vite dominée par la précampagne présidentielle. Une guerre fratricide oppose Chirac et Balladur, les deux provenant du RPR. Le PS parvient à améliorer son image avec son candidat de dernière minute, Lionel Jospin.
**1995**
Chirac est élu président de la République et nomme Alain Juppé Premier ministre.
**1997**
Le président de la République, Jacques Chirac, dissout l'Assemblée nationale, provoquant ainsi des élections législatives qui, au grand dam du camp conservateur, ramènent les socialistes au pouvoir. Lionel Jospin est nommé Premier ministre et forme un gouvernement de coalition avec des ministres verts et communistes ("gauche plurielle"). La France vit une fois de plus sous le régime de la cohabitation. En 2000, le mandat présidentiel est raccourci à 5 ans, dans un référendum à participation très faible.

## Pouvoir local

- **La région**
  La région est constituée par un ensemble de départements regroupés en fonction de leur appartenance à des intérêts économiques et culturels. Le Conseil régional administre la région. Le président du Conseil est l'exécutif de la région et dirige les débats du Conseil. La région met au point un plan régional, favorise le développement économique et contribue à la formation des habitants.

- **Le département**
  Créé par la Révolution, il a été conçu dans le cadre d'un découpage géographique destiné à rationaliser l'organisation administrative du territoire. On devait pouvoir atteindre le chef-lieu du département en une journée. Napoléon a donné un rôle prépondérant au représentant de l'Etat, le **préfet**, détenteur de l'exécutif. La France est divisée en 96 départements métropolitains et 5 départements d'outre-mer. Les départements métropolitains sont numérotés d'après l'alphabet. Chaque département est divisé en **cantons** qui constituent une circonscription électorale pour l'élection des conseillers généraux.
  Depuis la **loi de la décentralisation** du 2 mars 1982, le département est devenu une collectivité locale dans laquelle un élu, le **président du Conseil général**, exécute les décisions d'une assemblée élue au suffrage universel. Les élus départementaux sont responsables de la gestion d'un budget départemental. Le Conseil général intervient dans les domaines suivants : aide sociale et santé, équipements collectifs, éducation, aide aux communes. Le préfet en tant que représentant de l'Etat veille au respect des lois et à l'exécution des décisions gouvernementales et contrôle l'administration.

- **La commune**
  C'est la plus petite division administrative française, une collectivité territoriale qui est gérée par des représentants élus : le **Conseil municipal** et le **maire**. Il existe 36 400 communes et 35 400 ont moins de 10 000 habitants. Les Conseils municipaux peuvent intervenir à l'égard de toutes les affaires communales dans le cadre de la législation existante. Le maire est à la fois l'agent exécutif de la Commune, chargé de mettre en application les décisions du Conseil municipal et représentant local de l'Etat.

- **Les départements d'outre-mer** : la Guadeloupe, la Martinique, la Guyane, la Réunion.
  - Dans l'ensemble, la législation et la réglementation métropolitaines s'y appliquent.
  - Ils font partie de l'UE.

- **Les territoires d'outre-mer** : la Nouvelle-Calédonie et Polynésie, Wallis et Futuna, les Terres Australes et Antarctiques françaises, Saint-Pierre et Miquelon et Mayotte.
  - Ils font partie de la République française, mais non pas du Marché Commun.
  - Ils sont représentés à l'Assemblée nationale, au Sénat et au Conseil économique et social. Ils disposent d'une semi-autonomie.

# La décentralisation

En 1956, on a créé les **vingt-deux régions de programme** qui ont quelquefois de vagues liens avec les provinces historiques (Bretagne), mais qui peuvent aussi être complètement artificielles (Centre, Pays de la Loire). Dans le cadre de l'aménagement du territoire, il était apparu indispensable de mettre en œuvre la déconcentration économique et administrative du pays. Après la victoire électorale de la gauche en 1981, celle-ci a fait adopter, en 1982, une loi de décentralisation qui a transformé la région en une collectivité territoriale de la République. L'Etat est devenu un partenaire qui passe des contrats avec les collectivités locales.

Mais le sujet reste délicat à l'heure actuelle. Le conflit entre défenseurs d'un Etat "jacobin" et adeptes d'un modèle plutôt fédéral divise tous les partis (exemple : le récent statut particulier de la Corse).

## Objectifs de la réforme :

* remettre l'Etat envahissant et inefficace à sa place ;
* responsabiliser les élus locaux ;
* pousser les citoyens à s'impliquer dans la vie locale ;
* améliorer la gestion publique ;
* favoriser le développement économique : les communes peuvent accorder des primes et des subventions aux entreprises ; les départements peuvent passer des conventions avec des entreprises en difficultés, mettent en œuvre le plan national ; les régions élaborent leur propre plan, aident financièrement les entreprises, prennent des participations.

## Dysfonctionnements

* On n'a pas osé s'attaquer au regroupement des communes et des régions ni envisagé la suppression des départements.
* On n'a pas créé de hiérarchie entre les différents niveaux du pouvoir local.
* On a renforcé les pouvoirs des notables et ainsi aggravé les problèmes du culte de la personnalité, du cumul des mandats, népotisme, esprit de clan, corruption. De nombreux scandales en témoignent.
* On a mis en concurrence les collectivités locales sur le marché régional et national en favorisant les surenchères entre villes et régions voisines pour attirer les entreprises.
* Les lourdeurs administratives empêchent des décisions d'investissement en faveur des régions.
* Souvent, faute de moyens financiers suffisants, la collectivité ne peut pas jouer le rôle qui lui appartient de droit. Le budget des régions ne représente que 3 % du budget de l'Etat en France, contre 50 % en Allemagne.
* Le gouvernement de Lionel Jospin a supprimé les droits de mutation, la part régionale de la taxe d'habitation, la vignette pour les particuliers etc. De cette façon, les ressources propres des collectivités locales s'amenuisent, au profit des dotations de l'Etat dans leur budget. En 2003, c'est plus de la moitié des ressources locales qui proviendront de l'Etat.

## L'aménagement du territoire

L'intervention de l'Etat reste indispensable pour éviter un accroissement des inégalités entre les régions. Ainsi assure-t-il des péréquations au travers de la dotation globale de financement (DGF) ou la dotation de solidarité urbaine (DSU). Malgré cela, les inégalités tendent à s'accentuer. Le principal impôt local est la taxe professionnelle et sa répartition reflète donc celle des activités économiques. La croissance entre 1986 et 1990 a favorisé l'Ile-de-France, Rhône-Alpes et les deux régions méditerranéennes. Pour l'an 2000, on prévoit que 90 % de la population vivront sur 10 % du territoire.

Néanmoins, il y a des contre-courants : selon les résultats du recensement de 1999, un des principaux gagnants de la croissance démographique a été le Grand Ouest (territoires qui s'étendent de la Normandie à la Vendée).

En 1991, on a nommé, pour la première fois, un ministre d'Etat chargé de la Ville et de l'Aménagement du territoire.

Trois orientations :
- maîtriser la croissance de l'Ile-de-France et assurer un meilleur équilibre avec les autres régions ;.
- recomposer l'espace français en créant des axes de solidarité entre agglomérations voisines pour les hisser à la hauteur européenne ;.
- préserver l'avenir de l'espace rural en accordant des aides aux produits et à la personne afin d'enrayer la désertification d'un tiers de l'espace français.

**L'Union européenne** est devenue, elle aussi, un acteur de l'aménagement du territoire. Mais l'ouverture européenne et mondiale de l'économie française mène aussi à une compétition entre les métropoles et met en question les objectifs traditionnels de cohérence et d'équilibre en matière d'aménagement du territoire.

En Allemagne, chaque **Land** est doté d'une constitution, d'un parlement et d'un gouvernement dirigé par un ministre-président. Le caractère fédéral de la République est un principe constitutionnel soustrait à toute révision.

Les Länder ont des prérogatives en ce qui concerne
- le droit communal ;
- certains secteurs de la protection de l'environnement ;
- la majeure partie des services de la police ;
- la réglementation culturelle (écoles, formation des professeurs).

Ils participent à la législation nationale par leur représentation dans le "Bundesrat". Pour assumer leurs tâches, les Länder disposent de ressources financières importantes, qui proviennent, pour l'essentiel, des impôts sur le revenu et sur les sociétés, et de la TVA. Pour compenser les différences entre les Länder, un système de péréquation financière a été instauré. Les moyens financiers des Länder et des communes sont plus importants que ceux de l'Etat fédéral. En France, l'Etat dépense deux fois plus, les communes deux fois moins, les régions et départements trois fois moins.

# Tendances démographiques

De 1946 à 1999, la population passe de 40,5 millions d'habitants à 58 millions en France. Elle n'a jamais connu un tel rythme d'accroissement. Au lendemain de la guerre, on assiste à un baby boom ; la **fécondité** reste à un niveau relativement élevé pendant trente ans (supérieur à 2,3). Cependant durant les années soixante-dix, elle tombe à moins de 2 et stagne actuellement aux environs de 1,8. L'accroissement exceptionnel de l'après-guerre tient aussi à la baisse rapide de la mortalité. L'**espérance de vie** des femmes est de 81 ans, celle des hommes de 73 ans, ce qui représente, par rapport à 1950, un gain de 12 ans. La **pyramide des âges** actuelle reflète dans tous les pays européens le vieillissement de la population. Une étude de l'Insee révèle qu'en 2020, la France comptera entre 61 et 66 millions d'habitants. Les plus de 60 ans seront alors plus nombreux que les moins de 20 ans.

En 1999, la population allemande compte 82,1 millions de personnes. L'Allemagne est également confrontée aux problèmes du vieillissement de sa population et du financement des retraites. En 1998, pour la première fois, le nombre d'habitants a reculé. **La densité de la population** est beaucoup plus élevée en Allemagne qu'en France (232 habitants par km² contre 107 en France). La population se répartit sur plusieurs zones de concentration forte. La moitié de la population vit dans des régions qui dépassent les 2000 habitants par km². En France, c'est l'agglomération parisienne où vivent presque 20 % de la population.

De longue date, la France est un pays d'**immigration**. Après la guerre, surtout à partir de 1954, on fait appel à une main d'œuvre étrangère qui vient pour l'essentiel d'Espagne et du Portugal, puis du Maghreb, d'Afrique noire et des Antilles.

La crise économique change la situation. En 1974, la fermeture des frontières est décidée, comme en Allemagne en 1973. De 1946 à 1982, le nombre total d'étrangers recensés en France passe de 1,7 à 3,7 millions. Depuis ce temps, le nombre des étrangers diminue. En 1990, les étrangers représentent 6% de la population totale. Mais la répartition sur le territoire est très inégale. Il y a des régions où la part des étrangers dans la population est supérieure à 20 % (Ile-de-France, Rhône-Alpes et Provence-Côte d'Azur).

L'Allemagne a toujours insisté sur le fait de ne pas être un pays d'immigration, même si les faits contestent cette affirmation. Depuis 1950, presque 30 millions de personnes sont venues en Allemagne : travailleurs immigrés et leurs familles, demandeurs d'asile, réfugiés etc. La part des étrangers dans la population est actuellement de 8,7 %. Ce sont 7,3 millions d'étrangers dont la plupart sont des Turcs. D'autres pays d'origine sont l'ex-Yougoslavie et les pays de l'Europe de l'Est. Après la chute du mur, un nombre considérable de "rapatriés" sont arrivés (droit du sang). La réforme du code de la nationalité a rapproché le droit allemand du droit du sol français.

La répartition des étrangers sur le territoire allemand est très peu homogène. Quelques villes ont une part d'étrangers dans la population d'entre 15 et 30% (Francfort 30 %, Cologne et Munich plus de 20 %, les villes de la Ruhr 15 à 17 %) tandis que d'autres comme Magdeburg, Schwerin ou Rostock n'ont que 2 %. Dans les nouveaux Länder, le taux est généralement beaucoup plus bas (1,2 %). Dans quelques villes, il y a des quartiers où la densité de la population étrangère atteint les 41 % (Hamburg-Sankt Georg) ou les 34 % (Berlin Kreuzberg).

## Le budget de l'Etat

Le budget est préparé par le gouvernement (projet de loi de finances), puis voté par le Parlement à l'automne précédant l'année civile de son application (loi de finances initiale). Comme le gouvernement n'a pas le droit de dépenser autrement et davantage, il présente au parlement, en cours d'année, des lois de finances rectificatives. Le vote du budget qui vaut autorisation de dépenses et de recettes (prélèvement des impôts), est une des prérogatives les plus importantes du Parlement dans les Etats démocratiques. Il reflète les choix de politique économique effectués par les pouvoirs publics.

## Les impôts

• En France, les impôts sur le revenu ont une importance sensiblement plus faible que dans les autres pays ; les prélèvements obligatoires à incidence indirecte (impôts indirects et cotisations sociales) qui pèsent sur les prix ont par contre un poids beaucoup plus important. Les impôts indirects représentent la plus grosse recette de l'Etat.

• **L'impôt sur le revenu**, instauré en 1917, est un impôt unique qui s'applique à l'ensemble des revenus du contribuable. Il est soumis au principe de la progressivité. Le taux marginal est de 54 % (2000). Mais aucun pays voisin n'a de système d'abattement comparable. Près de 50 % des foyers sont exonérées de l'impôt sur le revenu. En France, cet impôt n'est pas prélevé directement sur la fiche de paie. Le salarié français doit déposer une déclaration d'impôts. En 1945, on a créé le quotient familial qui détermine le nombre de parts d'un foyer fiscal. Chaque part diminue l'impôt. Ces réductions d'impôts sont plafonnées.
L'impôt sur le revenu est le principal instrument de redistribution. Sa part dans le PIB est plus faible, en France, que dans les autres grands pays.
L'impôt sur le revenu est le principal instrument de redistribution. Sa part dans le PIB est plus faible, en France, que dans les autres grands pays.

• **L'impôt de solidarité sur la fortune**, "impôt socialiste" supprimé par Chirac en 1986 et rétabli en 1988, vient d'être majoré de 10 %. Il est destiné à financer une partie du RMI.

• **La Contribution sociale généralisée (CSG)** a été créée en 1990 par Michel Rocard pour combler le déficit de la Sécurité sociale. Contrairement aux cotisations sociales, elle frappe non seulement les revenus du travail, mais aussi les revenus de l'épargne. Et son taux est fixe et proportionnel. Depuis 1993, le taux de la CSG est passé de 1,1 % à 7,5 % du revenu brut global. Dix ans après sa création, la CSG s'est imposée comme un impôt sur le revenu simple, recouvré à la source, à assiette large et à fort rendement.

• **La taxe de remboursement de la dette de la Sécurité sociale (RDS)** a été créée en 1996. Son taux (0,5 %) a été calculé pour rembourser sur treize ans la dette de la Sécurité sociale.

- **L'impôt sur les sociétés (IS)** frappe les personnes morales, essentiellement les sociétés de capitaux et les sociétés à responsabilité limitée, selon leurs bénéfices.

- **Les impôts locaux directs** sont par exemple la **taxe professionnelle (TP)** et la **taxe d'habitation (TH)**. Cette dernière est critiquée parce qu'elle repose sur des bases de calcul anciennes et souvent injustes.
  La vignette ne s'applique, depuis 2000, qu'aux véhicules utilitaires de plus de 2 tonnes et aux véhicules de société.

- **La TVA**, créée en 1954, est un impôt indirect qui frappe la consommation des biens et des services. Perçue par les entreprises pour le compte de l'Etat, la TVA est un impôt dégressif par rapport au revenu puisque son poids dans le revenu diminue lorsque le revenu augmente. C'est un impôt qui ne pénalise pas les entreprises. Il favorise l'investissement et ne fausse pas la concurrence, les importations y étant soumises et les exportations exonérées.

**Exemple du mode d'application de la TVA**

**1/La scierie**

La scierie vend ses planches au fabricant des meubles 1 000 francs hors taxe. Elle y ajoute la TVA normale, ce qui donne un prix de 1 206 francs TTC. La scierie perçoit les 1 000 francs HT et verse au fisc les 206 francs de TVA.

**2/Le fabricant de meubles**

Il vend son produit 3 000 francs HT, plus 618 francs de TVA. Il déduit de ce qu'il verse au fisc la TVA déjà payée par la scierie et paie donc 412 francs.

**3/Le vendeur de meubles**

Les trois taux de TVA

**Le taux particulier de 2,1 %**

Concerne les médicaments remboursés par la Sécurité sociale, publications de presse et premières représentations théâtrales de certaines œuvres.

**Le taux réduit de 5,5 %**

Concerne les produits alimentaires, eau et boissons non alcooliques, livres, transports de voyageurs, appareillages pour personnes handicapés et produits d'origine agricole.

**Le taux normal de 19,6 %**

Concerne tous les biens et services ne relevant pas expressément de l'un des taux précédents.

Il commercialise son produit 6 000 francs HT, plus 1 236 francs de TVA. Il verse donc au fisc 618 francs.

**4/Le consommateur**

Au bout de la chaîne, le consommateur supporte seul le poids de la TVA, soit 1 236 francs versés au fisc aux différentes étapes : 206 F par la scierie, 412 F par le fabricant, 618 F par le vendeur.

- **La taxe intérieure sur les produits pétroliers (TIPP)** rapporte plus que l'impôt sur les sociétés.

- L'Etat perçoit, en outre, des **taxes sur les alcools et les boissons** et sur les **tabacs et allumettes**.

# Histoire de la construction européenne

**1951**

Traité de Paris instituant la Communauté européenne du charbon et de l'acier (CECA) signé entre 6 pays : la France, la R.F.A., la Belgique, l'Italie, le Luxembourg et les Pays-Bas. Ce traité autorise la libre circulation du charbon et de l'acier entre les pays signataires. La Communauté des Six est née.

**1957**

Les Six décident d'étendre le marché commun à l'ensemble des activités économiques. Les traités de Rome donnent naissance à la CEE et à l'Euratom.

**1962**

Naissance de la PAC.

**1968**

Entrée en vigueur de l'union douanière : élimination totale des droits de douane entre les Six et mise en application d'un tarif extérieur commun pour les produits en provenance des pays tiers.

**1973**

Le Danemark, le Royaume-Uni et l'Irlande entrent dans la Communauté.

**1979**

Création du SME (système monétaire européenne) pour assurer une stabilité aux monnaies européennes. Première élection du Parlement européen au suffrage universel direct.

**1981**

La Grèce devient membre.

**1983**

Création d'une politique commune de la pêche.

**1986**

La Communauté s'élargit à l'Espagne et au Portugal (L'Europe des Douze).
Signature de l'Acte unique européen, modifiant le traité de Rome et prévoyant la réalisation d'un véritable marché intérieur sans frontières.

**1990**

Signature à Schengen d'une convention assurant la suppression totale des contrôles aux frontières entre la France, l'Allemagne, la Belgique, les Pays-Bas et le Luxembourg. (1995)

**1992**

Traité de Maastricht qui prévoit une monnaie européenne commune au plus tard en 1999. Pour pouvoir y participer, il faut remplir les critères de convergence qui déterminent de ce fait la politique économique des Etats membres.

---

### Les critères de convergence

**1. Un déficit public** ne dépassant pas 3 % du PIB.

**2. Une dette publique brute** n'excédant pas 60 % du PIB.

**3. Une inflation** (prix à la consommation) ne dépassant pas de plus de 1,5 % celle des trois Etats membres ayant les meilleurs résultats en matière de stabilité des prix.

**4. Des monnaies** respectant pendant deux ans au moins les marges normales de fluctuation prévues par le système monétaire européen (SME) sans dévaluation.

**5. Des taux d'intérêt à long terme** ne dépassant pas de plus de 2 % celui des trois Etats membres ayant les meilleurs résultats en matière de stabilité des prix.

Le traité prévoit aussi des droits civiques européens, des pouvoirs supplémentaires pour le Parlement européen et l'instauration d'une politique étrangère et de sécurité commune.

**1993**

Marché unique : suppression de toutes les frontières à l'intérieur de la Communauté ; la CE devient UE, Union européenne.

Lors de la réunion de Copenhague, le principe de l'élargissement aux PECO est adopté et les critères sont fixés : institutions démocratiques, économie de marché et capacité à reprendre l'acquis communautaire.

**1994**

Elargissement de l'Union européenne à l'Autriche, la Suède et la Finlande (L'Europe des Quinze). Dans le référendum, les Norvégiens disent non à l'UE.

**1997**

Traité d'Amsterdam. L'Union européenne prépare son élargissement à plusieurs pays de l'Est. Une modification des institutions s'impose, mais les Etats ne parviennent pas à se mettre d'accord sur la taille et la composition de la commission, le passage de l'unanimité à la majorité qualifiée pour un plus grand nombre de décisions et la pondération des voix.

Le traité prévoit pour 1999 la création du poste de haut représentant pour la politique extérieure et de sécurité commune (PESC).

**1998**

Début des négociations avec six pays candidats ( l'Estonie, la Pologne, la Slovénie, la Hongrie, la Tchéquie et Cypre). Les candidats font l'objet d'une procédure de "criblage" (screening) pour vérifier l'état d'avancement des réformes sur les chapitres définissant l'acquis communautaire : droit de la concurrence, normes environnementales et sociales, etc.

**1999**

Début de l'ultime phase de l'union économique et monétaire avec 11 pays. La Grande-Bretagne, le Danemark et la Suède ne veulent pas participer ; la Grèce ne remplit pas les critères, mais est acceptée à partir de janvier 2001. La BCE/Banque Centrale Européenne est mise en place. En 2002, les pièces et billets euros seront mis en circulation et à partir de février, les monnaies nationales n'auront plus cours.

Au sommet d'Helsinki, les Quinze décident de se doter, d'ici à 2003, d'une force de réaction rapide et d'un réservoir de forces de 200 000 hommes.

**2000**

Les négociations avec le deuxième groupe de candidats à l'adhésion commence (la Slovaquie, la Roumanie, la Lettonie, la Bulgarie et la Lituanie). Lors du sommet à Nice, un compromis minimal sur les questions de la composition de la Commission, la pondération des voix, des votes à la majorité qualifiée, les coopérations renforcées (nouvelle version de l'idée du "noyau dur" ou de l'Europe "à deux vitesses") est adopté après de longues et douloureuses tractations.

En général, les pays membres ont élargi leur influence dans le système européen. L'image de La Commission a été ternie par la corruption et la mauvaise gestion, ce qui a permis au Conseil des ministres d'assumer le rôle principal et de s'emparer de plus en plus de compétences supplémentaires, comme par exemple dans la PESC. Cette coopération directe entre les Etats membres peut être vue comme un danger pour les institutions européennes.

# Institutions européennes

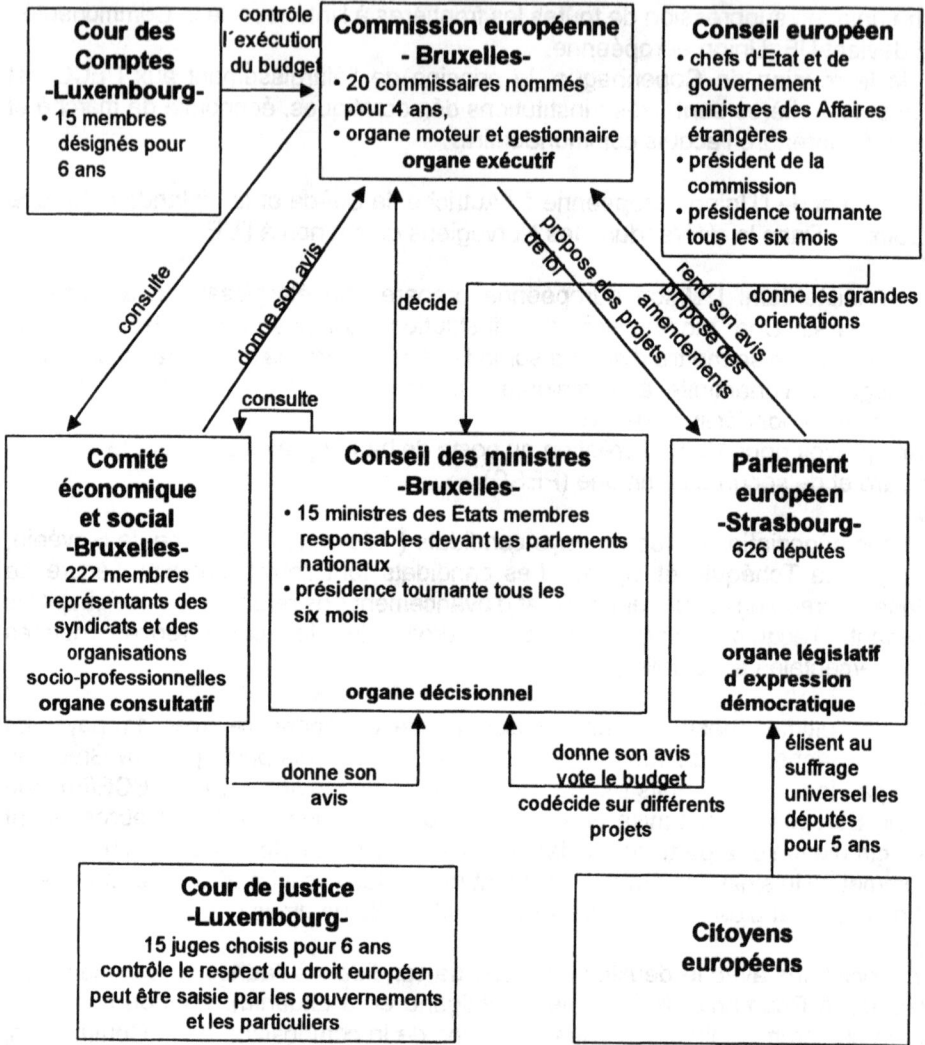

**Cour des Comptes**
**-Luxembourg-**
• 15 membres désignés pour 6 ans

contrôle l´exécution du budget

**Commission européenne**
**-Bruxelles-**
• 20 commissaires nommés pour 4 ans,
• organe moteur et gestionnaire
**organe exécutif**

**Conseil européen**
• chefs d'Etat et de gouvernement
• ministres des Affaires étrangères
• président de la commission
• présidence tournante tous les six mois

consulte

donne son avis

décide

propose des amendements
propose des projets
propose des lois

rend son avis

donne les grandes orientations

consulte

**Comité économique et social**
**-Bruxelles-**
222 membres représentants des syndicats et des organisations socio-professionnelles
**organe consultatif**

**Conseil des ministres**
**-Bruxelles-**
• 15 ministres des Etats membres responsables devant les parlements nationaux
• présidence tournante tous les six mois

**organe décisionnel**

**Parlement européen**
**-Strasbourg-**
626 députés

**organe législatif d´expression démocratique**

donne son avis

donne son avis
vote le budget
codécide sur différents projets

élisent au suffrage universel les députés pour 5 ans

**Cour de justice**
**-Luxembourg-**
15 juges choisis pour 6 ans
contrôle le respect du droit européen
peut être saisie par les gouvernements et les particuliers

**Citoyens européens**

# Conjoncture économique

**Vocabulaire** ................................................................................. **88**
    *Secteurs*
    *Agriculture*                                                     91
    *Conjoncture économique*   94
    *Entreprises*   96
    *Prévisions/Chiffres/Tableaux*   100
    *Politique économique*   105
    *Marchés financiers*   106
**Entraînement** ................................................................................. **111**
**Exercices** ................................................................................. **116**
    *Secteurs 5.5 ; 8.4-5 ; 15.1-3*
    *Agriculture 5.1-4 ; 8.1-3 ;*
    *Conjoncture économique 1. ; 2.1-7 ; 4. ; 5.6-10 ; 6.1-7 ; 8.6-10 ; 15.4-5*
    *Entreprises 1. ; 2.1-6 ; 6.8-10 ; 9.6-10 ; 14.*
    *Prévisions, chiffres.. 4. ; 6.1-7 ; 9.1-5*
    *Politique économique 2.8 ; 3. ; 7.1-3 ;12. ; 15.6-8*
    *Marchés financiers 2.9-10 ; 7.4-10 ; 10. ; 11. ; 13. ; 15.9-10*
**Textes** ................................................................................. **128**
    *Il existe aussi des paysans heureux (1.)*
    *Bon appétit ! (2.)*   130
    *Economie mondiale - La fin d'une époque (3.)*   131
    *Est-ce la fin du nucléaire ? (4.)*   132
    *Le tout-nucléaire : une exception française (5.)*   133
    *Nordrhein-Westfalen: Auf Zukunftsmärkten kaum präsent (6.)*   134
    *Nordrhein-Westfalen hält nicht Schritt (7.)*
    *Euro : les économistes perdent le nord (8.)*   135
    *Die Auswirkungen von Finanzkrisen (9.)*   136
**Informations** ................................................................................. **138**
    *Les trois secteurs de l'économie*
    *Le classement des entreprises*   139
    *Agriculture*   140
    *L'Europe verte*   142
    *Quelques notions pour se promener dans le circuit économique*   143
    *Les fluctuations cycliques*   144
    *La balance des paiements*   145
    *l'inflation*   146
    *La politique économique*   146
    *L'économie française*   148
    *La mondialisation*   150
    *La décennie 90 : l'Europe, les Etats-Unis, le Japon*   151
    *Les grandes zones économiques*   152
    *Les crises financières*   153

# VOCABULAIRE

## Secteurs

| | |
|---|---|
| le secteur primaire | der Primärsektor |
| le secteur alimentaire, l'agro-alimentaire | die Nahrungs- und Genußmittelindustrie |
| l'industrie, le secteur secondaire | die Industrie, der Sekundärsektor |
| le secteur tertiaire | der Tertiärsektor |
| le secteur quaternaire | der quaternäre Sektor, der Sektor der Informationstechnologie |
| | |
| **le secteur d'activité,** la branche économique, la filière | die Branche, der Wirtschaftssektor, der Wirtschaftszweig |
| la profession | die Branche |
| le tissu industriel | die Industriestruktur |
| les secteurs en amont | die vorgelagerten Wirtschaftsbereiche, Zulieferindustrie |
| les secteurs en aval | die nachgelagerten Wirtschaftsbereiche, weiterverarbeitende Industrie |
| en amont/en aval | produktionsaufwärts-/abwärts |
| | |
| l'industrie lourde/légère | die Schwer-/Leichtindustrie |
| l'industrie de base | die Grundstoffindustrie |
| l'industrie de transformation | das verarbeitende Gewerbe |
| l'industrie des biens d'équipement | die Investitionsgüterindustrie |
| l'industrie des biens de consommation | die Konsumgüterindustrie |
| l'industrie manufacturière | die Fertigwarenindustrie |
| l'industrie des biens intermédiaires | die Halbfertigwarenindustrie, Vorleistungsgüterindustrie |
| l'industrie de sous-traitance | die Zulieferindustrie |
| les produits finis/semi-finis | die Fertig-/Halbfertigprodukte |
| | |
| **la source d'énergie,** la ressource énergétique | die Energiequelle, der Energieträger |
| l'énergie nucléaire/solaire/éolienne | die Atom-/Sonnen-/Windenergie |
| les énergies renouvelables | die erneuerbaren Energien |
| la centrale thermique/hydraulique | das Wärme-/Wasserkraftwerk |
| la centrale nucléaire | das Atomkraftwerk |
| en projet/en construction/ en service | in der Planung/im Bau/in Betrieb |
| | |
| l'extraction de combustibles | die Brennstoffgewinnung |
| les carburants | die Treibstoffe |
| l'exploitation du charbon | der Kohleabbau |
| les mines (f) | der Bergbau |
| le gisement | das Vorkommen, Reservoir |
| la houille | die Steinkohle |
| le lignite | die Braunkohle |
| le gaz naturel | das Erdgas |
| le gazoduc | die Gasleitung |
| le pétrole | das Erdöl |
| le baril de brut | das Barrel Rohöl |
| le fuel, fioul (domestique) | das Heizöl |

| | |
|---|---|
| les fiouls lourds | die Schweröle |
| l'oléoduc (m) | die Pipeline |
| la raffinerie | die Raffinerie |
| les produits pétroliers | die Erdölprodukte |
| le gazole | der Dieselkraftstoff |
| l'électricité (f) | die Elektrizität, die Elektrizitätswirtschaft |
| E.D.F./Electricité de France | Französische Elektrizitätsgesellschaft |
| G.D.F./Gaz de France | Französische Gasgesellschaft |
| le choc pétrolier | die Ölkrise |
| l'OPEP/organisation des pays | die OPEC/Organisation Erdöl |
| producteurs de pétrole | exportierender Länder |
| assurer l'indépendance énergétique | die Unabhängigkeit der |
| | Energieversorgung sicherstellen |
| | |
| l'abondon, la sortie du nucléaire | der Atomausstieg |
| le démantèlement | die Stilllegung |

| | |
|---|---|
| **les matières premières** | die Rohstoffe |
| les métaux (m) | die Metalle |
| le fer | das Eisen |
| le minerai de fer | das Eisenerz |
| l'acier (m) | der Stahl |
| l'aluminium (m) | das Aluminium |
| le cuivre | das Kupfer |
| le nickel | der Nickel |
| le zinc | das Zink |
| l'étain (m) | der Zinn |
| le plomb | das Blei |
| le caoutchouc | das Gummi |
| la potasse | das Kali |
| l'alliage (m) | die Legierung |
| la fonderie | die Gießerei |
| la sidérurgie | die Eisen- und Stahlindustrie |
| la métallurgie | die metallverarbeitende Industrie |
| la transformation des métaux | die Metallverarbeitung |

| | |
|---|---|
| le (secteur du) **bâtiment**, | das Baugewerbe, die Bauwirtschaft |
| B.T.P./Bâtiment et Travaux publics | Hoch- und Tiefbau |
| l'entrepreneur | der Bauunternehmer |
| le génie civil | das Bauwesen, Hoch- und Tiefbau |
| la construction de logements | der Wohnungsbau |
| les matériaux de construction | die Baustoffe |
| la carrière | der Steinbruch |
| la construction mécanique | der Maschinenbau |
| la machine-outil | der Werkzeugmaschinenbau |
| la mécanique de précision | die Feinmechanik |
| la construction navale | der Schiffbau |
| le chantier naval | die Werft |
| l'armateur | der Reeder |
| l'armement (m) | die Reederei |
| les dockers | die Werft-, Hafenarbeiter |

| | |
|---|---|
| l'industrie chimique/pharmaceutique | die Chemie-//Pharmaindustrie |
| les matières plastiques | die Plastikwaren |
| les détergents (m) | die Reinigungsmittel |
| les peintures (f) | die Farben |
| l' (industrie) automobile | die Automobilindustrie |
| le constructeur automobile | der Autobauer |
| les équipementiers automobile | die Automobilzulieferer, -ausrüster |
| les pneumatiques/sièges | die Reifen/Sitze |
| les industries de pointe | die Spitzentechnologieindustrie |
| l'industrie aéronautique | die Luftfahrtindustrie, der Flugzeugbau |
| l'industrie aérospatiale | die Luft- und Raumfahrtindustrie |
| l'industrie de l'armement | die Rüstungsindustrie |
| l'électronique (f) | die Elektronikbranche |
| l'électronique grand public | die Unterhaltungselektronik |
| | |
| l'industrie textile, de l'habillement, de confection, de couture | die Textil-, Bekleidungsindustrie |
| le coton/la soie/les fibres artificielles | die Baumwolle/Seide/die Kunstfasern |
| le tissu | der Stoff |
| la lingerie/mercerie | die Wäscheindustrie/Kurzwaren |
| l'industrie de cuir | die Lederwarenindustrie |
| la ganterie | die Handschuhindustrie |
| la maroquinerie | die Lederwarenindustrie (Taschen, Gürtel) |
| les fourrures (f) | Pelzwaren |
| la bijouterie, joaillerie, orfèvrerie | Schmuck- und Juwelierwaren |
| l'horlogerie (f) | die Uhrenindustrie |
| les industries des bois et d'ameublement | die holzverarbeitende und Möbel-industrie |
| l'équipement de bureau | die Büroausstattung |
| la bureautique | die Büromaschinen |
| les imprimeries et industries de la presse et des éditions | Druckerzeugnisse und Papier |
| l'informatique (f) | die Informatik, Computerindustrie |
| le logiciel/le matériel | die Software/Hardware |
| | |
| **les services** (m) | der Dienstleistungssektor |
| les services rendus aux entreprises | die Dienstleistungen für Unternehmen |
| les services rendus aux ménages, aux particuliers | die Dienstleistungen für Haushalte, Privatpersonen |
| le prestataire de services | der Dienstleister |
| les télécommunications (f) | die Telekommunikationsbranche |
| les transports (m) | das Transportgewerbe |
| le tourisme | die Tourismusbranche |
| les consultants | die Berater |
| SSII/Services informatiques et Ingénieries | Informatikberatungen |
| les banques (f) et assurances (f) | die Banken und Versicherungen |
| le commerce, la distribution | der Handel |
| le négoce | der Handel, der Großhandel |
| le commerce de gros/de détail | der Groß-/Einzelhandel |
| le grossiste/le détaillant | der Groß-/Einzelhändler |

## Agriculture

| | |
|---|---|
| la région, zone rurale | die ländliche Gegend |
| l'agriculture (f) | die Landwirtschaft |
| les agriculteurs | die Landwirte |
| les paysans | die Bauern |
| l'exploitation agricole | der landwirtschaftliche Betrieb |
| les exploitants (agricoles) | die Landwirte |
| les effectifs (m) | die Beschäftigtenzahl, Beschäftigten |
| la ferme | der Bauernhof |
| l'étable (f) | der Stall |
| le fermier, le métayer | der Pächter |
| le fermage | die Pacht |
| le faire-valoir direct | die Eigenbewirtschaftung |
| foncier, ière | Grund-, Boden- |
| la coopérative | die Genossenschaft |
| la taille | die Größe |
| moyen, ne | mittlere .., durchschnittliche .. |
| la surface, la superficie | die Fläche |
| la forêt, la sylviculture | die Forstwirtschaft |
| | |
| l'élevage (m) | die Viehzucht |
| l'éleveur | der Züchter |
| l'élevage bovin/ovin/porcin | die Rinder-/Schaf-/Schweinezucht |
| le cheptel | der Viehbestand |
| le bétail | das Vieh |
| le bœuf/la vache/le veau | das Rind/die Kuh/das Kalb |
| le porc | das Schwein |
| le mouton/la brebis | der Hammel/das Schaf |
| la laine | die Wolle |
| les produits laitiers | die Milchprodukte |
| la viande | das Fleisch |
| la volaille | das Geflügel |
| la filière avicole | die Geflügelbranche |
| les aviculteurs | die Geflügelproduzenten |
| l'apiculteur | der Imker |
| | |
| le fourrage | das Futter |
| gaver | mästen |
| les farines animales, carnées | das Tiermehl |
| la traçabilité | die Nachweisbarkeit der Herkunft |
| l'abattage (m) | das Schlachten, die Schlachtung |
| l'abattoir (m) | der Schlachthof |
| le dépecage | das Zerlegen, die Zerlegung |
| les carcasses | die (Schweine-, Rinder- etc)hälften |
| | |
| la culture | der Ackerbau |
| cultiver | anbauen |
| la polyculture | der Mischanbau |
| les terres arables, labourables | das Ackerland |
| le sol fertile | der fruchtbare Boden |

| | |
|---|---|
| se prêter à | sich eignen für |
| consacré à | genutzt für |
| le céréalier | der Getreidebauer |
| les céréales (f) | das Getreide |
| la culture des céréales | der Getreideanbau |
| le blé | der Weizen |
| le seigle | der Roggen |
| l'orge (f) | die Gerste |
| l'avoine (f) | der Hafer |
| les semailles (f), le semis | die Aussaat |
| la récolte | die Ernte |
| récolter | ernten |
| la moisson | die Ernte (Getreide) |
| la cueillette | die Obsternte, das Pflücken |
| les rendements (m) | die Erträge |
| ... quintaux à l'hectare | ... Zentner pro Hektar |
| **la culture maraîchère** | der Gemüseanbau |
| le maraîcher | der Gemüsebauer |
| planter | anpflanzen |
| les légumes (m) | das Gemüse |
| la betterave à sucre | die Zuckerrübe |
| les oléagineux (m) | die ölhaltigen Pflanzen |
| les légumineuses (f) | die Hülsenfrüchte |
| les serres (f) | die Gewächshäuser |
| | |
| **la viticulture** | der Weinbau |
| le viticulteur | der Winzer |
| la région viticole | die Weingegend |
| le vignoble | der Weinberg |
| la vendange | die Weinlese |
| être réputé, renommé pour | berühmt, bekannt sein für |
| l'appellation d'origine | die Ursprungs-, Herkunftsbezeichnung |
| le cru | das Weingebiet, der Wein |
| les grands crus | die Spitzenweine |
| les vins de pays | die Landweine |
| les vins de table | die Tischweine |
| médiocre | mittelmäßig |
| | |
| **l'aménagement du territoire** | die Raumplanung, -ordnung |
| le drainage | die Entwässerung |
| défricher | roden |
| être en friche | brachliegen |
| le déboisement/reboisement | die Abholzung/Wiederaufforstung |
| le remembrement | die Flurbereinigung |
| | |
| **la mécanisation** | die Mechanisierung |
| les machines agricoles | die landwirtschaftlichen Maschinen |
| le parc de tracteurs | der Bestand an Traktoren |
| l'endettement (m) | die Verschuldung |
| l'exode rural (m) | die Landflucht |
| la fertilisation | die Düngung |

| | |
|---|---|
| les engrais (m) | die Düngemittel |
| le purin | die Jauche |
| les insecticides, pesticides (m) | die Insektenvertilgungsmittel, Pestizide |
| l'irrigation (f) | die Bewässerung |

| | |
|---|---|
| **la surproduction** | die Überproduktion |
| le gain de productivité | der Produktivitätszuwachs |
| l'excédent (m) | der Überschuss |
| les stocks (m) | die Lagerbestände |
| déverser sur le marché | auf den Markt werfen, den Markt überschwemmen mit |
| inonder le marché | den Markt überschwemmen |
| les débouchés (m) | die Absatzmärkte |
| l'approvisionnement (m) | die Versorgung |
| encaisser des **subventions** | Subventionen kassieren |
| les aides à l'exportation | die Exportbeihilfen |
| la mise en jachère, le gel des terres | die Flächenstilllegung |
| les quotas laitiers | die Milchquoten |
| la clause de sauvegarde | die Schutzklausel |
| la prime | die Prämie |
| le prix indicatif | der Richtpreis |
| le prix d'intervention | der Interventionspreis |
| les cours (m) | die Kurse, Preise |
| la protection de l'environnement | der Umweltschutz |
| la préservation du paysage | die Erhaltung der Landschaft |

| | |
|---|---|
| l'incendie (m) | der Brand, das Feuer |
| la sécheresse | die Trockenheit |
| les indemnités (f) | die Entschädigungen |
| le manque à gagner | der Verdienstausfall |
| la jacquerie | der Bauernaufstand |
| les protestations (f) | die Proteste |
| les revendications (f) | die Forderungen |
| les violences (f) | die Gewalttaten |
| les exactions (f) | die Ausschreitungen |

| | |
|---|---|
| **la pêche** | der Fischfang |
| le littoral | die Küsten, das Küstengebiet |
| les eaux territoriales | die Hoheitsgewässer |
| la pêche côtière/hauturière | die Küsten-/Hochseefischerei |
| la pêche industrielle | der industrielle Fischfang |
| la flotte de pêche | die Fischereiflotte |
| le navire congélateur/-usine | das Kühl-/Fabrikschiff |
| le port de pêche | der Fischereihafen |
| les quotas de capture | die Fangquoten |
| les filets (m) (dérivants) | die (Treib)netze |
| les tonnages débarqués | die ausgeladenen Mengen |
| la surpêche | die Überfischung |
| la criée | die Versteigerung |
| le mareyeur/le mareyage | der Seefischhändler/-handel |

| | |
|---|---|
| | **Conjoncture économique** |
| la comptabilité nationale | die volkswirtschaftliche Gesamtrechnung |
| mesurer | messen |
| indiquer | angeben |
| additionner | addieren, hinzurechnen |
| retirer, retrancher de | von .. abziehen, abrechnen |
| la valeur ajoutée | der Mehrwert |
| la création de valeur | die Wertschöpfung |
| les consommations intermédiaires | der Zwischenverbrauch |
| le PIB/produit intérieur brut | das BIP/Bruttoinlandsprodukt |
| le PNB/produit national brut | das BSP/Bruttosozialprodukt |
| le taux de croissance | die Wachstumsrate |
| le rythme de croissance | das Wachstumstempo |
| la croissance soutenable | das nachhaltige Wachstum |
| les (non-) résidents | die Gebietsansässigen, (-fremden) |
| la contribution | der Beitrag |
| la production marchande | die gewerbliche Produktion |
| la FBCF/formation brute de capital fixe | die Bruttoanlageinvestition |
| le capital fixe | das Anlagevermögen |
| les stocks de marchandises | die Lagerbestände |
| l'investissement (m) | die Investitionen |
| l'investissement d'équipement | die Ausrüstungsinvestitionen |
| | |
| le revenu national | das Volkseinkommen |
| le revenu disponible | das verfügbare Einkommen |
| le pouvoir d'achat disponible | die verfügbare Kaufkraft |
| le taux d'épargne | die Sparrate |
| la propension à consommer/épargner | die Konsum-/Spareigung |
| les taux d'intérêt | die Zinssätze, Zinsen |
| les prix à la consommation | die Verbraucherpreise |
| l'indice des prix, du coût de la vie | Preisindex für Lebenshaltung |
| le taux d'inflation | die Inflations-, Preissteigerungs-, Teuerungsrate |
| | |
| le taux de chômage | die Arbeitslosenquote |
| la demande intérieure, interne | die Binnennachfrage |
| la demande en provenance de l'étranger, la demande étrangère | die Auslandsnachfrage |
| | |
| **les fluctuations cycliques** | die zyklischen Schwankungen |
| la conjoncture | die Konjunktur |
| | |
| **la récession** | die Rezession |
| être en récession | in der Rezession stecken |
| sortir de la récession | aus der Rezession herauskommen |
| entrer en récession | in die Rezession eintreten |
| la dépression | die Depression |
| le creux du cycle, de la courbe, de la vague | die Talsohle |
| le (point de) retournement | das Umschlagen der Konjunktur, der Wendepunkt der Konjunktur |
| le tournant | die Wende |

| | |
|---|---|
| l'essor (m) | der Aufschwung (Phase) |
| prendre un essor | einen Aufschwung nehmen |
| prospérer | blühen, gedeihen |
| la prospérité | der Wohlstand, Blüte |
| | |
| **la reprise** | der Aufschwung, die Erholung |
| tirer la reprise | den Aufschwung tragen |
| le redressement, le redémarrage | das erneute Anziehen, der Aufschwung, die Erholung, die Belebung |
| le redressement de la demande | die Nachfragebelebung |
| la demande se redresse | die Nachfrage zieht wieder an |
| l'embellie (f) | die Aufheiterung, (vorübergehende) Besserung |
| la récupération | die Erholung |
| se récupérer | sich erholen |
| redémarrer, se redresser, repartir | wieder anziehen, Tritt fassen |
| décoller, démarrer | abheben, anziehen |
| (s')améliorer | (sich)bessern |
| l'amélioration (f) | die Verbesserung |
| l'accélération (f) | die Beschleunigung, das beschleunigte Wachstum |
| le dynamisme | die Dynamik |
| prendre/perdre de l'élan | an Fahrt gewinnen/verlieren |
| le rebond | das Wiederhochschnellen |
| la poussée | das starke Anwachsen, der Schub, das explosionsartige Wachstum |
| | |
| les capacités de production | die Produktionskapazitäten |
| le taux d'utilisation | die Auslastung |
| le goulot d'étranglement | der Engpass |
| la flambée des prix | der Preisauftrieb |
| la remontée des prix | das Anziehen der Preise |
| le regain d'inflation | das Wiederaufflackern der Inflation |
| les tensions inflationnistes | die inflationären Spannungen |
| s'emballer | sich überhitzen |
| la surchauffe, l'emballement (m) | die Überhitzung |
| l'atterrissage brutal/en douceur | die harte/weiche Landung |
| | |
| **le ralentissement,** | die Konjunkturflaute, -abschwächung |
| le tassement conjoncturel | |
| les signes d'affaiblissement | die Schwächezeichen |
| les perturbations (f) | die Störungen, Turbulenzen |
| tourner au ralenti | sich verlangsamen |
| la stagnation | die Stagnation |
| stagner | stagnieren |
| rester stationnaire, stable | stagnieren, stabil bleiben |
| basculer | umschlagen, kippen |
| la détérioration, la dégradation | die Verschlechterung |
| la décélération | der Abschwung, die Talfahrt, die Verlangsamung |

| | |
|---|---|
| la décroissance | die Schrumpfung, Abnahme |
| la décrue | der Rückgang, die Abnahme |
| empirer | sich verschlechtern |
| s'aggraver | sich verschlechtern, verschlimmern |
| une phase de repli | eine Phase des Rückgangs |
| la morosité, la déprime | die Flaute |
| le marasme | die Stagnation, Flaute |
| le plongeon | die Talfahrt, der Absturz, Einbruch |
| être à la dérive | abrutschen, abgleiten, außer Kontrolle geraten, auf Talfahrt sein |
| le dérapage, le glissement | das Abdriften, der Einbruch |
| déraper | außer Kontrolle geraten |
| le déclin | der Niedergang, der starke Rückgang |
| la désinflation | der Rückgang der Inflation |
| la déflation | die Deflation |

| | |
|---|---|
| **les échanges** (commerciaux) | der Handel |
| les échanges extérieurs | der Außenhandel |
| le commerce intérieur/extérieur | der Binnen-/Außenhandel |
| les exportateurs/importateurs | die Exporteure/Importeure |
| la balance des paiements | die Zahlungsbilanz |
| la balance des transactions, opérations courantes | die Leistungsbilanz |
| la balance commerciale | die Handelsbilanz |
| la balance des invisibles | die Dienstleistungsbilanz |
| les transferts de revenus | die Einkommensübertragungen |
| la balance des capitaux | die Kapitalbilanz |
| la variation de la position monétaire extérieure | die Veränderung der Devisenbestände der Zentralbank |
| le creusement du déficit | die Vertiefung, Bildung des Defizits |
| le déficit se creuse | das Defizit tut sich auf, vergrößert sich |
| un déficit abyssal | ein abgrundtiefes Defizit |
| déficitaire | defizitär, ein Defizit aufweisend, negativ |
| excédentaire | einen Überschuss aufweisend, aktiv, positiv |
| le taux de couverture | die Deckungsrate |

### Entreprises

| | |
|---|---|
| les chefs d'entreprise, entrepreneurs | die Unternehmer |
| le groupe | der Konzern |
| les secteurs porteurs | die zukunftsweisenden Branchen |
| les atouts (m) | die Trümpfe |
| l'activité (f) | die Wirtschafts-, Geschäftstätigkeit, Sparte, das Geschäftsfeld |
| des activités (non) rentables | (un)rentable Bereiche, Sparten |
| le pôle | die Sparte, der Schwerpunkt |
| l'activité industrielle | die Industrieproduktion |
| le climat des affaires | das Geschäftsklima |
| l'optimisme (m)/le pessimisme | der Optimismus/Pessimismus |
| les perspectives de profit | die Gewinnerwartungen, -aussichten |

| | |
|---|---|
| **le chiffre d'affaires** (C.A.)/.. consolidé | der Umsatz/Konzernumsatz |
| les ventes | die Verkaufszahlen, der Umsatz |
| le volume d'activité | das Geschäftsvolumen |
| le résultat d'exploitation | das Betriebsergebnis |
| les commandes (f) | die Bestellungen |
| les carnets de commandes dégarnis, vides/garnis, remplis | die leeren/vollen Auftragsbücher |
| les carnets de commandes se regarnissent | die Auftragsbücher füllen sich wieder |
| la rentrée, l'entrée de commandes, les commandes reçues | der Auftragseingang |

| | |
|---|---|
| se faire **concurrence** | sich Konkurrenz machen |
| concourir à | am Wettbewerb teilnehmen |
| la compétition | der Wettbewerb, Wettkampf |
| concurrencer qn | jdm Konkurrenz machen |
| concurrentiel, le | konkurrenzfähig; Markt: heiss umkämpft |
| gagner/perdre en | an .. gewinnen/verlieren |
| la compétitivité | die Wettbewerbsfähigkeit |
| compétitif, ve | wettbewerbsfähig |
| être soumis à une forte concurrence | einer starken Konkurrenz unterliegen, ausgesetzt sein |
| la pression de la concurrence | der Konkurrenzdruck |
| s'intensifier | sich verstärken, stärker werden |
| les distorsions de la concurrence | die Wettbewerbsverzerrungen |

| | |
|---|---|
| relever le défi | die Herausforderung annehmen |
| projeter, envisager de faire qc | planen, etw. zu tun |
| compter faire qc | gedenken, etw. zu tun |
| mettre le cap à | ansteuern |
| viser qc | etw. anpeilen |
| s'en tirer bien/mal | gut/schlecht herauskommen, abschneiden |
| la bonne/mauvaise tenue | das gute/schlechte Abschneiden |
| les économies d'échelle | die steigenden Skalenerträge, Einsparungen durch Massenproduktion |

| | |
|---|---|
| **les performances** | die Ergebnisse, Leistungen |
| performant | erfolgreich |
| connaître une croissance de | ein Wachstum von .. erfahren |
| le bénéfice, gain, profit | der Gewinn |
| afficher des profits en hausse | wachsende Gewinne aufweisen, verbuchen, ausweisen |
| enregistrer | verzeichnen, verbuchen |
| dégager, réaliser | erzielen, erwirtschaften |
| connaître | erfahren, erleben, verzeichnen |
| la part de marché en progression | der wachsende Marktanteil |
| dominer le marché | den Markt beherrschen |
| rafler des parts de marché | Marktanteile an sich reißen |

| | |
|---|---|
| **renverser la tendance** | die Tendenz umkehren |
| faire face à | begegnen, entgegentreten, meistern |
| récupérer des parts de marché | Marktanteile wiedererlangen |
| renouer avec les bénéfices | wieder, erneut Gewinne verzeichnen |
| bénéficier d'une hausse de la demande | einen Anstieg der Nachfrage erleben, von einer wachsenden Nachfrage profitieren |
| | |
| redresser sa situation financière | seine Finanzen sanieren |
| conforter sa position | seine Position ausbauen, festigen |
| s'en sortir | aus den Schwierigkeiten herauskommen, es schaffen |
| | |
| retomber sur ses pattes | wieder auf die Füße kommen, fallen |
| tirer son épingle du jeu | sein Schäfchen ins Trockene bringen |
| redorer son blason | sein Image aufpolieren, wieder einen Erfolg vorweisen können |
| | |
| avoir le vent en poupe | im Aufwind sein |
| battre tous les records | alle Rekorde brechen |
| la création d'emplois | die Schaffung von Arbeitsplätzen |
| l'embauche (f) | die Einstellung |
| | |
| **subir des pertes** | Verluste erleiden |
| accuser une baisse | einen Rückgang verzeichnen |
| subir un recul de son volume d'activité | einen Rückgang seiner Geschäftstätigkeit, seines Umsatzes hinnehmen müssen |
| | |
| s'enfoncer dans le rouge | in die roten Zahlen geraten, fahren |
| plonger dans le rouge | in die roten Zahlen rutschen; bringen |
| subir des transformations | Veränderungen unterliegen |
| être/se voir confronté à | ausgesetzt sein/sich..sehen |
| être touché, affecté, atteint par | betroffen sein von |
| pâtir de | leiden an, unter |
| laminer, rogner | ausdünnen, anknabbern (z.B.Gewinne) |
| écorner | schmälern, beeinträchtigen |
| peser sur | belasten |
| avoir du mal à faire qc | Schwierigkeiten haben zu, sich schwer tun bei |
| | |
| connaître, éprouver des difficultés | Probleme haben, erleiden |
| ne pas échapper à la déprime | der Flaute nicht entgehen |
| la crise ne nous épargne pas | die Krise verschont uns nicht |
| souffrir de déséquilibres | unter Ungleichgewichten, Unausgewogenheiten leiden |
| | |
| la dérive des coûts salariaux | das Abdriften der Lohnkosten |
| le(s) coût(s) de main d'œuvre | die Arbeits-, Lohnkosten |
| annoncer des réductions, compressions, suppressions d'effectifs, d'emplois | Reduzierungen der Belegschaft, Stellenabbau ankündigen |
| tailler dans les effectifs | bei der Belegschaft Kürzungen vornehmen |
| | |
| des licenciements massifs | Massenentlassungen |
| dégraisser les effectifs | Personal abbauen, abspecken |

| | |
|---|---|
| la déconfiture | der Ruin, finanzielle Zusammenbruch |
| le canard boiteux | das marode, konkursbedrohte Unternehmen |
| jeter l'éponge | das Handtuch werfen |
| déposer le bilan | Konkurs anmelden |
| être au bord de la faillite | am Rande des Ruins stehen |
| faire faillite | Pleite machen |
| | |
| **le palmarès**, le classement | das Ranking, die Rangliste |
| se classer en sixième position | sich an die sechste Stelle setzen |
| figurer parmi les cinq premiers | unter den ersten fünf sein |
| le peloton de tête | die Spitzengruppe, die Spitzenreiter |
| le n° 1, le leader | der Marktführer |
| figurer/passer au premier rang | die Spitzenposition innehaben/erlangen |
| détenir le ruban bleu | auf dem Siegertreppchen stehen |
| tenir le haut du pavé | Spitzenreiter sein, an erster Stelle stehen |
| remporter la palme | den Sieg erringen |
| la palme revient à | der Sieg gehört .. |
| arriver en tête | an die Spitze gelangen, ganz vorne liegen |
| se hisser au premier rang | sich zur Spitze emporschwingen |
| l'ascension (f) | der Aufstieg |
| tenir la vedette | im Rampenlicht, an der Spitze stehen |
| demeurer en pointe | an der Spitze bleiben |
| résister | sich behaupten |
| | |
| rattraper, combler un retard | einen Rückstand aufholen |
| prendre une longueur d'avance | eine Länge voraus sein |
| prendre les devants | einen Vorsprung gewinnen |
| distancer qn | jdn abhängen |
| talonner qn | jdm auf den Fersen sein |
| damer le pion à qn | jdm den Rang ablaufen |
| devancer qn | jdn überflügeln, überrunden, jdm voraus sein |
| reléguer qn à la dixième place | jdn auf den 10. Platz verweisen |
| | |
| être distancé par | von .. abgehängt werden |
| être relégué à la sixième position | auf den 6. Platz verwiesen werden |
| marquer le pas, piétiner | auf der Stelle treten, nicht vorankommen |
| faire pâle figure | ein schwaches Bild abgeben, eine schlechte Figur machen |
| être à la traîne | weit zurückbleiben, abgehängt sein |
| traîner les pieds | hinterherhinken |
| être la lanterne rouge | das Schlusslicht sein, bilden |
| | |
| à l'échelle mondiale | weltweit |

**Prévisions/Chiffres/Tableaux**

| | |
|---|---|
| les conjoncturistes, analystes | die Konjunkturforscher, -experten, Analysten |
| les Instituts d'Etudes conjoncturelles, de conjoncture | die Wirtschaftsforschungsinstitute |
| le tableau de bord | das Konjunkturbarometer, die Wirtschafts-indikatoren, -daten |
| les indicateurs conjoncturels | die Konjunkturindikatoren |
| les fondamentaux | die Fundamentaldaten |
| les chiffres clés | die Schlüsselwerte |
| | |
| **les prévisions** (f) | die Vorhersagen |
| prévoir | vorhersagen; vorsehen |
| établir un pronostic | eine Prognose erstellen |
| pronostiquer | vorhersagen |
| selon les estimations | nach Einschätzung, den Schätzungen |
| les attentes (f) | die Erwartungen |
| attendre, escompter | erwarten |
| tabler sur | rechnen mit, erwarten |
| s'attendre à | rechnen mit, gefasst sein auf |
| compter sur | auf ... zählen, mit ... rechnen |
| augurer bien/mal de | günstige/schlechte Voraussagen zulassen |
| anticiper | vorwegnehmen; erwarten (Börse) |
| les anticipations (f) | die Vorwegnahmen, Erwartungen |
| les perspectives | die Aussichten |
| ... devrait augmenter | ... wird voraussichtlich, dürfte steigen |
| revoir, réviser à la (en) baisse/hausse | nach unten/oben korrigieren, revidieren (müssen) |
| | |
| être/se dessiner, se profiler à l'horizon | in Sicht sein/sich abzeichnen |
| être au rendez-vous | sich einstellen, eintreten |
| sous de bons auspices | unter günstigen Vorzeichen |
| l'année s'annonce morose | das Jahr verspricht trübe zu werden, lässt sich trübe an |
| l'avenir s'annonce radieux | die Zukunft verspricht glänzend zu werden |
| les clignotants sont (virent) au vert/rouge | die Zeichen stehen (springen) auf grün/rot, (die Warnsignale hören auf/fangen an zu blinken) |
| à court/moyen/long terme | kurz-/mittel-/langfristig |
| | |
| **qualifier de** | bezeichnen als |
| considérer comme | ansehen als |
| morose | trübe |
| médiocre | mittelmäßig |
| décevant | enttäuschend |
| préoccupant | Besorgnis erregend |
| prometteur, prometteuse | vielversprechend |
| encourageant | ermutigend |
| réjouissant | erfreulich |

**augmenter** de .. %  um .. wachsen, steigen, zunehmen
l'augmentation (f)  die Erhöhung, der Zuwachs, das Steigen, die Zunahme

s'accroître, croître  wachsen
accroître  vermehren, steigern
être en hausse/baisse  steigen/sinken
être en progression/régression  zunehmen, wachsen/abnehmen, zurückgehen

la demande croissante  die steigende Nachfrage
monter  steigen
la montée vertigineuse  der Schwindel erregende Anstieg
repartir à la hausse  wieder nach oben gehen
grimper  klettern
s'envoler  hochschnellen, davonlaufen
exploser  explodieren

**baisser**  sinken, fallen, senken
diminuer, se réduire  abnehmen, sich verringern
reculer  zurückgehen
le recul  der Rückgang
tomber à  fallen auf
la chute, la baisse  der Rückgang, der Einbruch
connaître une chute brutale  einen heftigen Einbruch erfahren
être en chute libre  in freiem Fall sein, sich befinden
la rechute  der erneute Einbruch
la descente à pic  der steile Absturz

la contraction, le rétrécissement  die Schrumpfung
se contracter, se rétrécir  schrumpfen
fléchir  fallen, sinken, abflauen, nachgeben
le fléchissement  das Abflauen, Nachlassen, Nachgeben
l'affaiblissement (m)  die Schwächung
l'affaissement (m)  das Absacken, Einknicken
s'affaisser  absacken, nachgeben
s'effondrer  zusammenbrechen
l'effondrement (m)  der Zusammenbruch, Verfall
fondre  abschmelzen
s'effriter  abbröckeln
dégringoler  purzeln

**se produire**
se manifester
amorcer, entamer qc
s'accentuer
(s')atténuer
s'affaiblir
s'essouffler
s'affirmer
se confirmer
se poursuivre
se conjuguer (pour)
tendre à (+verbe)
évoluer vers
marquer le début/un tournant

eintreten, geschehen
sich zeigen
etw. beginnen
sich verstärken, deutlich werden
(sich) abmildern, abschwächen
schwächer werden
nachlassen, zu Ende gehen
sich bestätigen, deutlich werden
sich bestätigen
sich fortsetzen, andauern
zusammenkommen, -treffen, -wirken
tendieren zu
sich in Richtung (von) entwickeln
den Beginn/eine Wende bedeuten

**les chiffres** (m)
les données (f)
les graphiques (m)
le camembert
le diagramme en bâtons
les tableaux (m)
la courbe
le nombre de

die Zahlen
die Daten
die Graphiken, Diagramme
das Tortendiagramm
das Balkendiagramm
die Schaubilder, Graphiken, Tabellen
die Kurve
die Zahl, Anzahl an

montrer, illustrer
révéler
relever
souligner
signaler qc
constater
observer
compter, dénombrer
chiffrer à
estimer à

zeigen
enthüllen, aufzeigen
herausstellen
unterstreichen
hinweisen auf
feststellen
beobachten
zählen
auf .. beziffern
schätzen auf

**s'élever à**, être de
totaliser

sich belaufen auf, betragen
zusammenrechnen, sich insgesamt auf
.. belaufen

s'établir à
avoisiner les .. %, s'approcher des .. %
osciller autour de
varier entre .. et ..
passer de .. à ..
au-dessous/au-dessus de
atteindre
augmenter de .. pour atteindre ..
retrouver le niveau de
atteindre un pic

sich festlegen, befinden auf
nahe an .. %, bei .. % liegen
sich um .. bewegen
zwischen .. und .. liegen, sich bewegen
von .. auf .. steigen, fallen
unter, unterhalb von/über, oberhalb von
erreichen
um .. auf .. steigen
den Stand von .. wieder erreichen
ein Maximum, einen Höchstwert
erreichen

| | |
|---|---|
| être de .. supérieur/inférieur à | um .. höher/niedriger sein als |
| dépasser | überschreiten, übersteigen, übertreffen |
| le seuil | die Schwelle, Grenze, Marke |
| passer le cap des ... millions | ... Millionen überschreiten |
| crever le plafond | die Höchstgrenze überschreiten |
| le niveau-plancher | die Untergrenze |
| | |
| **environ** | ungefähr |
| près de | nahe bei |
| de l'ordre de | in der Größenordnung von |
| aux alentours de | um .. herum, etwa |
| à hauteur de | in Höhe von, bis (zum Betrag von ..) |
| de plus en plus | immer mehr |
| progressivement | zunehmend, nach und nach, stetig |
| significatif,ve | signifikant, deutlich |
| de façon continue, continuellement, continûment | kontinuierlich, stetig (Adv.) |
| | |
| **considérable** | beträchtlich, erheblich |
| important | groß, beträchtlich |
| net, te | klar, deutlich |
| marqué, prononcé, accentué | ausgeprägt |
| fort | stark |
| vigoureux | kräftig |
| sensible | deutlich |
| palpable | spürbar |
| perceptible | merklich, wahrnehmbar |
| révélateur, trice | aufschlussreich |
| | |
| représenter le quart, le tiers, la moitié | ein Viertel, Drittel, die Hälfte ausmachen |
| le pourcentage | der Prozentsatz |
| la proportion | der Anteil, das Verhältnis |
| la part dans | der Anteil an |
| supérieur, inférieur (de ..) à | (um ..) höher, niedriger als |
| égal | gleich |
| équivaloir à | gleichkommen, entsprechen |
| nul | null |
| soit | das heißt, nämlich |
| au plus, au maximum | höchstens |
| au moins | mindestens |
| en moyenne | durchschnittlich |
| à deux chiffres | zweistellig |
| un .. sur deux, sur trois .. | jeder zweite, dritte ... |
| doubler, tripler, quadrupler, décupler ; (se) multiplier par 2,3,4,10 | (sich) verdoppeln, verdreifachen, vervierfachen, verzehnfachen |
| (se) diviser par 2, 3 | sich halbieren, sich auf die Hälfte, auf ein Drittel reduzieren |

**par rapport à**          gegenüber, im Vergleich zu, in bezug auf
la même période          der gleiche Zeitraum
l'année précédente          das vorhergehende Jahr
antérieur          vorhergehend
face à          gegenüber
au cours de l'année          im Laufe des Jahres
au cours de cette année          im laufenden Jahr
au cours de l'an prochain          im Laufe des nächsten Jahres
d'ici à la fin de l'année          bis zum Ende des Jahres
pour la troisième année consécutive          im 3. Jahr in Folge
l'exercice (m)          das Geschäftsjahr
le semestre          das Halbjahr
le trimestre          das Quartal

**en valeur**          nominal
en volume          real (bei BSP, BIP, Exporten .. )
en chiffres bruts          nicht saisonbereinigt, nominal
corrigé des variations saisonnières          saisonbereinigt, real
corrigé de l'inflation          inflationsbereinigt
en francs (euros) courants          nominal
en francs (euros) constants          real

**les effets**, les conséquences          die Wirkungen, Auswirkungen
se faire sentir          deutlich, spürbar werden
se traduire par          in .. zum Ausdruck kommen
refléter          widerspiegeln
se répercuter sur          sich auswirken auf
les répercussions          die Auswirkungen
avoir un impact sur          Wirkung(en) haben auf
les retombées (f)          die Auswirkungen, der Niederschlag
mener à          führen zu
amener          herbeiführen
entraîner          mit sich bringen, zur Folge haben
provoquer          hervorbringen
causer          verursachen
se solder par          führen zu, abschließen mit
conditionner          bedingen

**les causes**          die Ursachen
se devoir, être dû, imputable à          zurückzuführen sein auf
s'expliquer par          zu erklären sein durch
le moteur          die treibende Kraft, der Motor

à cause de          wegen
en raison de          aufgrund von
par suite de          infolge von
sous l'effet de          unter der Wirkung , dem Einfluss von
dans le sillage de          im Kielwasser, Gefolge von

| **Politique économique** | |
|---|---|
| la puissance économique | die Wirtschaftsmacht |
| le secteur public | der öffentliche Sektor |
| le secteur privé | die Privatwirtschaft |
| les entreprises publiques | die staatlichen Unternehmen |
| l'intervention de l'Etat | das Eingreifen des Staates |
| le protectionnisme | der Protektionismus |
| la planification | die Planung |
| la nationalisation/privatisation | die Nationalisierung/Privatisierung |
| | |
| les mesures de **relance** | die konjunkturbelebenden Maßnahmen |
| soutenir, appuyer l'activité | die Wirtschaftstätigkeit stützen |
| encourager | ermutigen |
| favoriser | begünstigen |
| assainir/l'assainissement (m) | sanieren/die Sanierung |
| débloquer | bereitstellen, freigeben |
| injecter de l'argent | eine Finanzspritze geben, Geld einschießen |
| donner un coup de pouce, un ballon d'oxygène | Hilfestellung geben, anschieben |
| doper | massiv ankurbeln, unterstützen, (pushen) |
| être sous perfusion | am Tropf hängen |
| | |
| **la politique d'austérité**, de rigueur | die Sparpolitik |
| les mesures d'ajustement | die Anpassungsmaßnahmen |
| prendre des mesures draconiennes | drakonische, drastische Maßnahmen ergreifen |
| le remède de cheval | die Rosskur |
| la rigueur salariale | die restriktive Lohnpolitik |
| donner un coup de frein à | drastisch einschränken, bei .. auf die Bremse treten |
| se serrer la ceinture | den Gürtel enger schnallen |
| les mesures de maîtrise de dépenses | die kostendämpfenden Maßnahmen |
| les compressions de dépenses | die Ausgabensenkungen |
| pratiquer des coupes | Kürzungen vornehmen |
| maîtriser l'inflation | die Inflation in den Griff, unter Kontrolle bekommen |
| assouplir | lockern, mildern |
| ramener à | herunterschrauben, drücken, verringern |
| | |
| au détriment de qn | zu jds Nachteil |
| en faveur de | zugunsten von |
| aux dépens de | auf Kosten von |
| | |
| enrayer, juguler le chômage | die Arbeitslosigkeit eindämmen |
| inverser la courbe du chômage | eine Tendenzwende, eine Umkehr der Entwicklung auf dem Arbeitsmarkt einleiten, realisieren |

## Marchés financiers

| | |
|---|---|
| le marché financier | der Kapitalmarkt |
| le marché des capitaux | der Finanzmarkt, Kapitalmarkt (+Geld-und Kreditmarkt) |
| le marché monétaire | der Geldmarkt |
| le marché des changes | der Devisenmarkt |
| le marché des produits dérivés | der Markt für Derivate |
| le marché de l'or | der Goldmarkt |
| le marché pétrolier | der Ölmarkt |
| le marché des actions | der Aktienmarkt |
| le marché obligataire | der Rentenmarkt, Anleihemarkt |
| la place boursière | der Börsen-, Handelsplatz |
| la bourse des valeurs | die Wertpapierbörse |
| la bourse des marchandises | die Warenbörse |
| la Bourse | die Börse |
| le marché libre/réglémenté | der freie/geregelte Markt |
| la C.O.B./Commission des opérations de Bourse | die Börsenaufsicht |
| le CMF/Conseil des marchés financiers | die Kapitalmarktaufsicht |
| | |
| **le titre**, la valeur mobilière | das Wertpapier |
| l'obligation (f) | das Rentenpapier |
| l'emprunt national | die Staatsanleihe, -schuldverschreibung |
| lancer un emprunt | eine Anleihe begeben |
| les valeurs phares, vedettes | die Stars unter den Wertpapieren, Blue Chips |
| | |
| **la séance boursière** | die Börsensitzung |
| la veille | der Vortag |
| l'ouverture/la fermeture de la Bourse | der Börsenbeginn/-schluss |
| les salles de marché | die Börse(nräume) |
| les opérations, transactions boursières | die Börsenabschlüsse, -geschäfte, der Börsenhandel |
| l'opération au comptant | das Kassageschäft |
| l'opération à terme | das Termingeschäft |
| l'opérateur en bourse | der Börsianer, Börsenhändler |
| le cambiste | der Devisenhändler |
| traiter, négocier en bourse | an der Börse handeln |
| négociable | handelbar |
| le volume de titres échangés, pièces, transactions | das Handelsvolumen |
| | |
| les intervenants | die Marktteilnehmer |
| les investisseurs institutionnels, "zinzins" | die institutionellen Anleger |
| les petits porteurs | die kleinen Anleger |
| les boursicouteurs | die kleinen Spekulanten |
| placer son argent | sein Geld anlegen |
| le placement financier | die Finanzanlage |
| la capitalisation boursière | die Börsen-, Marktkapitalisierung |

**le rendement**
rapporter des intérêts
rapporter, être rentable,
produire des intérêts
être plus rémunérateur, trice
la plus-value/moins-value

die Rendite
Zinsen abwerfen
rentieren

höher rentieren
der Kursgewinn/-verlust,
die Wertsteigerung/-minderung

le conseil/la recommandation de vente
l'objectif de cours
les prises de bénéfices
l'avertissement sur les bénéfices

die Kaufempfehlung
das Kursziel
die Gewinnmitnahmen
die Gewinnwarnung

**la cotation**
la cote
coter
s'inscrire à
s'échanger à
ouvrir
en fin de séance
clôturer à .. points
finir, terminer sur un gain
terminer en baisse

die Notierung
der Kurswert
notieren
notiert werden, notieren bei
gehandelt werden zu
eröffnen
bei Börsenschluss
schließen bei .. Punkten, Zählern
mit einem Gewinn schließen
mit einem Rückgang schließen

**la tendance**
la tendance à la baisse/hausse,
la tendance baissière/haussière
le renversement de tendance
le baromètre des marchés

**der Trend**
der Abwärts-/Aufwärtstrend

die Trendwende
das Börsenbarometer

la Bourse est animée/terne/hésitante
un marché atone

die Börse ist belebt/flau/zurückhaltend
ein lustloser, flauer Markt, Handel mit
geringen Umsätzen

les cours sont fermes, résistants
bien orienté
la bonne/mauvaise tenue

die Kurse sind fest
gut behauptet
die Festigkeit/Schwäche

les cours montent/reprennent
la reprise des cours
se raffermir
le raffermissement
se ressaisir
être orienté à la hausse
afficher un plus haut/bas
son plus haut de l'année
l'envolée (f)
la flambée des cours attisée par

la surcote

die Kurse steigen/ziehen wieder an
die Kurserholung
sich festigen, fester tendieren
die Festigung
sich wieder fangen, anziehen
nach oben tendieren
einen Höchst-/Tiefstand verzeichnen
sein, ihr Jahreshoch
der Höhenflug
der durch .. angeheizte Höhenflug
der Kurse
der Kursaufschlag, die Überbewertung

| | |
|---|---|
| varier | schwanken |
| les variations sur un an | die Kursschwankungen innerhalb eines Jahres |
| la fluctuation | die Schwankung |
| alterner hausse et baisse | ein Auf und Ab erleben, verzeichnen |
| les soubresauts boursiers | die Kurssprünge, -ausschläge |
| la volatilité | die Volatilität |
| connaître les montagnes russes | eine Berg- und Talfahrt erleben, Achterbahn fahren |
| | |
| **abandonner .. %** | um .. % nachgeben |
| céder de .. % | um .. % nachgeben |
| céder du terrain | nachgeben, an Boden verlieren |
| en recul, retrait | rückläufig |
| la décote | der Abschlag, die Unterbewertung |
| pénaliser | abstrafen |
| être malmené | gebeutelt werden |
| être sous pression | unter Druck sein |
| le plongeon | die Talfahrt |
| le fléchissement des cours | das Nachgeben der Kurse |
| l'effondrement des cours | der Kursverfall, -sturz |
| toucher son plus bas historique | seinen historischen Tiefstand erreichen |
| passer en dessous du seuil de | unter die Schwelle von .. geraten |
| subir un violent décrochage | einen heftigen Einbruch, Aussetzer erleiden |
| entraîner dans la chute | in die Tiefe, mit sich nach unten reißen |
| | |
| **les autorités monétaires** | die Währungsbehörden |
| les gardiens de la monnaie | die Währungshüter |
| la banque centrale | die Zentralbank, Notenbank |
| les gouverneurs des banques centrales | die Notenbankchefs |
| la Buba | die Bundesbank (D) |
| la BCE/Banque Centrale Européenne | die EZB/Europäische Zentralbank |
| la BRI/Banque des règlements internationaux | die BIZ/Bank für internationalen Zahlungsausgleich |
| | |
| la circulation monétaire | der Geldumlauf |
| la masse monétaire | die Geldmenge |
| la réserve obligatoire | die Mindestreserve |
| les opérations d'open market | die Offenmarktgeschäfte |
| l'adjudication (f), l'appel d'offres | der Tender |
| les taux directeurs | die Leitzinsen |
| les taux d'intérêt à court/long terme | die kurzfristigen/langfristigen Zinsen |
| le loyer de l'argent | der Zinsfuß, Geldzins |
| la baisse des taux | die Zinssenkung |
| la hausse, le relèvement des taux | die Erhöhung der Zinsen |
| l'assouplissement/le resserrement de la politique monétaire | die Lockerung/Straffung der Geldpolitik |
| dévaluer/réévaluer | ab-/aufwerten |
| la dévaluation/réévaluation | die Ab-/Aufwertung |
| la valeur externe/interne | der Außenwert/Binnenwert |

**le système monétaire**
le cours pivot
les taux de change
flexible/fixe
changer une monnaie en une autre
le dollar s'échange à

das Währungssystem
der Leitkurs
die Wechselkurse
flexibel/fest
eine Währung in eine andere wechseln
der Dollar hat einen Wechselkurs von

**le régime de changes flottants**
flotter librement
le flottement d'une monnaie
la parité
convertir en
la convertibilité
l'appréciation (f)
la dépréciation
se renforcer face à
surévalué/sous-évalué
maintenir/baisser le taux de change de
.. vis-à-vis de, par rapport à
se détendre

das System der freien Wechselkurse
frei floaten
die Wechselkursfreigabe
der Wechselkurs
umwandeln in
die Konvertierbarkeit
der Wertzuwachs, die Aufwertung
der Wertverlust, Entwertung
gegenüber ... stärker werden
über-/unterbewertet
den Wechselkurs gegenüber .. halten/
senken
sich entspannen

**la zone monétaire**
limiter les fluctuations des monnaies

la bande de fluctuation
fluctuer autour de
la monnaie stable
la valeur - refuge
la monnaie liée au dollar
s'attacher à une devise de référence
ancrer sa monnaie sur une autre
l'ancrage d'une monnaie

der Währungsraum
die Wechselkursschwankungen
begrenzen
die Schwankungsbreite
um .. schwanken
die stabile Währung
die Fluchtwährung
die an den Dollar gebundene Währung
sich an eine Referenzwährung binden
seine Währung an eine andere binden
die Währungsanbindung

U.E.M./Union économique et monétaire
l'intégration, l'union monétaire
le passage à l'euro
le taux de conversion

WWU/Wirtschafts- und Währungsunion
die Währungsunion
der Übergang zum Euro
der Umstellungskurs

**la libéralisation des
mouvements de capitaux**
la déréglementation financière
la libre circulation des capitaux
faire circuler ses capitaux
à travers le monde
les investissements de portefeuille
les flux de capitaux
les entrées nettes de capitaux
la sortie de capitaux
l'afflux (m) de capitaux
drainer l'épargne

die Liberalisierung des
Kapitalverkehrs
die Deregulierung der Finanzmärkte
der freie Kapitalverkehr
sein Kapital weltweit in
Umlauf bringen
die Portfolioinvestitionen
die Kapitalströme
der Nettokapitalzufluss
der Kapitalabfluss
der Zustrom an Kapital
die Spargelder an sich ziehen

| | |
|---|---|
| le financement | die Finanzierung |
| les investissements directs (ID) | die Direktinvestitionen |
| les concours aux pays à risque | die Engagements in Risikoländern |
| les pays emprunteurs | die Schuldnerländer |
| contracter des dettes | Schulden eingehen |
| l'endettement (m) | die Verschuldung |
| le débiteur/le créancier, le créditeur | der Schuldner/Gläubiger |
| rembourser, honorer les dettes | die Schulden zurückzahlen |
| être gagé sur | durch .. besichert sein |

| | |
|---|---|
| **la crise financière** | die Finanzkrise |
| le déséquilibre extérieur | das Außenhandelsungleichgewicht |
| l'écart inflationniste | der Inflationsabstand |
| la prime de risque | die Risikoprämie |

| | |
|---|---|
| **la bulle spéculative** | die Spekulationsblase |
| alimenter | nähren, wachsen lassen |
| le gonflement | das Anschwellen |
| prendre des risques | Risiken eingehen |
| le comportement imprudent | das unvorsichtige Verhalten |
| les attaques spéculatives | die Spekulationsattacken |
| le spéculateur | der Spekulant |
| la valeur fondamentale | der Fundamentalwert |
| éclater/faire exploser, éclater | platzen/platzen lassen |

| | |
|---|---|
| **déclencher une crise** | eine Krise auslösen |
| la crise s'est déclenchée | die Krise ist ausgebrochen |
| la fuite des capitaux | die Kapitalflucht |
| la contagion | die Ansteckung, die Ausbreitung |
| le mimétisme | der Nachahmungs-, Herdentrieb |
| les tensions (f) | die Spannungen |
| les rumeurs (f) | die Gerüchte |
| aggraver la nervosité | die Nervosität verstärken |
| ébranler | erschüttern |
| l'incertitude persistante | die anhaltende Ungewissheit |
| la crédibilité | die Glaubwürdigkeit |
| la confiance s'évapore | das Vertrauen löst sich in Nichts auf |
| la défiance | das Misstrauen |
| tirer la sonnette d'alarme | die Alarmglocken läuten |
| le krach boursier, la débâcle boursière | der Börsenkrach |

| | |
|---|---|
| **intervenir** | eingreifen |
| le soutien | die Stützung |
| se porter acquéreur | als Käufer auftreten |
| le renflouement | die Sanierung, Zuführung von Kapital |
| les réserves de change | die Währungsreserven |
| défendre le taux de change | den Wechselkurs verteidigen |
| conserver la confiance | sich das Vertrauen erhalten |
| rétablir, restaurer la confiance | das Vertrauen wiederherstellen |
| l'ajustement (m), le réajustement | die Anpassung, Korrektur |
| jouer les pompiers volants | als fliegende Feuerwehr auftreten |

# ENTRAÎNEMENT

## 1. Vous le savez déjà !?

Pour répondre aux questions ci-dessous, recourez à vos expériences et à vos connaissances générales. Utilisez les expressions figurant sur la liste de vocabulaire. N'hésitez pas à deviner, à poser des questions, à dire des banalités ou à vous répéter. Essayez toujours de vous imaginer des situations concrètes et de trouver des exemples. Vous n'êtes obligé ni de répondre à chaque question isolément ni de suivre exactement l'ordre donné.

### Secteurs

1. Secteur primaire-secondaire-tertiaire-quaternaire : qu'est-ce que c'est ? Donnez des exemples de branches appartenant à ces grands secteurs. Quelle est l'importance de ces secteurs aujourd'hui ?
2. Que veut dire "en amont" et "en aval" ? Cherchez des exemples.
3. Quels sont les différents types d'industrie ? Comment se distinguent-ils ? Nommez des produits que vous connaissez.
4. Quelles sources d'énergie connaissez-vous ? Quels en sont les avantages / les inconvénients ?
5. Connaissez-vous l'importance des différents secteurs en France ou en Allemagne ? Quels sont les secteurs porteurs / voués au déclin ?
6. Y a-t-il des disparités entre les économies des différents Länder allemands ? Quelle est la situation du Land où vous vivez ?
7. Quelles régions françaises connaissez-vous ? De quelle manière les habitants y gagnent-ils leur vie ?

### Agriculture

1. Quelles sont les activités de l'agriculture ?
2. Pour quels produits agricoles les Français sont-ils réputés ? Les achetez-vous ?
3. Connaissez-vous des zones d'agriculture en France / dans d'autres pays ? Avez-vous remarqué des différences entre les pays? Sont-elles la conséquence des conditions naturelles ?
4. Quels sont les problèmes actuels de l'agriculture européenne ?
5. Connaissez-vous les mouvements de protestation des agriculteurs français contre la mondialisation ? Qu'en pensez-vous ?
6. Les différents scandales autour de la viande (maladie de la vache folle, hormones) et la discussion autour des organismes génétiquement modifiés ont-ils eu une influence sur vos habitudes de consommation ?
7. Quelles sont les caractéristiques d'une agriculture biologique ? Qu'en pensez-vous ?

| Conjoncture |

1. Qu'entendez-vous par "fluctuations cycliques" ?
2. Que se passe-t-il concrètement pendant une récession ? Vous souvenez-vous de la dernière récession ?
3. Que se passe-t-il pendant la reprise ?
4. Quelles sont les conséquences concrètes a) de goulots d'étranglement dans la production b) d'un taux d'inflation élevé c) d'un taux de chômage élevé d) d'une augmentation des impôts e) d'une hausse de prix des matières premières f) de hausses de salaires g) d'un ralentissement conjoncturel dans les pays voisins ?
5. Dans quelle phase l'économie de votre pays se trouve-t-elle selon votre opinion ? Décrivez-la.
6. Connaissez-vous la situation actuelle de quelques entreprises en France / dans votre pays ?
7. Comment une entreprise peut-elle gagner/perdre en compétitivité ?
8. Quelles sont vos prévisions économiques pour l'Allemagne, la France, l'Europe, les Etats-Unis, le Japon, ... ?

| Politique économique |

1. Qu'est-ce que vous attendez de l'Etat en matière économique?
2. Quels sont les objectifs de la politique économique ?
3. Une politique de relance, qu'est-ce que c'est ? Nommez des mesures concrètes et leurs effets éventuels. Connaissez-vous des exemples ?
4. Quel est l'objectif d'une politique d'austérité ? Quelles mesures sont prises dans une telle situation ? Donnez des exemples.
5. Quels sont les objectifs de la formation de grandes zones de libre-échange comme l'UE, Mercosur, l'Alena (Nafta) ?

| Marchés financiers |

1. Quel est le rôle des marchés financiers dans l'économie mondiale ?
2. Comment se forme une bulle spéculative ? Comment éclate-t-elle ?
3. Vous souvenez-vous d'une crise financière ? Qu'est-ce qui s'est passé ?
4. Quelles mesures les Etats et les organismes internationaux prennent-ils pour éviter un krach boursier ou pour en atténuer les effets ?
5. Avez-vous entendu parler du phénomène de la "dollarisation" ? Qu'en pensez-vous ?

## 2. Sujets d'approfondissement

Recourez à la rubrique INFORMATIONS pour aborder les sujets suivants. Procurez-vous des informations dans la presse, à la télévision, par Internet. Et n'oubliez pas que vous pourrez trouver des informations dans les TEXTES et les EXERCICES.

1. Comparez l'importance de l'agriculture et de la pêche en France / en Allemagne.
2. Caractérisez l'évolution de l'agriculture européenne et exposez les problèmes de la politique agricole de l'UE.
3. Comparez la politique énergétique d la France et de l'Allemagne. Expliquez pourquoi leurs choix sont tellement différents et quels problèmes en découlent.
4. Expliquez les notions PIB-PNB et commentez leur utilité et leurs limites.
5. Présentez les zones / pays de l'économie mondiale qui connaissent les taux de croissance les plus élevés. Expliquez la situation et faites des prévisions.
6. Caractérisez la situation actuelle de quelques pays choisis en vous servant du modèle des cycles conjoncturels. La réalité actuelle s'écarte-t-elle du modèle ?
7. Caractérisez la situation économique et politique des pays de l'Est après la chute du mur.
8. Expliquez les deux termes "nationalisation" et "privatisation". Analysez les arguments en faveur et contre en vous appuyant sur des exemples concrets.
9. Expliquez le fonctionnement des différents types de Bourse.
10. Analysez le fonctionnement des marchés financiers internationaux.

## 3. Sujets de discussion/rédaction

En classe, vous pouvez traiter les sujets dans une discussion libre ou avec des rôles fixés préalablement. Les conclusions peuvent faire l'objet d'un devoir écrit. Si vous traitez les sujets par écrit, élaborez un plan : introduction - discussion de la question : opposez les arguments, appuyez-vous sur vos connaissances, lectures, expériences - conclusion : ce n'est qu'ici qu'intervient votre propre opinion. Veillez à ce que votre rédaction soit logique, que l'enchaînement de vos arguments soit convaincant.

1. L'agriculture européenne - a-t-elle encore un futur ?
2. La taxe sur l'énergie ou l'écotaxe - une nécessité ?
3. La clause sociale - protectionnisme déguisé ou obligation éthique ?
4. L'entrée de la Chine dans l'OMC, va-t-elle tirer la croissance ?
5. L'Europe - jouera-t-elle un rôle important dans le nouveau millénaire ?
6. La croissance économique dans le monde entier - une perspective réaliste ?
7. La mondialisation va-t-elle mettre les Etats en faillite ?
8. L'euro - bientôt une concurrence pour le dollar ?
9. Vivons-nous dans une "économie de casino" ?
10. La libéralisation des marchés financiers - a-t-on sous-estimé les dangers ?

## 4.    Sujets de commentaire

Exprimez librement tout ce qui vous vient à l'esprit à propos des informations et citations ci-dessous. Vos commentaires pourront comprendre, selon le cas, des explications de causes et d'effets, des analyses d'implications diverses, des considérations historiques, des comparaisons, des prises de positions personnelles etc.

1.

### Der Dienstleistungssektor in Deutschland

Anteile in % der Bruttowertschöpfung

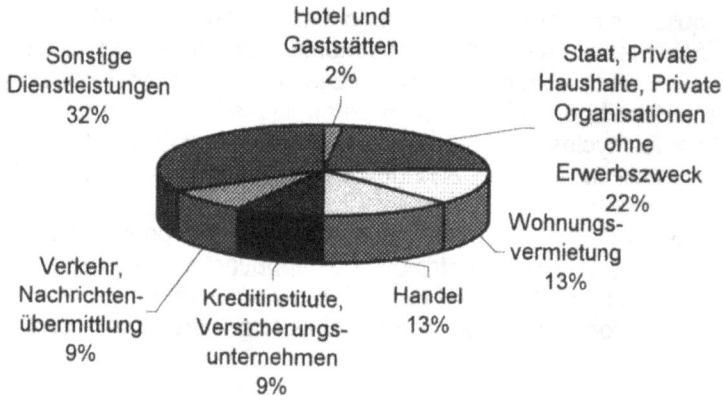

Sonstige Dienstleistungen 32%

Hotel und Gaststätten 2%

Staat, Private Haushalte, Private Organisationen ohne Erwerbszweck 22%

Wohnungs- vermietung 13%

Verkehr, Nachrichten- übermittlung 9%

Kreditinstitute, Versicherungs- unternehmen 9%

Handel 13%

(Handelsblatt, 28/09/1999)

2.    Trois producteurs d'automobiles en France, un d'acier plat, cinq grandes centrales d'achat alimentaires, mais **28 000 producteurs de fruits, 40 000 producteurs de légumes, 140 000 producteurs de lait de vache,** etc. La demande ne progresse guère quand **les prix baissent** : une bonne récolte entraîne une baisse des recettes, tandis que les charges, déjà engagées par les producteurs, ne sont pas compressibles. Le distributeur n'en souffre guère : quel que soit le prix d'achat, il y ajoute sa marge d'exploitation. Comment limiter les variations de prix et parvenir à un **partage plus équitable de la marge** entre producteurs et distributeurs ? Propositions : **transformer** ; **assurer et afficher la bonne qualité** ; **maîtriser la production.**                (Alternatives Economiques, octobre 1999)

3.    Perspectives d'automne de la Commission de Bruxelles pour 2001

|  | PIB en % | Dette en % PIB | Déficit/excédent public en % PIB | Chômage en % population active |
|---|---|---|---|---|
| **France** | 3,1 | 56,9 | 0 | 9,0 |
| **Allemagne** | 2,8 | 57,8 | - 1,5 | 7,8 |
| **Espagne** | 3,5 | 58,1 | + 3,6 | 12,9 |
| **Italie** | 2,8 | 105,8 | - 1,1 | 10,0 |
| **Royaume-Uni** | 3,0 | 34,8 | + 2,0 | 5,3 |
| **Euro 12** | 3,2 | 67,5 | - 0,5 | 8,5 |

(La Tribune, 23/11/2000)

### 4. Les dix premières entreprises de la Bourse de Paris
Capitalisation boursière en milliards de francs, en 1990 et en 2000

| 1990 | | 2000 | |
|---|---|---|---|
| Elf Aquitaine | 70 | France Télécom | 1 210 |
| Alcatel Alsthom | 58 | TotalFina-Elf | 743 |
| LVMH | 46 | Vivendi | 466 |
| Compagnie générale des eaux (Vivendi) | 42 | ST Microelectronics | 361 |
| Danone | 40 | Axa | 346 |
| UAP | 39 | Alcatel | 311 |
| Suez | 36 | Carrefour | 301 |
| L'Air liquide | 31 | L'Oréal | 299 |
| Paribas | 30 | Aventis | 292 |
| L'Oréal | 28 | LVMH | 281 |

### 5. Unerwartet starker Aufschwung der deutschen Wirtschaft

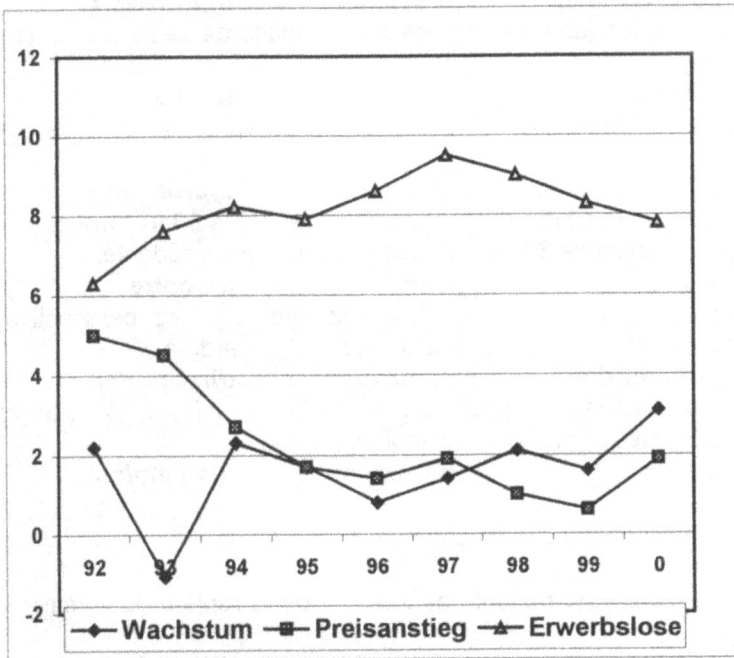

**Wachstum:** Veränderung des Bruttoinlandsprodukts in Preisen von 1995 gegenüber dem Vorjahr in Prozent
**Preisanstieg:** Veränderung des Preisindex für die Lebenshaltung aller Privaten Haushalte gegenüber dem Vorjahr in Prozent
**Erwerbslose:** In Prozent der Erwerbspersonen im Jahresdurchschnitt

(SZ, 12/01/2001)

# EXERCICES

**1.** Cochez le mot qui manque dans la phrase :

1. L'accélération de l'activité résulte de la forte progression de la demande intérieure, ..... par l'investissement et les stocks.
   **a)forcée**      **b)introduite**      **c)tirée**      **d)attirée**

2. La balance commerciale a ..... un excédent de 7,6 milliards de francs au mois de mai.
   **a)dégagé**      **b)engagé**      **c)sorti**      **d)poursuivi**

3. Selon l'INSEE, l'indice d'ensemble de la production industrielle a ..... de 1,1 % en septembre.
   **a)fléché**      **b)infléchi**      **c)faibli**      **d)fléchi**

4. Les industries agro-alimentaires ont ..... au deuxième trimestre une nette reprise d'activité.
   **a)subi**      **b)pourvu**      **c)tranché**      **d)connu**

5. Les commerçants ..... que les prix devraient continuer de baisser au cours des prochains mois, comme ils l'ont fait en mars-avril.
   **a)avancent**      **b)préviennent**      **c)prévoient**      **d)prévalent**

6. En moins de six mois, les fabricants français de produits de base ont ..... leur production de 10 %.
   **a)crû**      **b)accru**      **c)cru**      **d)créé**

7. Les entreprises du BTP ont eu du ..... à maintenir leurs ventes à l'étranger l'an dernier.
   **a)mal**      **b)redressement**      **c)difficile**      **d)problème**

8. Le chiffre d'affaires net consolidé s'élève pour cette année à 83 817 millions de francs, ..... une progression de 6,9 % par rapport à l'année précédente.
   **a) moyennant**   **b) soit**      **c)selon**      **d)contre**

9. L'environnement macroéconomique paraît assez décevant : les perspectives des industriels sont en recul, tandis que la consommation tarde à ......
   **a)redémarrer**   **b)reprendre**      **c)recommencer**   **d)rapporter**

10. La consommation des ménages a progressé de 3,4 % ..... (inflation déduite) en 1998, la plus forte hausse depuis dix ans, indique l'Insee.
    **a)en valeur**      **b)nets**      **c)en volume**      **d)au moins**

**2.** Cochez le mot qui manque dans la phrase :

1. Les entreprises françaises ne restent pas à la ..... de la reprise du commerce mondial.
   **a)dérive**      **b)traîne**      **c)distance**      **d)lanterne rouge**

2. Les charges sont ..... , entre 1960 et 1986, de 38 % à 64 % des recettes agricoles.
   **a)allées**      **b)avancées**      **c)augmentées**      **d)passées**

3. En 1990, le déficit des échanges de produits industriels français ..... à environ 57 milliards FF.
   **a)convenait**   **b)équivalait**      **c)égalait**      **d)résultait**

4. Le chômage a fortement augmenté outre-Rhin en juillet, ..... 9,4 %, contre 9 % le mois précédent.
   **a)réalisant**      **b)représentant**      **c)atteignant**      **d)amenant**

5. Dans les pays en développement, la croissance ..... 5 % au cours des deux ans qui viennent.
   **a)a atteint    b)passera        c)retrouvera        d)dépasserait**
6. Avec plus de 0,5 % en 1992 de son PIB consacré à ce que l'on nomme "l'aide publique au développement", la France ..... largement les autres pays du G 7.
   **a)vainc      b)devance       c)précède        d)remporte**
7. Des taux à long ..... supérieurs à 7,5 % sont incompatibles avec une reprise de l'investissement des entreprises et de l'immobilier.
   **a)terme      b)temps         c)échéance        d)délai**
8. Des mesures de ..... devront être prises pour combler les déficits budgétaires et sociaux.
   **a)rigidité     b)rancune       c)rigueur         d)rancœur**
9. La première crise s'est ..... à la suite de l'écroulement du système politique européen en 1914.
   **a)provoquée  b)dérivée       c)arrivée         d)déclenchée**
10. Lorsque les ménages détiennent beaucoup d'actions, comme aux Etats-Unis et que la ..... monte, ils ont l'impression d'être plus riches, ce qui les incite à consommer plus.
    **a)croissance  b)tension       c)Bourse          d)dette**

**3.** Cherchez les notions qui caractérisent les politiques suivantes :

1. Ensemble des mesures prises par un gouvernement pour influencer l'évolution de la population.
2. Ensemble des mesures prises par un gouvernement pour lutter contre le chômage.
3. Mesures visant à céder tout ou une partie du capital d'une entreprise publique à des investisseurs privés.
4. Mesures pour faire redémarrer l'économie.
5. Mesures qui visent à contribuer à la réalisation des objectifs du gouvernement sur la fixation des prélèvements.
6. Mesures destinées à diminuer la consommation et l'investissement en restreignant les dépenses publiques, la croissance des revenus ou limitant le crédit.
7. Ensemble des mesures prises à l'égard des échanges extérieurs.
8. L'ensemble des actions sur le crédit, le taux d'intérêt, la masse monétaire.
9. Les choix qui déterminent la planification des divers types de dépenses et de recettes publiques.

| **a)budgétaire** | **d)commerciale** | **g)de l'emploi** |
| **b)d'austérité** | **e)de relance** | **h)de privatisation** |
| **c)monétaire** | **f)fiscale** | **i)démographique** |

**4.** Complétez le texte suivant à l'aide des mots donnés :

_____(1) l'INSEE, la demande de produits industriels continue de se _____(2)

La demande de produits industriels s'est « nettement _____(3) » au cours du premier trimestre « poursuivant ainsi un mouvement _____(4) au printemps 1993 », indique l'INSEE au vu de son enquête trimestrielle effectuée dans l'industrie au cours du mois d'avril.

Cette reprise de la demande est particulièrement _____(5) pour les biens intermédiaires et se _____(6) pour les biens d'équipement professionnel, indique l'INSEE, qui ajoute que « la _____(7) d'origine étrangère apparaît également beaucoup plus dynamique ces _____(8) mois, et ce dans toutes les branches de l'industrie manufacturière ».

Les _____(9) des industriels, qui sont bonnes, prolongent ce mouvement, ce qui permet de _____(10) une demande intérieure et étrangère plus dynamique dans tous les secteurs _____(11) des mois à venir et donc une _____(12) retrouvée de la production industrielle.

Conséquence de cette _____(13) : le taux d'utilisation des _____(14) de production dans l'industrie commence à remonter à partir du niveau «historiquement» bas _____(15) à l'automne avec 80,2 %. Ce taux est maintenant de 81,7 %, soit encore très _____(16) du niveau normal d'une économie en croissance (85 %). Les industriels n'en indiquent pas moins à l'INSEE dans leurs _____(17) qu'ils anticipent encore des _____(18) d'effectifs, le rythme prévu étant tout de même _____(19) qu'au cours du dernier trimestre 1993. Les prix, quant à eux, _____(20) dans presque toutes les branches de l'industrie, _____(21) celle des biens d'équipement professionnel. En revanche, les réponses faites indiquent de faibles _____(22) de salaires.

Ces bonnes nouvelles n'ont pas encore eu d' _____(23) sur la production industrielle effective de la fin de l'année dernière. La production manufacturière, qui ne comprend ni l'énergie ni l'agro-alimentaire, a reculé de 2,2 % au quatrième trimestre de 1993 _____(24) au troisième trimestre, l'indice corrigé des _____(25) saisonnières, passant, sur la base 100 en 1985, de 105,2 à 102,9.

Sur un an (quatrième trimestre 1993 _____(26) au quatrième trimestre 1992), la baisse est de 4,9 %, l'indice _____(27) de 108,2 à 102,9. Toutes les branches de l'industrie manufacturière se sont repliées en fin d'année, ce qui _____(28) la faible croissance du PIB (produit intérieur brut) au quatrième trimestre.

(Le Monde, 8/5/1994)

| | | | |
|---|---|---|---|
| *réponses* | *atteint* | *augmenteraient* | *au cours* |
| *réductions* | *comparé* | *passant* | *selon* |
| *hausses* | *raffermie* | *au-dessous* | *par rapport* |
| *variations* | *amorcé* | *prévoir* | *effet* |
| *capacités* | *explique* | *redresser* | *nette* |
| *amélioration* | *confirme* | *croissance* | *derniers* |
| *anticipations* | *demande* | *sauf* | *moindre* |

**5.** Traduisez :

1. Sur les 700 000 agriculteurs recensés par l'Insee, 400 000 ont un poids économique réel, avec de 85 % à 90 % du chiffre d'affaires total du secteur, tandis que 200 000 n'en réalisent que le centième, et perçoivent un revenu agricole de moins de 35 000 F par an.
2. La surproduction chronique et la concurrence européenne se conjuguent pour entretenir des cours trop bas pour assurer la rentabilité des exploitations.
3. Les paysans encaisseront un prix approchant du prix mondial et recevront une aide directe pour compenser leur manque à gagner à condition de limiter leur production par une mise en jachère de 15 % de leur exploitation.
4. Les excédents croissants que l'agriculture européenne déverse sur les marchés mondiaux provoquent des effondrements de prix.
5. Aujourd'hui, le nucléaire représente presque 70 % de la production alors qu'en 1973, le pourcentage n'était que de 3,3 %. A l'inverse, le charbon a divisé sa production par deux et le gaz naturel par trois.
6. Les conjoncturistes sont convaincus que l'Europe a désormais franchi le creux de la récession et est repartie dans une phase de croissance.
7. Le taux d'utilisation des capacités de production pourrait retrouver un niveau normal, soit 85 % dès la fin de l'année.
8. Entre 1960 et 1973, la France a connu un des taux de croissance les plus élevés des pays industrialisés (un triplement du PIB en vingt ans).
9. Le premier choc pétrolier, en 1974, a eu comme répercussion immédiate une récession en 1975, avec une diminution de la production, suivie d'un ralentissement progressif de l'économie qui allait durer jusqu'en 1983.
10. La baisse du taux de croissance est une bonne nouvelle : l'emballement de 1999 faisait craindre l'apparition de goulots d'étranglement, qui auraient provoqué une hausse des prix.

**6.** Traduisez :

1. La reprise a permis au chômage d'amorcer une décrue assez rapide et le taux de chômage dans la zone devrait passer de 10 % en 1999 aux alentours de 8 % en 2001.
2. Les exportations, qui représentent la moitié du chiffre d'affaires de la mécanique, ont augmenté de 10 % par rapport à la même période de l'année précédente.
3. La réduction des investissements est due à la détérioration des résultats des entreprises et à une forte baisse du taux d'épargne.
4. La production industrielle a reculé de 0,6 % dans les sept plus grands pays industrialisés, après un déclin équivalent en 1991.
5. C'est à l'automne 1992 que l'économie française s'est brusquement enfoncée dans la crise, les commandes et les ventes s'effondrant, entraînant une baisse de 4 % de la production industrielle sur un an.
6. On s'attend à un dynamisme particulièrement important en France, avec une croissance de l'investissement en volume de l'ordre de 8 % en 2000 et en 2001, après 8,3 % en 1999.
7. La consommation des ménages devrait s'accélérer, passant d'une progression de 2,5 % cette année à environ 3 % en 2001.

8. La récente acquisition de USFilter, leader américain de l'eau, hisse VIVENDI au rang incontestable de n° 1 mondial de l'eau.

9. Renault table sur une hausse de 66 % de ses ventes de voitures haut de gamme en Europe d'ici à quatre ans.

10. La compétition mondiale dans la construction navale s'intensifie au fur et à mesure que de nouveaux chantiers coréens entrent dans la course aux commandes.

---

| 7. | Traduisez :

1. Le revirement vers une politique d'austérité s'est produit en 1983 : les objectifs prioritaires étaient désormais de ralentir l'inflation, de réduire le déficit budgétaire sans alourdir les prélèvements obligatoires et de mettre fin aux dévaluations fréquentes du franc.

2. Le gouvernement met en œuvre tous les outils traditionnels de politique économique pour relancer l'activité et reprendre la maîtrise des dépenses publiques.

3. L'absorption de 17 millions d'Allemands de l'Est a créé une surchauffe de l'activité et des tensions inflationnistes outre-Rhin, ce qui a poussé la Buba à maintenir longtemps des taux d'intérêt élevés.

4. Les Bourses de Paris, d'Amsterdam et de Bruxelles ont fusionné le 22 septembre pour donner naissance à Euronext, la première Bourse européenne en terme de volume et la deuxième en terme de capitalisation boursière.

5. Les valeurs moyennes de la Bourse de Paris ont fait l'objet d'une activité record au cours du premier septembre 2000, avec des capitaux échangés pour 20,33 milliards d'euros, contre 15,8 milliards d'euros pour l'ensemble de l'année 1999.

6. Soutenue par le marché obligataire et la publication de résultats d'entreprises satisfaisants, la Bourse allemande s'est envolée cette semaine à Francfort.

7. L'action du groupe allemand SAP a terminé en forte baisse hier à la Bourse de Francfort en raison du climat d'incertitude régnant dans le secteur des valeurs de la haute technologie.

8. Le titre du groupe électronique néerlandais Getronics a chuté de 41,58 % hier à la Bourse d'Amsterdam, terminant la séance à 7,36 euros contre 12,6 euros la veille.

9. Le redressement de l'euro facilitera la tâche de la Banque centrale européenne, qui devrait réduire ses taux par deux fois pour les ramener à 4,25 % à la fin de l'année.

10. La Chine est confrontée depuis près de deux ans à une tendance déflationniste marquée (baisse continue des prix) qui résulte pour l'essentiel de l'appréciation du yuan par rapport aux autres monnaies de la région.

**8.** Traduisez :

1. Deutschland ist nach der Wiedervereinigung der größte Rind- und Schweinefleischproduzent geworden und steht beim Getreide an zweiter Stelle hinter Frankreich.

2. Um die Überproduktion zu verringern hatte die EG eine Politik der Begrenzung durch Quoten eingeführt.

3. Die öffentlichen Beihilfen zur Flächenstillegung sind im Durchschnitt um 30 % höher als die finanziellen Anreize zur Wiederaufforstung.

4. Der Anteil der Industrie am westdeutschen Sozialprodukt ging zwischen 1973 und 1990 von 48,7 auf 40,6 Prozent zurück.

5. In einem Kommuniqué der Finanzminister und Notenbankchefs der G 7 werden die Opec und andere Erdöl exportierende Länder aufgefordert, Maßnahmen für eine größere Stabilität der Ölmärkte einzuleiten.

6. Der europäische Aufschwung verbessert die Absatzmöglichkeiten für französische Industrielle, besonders im Investitionsgüterbereich und in der Automobilbranche.

7. In Frankreich weist eine kleine Zahl von Branchen (Fahrzeugbau, Rüstung, Chemie, Nahrungsmittel) beträchtliche Exportüberschüsse aus und trägt damit zur positiven Außenhandelsbilanz bei.

8. In den ersten acht Monaten des Jahres belief sich das Leistungsbilanzdefizit der Euro-Zone auf 18,9 Milliarden Euro.

9. Die deutsche Industrie hat in den letzten Jahren deutlich an Wettbewerbs-fähigkeit gewonnen.

10. Der Aufschwung ist in Sicht. Die Investitionstätigkeit hat bereits zugenommen. Der private Verbrauch wächst aber nur langsam.

**9.** Traduisez :

1. Die Arbeitslosenquote in Deutschland dürfte im Oktober erstmals seit 1993 unter 9 Prozent fallen.

2. Die Verbraucherpreise werden nach Einschätzung der Wirtschaftsforschungs-institute im kommenden Jahr um durchschnittlich 1,8 Prozent steigen, nachdem sie in diesem Jahr fast 2,2 Prozent zugelegt haben.

3. Die Wachstumsprognosen der Wirtschaftsforschungsinstitute für die französische Wirtschaft sind ermutigend.

4. Die Weltbank rechnet für das kommende Jahr mit einem realen Wachstum des Welthandels um 12,5 Prozent.

5. Die Fertigwarenproduktion wird die Vorhersagen des INSEE für das zweite Quartal überschreiten.

6. Der deutsche Maschinenbau verzeichnet erneut kräftige Wachstumsraten.

7. In den meisten Branchen haben sich die Auftragsbücher wieder gefüllt.

8. Thermador weist 1999 einen Umsatz von 583 Millionen Francs aus und der Konzern rechnet für das Jahr 2000 mit einem Wachstum von 6 Prozent gegenüber dem Vorjahr.

9. Der französische Konzern ST Dupont hat im ersten Halbjahr seines Geschäftsjahres 2000-2001 einen Umsatz von 34,6 Millionen Euro erzielt.

10. Der japanische Konzern Sony hat im zweiten Quartal des Geschäftsjahres 2000/2001 deutlich höhere Gewinneinbußen als von Analysten erwartet verzeichnet.

**10.** Traduisez :

1.   Der Euro ist am Donnerstag unter die Marke von 0,94 Dollar gefallen.
2.   Chinas Zentralbankchef Dai Xianglong versicherte, dass der chinesische Yuan dieses Jahr nicht abgewertet werde.
3.   Litauen will die Landeswährung Litas im ersten Halbjahr 2002 an den Euro koppeln.
4.   Die Verstärkung der Währungszusammenarbeit im asiatischen Raum ist das beste Mittel, um Börsenschwankungen zu begegnen.
5.   Die Abkühlung der US-Wirtschaft und die Turbulenzen an der Nasdaq sind ein zweiter negativer Faktor, der die japanische Börse stärker berührt als die europäischen Marktplätze.
6.   Die internationalen Investitionsströme nahmen 1999 um 16 Prozent auf 800 Mrd. Dollar zu.
7.   Die weltweiten ausländischen Direktinvestitionen werden in diesem Jahr nach Angaben der Unctad die Schwelle von 1000 Mrd. Dollar überschreiten.
8.   Ungleichgewichte in den Leistungsbilanzen sind ein Risikofaktor für die Finanzmärkte wie für die Realwirtschaft.
9.   Dank der Wechselkursanbindung an den US-Dollar hatten die asiatischen Währungen einen stabilen Außenwert.
10.  Im Augenblick macht der Greenback zwei Drittel der Währungsreserven der Welt aus, wohingegen nur 17 % des Welthandels durch die Vereinigten Staaten abgewickelt werden.

**11.** Dans le texte suivant, quatre parties de phrases ont été supprimées. Retrouvez chacune d'elles parmi les six phrases a)-f) données en bas du texte :

Trois risques pèsent sur l'avenir de l'activité européenne. ..... (1) qui viendrait refroidir l'optimisme des ménages et des chefs d'entreprise. Par ailleurs, la formation actuellement d'une bulle immobilière pourrait être le déclencheur d'une nouvelle crise bancaire. ..... (2) la hausse d'environ 30 % des prix du pétrole entre mai et juin derniers ne va pas manquer de se faire sentir dans une accélération de l'inflation qui s'établira un peu au-dessus de l'objectif de 2 % fixé par la BCE. ..... (3), une remontée rapide et précoce des taux d'intérêt pourrait au mieux modérer l'optimisme des Européens et au pire provoquer un large mouvement de défiance des investisseurs financiers, obligeant à de nouvelles hausses des taux, défavorables à la croissance. ..... (4) pour soutenir l'élan d'une économie européenne enfin bien repartie.

a)   Si celle-ci se met alors à paniquer, comme elle l'a déjà fait lors d'un accès de faiblesse de l'euro, ...
b)   Il faut également souligner que plusieurs gouvernements européens se sont engagés dans un processus de baisse des impôts ...
c)   Un autre danger potentiel provient de la Banque centrale européenne : ...
d)   Trois menaces financières que les dirigeants européens doivent s'apprêter à gérer ...
e)   La France va-t-elle en bénéficier plus que les autres, ...
f)   On ne peut écarter l'hypothèse que la surévaluation actuelle des marchés boursiers ne se solde par un krach, ...

**12.** Prenez connaissance du document suivant et des questions posées en bas et cochez la réponse qui vous paraît exacte :

### Répartition de l`aide publique au développement venant des pays de l'OCDE en 1997, en %

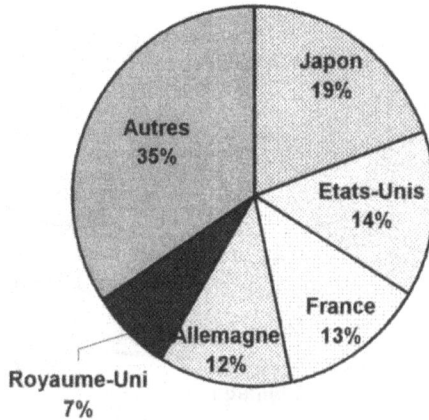

Alter Eco Juin 1999

1. Ce document montre
   a) combien les pays membres de l'OCDE dépensent pour favoriser le développement des pays pauvres.
   b) quels gouvernements d'Etats membres de l'OCDE contribuent le plus à l'aide au développement en indiquant leurs parts exactes dans le montant global.
   c) quel pourcentage du budget de l'Etat les différents membres de l'OCDE consacrent à l'aide au développement.
   d) quel pourcentage correspond à chaque gouvernement de pays membre de l'OCDE dans la somme totale consacrée à l'aide au développement.

2. D'après ce document,
   a) le Japon figure au premier rang parmi les contributeurs à l'aide au développement.
   b) le Japon et les Etats-Unis se partagent à part égale la tâche d'aider les pays pauvres.
   c) l'ensemble des contributions de l'Allemagne et du Royaume-Uni dépasse largement celle du Japon.
   d) la moitié des fonds destinés à l'aide au développement viennent du Royaume-Uni, du Japon, des Etats-Unis, de l'Allemagne et de la France.

**13.** Prenez connaissance du document suivant et des questions posées en bas et cochez la réponse qui vous paraît exacte :

### Capitalisation de la Bourse de Paris, en % du PIB

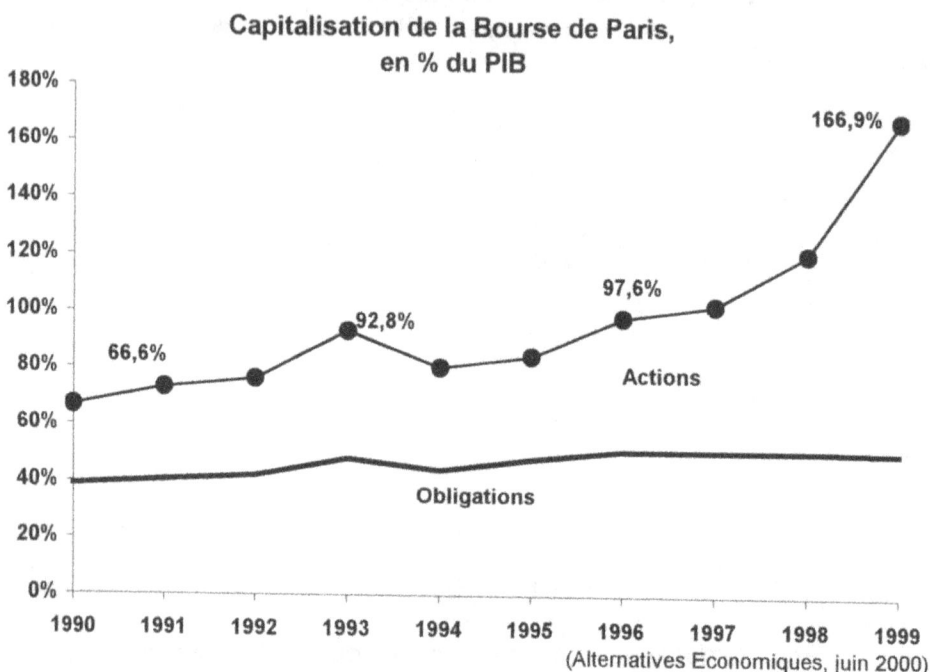

(Alternatives Economiques, juin 2000)

1. Ce document fournit des informations sur
   a) l'évolution des cours des titres négociés à la Bourse de Paris entre 1990 et 1999.
   b) le rapport entre le nombre de titres négociés à la Bourse de Paris et le PIB entre1990 et 1999.
   c) le rapport entre les cours des actions et ceux des obligations dans la décennie 90 à la Bourse de Paris.
   d) l'évolution, entre 1990 et 1999, de la valeur des titres négociés à la Bourse de Paris en comparaison avec celle de la production en France.

2. D'après ce document,
   a) les actions françaises ont connu une hausse ininterrompue entre 1990 et 1999.
   b) la valeur des obligations traitées à la Bourse de Paris pendant les années 90 équivaut à environ 40 % du produit intérieur brut de la France.
   c) la valeur des obligations négociées à la Bourse de Paris n'a pas augmenté entre 1990 et 1999.
   d) le volume des transactions à la Bourse de Paris a presque triplé pendant la dernière décennie du deuxième millénaire.

**14.** Prenez connaissance du document suivant et des questions posées en bas et cochez la réponse qui vous paraît exacte :

## Les 20 plus grandes entreprises françaises (1998)
**(*en milliards de francs     **ces entreprises ont fusionné avec d'autres depuis)**

| | Entreprise | Secteur | Chiffre d'affaires | Résultat net | Effectif |
|---|---|---|---|---|---|
| 1 | Renault | Automobile | 244 | 8,8 | 141 000 |
| 2 | Peugeot SA | Automobile | 221 | 3,2 | 156 000 |
| 3 | Elf-Aquitaine** | Pétrole, chimie | 212 | 3,2 | 85 000 |
| 4 | Vivendi | Services collectifs, BTP, communication | 208 | 7,4 | 236 000 |
| 5 | Suez-Lyonnaise des Eaux | Services collectifs, BTP, communication | 206 | 6,6 | 333 000 |
| 6 | EDF | Energie | 185 | 2,1 | 114 000 |
| 7 | Carrefour** | Distribution | 180 | 4,2 | 144 000 |
| 8 | France Télécom | Télécommunications | 162 | 15,1 | 169 000 |
| 9 | TotalFina | Pétrole | 160 | 5,8 | 57 000 |
| 10 | Alcatel | Electronique, télécommunications | 139 | 15,3 | 118 000 |
| 11 | Auchan | Distribution | 139 | 0,1 | 107 000 |
| 12 | Promodès** | Distribution | 129 | 1,9 | 74 000 |
| 13 | Saint-Gobain | Matériaux | 117 | 7,2 | 114 000 |
| 14 | Pinault-Printemps-Redoute | Distribution, loisirs | 108 | 3,3 | 81 000 |
| 15 | SNCF | Transports | 103 | - 0,3 | 208 000 |
| 16 | Bouygues | BTP, communication, télécommunications | 97 | 0,5 | 108 000 |
| 17 | La Poste | Poste, services financiers | 93 | 0,3 | 306 000 |
| 18 | Casino | Distribution | 93 | 1,4 | 73 000 |
| 19 | Alsthom | Electronique, transports | 92 | 2,0 | 150 000 |
| 20 | Rhône-Poulenc** | Chimie, pharmacie | 87 | 4,2 | 65 000 |

1. Ce document montre que
   a) l'entreprise avec le meilleur chiffre d'affaires est aussi celle qui a dégagé les bénéfices les plus importants.
   b) EDF emploie autant de salariés que Saint-Gobain.
   c) le nombre des salariés de la Poste dépasse largement celui des autres entreprises.
   d) la Poste est l'entreprise la moins performante de ce classement.

2. Dans ce palmarès,
   a) toutes les entreprises de distribution se trouvent dans le peloton de tête.
   b) Rhône-Poulenc est la lanterne rouge, en ce qui concerne les bénéfices.
   c) Alcatel figure au deuxième rang pour les bénéfices.
   d) les entreprises du secteur automobile tiennent le haut du pavé.

**15.** Répondez aux questions en cochant la réponse qui vous paraît exacte :

1. Quel secteur d'activité parmi les suivants fait partie du secteur tertiaire ?
   a) Machine-outil
   b) Bijouterie
   c) Tourisme
   d) Electronique grand public

2. Quelle activité parmi les suivantes peut être caractérisée comme "en aval" par rapport à l'industrie automobile ?
   a) La fabrication de sièges par les équipementiers
   b) Le transport des véhicules des usines aux concessionnaires, par des transporteurs
   c) La production de peintures pour voitures par l'industrie chimique
   d) L'élaboration de logiciels pour la conception assistée par ordinateur (CAO) par une entreprise d'informatique

3. Parmi les dépenses suivantes effectuées par une entreprise, laquelle correspond à une consommation intermédiaire ?
   a) L'achat de matières premières
   b) Le paiement des salaires
   c) L'achat de matériel de bureau
   d) L'achat d'une nouvelle machine

4. Le taux de couverture d'un pays est de 75 %. Cela signifie que
   a) seulement 75 % des exportations sont couvertes par une assurance.
   b) le montant des exportations équivaut à 75 % des importations.
   c) l'ensemble des importations représente 75 % des exportations.
   d) le déficit de la balance commerciale s'élève à 25 % du PIB.

5. Quel élément parmi les suivants **ne** fait **pas** partie de la balance des opérations courantes ?
   a) La balance des capitaux
   b) La balance des invisibles
   c) La balance commerciale
   d) Les transferts de revenus

6. Les économistes distinguent les politiques structurelles et les politiques conjoncturelles. Parmi les politiques économiques suivantes, quelle est celle qui **n'est pas** structurelle ? L'Etat décide...
   a) de nationaliser les entreprises du secteur des transports.
   b) de créer un nouveau centre de recherche destiné à étudier la réalisation de centrales nucléaires d'un nouveau type.
   c) de mettre en place des lois favorisant la préservation d'un meilleur environnement.
   d) d'accroître ses dépenses pour relancer la demande.

7. Quel facteur parmi les suivants **ne** pourrait **pas** avoir d'impact sur le taux d'inflation ?
   a) L'introduction d'une écotaxe
   b) Une monnaie faible
   c) Une augmentation de la part d'étrangers dans la population active
   d) Une hausse des prix du pétrole

8. Le gouvernement a décidé de mettre en œuvre un programme de libéralisation. Quelle mesure **ne** devra-t-il **pas** prendre dans ce contexte ?
   a) Privatiser les entreprises publiques
   b) Supprimer le contrôle des changes
   c) Réduire les droits des salariés
   d) Majorer l'impôt sur les sociétés de 10 %

9. Comment s'appellent les marchés où s'effectuent les placements à long terme et où s'échangent les valeurs mobilières?
   a) Marchés monétaires
   b) Marchés de financement
   c) Marchés de bourse
   d) Marchés financiers

10. Vous avez lu que l'euro va s'apprécier bientôt face au dollar. Qu'est-ce que cette affirmation veut dire ?
    a) Les investisseurs en euros devront payer une surcote considérable.
    b) Le cours auquel s'échangera la monnaie unique contre le dollar montera.
    c) Les investisseurs internationaux donneront à l'euro une valeur plus grande qu'aujourd'hui.
    d) L'euro connaîtra une surévaluation sur les marchés des changes, surtout par rapport au dollar.

TEXTES

## 1. Il existe aussi des paysans heureux...

A 40 ans, Pierre Riou peut, à bon droit, se proclamer le roi de l'abricot. A lui seul, il pèse 1 500 tonnes d'abricots par an, soit 1 % du marché français. En plus de son exploitation gardoise de 230 hectares, il en dirige une autre dans le Drôme. Au fil des ans, ce spécialiste du fruit haut de gamme est parvenu à mettre sur le marché des variétés de 200 grammes, imposant sa marque, Château Pérouse. Il négocie lui-même à Londres avec les grands distributeurs britanniques. Environ 50 millions de chiffre d'affaires, une antenne commerciale à Paris, des dépliants, un catalogue pour vanter sa production, Pierre Riou est autant entrepreneur qu'agriculteur.

Charles Dufraisse, éleveur dans le Limousin, appartient à la même race de paysans, ceux que les banquiers préfèrent appeler les agrimanagers. Pendant quarante ans, il a élevé sur ses hautes terres limousines, près de Thiviers, un troupeau de bovins qui compte aujourd'hui 300 bêtes. Il aurait pu se contenter de vendre ses veaux à Lyon et à Saint-Étienne. Mais un voyage aux Etats-Unis, où il s'émerveille devant l'exceptionnelle saveur des T bone steaks, a changé sa vie. Depuis 1989, il s'emploie à créer une viande de luxe. C'est une tradition d'élevage japonaise, qui lui a fourni la solution : faire absorber un peu d'alcool à ses animaux et les masser. Le résultat : une viande particulièrement savoureuse vendue 780 francs le kilo chez Fauchon ! Charles Dufraisse est innovateur autant qu'agriculteur.

Les banques, qui courtisent ces hommes d'affaires, estiment qu'ils sont en France entre 50 000 et 200 000. Ils gèrent souvent plusieurs exploitations à la fois. Ce sont des chefs d'entreprise désireux d'être traités comme tels par le fisc et par le monde politique. La multiplication des Charles Dufraisse n'est qu'un des aspects du profond changement des mentalités qui affectent le dernier carré du million d'agriculteurs français. Les trois quarts de ces "campagnards" vivent désormais à la périphérie des villes. À l'exploitation agricole succède l'exploitant rural, un entrepreneur avec une préoccupation commerciale majeure. L'inexorable érosion des prix des matières premières et la diminution régulière des revenus qui attisent la colère des campagnes accélèrent en même temps cette mutation.

Autre signe que les temps changent, le tourisme rural ne cesse de prendre de l'importance dans l'économie agricole. Au point qu'on a vu cet été dans les Côtes d'Armor les hôteliers bretons commencer à protester publiquement contre cette "concurrence déloyale". L'apport des gîtes ruraux aux régions est d'ores et déjà estimé à 2,5 milliards de francs, un chiffre qui continue de progresser de plus de 3 % par an en plein marasme hôtelier. A quelques kilomètres de Nancy, Albert Fimayer, comme beaucoup, a suivi cette tendance. Dans une zone entièrement vouée à l'élevage laitier, il possède 400 brebis, dont il vend les agneaux. En 1989, il ouvre dans ses vieux bâtiments une ferme-auberge qui peut accueillir de 40 à 50 personnes à dîner chaque week-end. Pour bénéficier du label des fermes-auberges, Albert Fimayer doit impérativement y commercialiser 60 % des viandes, fruits, légumes et autres produits transformés provenant de son domaine. Son chiffre d'affaires tourisme atteint 200 000 francs, alors que les agneaux et le lait génèrent pour 700 000 francs de ventes.

Il n'y a plus dans l'Hexagone une seule et unique voie de développement agricole, mais une multitude de vérités. Même si, comme le note Bernard Hervieu, auteur du livre *Les champs du futur,* un des principaux atouts des agriculteurs, à la différence d'autres groupes sociaux, reste leur capacité d'organisation. La collaboration avec l'industrie, de moins en moins marginale, repose sur ce talent particulier. La référence en ce domaine reste le "modèle Roquefort". Seule préoccupation dans cette région : gagner assez d'argent pour maintenir des exploitations viables sur les causses désolés de Sauveterre et du Larzac. La Société des caves et producteurs réunis de Roquefort, qui vend les trois quarts du fameux fromage, est directement intéressée à la survie des 3 000 éleveurs qui alimentent les caves en lait. La Confédération des éleveurs de brebis travaille en symbiose avec la Société et huit autres industriels. Toutes les décisions y sont prises à l'unanimité, et surtout la plus importante : la fixation du prix du lait. Lorsque la surproduction de 1987 faillit faire éclater le système, les partenaires décidèrent de fixer à chaque éleveur une norme individuelle de production qui ne mette pas en péril l'économie globale du roquefort.

"Nous, agriculteurs, nous devons comprendre que notre avenir passe par la collaboration contractuelle avec l'industrie", admet Maurice Droulin, agriculteur dans l'Orne. Sa récolte de pommes prend le chemin des cidreries du groupe Pernod-Ricard, qui représente plus de 60 % de la production française de cidre.

Avec les entreprises agroalimentaires, les laboratoires pharmaceutiques sont devenus de précieux clients des nouveaux agriculteurs. Martin Leune a ainsi fait affaire avec une société néerlandaise. Cet exploitant dans l'Yonne consacre une trentaine d'hectares à la culture de l'églantier (dt. Wildrose) - une plante dont on tire de la vitamine C pour l'injecter dans des sirops de fruits ou dans des confitures. Son contrat de quinze ans lui permet de "voir venir". L'industriel lui fournit les jeunes plants, il se charge des traitements, de la taille et de la récolte. L'exploitation de 60 hectares, qui vivait autrefois des seules céréales, a pu ainsi amorcer une reconversion.

Le label est une autre planche de salut pour l'agriculture. Les appellations d'origine alimentent désormais les revenus agricoles de régions entières. "Le système des AOC peut à lui seul faire vivre 125 000 exploitations agricoles", estime Alain Berger, le directeur de l'Institut national des appellations d'origine. C'est aussi la manifestation d'un souci croissant du nouveau monde paysan : l'intégration de l'environnement immédiat dans la gestion de ses exploitations.

La revue *Agriculture Magazine,* qui suit de près l'émergence de ces nouvelles classes d'exploitants, a imaginé en 1991 de décerner chaque année à l'un d'entre eux le prix de "l'agriculteur de l'année". La galerie de portraits qu'elle compose à chaque remise de récompense surprendrait beaucoup ceux pour qui l'actualité agricole se résume au marasme des grandes productions végétales, à l'effondrement de pans entiers de l'élevage, à la crise de la PAC et à l'épuisement des recettes productivistes. L'agriculture française change à grande vitesse.

(L'Expansion, 23/9/1993)

## Questions de compréhension

1. Quelles sont les activités des agriculteurs cités en exemple ?
2. Qu'est-ce qu'ils ont en commun ?
3. A combien chiffre-t-on leur nombre en France ?
4. Caractérisez la mutation qui a eu lieu dans l'agriculture.
5. Quels sont les facteurs du succès des agriculteurs présentés ?
6. Par quels chiffres se traduisent leurs performances ?
7. Pourquoi Roquefort est-il qualifié de modèle ?
8. Quelle est l'image qu'on associe en général à l'agriculture européenne ?

## 2. Bon appétit !

**Vache folle, poulet à la dioxine, les crises alimentaires se suivent et se ressemblent.** Accusée numéro un : l'industrialisation de la production agricole. Le paysan est devenu un simple maillon au sein d'une filière qui fait intervenir de multiples acteurs, aussi bien en amont (semenciers, fabricant d'aliments pour le bétail, agrochimistes) qu'en aval (fabricants de colorants, conservateurs, arômes, emballages, etc.)

**Il en résulte une dilution des responsabilités et une multiplication des risques.** Quand, jadis, un boulanger ajoutait du plâtre à sa farine, il se contentait d'empoisonner sa modeste clientèle. Quand, aujourd'hui, un producteur de farines animales achète des graisses végétales recyclées à un producteur qui y incorpore de l'huile de vidange, ce sont des dizaines de millions de consommateurs qui sont potentiellement touchés, et l'ensemble des éleveurs belges au bord de la faillite. De même, quand un producteur de lécithine de soja utilise des OGM, des centaines de millions de consommateurs peuvent, sans le savoir, ingérer un produit à l'innocuité non prouvée.

**Ce n'est pas le marché qui peut mettre de l'ordre dans cette situation.** Les grands distributeurs considèrent la sécurité alimentaire comme un enjeu de marketing avant toute chose. Ils jouent désormais la carte du «bio» ou se déclarent prêts à refuser les OGM, afin de répondre aux angoisses de leurs clients. Mais la viande de bœuf anglaise est réapparue dans les linéaires avant même que les experts aient conclu que les élevages britanniques étaient désormais sous contrôle.

**C'est donc aux pouvoirs publics de définir des règles claires et de veiller à leur application**, en sanctionnant sévèrement tout manquement et en encourageant des modes de production différents. Pourquoi ne le font-ils pas ou insuffisamment ? Parce qu'ils sont soumis aux pressions du *lobby* agro-alimentaire. Et cette pression est d'autant plus forte qu'un grand désordre règne en Europe dans la gestion de ces problèmes. La Commission veille à la libre circulation des produits, tandis que les règles sanitaires demeurent en grande partie établies et contrôlées au niveau national. Cette situation encourage un *dumping* par les règles (ou pire, un laxisme dans l'application des contrôles) dans chaque pays : l'hyperconcurrence conduit à tolérer des pratiques douteuses, la priorité étant de défendre la compétitivité des producteurs nationaux. Symptôme révélateur : quand l'affaire de la dioxine belge a éclaté au début de l'été, c'est Jean Glavany, ministre de l'Agriculture, qui est intervenu pour rassurer le bon peuple sur la qualité des poulets *made in France,* pas le ministre de la Santé !

**Dès lors que chaque pays peut produire à destination de toute l'Europe**, il faut unifier les règles et le contrôle de leur application sous peine de provoquer des dérives dangereuses. Cela passe par l'extension des compétences - et de la responsabilité politique - des autorités communautaires. Une conclusion qui ne vaut pas seulement pour l'agro-alimentaire, mais qui pourrait s'appliquer utilement à la finance et au social. (Alternatives Economiques, septembre 1999)

**A Résumé**
Résumez le texte en quelques phrases.

**B Exposé-débat**
Présentez, en vous appuyant sur les textes, votre point de vue sur la question :
*Les dérives de l'agriculture - comment peut-on y mettre fin ?*

## 3.   Economie mondiale - La fin d'une époque

A l'issue de quatre années de croissance rapide, l'économie mondiale est entrée en 1998 dans une phase de net ralentissement. Au cours des trente dernières années, l'activité mondiale a enregistré quatre creux conjoncturels marqués.

Le premier creux, en 1974-75, est consécutif au premier choc pétrolier et aux désordres monétaires du début des anées 70. Il intervient à l'issue d'une phase de croissance particulièrement rapide accompagnée de vives tensions sur les facteurs de production (matières premières, travail, capital) et d'une accélération générale de l'inflation. Précipitée par le quadruplement du prix du pétrole, la crise éclate simultanément dans les grands pays industrialisés, divisant par trois le taux de croissance mondial.

Le second creux, au début des années 80, intervient lui aussi à la suite d'un choc pétrolier. Il est cependant accentué par le resserrement brutal de la politique monétaire américaine fin 1979, qui se propage à l'ensemble du monde industrialisé et contribuera au déclenchement de la crise de la dette des économies en développement. Les conditions mêmes de l'activité mondiale sont bouleversées. La croissance mondiale chute à 1 % en 1982.

La crise du début des anées 90 est bien différente. Sans doute, la flambée des prix du pétrole qui suit l'invasion du Koweït par l'Irak contribue-t-elle à saper la confiance. Mais le prix du brut revient bien vite à la normale. En outre, le retournement conjoncturel est déjà largement amorcé aux Etats-Unis lorsque la crise du Golfe éclate. En Europe, l'activité se poursuit un temps sous l'effet de l'emballement de la demande provoquée par la réunification allemande. Au Japon, elle est artificiellement entretenue par une politique monétaire indûment expansive. Mais partout, les conditions financières de la croissance sont profondément dégradées. L'endettement des agents privés, stimulé depuis le milieu des années 80 par la déréglementation financière, atteint des niveaux records. L'excès d'investissement et sa contrepartie en termes de créances douteuses dans les bilans bancaires rendent l'ajustement inévitable. Il prendra en Europe une tournure particulièrement sévère du fait des rigidités créées par le système monétaire européen. Le retournement conjoncturel est largement endogène, ce qui, compte tenu de la spécificité de chaque zone, explique qu'il n'est pas synchrone.

La crise actuelle est de ce point de vue d'une nature profondément différente des précédentes. Elle intervient alors que les déphasages conjoncturels se sont nettement accentués entre les trois grands pôles de l'économie mondiale. Au Japon, elle a d'ores et déjà transformé une nouvelle phase de ralentissement en récession la plus grave de l'après-guerre. En Europe, elle menace d'étouffer une reprise vieille de seulement deux ans. Aux Etats-Unis, elle devrait peser en 1999 sur une activité qui n'est plus soutenue que par une politique monétaire résolument contra-cyclique et le niveau anormalement élevé des cours boursiers. Coïncidant avec la fin de cycle annoncée par la quasi-totalité des conjoncturistes, elle risque de transformer ce qui devait être un atterrissage en douceur en récession grave.

(Alternatives Economiques, Hors-série, 2° trim. 1999)

**A   Résumé**
Résumez les caractéristiques des quatre grands creux conjoncturels abordés dans le texte et reformulez son énoncé principal.

**B   Commentaire**
Commentez l'évolution de l'économie telle qu'elle se profile à l'heure actuelle.

## 4.  Est-ce la fin du nucléaire ?

La décision de la France d'abandonner le nucléaire a encore affaibli la position des partisans de cette filière énergétique. Le choix allemand s'inscrit en effet dans un mouvement international plus général de remise en question du nucléaire. Et c'est maintenant la France qui apparaît de plus en plus isolée dans ses choix énergétiques.

Le choix de sortir du nucléaire a généralement résulté de fortes manifestations antinucléaires, de l'accession aux responsabilités de représentants des partis écologistes ou encore de l'organisation de référendums. En outre, aucune solution satisfaisante n'a été trouvée au problème des déchets radioactifs. Leur manipulation, leur retraitement et leur stockage à très long terme présentent des risques d'irradiation de moins en moins tolérés par les populations.

Si de nombreux pays ont réussi à stopper le nucléaire sous la pression de leur opinion publique, il leur reste à prouver qu'ils sont capables de restreindre leurs besoins en énergie. Au-delà de l'effet d'annonce, c'est un travail de fond et de long terme qui doit s'engager. Faute de quoi, Etats et opinions publiques pourraient vite retourner leur veste et accepter un nouvel essor du nucléaire à partir de 2010. C'est bien ce qu'espère le lobby nucléaire français.

(Alternatives Economiques, 2ᵉ trimestre 1999)

Ce 25 mars 1957, ils étaient six, à Rome, à affirmer que "l'énergie nucléaire constitue la ressource fondamentale essentielle qui assurera le développement et le renouvellement des productions et permettra le progrès des œuvres de paix". Six, résolus à créer "une puissante industrie nucléaire". Six, décidés à fonder dans ce but la Communauté européenne de l'énergie atomique, Euratom.

Trente-trois ans plus tard, le club des promoteurs du nucléaire en Europe s'est singulièrement rétréci. A la suite d'un référendum, la France a arrêté ses trois centrales. Des moratoires bloquant toute construction de réacteur ont été adoptés en France et en France. Et la France s'apprête à présent à fermer peu à peu toutes ses installations. Quant au France, il n'a jamais compté aucune centrale. Des six pionniers de 1957, la France reste en fait la seule à défendre encore le nucléaire au point d'envisager la construction de nouvelles tranches.

A travers le monde, l'Asie reste l'unique zone où des projets continuent à être montés. Mais les commandes se font de plus en plus rares. Seuls 29 réacteurs sont en chantier sur la planète, contre 41 début 1998 et 157 il y a quinze ans. Selon le gouvernement américain, 10 % à peine de l'électricité consommée dans le monde devrait être d'origine nucléaire en 2020, contre 17 % aujourd'hui.

"Bravo la France ! A quand la France ?" se sont exclamés hier les Verts français, qui ont élaboré un scénario de sortie du nucléaire prévoyant la fermeture de la dernière centrale en 2023. Pour l'heure, le gouvernement n'envisage cependant pas de fermer avant terme les 59 réacteurs existants, qui fournissent près de 80 % de l'électricité du pays, ni interdire la construction de centrales. Officiellement, la position consiste à "maintenir l'option nucléaire ouverte". Donc à conserver une recherche et une industrie atomiques en état de marche pour qu'en 2010 ou 2020, il reste possible de remplacer tout ou partie des réacteurs actuels par d'autres réacteurs. En pratique, toutefois, la présence des Verts dans la majorité empêche toute relance rapide d'un programme nucléaire. Ainsi le gouvernement a-t-il reporté sine die la construction d'un prototype d'EPR, le "réacteur du futur" conçu par Framatome et Siemens.

(Les Echos, 16-17/06/2000)

**5.**

## Le tout-nucléaire: une exception française:
### Part de l´électricité d´origine nucléaire dans la production d´électricité de dix pays, en %

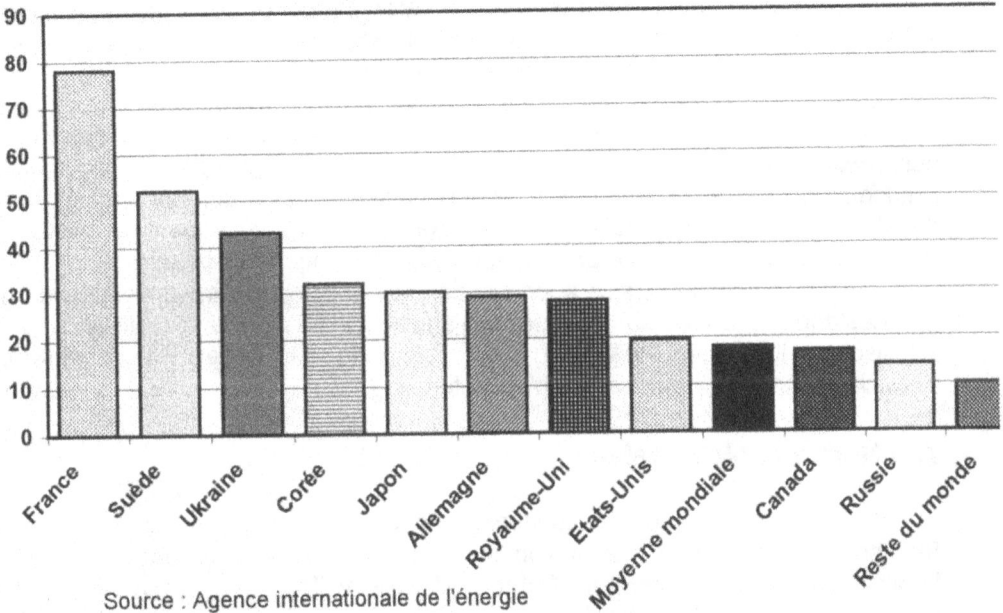

Source : Agence internationale de l'énergie

(Alternatives Economiques, 2ème trimestre 1999)

**A** **Résumé**

Résumez les informations du texte 4 et du tableau 5.

**B** **Exposé-débat**

Préparez vos arguments ainsi que les objections aux éventuelles réponses d'un interlocuteur pour présenter et défendre votre point de vue dans un débat à propos de la question :

*L'énergie nucléaire - une énergie propre et pas cher*
*ou un danger pour les populations ?*

## 6. Nordrhein-Westfalen: Auf Zukunftsmärkten kaum präsent

Die Chancen, die sich aus einer Globalisierung der Produktion für den Strukturwandel in Nordrhein-Westfalen ergeben könnten, werden seit Jahrzehnten kaum genutzt. Deshalb ist die Industrie an Rhein und Ruhr mit ihren Produkten auf den Wachstumsmärkten der Welt nur wenig vertreten. Das hat das Institut Arbeit und Technik (IAT), Gelsenkirchen, ermittelt. Danach ist Nordrhein-Westfalen zwar noch immer Spitzenreiter im Export und liegt bei den ausländischen Direktinvestitionen unverändert vor allen anderen Bundesländern. Doch spiegelt die Außenwirtschaft die traditionelle Industriestruktur wider, wie die IAT-Forscher Wolfgang Potratz und Brigitte Widmaier feststellen.

Chemie, Maschinenbau, Metallerzeugung und Metallverarbeitung sowie Automobilproduktion machten im vorigen Jahr annähernd zwei Drittel des Exports aus, während die "neuen" Industrien nur eine geringe Rolle spielten. Dementsprechend signalisiert der Exportüberschuss des Landes nur bedingt Stärke, da NRW bei aller Leistungsfähigkeit im mittleren bis höherwertigen Technikbereich in der wertschöpfungsintensiven Spitzentechnik nicht mithalten kann.

Dieser Mangel zeigt sich auch bei den ausländischen Direktinvestitionen. Die mit Abstand begehrtesten Objekte ausländischer Investoren in NRW sind die klassischen Industrien, während neue Branchen mit hoher Forschungs- und Entwicklungsintensität nur schwach vertreten sind. (SZ, 01/09/2000)

## 7. Nordrhein-Westfalen hält nicht Schritt

Statt auf Kohle setzt Gelsenkirchen jetzt auf Solarenergie, und die einstige Stahlhochburg Duisburg träumt von einer Zukunft als europäisches Zentrum für Logistik. Der Strukturwandel im Ruhrgebiet ist in vollem Gange, nur geht es sehr langsam voran. Seit 1980 ist das Wachstum im bevölkerungsreichsten Bundesland, in dem 20 der 40 umsatzstärksten deutschen Unternehmen ihren Sitz haben, alljährlich niedriger ausgefallen als in den alten Bundesländern insgesamt.

Zwar profitiert die stärker auf Grundstoffe ausgerichtete Wirtschaft NRWs von den regen Bestellungen für Vorleistungs- und Investitionsgüter. Aber mit der Liberalisierung des Strommarktes kommt es zu einer Entwicklung mit negativen Folgen. Allein die Stadtwerke sehen mittelfristig 3 000 Arbeitsplätze bedroht. Zudem wird die Beschäftigung im Steinkohlebergbau noch um 12 000 Mitarbeiter verringert. Beim Gründungssaldo (Neugründungen minus Stilllegungen) kommt NRW nur auf Rang zehn.

Unstrittig ist dagegen die führende Position in der Medien-, Informations- und Kommunikationswirtschaft. Mit 165 Milliarden DM Umsatz bringt dieser Bereich mehr auf die Waage als Industriezweige wie die Chemie oder das Baugewerbe. Zudem entwickelt er sich sehr viel dynamischer. (SZ, 13/05/2000)

**A    Compte rendu**
Faites un compte rendu en français des informations contenues dans les articles.

**B    Commentaire**
Commentez les problèmes et présentez un plan d'action.

## 8. Euro : les économistes perdent le nord

A écouter les économistes français, il est bien difficile de prévoir l'avenir de l'euro. Les uns soulignent que les hausses de taux d'intérêt de la Banque centrale européenne risquent de ralentir la consommation, obligeant les entreprises du Vieux Continent à chercher des débouchés à l'étranger. Les gouvernements seront alors incités à favoriser un euro faible. Mais les mêmes indiquent que l'association d'une politique monétaire rigoureuse et d'un certain laxisme budgétaire (les dirigeants européens préférant profiter de la croissance pour baisser les impôts plutôt que de réduire les déficits) dopera la devise européenne du fait de la forte demande de capitaux bien rémunérés, comme cela avait été le cas aux Etats-Unis au début des années 80.

D'autres économistes pensent que l'euro s'affaiblit face au dollar parce que les investisseurs financiers européens achètent massivement des actions et des obligations américaines, tandis que les entreprises investissent aux Etats-Unis. Pour ce faire, ils vendent des euros et achètent des dollars. Un phénomène qui devrait peser durablement sur l'euro.

D'autres, enfin, insistent sur les erreurs politiques. D'un côté, les ministres et les banquiers centraux européens polémiquent par presse interposée. De l'autre, la BCE continue à voir dans la quantité de monnaie en circulation le principal ressort de la hausse des prix, alors que l'inflation est limitée par les innovations et la productivité. Autant d'erreurs qui nuisent à la crédibilité de l'euro.

*(Alternatives Economiques, novembre 2000)*

### A Résumé
Résumez les argumentations des économistes au sujet de l'euro.

### B Exposé-débat
Présentez, en vous appuyant sur le texte et vos connaissances, votre point de vue sur la question :

*Quel avenir pour l'euro ?*

## 9. Die Auswirkungen von Finanzkrisen
(Vortrag von Dr. J. Stark, Vizepräsident der Deutschen Bundesbank)

Den Ausgangspunkt der Analyse stellt die im Sommer 1997 einsetzende Krise in Asien dar. Dort hatten sich in einer Reihe südostasiatischer Länder hohe Leistungsbilanz-Ungleichgewichte aufgebaut. Diese wurden angesichts hoher Wachstumsraten wenig beachtet. Die heimischen Finanzinstitute konnten das übermäßige Kreditwachstum durch den Zustrom überwiegend kurzfristiger Mittel aus dem Ausland zunächst leicht finanzieren. Begünstigt wurde dies durch den stabilen Außenwert der asiatischen Währungen infolge der Wechselkursanbindung an den US-Dollar. Im Frühjahr 1997 kam der thailändische Baht jedoch wiederholt unter Druck, sein Wechselkurs wurde Anfang Juli freigegeben. Dies setzte die Währungen der Nachbarländer ebenfalls unter Abwertungsdruck. Der große Umfang der Fremdwährungsverschuldung erhöhte sich durch die Abwertungen rapide.

An den internationlen Finanzmärkten kam es im Zuge der Asienkrise zu einer abrupten Umkehr der Kapitalströme. Die Aufschläge für internationale Anleihen von Emittenten aus der Krisenregion weiteten sich beträchtlich aus. Der Primärmarkt für solche Emissionen kam weitgehend zum Erliegen.

In Mitleidenschaft gezogen wurden die Schwellenländer aus anderen Regionen, zunächst in Lateinamerika und später besonders in Russland. Angesichts der verschlechterten Marktstimmung sahen sich diese Länder mit ungünstigeren Finanzierungskonditionen und steigenden Renditeaufschlägen an den internationalen Kapitalmärkten konfrontiert. Die Turbulenzen lösten nun auch Reaktionen an den Finanzmärkten der Industrieländer aus. Umschichtungen der Portfolios hin zu sicheren und liquiden Anlagen waren die Folge.

Wichtig erscheint es mir, die aufgetretenen Schwachstellen des internationalen Finanzsystems hervorzuheben. Auf Seiten der asiatischen Schwellenländer trugen die Wechselkurssysteme mit einer engen Anbindung an den US-Dollar wesentlich zur Entstehung und Tiefe der Krise bei. Durch die Wechselkursbindungen verschlechterte sich die Wettbewerbsposition dieser Länder bereits seit 1999. Zudem unterlief die Wechselkursbindung auch Bemühungen, die nationale Geldpolitik an den Erfordernissen der inländischen Stabilität auszurichten. Bei einem relativ hohen inländischen Zinsniveau bestand in den betroffenen Ländern sowohl für Finanzinstitute als auch für Unternehmen ein starker Anreiz zinsgünstige Fremdwährungsmittel aufzunehmen. Gerade angesichts der Wechselkursbindungen und der Illusion einer Stabilität der heimischen Währung gegenüber dem Dollar wurden dabei eingegangene Wechselkursrisiken vernachlässigt. Erschwerend kam die Struktur der Fremdwährungsschulden hinzu. Ein Großteil der internationalen Bankkredite wies relativ kurze Laufzeiten oder kurze Zinsbindungen auf, was erhebliche Liquiditätsrisiken für den privaten Sektor der asiatischen Krisenländer nach sich zog. Die starke Abhängigkeit von kurzfristigen Fremdwährungsmitteln aus dem Ausland machte die gesamte Wirtschaft verwundbar für einen schnellen Umschwung der Kapitalströme im Falle einer Vertrauenskrise. Als belastend erwies sich auch das unzulängliche Risikomanagement und eine unvorsichtige Kreditvergabepraxis der asiatischen Finanzinstitute.

Aber auch auf Seiten der internationalen Gläubiger wurden die bestehenden Risiken unterschätzt. Dabei spielte die trügerische, aber weit verbreitete Annahme eine Rolle, dass asiatische Banken bei ihrer Kreditaufnahme im Ausland über implizite Garantien ihrer Regierung bzw. durch internationale Finanzinstitutionen verfügten. Die Erwartung bezüglich eines Sicherheitsnetzes nährte sich auch aus den Erfahrungen der Mexikokrise, bei der internationale Finanzinstitutionen zur Hilfe geeilt waren. Neben solchen Moral-Hazard-Effekten wurde die angemessene Risikobeurteilung der Kreditgeber zudem durch den Mangel ausreichender und verlässlicher Informationen über die Höhe der aufgebauten Risikopositionen beeinträchtigt.

Eine Reihe von internationalen Institutionen, einschließlich des IWF arbeitet gegenwärtig daran, Frühwarn-Indikatoren zu entwickeln. Als Lehre aus den zurückliegenden Finanzmarktkrisen hat sich herauskristallisiert, dass es wenig sinnvoll wäre, den IWF noch weiter zu einer omnipotenten finanziellen Krisenfeuerwehr auszubauen. Vielmehr muss dafür gesorgt werden, dass der Privatsektor - d.h. die Inhaber von Schuldverschreibungen und Gläubiger von Krediten - im Krisenfall eigene Lösungsbeiträge bringt. Eine angemessene Einbeziehung des privaten Sektors im Krisenfall kann am besten dadurch erreicht werden, dass die Kreditvergabe des IWF begrenzt wird. Dagegen würde eine Fortsetzung des Politik großer internationaler Finanzierungspakete Moral Hazard weiter begünstigen. Die Markteilnehmer würden sich daran gewöhnen, dass Verluste aus Emerging-Markets-Engagements von internationalen Institutionen abgefedert werden. Dadurch würde letztlich aber riskantes Marktverhalten durch öffentliche Mittel subventioniert werden, was die Stabilität der Märkte langfristig unterminieren würde.          (Deutsche Bundesbank, Auszüge aus Presseartikeln, 13/12/2000)


**A     Résumé**
Faites un résumé de l'article en français.

**B     Exposé-débat**
Préparez, en vous appuyant sur le texte,  vos arguments pour défendre votre point de vue à propos de la question :

*Quelles leçons faut-il tirer des crises financières ?*

INFORMATIONS

## Les trois secteurs de l'économie

- **Secteur primaire** : agriculture, pêches et forêt. Selon Colin Clark aussi les activités minières.

- **Secteur secondaire** : activités industrielles, bâtiment et travaux publics.
  Dans l'industrie : **industries agro-alimentaires**, **énergie** (extraction et production de combustibles, électricité, gaz et eaux), **industrie de biens intermédiaires** (extraction de minerais et premières transformations des métaux, matériaux de construction, industrie du verre, chimie de base et fibres synthétiques, fonderie, papiers et cartons, industrie du caoutchouc et de production de matières premières), **industries de biens d'équipement** (constructions électriques et mécaniques, électronique, matériel de transport terrestre, y compris l'automobile, construction navale, aéronautique et armement), **industries de biens de consommation** (pharmacie et chimie de base, industries textiles et de l'habillement, cuirs et chaussures, industries du bois et d'ameublement, imprimeries et industries de la presse et des éditions).
  Dans certaines statistiques industrielles, on trouve parfois l'expression **d'industries manufacturières**. Généralement, il s'agit d'un regroupement des industries d'équipements et des industries de consommation et de certaines industries de biens intermédiaires à l'exception de l'extraction des minérais et de leur première transformation.

- **Secteur tertiaire** : commerce, transports et télécommunications, services marchands (réparation et commerce d'automobiles, hôtels et restaurants, cafés, autres services rendus aux entreprises et aux ménages, y compris location d'immeubles et services de la santé), assurances et activités bancaires, services marchands des administrations (éducation, sécurité, administration générale) et des ménages (les services rendus par les gens de maison). Ces derniers temps, on commence à parler du **Secteur quaternaire** : ce sont les nouvelles technologies de l'informatique et de la communication (NTIC).

**L'évolution des trois secteurs**

- Prédominance de l'emploi agricole dans la première phase de l'industrialisation : pendant tout le XIX<sup>e</sup> siècle, les agriculteurs représentent plus de la moitié des actifs.

- Croissance de l'emploi industriel dans la phase de maturité de l'industrie : durant les années 30, le secteur secondaire équilibre le secteur primaire. Après la Seconde Guerre mondiale, jusqu'en 1960, il est le secteur dominant.

- Conséquence du progrès technique : l'accroissement de l'emploi dans l'industrie faiblit, mais le secteur tertiaire explose. Depuis 1968, il dépasse le secteur secondaire. Le déclin de l'agriculture se poursuit.

- MAIS : Une étude du ministère de l'Industrie de 1995 conteste la "tertiarisation" de l'économie française. Les industriels ont transféré vers le tertiaire nombre de travaux qu'ils effectuaient eux-mêmes auparavant. Les achats de l'industrie représentent ainsi 14,5 % des débouchés des services marchands aux entreprises. Si bien qu'en agrégeant la valeur ajoutée de l'industrie, celle des services marchands tributaires des entreprises industrielles ou des revenus que celles-ci distribuent aux ménages, le secteur industriel entre pour plus de la moitié dans l'activité économique de la France. L'INSEE note que les branches industrielles ont, en 1994, contribué pour près de la moitié à la croissance du PIB. Inédit depuis 1976.

  Cette tendance se poursuit. Les secteurs tertiaire et quaternaire profitent largement de l'externalisation (outsourcing).

## Le classement des entreprises

- **Branche d'activité** : ensemble d'unités de production qui fabriquent la même catégorie de produits. L'expression est notamment utilisée pour la détermination du champ d'application de la convention collective de travail. Une même entreprise comprend dans la plupart des cas plusieurs branches d'activités.

- **Secteur d'activité** : ensemble d'entreprises ayant la même activité principale. Un secteur est donc composé d'un ensemble parfois disparate d'entreprises.

- **Filière** : regroupement des activités qui sont complémentaires (en aval ou en amont) pour des raisons techniques et commerciales.

  D'autres critères sont le statut juridique de l'entreprise (→ Chap. 3) et la taille des entreprises : petites entreprises 5 - 19 salariés ; moyennes entreprises 20 - 500 salariés ; grandes entreprises plus de 500 salariés.

# Agriculture

La France se classe **parmi les premiers exportateurs mondiaux.** Même si la part de l'agriculture dans le PIB marchand (3,6 %) et la population active (4,4 %) est faible, elle est supérieure au niveau allemand. L'agriculture et les industries agro-alimentaires sont, avec des excédents records, un pilier des équilibres extérieurs. Sa part dans la production agricole européenne est d'environ 20 %. La recherche dans ce secteur se trouve au premier rang mondial.

La France bénéficie de **conditions géographiques favorables.** Un avantage est son relief : la haute montagne à la périphérie, de vastes plaines et plateaux. 60 % de la superficie du territoire national sont ainsi ce qu'on appelle surface agricole utilisée (S.A.U.). Le climat est en général tempéré, les précipitations sont suffisantes. Les disponibilités en eau sont importantes pour la majeure partie du territoire.

L'élevage  constitue la moitié des **productions agricoles** de la France. L'élevage bovin se situe surtout en Bretagne et en Normandie, l'élevage ovin dans les Alpes du Sud et les prairies du Massif central. La France est le premier producteur de céréales de l'UE. La céréale la plus importante est le blé, qui se cultive dans les plaines du Nord et le Centre. La France est également le premier pays viticole du monde, avec un quart de la production mondiale. Les fruits et légumes connaissent un essor remarquable.

27 % des surfaces agricoles sont couvertes de **forêts**. Néanmoins la productivité de la sylviculture est peu élevée : l'exportation de bois prédomine, tandis que la transformation qui crée de la valeur n'est pas effectuée en France.

La France dispose d'une des plus grandes flottes de **pêche** en Europe. Toutes les catégories sont présentes, la pêche côtière (artisanale), la pêche hauturière (artisanale/industrielle) et la pêche industrielle (navires-congélateurs, navires-usines). Ses eaux territoriales classent la France au 3$^e$ rang mondial (Par sa superficie, elle figure au 46$^e$ rang). En outre, son littoral possède une longueur de 2700 kilomètres. Près de la moitié des marins et pêcheurs de France se recrutent dans l'Ouest, surtout en Bretagne. Lorient et Concarneau occupent les 3$^e$ et 1$^{ère}$ places des ports de pêche français. Pour les huîtres la France est le premier producteur mondial. Mais ce secteur est très exposé aux problèmes de l'environnement.

Le secteur est en pleine **crise** : marché du poisson étroit, offre inadaptée à la demande, mauvaise organisation de la filière, épuisement des mers à cause de la surpêche, effondrement des prix. Les ports français sont très éloignés des lieux de pêche. La concurrence est rude même au sein de l'UE : les incidents entre pêcheurs français et espagnols se multiplient, l'entrée de la Suède et de la Finlande dans l'UE ont aggravé la situation. S'y ajoutent les problèmes liés aux marées noires.
La vente se fait encore à la criée. En même temps, il y a beaucoup trop d'intermédiaires qui pèsent sur le prix final des poissons. Les habitudes et goûts des consommateurs sont également en train de changer. Le poisson frais est de moins en moins apprécié.

**La population agricole** a diminué considérablement. En 2000, ce sont encore 4,4 % actifs. L'âge moyen est élevé : 14 % d'entre eux ont plus de 65 ans. 90 % sont masculins. La proportion des célibataires est en progression (20 % en Auvergne). Un chef d'exploitation sur 7 gagne à l'extérieur un revenu d'appoint. Dans les régions de petites exploitations la part des doubles actifs dépasse les 25 %. Beaucoup d'exploitations emploient seulement des aides familiaux.

L'agriculture est la profession la plus organisée de France. **Les institutions professionnelles** sont les chambres d'agriculture, les mutuelles agricoles, le Crédit Agricole Mutuel, les coopératives, les écoles rattachées au ministère de l'Agriculture. **Le syndicalisme** est également très fort. La F.N.S.E.A. (Fédération nationale des syndicats d'exploitants agricoles) est l'organisation la plus puissante, avec plus de 600 000 adhérents. Ce degré d'organisation peut expliquer l'ampleur et la vigueur des mouvements protestataires des agriculteurs français.

La **mécanisation** et le recours massif aux engrais ont permis une augmentation de la productivité plus rapide que dans d'autres branches, entraînant une surproduction, une baisse des prix et un fort endettement des exploitants. Un autre élément de ce processus qui a caractérisé tous les pays industrialisés est la **concentration** des exploitations agricoles. On est passé de 4 millions d'exploitations en 1930 à un million aujourd'hui ; la superficie moyenne est passée de 15 hectares en 1960 à 30 hectares aujourd'hui. Les grandes exploitations (surtout fermage) se situent dans les plaines et plateaux du Bassin parisien (céréaliers avec 100 ha ou plus), les petites exploitations (surtout faire-valoir direct) dans l'Ouest (Bretagne) et l'Est (plaine d'Alsace).

**L'intervention de l'Etat** est organisée par les **SAFER** (Sociétés d'aménagement foncier et d'établissement rural) créées en 1962 : remembrement, reboisement, défrichements, indemnités, acquisition de terres pour les revendre et améliorer les structures. L'Etat accorde des aides aux jeunes agriculteurs, les encourage à l'entraide et à la coopération agricole. Tout un dispositif d'aide est élaboré par l'Union européenne qui y consacre la moitié de son budget.

En 1999, le Parlement a adopté une loi d'orientation agricole qui crée le **contrat territorial d'exploitation**. Ce contrat qui est proposé à chaque agriculteur est financé en partie par la modulation des aides européennes. Il intègre un dispositif de "biovigilance". Dans ce cadre, des aides spécifiques sont prévues pour appuyer les fonctions productives, sociales (emploi) et environnementales des paysans.

## L'Europe verte

La **PAC** (politique agricole commune), créée en 1962, offre des prix garantis et des subventions. Le résultat en est un productivisme entraînant des "montagnes de beurre" et "lacs de lait" dans les frigos de la Communauté. D'autres conséquences sont la pollution, la désertification. Les coûts financiers de cette politique sont très élevés : 50 % du budget européen.

Les programmes de mise en jachère et de quotas laitiers ne sont pas vraiment couronnés de succès. C'est pourquoi, en 1992, intervient une **réforme de la PAC.** L'idée en est de pratiquer des prix approchant du prix mondial pour augmenter la compétitivité des produits européens sur le marché mondial et de compenser le manque à gagner par des aides directes accordées aux agriculteurs prêts à limiter leur production par une mise en jachère de 15 % de leur exploitation. Cette mesure pourrait transformer les agriculteurs en assistés et mener à de grandes disparités des revenus agricoles. Les résultats sont assez convaincants : réduction de la production de céréales et de viande bovine, diminution des stocks, augmentation des revenus des agriculteurs européens.

Néanmoins, une réforme plus profonde sera nécessaire. Premièrement, l'élargissement de l'UE à l'Est amènera une augmentation du PNB de l'UE de 3 %, mais une augmentation du secteur agricole de 30 %. Deuxièmement, les subventions agricoles de l'UE sont durement critiquées par les Etats-Unis, qui pourront les attaquer devant l'OMC (Organisation mondiale du commerce) à partir de 2004. C'était une des conditions pour que la négociation du GATT aboutisse.

Mais les disputes entre l'Europe et les Etats-Unis ne sont pas terminées pour autant, au contraire. Un exemple : en 1999, l'OMC a autorisé des sanctions américaines à hauteur de 116,8 millions de dollars, en guise de dédommagements de l'embargo européen sur le bœuf aux hormones. Le Roquefort, les truffes, le foie gras ont vu s'imposer des droits de douane de 100 %.

Dans la perspective européenne, les exploitants ne sont pas que des producteurs. Ils jouent également un rôle dans la protection de l'environnement, l'aménagement du territoire et la préservation des paysages. Ce qui justifie, selon les Européens, le maintien d'aides. Ils peuvent également mettre en avant que l'agriculture américaine est aussi et même plus subventionnée que l'européenne. La solution n'est pas pour demain !

Depuis 1999, la France connaît un mouvement protestataire contre les nouvelles règles du commerce mondial. José Bové est devenu un symbole de la lutte contre la domination américaine sur les négociations commerciales multilatérales. Il fait partie d'un ample mouvement qui s'est manifesté de façon violente lors du sommet de l'OMC à Seattle en 1999. Les négociations ont échoué avant de commencer.

Les manifestations violentes d'agriculteurs et de pêcheurs français se répètent presque chaque année. Au banc des accusés se trouvent le gouvernement à Paris, la Commission européenne à Bruxelles et maintenant aussi la mondialisation. Leur revendication principale sont des mesures protectionnistes.

# Quelques notions pour se promener dans le circuit économique

- **La comptabilité nationale** décrit l'ensemble des opérations économiques réalisées pendant une année dans un pays.

- **Le Produit Intérieur Brut (PIB)** mesure la valeur des richesses produites (la somme de toutes les valeurs ajoutées) au cours d'une année par les unités de production résidant sur le territoire.
  PIB = Somme des valeurs ajoutées + TVA + droits de douane

- **Le Produit National Brut (PNB)** mesure la valeur des richesses produites au cours d'une année par les facteurs de production résidents. Il diffère donc du PIB car une production réalisée par une unité de production résidant sur le territoire peut être le résultat de facteurs de production non résidents.
  Exemple : Une succursale d'une firme américaine s'est installée en France avec des capitaux américains. Sa production est comptée dans le PIB car elle réside en France. Mais, dans le calcul du PNB, il faudra soustraire la rémunération du capital versée aux propriétaires américains car ils résident aux Etats-Unis.

- **Le PIB marchand** est le PIB moins les services non marchands.

- **La formation brute de capital fixe (FBCF)** est l'investissement, en comptabilité nationale. L'investissement immatériel n'en fait pas partie.

- **Le capital fixe**, ce sont les machines, les équipements, les infrastructures, par opposition aux stocks de marchandise.

- **Le revenu national** mesure l'ensemble des revenus distribuables issus de l'activité productive ou des transferts avec l'étranger.

## Les fluctuations cycliques

Des périodes de récession succèdent aux périodes d'expansion : l'économie subit des fluctuations. Très souvent ces périodes se succèdent avec une certaine régularité. Bien qu'il existe des différences importantes d'un cycle à l'autre, il est possible de caractériser les différentes phases que l'on rencontre dans tous les cycles.

- **Les creux et les dépressions**
  Le creux est le point bas du cycle. Si la situation économique est particulièrement mauvaise, le creux est appelé dépression. Une dépression est caractérisée par un taux de chômage très élevé et une très faible utilisation des capacités de production. Les profits industriels et commerciaux sont faibles ou se transforment en pertes. Les faillites sont nombreuses. Les investissements chutent. Les banques prêtent peu faute de demandeurs de crédit et faute de confiance. Les creux ont les mêmes caractéristiques mais à un degré moindre. La dernière dépression remonte à la crise des années 30.

- **La reprise et l'expansion**
  On parle de reprise lorsque le creux est franchi. On dit aussi que le point de retournement inférieur est dépassé. La reprise est prolongée par l'expansion. Dans la reprise, la consommation redémarre. La production s'accroît facilement : on utilise le capital inemployé et on commence à embaucher les chômeurs. Puis, les anticipations des entrepreneurs se modifient grâce à l'amélioration des ventes et des profits : ils remplacent les machines usagées, ils investissent. Les banques recommencent à prêter. Les prix sont stables ou augmentent lentement.

- **Le sommet**
  On approche d'un sommet cyclique quand le taux d'utilisation de la capacité de production tend vers son maximum. Des goulots d'étranglement apparaissent : la main-d'œuvre spécialisée manque, des entreprises tournent à pleine capacité. Accroître encore la production nécessite des investissements qui augmentent la productivité du travail. Mais ces investissements exigent du temps avant d'aboutir à une offre de biens supplémentaire. L'offre a donc de la peine à suivre la demande et les prix augmentent. Les revendications salariales naissent et sont satisfaites. Elles seront répercutées sur les prix. Quand la hausse des prix se généralise, on parle d'inflation.

- **La récession**
  A partir du point de retournement supérieur, l'économie bascule dans la récession. La consommation commence à fléchir. Les investissements réalisés se révèlent insuffisamment rentables. Les taux d'intérêt qui semblaient supportables se révèlent trop élevés. Les faillites deviennent courantes. La production et l'emploi baissent. Les revenus salariaux diminuent, accentuant la baisse de la demande. Il devient inutile d'investir car des équipements sont inutilisés. L'inflation ralentit. Éventuellement, si la récession se prolonge, de nombreux prix peuvent baisser. Le chômage se développe.

## La balance des paiements

La balance des paiements est un document statistique dont le but est de comptabiliser l'ensemble des échanges de biens et services entre les résidents d'une économie et les non-résidents. Elle est subdivisée selon la nature des produits échangés. Elle comprend la balance des transactions courantes et la balance des capitaux.

- **La balance des transactions courantes**
  Elle joue un rôle fondamental dans l'analyse économique. Débiteur, le solde des transactions courantes signifie que l'économie vit au-dessus de ses moyens et devra emprunter pour financer ses importations ; créditeur, ce solde indique que le pays produit davantage qu'il ne consomme et dégage ainsi une capacité d'épargne supplémentaire.
  La **balance commerciale** enregistre les exportations et les importations de marchandises. Le *taux de couverture* est le rapport entre la valeur des exportations et la valeur des importations de biens.
  La **balance des invisibles** enregistre les échanges de services, de revenus du travail et du capital et de transferts publics et privés.

- **La balance des capitaux**
  Elle regroupe toutes les entrées et sorties de capitaux du secteur privé non bancaire. Le solde de la balance des capitaux doit être interprété avec prudence. Un pays avec un déséquilibre des transactions courantes doit emprunter des ressources étrangères ; le solde de la balance s'améliore, sans que cela soit un bon signe économique. Inversement, un solde négatif peut indiquer de nombreux investissements à l'étranger, porteurs de revenus futurs.
  La **balance des capitaux à long terme** comprend les mouvements de capitaux à plus d'un an entre un pays et le reste du monde. On distingue les *investissements directs*, c'est-à-dire les capitaux investis dans une création ou un rachat d'une entreprise étrangère (ou le rachat de plus de 20 % du capital social d'une société cotée en Bourse), *les investissements de portefeuille*, c'est-à-dire les achats de titres négociables en Bourse ou sur un marché spécialisé et les *emprunts à long terme*, c'est-à-dire les emprunts effectués par une société à l'étranger pour une durée supérieure à un an.
  La **balance des capitaux à court terme** englobe les emprunts à court terme, les crédits à l'importation et à l'exportation, les prêts, avoirs et créances à l'étranger.

Le solde de la balance des paiements correspond à la somme du solde des transactions courantes et du solde des mouvements de capitaux. Elle est toujours équilibrée. Ce que l'on appelle excédent ou déficit est en réalité la variation de la **position monétaire extérieure**. La position monétaire extérieure est l'encaisse de devises dans laquelle on peut puiser en cas de déficit des comptes extérieurs, ou qui se gonfle lorsqu'il y a un excédent. Elle peut se gonfler également si une institution comme par exemple le FMI accepte de prêter des devises. C'est pourquoi la variation de cette position est intéressante : elle nous explique quel usage a été fait d'un éventuel excédent, ou comment a été financé un déficit.

## L'inflation

Il ne suffit pas que l'on constate une hausse de prix pour qu'il y ait inflation. Par exemple, si les prix du pétrole subissent un choc à la hausse, il y a inflation à condition que cette hausse soit répercutée plus ou moins sur l'ensemble des produits dont la production implique l'utilisation du pétrole. Vraisemblablement cette hausse entraînera à terme un réajustement des salaires (spirale prix-salaires), donc la hausse d'autres prix. L'inflation peut avoir des causes initiales extérieures - par exemple une dévaluation de la monnaie nationale qui engendre une hausse des prix des produits importés - , mais, très vite ces causes extérieures se transmettent aux mécanismes intérieurs, si bien que **l'inflation importée** se transforme en une inflation classique.

Les rythmes de hausse de prix ont généralement tendance à s'accélérer si rien n'est fait pour contenir l'inflation. Ce phénomène s'explique par un comportement d'anticipation de la part des agents économiques. Une inflation qui dégénère - **hyperinflation** - risque de détruire le mécanisme même des changes.

Les analyses de l'inflation distinguent l'inflation par la demande, l'inflation par les coûts et l'inflation structurelle. **L'inflation par la demande** est expliquée par une émission de monnaie, c'est-à-dire un excès de la demande par rapport à l'offre, qui trouve son origine dans un crédit trop abondant stimulant à l'excès la demande. **L'inflation par les coûts** trouve son origine dans une hausse autonome des coûts : par exemple, le coût des produits importés, à la suite d'une dévaluation, ou une hausse excessive de la masse salariale. Quant à **l'inflation structurelle**, elle est due à l'inefficacité de certains mécanismes : par exemple, un excès d'intermédiaires dans le circuit de la viande, la constitution d'un cartel dans certaines branches, etc.

# La politique économique

L'Etat utilise un ensemble de moyens pour stimuler, freiner ou régulariser l'activité économique. Il ne faut pas confondre politique structurelle et politique économique : la première cherche à modifier les structures de l'économie (par exemple la répartition des revenus, le type d'activités productives, l'aménagement du territoire, etc.), la seconde s'intéresse seulement à l'activité économique et cherche à réduire les déséquilibres (chômage, inflation, déficit extérieur) ou à accélérer la croissance.

La politique économique s'appuie principalement sur trois leviers : la politique budgétaire, la politique monétaire, la politique du change.

Les objectifs de la politique économique sont la croissance, l'emploi, la stabilité des prix et l'équilibre extérieur (le carré magique).

- **La libéralisation** est devenue l'objectif numéro 1. Les mesures prises dans ce but sont la privatisation, la libération des prix, l'assouplissement des contrôles dans le commerce extérieur et la flexibilisation dans le monde du travail. Les libéraux s'opposent aux interventions de l'Etat et au protectionnisme.

- **Le protectionnisme** qui vise à réduire l'ampleur de la concurrence étrangère s'appuie sur trois types d'instruments : les tarifs douaniers (droits de douane), les restrictions quantitatives (existence de contingents d'importation pour un produit donné) et les protections non tarifaires (par exemple l'édiction de règles environnementales conçues de manière à empêcher l'accès de certains produits étrangers au marché national). Bien que la théorie économique dominante soit unanime pour condamner le protectionnisme, il continue d'exister sous des formes multiples.

- **Le keynésianisme**
Lors de la crise économique des années 30, John Maynard Keynes préconisait aux pouvoirs publics de donner du travail aux chômeurs en leur faisant creuser des trous. Selon les keynésiens, une relance alimentée par du déficit budgétaire permet de revenir au plein-emploi. Mieux : en générant des recettes fiscales, le retour de la croissance viendrait éponger automatiquement le déficit.
Mais ce cercle vertueux ne fonctionne plus. Tout d'abord, une partie du déficit fuit à l'étranger. La relance profite donc aux producteurs étrangers. Il n'y a pas de créations d'emplois. Ensuite, un déficit budgétaire volumineux et durable devient vite un obstacle à la croissance. Car, pour le financer, l'Etat doit lever de l'argent sur le marché des capitaux. Cela nuit à l'investissement productif. En outre, les pays à fort déficit doivent payer une "prime de risque" pour attirer les capitaux : des taux d'intérêt élevés. L'argent cher freine l'investissement et la consommation.

- **Le monétarisme**
Les monétaristes qui suivent Milton Friedman critiquent Keynes pour avoir sous-estimé les risques inflationnistes de sa politique. Pour eux, le contrôle de la masse monétaire est indispensable pour réaliser stabilité et croissance économique. Cette doctrine qui est aujourd'hui la base de la politique économique de presque tous les pays confère un rôle très important aux banques centrales indépendantes. Pour Friedman, la seule responsabilité de l'Etat doit être d'empêcher l'inflation.

- **La politique de relance** consiste à augmenter le pouvoir d'achat par des hausses du SMIC, des retraites, des prestations sociales, à prendre des mesures pour enrayer le chômage : réduction du temps de travail (semaine des 35 heures), baisse de l'âge de la retraite, emplois-jeunes et à stimuler l'activité par des investissements (construction de routes par exemple).

- **La politique d'austérité**, qui est celle qui domine dans les pays européens (critères de Maastricht, monnaie unique), vise au contraire à réduire le pouvoir d'achat, à favoriser l'épargne, à réduire le déficit public et à remplir les caisses de l'Etat.

# L'économie française

## La planification

Créé en 1946, le Commissariat au plan avait pour objectif de faciliter la construction et la modernisation d'une économie éprouvée par la guerre. Il dégage les orientations prioritaires et assure la cohérence des décisions prises par les différents acteurs de la vie économique. Le plan est établi pour 5 ans (quinquennal). C'est un document indicatif et non impératif.

## Les nationalisations

Diverses circonstances historiques ont amené, en France, l'émergence d'un secteur public important :
- La volonté d'assurer certains services au profit de la collectivité : dans les années 30, SNCF et entreprises aéronautiques ont été nationalisées par le gouvernement du Front populaire.
- La volonté de sanctionner les propriétaires : entre 1945 et 1946 Renault et SNECMA ont été privatisées par De Gaulle.
- La volonté de contrôler certains secteurs de l'économie pour pouvoir mener efficacement une politique économique : 1946 : Charbonnages de France, Electricité et Gaz de France, BNP, UAP. En 1981, les socialistes ont nationalisé Thomson, Usinor-Sacilor, Rhône-Poulenc, Péchiney, Bull etc.

Les nationalisations s'inscrivent également dans l'héritage du Colbertisme. Cette tradition est basée sur la conviction profonde que seuls l'intervention et le contrôle de l'Etat peuvent garantir l'égalité et la justice. De plus, on croit qu'un Etat qui abandonne le contrôle de secteurs-clé comme le transport, l'armement et l'énergie se prête à toutes sortes de chantages et perd son indépendance. Le secteur public a donc occupé une place très importante en France.

## Les privatisations

La France a cependant pleinement participé au vaste mouvement de désengagement des Etats de la production des biens et des services marchands qui a caractérisé les années 80/90. Plusieurs éléments ont joué en faveur des privatisations : l'échec de l'expérience socialiste en France, l'effondrement des systèmes communistes à l'Est ; les difficultés des grandes entreprises publiques (Air France et Bull avec des pertes records). Finalement le marché unique et la mondialisation croissante des échanges commerciaux n'ont plus permis à la France de rester à l'écart en s'enfermant dans le dirigisme. Les grandes entreprises françaises avaient besoin de capitaux frais et d'alliances internationales pour renforcer leur compétitivité. Le grand besoin financier de l'Etat largement endetté n'était certes pas l'argument le plus faible pour procéder à des privatisations.

De 1986 à 1988, lors de la première cohabitation, Jacques Chirac engage une politique de privatisation. En 1988, le président M. Mitterrand prononce son fameux "ni-ni", c'est-à-dire qu'il ne devrait pas y avoir de retour aux nationalisations ni de continuation des privatisations. Mais les socialistes eux-mêmes ont effectué une privatisation partielle, celle de Total.

Depuis 1993, un vaste programme de privatisations a été réalisé : des banques (la BNP et le Crédit Lyonnais), des assurances (UAP, AGF, GAN) et des groupes industriels (Elf Aquitaine, Usinor-Sacilor, Rhône-Poulenc, Aérospatiale, Péchiney, Thomson et partiellement Renault, Bull et Air France). Mais l'Etat se réserve souvent une action spécifique (golden share).

La logique de la libéralisation des marchés de l'électricité, du gaz, de la poste et des chemins de fer, décidée au niveau européen, devrait encore amener, dans les années qui viennent, une évolution du statut des entreprises publiques concernées.

**Problèmes traditionnels de l'économie française**

- Retard historique de l'industrialisation : en Allemagne, en 1900, le nombre de salariés travaillant dans le secteur secondaire dépasse déjà celui des actifs du secteur primaire. Ce niveau n'est atteint par La France qu'après la Seconde Guerre mondiale. Jusque-là, la France est un pays rural. Une cause importante en est la démographie. En France, il n'y a pas de croissance accélérée de la population, qui entraîne, en Allemagne, une augmentation du pouvoir d'achat et du nombre de travailleurs.
- Part de l'agriculture relativement forte
- Faiblesse du secteur industriel, notamment dans le secteur des biens d'équipement, qui est l'atout des exportateurs allemands
- Bipartition de la France économique : à l'est d'une ligne Le Havre - Marseille : les grands pôles industriels ; à l'ouest : des régions peu peuplées et dominées par l'agriculture.
- Prépondérance de la région parisienne ; en Allemagne, par contre, les structures sont décentralisées ; plusieurs foyers industriels coexistent.
- Manque de compétitivité de quelques branches
- Grand nombre de très petites entreprises et quelques "géants" (0,8 % des entreprises réalisent 50 % du chiffre d'affaires et emploient 40 % des salariés) ; en Allemagne, les moyennes entreprises (Mittelstand) sont très fortes et orientées vers l'exportation.
- Faiblesse à l'exportation
- Déficit de la balance commerciale
- Inflation (Ex. 1981 : 14 %)
- Chômage structurel
- Importance relative de secteurs en crise. par exemple le textile
- Dépendance très forte du pétrole : en 1973 importations de 78 % de l'énergie, en RFA 55 %
- Mentalité prédominante du "rentier"

**Développements récents**

Après la Seconde Guerre mondiale, la France a connu des **taux de croissance** tellement élevés qu'on a qualifié ces années de "Trente Glorieuses". Ces taux étaient dus à un effet de rattrapage. Surtout à partir des années 60, la France s'adaptait vite pour atteindre le niveau d'industrialisation des autres membres de la CEE. Les Français exportaient de plus en plus vers les pays de la CEE. A la même époque, on a essayé de prendre des **mesures contre les déséquilibres économiques** qui caractérisaient le pays. Dans l'Ouest et le Sud-Ouest, on implantait des industries de technologie avancée, surtout des petites et moyennes entreprises. Il faut aussi prendre en considération que les régions jadis prépondérantes comme le Nord et la Lorraine sont touchées gravement par la crise des mines, de la sidérurgie et du textile. Ainsi le Nord connaît-il la régression, le Sud la progression.

Après le choc pétrolier, la France a réalisé un vaste **programme nucléaire** qui a mené à des surcapacités de l'EDF et l'a transformé en grand exportateur d'énergie. La France se trouve aujourd'hui au premier rang mondial en ce qui concerne la part du nucléaire dans la production d'électricité.

La France a dégagé de très bons résultats en matière **d'inflation**. En 1991, le taux d'inflation était pour la première fois inférieur à celui de la R.F.A. ; en 1994, il était le plus faible de tous les pays européens (1,6 %).

Le **commerce extérieur** a affiché des excédents depuis 1992. En 2000, pour la première fois, la balance commerciale a accusé un déficit dû à l'accroissement des importations. Il s'agit là plutôt d'un phénomène européen : l'Europe essaie de rattraper son retard dans les nouvelles technologies en achetant les composants électroniques en Asie et les biens intermédiaires aux Etats-Unis. L'industrie investit pour se développer, mais elle éprouve encore des difficultés à répondre à la demande intérieure.

Le **déficit** des comptes publics s'est réduit considérablement. La France arrive en tête des **investissements étrangers directs** dans la zone euro. Le **chômage** qui se tenait à un niveau record (presque 13 % en 1994 ; 25 % parmi les jeunes) est tombé à 9 %. A la fin des années 90, l'économie française dégageait de meilleurs résultats que l'allemande.

## La mondialisation

L'internationalisation n'est pas un phénomène nouveau. Elle implique une intensification des échanges internationaux, donc des phénomènes de spécialisation d'un pays à l'autre (avantage concurrentiel). Il est vrai que nous sommes témoins et acteurs d'un accroissement accéléré du commerce mondial.

Mais la mondialisation apporte un changement de nature, presque une rupture, dans ces processus. Elle implique une "optimisation" des différentes opérations de production et de commercialisation à l'échelle mondiale : sous-traiter telle opération dans tel pays, localiser tel type d'opération dans tel autre, commercialiser le résultat dans tel autre, etc. L'apport spécifique de chaque pays dans le processus global dépend des avantages spécifiques qu'il est susceptible d'apporter. La mondialisation met donc en concurrence non plus des produits, mais des systèmes productifs et sociaux.

Plusieurs facteurs ont créé les bases pour la mondialisation :

- suppression des barrières douanières entre les pays ;
- créations de zones régionales de libre-échange ;
- clarification des mesures antidumping ;
- accords de GATT et création d'une organisation mondiale du commerce (OMC) ;
- encadrement précis des subventions ;
- libéralisation de l'accès au marché ;
- déréglementation financière ;
- nouvelles technologies de l'informatique et de la communication.

## La décennie 90 : l'Europe, les Etats-Unis, le Japon

Alors que le PIB américain s'accroissait de presque un tiers pendant la décennie 90, celui de l'Union européenne ne gagnait que 17 %, deux fois moins. Le Japon faisant un peu plus mal, avec un gain de 13 %.. Plus impressionnant encore, l'investissement des entreprises américaines a pratiquement doublé par rapport à 1990, alors qu'il n'a augmenté que de 20 % dans l'Union et de 16 % seulement dans la zone euro. Et au Japon, l'investissement des entreprises n'a toujours pas retrouvé le niveau de 1990.

Du coup, l'emploi américain s'est accru de 12 % , contre 3 % au Japon et 1 % en Europe. Durant la seconde moitié de la décennie au moins, il s'est agi, aux Etats-Unis, d'emplois qualifiés. Même sur les rémunérations, les salariés américains s'en sortent finalement mieux, avec un gain de 14 % en termes réels, contre 7 % pour l'Europe, grâce à de fortes hausses sur les quatre dernières années. Et les bas salaires en profitent. Les Japonais ont fait un arbitrage un peu plus favorable à l'emploi, mais ils ont été plus restrictifs encore sur les salaires.

Alors que l'assainissement budgétaire était la priorité affichée par les dirigeants européens durant toute la décennie, la dette publique s'est accrue d'un quart en Europe en proportion du PIB. Dans le même temps, elle se stabilisait aux Etats-Unis, qui n'avaient pas subordonné toute leur politique économique à cet objectif. Quant au Japon, les pouvoirs publics ont massivement insufflé des liquidités dans une économie atone, d'où une hausse spectaculaire de la dette publique. Même le déficit impressionnant de la balance des paiements américaine et sa contrepartie, les excédents européens et japonais, semblent être finalement bien moins le signe de la compétitivité de l'Europe et du Japon que celui de la capacité des Etats-Unis à attirer l'épargne des zones en stagnation pour financer l'innovation, nourrir l'expansion et développer les entreprises qui dominent le marché mondial dans les secteurs en croissance rapide.

# Les grandes zones économiques

- **L'Union européenne** : la Belgique, le Danemark, l'Allemagne, la Finlande, la France, la Grèce, la Grande-Bretagne, l'Irlande, l'Italie, le Luxembourg, les Pays-Bas, l'Autriche, le Portugal, la Suède, l'Espagne. 370 millions d'habitants.

- **L'Alena (Nafta)** : l'accord est en vigueur depuis le début de 1994 et concerne le Canada, le Mexique, les Etats-Unis. Avec 370 millions de consommateurs, c'est la plus grande zone économique du monde. L'élargissement à d'autres pays de l'Amérique est prévu. Mais l'accord ne prévoit aucune politique commune, ni tarif extérieur douanier commun, seulement une suppression des droits de douane et des restrictions à l'importation.

- **L'Asean (AFTA)** : cet accord de libre-échange créé en 1992 entre Brunei, l'Indonésie, la Malaysie, les Philippines, le Singapour, la Thailande a pour but de dynamiser le commerce entre les pays membres. 334 millions de personnes, puissance économique de 390 milliards de dollars par an. En 1995, adhésion du Viétnam. Candidats : Laos, le Cambodge et Birma.

- **L'Apec** (Asian Pacific Economic Cooperation) : ce forum de coopération économique a été créé en 1989 entre les Etats-Unis, l'Australie, les Etats de l'Asean, la Chine, Hongkong, le Japon, les Etats de l'Alena, la Nouvelle-Zélande, la Guinée, la Corée du Sud, le Taiwan. C'est un groupement de 40 % de la population mondiale. En 1994, les pays de l'APEC ont décidé de transformer leur forum en une zone de libre-échange d'ici à 2010. En réalité, il s'agit d'une initiative des Etats-Unis qui cherchent à devenir le principal partenaire des pays de la "zone Pacifique".

- **Mercosur** : ce "marché commun du Cône sud" organise depuis 1995, une union douanière entre l'Argentine, le Brésil, le Paraguay et l'Uruguay. Candidats à l'adhésion sont le Chili et la Bolivie. Ces pays font preuve d'une volonté d'intégration plus forte. Outre la mise en place d'un tarif extérieur commun, les pays du Mercosur ont décidé de financer en commun tout un ensemble d'investissements d'infrastructures de transport.

# Les crises financières

Dans la terminologie française, les marchés financiers sont les marchés de placement à long terme et des valeurs mobilières.

A l'échelle mondiale, on est passé d'une économie d'endettement international (les dettes sont contractées auprès de banques privées) à une **économie de finance directe internationale** (financement par placements financiers : achats d'actions ou de titres négociables sur les marchés financiers locaux). Les pays émergents sont soumis aux fluctuations d'entrées et de fuites de capitaux engendrant des crises qui se répandent vite (contagion) et qui sont très difficilement gérables.

Les acheteurs étrangers de titres financiers sont susceptibles de les revendre, puis de convertir la monnaie locale ainsi obtenue en dollars (ou autres devises) à la première alerte sur la situation financière du pays. Tant que **le taux de change** entre la monnaie nationale et le dollar reste stable, la rentabilité des placements en monnaie locale est préservée, pour peu que le taux d'intérêt local soit supérieur à celui servi aux Etats-Unis. Une parité fixe à l'égard du dollar est difficilement soutenable lorsque l'inflation locale est plus élevée que celle des partenaires commerciaux du pays. Mesure : toutes les fois qu'un écart inflationniste est constaté, le taux de change de la monnaie locale est déprécié d'autant, à l'intérieur d'une bande de fluctuation. Quand il y a des entrées massives de capitaux, les banques centrales doivent intervenir sur le marché des changes en se portant acquéreur des dollars en excès, donc en vendant de la monnaie locale créée pour l'occasion. Cela mène à un gonflement des réserves de change et des moyens de paiement en monnaie locale, une envolée des prix des actifs locaux et des déficits courants, une surévaluation de la monnaie.

Une dévaluation risque de faire exploser les bulles spéculatives et de mettre en difficulté les agents dont l'endettement est gagé sur ces actifs surévalués, et de relancer l'inflation. D'où des interventions massives en sens inverse sur les marchés des changes, visant à satisfaire la demande de dollars au taux de change courant et l'effondrement consécutif des réserves de change.

Il se crée une situation absurde : en acceptant de vendre des dollars à un prix évidemment sous-évalué, les autorités encouragent la ruée sur la devise américaine. Le message implicite aux agents est : dépêchez-vous de prendre vos gains ou de couvrir vos positions de change avant que l'inévitable dévaluation n'intervienne.

Quand une crise financière importante se produit dans un pays, les institutions internationales, FMI en tête, sont mobilisées pour lui porter secours. Résultat : les spéculateurs épuisent les réserves de change du pays ou bien le pays se sert de ces ressources pour rembourser ses créanciers privés ou encore les banquiers locaux voient leur entreprise recevoir des fonds de l'Etat pour se remettre à flot. Au total, les acteurs privés empochent l'argent public.

La libéralisation des marchés financiers permet à quelques-uns de provoquer, par des prises de risques excessives, un effondrement en chaîne du système financier international.

Depuis 1997, le FMI, créé en 1944 pour garantir la stabilité du système de changes fixes, est chargé officiellement de la supervision de la libéralisation des mouvements de capitaux.

## Les bulles spéculatives

Sur des marchés financiers ou de changes, la demande peut s'emballer sans que l'offre puisse suivre. Cela provoque la naissance de bulles spéculatives. La demande s'emballe lorsque les prix s'élèvent au-dessus de ce que justifierait le rendement de ces actifs (valeur fondamentale, définie comme la somme des revenus que cet actif peut rapporter dans le futur). Les acheteurs espèrent revendre les actifs plus cher qu'ils ne les ont achetés : c'est l'espoir de plus-value qui pousse les acheteurs à acheter, ce qui, du même coup, pousse les prix à la hausse et concrétise la plus-value espérée. Il se crée un **effet de richesse** : lorsque la Bourse monte, les ménages se croient plus riches et n'hésitent pas à s'endetter ou à vendre une partie de leur patrimoine non boursier. Le plus souvent, les banques alimentent cette euphorie en distribuant des crédits de manière non raisonnable.

Jusqu'à ce qu'un doute saisisse une partie des opérateurs sur la rationalité d'une telle hausse. La bulle se dégonfle brutalement ou éclate, chacun des acheteurs piégés s'efforçant de revendre avant que les prix n'aient baissé, ce qui engendre justement une baisse forte des prix. Les ménages sont incités à réduire fortement leur consommation et à augmenter leur épargne, contribuant ainsi à un ralentissement de l'activité économique. Les entreprises qui publient leurs comptes d'après les règles américaines voient immédiatement la valeur de leur actif diminuer. Les banques réduisent leur offre de crédit et demandent des taux d'intérêt plus élevés contribuant ainsi à ralentir encore plus la croissance. Les conditions de financement sur les marchés financiers se dégradent pour les pays concernés. Leurs émissions sont pénalisées par des primes de risque élevés. Quelquefois la perte de confiance est telle qu'il n'est plus possible de lever des fonds sur les marchés internationaux. De cette façon l'instabilité financière est transmise à l'économie réelle.

# L'entreprise

| | |
|---|---|
| **Vocabulaire** ........................................................................ | **156** |
| Création d'entreprise | |
| Sociétés | 160 |
| Comptabilité | 164 |
| Analyse/Gestion financière | 166 |
| Bilan | 168 |
| Compte de résultat | 170 |
| Croissance de l'entreprise | 172 |
| L'entreprise en difficultés | 174 |
| **Entraînement** ........................................................................ | **176** |
| **Exercices** ........................................................................ | **181** |
| Création d'entreprise  1.1-4 ; 4.1-5 ; 7.1-4 ; 10.1 ; 11.1-4 ; 13. | |
| Sociétés  1.5-10 ; 3. ; 4.6-10 ; 7.5-10 ; 8.1-6 ; 10.2-8 ; 11.8 | |
| Comptabilité 5.1-5 ; 8.7-8 ;11.5-6 | |
| Analyse/Gestion financière  5.6-7; 8.9-10 ; 11.7 ; 11.9-10 | |
| Croissance de l'entreprise  2.1-7 ; 5.8-10 ; 6.1-4 ; 9.1-7 ; 10.9 ; 12. ; 14. | |
| L'entreprise en difficultés  2.8-10 ; 6.5-10 ; 9.8-10 ; 10.10 | |
| **Textes** ........................................................................ | **193** |
| Ils ont créé leur entreprise high-tech (1.) | |
| Atout Seniors (2.) | |
| Titus Interactive - Avis de convocation (3.) | 194 |
| Aventis, mariage de raison (4.) | 195 |
| Aventis legt im Halbjahr kräftig zu (5.) | 196 |
| Interview avec le directeur général du groupe Aventis (6.) | |
| Daimler-Chrysler, le mariage du siècle (7.) | 198 |
| Eridania Béghin-Say - Résultats au 30 juin 2000 (8.) | 199 |
| Valeo (9.) | 200 |
| Bessere Überlebenschancen: Die neue Insolvenzordnung (10.) | 202 |
| **Informations** ........................................................................ | **204** |
| La création d'entreprise | |
| Les formes juridiques de l'entreprise | 207 |
| La comptabilité | 210 |
| Financement | 211 |
| Le compte de résultat et le bilan | 211 |
| Les ratios de rentabilité | 213 |
| La croissance de l'entreprise | 214 |
| L'entreprise en difficultés | 217 |

## VOCABULAIRE

### Création d'entreprise

| | |
|---|---|
| la création d'entreprise | die Unternehmens-, Firmengründung |
| créer, fonder une entreprise | ein Unternehmen gründen |
| le cofondateur | der Mitgründer |
| se mettre, s'installer à son compte | sich selbständig machen |
| travailler à son compte | selbständig sein |
| travailler en solo | einen Einmannbetrieb führen |

| **le financement** | **die Finanzierung** |
|---|---|
| le bailleur de fonds, l'apporteur de fonds | der Kapitalgeber |
| le prête-nom | der Strohmann |
| le garant, la caution | der Bürge |
| se porter caution, garant pour qn | für jdn bürgen |
| engager des capitaux dans .. | Kapital in .. stecken |
| la mise de fonds | die Kapitaleinlage |
| la mise initiale | das Startkapital |
| la levée de fonds | die Kapitalaufnahme, Mittelbeschaffung |
| auprès de capital-risqueurs | bei Risikokapitalgebern |
| l'incubateur (m) | der Inkubator, die "Brutstätte" |
| déposer un projet | ein Projekt einreichen |
| accompagner les projets de création d'entreprise | die Projekte zur Unternehmensgründung begleiten, betreuen |
| les aides à la création d'entreprise | die Existenzgründungshilfen |
| bénéficier de primes d'installation | Existenzgründungshilfen erhalten |
| les avantages fiscaux | die Steuervorteile |

| **exercer une activité commerciale** | **ein Handelsgewerbe betreiben** |
|---|---|
| exploiter un magasin | ein Geschäft betreiben |
| accomplir des actes de commerce | Handelsgeschäfte durchführen |
| à but lucratif/non lucratif | zu Erwerbszwecken/ohneErwerbsabsicht |
| reconnu d'utilité publique | gemeinnützig |
| agir à ses risques et périls | auf eigenes Risiko handeln |
| en faire sa profession | berufsmäßig betreiben |
| être doté du statut de commerçant | den Kaufmannsstatus besitzen |
| le commerçant individuel | der Einzelkaufmann |
| l'homme d'affaires | der Geschäftsmann |
| le marchand | der Kaufmann, Händler |

| **l'intermédiaire** (m) | **der Zwischenhändler, Handelsvermittler** |
|---|---|
| le mandataire | der Bevollmächtigte, Zwischenhändler |
| le commettant | der Auftraggeber |
| le concessionnaire | der Konzessionär, Vertragshändler |
| avec exclusivité | mit Alleinvertretungsrecht |
| le commissionnaire | der Kommissionär |
| agir en son propre nom | in eigenem Namen handeln |
| pour son propre compte | auf eigene Rechnung |
| pour le compte d'autrui | auf fremde Rechnung |

| | |
|---|---|
| l'opération à la commission | das Kommissionsgeschäft |
| la commission | die Provision |
| la commission ducroire | die Delkredereprovision |
| le contractant défaillant | der ausfallende Vertragspartner |
| le courtier | der Makler |
| le courtage | die Courtage |
| la mise en gérance | die Verpachtung |
| le locataire-gérant | der Pächter |
| la sous-traitance | die Vergabe von Aufträgen an einen Subunternehmer |
| le sous-traitant | der Subunternehmer |
| le maître de l'ouvrage | der Auftraggeber, Bauherr |
| le travail à façon | die Werklohnarbeit |
| | |
| **PME**, PMI/petites et moyennes entreprises, industries | KMU/kleine und mittlere Unternehmen, mittelständische Unternehmen |
| **TPE**/très petites entreprises, micro-entreprises | Kleinstunternehmen |
| les jeunes pousses | die Start Up-Unternehmen |
| l'entreprise artisanale | der Handwerksbetrieb |
| | |
| **l'organigramme** (m) | das Organisationsschema |
| fonctionnel/opérationnel | nach Funktionen/operativ |
| le pôle (d'activité) | die Sparte, der Geschäftsbereich |
| l'activité (f), le métier | das Geschäftsfeld |
| la division | die Business Unit, der Geschäftsbereich |
| l'unité opérationnelle | die Betriebseinheit |
| le service, le département | die Abteilung |
| les services administratifs | die Verwaltung |
| | |
| la direction | die Leitung |
| la gestion | die Geschäftsführung, das Management |
| le dirigeant | der Leiter, die Führungskraft |
| le gérant (salarié) | der Geschäftsführer (angestellt) |
| le fondé de pouvoir | der Prokurist |
| confier qc à qn | jdm etw. anvertrauen |
| | |
| **déposer un brevet** | ein Patent anmelden |
| l'INPI/l'Institut national de la propriété industrielle | das Patentamt (F) |
| l'Office des brevets d'invention | das Patentamt (D) |
| R&D/Recherche et Développement | F&E/Forschung und Entwicklung |
| inventer | erfinden |
| la propriété intellectuelle | das geistige Eigentum, Urheberrecht |
| la protection des droits d'auteur | der Urheberschutz |
| la contrefaçon | die Nachahmung, Fälschung, das Plagiat |
| concéder une licence | eine Lizenz erteilen |
| déposer une marque | ein Markenzeichen anmelden |
| une marque de notoriété | eine allgemein bekannte Marke |
| la certification | die Zertifizierung |

| | |
|---|---|
| **le franchisage**, la franchise | das Franchising |
| le réseau de franchise | das Franchisenetz |
| le franchiseur | der Franchisegeber |
| le franchisé | der Franchisenehmer |
| conclure/résilier un contrat | einen Vertrag schließen/kündigen |
| la convention | der Vertrag, die Vereinbarung |
| s'engager à | sich verpflichten zu |
| se réserver le droit de | sich das Recht vorbehalten zu |
| verser un droit d'entrée | eine Einstiegsgebühr entrichten |
| des royalties (f) | Abgaben, Anteile |
| une redevance proportionnelle au | eine umsatzabhängige Abgabe, Gebühr |
| chiffre d'affaires réalisé | |
| apporter à qn une assistance | jdm Hilfe, Beistand bringen |
| bénéficier d'un droit exclusif | ein Exklusivrecht besitzen |
| concéder une exclusivité territoriale | den Alleinvertrieb mit Gebietsschutz |
| | zugestehen, übertragen |
| s'approvisionner auprès de | sich von .. beliefern lassen |
| le savoir-faire | das Know-How |
| la formation | die Schulung |
| | |
| **l'emplacement** (m) | der Standort, die Lage |
| le site | der Standort |
| sis,e à | gelegen in (Gebäude, jur) |
| s'implanter | sich ansiedeln |
| une implantation industrielle | eine Industrieansiedlung |
| les installations industrielles | die Industrie-, Poduktionsanlage(n) |
| le site de production | die Produktionsstätte |
| l'usine (f) | die Fabrik, das Werk |
| l'entrepôt (m) | das Lager |
| l'atelier (m) | die Werkstatt |
| le laboratoire | das Laboratorium |
| les bureaux | die Büros, Büroräume |
| louer des locaux (m) | Räumlichkeiten anmieten |
| la location | das Anmieten, Mieten |
| le bail commercial | der Mietvertrag für gewerbliche Räume |
| le crédit-bail | das Leasing |
| le pas-de-porte | der Abstand, das Handgeld |
| le droit au bail | Recht auf Verlängerung des Mietvertrags |
| acquérir | anschaffen, erwerben |
| aménager | einrichten, ausstatten |
| installer des machines | Maschinen aufstellen |
| des équipements | Ausstattung(en), Einrichtung(en) |
| le mobilier | das Mobiliar |
| l'outillage (m) | das Werkzeug |
| le stock | der Lagerbestand |
| | |
| la maquette | das Modell |
| la CAO/conception assistée | CAD/das computergestützte Design |
| par ordinateur | |

| | |
|---|---|
| **la clientèle** | der Kundenstamm, die Kundschaft |
| les clients, chalands | die Kunden |
| l'achalandage (m), le portefeuille de clients | der Kundenstamm |
| **les dispositions légales** | die gesetzlichen Bestimmungen |
| les usages commerciaux | die im Handel üblichen Gepflogenheiten |
| être d'usage dans le commerce | handelsüblich sein |
| les obligations (f) | die Verpflichtungen |
| l'obligation de diligence | die Sorgfaltspflicht |
| les formalités préalables | die notwendigen, vorausgehenden Formalitäten |
| le Code de Commerce | das Handelsgesetzbuch |
| la licence d'exploitation | die Lizenz, Betriebsgenehmigung, Gewerbeerlaubnis |
| demander son immatriculation au Registre du Commerce et des Sociétés | die Aufnahme ins Handelsregister beantragen |
| auprès du greffe du Tribunal de Commerce compétent | bei der Geschäftsstelle des zuständigen Handelsgerichts |
| l'inscription, l'immatriculation au R.C. | die Eintragung ins Handelsregister |
| faire immatriculer, inscrire au R.C. | ins Handelsregister eintragen lassen |
| la mention | die Eintragung |
| l'extrait du R.C., le K-bis | der Registerauszug |
| la radiation du R.C. | die Streichung, Löschung aus dem, im Handelsregister |
| attribuer à qn un numéro d'identification | jdm eine Kennziffer zuteilen |
| le numéro SIREN | die Kennziffer französischer Firmen |
| APE/code d'activité principale | Kennziffer für das Kerngeschäft |
| s'immatriculer à l'U.R.S.S.A.F./ Union pour le Recouvrement des Cotisations de Sécurité Sociale et d'Allocations Familiales | sich beim Verband zur Einziehung der Sozialversicherungsbeiträge anmelden |
| C.C.I./la chambre de commerce et d'industrie | die Industrie- und Handelskammer |
| la chambre de métiers | die Handwerkskammer |

| | **Sociétés** |
|---|---|
| **la forme juridique de l'entreprise** | die Rechtsform des Unternehmens |
| la société | die Gesellschaft |
| les types de société | die Gesellschaftsformen |
| la personne physique/morale | die natürliche/juristische Person |
| l'entreprise individuelle | das Einzelunternehmen |
| la société de personnes | die Personengesellschaft |
| la société de capitaux | die Kapitalgesellschaft |
| la SNC/société en nom collectif | die OHG/Offene Handelsgesellschaft |
| la société en commandite (simple)/ | die KG/Kommanditgesellschaft/ |
| ... par actions | ... auf Aktien |
| la S.A.R.L./société à responsabilité | die GmbH/Gesellschaft mit |
| limitée | beschränkter Haftung |
| l'E.U.R.L./entreprise unipersonnelle | die Ein-Mann-GmbH |
| à responsabilité limitée | |
| la S.A./société anonyme | die AG/Aktiengesellschaft |
| la filiale | die Tochtergesellschaft |
| la société cotée en (à la) bourse | die börsennotierte Gesellschaft |
| la coopérative | die Genossenschaft |
| la S.C./société civile | die GdbR/Gesellschaft bürgerlichen Rechts, BGB-Gesellschaft |
| le G.I.E./groupement d'intérêt | die wirtschaftliche Interessen- |
| économique | gemeinschaft |
| les associations déclarées (loi 1901) | die eingetragenen Vereine |
| la S.A.S./société par actions simplifiée | die vereinfachte Aktiengesellschaft |
| | |
| **la constitution de la société** | die Gesellschaftsgründung |
| les statuts | die Satzung |
| la convention | der Vertrag, die Vereinbarung |
| le contrat | der Vertrag |
| aux termes du contrat | laut Vertrag |
| passer un acte | einen Vertrag schließen |
| l'acte SSP/sous seing privé | der privatschriftliche Vertrag |
| l'acte authentique | das öffentlich beurkundete Schriftstück |
| donner avis de | anzeigen |
| publier au Bulletin des annonces légales | im öffentlichen Anzeiger veröffentlichen |
| | |
| le fonds de commerce | das Geschäft, der Geschäftswert |
| le titulaire d'un fonds de commerce | der Inhaber eines Geschäfts |
| le fonds commercial | der Geschäfts-, Firmenwert, Goodwill |
| l'objet social | der Geschäftsgegenstand |
| se consacrer à | sich .. widmen, beschäftigen mit |
| la raison sociale | die Firmenbezeichnung, der Firmenname, die Firma (Namen der Gesellschafter) |
| la dénomination sociale | die Firmenbezeichnung |
| l'enseigne (f) | das Firmenschild, -zeichen; der Handelsname, die Marke |
| le nom commercial | der Handelsname |
| le siège social | der Sitz der Gesellschaft, Firmensitz |

| | |
|---|---|
| l'associé (m) | der Gesellschafter |
| le sociétaire | das Genossenschaftsmitglied |
| l'adhérent (m) | das Mitglied (eines Vereins, einer Partei) |
| le commanditaire | der beschränkt haftende Gesellschafter, Kommanditist, Teilhafter |
| le commandité | der unbeschränkt haftende Gesellschafter, Komplementär, Vollhafter |
| entrer dans une société | einer Gesellschaft beitreten |
| se retirer d'une société | aus einer Gesellschaft ausscheiden |
| | |
| le capital minimum | das Mindestkapital |
| le capital social | das Gesellschaftskapital, Stammkapital (GmbH), Grundkapital (AG) |
| l'apport social (m) | die Gesellschaftseinlage |
| l'apport en numéraire, en espèces | die Geldeinlage |
| l'apport en nature | die Sacheinlage |
| l'apport initial | die Stammeinlage, Kapitaleinlage bei Gesellschaftsgründung |
| le commissaire aux apports | der Gründungsprüfer |
| le dépôt des fonds | die Kapitalhinterlegung |
| l'apporteur de fonds | der Kapitalgeber |
| la part sociale | der Gesellschaftsanteil |
| le détenteur de parts | der Anteilseigner |
| détenir une quote-part, fraction du capital | einen Anteil am Kapital halten, besitzen |
| la libération, le versement du capital | die Kapitaleinzahlung |
| intégralement libéré | vollständig eingezahlt |
| les comptes courants d'associés | die Gesellschafterkonten |
| l'obligation de faire un noueau versement | die Nachschusspflicht |
| | |
| les investisseurs | die Investoren, Anleger |
| l'actionnaire (m) | der Aktionär |
| détenir des actions | Aktien halten, besitzen |
| | |
| la cession de parts de société | die Veräußerung von Gesellschaftsanteilen |
| librement cessible entre conjoints | frei übertragbar zwischen Eheleuten |
| l'accord (m) | die Zustimmung |
| de gré à gré | in beiderseitigem Einverständnis, freihändig |
| céder des titres | Wertpapiere übereignen, übertragen |
| | |
| la responsabilité des associés | die Gesellschafterhaftung |
| être responsable sur sa fortune | mit seinem Vermögen haften |
| sur la totalité de son patrimoine, sur l'ensemble de ses biens | mit seinem gesamten Besitz |
| limité aux apports | auf die Höhe der Einlagen beschränkt |
| être indéfiniment responsable des dettes | für die Schulden unbegrenzt haften |
| à concurrence de ses apports | bis zur Höhe seiner Einlagen |
| vis-à-vis de tiers | gegenüber Dritten, nach außen |
| le cautionnement solidaire | die gesamtschuldnerische Bürgschaft |

| | |
|---|---|
| **les organes sociaux** | die Gesellschaftsorgane |
| le représentant légal | der gesetzliche Vertreter |
| représenter la société vis-à-vis de tiers | die Gesellschaft nach außen vertreten |
| agir au nom de la société | im Namen der Gesellschaft handeln |
| être investi de pouvoirs | Vollmacht haben |
| être autorisé à signer | zeichnungsberechtigt sein |
| être habilité à faire qc | berechtigt sein, befugt sein, etw. zu tun |
| chargé de la gestion | mit der Geschäftsführung betraut |
| gérer une entreprise | ein Unternehmen führen |
| le gérant | der Geschäftsführer |
| | |
| le conseil d'administration | der Verwaltungsrat |
| composé de .. membres | aus .. Mitgliedern (gebildet) |
| les administrateurs | die Verwaltungsratsmitglieder |
| assister aux séances | an den Sitzungen teilnehmen |
| les jetons de présence | das Sitzungs-, Tagegeld |
| le président du conseil | der Verwaltungsratsvorsitzende |
| nommer à la présidence | zum Vorsitzenden ernennen |
| désigner/révoquer | wählen, berufen zu/ abberufen |
| la nomination/révocation | die Ernennung/Abberufung, Absetzung |
| le P.-D.G./président directeur général | der Generaldirektor |
| le directoire | der Vorstand |
| le président du directoire | der Vorstandsvorsitzende |
| le conseil de surveillance | der Aufsichtsrat |
| | |
| **l'assemblée** des associés | die Gesellschafterversammlung |
| l'assemblée des actionnaires | Aktionärsversammlung |
| l'assemblée générale extraordinaire/ ordinaire | die außerordentliche/ordentliche Hauptversammlung/HV |
| la convocation | die Einladung, Einberufung |
| convoquer | einberufen |
| se réunir | zusammentreten |
| se dérouler, se tenir | stattfinden, abgehalten werden |
| la tenue d'une assemblée générale | die Abhaltung einer Hauptversammlung |
| sous la présidence de | unter dem Vorsitz von |
| inscrire/figurer à l'ordre du jour | auf die Tagesordnung setzen/ auf der Tagesordnung stehen |
| | |
| remettre à qn un pouvoir | jdm eine Vollmacht geben |
| la procuration | die Vollmacht |
| représenter | vertreten |
| le vote par correspondance | die Briefwahl |
| l'obligation d'immobilisation des titres | die Pflicht, sein Aktiendepot zu blockieren |
| | |
| **la résolution**, la prise de décision | die Beschlussfassung |
| la décision collective | der gemeinsame Beschluss |
| l'agrément (m) | die Bewilligung |
| donner consentement à | zustimmen |
| la délibération | die Beratung |
| le droit d'information | das Auskunftsrecht |
| le droit de vote | das Stimmrecht |

| | |
|---|---|
| atteindre le quorum | beschlussfähig sein |
| les minoritaires | die Minderheitsaktionäre |
| la minorité de blocage | die Sperrminorität |
| la majorité qualifiée | die qualifizierte Mehrheit |
| requérir l'unanimité | Einstimmigkeit erfordern |
| le procès-verbal | das Protokoll |

**la présentation de l'exercice**  die Vorstellung des Geschäftsjahres

| | |
|---|---|
| le rapport d'activité, le rapport d'exercice, le rapport de gestion | der Geschäftsbericht |
| le bilan annuel | die Jahresbilanz |
| le compte de résultat | die Erfolgsrechnung |
| l'annexe (m) | der Anhang |
| examiner les comptes annuels | den Jahresabschluss prüfen |
| approuver | billigen, annehmen |
| l'approbation (f) | die Billigung, Annahme, Bestätigung |
| les commissaires aux comptes | die Wirtschafts-, Bilanzprüfer |
| l'audit (m) | die Rechnungs-, Buchprüfung, das Controlling, die Revision |
| donner décharge de sa gestion au directoire | den Vorstand entlasten |
| le quitus | die Entlastung |
| accorder le quitus à qn | jdn entlasten |

**l'affectation des résultats**  die Verwendung der Gewinne

| | |
|---|---|
| la répartition, distribution des bénéfices | die Gewinnausschüttung, -aufteilung |
| au prorata | gemäß, entsprechend den Anteilen |
| proposer la distribution d'un dividende de ... par action | die Ausschüttung einer Dividende von ... pro Aktie vorschlagen |
| le droit au dividende, la jouissance des actions émises | der Dividendenanspruch |
| la mise en distribution d'un dividende | die Ausschüttung einer Dividende |
| maintenir le dividende inchangé | die Dividende unverändert halten |
| opter pour le paiement en actions | sich für die Auszahlung in Aktien entscheiden |
| attribuer une action gratuite pour ... actions détenues | eine kostenlose Aktie, Gratisaktie für .. Aktien zuteilen |

**l'action ordinaire**  die Stammaktie

| | |
|---|---|
| l'action au porteur/nominative | die Inhaber-/Namensaktie |
| les actions nouvelles | die jungen Aktien |
| le lot d'actions, la quotité | das Aktienpaket |

## Comptabilité

| | |
|---|---|
| la comptabilité | die Buchführung, das Rechnungswesen |
| la comptabilité en partie double | die doppelte Buchführung |
| la comptabilité générale | die allgemeine Buchhaltung, Finanzbuchhaltung |
| la comptabilité analytique | die Betriebsbuchhaltung, Kostenrechnung |
| le compte d'exploitation | die Betriebsbuchhaltung |
| le PGC/plan général comptable | der Kontenrahmen |
| | |
| les livres de commerce | die Geschäftsbücher |
| tenir un livre journal | ein Journal führen |
| le grand livre | das Hauptbuch |
| l'inventaire comptable | die Buchinventur |

**la tenue des comptes**  die Führung der Bücher
| | |
|---|---|
| porter dans les comptes | auf Konten verbuchen |
| comptabiliser | verbuchen |
| enregistrer les opérations commerciales | die Geschäftsvorgänge verzeichnen |
| l'inscription (f) | die Eintragung, der Eintrag |
| les opérations, transactions | die Geschäftsvorfälle, Buchungen |
| l'écriture comptable | die Buchung, der Buchungsvorgang |
| par jeu d'écritures | durch Buchung und Gegenbuchung |
| le transfert comptable | die Umbuchung |
| le report | der Übertrag |

**les recettes/les dépenses**  die Einnahmen/Ausgaben
| | |
|---|---|
| le débit, les charges | die Aufwendungen |
| le crédit, les produits | die Erträge |
| encaisser | einnehmen, kassieren |
| décaisser | auszahlen, abführen |
| les décaissements/encaissements | die Zahlungsausgänge/-eingänge |
| le montant | der Betrag |
| le solde | das Saldo |
| la pièce justificative | der Beleg |
| les prélèvements de l'entrepreneur | die Entnahmen des Unternehmers |

**l'évaluation** au coût historique  die Bewertung nach historischen Kosten
| | |
|---|---|
| le coût d'acquisition, d'achat | die Anschaffungskosten |
| la valeur comptable | der Buchwert |
| la valeur de remplacement | der Wiederbeschaffungswert |
| la valeur de revente | der Wiederverkaufswert |
| au prix de de marché | zum Zeitwert |
| le traitement | die Aufbereitung |
| la réévaluation, revalorisation | die Neubewertung |
| mettre à jour, actualiser | aktualisieren |
| l'ajustement (m) | die Anpassung, der Ausgleich |
| la régularisation | die Berichtigung, der Ausgleich |
| la correction de valeur | die Wertberichtigung |
| le redressement | die Korrektur |

| | |
|---|---|
| la dépréciation | der Wertverlust |
| l'amortissement linéaire/dégressif | die lineare/degressive Abschreibung |
| les amortissements dérogatoires | die Sonderabschreibungen |
| les provisions pour risques et charges | die Rückstellungen |
| les provisions pour dépréciation | die Rückstellungen für Wertminderung |
| les réserves (f) | die Rücklagen |
| les impôts différés | die latenten Steuern, Steuerabgrenzung |
| | |
| l'exigibilité (f) | die Fälligkeit |
| la liquidité | die Liquidität |
| la trésorerie | der Kassenbestand, die liquiden Mittel |
| les stocks | die Bestände |
| les actifs | die Vermögensgegenstände, -werte |
| les éléments de l'actif | die Aktivposten |

**la présentation des comptes**  die Rechnungslegung

| | |
|---|---|
| l'état financier | der Finanzstatus |
| les arrêtés mensuels | die Monatsabschlüsse |
| l'arrêté des comptes | der Rechnungsabschluss |
| arrêter les comptes sociaux | die Konten der Gesellschaft abschließen |
| clore l'exercice | das Geschäftsjahr abschließen |
| clos le ... mai | am .. Mai abgeschlossen |
| la clôture des comptes en fin d'exercice | der Jahresabschluss (Aktivität) |
| les comptes annuels, les états financiers | der Jahresabschluss |
| les comptes semestriels | der Halbjahresabschluss |
| le compte de résultat | die Erfolgsrechnung |
| le compte profits et pertes | die Gewinn- und Verlustrechnung (D) |
| | |
| les règles de présentation des comptes annuels | die Bilanzierungsvorschriften |
| établir un bilan | eine Bilanz erstellen |
| porter, inscrire au bilan | bilanzieren, in der Bilanz ausweisen |
| le poste, l'élément du bilan | der Bilanzposten |
| le retraitement des actifs | der Neuansatz der Vermögenswerte |
| la consolidation | die Konsolidierung |
| le périmètre de consolidation | der Konsolidierungskreis |
| | |
| l'actif/le passif | die Aktiv-/Passivseite |
| les emplois | die Verwendungen |
| les ressources | die Mittelherkunft |
| le total du bilan | die Bilanzsumme |
| la situation patrimoniale | die Vermögenslage |
| se solder par un bénéfice | mit einem Gewinn abschließen |
| bénéfice/perte figurant au bilan | Jahresüberschuss/-fehlbetrag |

| le contrôle de gestion | **Analyse/Gestion financière** |
|---|---|
| **le contrôle de gestion** | das Controlling |
| l'audit interne | die Revision |
| le principe de prudence | das Vorsichtsprinzip |
| les outils de prévision financière | das Instrumentarium der Finanzplanung |
| l'établissement des budgets | die Aufstellung der Budgets |
| le tableau de financement | der Finanzierungsplan |
| les valeurs figurant au tableau .. | die Ansätze im Finanzplan |
| la budgétisation des investissements | die Investitionsrechnung |
| le diagnostic financier | die Finanzanalyse |
| la gestion prévisionnelle | die Betriebsplanung |
| les chiffres prévisionnels | die Sollzahlen |
| | |
| **le calcul du coût, l'état de frais** | die Kostenrechnung |
| le coût estimatif | die veranschlagten Kosten |
| les charges | die Aufwendungen |
| les frais généraux | die Gemeinkosten |
| les frais accessoires | die Nebenkosten |
| les coûts directs | die direkten Kosten |
| les coûts fixes/variables | die fixen/variablen Kosten |
| le coût de fonctionnement | die Betriebskosten |
| le coût de la dette | der Aufwand für Schuldendienst |
| le coût pondéré du capital | die gewichteten Kapitalkosten |
| le coût complet/partiel | die Vollkosten/Teilkosten |
| le calcul des charges par nature | die Kostenartenrechnung |
| le centre d'analyse | die Kostenstelle |
| | |
| calculer | er-, berechnen |
| décompter | aufzählen, berechnen |
| additionner | addieren, zusammenrechnen |
| retrancher à | von .. abziehen |
| l'imputation (f) | die Anrechnung, Zurechnung |
| l'affectation des coûts | die Zurechnung, Umlage der Kosten |
| la ventilation | die Aufschlüsselung, Verteilung |
| ventiler | aufgliedern, aufschlüsseln |
| la clé de répartition | der Verteiler-, Umlageschlüssel |
| les écarts (m) | die Abweichungen |
| la couverture des frais | die Kostendeckung |
| | |
| **les soldes intermédiaires de gestion** | die vorläufige Saldenbilanz |
| la marge commerciale/MC | die Handelsspanne |
| la production de l'exercice/PE | die Produktion des Geschäftsjahres |
| la valeur ajoutée/VA | der Mehrwert |
| l'excédent brut d'exploitation/EBE | der Bruttobetriebsüberschuss |
| le résultat d'exploitation/RE | das Betriebsergebnis |
| le résultat courant avant impôt/RCAI | das laufende Ergebnis vor Steuern |
| le résultat exceptionnel | das außerordentliche Ergebnis |
| le résultat de l'exercice | das Jahresergebnis |

| | |
|---|---|
| les plus ou moins-values sur cession d'éléments d'actifs/PMVCEA | die Veräußerungsgewinne, -verluste |
| les flux de trésorerie | der Cash Flow |
| l'excédent de trésorerie | der Überschuss an Cash |
| la capacité d'autofinancement | die Selbstfinanzierungskraft |
| les fonds de roulement | die Betriebsmittel, das Umlaufvermögen |
| les capitaux engagés | das gebundene Kapital |
| la dotation en capital | die Kapitaldecke |
| les ressources stables | die langfristigen Finanzierungsquellen |
| l'actif immobilisé brut | das Bruttoanlagevermögen |
| le besoin en fonds de roulement | der Betriebsmittelbedarf |
| les disponibilités, liquidités | die Barmittel, flüssigen Mittel |
| | |
| **la mesure, l'indice** (m) | die Messzahl |
| le ratio | die Kennzahl, Kennziffer, der Koeffizient |
| la méthode des scores | das Scoring |
| l'analse coûts-bénéfices | die Kosten-Nutzenrechnung |
| la rentabilité | die Rentabilität |
| le seuil de rentabilité, le point mort | die Nutzenschwelle, der Break-Even-Point |
| le temps de retour | die pay-back-period |
| la durée de récupération du capital | die Kapitalrückflussdauer, die Amortisationsdauer |
| le retour sur investissement | ROI/Return on investment, Kapitalrendite |
| | |
| le ratio d'endettement | der Verschuldungskoeffizient |
| la rentabilité sur chiffre d'affaires | die Umsatzrendite |
| la rentabilité totale sur les capitaux investis | die Gesamtkapitalrentabilität |
| le taux de rentabilité des capitaux propres | die Eigenkapitalrendite, -rentabilität |
| le taux de rotation des capitaux investis | die Kennzahl für Kapitalumschlag |
| le taux de marge économique, la profitabilité | die Wirtschaftlichkeitskennzahl |
| la décision d'investissement | die Investitionsentscheidung |
| le désinvestissement | die Desinvestition |
| le risque résiduel | das Restrisiko |
| l'autofinancement (m) | die Eigenfinanzierung |
| le financement externe | die Fremdfinanzierung |
| | |
| l'évaluation, l'appréciation (f) | die Bewertung, Beurteilung |
| être en ligne avec les estimations | den Schätzungen entsprechen |
| la notation | die Einstufung |
| l'agence de notation | die Ratingagentur |
| la qualité, la solvabilité, la cote de crédit | die Bonität |
| diminuer/augmenter la notation, la qualité | die Bonität zurückstufen/heraufsetzen |
| l'alerte (f) aux résultats | die Gewinnwarnung |
| | |
| la chaîne de valeur | die Wertschöpfungskette |
| les facteurs clés du succès | die Schlüsselerfolgsfaktoren |
| l'avantage concurrentiel | der Wettbewerbsvorteil |

## Bilan

| | |
|---|---|
| **Actif** | **Aktiva** |
| Capital souscrit non appelé | Ausstehende, noch nicht eingeforderte Einlagen auf das Geschäftskapital |
| **Actif immobilisé** | Anlagevermögen |
| **Immobilisations incorporelles** | Immaterielle Vermögensgegenstände |
| Frais d'établissement | Gründungskosten |
| Frais de recherche et de développement | Forschungs- und Entwicklungskosten |
| Avances et acomptes | Anzahlungen |
| **Immobilisations corporelles** | Sachanlagen |
| Terrains | Grundstücke |
| Constructions | Gebäude |
| Installations techniques, matériel et outillage | Technische Anlagen und Maschinen |
| Immobilisations en cours | Anlagen im Bau |
| **Immobilisations financières** | Finanzanlagen |
| Participations | Beteiligungen |
| Titres de placement immobilisés | Wertpapiere des Anlagevermögens |
| Autres titres immobilisés | Sonstige Wertpapiere des Anlagevermögens |
| **Actif circulant** | Umlaufvermögen |
| Stocks | Vorräte |
| Matières premières, approvisionnements | Roh-, Hilfs- und Betriebsstoffe |
| En cours de production de biens | In Fertigung befindliche Erzeugnisse |
| En cours de production de services | In Ausführung befindliche Dienstleistungen |
| Produits intermédiaires et finis | Zwischenprodukte und fertige Erzeugnisse |
| Marchandises | Handelswaren |
| Avances et acomptes versés sur commandes | Geleistete Anzahlungen |
| Créances d'exploitation | Forderungen |
| Clients et comptes rattachés | Forderungen aus Lieferungen und Leistungen und sonstige Posten mit ähnlichem Forderungscharakter |
| Divers | Übrige |
| Valeurs mobilières de placement | Wertpapiere des Umlaufvermögens |
| - actions propres | - eigene Aktien |
| - autres titres | - andere Wertpapiere |
| Disponibilités | Flüssige Mittel, Geldkonten |

| | |
|---|---|
| **Comptes de régularisation** | Rechnungsabgrenzungsposten |
| Charges constatées d'avance | Im voraus gezahlte oder gebuchte Aufwendungen |
| Charges à répartir sur plusieurs exercices | Über mehrere Geschäftsjahre zu verteilende Aufwendungen |
| Primes de remboursement des obligations | Rückzahlungen bei Obligationen |
| Ecarts de conversion actif | Latente Wechselkursverluste |

## Passif — Passiva

| | |
|---|---|
| **Capitaux propres** | Eigenkapital |
| Capital social | Grund-, Gesellschaftskapital |
| Primes d'émission, de fusion, d'apport | Agio aus der Ausgabe von Gesellschaftsanteilen, aus Fusionen, Sacheinlagen |
| Ecarts de réévaluation | Neubewertungsüberschuss, -rücklage |
| Réserve légale | Gesetzliche Rücklage |
| Réserves statutaires ou contractuelles | Satzungsgemäße und andere freie Rücklagen |
| Réserves réglementées | Reglementierte Rücklagen |
| Report à nouveau | Ergebnisvortrag, Gewinn- oder Verlustvortrag |
| Résultat de l'exercice (bénéfice ou perte) | Jahresergebnis (Überschuss oder Fehlbetrag) |
| Subventions d'investissements | Investitionszuschüsse |
| Provisions réglementées | Reglementierte Rückstellungen |
| Produits des émissions de titres participatifs | Erträge aus der Ausgabe von Beteiligungen |
| Avances conditionnées | Bedingte Vorauszahlungen |

| | |
|---|---|
| **Provisions pour risques et charges** | Rückstellungen |
| - pour risques | - für Eventualverbindlichkeiten |
| - pour charges | - Aufwandsrückstellungen |

| | |
|---|---|
| **Dettes** | Verbindlichkeiten |
| Emprunts obligataires convertibles | Wandelschuldverschreibungen |
| Emprunts et dettes auprès des établissements de crédit | Verbindlichkeiten gegenüber Kreditinstituten |
| Emprunts et dettes financières divers | Anleihen und sonstige Finanzverbindlichkeiten |
| Avances et acomptes reçus sur commandes | Erhaltene Anzahlungen |
| Dettes fournisseurs et comptes rattachés | Verbindlichkeiten aus Lieferungen und Leistungen und sonstige Posten mit ähnlichem Verbindlichkeitscharakter |
| Dettes fiscales et sociales | Steuer- und Sozialverbindlichkeiten |

| | **Compte de résultat** |
|---|---|
| **Produits d'exploitation** | Betriebliche Erträge |
| Ventes de marchandises | Erlöse aus dem Verkauf von Handelswaren |
| Production vendue | Erlöse aus dem Verkauf von Erzeugnissen und Dienstleistungen |
| Production stockée | Bestandsveränderung der Erzeugnisse bzw. der in Ausführung befindlichen Dienstleistungen |
| Production immobilisée | Aktivierte Eigenleistung |
| Subventions d'exploitation | Betriebliche Zuschüsse |
| Reprises sur amortissements et provisions, transfert de charges | Rücknahme von Abschreibungen, Auflösung von Wertberichtigungen, Aufwandsverlagerungen |
| **Charges d'exploitation** | Betriebsaufwendungen |
| Achats de marchandises | Zukäufe von Handelswaren |
| Variation de stock | Bestandsveränderung |
| Achats de matières premières et autres approvisionnements | Zukäufe von bezogenen Roh-, Hilfs- und Betriebsstoffen |
| Autres achats et charges externes | Aufwendungen für sonstige Bezüge und Fremdleistungen |
| Impôts, taxes et versements assimilés | Steuern, Abgaben und ähnliche Aufwendungen |
| Salaires et traitements | Löhne und Gehälter |
| Charges sociales | Soziale Abgaben |
| Dotations d'exploitation | Aufwandszuführungen |
| - sur immobilisation | - auf Anlagevermögen |
| - sur actif circulant | - auf Umlaufvermögen |
| Dotations aux amortissements | Zuführung an Abschreibungskonten |
| Dotations aux provisions | Zuführung zu Wertberichtigungen |
| - pour risques et charges | - für Rückstellungen |
| **Résultat d'exploitation** | Betriebsergebnis |
| Bénéfice attribué ou perte transférée | Gewinnübernahme oder Verlustübertragung |
| Perte supportée ou bénéfice transféré | Verlustübernahme oder Gewinnübertragung |
| **Produits financiers** | Erträge aus Finanzanlagen |
| Produits financiers de participation | Erträge aus Beteiligungen |
| Produits des autres valeurs mobilières et créances de l'actif immobilisé | Erträge aus sonstigen Finanzanlagen |
| Autres intérêts et produits assimilés | Sonstige Zinsen und ähnliche Erträge |
| Différences positives de change | Erträge aus Kursdifferenzen |
| Produits nets sur cession de valeurs mobilières de placement | Nettoerträge aus dem Verkauf von Wertpapieren des Umlaufvermögens |
| Total des produits financiers | Summe der Finanzerträge |

| | |
|---|---|
| **Charges financières** | Finanzaufwendungen |
| Dotations financières aux amortissements et provisions | Abschreibungen und Wertberichtigungen auf Finanzanlagen |
| Intérêts et charges assimilées | Zinsen und ähnliche Aufwendungen |
| Différences négatives de change | Verluste aus Kursdifferenzen |
| Charges nettes sur cession de valeurs mobilières de placement | Nettoaufwendungen aus dem Verkauf von Wertpapieren des Umlaufvermögens |
| **Résultat courant avant impôt** | Laufendes Ergebnis vor Steuern |
| **Produits exceptionnels** | Außerordentliche Erträge |
| - sur opérations de gestion | - aus Betriebsvorgängen |
| - sur opérations en capital | - aus Kapitalvorgängen |
| **Résultat financier** | Finanzielles Ergebnis |
| **Charges exceptionnelles** | Außerordentliche Aufwendungen |
| Dotations exceptionnelles aux amortissements et provisions | Außerordentliche Zuführung zu Abschreibungen, Rückstellungen und Wertberichtigungen |
| **Résultat exceptionnel** | Außerordentliches Ergebnis |
| Participation des salariés aux fruits de l'expansion | Arbeitnehmergewinnbeteiligung |
| Impôts sur les bénéfices | Ertragssteuern |

| | |
|---|---|
| la croissance externe/interne | das externe/interne Wachstum |
| la concentration horizontale | der horizontale Zusammenschluss |
| la concentration verticale | der vertikale Zusammenschluss |
| l'intégration (f) en amont | der Zusammenschluss mit Zulieferern |
| l'intégration en aval | der Zusammenschluss mit Vertriebsgesellschaften |
| | |
| le conglomérat | das Konglomerat |
| le groupe | der Konzern, die Gruppe |
| la filiale | die Tochtergesellschaft |
| la société-mère | die Muttergesellschaft |
| la société de holding, le, la holding | die Holding(gesellschaft) |
| l'entreprise liée, affiliée, apparentée | das verbundene Unternehmen |
| | |
| **la restructuration**, réorientation, le réajustement, remodelage | die Umstrukturierung, Neuausrichtung |
| opérer un virage | einen Kurswechsel, eine Richtungsänderung vornehmen |
| | |
| la refonte | die Umgestaltung, der Umbau |
| la diversification | die Diversifizierung |
| s'offrir | sich leisten, erwerben |
| l'acquisition (f) | der Erwerb, Ankauf |
| la reprise, le rachat | die Übernahme |
| le repreneur, le racheteur | der Käufer |
| la cession/la vente | die Veräußerung/der Verkauf |
| le désengagement | der Ausstieg, die Aufgabe |
| se désengager de | aussteigen aus, sich trennen von |
| les cessions d'actifs | die Abtretung von Aktiva |
| les cédants | die Abtretenden |
| se recentrer sur | sich konzentrieren auf |
| | |
| s'allier à des partenaires | sich mit Partnern verbinden |
| le rapprochement | die Annäherung |
| le partenariat | die Partnerschaft, Allianz |
| constituer des joints-ventures | Joint-Ventures abschließen |
| | |
| **la prise de participation** | die Beteiligung, das Engagement |
| la participation financière | die finanzielle Beteiligung |
| la participation minoritaire | die Minderheitsbeteiligung |
| la participation majoritaire | die Mehrheitsbeteiligung |
| la prise de contrôle | die Übernahme der Aktienmehrheit |
| la domination, le contrôle | die Beherrschung |
| l'entrée de .. dans le capital de | das Eintreten von .. in das Kapital von |
| le croisement des participations, les participations croisées | die Überkreuzbeteiligungen |
| le portefeuille de participations | das Beteiligungsportefeuille |
| l'ouverture du capital | die Öffnung des Kapitals |
| être partie prenante | mitmachen, teilnehmen |

| | |
|---|---|
| l'actionnariat (m) | die Aktionärsstruktur |
| l'actionnariat dispersé | Aktien im Streubesitz |
| la dilution de capital | die Kapitalverwässerung |
| | |
| **la fusion** | die Fusion, Verschmelzung |
| la fusion-absorption | die Fusion durch Aufnahme |
| la fusion-réunion | die Fusion durch Neubildung |
| la fusion transfrontalière | die grenzüberschreitende Fusion |
| le mariage d'entreprises | der Firmenzusammenschluss |
| les synergies | die Synergien |
| former un concert | in Absprache, gemeinsam vorgehen |
| l'entente (f) | die Absprache, das Kartell |
| le Conseil de la Concurrence | das Kartellamt |
| démanteler | zerschlagen, entflechten |
| la scission | die Spaltung |
| | |
| **l'introduction en Bourse** | die Börseneinführung, der Börsengang |
| les sociétés cotées en (à la) bourse | die börsennotierten Gesellschaften |
| l'accès au marché | der Marktzugang |
| l'admission (f) | die Zulassung |
| l'appel public à l'épargne, l'appel au marché , la levée de fonds sur le marché | die Mittelbeschaffung am Kapitalmarkt |
| émettre des actions | Aktien ausgeben |
| le placement des titres | die Platzierung der Wertpapiere |
| la mise en bourse | die Börsenplatzierung |
| l'émission primaire | die Erstplatzierung |
| le tour de table | der Pool, das Anlegerkonsortium |
| le syndicat de placement | das Platzierungskonsortium |
| le syndicat bancaire de garantie | das Übernahmekonsortium |
| le chef de file | der Konsortialführer |
| le calendrier | der Zeitplan |
| | |
| la souscription aux actions | die Zeichnung von Aktien |
| réservé aux actionnaires | den Aktionären vorbehalten |
| la période de souscription | der Zeichnungszeitraum |
| s'étendre de .. à | sich von .. bis erstrecken |
| fixer le prix à | den Preis auf .. festsetzen |
| le prix, cours d'émission | der Ausgabepreis |
| la décote/prime | der Abschlag/Aufschlag |
| la sursouscription | die Überzeichnung |
| l'allocation d'actions | die Zuteilung von Aktien |
| la première cotation | die Erstnotiz |
| | |
| **l'augmentation de capital** | die Kapitalerhöhung |
| par l'émission d'actions nouvelles | durch Ausgabe junger Aktien |
| par l'exercice de bons de souscription | durch die Ausübung von Bezugsrechten |
| en numéraire | gegen Bareinlagen |
| par prélèvement sur fonds sociaux | aus Gesellschaftsmitteln |
| par incorporation de réserves | durch Umwandlung von Rücklagen |
| la réduction de capital | die Kapitalherabsetzung |

| | |
|---|---|
| le droit de souscription, d'option | das Bezugsrecht |
| l'action à bon de souscription | Aktie mit Bezugsrecht |
| les actions de priorité, préférence | die Vorzugsaktien |
| le certificat d'investissement | die stimmrechtslose Aktie |
| le droit d'attribution | das Recht auf Zuteilung |
| | |
| l'OPA/offre publique d'achat | das Übernahmeangebot |
| lancer une OPA sur | eine Übernahmeofferte machen |
| opéable | reif für ein Übernahmeangebot |
| susciter la convoitise | Begehrlichkeit wecken |
| l'entreprise cible | das Zielunternehmen |
| devenir une proie facile | zur leichten Beute werden |
| l'OPA amicale/hostile | das freundliche/feindliche Übernahmeangebot |
| l'OPE/offre publique d'échange d'actions | das öffentliche Aktientauschangebot |
| l'OPR/offre publique de retrait | das Aktienrückkaufangebot |
| le flottant | die Aktien im Streubesitz |
| les soultes (f) | die Ausgleichszahlungen |

**L'entreprise en difficultés**

| | |
|---|---|
| **la transmission de l'entreprise** | die Übereignung des Unternehmens |
| le décès | der Tod |
| régler la succession | die Nachfolge regeln |
| les droits de mutation, transmission | die Veräußerungssteuer |
| les droits de succession | die Erbschaftssteuer |
| rétrocéder | wieder abtreten, zurückübertragen |
| recevoir en donation | als Schenkung erhalten |
| | |
| **le débiteur/le créancier** | der Schuldner/Gläubiger |
| les créances (f) | die Außenstände, Forderungen |
| honorer ses engagements financiers | seinen Zahlungsverpflichtungen nachkommen |
| faire face à , s'acquitter de ses dettes | seine Schulden bezahlen, begleichen |
| le problème de trésorerie | das Liquiditätsproblem |
| le surendettement | die Überschuldung |
| être criblé de dettes | bis über beide Ohren verschuldet sein |
| le règlement amiable | die gütliche Regelung, der Vergleich |
| le conciliateur | der Schlichter |
| négocier un accord | eine Übereinkunft aushandeln |
| accorder des facilités de paiement | Zahlungserleichterungen gewähren |
| l'apurement (m) des dettes | die Begleichung der Schulden |
| | |
| **suspendre les paiements** | die Zahlungen einstellen |
| la cessation de paiements | die Zahlungseinstellung |
| en état de cessation de paiements | zahlungsunfähig |
| la société défaillante | die zahlungsunfähige, notleidende Gesellschaft |
| la défaillance | der Zahlungsausfall, -verzug |

| | |
|---|---|
| l'insolvabilité (f) | die Zahlungsunfähigkeit |
| alerter le tribunal de commerce des difficultés d'une entreprise | das Handelsgericht über die Probleme einer Firma unterrichten |
| imminent | drohend, kurz bevorstehend |

**déposer le bilan**

| | |
|---|---|
| **déposer le bilan** | Konkurs anmelden |
| le dépôt de bilan | der Insolvenzantrag, Konkurs |
| l'ouverture de procédure collective | die Konkurseröffnung |
| prononcer la faillite | Konkurs erklären |
| faire faillite | Pleite gehen, Konkurs machen |
| l'actif de la faillite | die Konkursmasse |
| le failli | der Konkursschuldner |

| | |
|---|---|
| **le redressement judiciaire** | die gerichtliche Sanierung |
| être mis en redressement judiciaire | e-m gerichtl. Sanierungsverfahren unterstellt werden |
| la phase d'observation | der Beobachtungszeitraum |
| l'administrateur judiciaire | der Konkursverwalter |
| opter pour un plan de redressement | sich für einen Sanierungsplan entscheiden |
| le sauvetage | die Rettung |
| l'assainissement (m) | die Sanierung |
| la pérennité, la continuité de l'entreprise | die Erhaltung, der Fortbestand, die Fortführung des Unternehmens |
| le rééchelonnement des dettes | die Umschuldung |
| la remise de la dette | der Schuldenerlass |
| remettre à flot, renflouer | wieder flott, flüssig machen, sanieren |

| | |
|---|---|
| **la liquidation judiciaire** | die Liquidation, Abwicklung, Auflösung |
| le mandataire-liquidateur | der Konkursverwalter (Abwicklung) |
| le droit de saisie | das Pfändungsrecht |
| la saisie conservatoire | die Sicherheitspfändung |
| la saisie-exécution, les voies d'exécution forcée | die Zwangsvollstreckung |
| la réalisation du gage, d'une sûreté | die Sicherheitenverwertung |
| marchandises soumises à une réserve de propriété | Waren unter Eigentumsvorbehalt |
| recouvrer des créances | Forderungen einziehen, eintreiben |
| le huissier de justice | der Gerichtsvollzieher |
| la vente aux enchères | die Versteigerung |
| mettre aux enchères | versteigern |
| le commissaire-priseur | der Auktionator |
| les boni/mali de liquidation | das Restvermögen/die Restschulden |
| désintéresser les créanciers | die Gläubiger abfinden |

| | |
|---|---|
| la banqueroute | der Bankrott |
| la fraude | der Betrug |
| l'interdiction de gérer | das Geschäftsführungsverbot |

## ENTRAÎNEMENT

### 1. Vous le savez déjà !?

Pour répondre aux questions ci-dessous, recourez à vos expériences et à vos connaissances générales. Utilisez les expressions figurant sur la liste de vocabulaire. N'hésitez pas à deviner, à poser des questions, à dire des banalités ou à vous répéter. Essayez toujours de vous imaginer des situations concrètes et de trouver des exemples. Vous n'êtes obligé ni de répondre à chaque question isolément ni de suivre exactement l'ordre donné.

### Création d'entreprise/Sociétés

1.  Caractérisez la profession du commerçant. Quelles conditions doit-il remplir ? Quelles sont ses activités ? Quels sont ses objectifs ? Quels sont les avantages / risques du métier ? Quelles qualités sont nécessaires pour y réussir ?
2.  Avez-vous envie d'être commerçant ? Pourquoi / pourquoi pas ? Si oui, dans quel secteur ?
3.  Quels intermédiaires y a-t-il dans le commerce ? Connaissez-vous, plus ou moins, leur statut ? Pourriez-vous décrire par exemple l'activité d'un concessionnaire, d'un courtier ?
4.  Est-il préférable, à votre avis, de confier son entreprise à un gérant salarié ou de la gérer soi-même ? Quels sont les avantages / inconvénients des deux solutions ?
5.  Si l'on veut créer sa propre entreprise - à quoi faut-il penser ?
6.  De quels facteurs dépend, selon vous, le succès d'une entreprise et quelles sont les causes éventuelles d'un échec?
8.  Si vous aviez l'intention de créer une entreprise, quel secteur vous intéresserait ? Expliquez vos raisons.
9.  Connaissez-vous le système de la franchise ? Quels en sont les avantages pour le franchisé / le franchiseur ? Donnez un exemple.
10. Connaissez-vous une entreprise ? Que savez-vous de sa fondation, son évolution, son activité, son organisation interne ?
11. Quels sont les avantages / désavantages d'une société commerciale par rapport à une entreprise individuelle ?
12. Connaissez-vous des formes de sociétés ? Qu'en savez-vous ?

### Comptabilité/Gestion financière

1.  Quelles sont les tâches d'un(e) comptable ?
2.  A quoi sert la comptabilité dans une entreprise ?
3.  De quelle manière les entreprises évaluent-elles leur situation financière et sur quelles bases effectuent-elles leur planification ?
4.  Comment les entreprises se financent-elles ?
5.  Quels éléments trouve-t-on dans un bilan / un compte de résultat ?

### Croissance de l'entreprise

1. De quelle manière une entreprise peut-elle gérer sa croissance ?
2. Quels sont les risques de la concentration - pour les entreprises, les salariés, les consommateurs, les Etats ?
3. Qu'est-ce qu'une fusion ? Quelle est la motivation des dirigeants et quelles sont les conséquences pour les salariés et le public ?
4. Quel est l'intérêt d'une entreprise à être cotée en Bourse ? Donnez des exemples.
5. Que se passe-t-il lors d'une O.P.A. ? Souvenez-vous d'une O.P.A. récente ?

### L'entreprise en difficultés

1. Que se passe-t-il quand une entreprise est en difficultés ? Connaissez-vous des exemples ?
2. Comment peut-on sauver une entreprise ?
3. Quels motifs peuvent mener à la liquidation d'une entreprise ?
4. Quels problèmes peuvent être liés à la transmission d'entreprises ?

## 2. Sujets d'approfondissement

Recourez à la rubrique INFORMATIONS pour aborder les sujets suivants. Procurez-vous des informations dans la presse, à la télévision, par Internet. Et n'oubliez pas que vous pourrez trouver des informations dans les TEXTES et les EXERCICES.

1. La création d'entreprise. Expliquez les formalités, le choix de la forme juridique de l'entreprise, les conditions imposées par le secteur d'activité et le/s produit/s, l'implantation et le financement.
2. Comparez les formes juridiques les plus importantes de l'entreprise. Les formes allemandes se distinguent-elles des formes françaises ?
3. Expliquez les différentes formes de concentration d'entreprises et leurs effets.
4. Expliquez le rôle de la Bourse dans la perspective des entreprises.
5. Expliquez les décisions et mesures à prendre lors de la cessation de paiement d'une entreprise.

## 3. Sujets de discussion/de rédaction

En classe, vous pouvez traiter les sujets dans une discussion libre ou avec des rôles fixés préalablement. Les conclusions peuvent faire l'objet d'un devoir écrit. Si vous traitez les sujets par écrit, élaborez un plan : introduction - discussion de la question : opposez les arguments, appuyez-vous sur vos connaissances, lectures, expériences - conclusion : ce n'est qu'ici qu'intervient votre propre opinion. Veillez à ce que votre rédaction soit logique, que l'enchaînement de vos arguments soit convaincant.

1. Croître ou mourir - les petites entreprises ont-elles une chance de survivre ?
2. Les start-up - des entreprises comme les autres ?
3. La vague des fusions et acquisitions - manie ou nécessité ?
4. L'introduction en bourse - l'unique voie de salut pour les entreprises ?
5. La valeur d'une entreprise en bourse et sa performance économique - y a-t-il un rapport ?

## 4.    Sujets de commentaire

Exprimez librement tout ce qui vous vient à l'esprit à propos des informations et citations ci-dessous. Vos commentaires pourront comprendre, selon le cas, des explications de causes et d'effets, des analyses d'implications diverses, des considérations historiques, des comparaisons, des prises de positions personnelles etc.

1.    La moitié des nouvelles entreprises n'existent plus au bout de cinq ans.

**Causes d'échec** :
*   problèmes commerciaux (70 % des cas) :
marché mal ciblé, clientèle potentielle surévaluée, gamme de produits insuffisante ;
*   problèmes de gestion (40 % des cas) :
sous-évaluation des besoins financiers, sous-estimation des coûts de revient, sous-évaluation des délais de paiement des clients ;
*   problèmes techniques (30 % des cas) :
mauvaise conception du produit, absence d'évolution technique du produit ou service, erreur dans le choix du matériel ;
*   problèmes relationnels (15 % des cas) :
mésentente entre les associés, problèmes familiaux, malhonnêteté d'un partenaire.

2.    **La SA 21** ? C'est le nom de code de la société anonyme du prochain millénaire, qui ne compterait plus sept actionnaires, mais un seul, sans capital minimal ni conseil d'administration. Grâce à Objectif 2010, le nouveau statut juridique et fiscal des start-up françaises de demain est déjà prêt. Leitmotiv de cette association : *"Ce sont les entreprises innovantes de l'informatique, des technologies de l'information et des biotechnologies qui peuvent tirer la croissance, créer des emplois et devenir les géants de demain"*. Et lorsqu'ils disent que créer une start-up dans l'Hexagone relève du parcours du combattant, Philippe Pouletty, Maryvonne Hiance et Gilles Queru, entrepreneurs en France et dans le Silicon Valley, savent de quoi ils parlent. Leurs propositions, pour que les créateurs de demain n'aient pas à s'exiler comme eux, hier : réduction des charges patronales sur les salaires, de 50 % pendant les cinq premières années, de 30 % sur les cinq suivantes, remboursement de la TVA sous 90 jours, nouveau régime fiscal des bons de créateur d'entreprise....                (Défis, juillet-août 1999)

3.    **Piratage**

Les contrefaçons coûteraient environ 1 000 milliards de dollars par an à l'économie mondiale, d'après une estimation du Anti Counterfeiting Group britannique. Entre le manque à gagner des entreprises et les pertes d'impôts pour les gouvernements, l'Union européenne subirait un peu moins de la moitié de ce coût, un montant deux fois et demie supérieur aux estimations habituelles. Les vêtements, chaussures, jouets, médicaments, produits cosmétiques, parfums et articles de sport en pèsent la moitié, l'autre moitié est constituée de produits électroniques (disques, vidéos, logiciels ...)
                (Alternatives Economiques, juin 2000)

4.   Ce qui se dit en assemblée générale :

*   **Le hit-parade des résolutions**
    (En % des assemblées générales des sociétés du CAC 40)

    | | |
    |---|---|
    | Programme de rachat d'actions et régularisation de cours | 89 % |
    | Autorisation d'augmentation de capital | 68 % |
    | Protection du capital en période d'offre publique | 45 % |
    | Plans de stock-options et autres opérations réservées au personnel | 39 % |

*   **Les questions qui préoccupent les actionnaires**
    (En % des questions posées lors des assemblées générales)

    | | |
    |---|---|
    | Stratégies et perspectives | 27 % |
    | Bourse et actionnariat | 18 % |
    | Environnement économique et social | 16 % |
    | Activité de l'exercice | 14 % |
    | Gouvernement d'entreprise | 6 % |
    | Entreprise citoyenne | 4 % |

(L'Expansion, 06-19/07/2000)

5.   **Pharmafirmen im Fusionsfieber:**
    Pharmaumsatz (in Mrd. Euro) der größten fusionierten / nicht fusionierten
    Unternehmen und Anteil der Pharmasparte am jeweiligen Gesamtumsatz 1999

| Fusionierte Unternehmen | Umsatz | Anteil | Alleingänger | Umsatz | Anteil |
|---|---|---|---|---|---|
| GlaxoSmithKline | 25,9 | 96 % | Merck | 18,4 | 53 % |
| Pfizer Warner | 24,1 | 78 % | American Home | 12,5 | 88 % |
| Astra Zeneca | 15,6 | 80 % | Roche | 10,6 | 60 % |
| Bristol-Myers-Squibb | 15,1 | 71 % | Abbott | 10,3 | 74 % |
| Aventis | 13,9 | 68 % | Eli Lilly | 9,4 | 89 % |
| Novartis | 12,6 | 63 % | Bayer | 6,7 | 27 % |
| Pharmacia Upjohn | 5,8 | 76 % | Schering | 3,7 | 100 % |
| Sanofi-Synthélabo | 5,0 | 94 % | Merck KGAA | 2,9 | 53 % |
| | | | BASF | 2,5 | 8 % |
| | | | Novo Nordisk | 2,2 | 78 % |

(SZ, 01/09/2000)

6. Organigramme du comité exécutif d'**EADS** au 10 juillet 2000. Filiales, divisions et joint-ventures des sociétés devront être réorganisées autour de cinq pôles :
(L'Expansion, 06-19/07/2000)

## Le nouveau partage du pouvoir

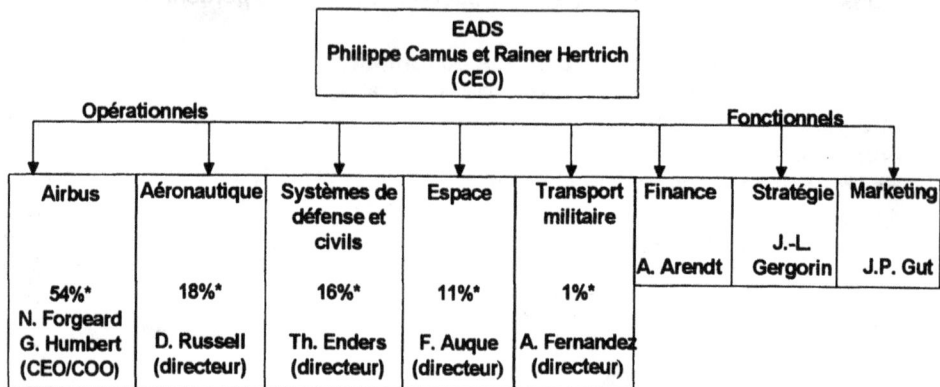

| EADS | Philippe Camus et Rainer Hertrich (CEO) |
|---|---|

Opérationnels — Fonctionnels

| Airbus | Aéronautique | Systèmes de défense et civils | Espace | Transport militaire | Finance | Stratégie | Marketing |
|---|---|---|---|---|---|---|---|
| 54%* | 18%* | 16%* | 11%* | 1%* | | J.-L. | |
| N. Forgeard | | | | | A. Arendt | Gergorin | J.P. Gut |
| G. Humbert (CEO/COO) | D. Russell (directeur) | Th. Enders (directeur) | F. Auque (directeur) | A. Fernandez (directeur) | | | |

* Répartition du chiffre d'affaires d'EADS ( 22,6 milliards d'euros au total)

# EXERCICES

**1.** Cochez le mot qui manque dans la phrase :

1. Le commerce est l'ensemble des opérations par lesquelles une personne, appelée commerçant, agissant à ses risques et ..... , met à la disposition du consommateur les biens fournis par le producteur sans leur faire subir de transformations essentielles.
   *a)périls*        *b)dangers*        *c)coûts*        *d)bénéfices*

2. Une ..... administrative préalable est nécessaire pour être exploitant d'une agence de voyages.
   *a)somme*        *b)étude*        *c)autorisation*        *d)permission*

3. Lorsqu'un franchiseur ..... unilatéralement un contrat de franchise, il doit, bien sûr, payer des indemnités.
   *a) réside*        *b) résilie*        *c)rétracte*        *d)résout*

4. Selon l'étude du Cecod, Centre d'étude de la commercialisation et de la distribution, 80 % des franchisés disposent d'une ..... territoriale.
   *a)disponibilité* *b)procuration*        *c)exclusivité*        *d)exception*

5. La société en nom collectif est la forme ..... adéquate pour les petites et moyennes entreprises.
   *a)juridique*        *b)judiciaire*        *c)juridictionnel*        *d)jurisprudentiel*

6. Les bénéfices sont répartis ..... entre les associés.
   *a) à juste titre* *b)au pourcentage* *c)au prorata*        *d)à temps*

7. Le conseil d'administration est composé au minimum de trois ...... .
   *a)adhérents*        *b)sociétaires*        *c)membres*        *d)présidents*

8. Outre un ..... , ils vont recevoir une action gratuite pour cinq anciennes.
   *a)intérêt*        *b)bénéfice*        *c) pourcentage*        *d) dividende*

9. Les administrateurs d'une S.A. touchent des ..... dont le montant est fixé par l'Assemblée Générale.
   *a)primes*                        *c)revenus*
   *b)jetons de présence*                *d)dividendes*

10. Si vous ne pouvez pas vous déplacer, un pouvoir vous permettant d'être représenté à cette assemblée vous sera remis, ..... , par votre intermédiaire financier.
    *a)sur votre demande*                *c)ci-inclus*
    *b)en tout et pour tout*                *d)sauf erreur et omission*

**2.** Cochez le mot qui manque dans la phrase :

1. Au rythme actuel des fusions et ..... en Europe, il ne restera bientôt plus assez d'entreprises pour se faire concurrence.
   *a)dépôts*        *b)acquisitions*        *c)pertes*        *d)suppressions*

2. Viag et Bayernwerke vont fusionner, donnant ..... au dixième groupe industriel allemand dans l'énergie, l'électricité et l'emballage.
   *a)lieu*        *b)autorisation*        *c)naissance*        *d)droit*

3. Le groupe italien EL.Fi, maison mère de Brandt et ..... de 26 % du capital de Moulinex, entre au conseil d'administration du spécialiste français du petit électroménager.
   *a)détenteur*        *b)investisseur*        *c)propriétaire*        *d)bailleur*

4. Les grandes sociétés peuvent se procurer des ressources financières en faisant un appel public à l' ....., sur le marché officiel de la Bourse des Valeurs.
   **a)actif          b)épargne            c)effectif              d)économie**

5. ..... aux actions de la société peut être effectuée dans n'importe quelle banque.
   **a)L'inscription b)L'adhésion        c)La souscription  d)L'approbation**

6. Les deux critères indispensables au succès d'une ..... en Bourse sont connus : un prix de l'action raisonnable et une part de marché élevée.
   **a)OPA           b)implantation       c)introduction        d)participation**

7. Cette offre publique d'échange porte sur 178 036 actions du laboratoire R&B correspondant au capital ..... par le public (23,8 %)
   **a)détenu         b)capté              c)fléchi               d)amassé**

8. Les syndicats ont le droit d' ..... le tribunal de commerce des difficultés des entreprises et donc d'en favoriser le sauvetage, avant qu'il ne soit trop tard.
   **a)alarmer        b)avouer             c)alerter              d)aveugler**

9. Ne pouvant plus payer ses dettes, la société Dimo est donc en état de ..... de paiement.
   **a)cession        b)négociation        c)cessation            d)convention**

10. Lorsqu'une entreprise est en cessation de paiements, le tribunal de commerce peut la déclarer en ..... judiciaire.
    **a)bilan          b)procédure          c)dépôt                d)redressement**

**3.** Complétez le texte à l'aide des mots donnés :

L'assemblée générale extraordinaire de l'Air Liquide s'est _____(1) à Paris le jeudi 23 mai 1991 au Palais des Congrès, sous la _____(2) de M. Edouard de Royère, président-directeur général, et en présence du _____(3) d'administration de la société. L'Assemblée a _____(4) plus de 2 600 personnes, et 122 000 actionnaires, _____(5) près de 51 % du capital, étaient présents ou représentés. Elle a notamment _____(6) un certain nombre de résolutions visant à mettre les _____(7) de la société en conformité avec les dispositions_____(8) récentes.

L'assemblée générale ordinaire, qui a suivi, a approuvé le _____(9) du conseil d'administration et pris connaissance des rapports des _____(10) aux comptes, elle a _____(11) le montant du bénéfice net de l'Air Liquide S.A. pour l' _____(12) 1990.

Le résultat net consolidé 1990 _____(13) à 1 971 millions de francs.

Le dividende a été _____(14) à 13 francs par action. Compte tenu de la part d'impôt déjà versée au Trésor, le _____(15) réel par action s'élèvera à 19,50 francs ; compte tenu de l' _____(16) d'une action gratuite pour 10 en 1990 et du paiement du _____(17) en actions, le montant des sommes mises en _____(18) s'élève à 665 millions de francs. La _____(19) en paiement du dividende aura _____(20) le 4 juillet.

| commissaires | représentant | lieu | mise | s'élève |
|---|---|---|---|---|
| présidence | rapport | conseil | dividende | réuni |
| attribution | statuts | revenu | fixé | arrêté |
| tenue | distribution | exercice | approuvé | légales |

**4.** Traduisez :

1.  Pour créer une entreprise individuelle, il suffit désormais de déposer un formulaire unique à un seul guichet - chambre de commerce, chambre de métiers, greffe du tribunal de commerce ou Urssaf, selon le statut qu'adopte l'entrepreneur.
2.  En échange d'une contribution financière directe - la redevance - ou indirecte - les achats obligés de produits et/ou de services -, le franchisé utilise une enseigne ou une marque, assortie d'un savoir-faire et de l'assistance commerciale et technique.
3.  Le courtier est un commerçant indépendant qui met en relation vendeurs et acheteurs. La rémunération à laquelle il a droit en tant qu'intermédiaire s'appelle courtage ; elle est due dès qu'une affaire est définitivement conclue.
4.  Le commissionnaire ducroire garantit la bonne fin des opérations pour lesquelles il s'entremet ; il se substitue au contractant défaillant. Pour cela, il reçoit une commission supplémentaire.
5.  La location-gérance est utilisée quand le propriétaire du fonds de commerce désire s'arrêter momentanément ou définitivement de travailler : elle est souvent le préalable à une vente du fonds de commerce.
6.  Un chef d'entreprise français souhaitant fonder une société, ou créer une filiale dans un autre pays européen, est dispensé des autorisations préalables et des formalités administratives.
7.  Une entreprise individuelle appartient à une seule personne qui en assure la direction et qui assume personnellement tous les risques.
8.  Dans une S.A.R.L., la responsabilité des associés est limitée à leur apport de capital.
9   Le Conseil d'administration fournit aux actionnaires les informations sur les comptes et la marche des affaires de la société.
10. Le Conseil proposera à l'Assemblée Générale Ordinaire qui se déroulera le 8 juin 1994, la distribution d'un dividende net de 25 francs par action contre 23 francs en 1992.

**5.** Traduisez :

1.  Les comptes des entreprises se reflètent dans deux documents : le compte d'exploitation où sont rassemblés les flux (ce qui est rentré et ce qui est sorti au cours de l'année) et le bilan, où sont décomptés les stocks (la valeur de tout ce que l'entreprise possède et tout ce qu'elle doit).
2.  Toute dépréciation des éléments de l'actif immobilisé de l'entreprise constitue une perte de substance qui doit être enregistrée par la comptabilité.
3.  Les titres financiers sont d'habitude comptabilisés à leur valeur d'achat.
4.  Pour qu'il y ait création de valeur, il faut que la rentabilité de l'investissement soit supérieure au coût de son financement.
5.  Les fonds propres représentent les capitaux dont la fonction est d'assumer le risque résiduel.
6.  A la clôture de chaque exercice, la gérance dresse l'inventaire des divers éléments d'actif et de passif existant à cette date et établit une comptabilité régulière des opérations sociales conformément aux dispositions législatives en vigueur.

7. Les responsables des PME réintègrent majoritairement les profits dans leurs fonds propres et ne sont pas à la recherche d'une forte rentabilité pour leur capital.

8. Comme les constructeurs automobile n'ont plus les moyens d'assurer la maîtrise et le contrôle direct de toutes les technologies liées à l'automobile, ils se sont recentrés sur leurs compétences traditionnelles et ont délégué une part croissante de la production de composants et de sous-ensembles complets à leurs équipementiers.

9. Les entreprises se désengagent des activités qui ne sont pas au cœur de leur métier et sous-traitent donc leur informatique et leurs télécommunications.

10. Microsoft, le géant américain du logiciel, jugé coupable de violation de la loi antitrust américaine, doit être démantelé en deux entités distinctes.

**6.** Traduisez :

1. Grande entreprise industrielle de dimension internationale, très diversifiée, recherche PME française spécialisée dans l'électricité industrielle, pour rachat 100 % ou prise de participation majoritaire uniquement.

2. L'offre d'un groupe pharmaceutique américain de racheter Upsa, leader français de l'aspirine, sera soumise, le 26 juillet, à l'approbation des associés de l'entreprise.

3. Après s'être offert le français Sipse, le fabricant d'emballages CPC va prendre le contrôle d'Haferkamp, le troisième fabricant allemand d'étiquettes.

4. L'augmentation de capital par incorporation de réserves est le plus souvent interprétée comme un signal favorable par le marché financier.

5. Lorsque la société est menacée de cesser ses paiements, les commissaires aux comptes doivent déclencher une procédure d'alerte destinée à provoquer le redressement.

6. Le commerçant qui se trouve obligé de cesser ses paiements doit en faire la déclaration au greffe du tribunal de commerce de son domicile et doit déposer son bilan.

7 La procédure de redressement judiciaire permet aux dirigeants de l'entreprise de présenter un plan dans lequel ils proposent un programme d'apurement des dettes, y compris la cession de leurs activités à un repreneur.

8. Si le débiteur ne remplissait pas ses engagements, un créancier représentant au moins 15 % des créances, pourrait saisir le tribunal pour que celui-ci engage une procédure de redressement judiciaire entraînant la cession ou la liquidation.

9. A défaut de paiement à l'échéance, l'article 93 du Code de commerce prévoit que le créancier peut, après un délai de huit jours, faire procéder à la vente publique des objets donnés en gage.

10. La dissolution de la S.A.R.L. peut avoir lieu à l'expiration du contrat, sur décision des associés et en cas de faillite. La société en nom collectif est en principe dissoute par le décès de l'un des associés.

**7.** Traduisez :

1. Nach dem französischen Handelsgesetzbuch sind alle Personen, die berufsmäßig Handelsgeschäfte betreiben, Kaufleute.
2. Die Eintragung ins Handelsregister bei der zuständigen Geschäftsstelle des Handelsgerichts ist unerlässliche Vorbedingung zur Ausübung einer kaufmännischen Tätigkeit.
3. Ein Geschäftsmann ist verpflichtet, seine Geschäftsbücher und seine Korrespondenz 10 Jahre lang aufzubewahren.
4. Der Eigentümer eines Geschäfts kann dieses einem Geschäftsführer anvertrauen, der die Gesellschaft nach außen vertritt.
5. Das Mindestkapital der GmbH in Frankreich beträgt 50 000 Francs und kann aus Geld- und Sacheinlagen bestehen.
6. Der Tod eines Gesellschafters zieht nicht die Auflösung der Gesellschaft nach sich.
7. Die Rechtsform der GmbH wurde in Frankreich erst 1925 nach deutschem Vorbild eingeführt.
8. Bei der Kommanditgesellschaft haften die Vollhafter mit ihrem ganzen Vermögen, während die Teilhafter nur mit ihrer Einlage haften.
9. Die Aktiengesellschaft und die GmbH gelten als juristische Person.
10. Eine französische AG muss über ein Grundkapital von 1,5 Mio. Francs verfügen, wenn sie börsennotiert ist.

**8.** Traduisez :

1. Der Aufsichtsrat ernennt die Vorstandsmitglieder und beruft den Vorstandsvorsitzenden.
2. Ein neues Gesetz sieht in Frankreich vor, dass in börsennotierten Gesellschaften der Generaldirektor nicht mehr gleichzeitig die Funktion des Verwaltungsratsvorsitzenden ausüben kann.
3. Der Verwaltungsrat hat die ordentliche Hauptversammlung einberufen und deren Tagesordnung festgesetzt.
4. Ich erinnere Sie an die Hauptversammlung. Sie findet am Dienstag, dem 16. Mai, um 20 Uhr statt.
5. Eine Aktie zu besitzen verleiht dem Inhaber das Recht, die Führungskräfte der Gesellschaft zu wählen, einen Anteil an den jährlichen Gewinnen zu erhalten (Dividenden) und die Nettogewinne im Falle der Auflösung zu teilen.
6. Die Lyoneser Gruppe Thermador hat eine Dividende von 25 Francs plus Steuergutschrift ausgeschüttet für eine Aktie, die bei 300 Francs notiert, was eine Rendite von 12 % ergibt.
7. Die Hauptinformationsquelle für den externen Analysten bildet der Jahresabschluss.
8. Anlagen sind Vermögensgegenstände, die dazu bestimmt sind, dem Unternehmen langfristig zu dienen.
9. Das Betriebsergebnis berücksichtigt die außerordentlichen und finanziellen Bestandteile der Erfolgsrechnung nicht.
10. Für jede Kostenstelle wird die Abweichung zwischen tatsächlichen Kosten und veranschlagten Kosten errechnet.

**9.** Traduisez :

1. Der Vorstand schlägt vor, sich aus den Geschäftsfeldern zurückzuziehen, die keine Zukunft mehr haben.
2. Aventis will sich in Zukunft auf das Pharmageschäft konzentrieren.
3. Die Deutsche Bank wird ihre Beteiligung von rund 19 Prozent an der polnischen Big Bank an die Banco Comercial Portugues (BCP) und andere Investoren verkaufen.
4. Die Ausgabe von Rentenpapieren ist nur Kapitalgesellschaften gestattet, die bereits zwei Jahre existieren und zwei von den Aktionären gebilligte Bilanzen aufgestellt haben.
5. Die Kapitalerhöhung wird die Verschuldung auf weniger als 40 % des Eigenkapitals begrenzen.
6. Die Privatisierung dieser kleinen Bank, die weniger als 2000 Beschäftigte zählt, kann auf zwei Arten erfolgen: entweder durch freihändigen Verkauf, der eine Versteigerung mit sich bringen würde, oder durch den Gang an die Börse.
7. Zum Ausgang des freundlichen Aktientauschangebots hält der Baukonzern Vinci nach einer vorläufigen Zählung mehr als 98 % des Kapitals und der Stimmrechte der Gruppe GTM.
8. Der Schuldner, der innerhalb der auf die Zahlungseinstellung folgenden 14 Tage nicht Konkurs angemeldet hat, kann in Frankreich mit einem Geschäftsführungsverbot belegt werden.
9. Die Annahme des Sanierungsplans hängt nicht mehr von der Zustimmung der Gläubiger ab, sondern von der Entscheidung des Handelsgerichts.
10. Heute sichert die Hälfte der Unternehmen ihren Fortbestand mittels der Übernahme durch eine andere Gesellschaft.

**10.** Répondez aux questions en cochant la réponse qui vous paraît exacte :

(Niveau 1)

1. Une personne qui veut protéger son invention contre l'imitation par d'autres personnes - qu'est-ce qu'elle peut déposer pour être la seule à pouvoir l'utiliser ?
   a) Un logo.
   b) Des statuts
   c) Un gage
   d) Un brevet.

2. Au moment de la constitution d'une société, quelle est l'obligation principale de chaque associé ?
   a) Apporter du capital
   b) Répartir les bénéfices
   c) Respecter les règles de la concurrence
   d) Souscrire un contrat de travail

3. D'un point de vue juridique, qu'appelle-t-on une entreprise individuelle ?
   a) Une entreprise sans personnel
   b) Une entreprise de petite taille
   c) Une entreprise familiale qui emploie une seule personne
   d) L'entreprise appartenant à une seule personne

4.  Comment s'appellent les personnes qui détiennent des fractions du capital d'une société anonyme ?
    a)  Associés
    b)  Actionnaires
    c)  Bailleurs de fonds
    d)  Investisseurs

5.  Comment s'appelle le groupe de personnes élues par les actionnaires d'une société anonyme pour exercer le contrôle de la gestion de la société ?
    a)  Commissaires aux apports
    b)  Assemblée des associés
    c)  Conseil de surveillance
    d)  Commissaires aux comptes

6.  Les actionnaires de votre société vont bénéficier des bonnes performances de l'entreprise. Que vont-ils recevoir ?
    a)  Un avoir
    b)  Un intérêt
    c)  Un salaire
    d)  Un dividende

7.  Vous êtes chargé de chercher des informations sur la santé d'une entreprise. Quel document ne vous apportera aucune information ?
    a)  Le bilan
    b)  L'annexe
    c)  Les statuts
    d)  Le compte de résultat

8.  Quel est le rôle des commissaires aux comptes ?
    a)  Ils préparent les comptes annuels de la société pour les présenter aux actionnaires lors de l'Assemblée générale.
    b)  Ils ont la mission de vérifier la concordance entre les comptes annuels présentés par la société et les informations contenues dans le rapport de gestion et d'autres documents adressés aux actionnaires.
    c)  Pour une entreprise en constitution, ils contrôlent l'appréciation exacte des apports de chaque associé.
    d)  Ils sont chargés d'élaborer un projet de plan de redressement pour les entreprises en difficultés.

9.  Une entreprise s'estime victime d'une entente entre deux autres entreprises opérant dans le même secteur. A quel organisme peut-elle s'adresser ?
    a)  Au Conseil de la concurrence
    b)  A l'INPI
    c)  Au ministère de l'Economie et des Finances
    d)  A l'INSEE

10. Quel signal parmi les suivants **ne** témoigne **pas** des difficultés qu'une entreprise rencontre?
    a) Le volume des commandes baisse.
    b) Les comptes doivent être consolidés.
    c) Les margent se réduisent.
    d) Des problèmes de trésorerie apparaissent.

**11.** Répondez aux questions en cochant la réponse qui vous paraît exacte :

(Niveau 2)

1. Parmi les activités suivantes, laquelle caractérise celle du commissionnaire ?
    a) Il agit au nom de son commettant et pour le compte de celui-ci.
    b) Il accomplit des opérations commerciales pour le compte du commettant, mais en son propre nom.
    c) Il met en relations deux personnes en vue de la conclusion d'un contrat, mais n'agit pas en son propre nom.
    d) Il est chargé d'effectuer, en son propre nom, les achats pour une entreprise commerciale.

2. Comment s'appelle la personne qui, en tant que commerçant, exploite un fonds de commerce à ses risques et périls, mais n'en est pas le propriétaire ?
    a) locataire-gérant
    b) gérant salarié
    c) franchisé
    d) agent commercial

3. Lequel parmi les arguments suivants **ne** peut motiver **personne** à souscrire un contrat de franchise et de devenir franchisé ? En tant que franchisé,
    a) vous vous approvisionnerez auprès du franchiseur et, en contrepartie, vous recevrez l'exclusivité.
    b) vous pourrez exploiter le savoir-faire du franchiseur.
    c) vous devrez verser un droit d'entrée supérieur à ce qui est d'usage.
    d) vous aurez droit à l'assistance fournie par le franchiseur.

4. Quel acteur parmi les suivants **n'est pas** l'une des parties dans un contrat de bail ?
    a) Le bailleur
    b) Le preneur
    c) Le propriétaire
    d) Le cédant

5. A la fin de l'exercice social, vous préparez le bilan et le compte de résultat de l'entreprise. Où classez-vous les achats de fournitures ?
    a) A l'actif du bilan
    b) Au passif du bilan
    c) Dans les produits du compte de résultat
    d) Dans les charges du compte de résultat

6. Quelle est, dans la liste suivante, la fonction qui **n'**appartient **pas** à la comptabilité analytique ?
   a) Calculer les coûts des différentes fonctions assumées par l'entreprise.
   b) Eclairer la prise de décision telle que lancer un produit nouveau ou non.
   c) Présenter les informations concernant le patrimoine et le bénéfice de l'entreprise vis-à-vis de tiers.
   d) Etablir des prévisions de charges et de produits courants.

7. Vous travaillez dans une PME, comme responsable financier ; pour assurer le développement de l'entreprise, vous voulez convaincre votre directeur général d'avoir recours essentiellement à l'autofinancement. Pour le persuader, quel est l'argument que vous **ne** pourrez **pas** développer ?
   a) Nous garderons et même améliorerons notre indépendance financière.
   b) Nous pourrons, à très court terme, augmenter les dividendes versés à nos actionnaires.
   c) Nous ne ferons appel qu'aux ressources propres de la société.
   d) Cela nous évitera de recourir au marché financier.

8. Vous voulez créer une entreprise que vous comptez gérer vous-même. Vous avez deux partenaires qui sont prêts à apporter de l'argent, mais non pas à assumer un risque illimité. Ils pourraient participer en tant que
   a) associés d'une société en nom collectif.
   b) commanditaires d'une société en commandite.
   c) commandités d'une société en commandite.
   d) actionnaires d'une société anonyme.

9. Qu'est-ce qui distingue la comptabilité à partie double de la comptabilité simple ?
   a) Toute opération est enregistrée deux fois, au débit et au crédit, pour permettre le contrôle interne des opérations.
   b) Pour chaque opération, il doit y avoir obligatoirement une pièce justificative.
   c) Toute opération est enregistrée dans deux livres différents pour garantir la distinction entre le contrôle externe et interne.
   d) L'obligation, pour le commerçant, de garder le double de chaque opération pendant dix ans en vue d'un contrôle fiscal.

10. "Nous devons absolument améliorer notre rentabilité", affirme notre directeur général. Que veut-il dire ? Nous devons...
    a) accroître nos parts de marché.
    b) augmenter notre chiffre d'affaires.
    c) améliorer le profit par rapport au capital investi.
    d) augmenter la valeur ajoutée.

**12.** Prenez connaissance des documents suivants et des questions posées en bas et cochez la réponse qui vous paraît exacte :

## Répartition du type de contrôle des cinquante premières entreprises non financières françaises, en %

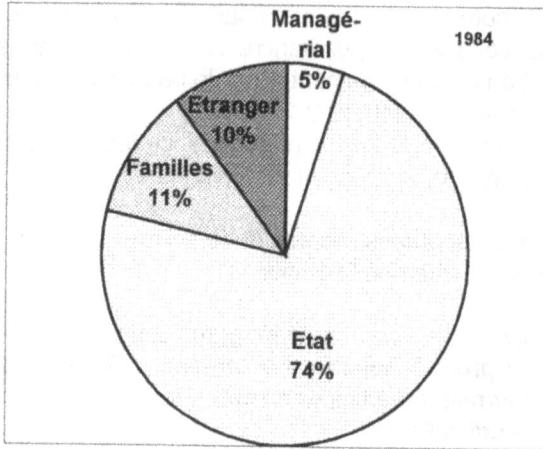

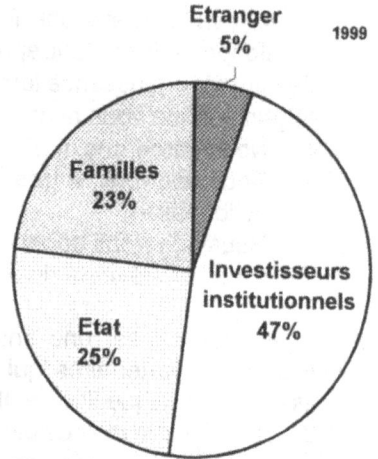

1.  Ces documents montrent que
    a)  le rapport de forces dans les 50 plus grandes entreprises françaises s'est profondément modifié entre 1984 et 1999.
    b)  l'Etat a cédé, entre 1984 et 1999, ses participations dans les 50 plus grandes entreprises françaises aux investisseurs institutionnels.
    c)  la part des actions d'entreprises françaises détenue par les ménages a doublé entre 1984 et 1999.
    d)  les cadres supérieurs ont perdu leur position dominante dans la gestion des entreprises.

2.  D'après ces documents,
    a)  les compagnies d'assurance, fonds de pension et autres ont placé la moitié de leurs capitaux dans les titres des 50 plus grandes entreprises.
    b)  l'Etat a divisé par trois le nombre de décisions dans les plus grandes entreprises qu'il pouvait contrôler.
    c)  de 1984 à 1999, les étrangers ont perdu toute influence dans les entreprises les plus importantes en France.
    d)  en 1984, l'Etat dominait les trois quarts des plus grandes entreprises françaises.

**13.** Prenez connaissance des documents suivants et des questions posées en bas et cochez la réponse qui vous paraît exacte :

**Annonces légales**

Par acte SSP du 20/06/2000 est constituée la Sarl **Distri Computer** au capital de 50 000 F., pour une durée de 99 ans.

Objet : Achat, vente et négoce de matériels et logiciels informatiques, fournitures consommables informatiques matériels de bureautique et électronique.

Siège : 224, rue Lafayette, 75010 Paris.

Gérant : M. Alain Raskin, demeurant 4, résidence La Salucéenne, 91160 Saulx-les-Chartreux. Immatriculation au RCS de Paris.

**Société Touttee Immobilier** : SARL au capital de 50 000 F. Siège social 67, rue Saint Jacques, 75005 Paris. RCS Paris B 379 982 671.

Avis de remplacement du gérant : aux termes d'une décision collective en date du 30 juin 2000, Monsieur Serge Touttee, né le 3 avril 1932, demeurant à Champgarand, 63350 Culhat, a été nommé gérant de la société à compter du 15 juillet 2000 en remplacement de Monsieur Guillaume Touttee, gérant démissionnaire ayant cessé ses fonctions à la date du 14 juillet 2000.

Avis est donné de la nouvelle répartition des parts sociales de la SARL **New Leisure Compagny** définie lors de la dernière assemblée générale extraordinaire du 23 juin 2000.

SARL au capital social de Cinquante Mille (50 000) francs. Siège social : 24, rue Jacques Ibert, 92300 Levallois Perret. Immatriculée RCS Nanterre B 411 988 017.

Béatrice Lopes conserve 25 parts. Rachel Aimon conserve 25 parts sociales. Manuel Domingues Lopes conserve 8 parts sociales. L'entreprise rochelaise de Loisirs de Spectacles et de Discothèques représentée par son gérant, Roland Luino conserve 33 parts sociales. La société World Holding Limited représentée par Christophe Meynard détient dorénavant 9 parts sociales.

(L'Usine Nouvelle, 13/07/2000)

1. Toutes ces annonces fournissent des informations sur
   a) le siège social des entreprises.
   b) la répartition des parts sociales des associés.
   c) le gérant des sociétés.
   d) le numéro d'immatriculation des entreprises au registre de commerce et des sociétés.

2. Toutes les entreprises mentionnées
   a) viennent d'être créées.
   b) sont des sociétés à responsabilité limitée au capital de 50 000 F.
   c) se sont implantées à Paris.
   d) viennent de tenir leur assemblée générale des associés.

**14.** Prenez connaissance du texte suivant et des questions posées en bas et cochez la réponse qui vous paraît exacte :

En rachetant hier Etna Finance, le courtier en ligne Bourse Direct, qui cherche un repreneur, a surpris le marché. "Nous restons néanmoins ouverts à tout projet d'alliance qui nous permettrait de viser une croissance internationale", déclarait Philippe Gellman, le PDG de Bourse Direct. L'opération, comme l'annonçaient hier "Les Echos", passera par une OPE sur Etna Finance. Bourse Direct, qui réalise 95 % de son activité dans le courtage, est cotée au nouveau marché, la seconde, spécialisée dans la gestion, est inscrite au marché libre. L'offre se déroule en deux temps. La holding d'Etna Finance apporte 55 % du capital à Bourse Direct sur la base de 200 actions Etna Finance pour 39 Bourse Direct. Ensuite, Bourse Direct lance une OPE sur le solde (dont 30 % de flottant) sur la base de 5 titres Etna Finance pour 1 Bourse Direct. En prenant les derniers cours cotés, Etna Finance est ainsi valorisé 2,28 euros par action dans le premier cas et 2,34 euros dans le second. Une prime de 8 % est donc proposée aux actionnaires minoritaires, qui demeurent néanmoins perdants par rapport au prix d'introduction en novembre 1999 de 4 euros. "L'action a vocation à rester cotée puisqu'on ne peut réaliser d'OPR sur le marché libre et aussi pour réaliser des opérations de croissance externe dans la gestion", soulignait hier Eric Parent, le PDG d'Etna Finance. En attendant, Bourse Direct a publié pour le premier semestre une perte nette de 1,86 million d'euros (0,4 million d'euros l'an dernier) pour un chiffre d'affaires de 7,4 millions (+181 %). Le nouvel ensemble devrait afficher un chiffre d'affaires annuel d'environ 20 millions.

(Le Figaro, 04/10/2000)

1.  D'après ce document, Etna Finance
    a)  a fait l'objet d'une OPA hostile.
    b)  ne va plus être coté au nouveau marché.
    c)  se recentre sur ses activités de courtage.
    d)  a été racheté par Bourse Direct en octobre 2000.

2.  L'OPE de Bourse Direct
    a)  s'adresse uniquement aux petits porteurs qui détiennent le capital dispersé d'Etna Finance.
    b)  s'effectue selon une parité d'échange de 1 pour 5.
    c)  porte sur 55 % du capital d'Etna Finance.
    d)  garantit aux petits porteurs des plus-values de 8 %.

3.  L'opération d'OPE lancée par Bourse Direct sur Etna Finance
    a)  met fin aux rumeurs d'un rachat imminent de Bourse Direct.
    b)  est responsable du résultat négatif dégagé par Bourse Direct au premier semestre.
    c)  n'exclut pas la recherche de partenaires de la part de Bourse Direct.
    d)  était attendue depuis longtemps par les marchés.

TEXTES

## 1. Ils ont créé leur entreprise high-tech

Dire que l'Europe a changé la vie de Bruno Vénuat et de Frank Chaubron relève de l'euphémisme : elle les accompagne depuis leurs études en Ecosse. Docteurs en biologie moléculaire, âgés respectivement de 36 et 32 ans, Bruno et Frank sont à la tête d'une entreprise de pointe - Genolife - et le doivent au programme européen Eurêka. Ce dispositif, qui associe 26 pays plus la Commission de Bruxelles, soutient des projets de création d'entreprise via des fonds nationaux et organise entre ces entreprises des coopérations transfrontalières.

Installée au cœur du biopôle Clermont-Ferrand-Limagne - une pépinière d'entreprises financée en partie par le fonds européen Feder -, Genolife met au point depuis deux ans un test génétique in vitro baptisé GeneTEX. Un dispositif qui permettra de contrôler la composition de certains produits alimentaires, mais aussi de détecter l'éventuelle toxicité d'une molécule sur l'ADN d'une cellule humaine. Le procédé devrait notamment trouver des débouchés auprès de l'industrie pharmaceutique. Genolife a déposé un brevet et a obtenu un financement Eurêka de 2,3 millions de francs pour un projet qui en coûte 4,4. "Les biotechnologies requièrent un effort de recherche et développement que nous n'aurions pu mener sans ce financement", souligne Bruno Vénuat. Les deux cofondateurs et leurs sept salariés touchent au but. La phase de production industrielle du test est prévue pour le second semestre 1999. Et à moyen terme Genolife envisage d'ouvrir plusieurs implantations en Europe.                                      (L'Expansion, 10-23/06/1999)

## 2. Atout Seniors

Partageant le même goût pour entreprendre, Nicolas Billot, Geoffroy Lacour et Benoît Rolland avaient un intérêt commun pour le marché des seniors, par le biais d'associations ou d'expériences personnelles. Diplômés en économie ou en gestion, ils décident de créer "Atout Seniors" en proposant une palette de services pour le maintien à domicile et les loisirs des personnes âgées. Véritable plate-forme de prestations, cette société, créée en 1998, effectue transport personnalisé, accompagnement, petits travaux, livraison de courses, aide administrative mais aussi formation informatique, organisation de journées culturelles. Atout Seniors cible une clientèle plutôt aisée, issue du 16e arrondissement de Paris, de Neuilly et Boulogne. Le portage de repas n'a pas été envisagé, le créneau étant déjà occupé par bon nombre d'associations.

Afin de financer son projet, Atout Seniors, Sarl au capital de 60 000 francs, a bénéficié de la part de la fondation Vivendi d'une subvention de 73 500 francs destinée à couvrir l'achat de véhicules et de matériel informatique.

Les clés de la réussite : pour se faire connaître, les créateurs d'Atout Seniors ont publié des encarts dans les bulletins de quartiers, mais ils ont surtout compté sur le bouche-à-oreille. Ils ciblent une clientèle ayant en effet besoin d'être rassurée. Atout Seniors souhaite élargir la gamme des services proposés, avec un service de téléassistance, et s'implanter dans d'autres zones géographiques.

(Défis, juillet-août 1999)

**Commentaire**
Comparez les deux créations d'entreprise et commentez leur chance de survie.

## 3.  Titus Interactive - Avis de convocation

Mesdames et Messieurs les actionnaires sont convoqués en assemblée générale ordinaire, et à l'issue en assemblée générale extraordinaire le mardi 28 novembre 2000, à 9 h 30, au siège social, à l'effet de délibérer sur les ordres du jour suivants :

**A  Assemblée Générale Ordinaire**
1) Lecture du rapport de gestion établi par le Conseil d'Administration ;
2) Lecture du rapport général des Commissaires aux Comptes ;
3) Approbation des comptes de l'exercice clos le 30 juin 2000 et quitus aux administrateurs ;
4) Affectation du résultat de l'exercice ;
5) Renouvellement du mandat de deux administrateurs ;
6) Nomination d'un administrateur en remplacement ;
7) Autorisation au Conseil d'Administration à l'effet de racheter les actions de la société, dans le cadre des dispositions de l'article 217-2 de la loi du 24 juillet 1966 ;
8) Autorisation au Conseil d'Administration d'émettre des obligations et titres assimilés, tels que titres subordonnés remboursables ou à durée indéterminée;
9) Pouvoirs pour l'accomplissement des formalités.

**B  Assemblée Générale Extraordinaire**
1) Lecture du rapport du Conseil d'Administration ;
2) Lecture du rapport des Commissaires aux Comptes ;
3) Autorisation au Conseil d'Administration à l'effet d'augmenter le capital social, dans la limite d'un plafond global, par émission de toutes valeurs mobilières donnant accès immédiatement ou à terme au capital et/ou par incorporation de réserves, bénéfices ou primes ;
4) Plafond des augmentations de capital pouvant être réalisées, avec suppression du droit préférentiel de souscription des actionnaires, par émission des valeurs mobilières prévues à la première résolution de l'Assemblée Générale ;
5) Autorisation au Conseil d'Administration à effet d'émettre des titres de capital et des valeurs mobilières donnant accès au capital, en période d'offre publique d'échange initiée par la société ;
6) Autorisation au Conseil d'Administration d'utiliser les autorisations d'augmentation de capital, en cas d'offre publique d'achat ou d'échange portant sur les titres de la société ;
7) Autorisation au Conseil d'Administration à l'effet de réduire le capital social par annulation d'actions ;
8) Modifications des conditions relatives à l'attribution du droit de vote double ;
9) Pouvoirs pour l'accomplissement des formalités.

Tout actionnaire peut participer aux Assemblées personnellement ou par mandataire (un autre actionnaire ou, pour les personnes physiques, le conjoint), sur justification de son identité et de la propriété de ses actions, soit sous la forme d'une inscription nominative, soit sur présentation du certificat d'immobilisation délivré par un intermédiaire habilité, cette formalité devant être accomplie 5 jours au moins avant la date de la réunion.

Les actionnaires peuvent également voter par procuration ou par correspondance. Des formules seront adressées à tout actionnaire qui en fera la demande écrite au siège de la société.              Le Conseil d'Administration

**A    Compte rendu**
Faites un compte rendu des informations essentielles contenues dans cet avis de convocation.

**B    Analyse**
Expliquez les différents points figurant à l'ordre du jour et analysez leur importance.

## 4.   Aventis, mariage de raison

Le chimiste allemand Hoechst et le français Rhône-Poulenc ont démarré officiellement leur fusion. Le nouveau groupe, baptisé Aventis, réalisera un chiffre d'affaires de 17,7 milliards d'euros et emploiera environ 100 000 personnes. Les deux entreprises se portaient mal et leurs valorisations boursières relativement peu élevées en faisaient des proies potentielles.

Seules, elles n'étaient pas en mesure de réussir leur virage stratégique : abandon des activités traditionnelles de chimie et recentrage sur la pharmacie et sur l'agro-chimie, des métiers d'avenir rassemblés sous la bannière des sciences de la vie. Mais explorer le génome des êtres vivants, exploiter ces connaissances pour trouver de nouveaux médicaments ou concevoir de nouvelles espèces de plantes pour l'agriculture nécessitent des investissements colossaux en recherche et développement.

C'est pourquoi Hoechst et Rhône-Poulenc ont décidé d'unir leurs forces à l'instar des suisses Sandoz et Ciba, fusionnés en 1996 au sein de Novartis, ou du britannique Zeneca et du suédois Astra, rassemblés depuis cette année au sein d'Astra Zeneca. Le nouveau couple franco-allemand a des arguments à faire valoir : il disposera en effet du plus gros budget mondial de recherche et développement des sciences de la vie. Aventis sera numéro un mondial de la pharmacie, avec 9,6 milliards d'euros de chiffre d'affaires, mais aussi numéro un du marché de la protection des cultures, avec 3,9 milliards d'euros de chiffre d'affaires. Sur le papier, l'affaire a du sens.

Encore faudrait-il réussir à gérer la diversité culturelle franco-allemande au sein du groupe. Car c'est sur les aspects humains et culturels que butent la plupart des alliances. France Télécom et Deutsche Telekom en ont fait l'amère expérience.

(Alternatives Economiques, juin 1999)

## 5.    Aventis legt im Halbjahr kräftig zu

Das französisch-deutsche Pharmaunternehmen Aventis hat im ersten Halbjahr des Geschäftsjahres 2000 einen deutlichen Gewinnanstieg verzeichnet und damit Analystenerwartungen übertroffen. Der Gewinn nach Steuern des weltweit dritt-größten Pharmakonzerns sei vor Sondereinflüssen um 61,3 Prozent auf 632 Millionen Euro gestiegen, teilte Aventis mit. Analysten hatten mit einem Ergebniszuwachs von 31 bis 59 Prozent gerechnet. Die Verbesserung der Ergebnisse sei durch das Pharmageschäft der Gesellschaft geprägt gewesen. Zudem sei Aventis bei der Umsetzung von Synergiezielen auf gutem Weg. "Die anhaltende Verbesserung unserer Ergebnisse in den ersten sechs Monaten war erneut durch unser Pharmageschäft geprägt, das durch neue und innovative Produkte vor allem in dem wichtigen US-Markt weiterhin wächst", sagte der Finanzchef des Unternehmens, Patrick Langlois. Der Geschäftsverlauf im ersten Halbjahr 2000 und die gestiegene Profitabilität zeigten, dass Aventis auf einem guten Weg sei, angestrebte Finanzziele zu erreichen. So seien aus der 1999 vollzogenen Fusion der ehemaligen Hoechst AG und der französischen Rhône-Poulenc in der ersten Jahreshälfte Synergien in Höhe von 400 Millionen Euro gesichert worden. "Wir haben damit die Zielgröße für das gesamte Jahr gesichert", sagte Langlois. Die Gesellschaft strebt nach eigenen Angaben jährliche Einsparungen in Höhe von 1,2 Milliarden Euro an, die bis zum Jahr 2002 schrittweise erreicht werden sollen.

Ein kräftiges Umsatzwachstum in den USA ließ den Angaben zufolge die Ertragskraft im Geschäftsbereich mit verschreibungspflichtigen Arzneimitteln, Aventis Pharma, weiter steigen. Aventis Pharma habe im ersten Halbjahr mit 7,794 Milliarden Euro 17,6 Prozent mehr als im Vorjahreszeitraum umgesetzt. Das Ergebnis vor Zinsen, Steuern, Abschreibungen und Amortisation sowie Sondereinflüssen habe sich um 21,5 Prozent auf 1,42 Milliarden Euro erhöht. Das Gewinnwachstum sei vor allem auf die Entwicklung der Starprodukte im Halbjahr zurückzuführen, darunter das Antiallergiemittel Allegra und das Krebsmedikament Taxotere.

(SZ, 01/09/2000)

## 6.    Interview avec le directeur général du groupe Aventis

*Le Revenu* : Le principe d'une cession des activités d'agrochimie d'Aventis étant désormais acquis, peut-on dire que le groupe change de physionomie, que ses équilibres sont modifiés ?

*Igor Landau* : Non, car en réalité Aventis est d'abord une société pharmaceutique à 80 %. Donner son indépendance à l'agrochimie s'impose pour que celle-ci ait les moyens de son développement et qu'elle ne soit pas écrasée par cette énorme grande sœur qu'est la pharmacie.

*Le Revenu* : Les synergies continueront-elles à dynamiser le résultat ?

*I. Landau* : Aventis, ce n'est pas une affaire d'économies. C'est une ambition de croissance. Les perspectives de ce business sont fabuleuses. Les synergies, c'est un "plus", une cerise sur le gâteau.

*Le Revenu* : De combien de médicaments votre cœur de métier dépend-il ?

*I.Landau* : Notre gamme est très large, mais nous voulons maximiser le potentiel de croissance de 15 produits stratégiques. Ces derniers ont représenté 25 % du chiffre d'affaires en 1999. Et sur les neuf premiers mois de cette année, ils ont crû de 50 %, représentant 37 % de nos ventes. Ils sont la cause de la croissance de notre bénéfice, car ils offrent une marge de plus de 10 points supérieure à notre marge moyenne. Ajoutés aux produits que nous sommes en train de mettre sur le marché, ce sont eux qui assureront notre croissance. Entre 2001 et 2004, nous allons introduire 13 nouveaux produits.

*Le Revenu* : Les génériques représentent-ils une menace pour cette croissance ?

*I. Landau* : Aucun de nos grands produits ne doit tomber dans le domaine public d'ici à 2005, et même un peu au-delà. C'est l'un des avantages forts d'Aventis face à ses concurrents, les dix premiers groupes mondiaux de la pharmacie.

*Le Revenu* : L'affaire du maïs transgénique Starlink vous inquiète-t-elle ?

*I. Landau* : Le plus important, c'est qu'il n'y a aucun risque pour la santé humaine. Nous en sommes absolument certains. D'ici au début de décembre, nous comptons obtenir l'autorisation d'utiliser ce produit dans la chaîne alimentaire. Par ailleurs, le coût de cette affaire sera très inférieur au chiffre signalé de 1 milliard de dollars. D'autant que nous avons, comme les semenciers qui nous ont acheté cette technologie, une couverture d'assurance.

*Le Revenu* : Quels sont vos objectifs de capitalisation boursière ?

*I. Landau* : Nous visons une capitalisation boursière largement supérieure à 100 milliards d'euros. Nous sommes aujourd'hui le cinquième groupe pharmaceutique mondial par le chiffre d'affaires, mais seulement le quinzième en capitalisation boursière. Grâce à l'accroissement de notre rentabilité, nous sommes en train de rattraper notre retard.

*Le Revenu* : Envisagez-vous à court terme une opération de croissance externe ?

*I. Landau* : Une grande opération de croissance externe ne nous intéresse pas car nous avons déjà entre les mains un potentiel à faire valoir. Mais nous serions attentifs aux opportunités qui nous permettraient d'enrichir notre offre à moyen et à long terme. Une des raisons de la cession de notre activité d'agrochimie est de nous donner les moyens suffisants pour ce faire.

*Le Revenu* : Vous attendez-vous à de nouvelles fusions dans le secteur de la pharmacie ?

*I. Landau* : Notre industrie est loin d'avoir terminé sa restructuration. La concentration se poursuivra. Mais en l'occurrence, je ne crois pas aux offres publiques d'achat hostiles. (Le Revenu, 27/11/2000)

**Compte rendu**

Faites la synthèse en français des informations contenues dans les textes 4-5 ainsi que dans l'interview 6 et présentez les explications et commentaires mis en avant.

## 7. Daimler-Chrysler, le mariage du siècle

370 milliards de francs de capitalisation boursière partis en fumée en moins de deux ans ! Le mariage Daimler-Chrysler, annoncé au printemps1998 comme "la plus grande fusion industrielle de tous les temps", a bel et bien battu un record. Le cours de l'action DaimlerChrysler s'est à ce point effondré en Bourse que le groupe unifié vaut moins aujourd'hui que la seule entreprise Daimler-Benz avant l'union. Une belle ardoise pour les nombreux petits porteurs allemands qui détiennent le titre, ainsi que pour de gros investisseurs, comme le milliardaire américain Kir Kerkorian, qui a décidé de porter plainte contre Jürgen Schrempp, le président de Daimler-Chrysler.

Mais ce sont les salariés qui paieront le plus lourd tribut. Les syndicats américains craignent 10 000 à 20 000 suppressions d'emplois parmi les 125 000 salariés de Chrysler. En mariant Daimler-Benz avec Chrysler, le PDG du groupe de Stuttgart a assouvi son rêve : son groupe est devenu la quatrième firme industrielle mondiale par le chiffre d'affaires. Un flop. Un à un, tous les cadres dirigeants de Chrysler ont préféré démissionner, alors qu'ils avaient été les artisans du redressement spectaculaire du groupe dans les années 90. Chrysler s'enfonce dans les pertes et risque de plomber lourdement le groupe allemand.

Sur le papier, les fusions se justifient toujours par des économies d'échelle, des complémentarités entre les firmes, un pouvoir accru vis-à-vis des fournisseurs, une puissance financière supérieure... Mais toute la difficulté consiste à traduire ces avantages dans la pratique. Dans les faits, une fusion ne consiste pas à additionner des chiffres, mais à faire travailler ensemble des équipes aux cultures et aux intérêts souvent divergents. Les études de consultants indiquent que plus d'une fusion sur deux détruit de la valeur, sans parler du coût pour la collectivité des licenciements massifs qu'entraînent les restructurations.

Et les dirigeants fusionnent souvent pour de "mauvaises" raisons : la satisfaction de leur ego, le mimétisme (puisque les autres le font, il faut grandir pour rester dans la course), l'influence des banques d'affaires, qui font tout pour convaincre les entreprises de se rapprocher entre elles, afin d'empocher des commissions substantielles (entre 0,25 et 1 % du montant de l'affaire, soit chaque année un marché de plusieurs milliards de dollars).

(Alternatives Economiques, janvier 2001)

**A    Résumé**
Faites un résumé du texte.

**B    Exposé-débat**
Préparez vos arguments ainsi que les objections aux éventuelles réponses d'un interlocuteur pour prendre position dans un débat à propos de la question :

*Les fusions - à qui profitent-elles ?*

## 8. Eridania Béghin-Say - Résultats au 30 juin 2000

Le conseil d'administration d'Eridania Béghin-Say, réuni le 11 septembre 2000 sous la présidence de Stefano Meloni, a examiné les comptes consolidés du groupe au 30 juin 2000.

**Le chiffre d'affaires** du premier semestre 2000 présente une croissance de 7,9 % par rapport au premier semestre 1999. Hors effet de change et variations de périmètre de consolidation, la croissance du chiffre d'affaires a été de 2,1 %. A la fin du premier trimestre 2000, ces mêmes pourcentages étaient respectivement de +3,6 % et de -2,4 %. L'amélioration globale par rapport au rythme de croissance à la fin du premier trimestre 2000 reflète une amélioration de chacune des activités du groupe, à l'exception de l'activité "Amidon et Dérivés" aux Etats-Unis qui a été pénalisée, notamment sur les derniers mois du semestre écoulé, par une faible demande de la part de l'industrie des boissons non alcoolisées.

**Le résultat d'exploitation** du premier semestre 2000 fait, quant à lui, apparaître une croissance de 12,6 % par rapport au premier semestre 1999. Hors effet de change et variations de périmètre de consolidation, la croissance du résultat d'exploitation a été de 15,9 %.

A la fin du premier trimestre 2000, ces mêmes pourcentages de croissance étaient respectivement de +7,0 % et de 9,2 %. On constate, comme pour le chiffre d'affaires, une amélioration globale par rapport au rythme de croissance à la fin du premier trimestre 2000. Elle est principalement due aux activités "Sucre et Dérivés" (notamment en France et en Hongrie), "Amidon et Dérivés" en Europe, "Huiles alimentaires Europe, Herbes et Epices" et "Transformation des Oléagineux Amérique du Nord, Protéines/Lécithines".

**Le résultat net part du groupe** s'est établi à 18,2 millions d'euros, contre 8,2 millions au 1er semestre 1999. Celui-ci reflète principalement la meilleure performance opérationnelle et la réduction de la charge exceptionnelle nette (14,6 millions d'euros contre 38,7 millions d'euros au premier semestre 1999), partiellement compensées par l'augmentation de la charge financière nette et de la charge d'impôt.

**Le ratio endettement financier net/fonds propres** au 30 juin 2000 s'est élevé à 0,84 (contre 0,73 au 30 juin 1999 et 0,80 au 31 décembre 1999). Cette hausse résulte de l'accroissement de la dette financière nette liée, d'une part, à l'excédent, au cours de la période, des décaissements résultant des investissements financiers par rapport aux encaissements résultant des opérations de cession (le produit de la cession de Ducros n'a été encaissé que le 31 août 2000).

### Perspectives 2000

Si, comme prévu, la seconde partie de l'année prolonge les premiers signes de redressement enregistrés aux premier et second trimestres, la perspective d'amélioration des résultats d'exploitation 2000 par rapport à 1999 se confirmera.

## 9. Valeo

Der Verwaltungsrat hat den konsolidierten Halbjahresabschluss auf seiner Sitzung vom 18. Juli 2000 genehmigt.

- **Umsatz und Ergebnisse**

   **Der Anstieg des Umsatzes um 15,4%** wurde auf allen Kontinenten erwirtschaft: In Nordamerika stieg der Umsatz um 11%, in Europa um 12%, in Südamerika um 47% und in Asien, wo Valeos Entwicklung durch externes Wachstum beschleunigt wird, um 173%.

   Bei gleichem Konsolidierungskreis und gleichem Wechselkurs hat sich der Umsatz um 6,5% erhöht, womit der Anstieg im Vergleich zur Entwicklung 1999 um 5 Prozentpunkte höher liegt. Dies ist vor allem auf die intensive Vertriebsaktivität des Konzerns zurückzuführen, insbesondere im Bereich OEM, in dem der Umsatz um 17% stieg.

   **Das operative Ergebnis stieg um 23%** auf 299 Mio. Euro und liegt mit 6,7% des Umsatzes, trotz einem um 0,2 Prozentpunkte niedrigeren Bruttogewinn, um 0,4 Prozentpunkte höher als im Vorjahr. Die in den meisten Geschäftsfeldern der Gruppe erzielten Fortschritte sowie erheblich niedrige nicht-produktive Kosten haben - vor dem Hintergrund steigender Rohstoffpreise - den schwachen Zuwachs im Ersatzteilmarkt und die verhaltene Entwicklung in den Unternehmensbereichen Beleuchtungssysteme, Scheibenwischsysteme (USA) und Elektromotoren (USA) kompensiert.

   **Der Nettogewinn der integrierten Unternehmen erhöhte sich um 41%** und erreichte mit 4,7% des Umsatzes ein Rekordniveau. Dieser Anstieg entspricht einem Nettogewinnzuwachs von 10%.

   **Die finanzielle Struktur der Gruppe** ist, wie Ende 1999, hervorragend. Die Rückstellungen für Umstrukturierungs- und Sozialkosten betrugen 576 Mio. Euro, dies sind 71 Mio. Euro weniger als Ende 1999. Diese Verbesserung konnte durch die konsequente Umsetzung der Umstrukturierungspläne erzielt werden.

- **Wichtige Ereignisse im 1. Halbjahr**

   Die Steigerung der operativen Ergebnisse war im ersten Halbjahr 2000 ein weiterhin wichtiges Ziel. Das Ende 1999 begonnene industrielle Programm beinhaltete die Einrichtung neuer Produktionseinheiten in Polen, der Türkei und Mexiko sowie eine verstärkte Automatisierung der Produktion in Westeuropa und den USA. Valeo hat außerdem das e@SI Programm initiiert, mit dem durch den Einsatz von Internet-Tools künftig beachtliche Einsparungen beim Einkauf erzielt werden können.

   In Asien hat Valeo seine Position durch externes Wachstum gestärkt. Das erste Joint-Venture der Gruppe in Japan, Valeo Unisia Transmissions, ist seit dem 1. April 2000 konsolidiert. Die Vereinbarung mit Zexel bezüglich thermischer Systeme wurde im Juni erneut bestätigt. Außerdem wurde im Juli 2000 eine Vereinbarung mit

Ichikoh Industries im Bereich Beleuchtungssysteme unterzeichnet. Dadurch kann die Gruppe ihre Position in Asien ausbauen und in dieser Region einen Jahresumsatz von über 2,5 Mrd. Euro erwirtschaften. Valeo plant eine weitere Stärkung seiner Geschäftsaktivitäten und Technologien durch den Kauf einiger Geschäftsfelder im Automobilbereich von der französischen Gruppe Labinal, zu der auch Sylea gehört.

→ **http://www.valeo.com**

| In Mio. Euro | 1. Halbjahr 2000 | 1. Halbjahr 1999 | Differenz |
|---|---|---|---|
| Umsatz | 4.491 | 3.890 | +15% |
| Bruttogewinn | 869 | 762 | +14% |
| % vom Umsatz | 19,4% | 19,6% | |
| Betriebsergebnis | 299 | 244 | +23% |
| % vom Umsatz | 6,7% | 6,3% | |
| Nettogewinn der integrierten Unternehmen | 213 | 151 | +41% |
| % vom Umsatz | 4,7% | 3,9% | |
| Nettogewinn | 170 | 154 | +10% |
| % vom Umsatz | 3,8% | 4,0% | |
| Cashflow | 436 | 395 | +10% |
| % vom Umsatz | 9,7% | 10,2% | |
| Investitionsaufwand | 266 | 251 | + 6% |
| % vom Umsatz | 5,9% | 6,5% | |
| | 30.06.2000 | 31.12.1999 | |
| Eigenkapital | 2.734 | 2.652 | + 3% |
| Nettoliquidität | 460 | 464 | - 1% |
| Mitarbeiter | 55.000 | 51.700 | + 6% |

**A    Compte rendu**

Faites un compte rendu en français des informations concernant les comptes semestriels que les deux entreprises Eridania Béghin-Say et Valeo ont publiés.

**B    Commentaire**

Faites une comparaison structurée entre les deux entreprises.

## 10.  Bessere Überlebenschancen: Die neue Insolvenzordnung

| | *Bisheriges Recht* | *Neues Recht* |
|---|---|---|
| | **Überschuldung** | **Überschuldung** |
| | Schulden größer als der Wert des Vermögens bei Zerschlagung des Unternehmens | Schulden größer als Wert des Vermögens bei möglicher Fortführung d. Unternehmens |
| *Gründe für die Beantragung des Konkurses* | **Zahlungsunfähigkeit** dauerhaft nicht in der Lage, ernsthaft eingeforderte Geldschulden im wesentlichen zu begleichen | **Zahlungsunfähigkeit** Zahlungen eingestellt oder nicht in der Lage, die fälligen Zahlungspflichten zu erfüllen |
| | | **Drohende Zahlungsunfähigkeit** voraussichtlich nicht in der Lage, bestehende Zahlungsverpflichtungen bei Fälligkeit zu bezahlen |
| *Phase vom Konkursantrag bis zur Entscheidung des Gerichts über die Konkurseröffnung* | Gläubiger, die Waren oder Maschinen unter Eigentumsvorbehalt lieferten, konnten sich diese zurückholen. Gläubiger, die Waren oder Maschinen als Sicherheiten überschreiben ließen, durften diese sofort auf eigene Rechnung verkaufen (verwerten). Gläubiger, die sich Forderungen abtreten ließen, konnten diese einziehen. Gläubiger konnten dem Unternehmen den Gerichtsvollzieher schicken und sich so Vermögen reservieren (zwangsvollstrecken) Ein Vermieter konnte dem Unternehmen wegen Mietrückständen vor dem Konkursantrag kündigen. Gläubiger durften Immobilien des Unternehmens zwangsversteigern. | Gläubiger dürfen Waren und Maschinen unter Eigentumsvorbehalt nicht mehr zurückholen. Gläubiger dürfen sicherheitsübereignete Waren und Maschinen nicht mehr verwerten. Gläubiger dürfen die ihnen abgetretenen Forderungen nicht mehr einziehen. Gläubiger dürfen keine Zwangsvollstreckung mehr erwirken. Ein Vermieter darf dem Unternehmen wegen Mietrückständen vor dem Konkursantrag nicht mehr kündigen. Der Konkursverwalter kann die Zwangsversteigerung einstweilig aussetzen. |

*Nach Eröffnung des Konkurs-verfahrens*

Der Konkursverwalter kann einen Insolvenzplan mit Regeln aufstellen, nach denen das Unternehmen erhalten wird.
Der Konkursverwalter kann Gläubiger mit gleichartiger Rechtsstellung zu Gruppen zusammenfassen.

*Beendigung des Konkurs-verfahrens*

Ansprüche von Belegschaft und Finanzamt wurden vor-rangig aus der verbleibenden Finanzmasse erfüllt.

Alle ungesicherten Gläubiger werden gleichrangig aus der freien Finanzmasse bedient.

(WiWo, 01/07/1999)

**A    Compte rendu**
Faites un compte rendu en français des dispositions du nouveau et de l'ancien règlement de procédure collective allemand.

**B    Analyse**
Analysez les conséquences des modifications du règlement de la procédure collective en Allemagne.

**C    Exposé-débat**
Préparez vos arguments pour prendre position dans le débat :

*Sauvetage de l'entreprise ou protection des créanciers -
qu'est-ce qui est plus important ?*

## INFORMATIONS

## La création d'entreprise

Une entreprise peut se créer
* en nom personnel
* sous forme de société
  "La Société est un contrat par lequel deux ou plusieurs personnes conviennent de mettre en commun des biens ou leur industrie (travail, connaissances professionnelles, compétence personnelle) en vue de partager le bénéfice qui pourra en résulter. Les associés s'engagent à contribuer aux pertes."
  (Code Civil)

**Le commerçant :** sont commerçants ceux qui exercent des actes de commerce et en font leur profession habituelle (art. 1 du code de commerce).

**Les actes de commerce :** tout achat de biens meubles pour les revendre soit en nature soit après les avoir travaillés et mis en œuvre ; les actes effectués par les entreprises de location de meubles, de transport, de banque, de change et de courtage. (art. 632)

**Le fonds de commerce** est constitué de l'ensemble des biens mobiliers qu'un commerçant ou un industriel groupe et organise en vue de la recherche d'une clientèle. On distingue les éléments corporels (matériel, outillage, marchandises) et les éléments incorporels (clientèle, droit au bail, nom commercial, enseigne, autorisations administratives, licences, brevets d'invention, marques, dessins, secrets de fabrication, logiciels).

**Le droit au bail** : la législation française est très favorable aux commerçants qui ne sont pas propriétaires des locaux dans lesquels ils exploitent leur fonds de commerce. Le propriétaire ne peut pas les obliger à quitter le local à la fin du bail.

**La concession :** elle repose sur une exclusivité réciproque de distribution d'une marque. Le concédant accorde au concessionnaire l'exclusivité de sa marque sur un secteur géographique donné. Le concessionnaire s'engage à distribuer cette marque en exclusivité. Cette formule a été très utilisée dans la distribution des biens de consommation durables (électroménager, automobile), permettant aux fabricants de constituer à peu de frais un réseau de distribution sous leur contrôle.

**Le commissionnaire** agit sous son nom propre ou sous son nom social pour le compte d'un commettant.

**L'agent ducroire** garantit les paiements des opérations qu'il traite.

**La franchise :** une entreprise concède à une autre l'exploitation d'une marque et lui apporte une assistance en contrepartie d'un droit d'entrée et d'une redevance proportionnelle au chiffre d'affaires réalisé.

**La sous-traitance** : contrat par lequel un entrepreneur principal charge un sous-traitant d'élaborer un élément d'un produit qui sera livré au maître de l'ouvrage. Il est lui-même commerçant. La législation prévoit un dispositif de protection du sous-traitant contre l'exploitation abusive.

**La location-gérance** : contrat par lequel le propriétaire d'un fonds de commerce appelé bailleur ou loueur confie, en vertu d'un contrat de location, l'exploitation de son fonds à une personne appelée gérant qui exploite ce fonds en son nom, pour son compte et à ses risques et qui paie au propriétaire un loyer. Sa situation ne doit pas être confondue avec la situation du gérant-salarié ou du commerçant locataire de locaux commerciaux.

## Formalités

Après avoir trouvé le financement et le siège social, choisi la forme juridique de la société et son nom, il faut
- rédiger les statuts et passer un avis de constitution de la société dans un journal d'annonces légales ;
- faire ouvrir un compte en banque au nom de l'entreprise ;
- déposer les statuts au greffe du Tribunal qui indique le numéro INSEE attribué et à l'administration des impôts ;
- demander l'immatriculation au Registre du Commerce et des Sociétés et à l'URSSAF. Le décret du 30 mars 1984 rend obligatoire le passage par les centres de formalités des entreprises.

## Loi Madelin (13/2/94)

Les principales dispositions visent à
- alléger les procédures : centralisation des obligations administratives au CFE (Centre de formalités des entreprises) ;
- alléger les charges sociales : les créateurs bénéficient d'une exonération de 30 % de leurs cotisations d'assurance-maladie pendant 2 ans. Possibilité de déduire des bénéfices les cotisations à des assurances facultatives ;
- protéger l'entrepreneur : s'il ne peut payer ses dettes, il peut couvrir sa créance par les biens de l'entreprise et non les siens.

## Critères de choix de l'implantation de l'entreprise

- Proximité du marché
- Potentiel de sous-traitance
- Compétences (main d'œuvre qualifiée, savoir-faire) et recherche (universités, laboratoires)
- Desserte autoroutière et ferroviaire
- Transports collectifs
- Réseau de télécommunications
- Aides à l'installation (surtout pour les relocalisations d'activités en province)
- Taxe professionnelle

## Chambres de Commerce et d'Industrie

Ce sont des institutions qui représentent les professions industrielles et commerciales auprès des pouvoirs publics. Elles fournissent à leurs membres les renseignements et la documentation utiles à la gestion de leurs affaires. Elles ont, en outre, une mission éducative : elles ont fondé des grandes écoles de commerce (p.ex. HEC), elles organisent des examens de français commercial et économique pour étrangers.

Elles sont composées de commerçants ou d'anciens commerçants élus par leurs pairs.

## Tribunaux de Commerce

Ils sont compétents pour juger les litiges entre commerçants ou entre ceux-ci et une personne civile. La procédure commerciale est plus rapide et moins onéreuse que la procédure civile.

Ils sont composés de commerçants ou d'anciens commerçants élus par leurs pairs.

En 1999, une réforme est mise en œuvre qui entend introduire des magistrats professionnels pour certains dossiers, par exemple les contentieux concernant le droit de la concurrence, les conflits boursiers, la propriété intellectuelle, les redressements et les liquidations d'entreprises.

## Les formes juridiques de l'entreprise

|  | Entreprise individuelle | Société en nom collectif | Société à responsabilité limitée (SARL) | Société anonyme (SA) |
|---|---|---|---|---|
| Nombre minimum d'associés | 1 | 2 | 2 minimum 50 maximum | 7 minimum |
| Capital minimum | aucun | pas de minimum légal | 50 000 F (En 2000, une réduction à 10 000 F est annoncée) | 250 000 F ; 1 000 000 si cotées en bourse |
| Titres représentatifs du capital | patrimoine de l'entreprise = celui de l'entrepreneur | parts sociales | parts sociales | actions |
| Responsabilité des associés | sur la totalité de son patrimoine | associés solidairement responsables sur leurs biens personnels | sur leurs apports | sur leurs apports |
| Mode de transmission des titres | librement | l'accord de tous les associés nécessaire | libre entre associés ; à un tiers avec accord de la majorité des associés | librement |
| Gestion | l'entrepreneur ou un gérant | un ou des gérant(s) associé(s) ou non, désignés par les associés | un gérant associé ou non désigné par les associés | soit par un Conseil d'Administration, avec un P.D.G. (Président Directeur Général) ; soit par un Directoire |
| Contrôle | l'entrepreneur propriétaire | les associés | les associés réunis en assemblée des associés | les actionnaires, réunis en assemblée générale ; le conseil de surveillance en cas de gestion par un directoire |

En Allemagne, le capital minimum de la S.A.R.L. est de 50 000 DM, de la S.A. de 100 000 DM. 5 associés suffisent pour fonder une S.A. Une "GmbH & Co KG." n'existe pas dans le droit français.

D'après la législation française, les **sociétés de personnes** sont considérées, elles aussi, comme des personnes morales. On distingue les deux types plutôt par la cessibilité des parts sociales.

Depuis l'introduction de la S.A.R.L., de moins en moins d'entreprises sont créées sous forme de Société en nom collectif. La **société en commandite** simple (le commandité est responsable sur la totalité de son patrimoine, les commanditaires seulement sur leurs apports) subit un déclin similaire. Depuis quelques années, la société en commandite par actions connaît à nouveau un certain succès (ex.: Yves Saint-Laurent, Michelin, Casino). Les commandités sont titulaires de parts sociales et ne peuvent pas les négocier librement ; sauf disposition contraire des statuts. Ils ont la qualité de gérants. Les commanditaires sont titulaires d'actions librement négociables ; ils ne peuvent pas être gérants. Ainsi est opérée une dissociation entre le pouvoir et la détention du capital. Le choix de cette forme de société peut correspondre à une stratégie anti-O.P.A.

En 1967, on a créé le **G.I.E.**, une structure très souple qui vise à améliorer ou permettre une activité économique par la mise en commun de certains moyens, par exemple : études de marché, publicité, service après vente. Depuis 1989, les entreprises européennes souhaitant coopérer disposent d'un instrument juridique relativement aisé d'accès : le Groupement Européen d'Intérêt Economique (**G.E.I.E.**).

En 1985, on a créé l'**E.U.R.L.**, l'entreprise unipersonnelle à responsabilité limitée. Le succès en est relatif, parce que les créanciers et notamment les banquiers exigent de l'associé unique qu'il se porte caution.

En 1994, la loi Madelin a instauré la **S.C.P.**, la Société de capital de proximité pour mobiliser l'épargne en faveur des petites et moyennes entreprises.

En 1994, on a créé également la **SAS**, société par actions simplifiée, statut qu'on a assoupli encore en 1999. Les fondateurs disposent d'une liberté quasiment totale pour organiser l'entreprise, définir les structures de direction, établir les modalités de contrôle par les actionnaires. Les SAS ne peuvent pas être introduites en Bourse. Bien que demandé par les multinationales pour simplifier l'organisation des filiales, ce statut a surtout été apprécié du côté des PME.

Pour qu'une **S.A.** soit valablement constituée, tout son capital social doit être souscrit, c'est-à-dire que les futurs actionnaires se sont engagés, par un bulletin de souscription, à effectuer un versement correspondant au nombre d'actions souscrites.

## Les organes de la société anonyme

La Société anonyme connaît **deux modèles d'organisation** : le modèle français avec Conseil d'administration et le type allemand avec directoire et Conseil de surveillance.

Dans le modèle français, les actionnaires élisent les membres du Conseil d'administration qui gèrent la société. Le Conseil d'administration nomme le P.D.G. qui représente la société vis-à-vis de tiers. La fonction de contrôle est exercée par les actionnaires qui ont droit à l'information et les Commissaires aux comptes.

Dans le modèle allemand, les actionnaires exercent les mêmes fonctions de contrôle. Ils élisent les membres du Conseil de surveillance qui contrôle la gestion de la société et qui nomme les membres du directoire qui gèrent ensemble l'entreprise. Le président du directoire représente la société.

Aujourd'hui, la toute-puissance du **PDG français** est en contradiction avec les exigences des investisseurs institutionnels qui favorisent la séparation du pouvoir exécutif (la direction de l'entreprise) et des organes de contrôle (le conseil d'administration). Une loi adoptée en 2000 prévoit donc mettre fin à cette particularité française. Dans les sociétés dont les titres sont admis sur un marché réglementé, les présidents du conseil d'administration ne pourront plus assurer la direction générale de la société, sauf si l'assemblée générale extraordinaire modifie les statuts.

Le **Conseil d'administration** convoque les assemblées et en fixe l'ordre du jour. Son obligation majeure est de fournir aux actionnaires les informations sur les comptes et la marche de la société. Les **administrateurs** sont rémunérés par les jetons de présence fixés par le conseil à l'intérieur d'une enveloppe votée par l'assemblée générale. Leur responsabilité peut être mise en cause pour défaut de contrôle. Depuis 1986, l'assemblée générale extraordinaire des actionnaires est autorisée à modifier les statuts de la société pour créer des postes d'administrateurs-salariés siégeant avec voix délibérative au conseil d'administration ou de surveillance.

**L'assemblée générale** ordinaire se réunit au moins une fois par an ; les décisions sont prises à la majorité, à l'assemblée générale extraordinaire aux deux tiers des actions. Rôle : approbation des comptes, affectation des résultats, nomination et révocation des administrateurs, approbation des conventions passées entre la société et ses dirigeants, émission d'obligations. Décisions de l'Assemblée générale extraordinaire : augmentations et réductions de capital ; transformation de la société. Remarque : les associés d'une SNC et d'une SARL se réunissent également en assemblée des associés pour approuver les comptes, donner le quitus, nommer les dirigeants et donner des autorisations diverses.

La mission des **commissaires aux comptes** consiste à vérifier la concordance entre les comptes annuels présentés par les sociétés et les informations qui leur sont fournies. Les commissaires aux comptes ont, en France, des mandats de six ans. La prestation des experts est payée par l'entreprise. Et, en fin de mandat, rien n'interdit une reconduction. On peut émettre des réserves sur un système dans lequel le client paie pour être contrôlé avec la capacité de choisir qui le contrôle. Mais le problème est inhérent à la profession.

# La comptabilité

- **Comptabilité générale**
  Elle retrace les opérations de l'entreprise avec les tiers. C'est une comptabilité externe, obligatoire et réglementée. Elle est soumise aux règles comptables et subit l'emprise de la fiscalité, en matière d'évaluation et de présentation des informations. Elle est essentiellement tournée vers le passé, elle est descriptive et ne répond pas aux exigences de prévision du futur.

- **Comptabilité analytique**
  Elle décrit les événements à l'intérieur de l'entreprise et fournit des informations détaillées à intervalles rapprochés, en vue d'orienter les décisions. Les objectifs décrits dans le Plan comptable général sont : connaître les coûts des différentes fonctions assumées par l'entreprise, expliquer les résultats en calculant les coûts des produits, pour les comparer aux prix de vente correspondants ; établir des prévisions de charges et de produits courants, en constater la réalisation et expliquer les écarts qui en résultent. D'une manière générale, elle doit fournir tous les éléments de nature à éclairer la prise de décision.

- **Comptabilité à partie double**
  Toute opération élémentaire faite par l'entreprise avec un tiers est décrite par deux flux. Dans la comptabilité de l'entreprise, les comptes servent à noter la destination (point d'arrivée) d'un des flux et l'origine (point de départ) de l'autre flux. Le compte est donc un tableau divisé en deux parties : dans la partie gauche sont notées les valeurs d'arrivée des flux, ou emplois ; dans la partie droite sont enregistrées les valeurs de départ des flux, ou ressources.

Dans le capitalisme "à l'ancienne", le bilan n'était qu'un sous-produit assez secondaire de la comptabilité. Les chefs d'entreprise appréciaient beaucoup de disposer de plus-values latentes discrètement dissimulées. Les bilans n'avaient guère de signification pour apprécier la valeur réelle du patrimoine de l'entreprise.

Aujourd'hui, la comptabilité cherche les moyens de valoriser de façon plus réaliste les actifs des entreprises. Cela implique une transformation fondamentale de la manière de comptabiliser l'ensemble des postes du bilan : il faudrait non plus les comptabiliser à leur valeur d'acquisition ou historique, mais à la valeur de remplacement (machine), valeur actualisée (stocks) ou valeur de marché (titres financiers).

De plus en plus d'entreprises françaises - et allemandes - adaptent leur comptabilité au modèle anglo-saxon. Les fonds de pension exercent une pression très forte en exigeant la transparence. La conséquence en est que les baisses de cours des titres se reflètent immédiatement dans les résultats.

# Financement

Pour former le capital, il faut tout d'abord posséder l'argent nécessaire à son achat, avoir un **capital monétaire**.

L'argent transmis aux entreprises a plusieurs origines :

- l'épargne des particuliers qui achètent des actions et des obligations ou qui financent des investissements ;
- les réserves des entreprises qui peuvent s'autofinancer. Cette capacité d'autofinancement s'appelle cash-flow ;
- les crédits octroyés par les banques ;
- les marchés internationaux des capitaux auxquels les entreprises françaises peuvent faire appel ;
- les investissements d'entreprises étrangères en France.

Il faut ensuite une **décision d'investissement** : agrandissement ou modernisation d'installations, création d'une nouvelle usine ou augmentation des stocks. Les entreprises doivent prévoir la constitution de réserves afin de renouveler le capital fixe qu'elles possèdent : **amortissement.** L'amortissement intègre donc dans le prix d'un produit une somme qui permettra de renouveler les équipements existants quand ceux-ci seront usés ou démodés. D'autres capitaux disparaissent dans le processus de production : matières premières, énergie, semi-produits : **les capitaux circulants.** Mais il faut aussi prendre en considération l'investissement immatériel : information, recherche, formation, logiciels de base, études de marché, publicité.

## Le compte de résultat et le bilan

Pour juger de la situation financière des entreprises, on dispose de deux documents de synthèse :

- Le **compte de résultat** qui remplace compte d'exploitation et compte de pertes et profits. Il enregistre les charges (dépenses, emplois) et les produits (recettes), ainsi que la différence entre les deux : pertes ou bénéfices. Il contient également les pertes et profits exceptionnels. Il ne tient compte que des opérations de l'exercice écoulé.

- Le **bilan** est l'inventaire de tous les biens, des dettes et des créances d'une entreprise à une date donnée. Il indique les ressources qui sont à la disposition de l'entreprise (passif) et les emplois qu'elle en a faits (actif). Le bilan se présente sous forme d'un tableau à deux colonnes : à gauche figure l'actif et à droite le passif.

## Le bilan fonctionnel

| **Actif immobilisé** | **Capitaux propres** |
|---|---|
| • Immobilisations incorporelles | • Capital |
| • Immobilisations corporelles | • Réserves |
| • Immobilisations financières | • Résultat |
| **Actif circulant** | **Provisions pour risques et charges** |
| • Stocks | |
| • Créances d'exploitation | • Provisions pour risques |
| • Créances diverses | • Provisions pour charges |
| • Valeurs mobilières de placement | **Dettes** |
| • Disponibilités | • Dettes financières |
| • Comptes de régularisation | • Dettes d'exploitation |
| | • Dettes diverses |
| | • Comptes de régularisation |

## Le bilan financier
Les ressources y sont classées suivant leur degré d'exigibilité et les emplois suivant leur degré de liquidité.

| **Actif immobilisé** | **Capitaux permanents** |
|---|---|
| • Immobilisations incorporelles | • Capitaux propres |
| • Immobilisations corporelles | • Amortissements + provisions |
| • Immobilisations financières | • Dettes financières > 1 an |
| **Actif circulant** | **Dettes < 1 an** |
| • A.C. d'exploitation | • Dettes d'exploitation |
| • A.C. hors exploitation | • Dettes hors exploitation |
| **Trésorerie active** | **Trésorerie passive** |

Le **haut du bilan** représente **le cycle d'investissement** de l'entreprise.

L'équilibre financier minimum à respecter est de financer les emplois à long terme par des ressources de même durée. L'analyse de la liquidité d'une entreprise montre que cet équilibre est minimum car il faut dégager un surplus de ressources stables qui permettra de financer une partie de l'actif circulant : **le fonds de roulement**.

Le **bas du bilan** représente **le cycle d'exploitation** de l'entreprise, les ressources et les emplois sont renouvelés plusieurs fois par exercice.

La **trésorerie** représente les liquidités dégagées par l'excédent de ressources stables. Son but est d'assurer la solvabilité et la liquidité de l'entreprise.

## Les ratios de rentabilité

Sous l'influence des investisseurs institutionnels, les entreprises adoptent de nouvelles façons de mesurer la rentabilité de leurs activités. Le critère nouveau est **la création de valeur pour l'actionnaire.**

Les ratios habituels, bénéfice sur chiffre d'affaires ou bénéfice sur fonds propres, ne donnent qu'une image trompeuse. Le premier dépend largement du poids des achats réalisés par l'entreprise et le second peut être élevé même quand l'entreprise est lourdement endettée. En fait, une entreprise rentable, c'est avant tout une entreprise qui dégage plus de bénéfice pour cent francs de capital engagé dans son activité que des placements sans risque, comme les emprunts d'Etat. De plus, il faut majorer le taux d'une prime de risque en fonction de l'entreprise et du secteur d'activité, afin de se prémunir contre les aléas toujours possibles dans la vie des affaires.

De nouvelles façons de mesurer la rentabilité des entreprises se sont donc imposées. La plus répandue est la méthode **EVA** (Economic Value Added). Il s'agit de calculer ce qu'on appelle une "valeur ajoutée économique". On retranche au résultat opérationnel net d'impôts le coût de tous les capitaux investis dans l'entreprise, dette financière ou fonds propres. On mesure le montant qui représente l'excès de profit par rapport au minimum requis. La donnée clé de la formule, le coût des capitaux, dépend de la structure financière du groupe (il s'agit du coût moyen pondéré des fonds propres et de la dette, en fonction de leur proportion dans la structure du passif de bilan).

# La croissance de l'entreprise

- **La concentration horizontale** est le regroupement d'entreprises fabriquant le même produit. **La concentration verticale** s'inscrit dans une logique de filières et regroupe des entreprises complémentaires.

- Un **groupe** est un ensemble de sociétés comprenant une société-mère et des sociétés dépendantes. Quand la société-mère détient plus de 50 % du capital, la société dépendante s'appelle **filiale**. Quand elle possède entre 10 et 50 % du capital de la société dépendante, on dit qu'elle possède une **participation.**

- **Le (la) holding** est une société financière dont l'actif est uniquement composé d'actions d'autres entreprises dont elle contrôle ainsi l'activité.

- **Le conglomérat** est un regroupement d'entreprises diverses en vue de répartir les risques sur plusieurs secteurs et de multiplier les possibilités de croissance. La plus ancienne forme d'association entre les entreprises est **le cartel** : plusieurs entreprises s'entendent pour limiter la production, fixer des prix minimaux ou encore se répartir le marché (ex. OPEP).

- **La joint venture** est une association avec un partenaire étranger. Elle porte sur un projet industriel ou commercial impliquant la mise en commun de moyens et de risques. Les décisions importantes sont partagées.

La **croissance interne** se réalise par auto-financement ou appel aux actionnaires (augmentation de capital). Pour croître plus rapidement, une société peut fusionner avec d'autres, ou en prendre le contrôle par des OPA ou les acheter à des conditions avantageuses. On parle alors de **croissance externe**.

- **L'introduction en bourse**
  Souvent, la recherche de fonds propres externes est à l'origine d'une introduction en bourse.
  Pour en comprendre l'intérêt, il faut rappeler les trois caractéristiques des actions cotées :
  - elles permettent une séparation des fonctions de décision et de propriété;
  - elles sont parfaitement négociables ;
  - leur durée de vie n'est imitée que par celle de la société.

  Ces propriétés offrent les avantages suivants :
  - le risque peut être réparti entre de nombreux agents ; cette répartition facilite la mobilisation de montants de capitaux élevés ;
  - l'apparition d'un groupe d'agents spécialisés - les actionnaires - permet de réduire les coûts d'information ;
  - il est possible de collecter des fonds importants afin de financer des actifs qui offrent peu de garanties aux créanciers ;
  - l'entreprise fait l'objet d'une valorisation continue sur le marché financier, ce qui, d'une part, permet d'apprécier la performance de l'entreprise et assure, d'autre part, la mobilité du capital. Elle facilite en particulier la transmission des entreprises.

Il y a également des contraintes et des coûts. Les sociétés sont soumises à des obligations sévères en matière d'information des tiers et font l'objet d'une surveillance par les autorités de régulation. Elles paient des frais sous forme d'abonnement annuel pour être cotées. Enfin, la cotation en cas de capital fort dispersé entraîne le risque de perte de contrôle pour les dirigeants, leur entreprise pouvant faire l'objet d'une offre d'achat, notamment sous forme d'OPA ou d'OPE. Les entreprises se voient également soumises à une forte pression de la part des fonds de pension qui veulent maximiser leurs actifs.

Les conditions d'accès au marché varient selon le type de marché visé.

L'introduction en bourse est réalisée par un pool d'introduction, regroupant des intermédiaires financiers, banques et sociétés de bourse. Après l'admission par les autorités de régulation, la banque introductrice contribue au placement des titres, soit par mise à disposition des titres directement auprès du public, soit auprès d'intermédiaires financiers.

- **L'augmentation de capital**
  L'augmentation de capital ne se traduit par un apport externe de capitaux que s'il y a appel de numéraire. Les autres types d'augmentation n'apportent pas de liquidités supplémentaires, mais modifient uniquement la nature juridique du passif.
  L'augmentation de capital s'analyse comme une vente d'actions qui est soumise à une réglementation stricte. Les anciens actionnaires bénéficient d'un **droit préférentiel de souscription**. Ce droit est négociable et fait l'objet d'une cotation. Le mécanisme permet de dédommager les anciens actionnaires.
  Les opérations d'augmentation de capital sont conduites par un syndicat bancaire dirigé par un chef de file.
  L'augmentation de capital par **incorporation de réserves** n'apporte pas de fonds nouveaux à l'entreprise, mais elle possède deux avantages : ce type d'opération s'accompagne le plus souvent d'une distribution d'actions gratuites qui permet de réduire le cours et d'élargir ainsi le marché du titre. Elle est généralement interprétée comme un signal favorable par le marché financier.
  Le **droit d'attribution** joue un rôle similaire à celui du droit préférentiel de souscription pour les augmentations de capital en numéraire.

- **La réduction de capital**
  Une société dont les actions sont admises aux négociations sur un marché réglementé peut acheter un nombre d'actions représentant jusqu'à 10 % du capital de la société. Ces actions peuvent être annulées.
  Ce rachat d'actions est le moyen d'augmenter la valeur de chaque action quand les entreprises n'y parviennent pas avec leurs activités opérationnelles.

## Les techniques financières de prise de contrôle

- **L'achat d'actions de gré à gré** se fait auprès d'un ou plusieurs gros actionnaires de la société visée. Cette méthode requiert le plus souvent les services d'un cabinet de rapprochement d'entreprise ou des services spécialisés d'une grande banque.

- **L'O.P.A**. et l'O.P.E. hostile permettent de prendre le contrôle d'une société d'une manière agressive, sans l'accord de ses dirigeants. Le procédé est simple : un investisseur propose par les médias à tous les actionnaires d'une société de leur acheter leurs titres à un prix déterminé et attractif (supérieur au cours de la bourse) ou d'échanger leurs actions contre d'autres titres. L'OPA est **obligatoire** lorsqu'un actionnaire franchit le tiers du capital, la minorité de blocage qui lui donne statutairement des pouvoirs particuliers, ou s'il augmente sa participation de plus de 2 % en un an quand il possède déjà entre le tiers et la moitié du capital, ou enfin lorsqu'il franchit la barre des 50 % du capital ou des droits de vote. C'est une protection pour les autres actionnaires, qui peuvent ainsi céder leurs titres à un moment où ils perdent souvent de fait le pouvoir qui y était théoriquement attaché. L'offre porte sur la totalité du capital. Dans le cas d'une OPE, la société attaquante paie les actionnaires avec ses propres actions sans débourser un centime.

- **L'OPV** (Offre Publique de Vente) est utilisable par une société déjà cotée pour élargir son actionnariat ou pour l'introduction de valeurs sur le second marché. Elle est pratiquée lors de privatisations : une autre entreprise peut prendre une participation dans le capital de celle qui a fait une offre publique de vente de ses titres. Elle consiste à mettre à la disposition du marché une quantité de titres à un prix d'offre ferme et définitif.

- **L'OPR** obligatoire (squeeze out) est mise en place lorsque le flottant a été réduit à moins de 5 % et vise à exproprier les actionnaires minoritaires, moyennant indemnité. A la suite d'une telle offre, le titre est radié de la cote officielle. Dans l'OPR simple, personne ne peut obliger un minoritaire à accepter les conditions proposées pour le rachat de ses titres.

## Contrôle

La domination de la société est le fait des actionnaires majoritaires. On distingue :

- le **contrôle exclusif**, qui résulte, soit de la détention de la majorité des droits de vote, soit de la désignation de la majorité des dirigeants ou de la détention de 40 % des droits de vote sans qu'aucun autre ne dispose d'une fraction supérieure ;
- le **contrôle conjoint**, qui est un partage du contrôle d'une société exploitée en commun par un nombre limité d'autres sociétés.
- Il n'y a pas contrôle, mais seulement **influence notable** sur une société lorsqu'une société ne dispose que d'une fraction au moins égale au cinquième des droits de vote de cette société.

## L'entreprise en difficultés

Dans les années 80, on a mis en place une nouvelle législation concernant les entreprises en difficulté, dans le but d'en favoriser le sauvetage.

Le **règlement amiable** : les entreprises ayant des problèmes financiers mettant en danger leur survie peuvent demander au président du tribunal de commerce la désignation d'un conciliateur. Celui-ci essaiera d'obtenir des créanciers des délais ou des remises de dette.

Si l'entreprise ne peut tenir ses engagements (cessation des paiements), elle doit procéder à un **dépôt de bilan** et le tribunal de commerce ouvre la **procédure collective** qui peut mener au redressement ou à la liquidation judiciaire. Depuis peu, la liquidation peut être décidée directement.

Le tribunal de commerce désigne un juge-commissaire, chargé de surveiller le suivi ; un administrateur qui dresse un rapport comportant un bilan économique et social de l'entreprise et un projet de plan de redressement ; un représentant des créanciers ; un représentant des salariés. Il ordonne l'ouverture d'une période d'observation.

La **phase d'observation** se termine par un jugement. Il y a plusieurs possibilités :
- Un plan de **redressement** prévoyant la **continuation**. Le tribunal organise le règlement du passif, révise les délais et remises consentis par les créanciers.
- Un plan de redressement avec **cession**. L'administrateur transmet au tribunal des offres de cession. Le tribunal l'ordonne et statue sur la répartition du prix.
- La **liquidation** de l'entreprise. Son objectif est le désintéressement des créanciers. Elle est conduite par un liquidateur, qui est généralement le représentant des créanciers.

**Faillite personnelle** : le tribunal peut la prononcer pour une durée d'au moins 5 ans. Elle entraîne automatiquement l'interdiction de diriger, de contrôler une entreprise commerciale ou une personne morale.

**Banqueroute** : c'est un délit. Cas : poursuite abusive d'une exploitation déficitaire, omission ou disparition de comptabilité, détournement de l'actif, augmentation frauduleuse du passif. Peines : emprisonnement de 3 mois à 5 ans ou amende de 10 000 à 200 000 F.

# Le monde du travail

**Vocabulaire** ....................................................................... **220**
    *Recherche d'emploi*      220
    *La demande d'emploi*      225
    *Conditions de travail*      226
    *Conflits*      230
    *Au bureau*      232
    *Au téléphone*      234
**Entraînement** .................................................................. **236**
**Exercices** ....................................................................... **243**
    *Recherche d'emploi  1. ; 2.1 ; 4. ; 5. ; 6. ; 7. ; 8.1 ; 9.; 14. ; 15.1-5 ; 19. ; 20*
    *Conditions de travail  2.2-10 ; 3.1-3 ; 8.2 ; 10. ; 12. ; 13. ; 15.6-8 ; 16.1-8 ; 21.*
    *Conflits 3.4-8 ; 8.3 ; 16.9*
    *Au bureau 3.9-10 ; 8.4-7 ; 11.1-4 ; 15.9-10 ; 16.10 ; 17. ; 18.*
    *Au téléphone 8.8-10 ; 11.5-10*
**Textes** ........................................................................... **260**
    *Leiharbeit: Kampf gegen Schmuddelarbeit (1.)*
    *Strengere Regeln für die Jobs auf Zeit (2.)*      261
    *Répartition des emplois intérimaires (3.)*      262
    *Intérim : la dérive (4.)*      263
    *Répartition des missions (5.)*      264
    *Augmentations : c'est chacun pour soi (6.)*      265
    *SNCF : premières tensions liées aux 35 heures (7.)*      266
    *Junge Rentner (8.)*      267
    *Nebenkosten kein Jobkiller (9.)*      268
**Informations** ................................................................... **270**
    *L'enseignement en France*
    *Curriculum vitae et lettre de candidature*      272
    *L'ANPE, période d'essai, bulletin de paie, acompte et avance, participation*
    *et intéressement aux bénéfices*      276
    *Le licenciement*      277
    *Les syndicats*      278
    *Le comité d'entreprise*      279
    *Organisation de l'entreprise*      280
    *La communication interne*      281

## VOCABULAIRE

| | |
|---|---|
| | **Recherche d'emploi** |
| le marché de l'emploi, du travail | der Arbeitsmarkt |
| l'emploi, le poste de travail | die Stelle, der Arbeitsplatz, das Beschäftigungsverhältnis |
| la population active | die Erwerbsbevölkerung |
| les actifs | die Erwerbstätigen |
| l'activité professionnelle | die Erwerbs-, Berufstätigkeit |
| l'activité professionnelle (non) salariée | die abhängige (selbständige) Beschäftigung |
| exercer une profession, un métier | einen Beruf ausüben |
| l'employeur | der Arbeitgeber |
| le chef de service | der Abteilungsleiter |
| la gestion du personnel | die Personalverwaltung, -wirtschaft |
| les RH/ressources humaines | die Personalabteilung, das Personalwesen |
| l'ANPE/l'agence nationale pour l'emploi | Staatliches Arbeitsamt (F) |
| l'Agence fédérale pour l'emploi | Bundesanstalt für Arbeit (D) |
| une antenne locale de l'ANPE | ein örtliches Büro des Arbeitsamts |
| placer qn | jdn vermitteln |
| le bureau de placement, le cabinet de recrutement | die (private) Arbeitsvermittlung |
| le chasseur de têtes | der Headhunter |
| l'agence d'intérim | die Zeitarbeitsagentur |
| l'ETT/entreprise de travail temporaire | die Zeitarbeitsfirma |
| le demandeur d'emploi | der Arbeitsuchende |
| être au chômage | arbeitslos sein |
| le chômeur | der Arbeitslose |
| le chômeur de longue durée | der Langzeitarbeitslose |
| l'UNEDIC | Dachverband der Arbeitslosenversicherungskassen |
| l'ASSEDIC | die Arbeitslosenversicherungskasse |
| le bénéficiaire des allocations Assedic | der Bezieher von Arbeitslosengeld |
| **le salarié** | der Arbeitnehmer, Beschäftigte, Lohn- und Gehaltsempfänger |
| le collaborateur, la collaboratrice | der Mitarbeiter, die Mitarbeiterin |
| le, la collègue | der Kollege, die Kollegin |
| l'effectif, les effectifs (m) | der Personalbestand, die Personalstärke |
| la main d'œuvre | die Arbeitskräfte |
| les opérateurs (m) | das Bedienungspersonal |
| le personnel de maintenance | das Wartungspersonal |
| les salariés d'exécution | das ausführende Personal |
| l'ouvrier, le travailleur | der Arbeiter |
| l'ouvrière, la travailleuse | die Arbeiterin |
| l'ouvrier qualifié, professionnel/O.P. | der Facharbeiter |

| | |
|---|---|
| l'ouvrier non qualifié | der ungelernte Arbeiter |
| l'ouvrier spécialisé/O.S. | der angelernte Arbeiter |
| le contremaître | der Werkmeister |
| l'agent de maîtrise | der Meister |
| l'artisan (m) | der Handwerker |
| l'apprenti | der, die Auszubildende, der Lehrling |
| le tuteur, maître d'apprentissage | der Betreuer, Ausbildungsleiter |
| le stage | das Praktikum |
| le stagiaire | der Praktikant |
| les intérimaires | die Zeitarbeitskräfte, Leiharbeiter |
| le travailleur indépendant | der freie Mitarbeiter |
| le saisonnier | der Saisonarbeiter |
| | |
| l'employé(e) | der (die) Angestellte |
| le cadre (moyen/supérieur) | der leitende Angestellte , die mittlere/höhere Führungskraft |
| l'encadrement (m) | das Management, Führungspersonal |
| les cols blancs/bleus | die Angestellten/Arbeiter |
| les professions libérales | die freien Berufe |
| | |
| les expatriés | die Mitarbeiter im Auslandseinsatz |
| le détachement de personnel | die Entsendung von Personal |

**l'offre d'emploi**

| | |
|---|---|
| un poste vacant | das Stellenangebot |
| la définition du poste | eine freie Stelle |
| le poste à pourvoir | die Stellenbeschreibung |
| pourvoir un poste | der zu besetzende Posten |
| poste basé à | eine Stelle besetzen |
| faire paraître, passer une annonce | Stelle in (Ort) |
| mettre un poste au concours | eine Anzeige aufgeben |
| la mise au concours d'un poste | eine Stelle ausschreiben |
| .. recherche .., nous recherchons | die Stellenausschreibung |
| | gesucht .., wir suchen |
| | |
| le recrutement | die Einstellung, Rekrutierung |
| l'embauche (f) | die Einstellung, Anstellung |
| embaucher, recruter | einstellen |
| engager qn | jdn engagieren, einstellen |
| employer qn | jdn beschäftigen |
| s'arracher qn | sich um jdn reißen |
| intégrer qn | jdn aufnehmen, eingliedern |
| s'intégrer | eintreten |
| rejoignez-nous | kommen Sie zu uns |
| merci d'adresser votre dossier de | bitte senden Sie Ihre |
| candidature à | Bewerbungsunterlagen an |
| au plus vite | so schnell wie möglich |
| à l'attention de | zu Händen von |
| sous référence | unter der Referenz |

| | |
|---|---|
| **la recherche d'(un) emploi** | die Stellensuche |
| la demande d'emploi | das Arbeitsgesuch |
| changer d'emploi | die Stelle wechseln |
| les démarches (f) | die Schritte, das Vorgehen |
| déterminer son orientation professionnelle | seine berufliche Orientierung festlegen |
| définir son projet professionnel | sein berufliches Vorhaben definieren, bestimmen, was man beruflich vorhat |
| prétendre à | streben nach, sich bewerben um |
| le demandeur d'emploi | der Arbeitssuchende |
| le candidat, le postulant | der Bewerber |
| la candidate, la postulante | die Bewerberin |
| l'annonce d'emploi | die Stellenanzeige |
| les petites annonces | die Kleinanzeigen |
| solliciter un poste, poser sa candidature pour un poste, postuler | sich um eine Stelle bewerben |
| adresser sa candidature à | seine Bewerbung richten an |
| une candidature spontanée | eine Spontanbewerbung, "Blindbewerbung" |
| une candidature ciblée | eine zielgerichtete Bewerbung |
| le dossier de candidature | die Bewerbungsunterlagen |
| transmettre | weiterleiten |
| la lettre de candidature, de motivation | das Bewerbungsschreiben |
| le C.V./curriculum vitae | der Lebenslauf |
| manuscrit | handschriftlich |
| sous forme synoptique | tabellarisch |
| l'état civil | der Familienstand |
| célibataire/marié(e)/divorcé(e) | ledig/verheiratet/geschieden |
| la disponibilité | die Verfügbarkeit |
| **la qualification** | die Qualifikation |
| qualifié | qualifiziert |
| le bulletin scolaire | das Schulzeugnis |
| passer le bac | das Abitur machen |
| l'option (f) | das Wahlpflichtfach, der Schwerpunkt |
| les activités extrascolaires | die außerschulischen Aktivitäten |
| ne pas avoir de niveau | keinen qualifizierten Abschluss haben |
| diplômé | diplomiert; Absolvent |
| la bourse | das Stipendium |
| le certificat, le diplôme | das Zeugnis, Diplom |
| l'obtention d'un certificat | der Erwerb eines Zeugnisses |
| la validation des diplômes | die Anerkennung der Diplome |
| titulaire de | Inhaber von |
| de formation bac + 2, ..., + 5 | Absolvent eines zwei-, ..., fünfjährigen Studiengangs, einer .. Ausbildung |
| l'attestation (f) | die Bescheinigung |
| le certificat de travail | das Arbeitszeugnis |
| une copie certifiée conforme | eine beglaubigte Kopie |
| l'extrait du casier judiciaire | das Führungszeugnis |

**les pistes de formation** — die Ausbildungsgänge, -wege
la filière professionnelle — der Berufszweig, Ausbildungsgang
les métiers porteurs — die Berufe mit Zukunft(schancen)
les profils recherchés — die gesuchten Profile
demandé, sollicité — gesucht, gefragt
la formation initiale/continue — die Erstausbildung/Fortbildung
la formation en alternance — die Ausbildung im dualen System
l'apprentissage (m) — die Lehre
la formation sur le tas — die Ausbildung am Arbeitsplatz
la formation proche du terrain — die praxisnahe Ausbildung
la reconversion, le recyclage — die Umschulung
se reconvertir — (sich) umschulen (lassen)
prendre en charge une formation — die Kosten für eine Ausbildung übernehmen

l'organisme (m) de formation — die Bildungseinrichtung
reconnu, agréé par l'Etat — staatlich anerkannt, zugelassen
le stage de formation — der Fortbildungskurs
l'inscription (f) — die Anmeldung, Einschreibung
le formateur — der Ausbilder
dispenser une formation — eine Ausbildung, Fortbildung erteilen
l'acquisition de compétences — der Erwerb von Fähigkeiten

**les connaissances requises** — die verlangten, erforderlichen Kenntnisse

le poste requiert — der Posten erfordert
être de rigueur — notwendig sein
remplir les conditions — die Bedingungen erfüllen
les aptitudes (f) — die Fähigkeiten
le test d'aptitudes — der Eignungstest
le savoir-faire — das Know-how
posséder une bonne maîtrise de — gut beherrschen
apprécié — geschätzt
des notions — Grundkenntnisse
l'expérience professionnelle — die Berufserfahrung
acquérir une première expérience — erste Berufserfahrungen sammeln
une expérience réussie — eine erfolgreiche Erfahrung
disposer de — verfügen über
justifier de — nachweisen, aufweisen
2 ans minimum — mindestens 2 Jahre
dans ces fonctions — in dieser Tätigkeit
les postes précédemment occupés — die vorher innegehabten Stellen
le parcours, la carrière, le cursus — der berufliche Werdegang

**les qualités** — die Qualitäten, Vorzüge, Fähigkeiten
les points faibles/forts — die Schwächen/Stärken
le professionnalisme — die Professionalität
opérationnel,le — einsatzfähig, einsetzbar
disposé à voyager, à se déplacer — mobil
le déplacement — die Dienstreise
une personne désireuse de — eine Person, die .. möchte

| | |
|---|---|
| s'investir | sich einbringen, engagieren |
| l'implication (f) | das Engagement |
| relever un défi | eine Herausforderung annehmen |
| avoir le goût de | Geschmack finden an, mögen |
| avoir le goût, sens des contacts | kontaktfreudig sein |
| la rigueur | die Strenge, Striktheit |
| l'ouverture d'esprit | die geistige Offenheit |
| l'animation (f) | der Schwung, die Fähigkeit zum Mitreißen |
| l'esprit d'équipe | der Teamgeist |
| l'esprit d'initiative | die Initiative |
| la capacité de jugement | das Urteilsvermögen |
| la polyvalence | die vielfältige Einsetzbarkeit |
| les qualités relationnelles | die zwischenmenschlichen Qualitäten |
| les atouts (m) | die Trümpfe |
| faire preuve de | an den Tag legen |

| | |
|---|---|
| **la fonction** | die Funktion |
| la tâche | die Aufgabe |
| se familiariser avec | sich vertraut machen mit |
| avoir pour mission | als Aufgabe haben |
| être chargé de | beauftragt, betraut sein mit |
| charger qn de faire qc | jdn beauftragen, etw. zu tun |
| confier une mission à qn | jdm eine Aufgabe übertragen, anvertrauen |
| les compétences (f) | der Zuständigkeitsbereich |
| assumer des responsabilités | Verantwortung übernehmen |
| être responsable de | verantwortlich sein für |
| à la tête d'une équipe | als Leiter des Teams |
| rejoindre une équipe | in ein Team eintreten |
| en position d'adjoint | als Assistent |
| associé à | beteiligt an |
| rattaché au directeur administratif | dem Verwaltungsleiter zugeordnet |
| placé sous l'autorité directe de | direkt .. unterstellt |
| seconder le responsable | dem Verantwortlichen assistieren |
| assister le titulaire du poste | dem Stelleninhaber assistieren |
| sur l'ensemble de ses fonctions | bei all seinen Tätigkeiten |

| | |
|---|---|
| **les prétentions salariales** | die Gehaltsvorstellungen, -wünsche |
| rémunération en fonction de | Bezahlung abhängig von |
| les perspectives d'évolution | die Entwicklungsmöglichkeiten |
| un poste évolutif | ein entwicklungsfähiger Posten |

| | |
|---|---|
| **retenir une candidature** | eine Bewerbung berücksichtigen |
| convoquer qn | jdn einladen |
| la convocation | die Einladung |
| l'entretien (m) d'embauche | das Einstellungsgespräch |
| la lettre d'engagement | das Anstellungsschreiben |
| la lettre de refus | die Absage |

## ☐ La demande d'emploi

| | |
|---|---|
| suite à, me référant à, en référence à | ich beziehe mich auf, unter Bezug auf |
| votre annonce parue dans ... | Ihre Anzeige in .... |
| votre annonce a retenu mon attention | Ihre Anzeige ist mir aufgefallen |
| le poste qui fait l'objet de votre annonce | die Stelle in Ihrer Anzeige |
| l'emploi proposé | die angebotene Stelle |
| l'emploi que vous offrez m'intéresse | die angebotene Stelle interessiert mich |
| je suis très intéressé(e) par | ich interessiere mich sehr für |
| étant très intéressé(e) par | da ich mich sehr für .. interessiere |
| j'ai appris par ... | ich habe durch ... erfahren |
| que vous (re)cherchez | dass Sie ... suchen |
| qu'un emploi .. sera vacant | dass eine Stelle frei wird |
| c'est sur le conseil de ... que | auf den Rat von ... |
| je me permets (donc) de poser ma candidature, de solliciter le poste | ich erlaube, gestatte mir (also), mich zu bewerben |
| | |
| vous trouverez ci-joint | ich füge bei |
| âgé(e) de | im Alter von, ... alt |
| j'ai obtenu le bac | ich machte, absolvierte das Abitur |
| j'ai suivi des études secondaires | ich besuchte die Höhere Schule |
| étant actuellement sur le point de terminer ma scolarité | da ich dabei bin, die Schule zu beenden |
| j'ai acquis des connaissances de .. | ich habe Kenntnisse in .. erworben |
| je suis au courant de | ich bin vertraut mit |
| je parle couramment l'anglais | ich spreche fließend Englisch |
| j'ai 2 ans d'expérience dans | ich habe eine zweijährige Erfahrung in |
| répondre aux conditions exigées | den geforderten Bedingungen, gestellten Anforderungen entsprechen |
| | |
| je souhaiterais vivement m'occuper de | ich würde mich sehr gern um .. kümmern |
| je me tiens à votre disposition pour vous fournir des renseignements supplémentaires | ich halte mich zu Ihrer Verfügung, um Ihnen zusätzliche Auskünfte zu geben |
| je me tiens prêt(e) à me présenter | ich halte mich bereit für ein Vorstellungsgespräch |
| je vous serais très reconnaissant(e) de bien vouloir prendre ma candidature en considération | ich wäre Ihnen sehr dankbar, wenn Sie meine Bewerbung berücksichtigten |
| j'espère que vous accueillerez favorablement ma demande | ich hoffe, dass mein Gesuch positive Aufnahme findet |
| je me permettrai de vous téléphoner | ich werde mir erlauben, Sie anzurufen |
| fixer un, convenir d'un rendez-vous | einen Termin ausmachen |
| | |
| dans l'attente d'une réponse favorable de votre part | in der Hoffnung auf eine positive Antwort |
| je vous prie d'agréer, Monsieur/ Madame/Messieurs, mes salutations les plus distinguées | mit freundlichen Grüßen |

## Conditions de travail

| | |
|---|---|
| **la législation du travail** | die Arbeitsgesetzgebung |
| le code du travail | das Arbeitsgesetzbuch |
| l'inspection du travail | die Gewerbeaufsicht |
| le règlement intérieur | die Betriebsordnung |
| en vigueur | in Kraft |
| valable | gültig |
| les prud'hommes | die Arbeitsrichter, Mitglieder eines Schiedsausschusses |
| le conseil des prud'hommes | das Arbeitsgericht |
| le comité d'entreprise | der Betriebsrat |
| les délégués du personnel | die Arbeitnehmervertreter |
| les délégués syndicaux | die Gewerkschaftsvertreter |
| les œuvres sociales | die sozialen Einrichtungen des Betriebs |
| | |
| **le contrat de travail** | der Arbeitsvertrag |
| insérer dans le contrat | in den Vertrag aufnehmen |
| signer | unterzeichnen |
| respecter les clauses du contrat | die Vertragsklauseln beachten, einhalten |
| les obligations (f) | die Verpflichtungen |
| la période d'essai, probatoire | die Probezeit |
| un CDD/contrat à durée déterminée/ CDI/ contrat à durée indéterminée | ein befristeter/unbefristeter Arbeitsvertrag |
| résilier | auflösen |
| rompre | brechen |
| suspendre | unterbrechen, aussetzen |
| la suspension/la cessation du contrat de travail | die Unterbrechung/ Beendigung des Arbeitsvertrags, Arbeitsverhältnisses |
| | |
| des emplois atypiques | atypische Beschäftigungsverhältnisse |
| des emplois précaires | instabile Beschäftigungsverhältnisse |
| la sécurité/précarité de l'emploi | die Sicherheit/Unsicherheit des Arbeitsplatzes |
| | |
| **le travail** à plein temps/à temps partiel | die Vollzeit-/Teilzeitbeschäftigung, -stelle |
| le travail à mi-temps | die Halbtagsbeschäftigung |
| les heures supplémentaires | die Überstunden |
| régulièrement | regelmäßig |
| occasionnellement | gelegentlich |
| la durée légale du travail, le temps de travail prescrit par la loi | die gesetzlich vorgeschriebene Arbeitszeit |
| prolonger/réduire le temps de travail à | die Arbeitszeit auf .. verlängern/verkürzen |
| la réduction du temps de travail | die Arbeitszeitverkürzung |
| le temps de repos | die Freizeit, Ruhezeit |
| les jours fériés | die Feiertage |
| les jours ouvrables, ouvrés | die Arbeitstage, Werktage |
| | |
| la pointeuse | die Stechuhr |
| pointer | die Stechuhr bedienen |

| | |
|---|---|
| **l'aménagement du temps de travail**, le dispositif de fluctuation des horaires | die flexible Arbeitszeitgestaltung |
| l'horaire variable, flexible, souple, le travail à temps choisi | die flexible Arbeitszeit |
| aménager le temps de travail | flexible Arbeitszeiten einführen |
| les plages mobiles/fixes | die Gleitzeiten/die festen Arbeitszeiten |
| le partage du travail | die Teilung, Verteilung der Arbeit |
| les 35 heures | die 35-Stunden-Woche |
| l'annualisation (f) | die Umstellung auf Jahresarbeitszeit |
| travailler en horaire décalé | außerhalb der normalen Arbeitszeit arbeiten |
| être sous astreinte | sich zur Verfügung halten |
| la permanence | die Bereitschaft, der Dienst |
| | |
| **le travail** intellectuel/manuel | die geistige/körperliche Arbeit |
| le travail autonome | die selbst(st)ändige Arbeit |
| le travail en binome | das Job-Sharing |
| le travail à la tâche | die Akkordarbeit |
| le travail posté, les 3x8, trois-huit, le travail en roulement | die Schichtarbeit |
| le travail à la chaîne | die Fließbandarbeit |
| le travail au noir, travail dissimulé | die Schwarzarbeit |
| le travail en équipe | die Teamarbeit |
| | |
| **la rémunération** | die Bezahlung, Vergütung |
| la rétribution | der Verdienst, die Vergütung |
| le salaire | der Lohn, das Gehalt |
| toucher un salaire | ein Gehalt beziehen |
| le salaire convenu | das vereinbarte Gehalt |
| le salaire de départ | das Anfangsgehalt |
| le traitement | das Gehalt, die Bezüge (öff. Dienst) |
| les émoluments, les appointements (m) | die Bezüge |
| le cachet | die Gage |
| les gages (m) | der Lohn (eines Hausangestellten) |
| les honoraires, les vacations (f) | das Honorar |
| le solde | der Sold |
| le SMIC/salaire minimum interprofessionnel de croissance | der gesetzlich garantierte Mindestlohn, der dynamische Mindestlohn |
| le salaire journalier/hebdomadaire/mensuel/annuel | der Tages-/Wochen-/Monats-/Jahreslohn |
| être rémunéré, rétribué à l'heure/à la semaine/au mois | einen Stunden-/Wochen-/Monatslohn erhalten |
| sur la base du SMIC | auf der Basis des SMIC |
| à la commission | auf Provisionsbasis |
| à la vacation | auf Honorarbasis |
| le salaire d'appoint | der Nebenverdienst |
| le bulletin de paye, paie | der Lohnstreifen, Gehaltszettel |
| l'acompte (m) | der Vorschuss, die Abschlagszahlung |
| l'avance (f) | der Vorschuss, das Darlehen |

| | |
|---|---|
| **la rétribution variable** | die variable Vergütung |
| en fonction d'objectifs | abhängig von Zielvereinbarungen |
| le salaire fixe | das fixe Gehalt |
| le salaire de base | das Grundgehalt |
| la part fixe/variable | der fixe/variable Anteil |
| les mesures d'incitation | die Schaffung von Anreizen |
| la prime | die Prämie |
| la rémunération au mérite, à la performance | die Bezahlung nach Leistung |
| l'évaluation professionnelle annuelle | die jährliche Evaluierung, Beurteilung |
| la personnalisation | die Individualisierung |
| | |
| l'intéressement aux bénéfices, la participation aux résultats | die Gewinnbeteiligung |
| les à-côtés | die Zusatzleistungen |
| l'abondement sur un plan d'épargne d'entreprise | die Einzahlung auf einen Firmensparplan (durch Arbeitgeber) |
| les avantages en nature | die Sachleistungen |
| la voiture de fonction, d'entreprise | der Dienstwagen |
| l'utilisation privée | die private Nutzung |
| les frais de déplacement et de séjour | die Reisekosten und Spesen |
| la note de frais | die Spesenabrechnung |
| les pièces justificatives | die Belege |
| le remboursement | die Erstattung |
| les indemnités kilométriques, le barème forfaitaire kilométrique | die Kilometerpauschale |
| | |
| les avantages sociaux | die Sozialleistungen |
| accorder | gewähren |
| les prestations, allocations familiales | die Familienzulagen |
| le treizième mois | das 13. Monatsgehalt |
| | |
| la masse salariale | das Lohnaufkommen |
| différencier les traitements | die Gehälter differenzieren |
| l'éventail des salaires | die Lohnskala |
| la grille des salaires et traitements | die Lohn- und Gehaltstabelle |
| la catégorie professionnelle | die Lohngruppe |
| l'ancienneté (f) | die Betriebszugehörigkeit, das Dienstalter |
| | |
| **la promotion**/.. interne | die Beförderung/die innerbetriebliche .. |
| être promu | befördert werden |
| l'avancement (m) | die Beförderung, der Aufstieg, das Weiterkommen |
| | |
| la mutation | die Versetzung |
| être muté | versetzt werden |

| | |
|---|---|
| **la Sécurité Sociale** | die Sozialversicherung |
| la protection, couverture sociale | die soziale Absicherung, das soziale Netz |
| les retenues (f), les prélèvements(m) obligatoires | die gesetzlichen Abzüge, Einbehaltungen |
| verser des cotisations (sociales), cotiser | Sozialabgaben leisten |
| la cotisation à l'URSSAF | der Beitrag zur Sozialversicherungskasse |
| les cotisations patronales/salariales | die Arbeitgeber-/Arbeitnehmerbeiträge |
| percevoir des prestations (sociales) | Sozialleistungen erhalten |
| l'assurance maladie | die Krankenversicherung |
| la retraite complémentaire | die Betriebsrente |
| les charges sociales | die Soziallasten |
| les charges salariales (annexes) | die Lohn(neben)kosten |
| | |
| **les congés** payés | der bezahlte Urlaub |
| l'étalement (m) des congés | die Staffelung, Entzerrung der Urlaubszeit |
| le congé sabbatique | der unbezahlte Urlaub |
| le congé individuel de formation | der Bildungsurlaub |
| le congé parental/de maternité | der Erziehungs-/Mutterschaftsurlaub |
| le congé de maladie | das "Krankfeiern", Fehlen wegen Krankheit |
| l'arrêt de travail | die Arbeitsunterbrechung |
| (se faire) porter malade | (sich) krank schreiben (lassen) |
| le certificat médical d'arrêt de travail | der Krankenschein |
| l'absentéisme (m) | das Fernbleiben vom Arbeitsplatz, die Fehlzeiten |
| le taux d'absentéisme | die Fehlquote |
| | |
| **le licenciement** | die Kündigung |
| le licenciement sec | die Kündigung ohne soziale Abfederung |
| la mise à pied | die Suspendierung |
| le congédiement | die Entlassung, Verabschiedung |
| licencier, débaucher, renvoyer qn | jdn entlassen, rauswerfen |
| démissionner | kündigen, ausscheiden |
| | |
| le motif de licenciement | der Kündigungsgrund |
| le licenciement pour motif économique | die betriebsbedingte Kündigung |
| le licenciement pour faute grave | die Kündigung wegen grob schuldhaftem Verhalten |
| invoquer des motifs | Gründe anführen |
| notifier | offiziell zustellen |
| contester | anfechten |
| la nullité | die Nichtigkeit |
| l'avertissement (m) | die Abmahnung, Verwarnung |
| le délai de préavis | die Kündigungsfrist |
| bénéficier d'une priorité de réembauche | vorrangig (wieder) eingestellt werden |
| la résiliation amiable, le départ négocié, la rupture négociée, d'un commun accord | der Aufhebungsvertrag, die einvernehmliche Aufhebung des Arbeitsverhältnisses |
| avoir droit à une indemnité (f) | Anspruch auf Abfindung haben |
| la transaction | der Einigungsvertrag |

| | |
|---|---|
| le chômage partiel, technique | die Kurzarbeit |
| le plan social | der Sozialplan |
| le plan de restructuration | der Sanierungs-, Umstrukturierungsplan |
| le reclassement sur un emploi relevant | die Weiterbeschäftigung auf einem |
| de la même catégorie | vergleichbaren Posten |
| la convention de conversion | die Umschulungsvereinbarung |
| bénéficier de mesures d'âge | in den Genuss von Vorruhestands- |
| | regelungen kommen |
| partir en préretraite | in den Vorruhestand gehen |
| partir en retraite anticipée | vorzeitig in den Ruhestand gehen |
| le départ en préretraite | die Frühverrentung, -pensionierung |
| la préretraite progressive | die Altersteilzeit |

## Conflits

| | |
|---|---|
| **les partenaires sociaux** | die Tarif-, Sozialpartner |
| les représentants, délégues du | die Arbeitnehmervertreter |
| personnel | |
| le patronat | die Arbeitgeber |
| le Medef/Mouvement des entreprises | der Arbeitgeberverband |
| de France | |
| **le syndicat** | die Gewerkschaft |
| les responsables syndicaux | die Gewerkschaftsvertreter |
| la section syndicale | die Gewerkschaftsvertretung im Betrieb |
| la confédération syndicale | der Gewerkschaftsverband |
| syndiqué | gewerkschaftlich organisiert |
| le taux de syndicalisation | der Organisiertheitsgrad |
| les élections professionnelles | die Sozialwahlen |
| le référendum | die Urabstimmung |
| le soutien de la base | die Unterstützung der Basis |
| la cogestion | die Mitbestimmung |

| | |
|---|---|
| **les négociations salariales** | die Tarifverhandlungen, Tarifrunde |
| à la table des négociations | am Verhandlungstisch |
| s'enliser | sich festfahren |
| échouer | scheitern |
| l'échec (m) | das Scheitern |
| le médiateur | der Schlichter |
| la conciliation, l'arbitrage (m) | die Schlichtung |
| aboutir | zu einem Ergebnis führen |
| s'entendre sur | sich einigen, verständigen auf |
| le gel des salaires | der Lohnstopp, die Nullrunde |

| | |
|---|---|
| **la convention collective** | der Tarifvertrag |
| les accords salariaux | die Lohnabschlüsse |
| l' accord de branche | der Branchentarifvertrag |
| l'accord salarial régional par branche | der branchenbezogene Flächentarifvertrag (D) |
| un accord portant sur | eine Übereinkunft, ein Vertrag über |
| signer un accord | eine Übereinkunft unterzeichnen |
| les signataires | die Unterzeichner |
| parapher | abzeichnen |
| l'arrêté d'extension (pour la branche) | die Allgemeinverbindlichkeitserklärung |
| | |
| **faire la grève**, être en grève | streiken |
| la cessation, l'arrêt de travail | die Arbeitsniederlegung |
| cesser, arrêter le travail | die Arbeit niederlegen |
| les débrayages (m) | die Arbeitsniederlegungen (kurzfristig) |
| le piquet de grève | der Streikposten |
| la grève perlée/sur le tas/tournante | der Flacker-/Sitz-/Kreiselstreik |
| la grève bouchon | der Schwerpunktstreik |
| la grève du zèle | der Bummelstreik, Dienst nach Vorschrift |
| | |
| le conflit | der Konflikt |
| la conflictualité | die Konfliktträchtigkeit, -neigung |
| mobiliser ses militants | seine Mitglieder mobilisieren |
| le tract | das Flugblatt |
| déclencher une grève | einen Streik auslösen |
| déposer un préavis de grève | einen Streik ankündigen |
| le mot d'ordre de grève | die Streikparole |
| appeler à la grève | zum Streik aufrufen |
| suivre l'appel à la grève | dem Streikaufruf folgen |
| la poursuite de la grève | die Fortsetzung des Streiks |
| assurer la permanence | den Bereitschaftsdienst sicherstellen |
| voter la reprise du travail | für die Wiederaufnahme der Arbeit stimmen |
| | |
| **les revendications** (f) | die Forderungen |
| revendiquer | fordern |
| en signe de protestation | als Protest |
| protester contre | gegen .. protestieren |
| renchérir | überbieten, auftrumpfen |
| hausser le ton | eine härtere Tonart anschlagen |
| le durcissement | die Verhärtung |
| réclamer, exiger | verlangen, fordern |
| faire valoir sa position | seine Position zur Geltung bringen |
| les augmentations salariales | die Lohnzuwächse |
| des garanties de ressources | Lohngarantien |

## Au bureau

| | |
|---|---|
| les espaces (m) de travail | die Arbeitsräume |
| l'aménagement du cadre de travail | die Gestaltung des Arbeitsumfeldes |
| le mobilier | das Mobiliar |
| les cloisons (f) | die Trennwände |
| les bureaux collectifs/individuels | die Großraum-/Einzelbüros |
| les collaborateurs itinérants/sédentaires | die mobilen/am Arbeitsplatz präsenten Mitarbeiter |
| externaliser | outsourcen, auslagern |
| | |
| **le secrétariat** | das Sekretariat |
| fixer un rendez-vous | einen Termin ausmachen |
| prendre rendez-vous | einen Termin machen |
| déplacer un rendez-vous | einen Termin verschieben |
| repousser, reporter à plus tard | auf später verschieben |
| | |
| le casier | das Fach |
| le courrier départ/arrivée | der Postausgang/-eingang |
| le planning | der Terminplan |
| l'agenda (m) | der Terminplaner |
| l'organiseur (m) | der Organizer |
| la calculatrice de poche | der Taschenrechner |
| le fichier | die Kartei, Datei |
| le rétroprojecteur | der Tageslichtprojektor |
| | |
| **la bureautique** | die Bürotechnik |
| la télématique | die Datenfernübertragung |
| équipé de, en | ausgestattet mit |
| l'ordinateur (m) | der Computer |
| le matériel | die Hardware |
| le logiciel | die Software |
| l'ordinateur portable | der Laptop |
| l'écran (m) | der Bildschirm |
| le clavier | die Tastatur |
| la souris | die Maus |
| l'imprimante (f) | der Drucker |
| le téléfax, le télécopieur | das Telefax |
| le minitel | der Minitel (Art BTX) |
| le photocopieur, la photocopieuse | der Fotokopierer |
| avoir accès à | Zugang haben zu |
| | |
| **le traitement de texte** | die Textverarbeitung |
| entrer des informations | Informationen eingeben |
| taper des lettres | Briefe tippen |
| la correspondance commerciale | die Handelskorrespondenz |
| le courrier électronique | die E-Mail |
| l'en-tête (m) | der Briefkopf |

| | |
|---|---|
| **la communication interne** | die interne Kommunikation |
| les écrits d'entreprise | die firmeninternen Schriftstücke |
| la note d'information, | das Informationsschreiben, |
| l'avis au personnel | die Personalinfo |
| la circulaire | das Rundschreiben |
| la note de service | die Dienstanweisung |
| le compte rendu | das Protokoll, die Zusammenfassung |
| la note de synthèse | die Zusammenfassung verschiedener Materialien, Texte, Akten |
| le rapport, la note d'étude | der Bericht |
| le procès-verbal | das Protokoll (offiziell) |
| | |
| la réunion | das Meeting, die Besprechung |
| être en réunion | gerade in einem Meeting sein |
| la rencontre | das Treffen |
| la conférence | der Vortrag |
| le séminaire | das Seminar |
| l'atelier (m) | der Workshop |
| | |
| **la hiérarchie** | die Hierarchie |
| le supérieur (hiérarchique) | der Vorgesetzte |
| l'exercice d'autorité | die Ausübung der Autorität |
| le style de management, gestion | der Führungsstil |
| être axé sur, orienté vers | ..orientiert sein |
| la DPO/direction par objectifs | Management by Objectives |
| la fixation d'objectifs individuels | die individuelle Zielvereinbarung |
| l'entretien d'appréciation | das Beurteilungsgespräch |
| le pôle de profit | das Profit Center |
| | |
| soumis à un contrôle renforcé | einer verschärften Kontrolle unterworfen |
| encourir des sanctions | sanktioniert werden |
| suivre les consignes | die Anweisungen befolgen |
| les marges d'initiative | der Spielraum für Eigeninitiative |
| prescrire | vorschreiben, Anweisungen geben |
| responsabiliser qn | jdn in die Verantwortung nehmen |
| décharger | entlasten |
| se décharger d'un travail sur ... | eine Arbeit auf .. abladen |
| déléguer | delegieren |
| | |
| le travail répétitif | die monotone, gleichförmige Arbeit |
| les contraintes liées à | die mit .. verbundenen Zwänge |
| la charge de travail | die Arbeitsbelastung |
| travailler dans l'urgence | unter Druck arbeiten |
| la pénibilité physique | die körperliche Härte |
| les risques professionnels | die Berufsrisiken |
| la maladie professionnelle | die Berufskrankheit |
| le harcèlement sexuel | die sexuelle Belästigung |
| le harcèlement moral | das Mobbing, das Schikanieren |

## Au téléphone

| | |
|---|---|
| le réseau téléphonique | das Telefonnetz |
| la ligne téléphonique | die Telefonleitung |
| l'annuaire (m) | das Telefonbuch, -verzeichnis |
| le (téléphone) portable | das Mobiltelefon, Handy |
| le combiné | der Hörer |
| les écouteurs | die Kopfhörer |
| le standard | die Telefonzentrale |
| le poste (téléphonique) | der Apparat |
| le poste secondaire | der Nebenanschluss |
| le centre d'appels | das Call Center |
| | |
| **l'appel** (m), le coup de téléphone | der Anruf |
| la communication téléphonique | das Telefonat |
| appeler qn | jdn anrufen |
| décrocher | abheben, den Hörer nehmen |
| composer le numéro | die Nummer wählen |
| l'indicatif (m) | die Vorwahl |
| la tonalité | das Signal, das Freizeichen |
| signe "occupé" | Besetztzeichen |
| joindre qn | jdn erreichen |
| par téléphone | telefonisch |
| l'interlocuteur (m) | der Gesprächspartner |
| mettre en communication | verbinden |
| être au bout du fil | am anderen Ende der Leitung sein |
| | |
| **je voudrais parler à** | ich möchte gern mit .. sprechen |
| c'est de la part de qui ? | wer spricht dort? |
| qui est à l'appareil ? | wer ist am Apparat ? |
| à quel numéro ? | unter welcher Nummer? |
| à quel sujet ? | in welcher Angelegenheit? |
| c'est au sujet de | es geht um |
| être en communication | gerade sprechen, telefonieren |
| ne quittez pas | bleiben Sie am Apparat |
| patienter | sich gedulden |
| un instant, s.v.p. | einen Augenblick bitte |
| on vous demande au téléphone | Sie werden am Telefon verlangt |
| je vous passe M. Dubois | ich verbinde Sie mit Herrn Dubois |
| | |
| passer les communications au secrétariat | die Gespräche ins Sekretariat durchstellen |
| rappeler qn | jdn zurückrufen |
| dès que possible | sobald wie möglich |
| de toute urgence | dringendst |
| transmettre un message à qn | jdm eine Botschaft übermitteln |
| prévenir qn | jdn unterrichten, benachrichtigen |

Renseignements
il n'y a pas d'abonnés au numéro
demandé
c'est une erreur
la ligne est en dérangement
on ne répond pas
on nous a coupés

Auskunft
kein Anschluss unter dieser Nummer

falsch verbunden
die Leitung ist gestört
es meldet sich niemand
man hat uns unterbrochen, getrennt

**le répondeur automatique**
laisser un message sur le répondeur

der Anrufbeantworter/AB
eine Nachricht auf dem
Anrufbeantworter hinterlassen

les coordonnées (f)
votre message va être enregistré
veuillez parler après le signal sonore,
après le bip

Name und Adresse
Ihre Nachricht wird aufgezeichnet
sprechen Sie nach dem Signalton

l'audioconférence automatique
la vidéoconférence

die telefonische Konferenzschaltung
die Videokonferenz

## ENTRAÎNEMENT

### 1. Vous le savez déjà ?!

Pour répondre aux questions ci-dessous, recourez à vos expériences et à vos connaissances générales. Utilisez les expressions figurant sur la liste de vocabulaire. N'hésitez pas à deviner, à poser des questions, à dire des banalités ou à vous répéter. Essayez toujours de vous imaginer des situations concrètes et de trouver des exemples. Vous n'êtes obligé ni de répondre à chaque question isolément ni de suivre exactement l'ordre donné.

#### Recherche d'emploi

1. Décrivez les étapes d'une recherche d'emploi. Que peut-on faire concrètement pour trouver du travail ?
2. Que fait un employeur qui a un poste vacant à pourvoir ?
3. Avez-vous déjà cherché du travail, suivi une formation professionnelle, effectué un stage, travaillé ? Racontez vos expériences.
4. Quels sont vos projets professionnels ? Quel secteur vous intéresse / ne vous intéresse pas ?
5. Quelle est votre formation ? Quels types de formation y a-t-il dans votre pays ?
6. De quels sujets parle-t-on dans un entretien d'embauche ?
7. Qu'est-ce que vous écrivez dans votre lettre de candidature ? Quelles sont les rubriques d'un C.V. ?
8. Quels sont aujourd'hui les atouts indispensables pour trouver un poste et le garder ?
9. Quels sont vos points faibles / forts ?
10. Que signifie le travail dans votre vie ? Seriez-vous prêt(e) à travailler quinze heures par jour ?
11. Quels sont, selon vous, des métiers d'avenir?
12. Quels métiers, quelles activités considérez-vous comme particulièrement stressant(e)s / rémunérant(e)s ?
13. Quel genre de formation les jeunes favorisent-ils aujourd'hui ? Quelles en sont les conséquences ?
14. Qu'est-ce que l'apprentissage ? Qu'en pensez-vous ?
15. Est-ce qu'il y a encore une distinction entre métiers pour hommes et métiers pour femmes ?

#### Conditions de travail

1. Quels sont les objectifs de la législation du travail ? Donnez des exemples.
2. Qu'est-ce qui est fixé dans un contrat de travail ?
3. Quelle est la différence entre la suspension et la cessation du contrat de travail ? Donnez des exemples.
4. Quels peuvent être des motifs de licenciement ?
5. Pourquoi parle-t-on, de nos jours, de la précarité de l'emploi ? Nommez quelques exemples d'emplois précaires.
6. Pourquoi a-t-on établi le SMIC ou le RMI ? Quelles sont les conséquences de ces dispositifs ?
7. De quelle manière les salariés peuvent-ils être rémunérés ?
8. Pour quelles raisons le salarié est-il autorisé à s'absenter de son poste de travail ?

9. Quelles sont les raisons d'un taux d'absentéisme élevé dans une entreprise / un pays ?
10. Pensez-vous que les conditions de travail se sont améliorées ces derniers temps ?
11. Quels sont les avantages / inconvénients d'un travail à temps partiel pour le salarié / l'employeur ?
12. Qu'est-ce que le travail au noir ? Quelles en sont les causes et les conséquences ?
13. Quelles formes de l'organisation du travail dans la production connaissez-vous ? Quelles conséquences ont-elles pour l'entreprise / la vie du salarié ?
14. Quels types d'aménagement du temps de travail y a-t-il ? Qu'en pensez-vous ?
15. De quoi dépend, selon vous, la motivation des salariés ? Comment peut-on l'améliorer ?

## Conflits

1. Comment arrive-t-on à une convention collective ? Quelle est son importance ?
2. Quelles sont les raisons qui font surgir des conflits ?
3. Vous souvenez-vous d'un conflit de travail important en France / dans votre pays ? Racontez le déroulement des actions, expliquez les revendications.
4. Dans quelle situation une entreprise est-elle obligée de présenter un plan social ? Que contient-il concrètement ?
5. A quoi sert la préretraite ou retraite anticipée ? Qu'en pensez-vous ?

## Au bureau

1. Comment peut-on caractériser le travail dans les bureaux ? Qu'est-ce qui le distingue du travail dans un atelier ou à l'usine ?
2. Quelles sont les tâches d'une secrétaire ?
3. De quelle manière les informations passent-elles à l'intérieur d'une entreprise ?
4. Quels problèmes de communication peut-il y avoir dans une entreprise ?
5. Quelles techniques de la bureautique moderne sont utilisées dans les entreprises ? Avez-vous des expériences dans ce domaine ? Quelle est, à votre opinion, l'utilité des différents appareils ?

## 2. Sujets d'approfondissement

Recourez à la rubrique INFORMATIONS pour aborder les sujets suivants. Procurez-vous des informations dans la presse, à la télévision, par Internet. Et n'oubliez pas que vous pourrez trouver des informations dans les TEXTES et les EXERCICES.

1. Comparez le système d'enseignement de la France et de l'Allemagne.
2. Expliquez et commentez l'idée de la formation continue en vous appuyant sur des exemples.
3. Cherchez dans un journal des offres d'emploi qui vous semblent intéressantes. Présentez-les en exposant les motifs de votre choix.
4. Ecrivez une lettre de candidature en réponse à l'une des annonces choisies ou spontanée.
5. Expliquez et comparez les différentes formes de répartition des tâches et d'exercice d'autorité dans les entreprises.
6. Présentez et commentez les différentes formes d'aménagement du temps de travail.
7. Expliquez les différentes mesures contre le chômage et commentez leur efficacité.
8. Analysez les causes et les conséquences des délocalisations.
9. Comparez les conditions de travail dans les pays industrialisés, les pays émergents et les pays du tiers monde.
10. Cherchez dans la presse et d'autres médias des informations actuelles sur le monde du travail : situation générale de l'emploi, nouvelles lois, formation, conditions de travail, grèves, accords salariaux etc.

## 3. Sujets de discussion/de rédaction

En classe, vous pouvez traiter les sujets dans une discussion libre ou avec des rôles fixés préalablement. Les conclusions peuvent faire l'objet d'un devoir écrit. Si vous traitez les sujets par écrit, élaborez un plan : introduction - discussion de la question : opposez les arguments, appuyez-vous sur vos connaissances, lectures, expériences - conclusion : ce n'est qu'ici qu'intervient votre propre opinion. Veillez à ce que votre rédaction soit logique, que l'enchaînement de vos arguments soit convaincant.

1. Le partage du travail - une mesure efficace contre le chômage ?
2. L'apprentissage à l'allemande - un modèle à suivre ?
3. Le travail, est-il encore la valeur suprême dans notre société ?
4. Bientôt la fin du salariat ?
5. Création d'emplois contre hausse des rémunérations - la question est-elle bien posée ?
6. Le SMIC et le RMI - des obstacles à la création d'emplois ?
7. Les syndicats - sont-ils encore utiles ?
8. La semaine des 35 heures, étouffera-t-elle la croissance ?
9. L'employeur devrait-il pouvoir licencier en toute liberté ?
10. Le travail en équipe - un mythe ?

## 4.  Sujets de commentaire

Exprimez librement tout ce qui vous vient à l'esprit à propos des informations et citations ci-dessous. Vos commentaires pourront comprendre, selon le cas, des explications de causes et d'effets, des analyses d'implications diverses, des considérations historiques, des comparaisons, des prises de positions personnelles etc.

1.  Commentez les tableaux ci-dessous. Ils représentent :

a)
l'évolution du taux d'activité des hommes entre 60 et 64 ans dans différents pays ;

b)
le taux d'activité des hommes de plus de 55 ans en 1994.

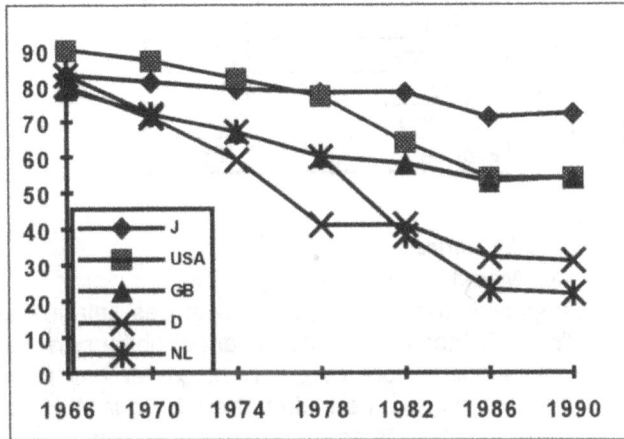

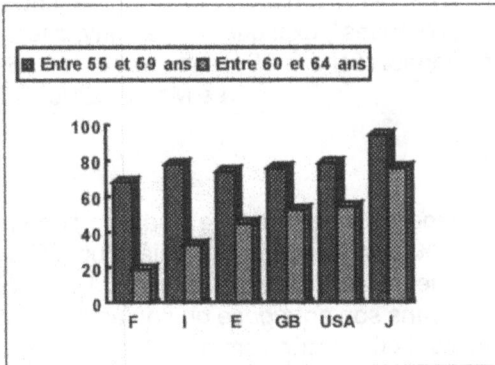

Coûts des modèles de préretraite en Allemagne : deux milliards de marks par an, des retraites anticipées pour cause de chômage (à partir de 60 ans) : 1,7 milliards de marks (chiffres 1995). La loi sur les retraites en Allemagne a subi une modification qui prévoit un relèvement progressif de l'âge de la retraite à partir de l'an 2001.
(WiWo 03/11/94 ;
Le Nouvel Economiste, 28/07/95)

2.  "Les lois contre le travail des enfants risquent de conduire ces derniers à mourir de faim".                                    (Financial Times, 14/01/ 1994)

3.  Plus des deux tiers des Français estiment qu'il faudrait sanctionner financièrement les chômeurs qui refusent une ou plusieurs propositions d'emploi.                                    (L'Expansion, 06-19/07/2000)

4.  **Taux de syndicalisation** des salariés en Europe :

| 1. | Danemark | 80 % |
|---|---|---|
| 2. | Belgique | 75 % |
| 3. | Luxembourg | 66 % |
| 4. | Irlande | 44 % |
| 5. | Grande-Bretagne | 43 % |
| 6. | Italie | 40 % |
| 7. | Allemagne | 39 % |
| 8. | Portugal | 35 % |
| 9. | Pays-Bas | 25 % |
| 10. | Grèce | 18 % |
| 11. | Espagne | 10 % |
| 12. | France | 8 % |

5.  **Les 35 heures**
    Le Medef renvoie la balle au gouvernement : "La revendication d'une augmentation du pouvoir d'achat des salariés est sans doute justifiée", mais, "pour l'obtenir, que les salariés obtiennent la diminution des impôts, des cotisations et tout ce qui vient grever leur pouvoir d'achat", a indiqué Denis Kessler, numéro deux du patronat. Pour M. Kessler, "on ne peut pas distribuer deux fois les gains de productivité, par une réduction du nombre d'heures travaillées et ensuite sous forme d'une augmentation importante des salaires".
    -    "Les 35 heures ont apporté de la flexibilité au travers de la modulation, du travail du samedi, il n'y a plus d'heures supplémentaires ni de chômage technique, ce qui coûtait cher aux entreprises", explique M. Mainguy, secrétaire fédéral de FO-Métaux, qui évalue l'impact réel des 35 heures dans les comptes des entreprises à environ 3 %.                              (Le Monde, 21/09/2000)

6.  **La motivation "kaputt"**
    Un "virus" passé largement inaperçu menace de saper l'économie allemande : la démission interne. 24 % des salariés sont déjà touchés, selon une étude de l'Ecole technique supérieure de Rhénanie-Palatinat. Un employé sur quatre refuse de s'investir à fond dans son entreprise ou son administration. Du point de vue de la capacité d'innovation, perçue comme le "principal facteur de survie pour l'économie nationale, cela signifie que 75 % du potentiel créatif seulement sont exploités", constatent les auteurs de l'étude. Symptômes : un absentéisme plus important, des congés maladie plus fréquents, une moindre motivation pour les programmes de formation hors temps de travail et des réclamations en hausse.
                              (Le Nouvel Economiste, 13/07/1995)

7. **L'organisation la plus adaptée à l'entreprise moderne** est celle de l'orchestre, indique Peter Drucker dans l'un de ses livres. Dans un tel ensemble, composé de quelques dizaines de personnes, la qualité du "produit" (le son) ne dépend pas de la taille de l'équipe mais de son harmonie. Chaque musicien est un spécialiste de son instrument, chacun interprète sa propre partition mais adhère aux règles de l'ensemble. Le nombre de niveaux hiérarchiques est réduit au minimum (le premier violon n'est pas le patron du second). Le chef d'orchestre conduit, dirige, juge la contribution de chacun au résultat, mais n'exécute pas la partition des musiciens. Les meilleurs chefs peuvent poser la baguette et laisser l'orchestre poursuivre seul le concert pendant un moment. L'analogie avec l'entreprise est séduisante, mais difficile à mettre en pratique. Comment faire en sorte que les dividendes de la créativité, de la flexibilité ne se gagnent pas au détriment des capacités de contrôle ? Comment, dans une entreprise, concilier l'indispensable indépendance des parties et la nécessaire cohérence de l'ensemble ?

(L'Essentiel du Management, août 1995)

8. **Adapter son système de motivation**
Le knowledge management ne peut fonctionner que si les salariés participent activement au système. A chaque stratégie de gestion du savoir, son système de motivation. Dans le modèle de codification, l'entreprise doit inciter ses salariés à écrire ce qu'ils savent et à enrichir continuellement la base de données commune. De simples directives ne suffisent pas. Lors de l'évaluation professionnelle annuelle, la direction récompensera ceux qui utilisent et alimentent le système documentaire. C'est le cas chez Ernst & Young. Les consultants y sont jugés selon cinq critères, dont l'un est justement la "contribution à l'actif de savoir de la société". Dans une approche de personnalisation, on récompensera plutôt ceux qui aident beaucoup leurs collègues à résoudre les problèmes. Chez Bain, par exemple, ce critère peut représenter jusqu'à un quart de la rémunération totale d'un associé.

(L'Essentiel du Management, juillet 1999)

9. Die bayerische Kultusministerin Monika Hohlmeyer will an zehn Standorten in Bayern ein achtjähriges Ganztagsgymnasium testen. Das alternative Modell sei eine Reaktion auf die immer häufiger vor allem aus der Wirtschaft gestellte Forderung nach kürzeren Ausbildungszeiten in Deutschland.

(SZ, 17/11/2000)

10.

**Arbeitslosenquote nach Berufsabschluss in %**

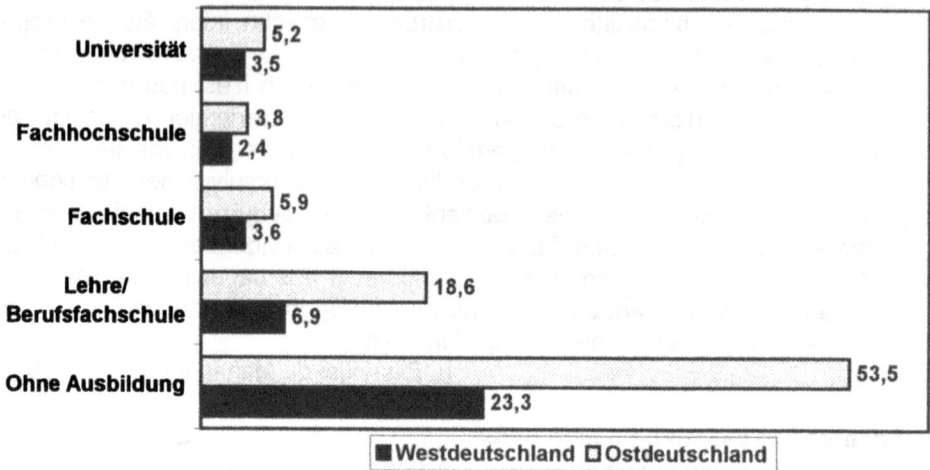

| | |
|---|---|
| Universität | 5,2 / 3,5 |
| Fachhochschule | 3,8 / 2,4 |
| Fachschule | 5,9 / 3,6 |
| Lehre/ Berufsfachschule | 18,6 / 6,9 |
| Ohne Ausbildung | 53,5 / 23,3 |

■ Westdeutschland □ Ostdeutschland

(SZ, 20/09/2000)

11.

**Der ideale Mitarbeiter**

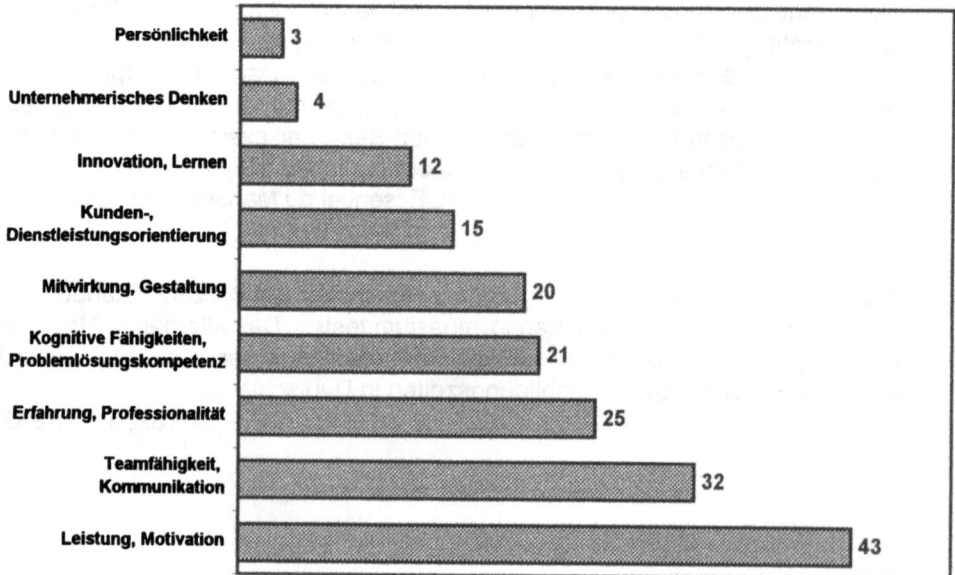

| | |
|---|---|
| Persönlichkeit | 3 |
| Unternehmerisches Denken | 4 |
| Innovation, Lernen | 12 |
| Kunden-, Dienstleistungsorientierung | 15 |
| Mitwirkung, Gestaltung | 20 |
| Kognitive Fähigkeiten, Problemlösungskompetenz | 21 |
| Erfahrung, Professionalität | 25 |
| Teamfähigkeit, Kommunikation | 32 |
| Leistung, Motivation | 43 |

(SZ, 11/10/2000)

## EXERCICES

**1.** Cochez le mot qui manque :

1. L'effort de recherche et de développement a progressé de 20 % pour atteindre près de 800 millions de francs, avec un ..... de 2 000 personnes.
   *a)inventaire*    *b)effectif*        *c)acquis*            *d)recensement*
2. Dans le secteur du bâtiment, la moitié des effectifs sont des ..... travaillant seuls ou dans des entreprises de moins de 10 salariés.
   *a)amateurs*    *b)autodidactes*    *c)artisans*        *d)manutentionnaires*
3. Avec le retour aux bénéfices, Renault a repris l' ..... : 230 personnes seront engagées cette année.
   *a)effectif*    *b)envoi*        *c)embauche*        *d)exercice*
4. Depuis les années 60, les entreprises industrielles ont pris l'habitude de transférer leurs usines dans les pays où ..... coûte moins cher qu'en France.
   *a)l'effectif*    *b)la main d'œuvre*  *c)la population*    *d)la collectivité*
5. ..... au directeur administratif et financier, vous serez responsable de la coordination de la comptabilité et du suivi des investissements.
   *a)relié*    *b)rattaché*        *c)assujetti*        *d)asservi*
6. Gérard de Bartillat est ..... directeur général d'Eurofin, poste vacant depuis le décès de Jean Carrière.
   *a)promu*    *b)muté*        *c)posté*            *d)titré*
7. Vous êtes ..... d'un DUT ou d'un BTS en gestion du personnel et vous avez une expérience de trois ans minimum dans ces fonctions sur un site de production.
   *a)titré*    *b)porteur*        *c)détenteur*        *d)titulaire*
8. Basés à Paris, ces postes exigent une grande ..... pour de nombreux séjours auprès de nos structures à l'international.
   *a)disponibilité* *b)capacité*        *c)expérience*        *d)variabilité*
9. J.L., 47 ans, est ..... directeur commercial de Steria Administration, en remplacement de G.G., appelé à d'autres fonctions au sein du groupe.
   *a)élu*    *b)embauché*        *c)nommé*            *d)voté*
10. Vous serez ..... de la mise en place et de l'entretien de l'ensemble de la gamme de produits destinés à ces clients.
    *a)obligé*    *b)occupé*        *c)commis*            *d)chargé*

**2.** Cochez le mot qui manque :

1. Il possède généralement une ..... juridique supérieure de type DEA ou DESS en droit des affaires.
   *a)maîtrise*    *b)formation*        *c)connaissance*    *d)expérience*
2. Lorsqu'une difficulté surgit entre l'employeur et le salarié sur l'application des conditions de travail, il convient de recourir au conseil ..... .
   *a)de prud'hommes* *b)du personnel* *c)d'entreprise*        *d)de surveillance*
3. Les grandes entreprises acceptent de prendre des jeunes en ..... de qualification, mais les embauchent rarement.
   *a)difficultés*    *b)chômage*        *c)contrat*        *d)formation*
4. Dans cette entreprise, les postes de cadres ont toujours été ..... par promotion interne.
   *a)pourvus*    *b)équipés*        *c)nantis*        *d)fournis*

5. La ..... de l'ordre de 100 000 francs par an sera négociée en fonction de l'expérience du candidat.
   **a)réprimande b)compensation c)prime d)rémunération**

6. Un technicien avec dix ans d' ..... recevra 2 850 francs d'intéressement aux bénéfices de l'année passée.
   **a)expérience b)activité c)ancienneté d)emploi**

7. Les heures ..... sont rémunérées selon un taux horaire généralement majoré de 25 % pour les huit premières heures par semaine.
   **a)ajoutées b)annexes c)supplémentaires d)additionnelles**

8. Votre rémunération brute de départ est fixée à 6 000 francs ; vous bénéficierez en outre de certains ..... accordés par notre établissement.
   **a)intérêts b)dividendes c) prélèvements d)avantages**

9. En matière de ..... des salariés aux résultats de leur entreprise, les groupes industriels privés sont de loin les plus prodigues.
   **a)participation b)profit c)bénéfice d)contribution**

10. La majorité des postes ont une dimension internationale, qui implique que l'auditeur passe de 60 à 80 % de son temps en .....
    **a)reconversion b)déplacement c)disponibilité d)évolution**

**3.** Cochez le mot qui manque :

1. Les enquêtes "..... de travail" de 1998 mettent l'accent sur ce nouveau facteur de pénibilité : l'intensification du travail, source de stress.
   **a)Implications b)Tâches c)Rémunérations d)Conditions**

2. Pour éviter de paralyser l'activité de l'entreprise pendant l'été, on demande aux salariés d'étaler leurs .....
   **a)pauses b)débrayages c) congés d)arrêts**

3. Sauf s'il a commis une faute grave, le salarié qui est licencié a droit à un ..... dans un délai et des conditions déterminées.
   **a)engagement b)avertissement c) devis d) préavis**

4. La grève a touché toutes les catégories de personnel, soit les 3 000 ..... de l'entreprise.
   **a)salariés b)employés c)fonctionnaires d)cadres**

5. Après onze jours de grève, le gouvernement ..... aux salariés du secteur public une hausse des salaires de 3 %.
   **a)verse b)accorde c)accepte d)majore**

6. Démontrant sa capacité à mobiliser ses ..... , ce syndicat a réussi à faire valoir sa position à la table de négociation.
   **a)militants b)militaires c)actifs d)associés**

7. L'accord offre aussi la possibilité aux salariés de 57 ans et plus de travailler ..... pour 85 % de leur salaire.
   **a)à temps choisi b)occasionnellement**
   **c)à temps partiel d)en préretraite**

8. Le préavis de grève déposé par la majorité des organisations syndicales de la SNCF pour le jeudi 28 septembre a pour but de forcer la direction à rouvrir des ..... salariales.
   **a)négociations b)revendications c)augmentations d)conventions**

9. 70 % des cadres sont ..... en informatique à leur domicile.
   **a)chargés**    **b)aménagés**    **c)équipés**    **d)munis**
10. Si vous en avez la possibilité, préférez travailler avec un téléphone équipé d'écouteurs plutôt qu'avec un ..... classique.
    **a)standard**    **b)produit**    **c)mobile**    **d)combiné**

**4.** Complétez le texte à l'aide des mots donnés en bas :

_____(1) du plan de formation de votre entreprise

**Toutes les entreprises sont tenues par la loi de** _____**(2) en place un plan de formation.** Il peut contenir des formations _____(3) par l'employeur, des formations présentées par les _____(4) du personnel et acceptées par l'employeur ou encore des _____(5) individuelles de salariés avalisées par l'employeur dans le plan de formation. Si votre entreprise ne _____(6) pas de plan de formation, comme c'est souvent le cas dans les PME, vous pouvez ainsi proposer vous-même une formation. Toutes ces formations sont _____(7) grâce aux cotisations _____(8) par les entreprises à un fonds agréé par l'Etat. Les sommes versées varient en _____(9) du nombre de salariés de l'entreprise : 0,15 % de la masse _____(10) pour les entreprises de moins de dix salariés, 1,5 % pour les entreprises de dix salariés et plus. C'est l'employeur qui choisit les personnes qu'il souhaite envoyer en formation. Vous ne pouvez refuser de _____(11) une formation, sauf si elle a pour conséquence de vous _____(12) une modification essentielle de votre contrat de travail. Lors du stage, vous êtes _____(13) normalement et tous les frais de formation sont pris en _____(14) par votre employeur (frais de stage, de transport, d'hébergement .... )
**Si votre entreprise ne vous propose pas de formation,** vous pouvez prendre les devants et présenter une demande individuelle qui _____(15) les informations suivantes : contenu et durée de la formation, coût etc. Sachez que si vous _____(16) une formation diplômante de plus de trois cents heures, votre employeur peut vous proposer d' _____(17) au maximum 25 % de votre temps de formation en dehors de vos heures de travail, c'est ce qu'on _____(18) le coïnvestissement. Ces heures ne seront donc pas rémunérées, mais à l' _____(19) de votre formation, vous accéderez en priorité, et ce dans un délai de un an, aux fonctions disponibles _____(20) à votre nouvelle qualification.
**La demande individuelle peut être présentée** _____(21) par vous ou par vos représentants du personnel. Si votre employeur _____(22) de l'intégrer au plan de formation de l'entreprise, il n'a aucune justification légale à donner.

| | | | |
|---|---|---|---|
| *imposer* | *charge* | *comprendra* | *représentants* |
| *suivre* | *appelle* | *issue* | *demandes* |
| *effectuer* | *réalise* | *versées* | *fonction* |
| *mettre* | *entreprenez* | *financées* | *salariale* |
| *refuse* | *bénéficiez* | *rémunéré* | *directement* |
| | | *proposées* | *correspondant* |

**5.** Prenez connaissance des documents suivants et des questions posées en bas et cochez la réponse qui vous paraît exacte :

**Agence de publicité basée à Paris, membre d'un des tous premiers réseaux mondiaux de communication, recherche dans le cadre de l'extension de ses activités et de l'élargissement du champ d'intervention du contrôle de gestion:**

## Un contrôleur de gestion

Vous renforcerez une équipe de 3 personnes où, en prenant une part active à toutes les missions du département contrôle de gestion et notamment à l'accompagnement de la stratégie commerciale, vous deviendrez une nouvelle force de proposition.

Diplômé(e) d'une école de commerce ou équivalent, vous disposez d'une première expérience réussie (2 à 3 ans) qui vous a permis d'acquérir les mécanismes du contrôle de gestion. Vous souhaitez capitaliser sur cette expérience en rejoignant, au sein d'une organisation à taille humaine, une petite équipe en constante évolution où le contrôle de gestion est complètement intégré aux enjeux commerciaux et à la politique de développement.

Ce poste, fortement évolutif, requiert bien entendu une bonne capacité d'analyse et de synthèse ainsi que de la rigueur mais aussi des capacités relationnelles et de la curiosité. La maîtrise de l'anglais parlé et écrit est indispensable ainsi que celle de l'outil informatique.

Merci d'adresser votre dossier de candidature complet à notre conseil ROBERT HALF France, Finance, sous référence 4796/SDC à l'attention de Susana DEL CAMPO - 15/17, rue Marsollier - 75002 Paris ou par fax 01 55 04 18 09 ou par e-mail s.delcampo@roberthalf.fr

**Notre groupe européen, leader sur certains marchés recherche pour sa Direction Financière de nouveaux collaborateurs :**

## Comptables
### Clients  Réf. 66-0488/LF
### Fournisseurs  Réf. 66-0487/LF
### Comptabilité générale  Réf. 66-050/LF
### Immobilisations  (CDD 2 ans)  Réf. 66-0490/LF

A environ 25/30 ans, de formation Bac + 2 type BTS Comptable, vous nous apportez une première expérience d'environ 2 à 3 ans dans un des registres comptables mentionnés ci-dessus.

Après une période d'adaptation de quelques mois à nos systèmes comptables informatiques qui se déroulera sur l'un de nos sites provinciaux, vous fonctionnerez en équipe sous l'autorité de votre Chef de service dans nos locaux situés en région parisienne. Notre style de management est très axé sur la responsabilisation individuelle. La connaissance de l'anglais est requise pour ces postes.

Nous souhaitons, de la part des candidat(e)s, une disponibilité rapide afin de constituer cette nouvelle équipe. Les premiers entretiens auront lieu les 9 et 12 avril prochain.

Merci d'adresser votre dossier au plus vite à MERCURI URVAL, 14, bis rue Daru 75378 Paris cedex 08, en précisant la référence du type de poste choisi sur lettre et enveloppe ou E-mail: cc@mercuri-urval.fr

1.  Les deux entreprises
    a)  cherchent du personnel pour leur comptabilité.
    b)  offrent des postes qui demandent de fréquents déplacements.
    c)  offrent des rémunérations exceptionnelles.
    d)  offrent des emplois basés à Paris ou près de Paris.

2.  Les candidats doivent
    a)  maîtriser l'anglais et l'allemand.
    b)  disposer d'une expérience de 2 à 3 ans.
    c)  être titulaires d'un diplôme d'une école de commerce.
    d)  être capable de travailler de façon autonome.

3.  Les candidats devront
    a)  travailler en équipe.
    b)  suivre un stage de formation dans l'un des sites de l'entreprise.
    c)  envoyer leur candidature par courrier, fax ou e-mail.
    d)  s'intégrer immédiatement.

**6.** Prenez connaissance du document suivant et cochez, pour chaque phrase, la suite qui vous paraît exacte :

Le siège international de l'Entité Xerox Supplies "Developing Market Operations" réalisant son activité sur l'Asie, l'Afrique, le Moyen Orient et l'Amérique Latine recherche:

## l'assistante de son directeur général
### CDD 5 mois - poste basé à Gonesse (95)

De formation Bac + 4, vous êtes parfaitement bilingue anglais et possédez une bonne maîtrise de l'informatique et des réseaux. Vous avez le sens du contact, de l'initiative, de l'organisation et justifiez d'une expérience réussie dans une fonction similaire.

Pour ce poste à pourvoir rapidement, nous vous remercions d'adresser votre candidature (CV, photo, lettre de motivation et prétentions) à :
Nathalie Ortega, Xerox, BP 102, 95507 Gonesse cedex.

1.  D'après cette annonce, l'entreprise Xerox
    a)  exige une période d'essai de 5 mois avant que l'emploi devienne définitif.
    b)  offre un stage rémunéré de 5 mois à Gonesse.
    c)  cherche, pour son directeur général, une assistante qui obtiendra un contrat temporaire limité à 5 mois.
    d)  demande aux candidates de bien vouloir envoyer tous leurs diplômes et certificats en copie certifiée conforme.

2.  La candidate devra
    a)  être disposée à voyager souvent en Asie, Afrique, le Moyen Orient et l'Amérique Latine.
    b)  être Anglaise ou Américaine.
    c)  avoir le bac et avoir travaillé 4 ans dans une fonction similaire.
    d)  être en mesure de commencer sans délai.

7. Traduisez :

1. Pour recruter leurs cadres et ingénieurs, beaucoup de grandes entreprises paient à un cabinet de recrutement l'équivalent d'un salaire annuel.
2. Filiale française d'un important groupe pharmaceutique, nous recherchons notre directeur financier, qui sera placé sous l'autorité directe de la direction générale.
3. Si ce poste vous intéresse, merci d'adresser votre dossier (lettre manuscrite + CV + photo) sous la référence 56704 à Media System qui nous le transmettra.
4. L'Europe manque de personnel qualifié pour répondre à la demande des technologies de l'information et des communications, et le nombre d'emplois non pourvus de ce secteur risque d'atteindre 1,6 million en 2002.
5. Laboratoire pharmaceutique recherche un agent de maîtrise de production : à la tête d'une équipe d'opérateurs, vous assurerez la production dans le respect des quantités, délais, coûts prévus et dans la conformité aux normes de sécurité et de qualité.
6. Votre formation sera d'autant plus efficace que vous utiliserez, et ce dans un délai proche, les connaissances qu'elle vous aura apportées.
7. Pour maîtriser une activité professionnelle, et non simplement exécuter une tâche, il faut de dix-huit mois à deux ans d'expérience.
8. Avant de répondre à une offre d'emploi ou avant d'adresser votre candidature spontanée, déterminez votre orientation professionnelle, améliorez votre courrier et votre C.V.
9. Aideco, société de conseil, a recensé sur un seul document toutes les aides à l'emploi envisageables en fonction du profil du candidat, de la situation de l'entreprise et du poste à pourvoir.
10. Les inscriptions au stage de formation peuvent être faites par téléphone, du lundi au vendredi de 10 h. à 18 h.

8. Traduisez :

1. Dans les dix dernières années, le développement des services informatiques a entraîné en France l'embauche de près de 100 000 personnes.
2. Sur 2,6 millions de personnes travaillant à temps partiel en France, soit 12 % de la population active, 2,2 millions sont des femmes.
3. Les négociations sur une nouvelle convention collective de la profession boursière ont abouti et un accord a été signé.
4. Monsieur Dumont vous demande de bien vouloir déplacer votre rendez-vous et de reprendre contact avec lui dès la semaine prochaine.
5. Vous êtes priés de prendre toutes les mesures utiles pour donner suite à cette note de service.
6. Les postes de travail sont de plus en plus souvent équipés d'un micro-ordinateur polyvalent permettant le travail autonome, la communication interne de bureau à bureau et l'accès à des banques de données centrales.
7. De l'avis général des formateurs, l'absence de structure est l'un des travers les plus fréquents dans les écrits d'entreprises, et c'est le plus dommageable pour la compréhension du texte.
8. Passez toutes les communications au secrétariat pendant cette réunion.

9. Vous êtes en communication avec la Société XYZ : nos bureaux sont actuellement fermés, mais vous pouvez laisser vos coordonnées et un message sur le répondeur.
10. Votre message va être enregistré : veuillez parler après le signal sonore.

**9.** Traduisez :

1. Die Branche hat im letzten Jahr 3 000 Personen eingestellt, davon 1 500 leitende Angestellte und Ingenieure.
2. 2 000 Technikerstellen sollen im Bereich Automobilverkauf und -reparatur zu besetzen sein.
3. 400 Lehrstellen sind in der Ile-de-France in verschiedenen Branchen verfügbar, zu besetzen vor dem 31. Dezember.
4. Früher griffen die meisten Unternehmen nur dann auf Zeitarbeit zurück, wenn sie Posten mit geringer Qualifikation zu besetzen hatten.
5. Wir bitten um Ihre Bewerbung, der Sie bitte einen handgeschriebenen Lebenslauf und ein Photo beifügen.
6. Buchhalter, 39 Jahre alt, mit 15 Jahren Berufserfahrung sucht Beschäftigung, die es ihm ermöglicht, selbständig zu arbeiten und mehr Verantwortung zu übernehmen.
7. Der Kandidat muss über mindestens zweijährige Berufserfahrung verfügen und mobil sein.
8. Wir erlauben uns, Ihnen Ihre Anstellung zum 1. des nächsten Monats zu bestätigen.
9. Wir müssen Ihnen leider mitteilen, dass Ihre Bewerbung keine Berücksichtigung gefunden hat.
10. Einige Bildungseinrichtungen bieten Vorzugspreise für die Kursteilnehmer an, deren Fortbildungskosten nicht von der Firma übernommen werden.

**10.** Traduisez :

1. Der Arbeitnehmer muss sich nach der Betriebsordnung richten, was Disziplin, Arbeitszeiten, Hygiene und Sicherheit am Arbeitsplatz betrifft.
2. Die Schiedsgerichte sind für alle Streitigkeiten zwischen Arbeitgeber und Arbeitnehmer zuständig, die aus einem Arbeitsvertrag hervorgehen.
3. Die Bezahlung variiert zwischen 5 000 und 7 000 Francs monatlich je nach Größe des Unternehmens.
4. Werden Sie mir einen Dienstwagen zur Verfügung stellen?
5. Bei der BASF-Gruppe hat die flexible Arbeitszeitgestaltung zu echten Beschäftigungsgewinnen geführt.
6. Der Arbeiter konnte nicht entlassen werden, weil die Kündigungsfrist nicht eingehalten worden war.
7. Der Tarifvertrag kommt allen Arbeitnehmern zugute, auch den nicht gewerkschaftlich organisierten.
8. Das Arbeitsgesetzbuch schreibt den Unternehmen, die mehr als 50 Arbeitnehmer beschäftigen und mindestens 10 Personen entlassen wollen, vor, einen Sozialplan zu erarbeiten.
9. Vier Branchen weisen hinsichtlich Gesundheit und Sicherheit am Arbeitsplatz überdurchschnittliche Risiken auf: die Arbeit auf See, die Landwirtschaft, das Baugewerbe, die Steinbrüche und die Bergwerke.

10. Von 1936 bis 1982 ist die Mindestdauer des bezahlten Urlaubs, der allen französischen Arbeitnehmern zusteht, von 2 auf 5 Wochen gestiegen.

**11.** Traduisez :

1. Seit 1991 ist es nicht mehr gestattet, in den Räumlichkeiten von Unternehmen zu rauchen, insbesondere nicht in Besprechungszimmern.
2. Immer mehr Führungskräfte verfügen nicht mehr über ein Einzelbüro.
3. Unser Computer hat die Abteilung stark entlastet.
4. Die Arbeit am Bildschirm muss im Laufe des Tages unterbrochen werden und die Angestellten sollten sich regelmäßig Augenuntersuchungen unterziehen können.
5. Guten Tag. Ich rufe Sie an, um die Besprechung mit Herrn Bartsch vom 1. Februar um 16 Uhr auf den 13. März um 18 Uhr zu verlegen.
6. Wann könnte ich Herrn Lutter zurückrufen, ohne ihn zu stören?
7. Ich kann Sie leider nicht mit dem Abteilungsleiter verbinden, da er gerade in einer Besprechung ist.
8. Guten Tag. Hier ist der Anrufbeantworter der Firma X. Wir sind zur Zeit leider nicht zu erreichen. Sie haben aber die Möglichkeit, nach dem Signalton eine kurze Nachricht mit Ihrem Namen und Ihrer Adresse zu hinterlassen. Wir werden Sie so bald wie möglich zurückrufen.
9. Wir beziehen uns auf unser Telefongespräch vom 20. Oktober und würden Sie gerne treffen, um über eine eventuelle Zusammenarbeit zu sprechen.
10. Ich rufe Sie an, um Sie darüber zu informieren, dass Herr Jäger nicht an dem Treffen teilnehmen kann. Er bittet Sie, ihm das Protokoll per E-Mail zu schicken.

**12.** Qui touche quelle rémunération ? Reliez :

| | |
|---|---|
| 1. Une personne qui travaille dans un ménage. | a) dividende |
| 2. Un avocat ou un médecin. | b) honoraire |
| 3. Un fonctionnaire. | c) gages |
| 4. Un militaire. | d) bénéfice |
| 5. Un représentant de commerce. | e) jetons de présence |
| 6. Un artiste. | f) salaire |
| 7. Un travailleur. | g) solde |
| 8. Un actionnaire. | h) traitement |
| 9. Un administrateur d'une S.A.. | i) commission |
| 10. Un chef d'entreprise eindividuelle. | k) cachet |

**13.** Prenez connaissance du document suivant et des questions posées en bas et cochez la réponse qui vous paraît exacte :

**Part des salariés déclarant travailler ...**

| | |
|---|---|
| habituellement le samedi | 19,5 % |
| certains samedis | 29,4 % |
| habituellement le dimanche | 5,6 % |
| certains dimanches | 19,0 % |
| habituellement la nuit | 4,0 % |
| certaines nuits | 10,5 % |
| habituellement le soir* | 7,8 % |
| certains soirs | 23,2 % |
| en équipes alternées | 10,2 % |
| suivant des horaires irréguliers | 17,9 % |

\* entre 20 heures et minuit

(Alternatives Economiques, juin 1999)

1. Ce document révèle que
   a) la plupart des salariés travaillent régulièrement en horaire décalé.
   b) le temps de travail est strictement réglementé en France.
   c) la flexibilité dans le domaine du temps de travail est déjà une réalité en France.
   d) la part des salariés qui apprécient les horaires souples a augmenté considérablement.

2. D'après ce document,
   a) presque un salarié français sur trois travaille quelquefois le samedi.
   b) environ un quart des salariés travaillent samedi et dimanche plusieurs fois par an.
   c) très peu de salariés passent plus de 10 % de leur temps de travail à travailler pendant la nuit.
   d) 23,2 % des salariés travaillent de temps en temps jusqu'à huit heures du soir.

**14.** Prenez connaissance du document suivant et des questions posées en bas et cochez la réponse qui vous paraît exacte :

### Répartition mondiale du chiffre d'affaires
### du travail temporaire en 1998

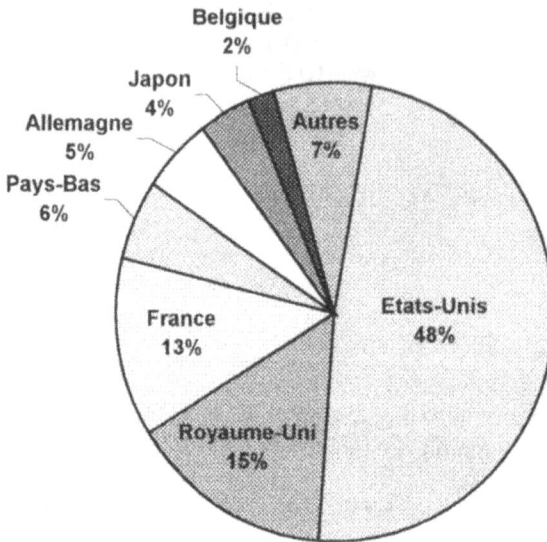

Alternatives Economiques
Septembre 1999

1. Le document montre
   a) le pourcentage que le travail à temps partiel représente dans les différents pays du monde.
   b) l'importance des contrats à durée déterminée aux Etats-Unis.
   c) un classement de quelques pays industrialisés d'après les résultats dégagés par les saisonniers.
   d) les parts des différents pays dans le chiffre d'affaires réalisé par les entreprises d'intérim du monde entier.

2. D'après ce document,
   a) au Japon, seulement 4 % de la population active travaillent en intérim.
   b) la France et le Royaume-Uni, pris ensemble, représentent plus d'un quart du chiffre d'affaires des ETT.
   c) l'Allemagne est le pays européen qui recourt le moins à l'intérim.
   d) aux Pays-Bas, 6 % des ventes dans le secteur tertiaire sont réalisés par des intérimaires.

**15.** Répondez aux questions en cochant la réponse qui vous paraît exacte :

(Niveau 1)

1. Vous travaillez au service du personnel de votre entreprise et vous devez embaucher un comptable. Que faites-vous paraître dans la presse ?
   a) Une demande d'emploi
   b) Une offre d'emploi
   c) Une proposition de travail
   d) Une offre publique

2. Monsieur Dumont va partir en retraite le mois prochain. Que faut-il songer à pourvoir dès maintenant ?
   a) Sa position
   b) Sa promotion
   c) Son poste
   d) Sa carrière

3. Vous posez votre candidature en adressant votre dossier de candidature à l'entreprise qui offre le poste. Ce dossier contient un document où se trouvent des informations concernant votre état civil, votre formation et vos expériences professionnelles. Comment s'appelle ce document ?
   a) C.V.
   b) Lettre de motivation
   c) Tableau synoptique
   d) Biographie

4. Vous faites des études en gestion d'entreprise. Vous ne disposez d'aucune expérience professionnelle. C'est pourquoi vous aimeriez travailler dans une entreprise pendant vos vacances. Qu'est-ce que vous pouvez faire ?
   a) Un intérim
   b) Un apprentissage
   c) Une formation en alternance
   d) Un stage

5. Parmi les démarches suivantes, laquelle **n'**aidera **pas** le chef de personnel à connaître le candidat - son profil, ses qualités, ses connaissances ... ?
   a) Effectuer un test d'aptitudes
   b) Demander au candidat sa carte d'identité
   c) Avoir un entretien avec le candidat
   d) Etudier le C.V. et les diplômes du candidat

6. Vous venez d'être embauché(e) et votre employeur vous fait signer un document qui porte la mention suivante : "Votre engagement sera définitif dans un mois, à condition que vous donniez satisfaction". Dans quel document se trouve inscrite cette condition ?
   a) Votre contrat de travail
   b) Votre bulletin de paie
   c) Votre contrat d'assurance
   d) Le règlement intérieur de l'entreprise

7. Vous venez d'être embauché(e). Pendant un premier temps vous êtes en période d'essai. Qu'est-ce que cela signifie pour vous ?
   a)   Votre contrat sera modifié selon vos performances au bout de la période.
   b)   Vous pouvez démissionner sans avoir à justifier votre décision.
   c)   Vous devez parcourir tous les services de l'entreprise.
   d)   Vous ne payez aucune cotisation sociale pendant cette période.

8. Un salarié qui décide de quitter son entreprise et veut le faire savoir à son chef, qu'est-ce qu'il est amené à rédiger ?
   a)   Une lettre de licenciement
   b)   Une lettre de rupture
   c)   Une lettre de résiliation
   d)   Une lettre de démission

9. Vous êtes responsable du personnel dans une entreprise. Votre direction a décidé de ne plus permettre aux salariés d'accéder librement à Internet pendant les heures de travail. On vous charge de faire savoir cette décision aux salariés qui devront strictement la respecter. Qu'est-ce que vous préparez ?
   a)   Une note d'information
   b)   Un procès-verbal
   c)   Une note de service
   d)   Une faire-part

10. Vous n'avez pas assisté à la dernière réunion, mais vous voulez vous tenir au courant. Que cherchez-vous à consulter ?
   a)   Le journal de l'entreprise
   b)   Le compte rendu
   c)   Le catalogue
   d)   Le livret d'accueil

**16.** Répondez aux questions en cochant la réponse qui vous paraît exacte :
(Niveau 2)

1. Vous travaillez dans une entreprise de 15 salariés. Vous avez de sérieux problèmes avec le nouveau système d'horaire flexible qui, à votre avis, n'est pas appliqué correctement. A qui pouvez-vous vous adresser pour faire transmettre vos réclamations à la direction ?
   a)   Au comité d'entreprise
   b)   Au conseil de prud'hommes
   c)   Au délégué du personnel
   d)   Au chef des Ressources humaines

2. Quel organisme est compétent en cas de litige qui oppose un salarié à son employeur à l'occasion du contrat de travail ?
   a)   Le conseil des prud'hommes
   b)   Le conseil de surveillance
   c)   Le tribunal de commerce
   d)   Le tribunal administratif

3. Quelle disposition parmi les suivantes **ne** se trouve **pas** dans un règlement intérieur ?
   a) Les horaires affichés dans chaque service sont à respecter strictement. Toute demande de modification doit être présentée par écrit au chef du personnel avec au moins deux jours d'avance.
   b) Il est strictement interdit de fumer dans les locaux de l'entreprise, sauf dans le fumoir aménagé au deuxième étage à cette fin.
   c) En cas d'incendie, vous êtes priés d'évacuer les locaux suivant le schéma affiché à chaque porte dans les couloirs.
   d) Vous aurez droit à une prime de 20 % de votre rémunération, à condition de réaliser les objectifs qui ont été fixés dans votre entretien annuel.

4. Parmi les éléments suivants, lequel **ne** figure **pas** sur un bulletin de paie français ?
   a) La cotisation à l'Urssaf maladie
   b) Le salaire brut
   c) Les impôts de solidarité (CSG, CRDS)
   d) L'impôt sur le revenu

5. Vous touchez votre salaire à la fin du mois. Le 20, vous avez besoin d'argent. Que demandez-vous à votre employeur ?
   a) Une avance
   b) Un acompte
   c) Des arrhes
   d) Un escompte

6. Il ne faut pas confondre suspension et rupture du contrat de travail. Parmi les événements suivants, lequel constitue le plus sûrement une rupture du contrat de travail ?
   a) La grève
   b) La démission
   c) Le lock-out
   d) La maladie

7. Quel motif parmi les suivants **ne** justifie **pas** un licenciement ?
   a) Une grossesse
   b) Des maladies fréquentes ou très longues
   c) Un vol
   d) Une absence non autorisée

8. Votre entreprise subit des difficultés d'approvisionnement par suite de grèves dans les usines de plusieurs fournisseurs. C'est pourquoi votre chef a décidé de réduire le temps de travail de tous les salariés qui recevront, à titre de compensation, des indemnisations et des allocations auxquelles l'Etat contribuera. Comment s'appelle ce dispositif ?
   a) Travail partiel
   b) Travail à temps partiel
   c) Chômage partiel
   d) Suspension technique de l'activité

9. Quelle est la caractéristique de la grève du zèle ?
   a) Les salariés travaillent en appliquant à la lettre toutes les consignes de façon que les processus sont ralentis au maximum.
   b) Les salariés font des pauses plus longues pour protester contre l'alourdissement de leur charge de travail.
   c) Les salariés font la grève parce qu'ils ne sont plus du tout motivés.
   d) Les salariés travaillent sans faire cas de la qualité du résultat et ne font que ce qui est strictement nécessaire.

10. Vous n'avez pas assisté à la dernière réunion, mais vous voulez vous tenir au courant. Que cherchez-vous à consulter ?
    a) Le rapport
    b) La note
    c) Le compte rendu
    d) Le mémoire

---

**17.** Rédigez une note de service :

Vous travaillez au Service du personnel de RENAULT, constructeur automobile. Comme chaque année, les usines RENAULT seront fermées au mois d'août ; seuls les services administratifs assureront une permanence. Vous préparez une note de service pour rappeler cette disposition au personnel, afin que chacun s'organise en conséquence.

**18.** Ecrivez une note de service :

La mise en place d'un nouveau système informatique va entraîner quelques retards dans l'établissement des bulletins de paie du mois en cours. Le comptable s'en explique et s'en excuse dans une note d'information communiquée à tous les salariés. Rédigez cette note.

**19.** Ecrivez une lettre :

Ayant terminé vos études de commerce, vous souhaitez faire un stage dans une entreprise française. L'annonce parue dans *Les Echos*, vous intéresse et vous écrivez une lettre pour vous présenter et poser votre candidature.

> **Marketing**
> **RENCONTRES D'AFFAIRES**
> -------------------------------------------
> *Secteur* : organisation de manifestations professionnelles, marketing direct.
> *Ecoles* : **Ecoles de commerce**
> *Type de stage :*
> **Responsables commerciaux**
> *Début :* toute l'année
> *Durée :* min. 4 mois *Lieu:* Paris
> *Contact* : Mlle Isabelle Falconetti,
> 28, rue des Petites-Ecuries
> 75010 Paris
> Tél. : **01 45.23.04.23**

**20.** Ecrivez une lettre :

Il y a quelques mois, vous avez effectué un stage professionnel dans une agence bancaire du C.I.C., 15 quai Rennequin, 78380 Bougival. Vous aimeriez obtenir, outre le certificat de stage, une lettre de références qui vous sera utile en cas de recherche d'emploi. Pour cela, vous écrivez à Monsieur Bouchard, directeur de l'agence.

**21.** Ecrivez une lettre :

Le cabinet de conseils juridiques "Dupuis et Cie" a une clientèle composée pour l'essentiel de P.M.E. (Petites et Moyennes Entreprises) qui, en raison de leur taille, ne possèdent pas de service juridique propre.
Ce cabinet est ainsi amené à traiter les problèmes les plus divers : litiges avec les fournisseurs et les clients, différends avec les administrations, conflits avec le personnel ...
Vous êtes un des collaborateurs de ce cabinet et, à ce titre, vous venez de recevoir la lettre qui constitue l'annexe 1.
Après avoir réuni les informations indispensables, que vous trouverez dans l'annexe 2, vous répondez comme il se doit à votre client.

Travail à faire :
Présentez cette lettre à la date du 12 septembre 2000 et sous la référence SOC. 431.

Annexe n° 1

Dumontier Père et Fils
Entreprise de travaux publics
SARL au capital de 400 000 francs
36 rue des Tilleuls
94350 VILLIERS SUR MARNE

Cabinet "Dupuis et Cie"
7 rue des clercs
75003 PARIS

V/Réf :
N/Réf : PERS. 027
Objet : projet de licenciement

Villiers sur Marne, le 4 septembre 2000

Messieurs,

Depuis 26 ans, Monsieur Arnault Pierre occupe les fonctions de conducteur d'engins dans notre entreprise et son travail a toujours donné satisfaction.

Or en février 1998, une intervention chirurgicale malheureuse, avec complications, l'a obligé à cesser son travail jusqu'en décembre de la même année.

Seulement deux mois après son retour dans l'entreprise, une rechute a entraîné un nouvel arrêt de travail, qui fut reconduit à plusieurs reprises.

Il y a quelques jours, Monsieur Arnault nous a informé de sa parfaite guérison et de son intention de reprendre son travail d'ici un à deux mois.

Comme nous avons dû, dans une petite entreprise comme la nôtre, embaucher un nouveau conducteur d'engins pour remplacer Monsieur Arnault, nous envisageons de licencier ce dernier.

C'est pourquoi nous vous demandons de nous informer s'il est possible de nous séparer de Monsieur Arnault et dans cette éventualité si celui-ci est en droit de nous demander une indemnité de licenciement.

Nous comptons, comme d'habitude, sur une rapide réponse de votre part et vous prions d'agréer, Messieurs, l'expression de nos sentiments distingués.

**Dumontier**
Gérard Dumontier
Gérant

P.S. : Classé CE1 Monsieur Arnault percevait un salaire net imposable de 5750 francs par mois, avant son dernier arrêt de travail.

Annexe n° 2

Regroupement des informations juridiques

Le licenciement ou le congédiement désigne dans la terminologie courante l'acte unilatéral par lequel l'employeur met fin au contrat de travail.

La loi institue une indemnité légale de licenciement calculée sur la base de 1/10 de mensualité par année de service.

Pour la Cour de Cassation (juridiction suprême de l'appareil judiciaire français et dont les arrêts font référence en droit) la maladie autorise l'employeur à prendre l'initiative de la rupture, sans que celle-ci lui soit "imputable", en d'autres termes, sans qu'on puisse attribuer à l'employeur la responsabilité du licenciement, avec ses conséquences et notamment l'indemnisation.
En effet, cette haute juridiction admet que la prolongation de l'indisponibilité, qui se traduit par une inexécution par le salarié de son obligation de travail peut dipenser l'employeur du versement de l'indemnité de licenciement.
(On remarquera l'expression "peut dispenser" et non pas "dispense").
C'est au juge (conseil des prud'hommes en l'occurence) qu'il appartient d'apprécier si la prolongation de l'indisponibilité équivaut à une inexécution par le salarié de son obligation de travail.

Des absences longues et fréquentes consécutives à une maladie peuvent constituer une cause réelle et sérieuse de licenciement dans la mesure où l'employeur ne peut compter sur une collaboration suffisamment régulière pour les nécessités de l'entreprise ou encore dans la mesure où ces absences répétées et importantes sont de nature à perturber la marche du service et à rendre nécessaire le remplacement du salarié.

Ainsi, dans le cas où le licenciement n'est pas imputable à l'entreprise, celle-ci est suivant de nombreux arrêts de la Cour de Cassation, exonérée de la charge de la rupture du contrat de travail, autrement dit dispensée du versement des indemnités de licenciement.

Toutefois les juristes reconnaissent que les textes légaux sont confus et qu'il est parfois difficile, d'imputer ou non à l'entreprise la responsabilité du licenciement.

Les juges ont alors la responsabilité de se prononcer sur l'imputabilité de la rupture. En conséquence la plus grande incertitude d'appréciation demeure.

TEXTES

## 1. Leiharbeit: Kampf gegen Schmuddelimage

Leiharbeit boomt. Die Branche rechnet bis 2005 in Deutschland mit einem jährlichen Umsatzwachstum um die 20 Prozent. Insgesamt wuchs die Zahl der Leiharbeitskräfte in Deutschland vergangenes Jahr um rund 40 000 auf fast eine Viertelmillion - ein historischer Höchststand.

Beim Umsatz weltweit die Nummer eins ist die Schweizer Adecco-Gruppe vor Manpower (USA), Randstad (Holland), Kelly Services (USA) und Vedior (Holland). Die Verleiherriege hier zu Lande führt Randstad mit rund einer Milliarde Mark Umsatz und 25 000 beschäftigten modernen Wanderarbeitern an.

Ein Grund für das explosionsartige Wachstum in Deutschland ist offensichtlich der immense Nachholbedarf im internationalen Vergleich. In Holland verdingen sich 4,6 Prozent, in den USA 2,3 Prozent und in Frankreich 2,2 Prozent der Beschäftigten als Leihkräfte. Zwischen Rhein und Oder haben sich dagegen erst 0,7 Prozent mit dem Jobhopping angefreundet.

Eine der Ursachen für die auffallend geringe Verbreitung der Leiharbeit hier zu Lande sieht der Bundesverband Zeitarbeit Personaldienstleistungen in den restriktiven gesetzlichen Bestimmungen. Beschäftigte dürfen nur maximal für ein Jahr ununterbrochen an dieselbe Firma ausgeliehen werden, bis 1997 war sogar höchstens ein Vierteljahr erlaubt. Im Baugewerbe ist die Zeitarbeit sogar ganz untersagt. Zudem gilt das so genannte Synchronisationsverbot: Leihfirmen dürfen Beschäftigte nicht bloß für den Zeitraum einstellen, den sie erstmals in einer anderen Firma eingesetzt werden.

Ein weiteres Hemmnis für die Ausbreitung der Leiharbeit ist das latente "Schmuddelimage", so Randstad-Öffentlichkeitsarbeiterin Sylvia Knecht. Die Bezahlung liegt vielfach unter den Industrielöhnen, im Extremfall um bis zu 40 Prozent.

Die Großen der Branche versuchen, daran etwas zu ändern. Randstad schmückt sich mit einem Betriebsrat und einem Tarifvertrag, den das Unternehmen im April mit der Gewerkschaft Öffentliche Dienste, Transport und Verkehr (ÖTV) sowie der deutschen Angestellten-Gewerkschaft (DAG) abschloss. Darin wurden zum Beispiel eine Lohnerhöhung um bis zu sieben Prozent und 100 Prozent Lohnfortzahlung im Krankheitsfall vereinbart.

(Wirtschaftswoche, 31/09/2000)

## 2.    Strengere Regeln für die Jobs auf Zeit

Die Zeit wird knapp. Gut vier Monate noch, dann könnte eines der "erfolg-reichsten arbeitsmarktpolitischen Instrumente der letzten zwei Jahrzehnte" in der Versenkung verschwinden, befürchten die Arbeitgeberverbände. Denn wird die Bundesregierung nicht schnellstens aktiv, läuft Ende des Jahres das Beschäftigungsförderungsgesetz automatisch aus. Das Regelwerk erlaubt bisher Unternehmen die befristete Einstellung neuer Leute, ohne dass dafür - wie früher - ein sachlicher Grund wie zum Beispiel eine Krankheits- oder Mutterschaftsvertretung vorliegen muss.

Der Erfolg lässt sich an den Zahlen ablesen: Das befristete Gesetz hat in den vergangenen Jahren zu einem wahren Boom der befristeten Jobs geführt. Rund 2,8 Millionen Menschen standen 1999 in einem solchen Arbeitsverhältnis, das sind rund 300 000 mehr als im Vorjahr. Da die Gesamtzahl der Arbeitsplätze 1999 in etwa stagnierte, wäre es ohne die befristeten Jobs sogar zu einem Abbau der Beschäftigung gekommen. Insbesondere in strukturschwachen Gebieten ermög-lichen häufig nur die befristeten Arbeitsverträge Beschäftigungchancen. Während in den alten Ländern nach jüngsten Statistiken acht Prozent aller Arbeitnehmer einen Vertrag auf Zeit haben, sind es in den neuen Bundesländern sogar 14 Prozent.

Doch die personalpolitische Flexibilität, die vor allem Existenzgründer und Firmen mit schwankendem Auftragsvolumen schätzen lernten, ist für die Gewerkschaften und viele Sozialdemokraten ein rotes Tuch. IG-Metall-Vize Jürgen Peters: "Das Gesetz hat weder das erhoffte Beschäftigungswunder gebracht noch zum Abbau von Überstunden beigetragen." Die Kritiker wittern stattdessen ausufernden Missbrauch durch die Firmen.

Derzeit verhandeln Bundesregierung, Arbeitgeber und Gewerkschaften über einen Kompromiss. Arbeitsminister Walter Riester will die befristeten Jobs zwar weiter erlauben. "Wenn dieses Instrument komplett wegfiele, würden stattdessen Überstunden erhöht, mehr Leiharbeiter eingesetzt oder mehr Betriebsaufgaben ausgegliedert", befürchtet der SPD-Mann. Gleichwohl will der Minister künftig restriktivere Regeln als bisher durchsetzen. Vor allem die so genannten Kettenverträge sind ihm ein Dorn im Auge, wenn also der gleiche Mitarbeiter hintereinander mehrere Kurzzeitjobs erhält. Ein befristeter Vertrag kann nach jetzigem Recht dreimal verlängert werden, und zwar bis zu einer Gesamtdauer von maximal 24 Monaten. Hier will Riester einen Deckel aufsetzen. Auch erwägt er, die Firmen künftig zu einer detaillierten Begründung zu zwingen, wenn sie mit Mitarbeitern befristete Arbeitsverträge abschließen wollen.

(Wirtschaftswoche, 24/08/2000)

**Compte rendu**
Faites la synthèse en français des informations contenues dans les textes 1/2.

3.

### Répartition des emplois intérimaires
### par catégorie socioprofessionnelle, et évolution sur un an,
### au 30 avril 1999

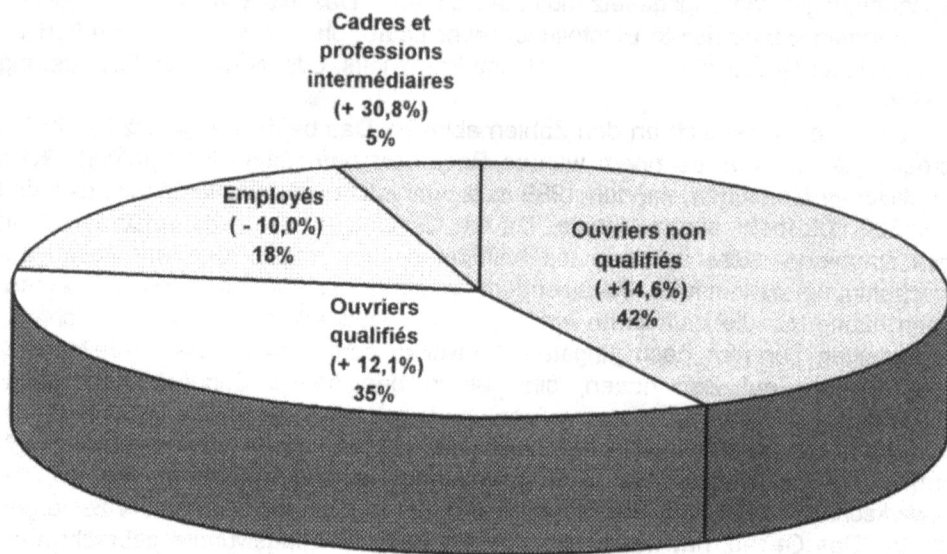

Cadres et professions intermédiaires (+ 30,8%) 5%

Employés (- 10,0%) 18%

Ouvriers non qualifiés (+14,6%) 42%

Ouvriers qualifiés (+ 12,1%) 35%

Décrivez le graphique en quelques phrases et relevez ce qui vous paraît intéressant.

## 4. Intérim : la dérive

L'intérim n'en finit pas de monter, monter... Sur les 105 500 emplois créés au cours du premier trimestre 1999, près de la moitié l'ont été dans l'intérim. Jamais le recours au travail temporaire n'avait atteint un tel niveau, en particulier dans l'industrie, où il représente 8 % des effectifs ! Alors qu'il oscillait entre 3 et 4 % au début des années 80, le taux de recours à l'intérim et aux contrats à durée déterminée (CDD) a triplé en deux décennies. L'intérim concerne dorénavant tous les secteurs d'activité et tous les métiers. Longtemps réservé aux emplois les moins qualifiés, il s'étend désormais aux cadres. Une généralisation qui révèle une transformation structurelle dans les modes de gestion de la main-d'œuvre. En droit, le recours à l'intérim est autorisé pour remplacer un salarié absent ou répondre à un surcroît temporaire d'activité. En pratique, il pallie aujourd'hui les dysfonctionnements techniques ou sociaux des entreprises.

"L'absence ou la faiblesse du dialogue social en France explique pour partie le recours accru à l'intérim", observe de son côté Gilles Quinnez, directeur général France d'Adia. Plutôt que de se confronter à des questions de gestion du personnel, de formation, on externalise au maximum les ressources humaines, que l'on gère ainsi comme on le fait des approvisionnements en pièces détachées. (...)

Toutes ces pratiques sont facilitées par le coût décroissant du recours à l'intérim en comparaison d'un recrutement en contrat à durée indéterminée (CDI), comme l'indique une étude du Centre d'études de l'emploi. Le recours massif à l'intérim reporte le coût de la flexibilité sur la collectivité, en particulier sur l'assurance chômage. Peu d'intérimaires sont satisfaits de leur sort et désireux de conserver ce statut. Pour la grande majorité du 1,5 million de personnes effectuant au moins une mission dans l'année, l'intérim continue en effet de rimer avec travail non qualifié, missions courtes et surexploitation. Ceux qui arrivent à enchaîner les missions ne sont guère plus satisfaits.

Pour certaines qualifications très recherchées par les sociétés - informaticiens, soudeurs ... -, les entreprises de travail temporaire cherchent à se constituer un "portefeuille de compétences" et à fidéliser les intérimaires possédant ces qualifications. Vedior a ouvert ainsi des centres dédiés au recrutement. Ces derniers passent au peigne fin les fichiers des écoles d'ingénieurs et des centres de formation. Chez Manpower, les intérimaires ayant effectué 500 heures de mission ont une participation aux bénéfices ; comme chez les autres grands de l'intérim, les agences s'occupent de la gestion de carrière, elles font faire des bilans de compétences ou proposent des congés individuels de formation. Certains contrats négociés avec les entreprises utilisatrices permettent aux cadres dirigeants en mission, par exemple un PDG en intérim chargé de mettre en œuvre un plan social, de profiter du treizième mois, voire des stock-options. (...)

(Alternatives Economiques, septembre 1999)

**5.**

**Répartition des missions selon la durée,en %**

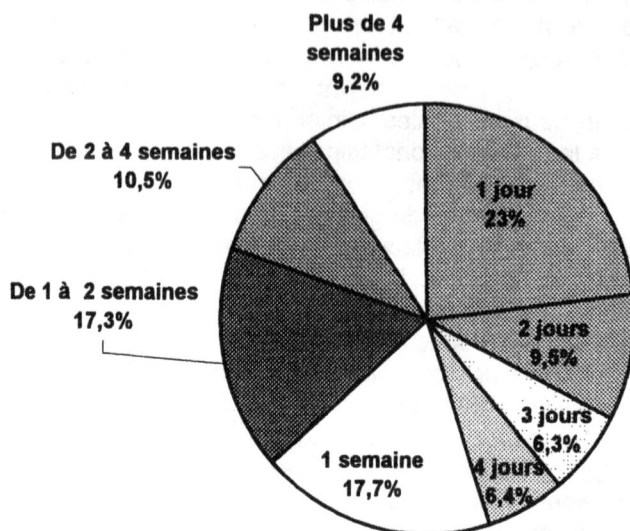

Plus de 4 semaines 9,2%

De 2 à 4 semaines 10,5%

De 1 à 2 semaines 17,3%

1 semaine 17,7%

1 jour 23%

2 jours 9,5%

3 jours 6,3%

4 jours 6,4%

(Alternatives Economiques, septembre 1999)

**A    Résumé**

Faites un résumé du texte 4 en y englobant les informations fournies par les graphiques 3 et 5. Vous pouvez aussi recourir au graphique de l'exercice 14 dans la rubrique "Exercices".

**B    Exposé-débat**

Préparez vos arguments pour présenter et défendre votre point de vue dans un débat au sujet de la question :

*L'intérim- une dérive ?*

**C    Analyse**

Prenez également en considération les textes 1 et 2 et comparez la situation en France avec celle en Allemagne.

Si vous travaillez en classe, répartissez les tâches.

## 6.   Augmentations : c'est chacun pour soi

Qu'elles sont loin les Trente Glorieuses, où les hausses de salaire étaient négociées collectivement avec les syndicats, sur la base d'un fixe qui constituait l'essentiel de la rémunération ! Aujourd'hui, non seulement l'individualisation des salaires est entrée dans les mœurs, mais les employeurs lient de plus en plus la rétribution à la performance économique et à celles du salarié. Du coup, la structure des rémunérations s'en trouve profondément bouleversée. Et le salaire fixe, même s'il en représente encore une part essentielle, devient de moins en moins la règle.

Certes, la tendance n'est pas nouvelle. Accords de participation et accords d'intéressement, qui permettent d'associer les salariés aux résultats, existent depuis longtemps en France. 27 500 entreprises appliquaient de tels accords en 1997, selon la Dares (la Direction de l'animation, de la recherche, des études et des statistiques du ministère de l'Emploi).

Quant à la rémunération variable alignée sur des objectifs, près d'une société sur deux y recourait déjà au début des années 90. Mais cette pratique restait réservée au petit cercle des commerciaux et des dirigeants. Aujourd'hui trois entreprises sur quatre ont opté pour ce mode de gestion des ressources humaines. Elles l'appliquent à une part croissante de leur personnel, en descendant de plus en plus bas dans la hiérarchie. Pour les cadres, c'est devenu monnaie courante : près de la moitié d'entre eux percevraient à l'heure actuelle une rémunération variable.

La part variable évolue en fonction des profils : elle représente en moyenne 10 % du salaire des cadres ; mais elle peut atteindre jusqu'à 30 ou 40 % de la rémunération des cadres sup, en intégrant tous les à-côtés (voitures de fonction, retraite, abondement sur un plan d'épargne d'entreprise ...)

Les primes - qui constituent l'essentiel de la part variable - sont en plein essor. Elles atteignent généralement la moitié du variable pour les cadres, estime le cabinet Hay Management Consultants, et 75 % pour les cadres sup. "Les employeurs sont dans une logique de rétention : pour fidéliser les salariés clés, ils doivent les retenir à n'importe quel prix, en élargissant le concept de rémunération", explique David Hufnagel, responsable des rémunérations chez Hay Management.

Pour éviter de casser les grilles de rémunération internes, les sociétés développent donc des formes de rétribution variables, fixées en fonction d'objectifs de plus en plus précis établis avec la personne concernée.

Conclusion, le salarié a tout intérêt à considérer l'ensemble des revenus que peut lui proposer l'employeur lors de la négociation plutôt que de se focaliser sur son fixe. Avec un risque : que la part variable n'atteigne pas le niveau escompté. Car, si tout va bien en période de croissance, quand les entreprises engrangent des bénéfices, il en va autrement en cas de ralentissement de l'économie.

(Le Nouvel Economiste, 01/09/2000)

**A    Résumé**
Relevez, pour chaque paragraphe, les mots-clés et faites ensuite un résumé du texte.

**B    Commentaire**
Commentez les avantages et les inconvénients des nouvelles formes de rémunération. Prenez en considération les perspectives des entreprises et celles des salariés.

## 7.  SNCF : premières tensions liées aux 35 heures

Les 35 heures comme outil de modernisation du dialogue social à la SNCF ? Il y a quelques années, tout le monde aurait ri à cette idée. Et pourtant. Depuis le début de l'année, la réduction du temps de travail est bel et bien mise en œuvre dans l'entreprise publique. Après six mois de négociations et un référendum pour s'assurer du soutien de leur base, la CGT et la CFDT des cheminots, majoritaires à la SNCF, avec une représentation aux dernières élections professionnelles supérieures à 75 %, ont paraphé le 7 juin 1999 l'accord national que leur proposait la direction. Le nombre de journées travaillées perdues pour cause de grève n'a jamais été aussi bas. "La conflictualité reste forte au niveau local. Cela étant, sur 665 préavis de grève déposés, seulement 373 ont été suivis d'une journée d'action", précise Pierre Vieu, le "père de l'accord".

Opérationnelle depuis le premier janvier 2000, la réduction du temps de travail a déjà commencé à produire ses petites révolutions en interne. "L'accord est fondé sur trois grands principes : plus de temps libre pour les salariés, des effectifs supplémentaires et, en contrepartie, la mise en œuvre des nouvelles organisations du travail", résume Pierre Vieu. Entre les directeurs d'établissement et les organisations syndicales, le dialogue tourne parfois au bras de fer, surtout lorsque les premiers tentent d'utiliser toutes les souplesses prévues par le texte. Travail en décalé (c'est-à-dire de nuit ou le week-end), modulation des horaires : ces pratiques, qui, il y a quelques années auraient suscité un violent rejet des cheminots, se sont généralisées avec le passage aux 35 heures.

Ce que personne n'imaginait, toutefois, c'est que les recrutements promis par la direction (25 000 sur trois ans), en contrepartie de la baisse de la durée du travail et de la mise en œuvre d'organisations plus efficaces, ne suffiraient pas. Avec des trafics en progression à fin août de plus de 11 % pour les grandes lignes et les trains express régionaux, et de plus de 8 % pour le fret, les 14 280 recrutements réalisés sur les sept premiers mois de l'année sont d'autant moins à la hauteur que l'intégration de nouveaux embauchés passe généralement par une période de formation. Parfois longue, celle-ci dure, par exemple, douze mois chez les conducteurs. De quoi susciter la grogne des effectifs en place.

Dans de nombreux établissements, le passage aux 35 heures s'est accompagné d'une modification des roulements. Les agents ont vu leurs habitudes bouleversées, et cela pas toujours à leur avantage. Surcharge de travail, repos différé, les cheminots n'ont pas toujours l'impression de profiter de la réduction du temps de travail. "Ce qui suscite aussi un fort mécontentement des chefs d'établissement, qui ont des problèmes pour organiser la production", souligne Denis Andlauer, secrétaire général de la CFDT des cheminots, qui demande une anticipation des embauches prévues en 2001. Dans ce contexte, la modération salariale prévue par l'accord 35 heures devient difficile à accepter. Inquiets des retombées sur leurs conditions de travail, les cheminots ont dès le mois de mars sanctionné dans leur vote aux élections professionnelles la CGT et la CFDT, signataires de l'accord. Un avertissement pour rappeler aux deux syndicats que la politique consensuelle avec la direction a des limites et que leur rôle était d'abord de défendre les intérêts de la base.

Le message a été entendu. Jeudi, le trafic sur l'ensemble du réseau ferroviaire sera perturbé par un appel à la grève lancé par l'ensemble des fédérations pour obtenir la réouverture des négociations salariales. La première crise ouverte liée aux 35 heures ?

(Les Echos, 25/09/2000)

**A   Résumé**
Résumez les premières expériences de la SNCF avec l'accord sur la semaine des 35 heures.

**B   Exposé-débat**
Préparez vos arguments ainsi que les objections aux éventuelles réponses d'un interlocuteur pour présenter et défendre votre point de vue dans un débat à propos de la question :

*La semaine des 35 heures -
un cadeau pour les salariés ou pour les entreprises ?*

## 8.   Junge Rentner

Jobs für Ältere gehen zulasten der Jüngeren - dieser Behauptung sind die Deutschen lange aufgesessen. Mit Frühverrentungsprogrammen wurden ältere Arbeitnehmer so im Namen der Gerechtigkeit reihenweise aus Büros und Werkhallen bugsiert. Ergebnis: Nur ein Viertel der Arbeitnehmer hält bis zum offiziellen Rentenalter von 65 durch, die meisten quittieren früher den Job. Im Schnitt kassieren die Deutschen ihre erste reguläre Rente mit nur 60,1 Jahren. Trotzdem sank die Arbeitslosigkeit in den Zeiten der Frühverrentungswellen nicht.

Kein Wunder: Die verbreitete Annahme, das gesamtwirtschaftliche Arbeitsvolumen sei eine feste Größe, ist unhaltbar. Internationale Vergleiche zeigen, dass gerade die Länder weniger Arbeitslose haben, in denen die Erwerbstätigenquote der Älteren hoch ist. So haben in der Schweiz und Norwegen rund sieben von zehn Menschen im Alter von 55 bis 64 Jahren einen Job - bei einer Arbeitslosenquote von gut drei Prozent.

Der Zusammenhang ist plausibel: "Wenn viele ältere Menschen arbeiten, werden die Sozialkassen weniger belastet", sagt Hans-Peter Klös vom Institut der Deutschen Wirtschaft, "dies führt zu geringen Arbeitskosten." Folge: Die Firmen können sich mehr Arbeitsplätze leisten - die Arbeitslosenquote sinkt.

Zum Glück hat auch hier zu Lande ein Umdenken begonnen. Die Altersgrenzen wurden angehoben, höhere Rentenabschläge bei der Frührente eingeführt und das Vorziehen der "arbeitslosigkeitsbedingten Altersrente" auf bestimmte Altersgruppen begrenzt. Weitgehend einig sind sich die Parteien inzwischen auch darin, dass auf Dauer das Rentenzugangsalter erhöht werden muss. Wie halbherzig diese Politik jedoch immer noch ist, zeigt die Einführung der Altersteilzeit. Im Ergebnis ist sie nichts anderes als ein weiteres staatlich subventioniertes Frühverrentungsprogramm. "Der frühe Ruhestand", so Hans-Peter Klös, "lohnt sich heute noch viel zu sehr." (WiWo, 24/08/2000)

**A   Résumé**
Faites un résumé en français de l'argumentation du texte.

**B   Exposé-débat**
Préparez vos arguments pour présenter et défendre votre point de vue dans un débat à propos de la question :

*Emploi : jeunes contre vieux :
la question est-elle bien posée ?*

## 9. Nebenkosten kein Jobkiller

Obwohl die Sozialpolitik nicht zu den EU-Gemeinschaftsaufgaben zählt, hat sich in Europa ein gemeinsames Sozialmodell herausgebildet. Das belegt die Studie "Europas Sozialmodell - Die europäischen Sozialsysteme im Vergleich" des WISO-Instituts unter der Leitung von Hermann Berié, dem ehemaligen Chefökonomen des Bundesarbeitsministeriums, und dem Bundestagsabgeordneten Ulf Fink (CDU), die am Mittwoch in Berlin vorgestellt wurde.

Die Analyse kommt zu überraschenden Ergebnissen. In Westeuropa besteht kein Zusammenhang zwischen der Höhe der Lohnnebenkosten und der Arbeitslosenquote sowie der gesamtwirtschaftlichen Entwicklung. In Ländern, in denen der Arbeitgeberanteil an der Sozialversicherung mit über 40 Prozent besonders hoch ist, wie etwa in Frankreich, verlief die wirtschaftliche Entwicklung in den vergangenen zehn Jahren nicht schlechter als in Dänemark, wo die Arbeitgeberbeiträge mit nur 5,2 Prozent am niedrigsten in der EU liegen.

Die vergleichende Studie basiert auf Daten von Eurostat, dem Statistischen Amt der Europäischen Gemeinschaften, und der Organisation für wirtschaftliche Zusammenarbeit und Entwicklung (OECD) für den Zeitraum von 1962 bis 1996. In diesem knappen Vierteljahrhundert haben sich die zuvor erheblichen Unterschiede zwischen den Sozialsystemen Europas zunehmend verringert. Die klassische Aufteilung in beitragsfinanzierte und steuerfinanzierte Sozialsysteme ist den Autoren der Studie zufolge heute bedeutungslos.

Im beitragsfinanzierten oder "Bismarck-System", als dessen Prototyp Deutschland gilt, richtet sich der Umfang der Leistungen nach der Höhe der Beitragszahlungen. Im steuerfinanzierten oder "Beveridge-System", das der britische Sozialreformer Lord Beveridge entwickelte, ist der Leistungsumfang von den Beiträgen unabhängig und orientiert sich ausschließlich am Bedarf der Empfänger. Daher muss es mit Steuergeldern finanziert werden. Letzteres Modell galt lange Zeit als traditionell sozialdemokratischer Umverteilungsansatz, der die Sozialausgaben in die Höhe treibt. Heute besteht aber zwischen der Finanzierungsart und der Sozialleistungsquote kein signifikanter Zusammenhang mehr. Sie beträgt im EU-Durchschnitt 30 Prozent. Niedriger ist sie in den ärmeren Ländern wie Irland (18,9 Prozent), höher dagegen in reichen Ländern wie Deutschland (30,5 Prozent). Die Höhe der Sozialausgaben scheint somit allein vom Entwicklungsstand abzuhängen.

Darüber hinaus zeigt die Studie, dass in der EU erheblich mehr Mittel für die Versorgung von Alten und Hinterbliebenen aufgewendet werden als für Familien und Kinder. Im Durchschnitt fließen derzeit 12,3 Prozent oder ein Achtel des gesamten EU-Sozialprodukts den Alten zu, während die Sozialleistungsquote für Familien und Kinder bei nur 2,2 Prozent liegt. Für Arbeitslose werden in den EU-Ländern durchschnittlich 2,3 Prozent des Sozialprodukts ausgegeben.

Das eigentliche Gefälle besteht heute der Studie zufolge zwischen der EU und den USA. Der Anteil der Haushalte, die dort nach Umverteilung unter der Armutsgrenze (definiert als 50 Prozent des Durchschnittseinkommens) leben, beträgt 17 Prozent, gegenüber 9,4 Prozent in Deutschland. "Die USA reagieren auf gesellschaftliche Probleme nicht wie die Europäer mit Integration, sondern mit Ausgrenzung. Die EU sollte am europäischen Modell festhalten", sagte Fink.

(SZ, 24/08/2000)

**A** **Résumé**

Résumez en français les arguments du texte et les informations sur lesquelles ils s'appuient.

**B** **Exposé-débat**

Prenez position à propos de la question suivante :

*La protection sociale à l'européenne -*
*est-elle responsable du chômage ?*

INFORMATIONS

## L'enseignement en France

|  |  |  |
|---|---|---|
| | **Enseignement primaire** | |
| 2 - 6 ans | Ecole maternelle | |
| 6 -11 ans | Ecole élémentaire | |
| | | |
| 11-17/18 ans | **Enseignement secondaire** | |
| 11 - 15 ans | Collège (6$^e$ à 3$^e$) | Brevet des collèges |
| 15 - 18 ans | Lycée (2$^e$, 1$^{ère}$, terminale) | Baccalauréat |
| | | • L / Lettres |
| | | • ES / Economique et social |
| | | • S / Scientifique |
| | Lycée technique (2$^e$) | Brevet de technicien (BT) |
| | | Baccalauréat de technicien (BTn) |
| | | • Sciences et technologies industrielles |
| | | • Sciences et technologies tertiaires |
| | | • Sciences et technologies de laboratoire |
| | | • Sciences médico-sociales |
| | | • Hôtellerie |
| 15 - 16 ans (17) | Lycée professionnel 2 ans | Brevet d'études professionnelles (BEP) |
| | 3 ans | Certificat d'aptitude professionnelle (CAP) |

|  |  |  |
|---|---|---|
| | **Enseignement supérieur** | |
| COURT BAC + 2 | Lycée technique | |
| | Section de technicien supérieur (STS) | Brevet de technicien supérieur (BTS) |
| | Institut Universitaire de Technologie (IUT) | Diplôme universitaire de technologie (DUT) |
| | Université | Diplôme d'études universitaires scientifiques et techniques (Deust) |
| LONG | | |
| | 1$^{er}$ cycle (2 ans) | Diplôme d'études universitaires générales (Deug) |
| | 2$^e$ cycle | Licence (Deug + 1 an) |
| | | Maîtrise (Licence + 1 an) |
| | | Maîtrise de méthodes informatiques appliquées à la gestion (MIAGE) |
| | | Maîtrise de sciences et techniques (MST) |
| | | Maîtrise de sciences de gestion (MSG) |

| | | |
|---|---|---|
| 3ᵉ cycle | | Diplôme d'études approfondies (DEA) ou : Diplôme d'études supérieures spécialisées (DESS) Doctorat ( + 2 - 4 ans) |
| BAC + Prépa (concours) + 4/5 ans | **Grandes Ecoles** **Ecoles supérieures** Ecole Polytechnique ("X") Ecole des hautes études commerciales (HEC) Ecole supérieure des sciences économiques et commerciales (Essec) Ecole supérieure de commerce et d'administration des entreprises (ESCAE), dites "sup de Co" Ecole Nationale d'Administration (ENA) | DEA / DESS / Diplômes d'ingénieur etc. |

Le sommet du système de formation est constitué des **Grandes Ecoles**, écoles spécialisées dans la formation de dirigeants généralistes. Ces écoles avaient le monopole de donner accès aux grands corps de l'Etat (les corps techniques pour l'X, les corps administratifs pour l'ENA). L'une des fonctions de l'administration est d'être un instrument de sélection et de socialisation des élites dirigeantes. Le **"pantouflage"** s'est beaucoup développé dans les années 80 : le patron français débute dans une administration ou un cabinet ministériel et se trouve catapulté à la tête d'une entreprise. L'X et l'ENA produisent plus de 45 % des patrons.

En 1985, on a créé les **magistères** (bac +5), délivrés par les universités. Les grandes écoles ont créé un **mastère** d'un an, qui est très cher et réservé à une petite élite. Certaines écoles délivrent le **master**, calqué sur le modèle américain. Le dernier-né est le **mastaire**, conçu par Claude Allègre pour identifier un grade universitaire au niveau européen. Il sera automatiquement attribué aux diplômés des écoles d'ingénieurs, comme aux titulaires des DESS et des DEA.

En 1991/92, on a instauré les **Instituts universitaires professionnalisés** (I.U.P.) qui forment des "ingénieurs-maîtres" en trois ans. Les stages y sont obligatoires. Les candidats doivent justifier d'un an d'études avant de commencer.

La transition entre la formation initiale et le monde de l'entreprise représente encore un problème grave en France. Le **système dual** (formation en alternance, école + apprentissage en entreprise) est caractéristique pour la formation professionnelle en Allemagne, tandis qu'en France, le lycée professionnel est encore la règle. Seulement 25 % des formations professionnelles s'effectuent dans une entreprise et un Centre de Formation d'Apprentis. Ces centres sont financés en partie par la taxe d'apprentissage (0,5 % de la masse salariale) versée par les entreprises.

En outre, l'Etat offre de nombreuses formules de contrats d'insertion donnant lieu à des formations : contrat de qualification, contrat d'adaptation, programme emplois-jeunes, etc. Ces offres font partie des dispositifs de lutte contre le chômage.

# Le curriculum vitae en 10 points
**Caressez la forme, creusez le fond : la rédaction d'un curriculum vitae doit respecter impérativement quelques règles de base. Si l'on veut qu'il devienne une carte de visite précieuse**

## La forme...
1. Le CV comporte obligatoirement les rubriques suivantes : l'état civil, la formation, les langues, l'expérience professionnelle, la rubrique "Divers".
2. Gare aux fautes d'orthographe.
3. Tout superflu est à proscrire : phrases longues, syntaxes compliquées, CV étalé sur plusieurs pages.
4. Soignez le look : utilisation de caractères appropriés, emploi de filets pour souligner les rubriques, choix d'un beau papier.
5. Une photographie de qualité.

## ... et le fond
6. Ciblez votre CV : prévoir deux ou trois versions en fonction des destinataires.
7. L'expérience professionnelle n'a pas de prix : décrivez précisément les missions dont vous avez été chargé au cours de vos stages. Un travail effectué vaut mieux qu'un titre !
8. Enrichissez votre CV : il prendra de la valeur. Evoquez vos activités diverses ou vos loisirs. Le CV prendra de la personnalité.
9. Testez votre CV autour de vous : faites le lire à votre entourage amical ou professionnel.
10. Mettez-vous à la place du recruteur : posez-vous les questions les plus embarrassantes. A commencer par celle-ci : mon CV est-il digne d'intérêt?

# La lettre de candidature

En France, le candidat n'envoie pas de dossier complet avec tous les diplômes, mais seulement lettre de motivation, souvent manuscrite et CV. Le CV est construit selon la norme américaine, c'est-à-dire qu'il commence par la dernière expérience.

**Plan** : Rappel de l'annonce - candidature pour le poste proposé - présentation (état civil, études, diplômes) - caractéristiques en rapport avec les exigences - espoir d'être convoqué pour un entretien.

Dans une demande d'emploi spontanée, il faut justifier la demande dans l'introduction. Pensez à trois aspects : l'entreprise contactée, philosophie de l'entreprise, valeur d'un produit - ce que je peux apporter à l'entreprise - ce que nous pouvons faire ensemble (vous - moi - nous).

Sur les pages qui suivent, vous trouverez des exemples :

**Gaëlle DURAND**
**5, rue Bonnet**
**75007 Paris**

PHOTO

## Formation

Ecole Supérieure de Commerce de Grenoble (1999), option Commerce International.
Baccalauréat B (1996).

## Langues

Anglais (lu, parlé, écrit)

## Expérience professionnelle

■ **Responsable de la Junior-Entreprise Promo-Vente** (juin 1996 à 1999) :

- Etude de marché de pièces détachées aéronautiques en Europe.
- Calcul du prix de revient d'une pièce dans différents pays européens.
- Mise en place d'un système informatique de gestion et comptabilité.
- Organisation d'un salon interprofessionnel dans le domaine des pièces détachées aéronautiques.

■ **Stage de comptabilité à la Chambre de Commerce et d'Industrie de Grenoble** (mars à juin 1996)

■ **Séjour en Grande-Bretagne et stage de deux mois à la Midland Bank de Londres** (juillet et août 1995)

## Divers

Célibataire
Permis de conduire (B)
Loisirs : lecture, cinéma, voyages

## Objectif

**Acquérir une expérience professionnelle dans le domaine des études de marché au sein d'une direction marketing dans une entreprise à dimension européenne.**

**Jean Levalois**
**22, square Wilson**
**78290 Croissy-sur-Seine**

## FORMATION

ISEP (Institut supérieur d'électronique de Paris), 1997-2000.

## EXPÉRIENCE PROFESSIONNELLE

**Depuis 1995**

Encadrement des adhérents du Club Aéronautique Cellois (18 jeunes de 15 à 20 ans). Chargé de l'étude du système électronique embarqué (capteurs de télécommande et enregistreurs de données) d'une mini-navette. Cet engin de surveillance a nécessité plus de 12 000 heures de travail.

J'ai également participé à la recherche de financement de l'opération (budget : 600 000 F) auprès des entreprises industrielles à qui une partie du projet a été revendue.

**1998**

Projet de fin d'études : mise sur ordinateur des déplacements du manipulateur MA 23, robot porteur de charges utilisé dans les cellules actives nucléaires. Ce projet avait été commandité par le Centre d'Etudes Atomiques de Marcoule.

**1996**

Stage réalisé en cours d'études au département Automatismes de la Sodern. J'ai participé à l'établissement d'un projet de voiture automatisée pour personnes handicapées.

**1995**

Stages ouvriers : soudure, tournage, fraisage. IUT de Cachan.

## LANGUES

Allemand et Anglais courants.

## DIVERS

Célibataire.
26 ans.

Juliette Murat
102, rue Desprets
75009 Paris

Monsieur Albert PIERRA
Responsable Recrutement Cadres
Société X
2, rue Renard
75003 Paris

Paris, le 8 octobre 2000

Monsieur,

Le secteur de l'agro-alimentaire m'intéresse tout particulièrement. Je viens d'obtenir un Mastère en Marketing à l'ESSEC et je recherche un emploi de chargée d'études marketing ou d'assistante chef de produit.

Un premier stage chez BSN en tant qu'assistant chef de produit m'a donné l'occasion de participer au lancement de la nouvelle gamme du produit xx. J'ai également assumé les fonctions de responsable des analyses Nielsen sur différents produits, au cours du stage réalisé dans le cadre de mon Mastère, chez Nestlé.

J'aimerais vous rencontrer afin de vous faire part de ma motivation. Dans l'attente de cet entretien, je vous prie d'agréer, Monsieur, l'assurance de mes meilleurs sentiments.

(signature)

### Le rôle de l'ANPE
Pour percevoir les allocations de chômage, il faut s'inscrire comme demandeur d'emploi à l'ASSEDIC. Après, il faut se rendre à l'ANPE qui aide le demandeur d'emploi à trouver un emploi. Les cadres peuvent s'adresser à l'APEC (Association pour l'emploi des cadres).

### La période d'essai
Très souvent, l'embauche définitive est précédée d'une période d'essai, pendant laquelle chacun, employeur comme salarié, peut librement mettre fin au contrat, sans motif et sans indemnité. Cette période doit être expressément prévue dans le contrat de travail.

### Les mentions obligatoires du bulletin de paie :
- nom, adresse et numéro d'immatriculation de l'employeur ;
- la convention collective de la branche applicable ;
- l'emploi occupé par le salarié ;
- sa position dans la classification ;
- la rémunération brute du salarié ; doivent être distingués : le salaire de base, avec le nombre d'heures travaillées et les autres éléments comme les primes, avantages en nature ...
- la date des congés payés pris par le salarié et le montant de l'indemnité ;
- la nature et le montant des cotisations sociales prélevées sur le salaire brut, ainsi que le montant de la CSG et de la CRDS ;
- la nature et le montant des sommes non soumises à cotisations sociales, notamment les remboursements de frais professionnels ;
- les déductions sur le salaire net : remboursements d'acompte ou d'avance sur salaire etc.
- le montant de la somme effectivement reçue par le salarié ;
- une mention incitant le salarié à conserver le bulletin sans limitation de durée.

### L'acompte
C'est le versement avant l'heure d'une partie du salaire de mois en cours. Il correspond à un travail déjà effectué. A cause de cela, l'employeur ne peut que l'accorder. La loi de mensualisation l'oblige, en effet, à verser, au 15 de mois, un acompte correspondant à la moitié du salaire mensuel à tous les salariés qui en font la demande. A la fin du mois, il y a simplement régularisation par déduction du salaire net.

### L'avance
C'est un prêt gratuit qui peut largement excéder le salaire d'un mois. L'employeur est libre de le refuser. S'il l'accorde, il ne pourra se faire rembourser que progressivement, par retenues successives sur la paie, ces retenues ne devant dépasser, chaque mois, le dixième du salaire.

### La participation aux bénéfices
Créé en 1967, le système de la participation obligatoire pour toutes les entreprises qui dégagent des bénéfices et emploient plus de 50 personnes. Ces fonds sont bloqués pendant cinq ans. Avantage pour l'employeur : les sommes distribuées sont exonérées de cotisations sociales.

**L'intéressement aux bénéfices**
Plus ancien, mais modernisé en 1986, l'intéressement est un système facultatif en plein développement. Il vise à associer les salariés aux objectifs de l'entreprise, via un accord de trois ans. Mais, contrairement à ce que prévoit le système de la participation, le salarié peut choisir de percevoir immédiatement la prime sous forme de complément de salaire (imposable). Il peut aussi, si c'est prévu dans l'accord, placer la somme sur un plan d'épargne d'entreprise (PEE), auquel cas elle est exonérée de l'impôt sur le revenu. Depuis la fin des années 80, le système est en progression rapide. Les sommes versées sont aussi exonérées de cotisations sociales.

# Le licenciement

- Premier principe : l'employeur ne peut pas licencier sans motif. Le motif doit être réel, c'est-à-dire constituer la véritable cause du licenciement, mais il doit être également objectif, c'est-à-dire basé sur des faits concrets, et prouvé. Le motif doit être sérieux, suffisamment important.
- Deuxième principe : l'employeur doit respecter une procédure (entretien, notification, préavis).

**Les motifs de licenciement**

- **Le motif économique** résulte d'une suppression ou transformation d'emploi consécutive à des difficultés économiques de l'entreprise ou des mutations technologiques ou réorganisation. Le salarié bénéficie de quelques garanties : avant le licenciement un droit au reclassement, une aide à la reconversion, après le licenciement une priorité de réembauche.

- **La faute disciplinaire** est une violation par le salarié des règles de discipline de l'entreprise. La **faute légère** (retards occasionnels, oubli de pointage) justifie un avertissement, mais en aucun cas un licenciement. La **faute sérieuse** justifie le licenciement. C'est le cas de retards répétés, d'une absence non autorisée, du refus d'obéir à un ordre. Le salarié a droit à un préavis et à une indemnité. La **faute grave** est la violation délibérée de consignes de sécurité, un vol ou l'agression d'un collègue. Elle prive le salarié du droit à préavis ainsi que de l'indemnité de licenciement.

- **Les motifs personnels non disciplinaires** : en cas de maladies longues ou fréquentes, si l'employeur prouve que les absences perturbent le fonctionnement de l'entreprise et rendent nécessaire son remplacement. D'autres cas sont l'inaptitude physique, si le reclassement est impossible ; l'incompétence professionnelle, si l'employeur peut invoquer des faits précis, vérifiables ; l'insuffisance de résultats, si le contrat comporte une clause de quotas ; la perte de confiance, basée sur des faits précis, objectifs (poursuite pénale, actes de concurrence par exemple).

## Les syndicats

En 1974, 20 % des salariés étaient membres des cinq plus grands syndicats, en 1994, 8 %. (en Allemagne plus de 30 %). En Europe, la France est la lanterne rouge en ce qui concerne le taux de syndicalisation. Deux millions de salariés versent des cotisations dans les caisses des syndicats. Dans le secteur des services (50 % des salariés) et parmi les jeunes, les syndicats sont pratiquement inexistants.

Le véritable problème est l'émiettement. Il n'y a rien, en France, qui puisse se comparer au DGB allemand (Confédération syndicale, regroupant 17 syndicats). En Allemagne, l'organisation des différents syndicats ne se fait pas par orientation idéologique, mais par secteur d'activité. Les conflits sont peu fréquents. La recherche de solutions consensuelles est favorisée. Les procédures sont clairement définies (culture de la négociation).

Par contre, en France la conflictualité est très forte. Les différentes organisations abordent les négociations collectives avec des revendications différentes, souvent exagérées et se décident vite à la grève. Les patrons qui sont obligés de négocier, mais non pas de s'entendre avec les représentants des salariés peuvent ainsi profiter des querelles fratricides. Le droit permet la conclusion d'accords avec des organisations minoritaires. Pour que les conventions avec le patronat soient valides, la signature d'au moins un syndicat représentatif est requis. Cela peut mener à des situations complexes. Les accords peuvent faire l'objet d'arrêtés d'extension qui rendent leur application obligatoire dans toutes les entreprises du secteur. L'Etat intervient régulièrement.

Voici quelques syndicats qui sont considérés comme représentatifs au niveau national :

- **CGT** (Confédération Générale du Travail)
  Créée en 1895. Liée au parti communiste. 600 000 membres, 70% de plus de 50 ans. Influente surtout dans la métallurgie, la sidérurgie, la Poste, la SNCF et Télécoms ainsi que dans le secteur de l'énergie et de la santé. Divisée entre traditionalistes et rénovateurs.
- **FO** (Force Ouvrière)
  Créée en 1948. Issue d'une scission de la CGT. Environ 500 000 membres. Influente dans le secteur de la santé, la Poste, les banques et assurances et dans l'administration publique. En crise.
- **CFDT** (Confédération française démocratique du travail)
  Créée en 1964; issue de la CFTC; proche des socialistes. Environ 620 000 membres, en hausse. Forte dans le secteur de l'éducation, dans la chimie, le secteur du pétrole et des services. Depuis peu de temps plus de membres que la CGT. Représente aujourd'hui un "syndicalisme de transformation sociale", qui favorise les négociations et la recherche du consensus. L'interlocuteur privilégié du patronat.
- **CFTC** (Confédération française des travailleurs chrétiens)
  Regroupement de ceux qui, en 1964, avaient refusé la transformation de la CFTC en CFDT. Position chrétienne. Environ 200.000 membres.
- **CGC** (Confédération générale des cadres)
  Créée en 1944. Environ 180.000 membres.

Le patronat est représenté par le **M.E.D.E.F.** (Mouvement des entreprises de France), jusqu'en 1998 C.N.P.F. (Conseil national du patronat français).

**Les élections professionnelles** (comités d'entreprise, conseil de prud'hommes, Sécurité sociale) sont une base de légitimation importante pour les syndicats français. Là, les syndicats réalisent de très bons scores (environ 70 % des votes).

## Le Comité d'Entreprise

Il est obligatoire dans les entreprises de plus de 50 salariés ; il est composé de membres du personnel élus par le personnel.

Fonctions:
*   gestion des activités sociales et culturelles de l'entreprise ;
*   réglementation des conditions de travail collectives (horaires, congés...) ;
*   actions de formation du personnel ;
*   rôle consultatif sur le plan économique (perspectives de l'entreprise, procédure de redressement) ;
*   assistance de quelques membres aux séances du conseil d'administration ou du conseil de surveillance, sans participation au vote.

Dans les entreprises qui emploient entre 11 et 50 salariés, les **délégués du personnel** assument les fonctions du comité d'entreprise.

On ne peut absolument pas comparer le rôle des représentants des salariés en France avec celui du comité d'entreprise en Allemagne. Dans toutes les entreprises de plus de 5 salariés, il y a un comité d'entreprise qui participe à la gestion dans des questions de personnel par exemple. Dans les sociétés anonymes de plus de 2000 salariés, il y a des représentants des salariés au Conseil de surveillance (cogestion).

### Remarques actuelles
La convention de l'Unedic arrivant à son terme en 2000, les organisations patronales et les représentants des cinq confédérations syndicales ont engagé des négociations de "refondation sociale". Le Medef a menacé de se retirer complètement du système de la Sécu. Ce serait la fin du paritarisme en France.
Des accords sur l'assurance chômage et la santé au travail ont été signés. La base de la convention d'assurance chômage est le plan d'aide au retour à l'emploi qui entrera en vigueur en juillet 2001.
Les conventions de conversion, l'allocation formation-reclassement seront supprimées en juillet 2001.
Le Medef a également engagé l'épreuve de force sur les retraites. Les sujets délicats : l'indexation de la durée de cotisation sur l'espérance de vie, l'âge de la retraite.

# Organisation de l'entreprise

Un organigramme est un graphique qui représente les différentes fonctions et les différents services d'une entreprise. Il met en évidence les liaisons hiérarchiques qui existent et les attributions de chacun. Il existe plusieurs types d'organigrammes.

Structure fonctionnelle
*   Découpage du travail par rapport aux grandes fonctions à remplir dans l'organisation (achats, production, ventes.. ) ; convient surtout aux entreprises monoproductrices à l'activité routinière.

Structure divisionnelle
*   Répartition des tâches par rapport aux produits. Chaque division est relativement autonome et peut posséder une structure propre. C'est l'organisation de la plupart des grandes entreprises.
*   Division par zones géographiques, dans les multinationales

Structure matricielle
*   Répartition des tâches suivant les deux critères. On maintient les départements par fonctions durables dans le temps et on forme des groupes ad hoc chargés du travail proprement dit variables dans le temps. C'est une organisation très souple qui convient aux entreprises de recherche, de grands travaux, publicité.

Hiérarchie linéaire
*   L'autorité est exercée sur des personnes et légitimée par la position hiérarchique. L'étendue du pouvoir est totale dans un secteur bien déterminé. Responsabilités bien définies, discipline, contrôle ; un subordonné a un chef (+). Mauvaise circulation des informations, surcharge de travail pour cadres supérieurs, problèmes de compétence technique (-).

Hiérarchie fonctionnelle
*   L'autorité est exercée sur des tâches spécialisées et l'étendue du pouvoir porte sur la spécialité. Compétence accrue aux échelons inférieurs de la hiérarchie (+). Un subordonné a plusieurs chefs, risque de conflits, dilution des responsabilités (-).

Hiérarchie linéaire et fonctionnelle (staff and line)
*   Il y a deux catégories de cadres : ceux qui commandent, qui sont on line (ligne hiérarchique) disposant d'une autorité générale : les opérationnels ; ceux qui conseillent mais ne décident pas qui sont au staff (état-major) disposant d'une autorité dans la spécialité : les fonctionnels.

**Le taylorisme :** cette méthode repose sur la stricte séparation des tâches d'organisation et d'exécution ainsi que sur la recherche d'un gain maximum de temps par subdivision des tâches d'exécution en séquences élémentaires et répétitives ("travail en miettes"). **L'organisation scientifique du travail** obtenue est alors optimale. Les gains de productivité sont en principe importants, mais le "turn-over" (rotation du personnel) est très élevé et les exécutants (OS) sont réduits à la passivité. Aujourd'hui, de nouvelles formes d'organisation du travail s'inspirant de modèles japonais font leur apparition, le travail en équipe est entré dans la production.

# La communication interne

- **Note d'information** : message qui a pour but de transmettre au personnel ou à l'extérieur une information générale.

- **Note de service :** message par lequel l'émetteur transmet des informations officielles ou donne un ordre aux employés concernant l'exécution d'un travail etc. ( Emploi du futur!)
  Rubriques obligatoires : date d'émission, nom du service ou titre de la personne responsable - Ex. : Direction Générale, M. le chef du Personnel, Service Informatique, destinataires - Ex. : A l'intention de tout le personnel, Destinataires : Les ouvriers de l'atelier AC3, aux utilisateurs de... , titre résumant l'objet de la note en style télégraphique, informations à transmettre, nom et signature de la personne responsable.

- **Note d'étude :** elle présente le résultat d'un travail ou d'une recherche effectués par un employé. Elle s'apparente en fait au compte rendu ou au rapport.

- **Note de synthèse :** synthèse effectuée à partir d'informations obtenues dans des documents de nature différente. Préparation pour le rapport.

- **Compte rendu** : document par lequel une personne rend compte, en général à un supérieur hiérarchique, d'un fait ou d'un événement auquel elle a assisté (réunion), d'un travail qu'elle a effectué.

- **Procès-verbal :** compte rendu de caractère officiel et authentifié (Assemblée générale).

- **Rapport** : texte dans lequel, après avoir analysé des faits, une situation, une documentation, on formule des propositions. Ainsi le rapport donne des informations, puis propose des solutions. Il prépare les décisions des responsables. Il est toujours transmis à un supérieur hiérarchique.

  Types de rapport : rapport général d'activité (rapport annuel d'une entreprise par exemple); rapport de stage ou de visite; rapport d'étude (rapport relatif à la réorganisation d'une tâche, d'un service, étude d'une situation, d'un matériel).
  L'en-tête est présenté comme celui d'une lettre; mais un rapport peut également comporter seulement un titre. Le plan est mis en évidence (titres, sous-titres) pour faciliter la lecture. Comme dans tous les documents internes, le rapport ne comporte pas de formule de politesse.

*Le monde du travail*

Exemple d'une note de service :

---

**SOCIETE DUFOUR**

Service Paie

Paris, le 26/02/2001
Destinataires : Mmes et MM les membres du Personnel du Service Achats.
Objet : Retard de versement des salaires.

A la suite d'une panne d'ordinateur, les virements des salaires du personnel du Service Achats seront retardés d'une semaine.
Il sera possible d'obtenir une avance sur salaire à partir du 1/03 au matin en se présentant au Bureau des traitements, 3$^e$ étage, porte 42.

Le chef du Service Paie

---

**Conseils pour vos écrits d'entreprise :**

- Déterminez qui est le destinataire.

- Déterminez le genre de texte. Quel est son objectif ? S'agit-il de faire savoir, de faire agir, de faire comprendre ou de faire admettre ?

- Élaborez un plan. Choisissez un point de vue sur le sujet. La structuration est essentielle ! N'oubliez pas l'introduction ni la conclusion.

- Mettez-vous à la place du lecteur.

- Adaptez votre vocabulaire au public qui est visé.

- Éliminez du texte tout ce qui n'est pas nécessaire.

# Marketing

**Vocabulaire**............................................................................**284**
    *Distribution*
    *Marketing*     287
    *Etudes de marché*     290
    *Achat/Vente*     291
    *Demandes*     296
    *Offres*     298
    *Commandes*     300
**Entraînement**............................................................................**301**
**Exercices**............................................................................**306**
    *Distribution 1.1 ; 4.1-5 ; 9. ; 10.1-2 ; 14. ; 16.1 ; 17.1 ; 19.*
    *Marketing 1.2-8 ; 3. ; 4.6-10 ; 10.3-6 ; 17.2-5 ; 18. ; 22.*
    *Etudes de marché 1.9-10 ; 5.1-5 ; 10.4-8 ; 16.2*
    *Achat/Vente 2.1-6 ; 5.6-10 ; 10.9-10 ; 13. ; 15. ; 16.3-10 ; 17.6-10*
    *Demandes 2.7-8 ; 6. ; 11.1-4 ; 19. ; 20 ; 23.*
    *Offres 2.9-10 ; 7 ; 11.6-10 ; 18.*
    *Commandes 8. ; 11. ; 21*
**Textes** ............................................................................**323**
    *Pour tester le marché, montez votre commando (1.)*
    *L'Allemagne, laboratoire européen (2.)*     324
    *Wal-Mart hat in Deutschland große Probleme (3.)*     324
    *Les déboires du foie gras sur linéaire (4.)*     326
    *Quand deux grandes marques font des petits (cobranding) (5.)*     328
    *Cher consommateur, nous vieillirons ensemble (6.)*     330
    *Chez Total et Shell, les stations misent sur les services (7.)*     332
    *Choisir le sport qui colle avec sa stratégie (8.)*     333
    *Dans la jungle des prix (9.)*     334
**Informations** ............................................................................**336**
    *La fonction de gros / La fonction de détail*
    *La distribution*     337
    *La mercatique*     341
    *Les formes de présence à l'étranger*     344
    *La correspondance*     346
    *Les phases de la vente*     350

## VOCABULAIRE

### Distribution

| | |
|---|---|
| **la commercialisation** | die Vermarktung, Kommerzialisierung |
| commercialiser | vermarkten, in den Handel bringen |
| le canal de distribution | der Vertriebskanal |
| le réseau de distribution | das Vertriebsnetz |
| | |
| attaquer un marché | einen Markt in Angriff nehmen, bearbeiten |
| pénétrer un marché | einen Markt durchdringen, in einem Markt Fuß fassen |
| conquérir un marché | einen Markt erobern |
| l'accès au marché | der Marktzugang |
| l'autorisation de mise sur le marché | die Marktzulassung |
| | |
| la part de marché | der Marktanteil |
| les débouchés (m) | die Absatzmärkte, -möglichkeiten |
| le créneau | die Marktlücke, -nische |
| le marché de niche | der Nischenmarkt |
| le marché potentiel | der potentielle Markt |
| | |
| approvisionner un marché | einen Markt versorgen |
| l'approvisionnement (m) | die Versorgung |
| inonder un marché | einen Markt überschwemmen |
| l'écremage du marché | das Abschöpfen des Marktes, Skimming |
| la saturation du marché | die Sättigung des Marktes |
| un marché animé/favorable/ferme/ soutenu/inactif/hésitant | ein belebter/günstiger/fester/ stetiger/flauer/zögernder Markt |
| le marché favorable au vendeur/ à l'acheteur | der Verkäufer-/Käufermarkt |
| le marché captif | der Monopolmarkt |
| | |
| **la distribution** | der Vertrieb, der Handel |
| le commerce de gros/de détail | der Groß-/Einzelhandel |
| le grossiste/détaillant | der Groß-/Einzelhändler |
| le commerce indépendant/intégré | der selbständige/integrierte Handel |
| le commerce spécialisé | der Fachhandel |
| la grande distribution | die Supermarktketten, Verbrauchermärkte |
| | |
| la superficie consacrée à la vente | die Verkaufsfläche |
| les hypermarchés | die großen Supermärkte, Einkaufszentren, Verbrauchermärkte |
| | |
| les supermarchés | die Supermärkte |
| les grandes surfaces | die Großmärkte, Supermärkte |
| les grandes surfaces en libre-service | die SB-Warenhäuser |
| les grandes surfaces spécialisées | die Fachmärkte |
| les chaînes volontaires | die freiwilligen Ketten |
| les MAS/maisons à succursales | die Filialgeschäfte |

| | |
|---|---|
| les enseignes (f) | die Firmennamen, Marken, Firmen |
| le grand magasin | das Warenhaus |
| le rayon | die Abteilung (eines Kaufhauses) |
| le magasin populaire, à prix unique | das Einheitspreisgeschäft |
| la supérette | der kleine Supermarkt |
| le hard discount | der Discounter |
| le commerce, magasin de proximité | der Nachbarschaftsladen |
| l'épicerie (f) du coin | der Tante-Emma-Laden |
| le magasin d'usine | das Fabrikverkaufslokal |
| | |
| les heures d'ouverture | die Öffnungszeiten |
| le libre-service, le libre-choix | die Selbstbedienung |
| le caddie | der Einkaufswagen |
| la caisse | die Kasse |
| la file d'attente | die Warteschlange |
| l'assortiment (m) | die Auswahl, das Warenangebot |
| large/profond/restreint | breit/tief/begrenzt |
| une large gamme de marchandises | eine breite Warenpalette |
| | |
| les coopératives d'achat | die Einkaufsgenossenschaften |
| la VPC/vente par correspondance | der Versandhandel |
| le télé-achat, la télé-distribution | das Tele-Shopping, der Verkauf über elektronische Medien |
| le démarchage à domicile | das Haustürgeschäft |
| vendre de porte à porte | Haustürgeschäfte tätigen |
| le colporteur | der Hausierer |
| | |
| mettre aux enchères | versteigern |
| la vente aux enchères | die Versteigerung, die Auktion |
| le commissaire-priseur | der Auktionator |
| vendre au mieux offrant | meistbietend verkaufen |
| l'adjudication (f) | der Zuschlag |
| adjuger | den Zuschlag erteilen, zusprechen, vergeben (Auftrag) |
| | |
| **les commerciaux** | die Verkäufer |
| la force de vente | der Außendienst, Vertreterstab |
| le voyageur de commerce | der Handelsreisende |
| le représentant libre/salarié | der Handelsvertreter/ fest angestellte Vertreter |
| | |
| le VRP/voyageur représentant placier | der Handelsvertreter |
| le voyageur de commerce multicarte | der Handelsreisende für mehrere Firmen |
| le revendeur | der Händler, Wiederverkäufer |
| la sous-traitance | die Vergabe von Aufträgen an Subunternehmer |
| | |
| le portage | das Huckepackverfahren, Piggy Back |

| | |
|---|---|
| les intermédiaires (m) | die Zwischenhändler, Handelsvermittler |
| la mission commerciale | der Vertriebsauftrag |
| le concessionnaire | der Konzessionär, Vertragshändler |
| le commissionnaire | der Kommissionär |
| le mandataire | der Bevollmächtigte, Zwischenhändler |
| le commettant, donneur d'ordre | der Auftraggeber |
| | |
| **la prospection** | die Akquisition, Kundenwerbung |
| prospecter | Kunden umwerben, einen Markt |
| les prospects | die Umworbenen |
| le démarchage | die Kundenwerbung |
| démarcher | akquirieren, Kunden werben |
| | bearbeiten |
| la démarche | das Vorgehen |
| nouer des contacts | Kontakte knüpfen |
| entrer en contact avec | in Kontakt treten mit |
| mettre en relation(s) | den Kontakt herstellen (zwischen) |
| l'entretien de vente | das Verkaufsgespräch |
| sans obligation d'achat | ohne Kaufverpflichtung |
| attirer, capter l'attention | die Aufmerksamkeit auf sich ziehen |
| susciter l'intérêt | das Interesse wecken |
| susciter l'engouement | die Begeisterung wecken |
| appâter | ködern |
| inciter les clients à acheter | die Kunden zum Kauf anreizen |
| influencer qn | jdn beeinflussen |
| persuader, convaincre les clients | die Kunden überzeugen |
| la décision | die Entscheidung |
| prendre des clients à qn | jdm Kunden wegnehmen, abwerben |
| décrocher, remporter un contrat | einen Vertrag einbringen, gewinnen |
| | |
| **le Salon** | die Messe, Fachmesse |
| la foire(-exposition) | die Messe, Verkaufsausstellung |
| l'accueil (m) impeccable | der untadelige, perfekte Empfang |
| les hôtesses postées à | die am Eingang des Stands |
| l'entrée du stand | postierten Hostessen |
| l'exposant (m) | der Aussteller |
| les visiteurs | die Besucher |
| l'interlocuteur (l'interlocutrice) | der (die) Gesprächs-, Ansprechpartner(in) |
| le badge | der Button |
| la fiche contact, la fiche client | die Kundenkarte |
| l'après-salon | die Zeit nach der Messe, Nachfassaktion |
| la reprise de contact | das Nacharbeiten der Kontakte |
| relancer les contacts | die Kontakte nacharbeiten, erneuern |
| | |
| fidéliser la clientèle | die Kunden an sich binden |
| la fidélisation de la clientèle | die Kundenbindung, |
| | Stammkundengewinnung |
| le conseil personnalisé | die persönliche Beratung |
| le suivi de la vente | der Kundendienst, die Kundenpflege |
| le service après-vente (S.A.V.) | der Kundendienst |

## Marketing

| | |
|---|---|
| le marketing, la mercatique, le marchéage | das Marketing |
| la politique de vente | die Verkaufspolitik |
| la segmentation du marché | die Segmentierung des Marktes |
| le segment | das Segment |
| s'assigner des objectifs | sich Ziele setzen |
| le groupe-cible, la cible | die Zielgruppe |
| la région-cible | die Zielregion |
| atteindre | erreichen |
| | |
| lancer un produit sur le marché | ein Produkt auf den Markt bringen |
| le lancement | der Start, das Herausbringen |
| positionner un produit sur le marché | ein Produkt im Markt positionieren |
| | |
| subvenir aux besoins des consommateurs | die Bedürfnisse der Konsumenten befriedigen |
| adapter les produits aux besoins/désirs/attentes | die Produkte den Bedürfnissen/Wünschen/Erwartungen anpassen |
| s'adapter à | sich anpassen an, sich richten nach |
| s'orienter sur | sich orientieren an |
| l'adéquation avec | die Übereinstimmung mit |
| être en adéquation avec | mit .. übereinstimmen |
| la satisfaction des clients | die Kundenzufriedenheit |
| la personnalisation de l'offre | der persönliche Zuschnitt, die individuelle Gestaltung des Angebots |
| l'offre ciblée | das zielgerichtete Angebot |
| | |
| la ligne de produits | die Produktlinie |
| la gamme de produits | die Produktpalette, das Modellangebot |
| le haut de gamme | die Luxusklasse, obere Preisklasse |
| le bas de gamme | die untere Preisklasse |
| le modèle d'entrée de gamme | das Einsteigermodell |
| le produit de marque | das Markenprodukt |
| le produit, la marque (de) distributeur | die Handelsmarke |
| la marque prestigieuse | die prestigereiche Marke |
| la marque de forte notoriété | die Marke mit hohem Bekanntheitsgrad |
| le cycle de vie de produits | der Produktlebenszyklus |

| | |
|---|---|
| **la publicité** | die Werbung |
| la campagne publicitaire | die Werbekampagne |
| le support publicitaire | der Werbeträger |
| les créatifs | die Kreativen |
| concevoir | konzipieren, entwickeln |
| miser sur | setzen auf |
| le message | die Botschaft |
| véhiculer | transportieren, vermitteln |
| la publicité mensongère | die irreführende Werbung |
| la publicité clandestine | die Schleichwerbung |
| | |
| l'affichage (m) | das Anbringen von Plakaten |
| coller des affiches | Plakate kleben |
| une colonne "Morris", publicitaire | eine Litfaßsäule |
| les hommes-sandwichs | die Plakatträger |
| le tract | das Flugblatt |
| la plaquette de l'entreprise | der Flyer, die Broschüre der Firma |
| le publipostage, le mailing | die Briefwerbung |
| le courrier | die Post |
| le prospectus | der Prospekt |
| le dépliant | das Faltblatt |
| l'enveloppe-réponse | das Kuvert für die Rückantwort |
| le taux de retour | die Rücklaufquote |
| le marketing direct | das Direktmarketing |
| le marketing relationnel | das Beziehungsmarketing |
| | |
| **la publicité par média** | die Medienwerbung |
| insérer, passer des annonces | Anzeigen in Zeitungen |
| dans des journaux | aufgeben |
| l'annonceur (m) | der Inserent, der Anzeigenkunde |
| le publicitaire | der Werbefachmann, die Werbefirma |
| diffuser, relayer | verbreiten |
| le spot publicitaire | der Werbespot |
| émettre | senden, ausstrahlen |
| le scénario | das Szenario |
| la plage | die Sendezeit |
| le téléspectateur | der Fernsehzuschauer |
| l'audience (f) | die Einschaltquote |

| | |
|---|---|
| **la promotion des ventes** | die Verkaufsförderung |
| promouvoir | fördern |
| la publicité directe/à l'étalage | die Direkt-/Schaufensterwerbung |
| le marchandisage | das Merchandising |
| la P.L.V./publicité sur les lieux de la vente | die Werbung an der Verkaufsstelle, POS-Werbung |
| le point de vente | die Verkaufsstelle, der Point of sales |
| l'aménagement du lieu de vente | die Gestaltung des Verkaufsortes |
| la présentation des marchandises | die Aufmachung der Waren |
| l'emballage (m) | die Verpackung |
| le conditionnement | die Verpackung, Aufmachung |
| valoriser | aufwerten |
| les rayons (m) | die Regalreihen, Regale |
| les linéaires  (m) | die Verkaufsregale |
| le présentoir | der Verkaufsständer |
| les bacs | die Wühltische |
| la tête de gondole | der Präsentationskorb, die oberste Position in einer Verkaufsgondel |
| | |
| les ventes promotionnelles | die Sonderverkäufe, -angebote |
| la démonstration | die Vorführung |
| la dégustation | die Probe, Kostprobe |
| le cadeau publicitaire | das Werbegeschenk |
| l'échantillon (m) | die Warenprobe |
| la loterie | die Lotterie |
| le tirage au sort | die Verlosung |
| le couponnage | die Ausgabe von Rabattmarken |
| | |
| **les relations publiques** | die Öffentlichkeitsarbeit |
| le parrainage, le sponsoring | das Sponsoring |
| parrainer | sponsorn |
| le mécénat | das Mäzenatentum |
| l'événementiel sportif | die Sportevents |
| le marketing événementiel | das Event-, Erlebnismarketing |
| | |
| le bouche à oreille | die Mundpropaganda |

| | |
|---|---|
| le fichier d'adresses (informatisé) | die Adressenkartei (auf EDV) |
| la base de données | die Datenbank |
| l'enquête (f) | die Befragung, Erhebung |
| l'étude de marché | die Marktstudie, Marktforschung |
| un institut d'études de marché | ein Marktforschungsinstitut |
| l'analyse du marché | die Marktanalyse |
| l'étude de motivation | die Motivforschung |
| les prévisions du marché | die Marktprognose |
| | |
| **le sondage** | die Umfrage |
| le questionnaire | der Fragebogen |
| la question à choix multiple/QCM | die Multiple-Choice-Frage |
| les critères (m) | die Kriterien |
| élaborer, rédiger | ausarbeiten, erstellen |
| administrer | überreichen |
| remplir | ausfüllen |
| cocher | ankreuzen |
| le choix représentatif | die repräsentative Auswahl |
| l'enquête par échantillonnage | die Stichprobenerhebung |
| interviewer, interroger | interviewen, befragen |
| tester auprès de | testen bei |
| la personne testée | die Testperson |
| recueillir, collecter des informations | Informationen ermitteln, sammeln |
| la collecte | das Sammeln |
| répertorier | auflisten, aufzählen, aufnehmen |
| dépouiller | auswerten |
| le dépouillement | die Auswertung |
| mesurer | messen |
| mesurable | messbar |
| la fiabilité | die Verlässlichkeit |
| la marge d'erreur | die Fehlermarge |
| la fourchette de précision | das Konfidenzintervall |
| l'évaluation (f) | die Bewertung |
| **le panel** | das Panel, die Standardtestgruppe |
| la couche sociale | die soziale Schicht |
| le ménage | der Haushalt |
| la ménagère | die Hausfrau |
| le panier de la ménagère | der Warenkorb |
| | |
| le comportement du consommateur/ d'achat | das Verbraucher-/Kaufverhalten |
| les habitudes d'achat | die Kaufgewohnheiten |
| les préférences | die Vorlieben |
| le style de vie | der Life Style, der Lebensstil |
| la décision d'achat | die Kaufentscheidung |
| apprécier | bewerten, beurteilen ; schätzen |
| percevoir | wahrnehmen |
| se laisser guider par | sich von .. leiten lassen |

## Achat/Vente

| | |
|---|---|
| **la vente** | der Verkauf |
| le vendeur | der Verkäufer |
| l'écoulement (m) | der Absatz |
| s'écouler, se vendre | verkauft werden, Absatz finden |
| écouler | absetzen |
| aliéner | veräußern |
| l'aliénation (f) | die Veräußerung |
| la vente difficile/facile | der schleppende/flotte Absatz |
| le succès de vente | der Verkaufserfolg |
| faire un tabac | einen Riesenerfolg haben |
| avoir la cote | beliebt sein, Anerkennung genießen |
| faire un carton | Punkte machen, erfolgreich sein |
| défiant toute concurrence | konkurrenzlos, unschlagbar |
| s'avérer compétitif, ve | sich als wettbewerbsfähig erweisen |
| le produit phare | das Star-, Vorzeigeprodukt |
| vendre à perte/à vil prix | mit Verlust verkaufen/verschleudern |
| casser les prix | die Preise radikal senken |
| se défaire d'un lot | einen Posten abstoßen |
| invendable | unverkäuflich |
| les invendus | die nicht verkauften Artikel, Ladenhüter |
| le rossignol | der Ladenhüter |
| | |
| **l'achat** (m) | der Kauf |
| l'acheteur/le client, chaland | der Käufer/Kunde |
| la clientèle de passage | die Laufkundschaft |
| acquérir | erwerben |
| l'acquisition (f) | der Erwerb |
| marchander/le marchandage | feilschen/das Feilschen |
| effectuer un achat | einen Kauf tätigen |
| acheter d'occasion | gebraucht kaufen |
| l'achat de stockage | der Vorratskauf |
| l'achat de précaution | der vorsorgliche Kauf, Hamsterkauf |
| accaparer | hamstern |
| l'accaparement (m) | das Hamstern |
| la frénésie d'achat | der Kaufrausch |
| | |
| **la demande d'offre** | die Anfrage, Bitte um ein Angebot |
| le demandeur | der Nachfrager |
| solliciter une offre | ein Angebot einholen |
| accepter/refuser, décliner une offre | ein Angebot annehmen/ablehnen |
| **l'appel d'offres** (m) | die Ausschreibung |
| passer un marché public | einen öffentlichen Auftrag vergeben |
| adjuger, attribuer un marché | den Zuschlag für ein Geschäft erteilen, ein Geschäft vergeben |
| | |
| le lot | der Posten |
| la soumission | das Angebot |
| le soumissionnaire | der Bieter |
| sous enveloppe scellée | im versiegelten Umschlag |

| | |
|---|---|
| **l'offre** (f) | das Angebot |
| l'offreur | der Anbieter |
| offrir, proposer | anbieten |
| soumettre une offre | ein Angebot unterbreiten |
| la carte-réponse | die Antwortkarte |
| prière de retourner | bitte schicken Sie zurück |
| retourner le coupon-réponse | den Antwortabschnitt zurückschicken |
| RSVP/retourner s'il vous plaît | bitte zurücksenden |
| contactez-nous sans hésiter | zögern Sie nicht, sich mit uns in Verbindung zu setzen |
| nous sommes à votre service | wir stehen Ihnen zu Diensten |
| l'offre avantageuse | das günstige Angebot |
| l'offre spéciale, exceptionnelle | das Sonderangebot |
| les soldes (m) | die Sonderangebote, der Ausverkauf |
| l'offre ferme/sans engagement | das verbindliche/freibleibende Angebot |
| lié par l'offre | an das Angebot gebunden |
| une offre verbale/écrite | ein mündliches/schriftliches Angebot |
| "vente intermédiaire réservée", "sauf vente" | "Zwischenverkauf vorbehalten" |
| avec les réserves d'usage" | "unter den üblichen Vorbehalten" |
| sous réserve de | vorbehaltlich |
| recevoir gracieusement | gratis erhalten |
| l'échantillon (m), le spécimen | das Muster, die Probe |
| être conforme aux échantillons | den Mustern entsprechen |
| gratuit | kostenlos, gratis |
| payant, à titre onéreux | gegen Bezahlung, gebührenpflichtig |
| attester l'exactitude des renseignements | die Richtigkeit der Auskünfte bescheinigen |
| être sollicité | viele Anfragen haben, gefragt sein |
| **le contrat de vente** | der Kaufvertrag |
| l'achat-vente | der Verkauf, das Verkaufsgeschäft |
| conclure des marchés | Geschäfte abschließen |
| les dispositions du contrat | die Vertragsbedingungen |
| les CGV/conditions générales de vente | die Allgemeinen Verkaufsbedingungen |
| les conditions de vente/de livraison | die Verkaufs-/Lieferbedingungen |
| la réserve de propriété | der Eigentumsvorbehalt |
| le droit de préemption | das Vorkaufsrecht |
| la clause résolutoire | die Rücktrittsklausel |
| l'éviction (f) | die Verdrängung, Ausschaltung |
| l'indemnité d'éviction | die Konventionalstrafe |
| reconnaître | anerkennen |
| respecter | einhalten, beachten |
| annuler un marché | einen Kauf rückgängig machen |
| se rétracter de, se dédire de | widerrufen, zurücktreten von |
| la rétractation, le dédit | der Widerruf, Rücktritt |
| revenir sur sa décision | seine Entscheidung revidieren |

| | |
|---|---|
| **la désignation des marchandises** | die Bezeichnung der Waren |
| la taille | die Größe |
| la pointure | die Schuhgröße |
| le coloris | die Farbe |
| la composition | die Zusammensetzung |
| la durée de conservation | die Haltbarkeit |
| la date limite de vente | das Haltbarkeitsdatum |
| à consommer de préférence avant | mindestens haltbar bis |
| les additifs (m) | die Zusätze |
| le codage | die Codierung |
| le code-barres | der Bar-Code, E.A.N.-Code |
| marquer la marchandise | die Ware auszeichnen |
| le marquage, l'étiquetage (m) | das Auszeichnen |
| afficher les prix | mit Preisen auszeichnen, die Preise anschlagen |
| | |
| les références | die Referenz-, Artikel-, Bestellnummern |
| se faire référencer | sich ins Sortiment aufnehmen lassen |
| les articles référencés | die gelisteten Artikel |
| déréférencer | auslisten, aus dem Sortiment nehmen |
| la nomenclature | das Verzeichnis, die Liste |
| | |
| calculer/fixer un **prix** | einen Preis berechnen/festsetzen |
| un prix acceptable/raisonnable | ein annehmbarer/angemessener Preis |
| un prix sacrifié | ein Schleuderpreis |
| le prix (produit) d'appel | das Lockangebot |
| les premiers prix | die Niedrigpreisprodukte |
| un prix exorbitant, excessif | ein übertriebener Preis |
| le prix moyen/forfaitaire | der Durchschnitts-/Pauschalpreis |
| le prix convenu | der vereinbarte Preis |
| le prix fixe/préférentiel | der Fest-/Vorzugspreis |
| le prix unique/unitaire | der Einheits-/Einzelpreis |
| le prix par pièce | der Stückpreis |
| le prix facturé | der Rechnungspreis |
| le prix de revient, prix coûtant, | der Selbstkostenpreis, Einstandspreis, |
| le coût de revient | die Herstellungskosten |
| le prix départ usine/à l'entrepôt | der Preis ab Fabrik/Lager |
| le prix à l'exportation/l'importation | der Export-/Importpreis |
| se situer dans une fourchette | innerhalb einer Bandbreite, Spanne |
| comprise entre .. et .. | von .. bis .. liegen |
| la majoration, le supplément | der Preisaufschlag |
| majoré de | zuzüglich |
| H.T./hors taxes | ohne Steuern |
| T.V.A./taxe sur la valeur ajoutée | Mehrwertsteuer |
| T.T.C./toutes taxes comprises | alle Steuern und Abgaben inbegriffen |
| établir un devis | einen Kostenvoranschlag erstellen |
| **la remise** | der Preisnachlass, Mengenrabatt |
| le rabais | der Preisnachlass, Rabatt |
| la ristourne | der Preisnachlass, die Rückvergütung |
| l'escompte (m) | der Skonto |
| accorder, consentir | einräumen, gewähren, zugestehen |

| | |
|---|---|
| **les conditions de paiement** | die Zahlungsbedingungen |
| le mode de paiement | die Zahlungsweise |
| l'acompte (m) | die Anzahlung, Vorauszahlung, Teilzahlung |
| les arrhes (m) | die Anzahlung (verloren im Falle der Nichterfüllung) |
| acheter comptant/à terme/ à tempérament | gegen Barzahlung/auf Ziel/ auf Raten kaufen |
| la vente à crédit | der Kreditkauf |
| les paiements échelonnés | die Ratenzahlungen |
| les mensualités (f) | die Monatsraten |
| l'échéance convenue | die vereinbarte Frist |
| **la commande**, l'ordre (m) | die Bestellung, der Auftrag |
| commander qc à qn | etw. bei jdm bestellen |
| réserver un voyage | eine Reise buchen |
| le carnet de commandes | das Auftragsbuch |
| à la commande | bei Auftragserteilung, Bestellung |
| sur commande | auf Bestellung |
| le bon de commande | der Bestellzettel |
| le numéro de commande | die Bestellnummer |
| la commande d'essai | der Probeauftrag |
| la passation de la commande | die Auftragserteilung |
| passer une commande à qn | jdm einen Auftrag erteilen |
| l'enregistrement des commandes, la prise de commande | der Auftragseingang |
| prendre, noter une commande | eine Bestellung entgegennehmen, aufnehmen |
| confirmer par écrit une commande verbale | einen mündlichen Auftrag schriftlich bestätigen |
| transmettre une commande | einen Auftrag übermitteln |
| traiter les commandes | die Bestellungen bearbeiten |
| le suivi de la commande | die Bearbeitung der Bestellung |
| l'ordonnancement (m) des commandes | die Auftragsplanung, -steuerung |
| l'établissement (m) des documents | die Erstellung der Dokumente |
| le cahier des charges | das Lastenheft, die Beschreibung der Aufgaben, das Pflichtenheft |
| exécuter une commande | eine Bestellung ausführen |
| dans les 24 heures | innerhalb von 24 Stunden |
| le 25 ct (courant) | der, am 25. dieses Monats |
| le 12 écoulé | der, am 12. des vergangenen Monats |
| avoir en stock | auf Lager haben |
| disponible | vorrätig |
| renouveler ses stocks | seine Bestände wiederauffüllen |
| le restockage | das Wiederauffüllen der Läger |
| le réassort | die Nachbestellung, Ergänzung der Lagerbestände |

| | |
|---|---|
| les pièces de rechange | die Ersatzteile |
| les pièces détachées | die Einzelteile |
| les kits (m) | die Bauelemente, Elemente |
| l'assemblage (m) | das Zusammenbauen, die Montage |

| | |
|---|---|
| **les conditions de livraison** | die Lieferbedingungen |
| livrer la marchandise | die Ware liefern |
| la livraison, l'envoi (m) | die Lieferung |
| fournir | liefern, beliefern |
| le fournisseur | der Lieferant, Zulieferer |
| la fourniture | die Lieferung, Belieferung |
| le délai de livraison | die Lieferfrist |
| le mode d'expédition | die Versendungsart |
| la destination | der Bestimmungsort |
| le bon de livraison | der Lieferschein |
| un avis d'expédition | eine Versandanzeige |
| un accusé de réception | eine Empfangsbestätigung |
| la réception | die Abnahme |
| le conditionnement | die Verkaufsverpackung |
| l'emballage (de transport) | die Transportverpackung |
| l'emballage d'origine | die Originalverpackung |
| la notice d'emploi, le mode d'emploi | die Gebrauchsanweisung, Produktinformation |

| | |
|---|---|
| **la facturation** | die Ausstellung einer Rechnung |
| facturer | in Rechnung stellen |
| la facture | die Rechnung |
| le mémoire | die Kostenaufstellung, Rechnung (z.B. Architekt, Bauunternehmer) |

| | |
|---|---|
| reprendre | zurücknehmen |
| la reprise (en compte) | die Inzahlungnahme |
| le reçu | die Quittung, Empfangsbestätigung |
| échanger | umtauschen |
| sur présentation du ticket de caisse | gegen Vorlage des Kassenzettels |
| rembourser | erstatten, zurückzahlen |
| l'extourne (f) | die Stornierung, Rückbuchung |
| retourner pour échange | zum Umtausch zurückschicken |

| | |
|---|---|
| **la garantie** contre tout vice de construction et défaut de matériel | die Garantie gegen jegliche Konstruktionsmängel und Materialfehler |
| la garantie légale | die gesetzliche Garantie, Gewährleistung |
| la garantie conventionnelle, contractuelle | die vertragliche Garantie, Gewährleistung |
| le SAV/service après-vente | der Kundendienst |
| le service d'entretien | der Wartungsdienst |
| le rappel d'un produit défectueux | der Rückruf eines fehlerhaften Produkts |
| retirer de la vente | aus dem Verkauf nehmen |

## 🖅 Demandes

| | |
|---|---|
| l'en-tête (m) | der Briefkopf |
| Objet : | Betr.: |
| vos références | Ihr Zeichen |
| P.J./pièces jointes, annexe | Anlage |
| en annexe | als Anlage |

**se référer à** — sich beziehen auf
l'annonce parue dans — die in .. erschienene Anzeige
la visite de la foire/du stand — der Besuch der Messe/des Standes
un correspondant — ein Geschäftsfreund, -partner
l'entretien téléphonique — das Telefongespräch
devoir l'adresse à qn — die Adresse jdm verdanken, von jdm haben

**être intéressé par** les produits de votre fabrication — interessiert sein an den Produkten Ihrer Herstellung
avoir un besoin urgent de — dringend brauchen
avoir l'intention de, désirer — die Absicht haben, wünschen
ouvrir un commerce — ein Geschäft eröffnen
créer un nouveau rayon — eine neue Abteilung einrichten
entrer en relations d'affaires — in Geschäftsverbindung treten

**prier**, demander, solliciter de bien vouloir faire qc — bitten, etw. zu tun
nous vous serions très obligés de bien vouloir nous donner des renseignements concernant — wir wären Ihnen sehr verbunden, wenn Sie uns Auskünfte über .. geben würden
des renseignements complémentaires — ergänzende Auskünfte
recevoir des renseignements détaillés sur qc, au sujet de qc — ausführliche, genaue Informationen über etw. erhalten
avoir le plaisir, l'honneur de — sich freuen zu

**faire parvenir qc à qn** — jdm etw. zugehen lassen, schicken
adresser/envoyer/remettre — zusenden/schicken/überreichen
le prix-courant, tarif, la liste de prix — die Preisliste
joindre à l'envoi — der Sendung beifügen
le dernier catalogue illustré — der neueste bebilderte Katalog
la documentation relative à — die Unterlagen bezüglich, zu
prière de joindre (à) — bitte fügen Sie bei
des échantillons (m) — Proben, Warenmuster

**indiquer** — angeben
communiquer, faire savoir, faire connaître — mitteilen
votre meilleur prix — Ihren günstigsten Preis
votre plus bref délai de livraison — Ihre kürzeste Lieferfrist

**veuillez répondre** — bitte antworten Sie
par retour du courrier — postwendend, umgehend
dès que possible — sobald als möglich
le plus tôt possible — so früh wie möglich
le plus vite, rapidement possible — so schnell wie möglich
immédiatement — sofort
sans tarder — unverzüglich
veuillez bien nous retourner — schicken Sie uns bitte zurück

être reconnaissant de — dankbar sein
avoir une offre — ein Angebot erhalten
une offre favorable, avantageuse — ein günstiges Angebot
obtenir les meilleures conditions — die günstigsten Bedingungen erhalten

**dans l'attente** de votre prompte réponse — in Erwartung Ihrer sofortigen, baldigen Antwort
de vous lire bientôt — bald von Ihnen zu hören
dans l'espoir que — in der Hoffnung, dass

**être disposé**, prêt à — bereit sein zu
passer une commande importante — einen größeren Auftrag erteilen
garantir des débouchés — Absatzmärkte garantieren
l'offre/la qualité nous donne entière satisfaction — das Angebot/die Qualität stellt uns völlig zufrieden
convenir à qn — jdm zusagen
répondre aux exigences/besoins/attentes — den Anforderungen/Bedürfnissen/Erwartungen entsprechen

## ⬛ Offres

| | |
|---|---|
| avoir bien reçu | erhalten haben |
| venir de recevoir | gerade erhalten haben |
| la demande du 1er ct (courant) | die Anfrage vom 1. dieses Monats |
| accuser réception de | den Eingang von .. bestätigen |
| être en possession de | im Besitz von .. sein |
| parvenir à qn | bei jdm eintreffen |
| | |
| **remercier** qn vivement de | jdm herzlich danken für |
| la confiance témoignée | das entgegengebrachte Vertrauen |
| la demande d'offre du 10 écoulé | die Anfrage vom 10. des vorigen Monats |
| | |
| **en réponse à**/(comme) suite à votre lettre | in Beantwortung Ihres Schreibens |
| s'empresser de répondre à | sich beeilen, zu antworten auf |
| comme vous l'avez demandé, désiré | wunschgemäß |
| ci-après/ci-dessous | nachstehend/untenstehend |
| ci-inclus, ci-joint, sous ce pli, en annexe | als Anlage, anbei |
| par la présente | mit diesem Schreiben |
| par courrier séparé | mit getrennter Post |
| par le même courrier, sous ce pli | mit gleicher Post |
| par colis postal | als Postpaket |
| se permettre d'attirer l'attention sur | sich erlauben, die Aufmerksamkeit auf .. zu lenken |
| | |
| être à la disposition de | zur Verfügung stehen |
| être à même, en mesure, en état de | in der Lage sein zu |
| regretter de, être au regret de faire qc | leider .., bedauern, etw. zu tun |
| à notre (grand) regret | zu unserem (größten) Bedauern |
| | |
| **les prix** s'entendent | die Preise verstehen sich |
| départ usine/nos ateliers | ab Werk/Werkstatt |
| hors TVA/TVA comprise | ohne/einschließlich Mehrwertsteuer |
| hors taxes | ohne Steuern |
| le prix est ferme/(non) révisable | der Preis ist fest/(nicht) abänderbar |
| valable jusqu'au 30 juin | gültig bis 30. Juni |
| sans engagement | unverbindlich |
| établi selon les conditions du tarif | entsprechend den Bedingungen der Preisliste festgesetzt |
| | |
| **emballage** (non) compris | Verpackung (nicht) inbegriffen |
| consigné | leihweise überlassen, mit Pfand |
| emballage perdu | Einwegverpackung |
| | |
| **le transport** s'effectue(ra) | der Transport erfolgt |
| en port dû/payé | unfrei/portofrei |
| par chemin de fer/camion/avion/bateau | per Bahn/LKW/Flugzeug/Schiff |
| marchandise livrable | Ware lieferbar |
| dès réception de l'ordre | sofort nach Erhalt des Auftrags |
| dans les 8 jours | innerhalb von 8 Tagen |

| | |
|---|---|
| franco domicile/gare d'expédition/ | frei Haus/Versandbahnhof/ |
| gare de destination/frontière/à bord | Bestimmungsbahnhof/Grenze/ |
| | an Bord |
| livrer, fournir | liefern |
| expédier | versenden, absenden |
| transporter en régime ordinaire/accéléré | als Fracht-/Eil(fracht)gut befördern |
| par express/par exprès | als Expressgut (Bahn)/(Post) |
| | |
| les frais de transport/d'assurance sont | die Transport-/Versicherungskosten |
| à notre charge | gehen zu unseren Lasten |
| à la charge de l'acheteur | zu Lasten des Käufers |
| le transport s'effectuera à vos frais | der Transport geht zu Ihren Lasten |
| | |
| **le paiement** s'effectuera, se fera | die Zahlung erfolgt |
| au comptant | bar |
| à (dans les ) 30 jours net | in 30 Tagen netto Kasse |
| à la réception de la facture | bei Erhalt der Rechnung |
| à 30 jours fin de mois de livraison | in 30 Tagen nach Ablauf des Monats |
| | der Lieferung |
| payable | zahlbar |
| par chèque | per Scheck |
| par traite à trois mois de date (de vue) | mit Dreimonatswechsel |
| contre remboursement | gegen Nachnahme |
| par virement | per Überweisung |
| obtenir, bénéficier de | erhalten |
| l'escompte d'usage | das übliche Skonto |
| une remise spéciale | ein Sondernachlass |
| à titre exceptionnel | ausnahmsweise |
| pour une commande initiale/ | für eine Erstbestellung/ |
| une commande dépassant .. | eine Bestellung von mehr als .. |
| | |
| être heureux de/espérer | sich freuen/hoffen |
| recevoir un ordre, être favorisé | eine Bestellung erhalten |
| d'une commande | |
| espérer que les prix vous inciteront, | hoffen, dass die Preise Sie veranlassen, |
| engageront à nous passer un ordre | uns einen Auftrag zu erteilen |
| | |
| assurer | zusichern |
| une exécution soigneuse/prompte de | eine sorgfältige/schnelle Ausführung |
| l'ordre | des Auftrags |
| une exécution de la commande avec | eine Ausführung der Bestellung mit |
| la promptitude habituelle | der gewohnten Pünktlichkeit |
| | |
| conseiller de passer la commande | raten, die Bestellung unverzüglich zu |
| sans tarder/sans délai | erteilen |
| notre stock s'épuise | unser Vorrat geht zu Ende |
| il faut s'attendre à une hausse | man muss mit einer Preiserhöhung |
| des prix | rechnen |
| nous ne pouvons maintenir nos prix | wir können unsere Preise nur bis zum |
| que jusqu'au 30 ct | 30. dieses Monats halten |

## ▣ Commandes

| | |
|---|---|
| passer la commande suivante | folgende Bestellung erteilen |
| une commande concernant, portant sur | eine Bestellung über |
| pour la fourniture de | zur Lieferung von |
| les marchandises objet de votre commande | die von Ihnen bestellten Waren |
| les articles figurant sur le bon de commande ci-joint | die auf dem beigefügten Bestellschein aufgeführten Artikel |
| veuillez noter, prendre note de la commande suivante | nehmen Sie bitte folgende Bestellung auf |
| | |
| respecter strictement les conditions indiquées dans votre offre | genau die im Angebot angegebenen Bedingungen beachten |
| les détails de l'ordre | die Einzelheiten des Auftrags |
| | |
| compter sur | rechnen mit, zählen auf |
| tenir à ce que | darauf Wert legen |
| prendre soin que | dafür sorgen, dass |
| veiller à ce que | darauf achten, dass |
| être conforme à, correspondre à | entsprechen |
| effectuer la livraison dans les plus brefs, les meilleurs délais | die Lieferung in kürzester Frist ausführen |
| jusqu'au 20 septembre au plus tard | bis spätestens zum 20. September |
| entraîner d'autres commandes/des commandes ultérieures | zu weiteren Bestellungen führen |
| | |
| se réserver le droit de | sich das Recht vorbehalten |
| révoquer, annuler la commande | die Bestellung rückgängig machen |
| appliquer une pénalité | eine Vertragsstrafe anwenden |
| refuser la marchandise | die Annahme verweigern |
| retourner les articles aux frais de .. | die Artikel auf Kosten von .. zurücksenden |
| en cas de non-respect de la date | bei Nichtbeachtung des Termins |
| | |
| Nous vous prions d'agréer, Messieurs, nos salutations distinguées. Veuillez croire, Monsieur, à nos sentiments les meilleurs. | Mit freundlichen Grüßen |
| Nous vous prions d'agréer, Messieurs, l'expression de nos sentiments très dévoués. | Mit freundlichem Gruß verbleibe ich Ihre .. |
| Nous vous prions de croire, Madame, à l'assurance de nos sentiments distingués. | Hochachtungsvoll (veraltet) |

# ENTRAÎNEMENT

## 1. Vous le savez déjà !?

Pour répondre aux questions ci-dessous, recourez à vos expériences et à vos connaissances générales. Utilisez les expressions figurant sur la liste de vocabulaire. N'hésitez pas à deviner, à poser des questions, à dire des banalités ou à vous répéter. Essayez toujours de vous imaginer des situations concrètes et de trouver des exemples. Vous n'êtes obligé ni de répondre à chaque question isolément ni de suivre exactement l'ordre donné.

### Distribution

1. Citez, dans une ville que vous connaissez, des magasins spécialisés, des grands magasins, des supermarchés, des hypermarchés. Comparez leurs gammes de marchandises. Où effectuez-vous vos achats ?
2. Que pensez-vous des magasins populaires et du hard discount ? Par quels moyens parviennent-ils à attirer la clientèle ? Aimez-vous y acheter ?
3. Quels sont les avantages / désavantages du libre-service ?
4. Avez-vous des expériences avec la vente par correspondance et par Internet ?
5. Recevez-vous quelquefois la visite de représentants ou colporteurs ? Comment réagissez-vous au démarchage à domicile ?

### Marketing

1. Quelles sont les démarches d'un commerçant pour faire vendre ses produits?
2. Comment peut-il fidéliser sa clientèle ?
3. De quelle manière vous renseignez-vous sur les différents produits ? Donnez des exemples.
4. Qu'est-ce qui vous incite à acheter ?
5. Préférez-vous les produits de marque ? Pourquoi / pourquoi pas ?
6. Regrettez-vous vos achats quelquefois ? Dans quelles conditions ?
7. Quelles sont vos réactions face à la publicité ? Quelle est, selon vous, l'efficacité des différents supports publicitaires ?
8. Cherchez dans un journal des publicités et comparez-les. Quels arguments sont fournis, quelles suggestions évoquées ? Quelle est l'effet de l'image ?
9. Regardez des spots publicitaires à la télévision. Exprimez votre opinion.
10. De quelles actions de promotion des ventes vous souvenez-vous ?
11. Quels sont les buts et les méthodes des études de marché ?
12. Avez-vous déjà été interrogé(e) ? Racontez vos expériences.
13. Les habitudes d'achat dans votre pays se distinguent-elles selon les couches sociales, les générations et les sexes ?
14. Connaissez-vous les habitudes d'achat dans d'autres pays ?
15. Avez-vous remarqué, depuis votre enfance, des changements dans le comportement des consommateurs et dans les méthodes des commerçants pour attirer la clientèle ?

---

Achat/Vente

1. Pouvez-vous décrire les étapes concrètes d'un achat / d'une vente ?
2. Acheter ou vendre dans d'autres pays - avez-vous déjà fait des expériences ?
3. Aimez-vous marchander ? Si oui, dans quelles conditions ? Achetez-vous aux soldes ?
4. Avez-vous les qualités d'un bon vendeur ?
5. De quelle manière peut-on solliciter une offre ? Quelles questions pourrait-on poser ?
6. De quelle manière peut-on, en tant que commerçant, soumettre une offre ? Quels points doivent être mentionnés ?
7. Quel est le contenu d'un contrat de vente ?
8. Distinguez les différents types de prix. Dans quelles conditions le client paie-t-il un prix majoré ou un prix réduit ?
9. Que faut-il faire après la réception de la commande ?
10. Qu'est-ce que le client peut faire au cas où le produit ne lui conviendrait ou ne fonctionnerait pas ?

---

Correspondance commerciale

1. Quels sont les objectifs de la demande ? Quels sujets sont abordés ?
2. Quels sont les éléments de l'offre ?
3. Quels modes de fixation de prix et de paiement et de livraison peut-on distinguer ?
4. Par quels arguments le commerçant ou fournisseur peut-il inciter le client à commander ?
5. Quels sont les éléments de la commande ?

## 2. Sujets d'approfondissement

Recourez à la rubrique INFORMATIONS pour aborder les sujets suivants. Procurez-vous des informations dans la presse, à la télévision, par Internet. Et n'oubliez pas que vous pourrez trouver des informations dans les TEXTES et les EXERCICES.

1. Décrivez les différentes formes du commerce et leur importance pour les consommateurs d'aujourd'hui.
2. Présentez l'évolution des formes du commerce à travers les siècles.
3. Expliquez le cycle de vie des produits. Donnez des exemples.
4. Expliquez la fonction marketing dans l'entreprise.
5. Décrivez les problèmes du marketing international.
6. Décrivez les phases de la vente et analysez les problèmes qui peuvent surgir à chacune de ses phases.
7. Analysez les relations entre industrie et commerce.
8. Présentez des stratégies pour l'exportation.

## 3. Sujets de discussion/de rédaction

En classe, vous pouvez traiter les sujets dans une discussion libre ou avec des rôles fixés préalablement. Les conclusions peuvent faire l'objet d'un devoir écrit. Si vous traitez les sujets par écrit, élaborez un plan : introduction - discussion de la question : opposez les arguments, appuyez-vous sur vos connaissances, lectures, expériences - conclusion : ce n'est qu'ici qu'intervient votre propre opinion. Veillez à ce que votre rédaction soit logique, que l'enchaînement de vos arguments soit convaincant.

1. Faire ses courses - une nécessité quotidienne ou un plaisir ?
2. Les centres commerciaux et hypermarchés - nouveaux lieux de rencontre et de communication ?
3. Faut-il changer les heures d'ouverture des magasins ?
4. La frénésie d'achat - une drogue ?
5. La séduction par les apparences - la logique du marketing est-elle en train de s'emparer de tous les aspects de la vie ?
6. La publicité - moyen d'information ou de manipulation du consommateur ?
7. Le vieillissement de la population - a-t-il des conséquences pour le marketing ?
8. "Made in Germany" - est-ce encore un argument de vente ?
9. La satisfaction des clients - un critère essentiel pour les entreprises ?
10. Les grandes surfaces - seuls garants de prix bas pour le consommateur ?

*Marketing*

## 4. Sujets de commentaire

Exprimez librement tout ce qui vous vient à l'esprit à propos des informations et citations ci-dessous. Vos commentaires pourront comprendre, selon le cas, des explications de causes et d'effets, des analyses d'implications diverses, des considérations historiques, des comparaisons, des prises de positions personnelles etc.

### 1. Le commerce de détail en Allemagne

Avec une part de marché de l'ordre de 2 % et un chiffre d'affaires d'environ 10 milliards de francs en 1991, le « hard discount », une formule très pratiquée en Allemagne, où elle représente 10 % du marché alimentaire, a désormais fait son apparition en France. Selon une étude publiée par le Crédit national, cette forme de commerce, qui privilégie les prix bas sur un nombre de produits réduits, est promis à un bel avenir. Son marché potentiel est évalué à environ 70 milliards de francs. Le rythme de développement actuel du hard discount (300 ouvertures par an) conduirait à un parc de 2 800 points de vente d'ici à l'an 2000.                     (Le Nouvel Economiste, 19/03/1993)

Der geplante Wegfall des Rabattgesetzes löst Besorgnis bei den kleinen Einzelhandelsgeschäften aus. Sie befürchten, dass der Wettbewerb angeheizt wird und sich die Konzentration in der Branche beschleunigt. Schon bisher hat der Anteil der kleinen und mittleren Betriebe fortlaufend abgenommen.

Entwicklung der Marktanteile der Unternehmenstypen (Angaben in Prozent) :
* (Schätzung)

| | 1998 | 2002 |
|---|---|---|
| Verbrauchermärkte/SB-Warenhäuser | 18,0 | 18,5 |
| Fachmärkte | 14,3 | 15,0 |
| Warenhäuser | 5,5 | 5,5 |
| Filialgeschäfte | 22,1 | 23,0 |
| Kleine und mittlere Fachgeschäfte | 34,8 | 32,5 |
| Versandhandel | 5,3 | 5,5 |

(SZ, 14/12/2000)

### 2. Le bio décolle en France

Dix millions de foyers, soit 42 % des foyers français, ont acheté au moins un produit biologique durant l'année écoulée, selon une étude de Secodip. Le bio reste cependant marginal : il ne représente que 1,5 % des dépenses globales alimentaires. Il touche une clientèle spécifique : celle des foyers de une ou deux personnes, plutôt favorisés financièrement. Ce mode de consommation reste occasionnel. On n'achète bio que six fois par an en moyenne, pour une dépense inférieure à 30 francs. Les consommateurs s'orientent majoritairement vers la grande distribution pour leurs achats bio : celle-ci détient déjà 77 % du marché. Fuyant le poulet à la dioxine, 3 millions d'acheteurs supplémentaires se sont tournés vers le poulet bio, désormais le produit phare du label biologique. Grâce aux scandales alimentaires à répétition, le bio progresse de 45 % sur un an et a conquis 2,8 millions de nouveaux adeptes.

(Alternatives Economiques, décembre 2000)

3. Après l'optimisation des relations avec les fournisseurs, après la sophistication des méthodes de merchandising, **l'enthousiasme consommateur** est la dernière trouvaille des experts en marketing pour doper les ventes. L'idée s'appuie sur un constat : depuis quelques années, les ménages ont modifié leurs habitudes et réduit la part du budget qu'ils consacrent aux biens de consommation. En France, par exemple, les dépenses d'habillement ont reculé de plus de 10 % entre 1983 et 1997, selon l'UFIH, le syndicat des industriels du secteur. Conclusion : il faut inventer de nouvelles façons de fidéliser le client, lui redonner le plaisir d'acheter, bref, le rendre plus enthousiaste.

Il faut combler les désirs que le consommateur n'a pas encore exprimés. Lui redonner le plaisir d'acheter. Créer avec lui un lien émotionnel", Chaque visite d'un magasin doit être une véritable expérience.

(L'Essentiel du Management, juin 1999)

4. Verbraucherverhalten nach Einschätzung durch den Einzelhandel :
   (Angaben in Prozent der Betriebe)

Der Verbraucher ...

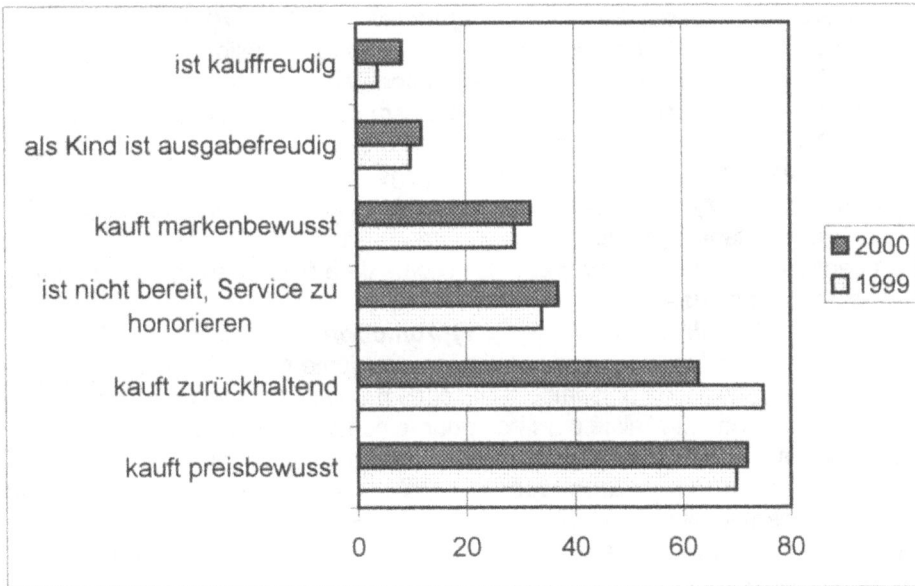

(Focus, 30/10/2000)

*Marketing*

## EXERCICES

**1.** Cochez le mot qui manque dans la phrase :

1. La ..... des marchés extérieurs étant très complexe, la plupart des exportateurs doivent s'adresser à des organismes spécialisés.
   *a)perspective  b)potentialité       c)prospection       d)prospérité*
2. L'une des clés de la réussite des entreprises réside dans la faculté d'être en ..... avec le marché et dans la capacité de s'adapter à toutes ses évolutions.
   *a)égalité       b)équation       c)équivalence       d)adéquation*
3. Cette entreprise offre la plus vaste ..... de logiciels du marché, une famille complète de langages.
   *a)gamme       b)proposition       c)garantie       d)constitution*
4. Mis sur le marché en février dernier, Omo Tablettes est déjà numéro 2 sur le segment des lessives en pastilles, derrière Skip Tablettes, ..... un an plus tôt.
   *a)lancé       b)commencé       c)vendu       d)annoncé*
5. La segmentation doit permettre d' ..... un produit aux besoins spécifiques des consommateurs, en le positionnant sur un segment précis de la population.
   *a)accorder       b)adapter       c)ancrer       d)inciter*
6. Les grands groupes ont pu, grâce à leur taille, améliorer leurs gains de productivité et ..... des marques de forte notoriété.
   *a)propager       b)proroger       c)prospecter       d)promouvoir*
7. Le principal but de l' ..... de la surface de vente est de faire passer le consommateur devant un maximum de rayons.
   *a)extension       b)installation       c)implantation       d)aménagement*
8. Pendant une campagne de ..... temporaire qui s'est déroulée au début du mois, les centres E. Leclerc ont proposé des rabais de 5 à 20 % sur quelques articles de marques connues.
   *a)lancement       b)réduction       c)promotion       d)publicité*
9. La protection de l'environnement arrive en deuxième position après le prix dans la liste des critères les plus importants cités par les Français pour l'achat d'une voiture, selon un ..... réalisé par l'Ifop pour le compte de Michelin.
   *a)sondage       b)questionnaire       c)entretien       d)salon*
10. Retournez-nous ce coupon-réponse après l'avoir complété ; ..... , notre correspondant local vous établira un devis gratuit.
    *a)à défaut       b)à cet effet       c)en retour       d)en revanche*

**2.** Cochez le mot qui manque dans la phrase :

1. Un contrat de vente implique des ..... pour le vendeur et pour l'acheteur.
   *a) consignes   b)actions       c) obligations       d)ordres*
2. Le ..... -barres apposé sur les produits de consommation est utilisé par la gestion des stocks.
   *a)numéro       b)reçu       c)mode       d)code*
3. Le transport représente jusqu'à 20 % du coût .....
   *a)de revient       b)moyen       c)facturé       d)majoré*
4. J' ..... sur l'honneur l'exactitude des renseignements portés ci-dessus.
   *a)affirme       b) exerce       c)assure       d) atteste*

5. ..... de joindre à votre règlement par chèque bancaire ou postal une enveloppe timbrée à votre adresse pour l'envoi des billets.

   **a)prière**       **b)afin**              **c)au gré**              **d)veuillez**

6. N'envoyez pas d'argent, une facture vous ..... ultérieurement.

   **a)arrivera**     **b)parviendra**        **c)atteindra**          **d)viendra**

7. J'ai bien reçu votre demande d'informations et vous remercie de la confiance que vous voulez bien nous ..... .

   **a)attester**     **b)démontrer**         **c)bénéficier**         **d)témoigner**

8. Afin de mieux vous faire connaître nos produits, nous vous adressons sous ce pli un ensemble .....

   **a)de modèles b)d'échantillons    c)d'exemplaires       d)de spécialités**

9. Il serait souhaitable que votre commande nous parvienne au plus tôt afin qu'elle puisse être ..... dans les meilleurs délais.

   **a)estimée**      **b)exécutée**          **c)passée**             **d)compensée**

10. Vous remerciant à l'avance, nous vous prions d' ..... , Monsieur, nos salutations très distinguées.

   **a)accepter**     **b)accorder**          **c) agréer**            **d)engager**

---

**3.** Complétez le texte avec les mots donnés en bas :

### EXTRAIT DU REGLEMENT

Olivetti organise pendant toute la durée du _____(1) un grand jeu sans _____(2) d'achat qui peut vous faire gagner un week-end pour deux personnes à Venise. Le week-end sera organisé avant le 1$^{er}$ décembre 1991, en _____(3) des dates fixées par le ou la gagnante et des disponibilités du voyagiste choisi par Olivetti. Il comprend le _____(4) aller-retour Paris/Paris pour deux personnes en _____(5) économique et une chambre double avec petit déjeuner pour la nuit.

Pour participer au _____(6) au sort, il vous suffit de _____(7) vos coordonnées sur l'ETV 4 000 S destinée à cet _____(8) et mise à votre disposition sur le stand d'Olivetti.

Le _____(9) est ouvert à toute personne majeure _____(10) en France _____(11), Corse comprise, à l' _____(12) des membres du personnel et du _____(13) Olivetti et leur famille.

Règlement complet disponible sur _____(14) écrite faite à Olivetti - Direction de la Communication - cedex 69 - 92047 PARIS LA DEFENSE avant le 30 juin 1991.

| | | | |
|---|---|---|---|
| *classe* | *demande* | *exclusion* | *métropolitaine* |
| *jeu* | *réseau* | *obligation* | *fonction* |
| *effet* | *saisir* | *résidant* | |
| *vol* | *tirage* | *salon* | |

**4.** Traduisez :

1. La fonction vente a besoin d'hommes et de femmes connaissant parfaitement leurs produits et maîtrisant les techniques de communication et de négociation.
2. Le chef de l'agence commerciale est responsable de la prospection, des contacts préliminaires avec la clientèle et des relations avec celle-ci pendant l'exécution des travaux.
3. La fiche contact doit répertorier au moins six points : le nom du commercial qui a reçu le visiteur sur le stand (il sera plus tard mentionné sur le courrier de relance, afin de le personnaliser) ; les coordonnées du visiteur ou sa carte de visite agrafée sur la fiche ; l'activité de son entreprise ; le nom d'un décideur ; les projets en cours ou à venir ; et, enfin, une rubrique libre pour les remarques diverses (demande de documentation, par exemple).
4. La chaîne d'hypermarchés Casino lance dans ses centres Géant la commercialisation de 308 automobiles Daewoo à des prix défiant toute concurrence.
5. Dans le secteur du téléachat, Teleshopping remporte la palme avec 91,4 millions d'euros en 1999, grâce à son émission à grande audience et à son catalogue tiré à 17 millions d'exemplaires.
6. Miser tout son budget publicitaire sur une star du show-business ou du sport peut se révéler désastreux pour l'image de l'entreprise.
7. Le groupe Vivendi lance Havas Advertising Sport, une entité dédiée à l'événementiel sportif, née de la fusion de trois sociétés spécialisées dans ce domaine.
8. En province, le prospectus est l'un des médias préférés des hypermarchés pour attirer des clients au point de vente.
9. L'affichage dans les gares a enregistré une hausse de 23 %.
10. La télévision représentait 24,8 % des recettes publicitaires en France en 1990.

**5.** Traduisez :

1. Les clients interrogés au cours de l'enquête apprécient avant tout la qualité du service après-vente.
2. Les résultats des enquêtes sont envoyés de façon périodique aux entreprises clientes dans un délai de 15 jours.
3. La société Consodata vient de créer une base de données comportementale qui devrait contenir, d'ici à la fin de l'année, la quasi-totalité des habitudes de consommation (nom des marques, fréquence des achats, loisirs ...) de 1,5 million de foyers, soit 4 millions de personnes.
4. Un tiers du marché des jouets est composé de produits de mode dont les performances commerciales sont tributaires de données difficilement prévisibles.
5. Les magasins d'alimentation disposent de renseignements sur les ventes et la rotation des produits de plus en plus précis grâce à la généralisation des caisses enregistrant les données figurant sur les codes-barres.
6. Afin de faire face à la concurrence des formes du commerce moderne, les commerçants indépendants se regroupent au sein d'associations en vue de s'approvisionner en commun et d'obtenir les conditions les plus avantageuses.
7. De puissantes centrales d'achat ont été créées, capables d'imposer aux fournisseurs leurs exigences en termes de prix et de délais de paiement.

8. Chez VHM (Société Vins Henri Maire), la moitié des ventes de vin est réalisée en direct dans les foires, en vente à domicile ou par VPC ; le reste est écoulé par les circuits de distribution traditionnels.

9. Les hypermarchés sont maintenant obligés de proposer des vélos de qualité minimale préalablement montés et ne peuvent donc plus écouler comme produits d'appel des matériels bas de gamme à prix sacrifiés.

10. Une directive européenne définit les règles de présentation et d'étiquetage des denrées alimentaires : les étiquettes doivent mentionner la composition des aliments, leur durée de conservation et les additifs utilisés.

**6.** Traduisez :

1. Nous nous référons à votre annonce parue dans "Le Nouvel Economiste" et vous prions de bien vouloir nous donner des renseignements plus détaillés concernant vos produits.

2. Nous devons votre adresse à Monsieur Dupont qui nous a recommandé les produits de votre fabrication.

3. Veuillez nous faire connaître votre plus bref délai de livraison pour ces marchandises.

4. Si votre offre est favorable et les prix de vos marchandises compétitifs, nous sommes disposés à vous passer un ordre d'essai.

5. Nous espérons que la qualité de vos produits répondra à nos exigences.

6. Je souhaite recevoir sans aucun engagement de ma part un dossier d'information sur vos produits.

7. Votre offre ne sera pas prise en considération si elle ne reprend pas toutes les références et la date de la présente demande de prix.

8. Veuillez nous indiquer par retour du courrier le prix net hors T.V.A. des pièces de rechange suivantes.

9. Comme nous en étions convenus lors de notre entretien téléphonique du 20 septembre, je vous fais parvenir, par la présente, la documentation relative à notre nouvelle collection.

10. Nous accusons réception de votre demande du 20 écoulé et vous remercions de la confiance témoignée.

**7.** Traduisez :

1. Après avoir pris connaissance des renseignements complémentaires que vous avez eu l'amabilité de nous communiquer, je vous confirme ma décision de louer votre appartement.

2. Suite à votre lettre du 10 ct, nous avons le plaisir de vous soumettre, sans engagement, l'offre qui suit.

3. Nos conditions de livraison et de paiement figurent au verso du prix courant.

4. Notre tarif spécial a été étudié et conçu spécialement pour les non résidents en France.

5. Sur simple demande, votre magazine vous sera expédié à votre adresse de vacances.

6. Si cette offre vous intéresse, demandez un devis sans engagement.

7.  Nous vous accorderons une réduction de 10 % pour règlement au comptant.
8.  A titre exceptionnel et pour une commande initiale de plus de 8 000 F, vous obtiendrez une remise spéciale de 5 %.
9.  Il vous faudra respecter à la lettre les engagements pris dans le contrat.
10. Les marchandises vous seront garanties contre tout défaut de matière ou vice de construction pendant le délai d'un an à dater de leur réception.

**8.** Traduisez :

1.  Les articles objet de notre commande devront nous parvenir avant la fin de ce mois pour que nous puissions les écouler au début de l'année prochaine.
2.  Je vous demande d'effectuer des travaux à mon domicile, conformément au devis en date du 3 novembre que j'ai approuvé le 10 novembre.
3.  Pour les commandes passées lors d'un démarchage à domicile, l'annulation peut se faire dans un délai de 7 jours.
4.  Les commandes passées téléphoniquement ne seront considérées comme définitives qu'à la réception d'une confirmation écrite.
5.  Vos commandes seront traitées dans les 24 heures par notre service commercial.
6.  Nous sommes trop sollicités pour pouvoir exécuter votre commande en un temps si court.
7.  Si les articles livrés ne correspondent pas à votre commande, vous pouvez soit les refuser dès réception, soit les renvoyer dans les 8 jours contre remboursement ou pour échange.
8.  J'ai retourné pour remboursement le 10 octobre en colis recommandé avec accusé de réception plusieurs produits que j'avais commandés à votre société et qui m'avaient été livrés le 8 octobre.
9.  Nous ne pouvons pas vous rembourser, mais l'article peut être échangé sur présentation du ticket de caisse.
10. Comme l'atteste le bon de garantie ci-joint, vous vous étiez engagé à réparer gratuitement toutes pannes pendant une durée de 12 mois.

**9.** Traduisez :

1.  Wir beabsichtigen, in diesem Land ein größeres Vertriebsnetz aufzubauen.
2.  Supermärkte haben eine Verkaufsfläche zwischen 400 und 2500 m² und verkaufen Lebensmittel sowie Konsumgüter in Selbstbedienung.
3.  Der Versandhandel ist eine dem modernen Leben angepasste Form des Verkaufs. Man schätzt, dass jeder zweite französische Haushalt regelmäßig per Katalog Waren bestellt.
4.  Die Trümpfe des Einzelhandels sind die persönliche Beratung der Kundschaft und die freie Gestaltung der Ladenöffnungszeiten.
5.  Immer mehr Lebensmittelgeschäfte verkaufen mit Selbstbedienung.
6.  Viele Kunden kaufen im Versandhandel, da sie den Katalog zu Hause ganz in Ruhe ansehen können.
7.  Unsere Experten beraten Sie kostenlos und orientieren sich an Ihren Bedürfnissen.
8.  Wegen des Kundendienstes ziehe ich es vor, in einem Fachgeschäft zu kaufen.

9. Zur Förderung des Verkaufs werden Mitarbeiter im Außendienst eingesetzt, die Verkaufsgespräche mit den Kunden im Zielgebiet führen.
10. Der Verkäufer berät den Kunden und versucht, ihn von den Vorzügen des Produktes zu überzeugen.

**10.** Traduisez :

1. Der Reisende muss den Kontakt mit den Kunden pflegen, Waren und Dienstleistungen anbieten, Bestellungen und Reklamationen entgegennehmen und Absatzinformationen beschaffen.
2. Wir haben die Messe in der Absicht besucht, neue geschäftliche Kontakte zu knüpfen.
3. Um ein neues Produkt auf den Markt zu bringen, ist eine aufwendige Werbekampagne und eine Marktstudie bei den möglichen Konsumenten unerlässlich.
4. Die Höhe des Werbeetats ist abhängig von den angestrebten Werbezielen.
5. Ein gutgemachter Katalog ist ein ausgezeichnetes Instrument zur Verkaufsförderung.
6. 28 % der Fernsehteilnehmer haben sich an den ausgestrahlten Werbespot erinnert.
7. Ich bin mit der Umfrage über die neuen Absatzmärkte der Unterhaltungs-elektronikindustrie beauftragt.
8. Mehr als 10 000 Personen sind mit Hilfe eines Fragebogens von 130 Seiten befragt worden.
9. Das eingegangene Angebot wird vom Empfänger geprüft und mit anderen Angeboten verglichen.
10. Das Produkt verkauft sich nicht gut, weil es den Erwartungen der Kundschaft nicht entspricht.

**11.** Traduisez :

1. Wir haben einen dringenden Bedarf an Landmaschinen und bitten Sie daher, uns Ihren neuesten Katalog zu schicken.
2. Lassen Sie uns Ihr Angebot bitte so schnell wie möglich zugehen.
3. Da wir sehr an Ihren Waren interessiert sind, bitten wir Sie, uns Ihre Lieferungs- und Zahlungsbedingungen mitzuteilen.
4. Wir sind bereit, Ihnen einen größeren Auftrag zu erteilen, wenn die Qualität Ihrer Waren uns zufriedenstellt.
5. Wir bestätigen den Eingang Ihrer Anfrage vom 31. vorigen Monats und danken Ihnen vielmals dafür.
6. Wir beziehen uns auf die telefonische Unterredung von heute morgen und übersenden Ihnen als Anlage unsere neueste Preisliste.
7. Unsere Verkaufsbedingungen: bei Bestellung eine 40prozentige Anzahlung auf den Gesamtbetrag, die übrigen 60 % sind erst bei Lieferung der Ware zu zahlen.
8. Für nähere Auskünfte stehen wir Ihnen gern zur Verfügung.
9. Wir danken für Ihre Anfrage und lassen Ihnen als Anlage das gewünschte Prospektmaterial zu Ihrer allgemeinen Information zugehen.
10. Die Muster werden Ihnen mit getrennter Post zugehen.

**12.** Traduisez :

1. Wir möchten Ihre Aufmerksamkeit auf die außergewöhnliche Qualität unserer Waren lenken.
2. Die Bezahlung der Ware erfolgt in 30 Tagen netto. Bei Barzahlung innerhalb von 8 Tagen gewähren wir 2 % Skonto.
3. Wir müssen Ihnen zu unserem Bedauern mitteilen, dass es uns nicht möglich ist, Ihnen einen weiteren Preisnachlass zu gewähren.
4. Wir raten Ihnen, unverzüglich zu bestellen, da unser Lagervorrat zu Ende geht.
5. Wir bestellen zum Einzelpreis von 250 Francs einschließlich Mehrwertsteuer die auf beigefügtem Bestellschein aufgeführten Waren.
6. Bitte achten Sie darauf, dass die gelieferten Waren genau den Mustern entsprechen.
7. Wir behalten uns das Recht vor, die Bestellung rückgängig zu machen, wenn die Lieferung nicht bis spätestens 15. Dezember erfolgt ist.
8. Um Irrtümer zu vermeiden, bitten wir Sie, Ihren gestern mündlich erteilten Auftrag schriftlich zu bestätigen.
9. Sie können sich auf die rasche und sorgfältige Ausführung Ihres Auftrags verlassen.
10. Sie haben bei uns eine Reise gebucht und damit auch die Vertragsbestimmungen anerkannt.

**13.** Cherchez la notion qui correspond à la définition :

1. Prix très bas ou même au-dessous du prix de revient, destiné à attirer la clientèle.
2. Total des dépenses nécessaires pour élaborer et distribuer un produit.
3. Augmentation d'un prix.
4. Différence entre le prix de vente d'un produit et le prix de revient.
5. Prix par unité d'une marchandise.
6. Prix global immuable fixé d'avance.

| | | |
|---|---|---|
| *a)prix de revient* | *c)majoration* | *e)marge* |
| *b)prix unitaire* | *d)prix forfaitaire* | *f)prix d'appel* |

**14.** Prenez connaissance des documents suivants et des questions posées en bas et cochez la réponse qui vous paraît exacte :

|  | Wal-Mart | Carrefour | Auchan | Promodès | Casino |
|---|---|---|---|---|---|
| **Chiffre d'affaires** | 117,9 | 25,8 | 22,56 | 19,62 | 14,15 |
| **Résultat net** | 3,53 | 0,616 | 0,283 | 0,293 | 0,215 |
| **Capitalisation boursière** | 193,8 | 28,7 | non coté | 10,76 | 6,911 |
| **PER (cours sur bénéfice par action)** | 41,7 | 32,6 | non coté | 33,4 | 30,4 |

1998 en milliards d'euros

**L'as de la distribution en chiffres**

**Chiffre d'affaires 1999** : 137,6 milliards de dollars (exercice clos au 31 janvier), + 17 % par rapport à 1998
**Part du chiffre d'affaires à l'international** : 9 % (12 milliards de dollars)
**Résultat net 1999** : 4,43 milliards de dollars, + 26 % par rapport à 1998
**Part du résultat net réalisé à l'international** : 12 % (551 millions de dollars)
**Nombre de salariés** : 978 000
**Nombre de clients hebdomadaires** : 90 millions
**Répartition des magasins** : 3 604, dont 2 389 discounts (magasins généralistes hors alimentaire), 713 supercenters (hypermarchés généralistes, avec environ 40 % d'alimentaire), 497 Sam's Club (clubs entrepôts réservés aux abonnés), 5 neighborhood markets (épiceries)
**Nombre de magasins à l'étranger** : 715, dont 153 au Canada, 416 au Mexique, 95 en Allemagne, 13 en Argentine, 14 au Brésil, 15 à Porto Rico, 4 en Corée du Sud et 5 en Chine                          (Nouvel Economiste, 18/06/1999)

1. Les documents donnent des informations sur
   a) l'évolution des résultats des entreprises de grande distribution en France entre 1998 et 1999.
   b) la capitalisation boursière de cinq entreprises françaises de grande distribution en 1998.
   c) le nombre de magasins Wal-Mart en France et le chiffre d'affaires qui y est réalisé.
   d) les performances de l'entreprise américaine Wal-Mart en comparaison avec celles des grandes entreprises françaises du même secteur.

2. D'après ces documents, Wal Mart
   a) a connu une augmentation de ses bénéfices, en 1999, par rapport à 1998.
   b) enregistre dans ses magasins américains la visite de 90 millions de clients par jour.
   c) dégage à peu près le même bénéfice par rapport au nombre des magasins aux Etats-Unis et à l'étranger.
   d) détient une part du marché mondial de la grande distribution de 9 %.

**15.** Prenez connaissance du document suivant et des questions posées en bas et cochez la réponse qui vous paraît exacte :

## Avis d'appel public à la concurrence

1.- **Identification de l'organisme qui passe le marché :** Conseil régional de Bourgogne - 17, boulevard de la Trémoille - BP 1602 - 21035 Dijon Cedex - tél. : 03 80 44 33 00, télécopie : 03 80 44 35 95.

2.- **Procédure de passation :** appel d'offres ouvert.

3.- **Objet de la consultation :** lycées techniques et professionnels de Bourgogne - Mise en conformité de 94 machines-outils à commandes numériques et traditionnelles suite à la défaillance de l'entreprise titulaire.
**Lot(s) :** 01 : lot unique.
Unité monétaire souhaitée par l'organisme qui passe le marché : franc français.

4.- **Modalités d'attribution des lots :**
Le marché sera attribué en fonction des critères suivants dans un ordre de priorité décroissant :
- au titre de la première enveloppe contenant le dossier de candidature :
    - garanties professionnelles et financières des entreprises,
    - qualité de l'entreprise à réaliser la prestation au vu notamment de ses références,
- au titre de la deuxième enveloppe contenant l'offre proprement dite :
    - conformité au cahier des charges et valeur technique de l'offre,
    - prix de l'offre.
**Lieu où l'on peut retirer le dossier de consultation :** Service des Marchés Publics - 16, bd de la Trémoille - BP 1602 - 21035 Dijon cedex - tél. : 03 80 44 34 09 fax : 03 80 44 35 95

5.- **Date limite de réception des offres :** mercredi 18 octobre 2000 à 12h00

6.- **Justifications à produire quant aux qualités et capacités du candidat :** assurance responsabilité civile, déclaration du candidat comprenant les certificats attestant la souscription et le paiement des taxes et impôts dus, les références.

7.- **Délai de validité des offres :** 90 jours.

8.- **Renseignements complémentaires :**
- Renseignements administratifs : Conseil régional de Bourgogne - Pôle Education/Formation - Service des Marchés Publics - 17, bd de la Trémoille - BP 1602 - 21035 Dijon cedex - tél. : 03 80 44 34 09 fax : 03 80 44 35 95
- Renseignements techniques : Bureau d'études SAMB - 10, rue du Cap Vert - 21800 Quetigny - tél. : 03 80 48 26 00  fax : 03 80 48 26 26.

9.- **Date d'envoi de l'avis à la publication :** 22 juin 2000.

1. Ce document sert à
   a) chercher des entreprises spécialisées dans le secteur des machines-outils pour les consulter à propos du remplacement de machines vétustes par des machines numériques.
   b) préparer la prospection pour un marché public par une demande publique adressée aux futurs clients.
   c) trouver des entreprises disposées à soumettre au Conseil régional une offre portant sur des machines-outils.
   d) trouver des entreprises prêtes à offrir des machines-outils à des prix plus avantageux que le fournisseur actuel.

2. Les candidats devront
   a) envoyer un dossier de candidature et une offre dans deux enveloppes séparées.
   b) maintenir leur offre ferme jusqu'au 18 octobre 2000.
   c) donner des renseignements concernant leur offre au Conseil régional de Bourgogne et au Bureau d'études SAMB.
   d) verser des taxes spéciales au Conseil régional de Bourgogne dans les 90 jours après la remise de l'offre.

3. La sélection tiendra compte
   a) des dates d'arrivée des dossiers.
   b) de la qualité de l'assurance responsabilité civile du soumissionnaire.
   c) de la capacité de l'entreprise d'effectuer la livraison dans un très court délai.
   d) des références fournies par l'entreprise et du prix de l'offre.

**16.** Répondez aux questions en cochant la réponse qui vous paraît exacte :

(Niveau 1)

1.  Vous fabriquez du matériel informatique et vous souhaitez participer au prochain Salon de l'Informatique. Que devez-vous faire ?
    a)    Louer un rayon
    b)    Louer un magasin
    c)    Louer des locaux
    d)    Louer un stand

2.  Vous avez l'intention de lancer sur le marché un nouveau produit, mais vous voulez d'abord en tester  les chances auprès d'éventuels clients. Vous chargez un institut de mener une enquête. Comment s'appelle ce genre d'enquêtes ?
    a)    Panel
    b)    Prospection
    c)    Etude de marché
    d)    Enquête d'appréciation

3.  Pour moderniser l'usine de votre entreprise, vous recherchez de nouvelles machines. Que devez-vous faire ?
    a)    Lancer une offre
    b)    Lancer un appel d'offres
    c)    Faire de la publicité
    d)    Faire paraître une petite annonce

4.  Vous recevez une invitation à une journée *Portes ouvertes,* sur laquelle est mentionné RSVP. Vous décidez de participer à cette manifestation. De préférence, que devez-vous faire ?
    a)    Retourner le talon de la carte d'invitation pour confirmer votre présence
    b)    Vous informer sur les conditions de votre participation
    c)    Adresser le paiement de votre participation
    d)    Ne rien faire avant de vous présenter à la journée *Portes Ouvertes*

5.  Vous désirez connaître le coût des travaux que vous envisagez d'effectuer dans vos ateliers. Que demandez-vous à l'entrepreneur ?
    a)    Une facture
    b)    Un bilan
    c)    Un devis
    d)    Un compte

6.  Sur votre demande, vous avez reçu la documentation et les tarifs de plusieurs fournisseurs. Lequel sélectionnez-vous ?
    b)    Le plus compétitif
    c)    Le plus spéculatif
    d)    Le plus concurrent
    e)    Le plus normatif

7. Vous souhaitez que votre nouveau client, les Etablissements Lutin, vous règle la marchandise immédiatement. Que demandez-vous ?
   a) Un paiement au comptant
   b) Un paiement en espèces
   c) Un paiement à terme
   d) Un paiement à crédit

8. La marchandise que vous avez commandée est arrivée en mauvais état. Que demandez-vous au fournisseur ?
   a) Une charge
   b) Un échantillon
   c) Un produit fini
   d) Un rabais

9. Une facture pour les travaux de rénovation des ateliers vient d'arriver au courrier. A quel service allez-vous la transmettre ?
   a) Au service des ventes
   b) Au service juridique
   c) Au service du personnel
   d) Au service de la comptabilité

10. Vous avez reçu la photocopieuse que vous aviez commandée. Le technicien l'a bien installée, mais, comme il s'agit d'un nouveau modèle, vous avez besoin d'informations. Où les trouvez-vous ?
    a) Dans le cahier des charges
    b) Dans le mode d'emploi
    c) Dans la nomenclature
    d) Dans le recensement

---

**17.** Répondez aux questions en cochant la réponse qui vous paraît exacte:

(Niveau 2)

1. Votre entreprise produit du matériel pour hôpitaux. C'est un secteur où la confiance et les relations personnelles jouent un rôle primordial. Votre directeur général vous demande des propositions pour augmenter les ventes. Que lui proposez-vous ?
   a) Former et motiver la force de vente
   b) Passer des annonces dans la presse régionale
   c) Distribuer des catalogues de première qualité
   d) Effectuer des actions de promotion de vente dans les hôpitaux

2. Vous travaillez au service marketing et vous souhaitez relancer vos ventes. A cet effet, vous décidez d'assurer un meilleur positionnement de votre principal produit. Qu'allez-vous faire ?
   a) Découper le marché en sous-ensembles
   b) Donner à votre produit une identité qui permettra aux consommateurs de différencier votre produit des produits concurrents
   c) Décrire toutes les caractéristiques de votre produit
   d) Choisir un meilleur emplacement de vente dans le magasin

3. Votre entreprise commercialise une eau minérale très connue. En Espagne, il existe déjà une eau minérale d'un nom similaire. Pour vendre votre produit en Espagne, quelle est la meilleure solution ?
   a) Concevoir une autre marque valable pour le monde entier et la déposer immédiatement
   b) Créer une marque spécifique pour le marché espagnol
   c) Renoncer à votre marque en Espagne et faire distribuer le produit sans nom
   d) Choisir un conditionnement différent pour l'Espagne pour qu'on ne voie pas la marque

4. Après une campagne de mailing, le directeur de marketing de l'entreprise Finex n'est pas du tout satisfait des résultats. Il reproche à ses collaborateurs : "Vos actions sont un échec complet. Un taux de retour de 5 %, c'est nul !" Que veut-il dire ?
   a) 5 % des lettres ne sont pas arrivées chez les destinataires faute d'adresse correcte.
   b) 5 % des prospects qui ont répondu ont passé une commande plus tard.
   c) 5 % des destinataires du mailing ont répondu et accepté l'offre.
   d) Les recettes réalisées ne sont que de 5 % supérieures aux dépenses consacrées à l'action.

5. Vous travaillez dans une entreprise française qui vient de créer deux filiales en Allemagne et en Espagne. La question stratégique qui se pose est à savoir : faut-il adapter la communication à chaque pays ou au contraire la standardiser ? Vous pensez qu'il est préférable que les filiales définissent leur propre stratégie de communication. Quel argument pouvez-vous surtout mettre en avant ?
   a) Les coûts seront sensiblement plus bas parce qu'il n'est pas nécessaire de se mettre d'accord pour tous les détails.
   b) La communication adaptée créera de multiples images de l'entreprise qui aura donc plus de chances sur les différents marchés.
   c) La communication adaptée correspondra mieux aux attentes des consommateurs parce qu'elle tiendra compte des différences culturelles.
   d) La communication adaptée s'adressera notamment aux jeunes des différents pays qui préfèrent se distinguer des autres.

6. Votre entreprise est en train de chercher des fournisseurs à l'étranger. Vous avez déjà identifié les fournisseurs potentiels. Quel critère parmi les suivants **n'est pas** décisif dans le processus de sélection ?
   a) La forme juridique de l'entreprise
   b) Les délais proposés
   c) Le coût d'achat des fournitures
   d) Les garanties données par l'entreprise

7.  La société Roxane souhaite développer ses exportations et cherche un moyen de distribution adapté à ses besoins. Le directeur commercial vous dit :"*Nous sommes trop petits pour exporter seuls. L'idéal, ce serait de coopérer avec un grand groupe qui mette à notre disposition son réseau commercial à l'étranger et qui nous fasse bénéficier de son savoir-faire et de sa notoriété.*" Quelle méthode de distribution lui conseillez-vous ?
    a)  La vente directe
    b)  La filiale de production
    c)  La succursale
    d)  Le portage

8.  Vous travaillez dans une agence de voyage. Un client, M. Morin a réservé chez vous un appartement pour ses prochaines vacances. Vous lui avez fait payer les arrhes d'usage. Deux semaines avant les vacances, M. Morin se dédit de sa réservation en invoquant comme motif une maladie de ses enfants. Il vous demande de bien vouloir lui rembourser l'argent qu'il a déjà versé. Dans votre réponse, vous lui expliquez que vous n'êtes pas disposé(e) à lui rembourser les arrhes. Quel argument utilisez-vous ?
    a)  M. Morin n'a pas joint à sa lettre le certificat médical attestant la maladie de ses enfants.
    b)  M. Morin n'a pas respecté le délai minimum de quatre semaines avant son dédit du contrat de location.
    c)  Par le paiement des arrhes, M. Morin a garanti l'exécution du contrat. Par définition, celles-ci sont perdues en cas de rétractation.
    d)  Comme les arrhes ont été dépensées pour préparer l'appartement pour M. Morin et sa famille, il ne reste rien qui puisse être remboursé.

9.  Quelle clause parmi les suivantes **ne** se trouve **pas** dans les conditions générales de vente ?
    a)  Nos ventes et prestations sont payables sans escompte au comptant.
    b)  Nous nous réservons le droit de déposer la marque auprès de l'Institut National de la Propriété Industrielle.
    c)  Tout retard de paiement entraînera l'application de pénalités de retard au taux de 15 %.
    d)  Nos prix s'entendent départ usine, emballage non compris.

10. Vous avez soumis une offre à un client étranger. Ce client demande un document indiquant le prix à payer. Il en a besoin pour solliciter une licence d'importation. Qu'est-ce que vous lui faites parvenir ?
    a)  Une facture
    b)  Un certificat d'origine
    c)  Une offre ferme
    d)  Une facture pro forma

**18.** Concevez une carte publicitaire :

Vous travaillez pour "ALPHA FRANCE SERVICES", société d'assistance dépannage en plomberie, électricité, serrurerie, chauffage.
Implantée 3, rue Catérès 92110 CLICHY - Tél.: 05 22 29 99 - cette société est ouverte 7 jours sur 7 de 8h. à minuit. Le numéro de téléphone est un "Numéro vert" (appel gratuit). Pour toute intervention, le coût du déplacement est de 75 F TTC et la main d'œuvre est facturée 110 F TTC l'heure. Concevez une carte publicitaire qui sera distribuée sur la voie publique et dans les boîtes à lettres.

**19.** Ecrivez un fax :

Vous souhaitez vous rendre au prochain Salon International de l'Informatique, de la Communication et de l'Organisation du Bureau (SICOB) qui aura lieu à Paris en septembre. Ayant lu l'annonce ci-dessous, vous adressez un courrier à l'organisateur pour lui demander comment il peut organiser votre voyage, votre séjour, votre inscription, vos transferts vers le parc des Expositions, etc., en donnant les renseignements nécessaires.

---

**UN SERVICE EFFICACE POUR UNE VISITE EFFICACE
DANS LE BUT DE RENDRE VOTRE VISITE AU SICOB
ENCORE PLUS FACILE ; SI VOUS HABITEZ LA PROVINCE,
NOUS METTONS À VOTRE DISPOSITION
UN NOUVEAU SERVICE :
SICOB+**

Depuis les visites d'une seule journée au SICOB jusqu'au séjour de plusieurs jours à Paris, à l'occasion de cette manifestation SICOB+ vous propose différentes formules
près de chez vous grâce aux Agences Régionales SICOB+
- **Les Journées SICOB**
- **Le Transport : aérien ou S.N.C.F.**  SICOB ; 4, place de Valois
  **(aux meilleures conditions)**      75001 PARIS-France
- **L'Hébergement**  Tél.: 01 42.61.52.42

---

**20.** Ecrivez une lettre :

L'entreprise où vous travaillez reçoit et envoie à l'étranger de nombreux plans et schémas. Elle envisage d'acquérir un télécopieur pour accélérer ces échanges. Vous êtes chargé(e) d'écrire au fabricant pour obtenir tous les renseignements sur l'appareil, son prix, son coût d'utilisation, son entretien, le nombre d'entreprises équipées dans le monde, etc. Vous demandez également une démonstration dans vos bureaux.

> **TÉLÉCOPIEURS THOMFAX**
> **IL Y A DES CHOSES**
> **AUXQUELLES**
> **ON**
> **S'ATTACHE**
> **TRÈS VITE**
> Aussi indispensable que le téléphone
> ou la machine à écrire
> Simple comme un coup de fil
> **La Télécopie vous permet d'échanger un**
> **document**
> **par le réseau téléphonique quelle que soit la**
> **distance**
> THOMSON - CSF TELEPHONE
> Direction des Ventes Bureautique
> 146, BD de Valmy , 92707 Colombes CEDEX

**21.** Ecrivez un fax :

Vous travaillez dans l'entreprise Brilux, Kesseler Str. 5, 50667 Köln, Fax +49 221 25 5550. Le 15 septembre 2000 vous avez reçu une télécopie de l'entreprise française Richard S.A., 33 rue Cambon, 92250 La Garenne, Fax +33 1 42428704. Ecrivez une réponse d'après les indications écrites à la main par votre chef :

Messieurs,

Nous nous référons à votre demande d'informations du 2 juillet. Nous vous avons fait parvenir la documentation complète concernant nos ordinateurs multi-média.

Comme nous n'avons pas encore de vos nouvelles, nous tenons à vous communiquer que nous sommes à même de vous offrir les modèles AX 23 et AX 45 à un prix de 20% inférieur à celui indiqué dans notre catalogue.
*Merci et excuses*

Si vous voulez profiter de cette occasion, passez votre commande dès maintenant par fax ou courrier électronique. N'oubliez pas d'indiquer le mode de transport et de règlement que vous choisissez.
*Commander 5, livraison immédiate par camion, virement 30 jours*
Dans l'attente de votre prompte réponse, nous vous prions d'agréer, Messieurs, nos salutations les plus distinguées.
*Intéressé par informations  offres spéciales*
Luc Richard
Gérant

**22.** Ecrivez une circulaire :

Vous travaillez comme assistant(e) aux Etablissements Buissounnet, 25 rue de l'Oratoire à Lyon (69000) qui proposent des gammes complètes de matériel de bureau et vous êtes chargé(e) par votre patron, M. Dechaumette, responsable du service des ventes de rédiger une lettre à l'intention des clients pour les inviter à une démonstration des nouveaux copieurs CANON NP 6010 - NP 6030 - NP 6060 et CLC 10 le samedi, 19 novembre 1995 de 9 h à 18 h 30. Durant cette journée, des techniciens seront disponibles et une documentation sera offerte.

**23.** Ecrivez une lettre en français :

Die Firma Bourgeois & Fils, 14 route de la Salvetat, 34220 Saint-Pons, hatte am 15.08. eine Anfrage an die deutsche Firma Publicis, Nebenstr. 11, 40764 Langenfeld gerichtet. Sie interessiert sich für die von Publicis angebotenen Werbegeschenke, von der sie durch die deutsche Niederlassung eines Zulieferers erfahren hatte.
Das am 23.08. zugesandte Informationsmaterial entspricht jedoch nicht den Erwartungen.
Schreiben Sie als Verantwortliche/r für die Kundenpflege bei Bourgeois & Fils einen Brief an Publicis. Nehmen Sie Bezug auf den oben genannten Sachverhalt. Danken Sie für die Zusendung des Informationsmaterials. Drücken Sie höflich aus, dass die angebotenen Werbegeschenke für Ihre konservative Kundschaft ungeeignet seien. Geben Sie der Vermutung Ausdruck, dass es sich nur um ein Missverständnis handelt. Äußern Sie Ihr Interesse an Informationen über andere Produkte der Firma Publicis. Fassen Sie noch einmal Ihre Wünsche zusammen : Werbegeschenke für eine konservative Kundschaft aus mittelständischen Firmen. Etwas Besonderes, nicht aber etwas Verrücktes. Auch obere Preislagen kommen in Frage. Fragen Sie nach Mengenrabatten.

TEXTES

## 1. Pour tester le marché, montez votre commando

Lorsque le temps presse, qu'on est sûr de tenir la bonne idée et un vrai marché, faut-il aller au plus pressé et s'en remettre à sa seule intuition ? "Sûrement pas, déclare Yves Cléro, directeur du cabinet d'études Marketing Lab. L'intuition est certes très précieuse, car c'est elle qui permet d'innover, mais il faut absolument pouvoir la confirmer ou l'infirmer auprès d'un échantillon représentatif de la cible visée." Pas besoin de six mois pour cela, rassurez-vous. Il y a des outils et des astuces pour aller beaucoup plus vite. En un après-midi, Xavier de Cuverville, directeur marketing du portail de BTP b2build, a testé lui-même le nom et le logo de son site : devant le siège de la Fédération française du bâtiment, il a interrogé une trentaine de spécialistes du secteur.

Un autre exemple ? Sans même se déplacer, Jérôme Frizzera, PDG du site magicmaman.com, a testé en personne sa campagne de pub en réunissant un samedi après-midi une dizaine de mères de famille dans ses locaux. Certain que le message était bien compris, il a pu passer à la phase suivante..."Ce genre d'opération permet de travailler avec un filet", dit-il.

Si on veut en savoir un peu plus sur un marché, on peut cerner en huit jours des habitudes de consommation avec une simple enquête téléphonique menée auprès de 400 ménages. Tous les instituts d'études proposent cette prestation.

Adeptes traditionnels des tests et études de marché les plus lourds, les grands groupes ont aussi le souci d'accélérer leurs processus de validation. "On arrive à explorer et valider des idées assez complexes en huit semaines", assure Leslie Pasco, du cabinet Added Value.

En 1998, pour repositionner rapidement son yaourt Double Douceur, en perte de vitesse depuis six ans, Yoplait a monté une véritable opération commando, mobilisant pendant trois jours dix personnes du staff marketing, de l'agence de publicité et de l'agence de packaging. Cloîtrée dans un château, cette équipe a imaginé diverses idées qui étaient testées directement auprès de quatre groupes de consommateurs constitués spécialement pour l'occasion, et acheminés par minibus. "C'était épuisant, mais on a gagné un temps fou, témoigne Luc Gaudemard, ex-directeur marketing de la marque. A l'arrivée, on avait trois pistes sérieuses de positionnement de marque, de nom et de concept publicitaire. Il a suffi de les tester auprès d'un échantillon plus large." Rebaptisé Perle de lait, le yaourt a pu sortir dans les rayons avec près d'un an d'avance sur le calendrier.

(L'Essentiel du Management, décembre 2000)

**Résumé**
Résumez les exemples présentés et dégagez l'idée principale de l'article.

## 2. L'Allemagne, laboratoire européen

Cela fait à peine dix-huit mois que Wal-Mart a débarqué en Allemagne, mais il a déjà mis en place les recettes qui ont fait son succès aux Etats-Unis. Le principal changement ? Dans un pays pourtant réputé pour pratiquer des prix à la consommation inférieurs à la moyenne européenne, "Wal-Mart a réussi à diminuer ses prix, parfois jusqu'à 10 %", note Volker Koch, consultant chez M+M Eurodata, un cabinet de conseil basé à Francfort. Et ce, comme aux Etats-Unis, en rognant sur ses marges et informatisant ses stocks, de manière à être en relation permanente avec ses fournisseurs.

Côté services, l'équipe dirigeante de Wal-Mart (dont la plupart des membres sont désormais américains) a également mis le paquet. Les enseignes de la chaîne ouvrent à présent leurs portes à 7 heures du matin (deux heures avant la plupart de leurs concurrents) et ne ferment jamais avant 20 heures, utilisant ainsi la plage horaire maximale autorisée par la législation allemande.

Le personnel, lui, s'est converti aux règles de politesse à l'américaine : il est censé sourire jusqu'aux oreilles, saluer, remercier.. et fournir au client qui le souhaite un sac en plastique gratuit (orné du slogan "Nous faisons tous partie de la famille Wal-Mart).

Bilan : selon plusieurs estimations d'analystes financiers, la filiale allemande de Wal-Mart devrait afficher cette année un chiffre d'affaires de 6 milliards de marks, en hausse d'environ 8 %... mais accuserait plusieurs centaines de millions de pertes. La greffe n'a pas encore tout à fait pris : le personnel a du mal à s'habituer au rituel des séances matinales à la gloire de Wal-Mart et au sourire obligatoire.

(Le Nouvel Economiste, 18/06/1999)

## 3. Wal-Mart hat in Deutschland große Probleme

Waren Wal-Mart-Stores Ende 1997 noch mit unerschütterlichem Optimismus davon ausgegangen, "good old Germany" wie McDonalds oder Coca-Cola mit Konzepten im Sturm erobern zu können, die Wal-Mart in den USA groß gemacht haben, so gibt es inzwischen Indizien, dass die US-Konzepte nicht mehr ganz so streng auf Deutschland übertragen werden wie am Anfang.

Wenn Analysen deutscher Konkurrenten auch nur annähernd richtig sind, klafft zwischen den Freundlichkeits-, Service- und Preisversprechungen, mit denen Wal-Mart hier zu Lande an den Start gegangen ist, und deren Einhaltung inzwischen eine erhebliche Lücke. Die anfangs breiten Hauptgänge sind in mehreren Häusern längst wieder mit Textilständern und Wühltischen enggestellt. Auch sind die Schlangen an den Kassen zumeist nicht mehr kürzer als zu Wertkauf- und Intersparzeiten. Personal ist dagegen weitaus präsenter als früher. Doch scheint es bei der viel gepriesenen Wal-Mart-Freundlichkeit erste Rückfälle in Richtung "Servicewüste Deutschland" zu geben.

So wollen Konkurrenten herausgefunden haben, dass die anfängliche Begeisterung der Kunden für Wal-Mart zu schwinden beginnt. Auch melden Konkurrenten Zweifel an dem angeblich so unübertroffenen Warenwirtschaftssystem an. Ihre Spione haben Lücken in der Waren-Präsenz ausfindig gemacht, wie sie sich keiner von ihnen erlauben würde, während Spediteure gelegentlich bis zu zwölf Stunden an der Rampe warten müssten, ehe sie ihre Lieferungen loswürden.

Aus Lieferantenkreisen verlautet zudem, alle Versuche seien gescheitert, die globale Einkaufsmacht des Gesamtkonzerns lokal durchzusetzen. Für sein Deutschland-Geschäft bekomme Wal-Mart keine besseren Einkaufskonditionen als jedes andere Unternehmen gleicher Größe und Struktur, ganz gleich wie groß der Konzern in den USA oder anderswo auch sei.

Als weiteres Handicap wird erwähnt, dass Wal-Mart wegen der großen Lücken in seiner bundesweiten Flächenabdeckung erhebliche Werbe-Streuverluste hinnehmen muss.

Wal-Mart Germany will von all dem nichts wissen und lehnt jegliche Stellungnahme dazu ab. Das gilt auch für Gerüchte, auch 2000 lägen die Verluste wieder bei annähernd 500 Millionen DM. Zudem gehen Kenner des deutschen Einzelhandels davon aus, dass es Wal-Mart Germany selbst längerfristig nicht gelingen werde, jene Umsatz- und Kapitalrenditen zu erwirtschaften, wie sie Wal-Mart Stores in den USA und anderen Ländern erzielt.

Der Grund: Nirgendwo auf der Welt gibt es so viele Quadratmeter Verkaufsfläche je Kunde wie in Deutschland, nirgendwo wird so intensiv mit Kampfpreisen gearbeitet und nirgendwo ist der Wettbewerb insgesamt so hart.

(SZ, 19/12/2000)

**A    Résumé**
Résumez en français les informations essentielles des textes 2. et 3.

**B    Exposé-débat**
Préparez vos arguments pour présenter et défendre votre point de vue dans un débat à propos de la question :

*La conquête des marchés mondiaux par les Américains, fonctionnera-t-elle toujours selon le principe McDonald's ?*

## 4. Les déboires du foie gras sur linéaire

Le luxe est une denrée périssable. Les fabricants de foie gras en font aujourd'hui, la triste expérience. A l'approche du réveillon, le client menace de ne plus être aussi fidèle au rendez-vous qu'autrefois. Car les enfants gâtés de la gastronomie ont commis une erreur : ils ont succombé trop vite aux charmes de la grande distribution.

Au milieu des années 80, l'idylle entre les grandes surfaces et les fabricants débute bien. Les distributeurs cherchent à renouveler leur discours sur la démocratisation. Pourquoi ne pas vendre du luxe alimentaire ? Il permettra d'annoncer d'alléchants rabais. Rapidement, les fabricants de foie gras, qui voient déjà leur chiffre d'affaires grimper en flèche, répondent à l'appel.

En cinq ans, les ventes explosent, dominées par quatre semi-poids lourds : Labeyrie (80 % de son chiffre d'affaires en grande distribution), Delpeyrat (33 %), Larnaudie (65 %) et Chalosse et Gastronomie (95 %). En 1990, les Français ont ainsi acheté pour 840 millions de francs de foie gras dans les grandes surfaces qui détiennent aujourd'hui près de 50 % du marché.

Retournement début 1991. Les fabricants déchantent. "Au niveau national, les sur-stocks atteignaient alors 20 % de la production, ce qui est anormalement élevé", avoue l'un d'eux. En effet, si le foie gras français s'exporte bien (+ 84 % en dix ans pour les conserves), cela n'empêche pas les fabricants hexagonaux d'être de gros importateurs de foies non transformés des pays de l'Est et d'Israël (+ 143 % en dix ans). Du coup, quand le marché intérieur se tasse, la surproduction menace.

Plus inquiétant : la conjoncture économique n'explique pas tout. "En volume, nos ventes ont régressé pendant la dernière saison. On assiste à l'amorce d'un reflux de la clientèle. L'image du foie gras est aujourd'hui ternie" constate, amèrement, un autre fabricant.

Le linéaire aurait-il tué la poule aux œufs d'or ? Le marketing du foie gras présente trois faiblesses. Premièrement : en le transformant en produit d'appel, les grandes surfaces ont démythifié ce produit méconnu. "65 % des Français ne consomment du foie gras qu'une fois par an, la mémoire gustative ne fonctionne pas. L'achat relève donc de l'émotif, de l'affectif" constate-t-on chez Larnaudie.

En cassant les prix, la distribution a banalisé le foie gras, elle lui a enlevé son aura. Car, malgré la boulimie de luxe alimentaire, le foie gras ne s'est pas encore imposé comme produit courant dans les assiettes des Français : 37 % seulement en consomment en dehors des fêtes de Noël. Deux pics : à Pâques et lors des communions.

Deuxième faiblesse : peu de fabricants ont imposé en grande distribution une marque forte. "Avant d'aborder le grand public, une affaire de luxe doit renforcer ses racines locales - la visite des caves de Roquefort est la meilleure promotion du fromage - et son réseau de vendeurs" explique Jean-Noël Kapferer, auteur du livre "Les Marques, capital de l'entreprise".

Le luxe fonctionne plus par le bouche à oreille que par la publicité. Les fabricants, eux, ont préféré l'artifice de marques créées spécialement pour les distributeurs. Ils ont rompu avec l'imaginaire du terroir. Exemples : Labeyrie est la filiale grande distribution de l'Européenne de gastronomie. Celle-ci réserve sa marque traditionnelle Rougié aux magasins de luxe.

De même, qui sait que Castel Périgord ou la Marquise de Pompadour sortent de la maison Bizac, fort renommée ? Ces foies gras, vendus en hypermarchés ne sont pas pour autant les plus connus. Selon un sondage Publimétrie, c'est la

Comtesse du Barry qui arrive en tête du palmarès de la notoriété. Une marque qui a toujours boudé la grande distribution...

Troisième erreur : en cassant les prix, la grande distribution a surtout vulgarisé un foie gras de qualité moyenne. Le "bloc", émulsion constituée à partir des restes de foies entiers, monopolise 73 % des ventes, contre 11 % pour le "foie gras entier". "Quand le client se sert lui-même, il se focalise davantage sur la qualité" constate un fabricant.

Ce sont d'ailleurs les rabais qui ont entraîné certains professionnels sur le chemin de la fraude. Récemment, deux dirigeants ont été condamnés à de lourdes peines pour avoir utilisé des substances étrangères comme l'amidon ou le foie maigre.

C'est la Direction de la répression des fraudes, la brigade de choc chargée de démanteler les filières hexagonales qui a mené l'enquête : "Il fallait agir très vite sous peine de tuer définitivement l'image du foie gras". Une vitrine des produits français sur laquelle on veille scrupuleusement au Ministère de l'économie et des finances.
(Capital, 12/1991)

## A     Questions de compréhension

1. Quel est le thème de l'article ?
2. "Le luxe est une denrée périssable". Expliquez cette phrase.
3. En quoi consiste "la triste expérience" des fabricants de foie gras ?
4. Quelle erreur ont-ils commise ?
5. Pourquoi les distributeurs ont-ils décidé, dans les années 80, de vendre du foie gras en grandes surfaces ?
6. Citez, par ordre d'importance de leur chiffre d'affaires en grande distribution, quatre fabricants de foie gras.
7. Quelle est la part de marché détenue par les grandes surfaces ?
8. Indiquez, chiffre à l'appui, pourquoi les fabricants ont déchanté dès 1991.
9. Relevez les trois points faibles du marketing du foie gras.
10. Dans quelles circonstances les Français consomment-ils du foie gras ?
11. Quelle répercussion la baisse des prix du foie gras a-t-elle eue en grande distribution ?
12. Qu'est-ce qui fait vendre les produits de luxe ? Relevez l'exemple cité.
13. Comment certains fabricants ont-ils pu consentir d'importants rabais ?
14. Reformulez la conclusion de l'article.

## B     Commentaire

Faut-il ou non vendre des produits de luxe en grandes surfaces ? Pour quelles raisons ? Exprimez librement votre avis en vous appuyant sur des exemples.
Connaissez-vous d'autres produits qui ont une "image" à perdre ? Quelle est leur situation actuelle ?

## 5.  Quand deux grandes marques font des petits

Le ketchup épicé ? Produit de l'alliance entre Heinz et Tabasco. Des chips à la sauce barbecue ? Enfants du mariage marketing des américains Frito Lay's et KC Masterpiece. Le point commun de ces produits, c'est le *cobranding.* Après la « recommandation », la publicité commune, la licence d'exploitation, c'est la dernière technique de promotion rapprochée inventée aux Etats-Unis par les grandes marques. « Le vrai *cobranding,* précise Bernard Dubois, professeur à HEC, est celui qui associe deux fabricants de force comparable et deux marques de même impact dès le stade de la production, les deux partenaires en retirant un bénéfice équitable. »

> **La recommandation :** de grandes marques associent leur nom autour de produits complémentaires : Brandt préconise l'utilisation de Skip pour sa machine à laver.
> **La promotion croisée :** les frais de conception et d'affichage de la campagne publicitaire sont partagés par les deux marques. L'opération est ponctuelle. Ralston profite de la notoriété du téléphone mobile de France Télécom qui signale que son produit fonctionne avec des piles.
> **Le « marketing forcing » :** un fournisseur « invisible » s'affiche. Intel, fabricant de microprocesseurs, appose son logo sur les annonces des grands constructeurs d'ordinateurs contre une prise en charge de 50 % des frais.
> **La licence de coopération :** Disney et Nestlé fédèrent deux cibles (parents et enfants). Un contrat de licence croisée définit les moyens mis en commun et le partage des royalties.
> **Le joint-venture :** Danone et Motta créent une société en nom collectif qui achète le yaourt à l'un et sous-traite la fabrication du produit chez l'autre. Une exception en matière de *cobranding.*

Il n'aura pas fallu moins de quatorze mois à Danone et à Motta-Cogesal pour enfanter Yolka. Moitié yaourt, moitié glace, le produit a le goût de son père, la consistance de sa mère, et fait leur fierté. Pour réussir, ils n'ont pas lésiné sur les moyens. Une cellule de dix personnes s'est réunie tous les quinze jours pendant un an. Ses objectifs ? Coordonner les travaux des centres de recherche-développement, recueillir l'expérience de Danone en matière de yaourt glacé et tenir compte des remarques des usines.

Pour élever l'enfant prodige en toute égalité, mais en respectant son autonomie, ses parents ont choisi de créer une société en nom collectif. La SYG, 150 millions de chiffre d'affaires prévus cette année, sous-traite la fabrication de Yolka a l'usine Motta-Cogesal d'Argentan, et la fournit en yaourt acheté à Danone. Un service de sous-traitance qu'elle rémunère au même titre que la mise à disposition des marques ou l'accès aux centres de recherches. « Cette société fonctionne comme une PME, affirme Yves Couette, son directeur général, le montage nous garantit une réelle indépendance. »

Mais la création d'un tel joint-venture est une exception en matière de *cobranding.* Les amateurs se contentent en général de signer un contrat de licence de marque. « C'est un procédé classique et qui fonctionne très bien, approuve Olivier Mendras, avocat spécialiste du droit des marques, à condition que le contrat soit court et clair. » Ce qui ne signifie pas que sa rédaction soit simple.

Il n'est certes pas facile - tant les bénéfices du « double marquage » sont diffus - de trouver l'équilibre qui assure un « avantage équitable » aux deux partenaires. Mais si le produit créé est innovant, avec un look, un goût, une image, bref, un statut, supérieurs à ceux de ses concurrents, l'opération peut être très positive. Le *cobranding* multiplie les effets des investissements en communication. Il additionne les cibles et les occasions d'achat. Enfin, dans certains cas, le partenariat divise les coûts.

« Attention aux mauvaises surprises », prévient Jacques Chapuis, directeur associé du Boston Consulting Group, cabinet de conseil en stratégie d'entreprise. Campagne de pub, promotions ou conditions tarifaires multiplient les occasions de désaccord. « Mais, analyse-t-il, les tensions naissent le plus souvent au sein de celui qui fabrique. Parce que certains jugent, par exemple, que les ressources engagées bénéficient trop à la marque étrangère. »

Il faut aussi veiller à la cohésion de la gamme. Ernst Schulte, directeur du marketing de Cogesal, la branche surgelés d'Unilever, est réservé : « Quand on a mis des dizaines d'années à bâtir un nom, il faut être très prudent. On ne prévoit pas toujours l'effet, dans l'esprit du consommateur, d'une association de "sa" marque avec une autre. Il peut très bien ne pas apprécier. »

Mais le *cobranding* n'est pas réservé à l'agroalimentaire. Dans les services, le textile ou l'automobile, on pratique aussi les associations de marques, parfois depuis longtemps. Dès ses débuts, Disney a posé sa griffe sur des produits associés à l'univers de l'enfance. Avec Nestlé, son partenaire de toujours, il vient de passer au *cobranding*. La Boule magique Disney de Nestlé : du chocolat, une figurine... et l'immense avantage d'interpeller à la fois les mamans et les enfants.

Comme prévu par leurs initiateurs, les produits bimarques reçoivent vite les honneurs dus à leur rang. La distribution les respecte et les consommateurs leur font confiance. Yolka, de son côté, vient d'être désigné Produit de l'année. Le jury est formel : la préférence des consommateurs sondés revient aux vrais produits nouveaux « meilleurs que ceux existants » (74 % des réponses). Critère qui arrive avant le caractère pratique (69 %) et enfonce largement les attributs relevant du gadget. Le *cobranding* a donc de beaux jours devant lui.   (L'Expansion, 20/03/1995)

---

**Droits et devoirs du "cobranding"**
Le cadre juridique du cobranding est un contrat à part. S'il prend modèle sur les contrats de licence de marque, il exige de nombreuses adaptations pour prévenir toutes les sources de conflits.
• DURÉE DE L'ENGAGEMENT ET CONDITIONS DE SORTIE : c'est un des fondements du contrat. La coopération entre Yoplait et Côte d'or a ainsi été fixée à cinq ans et sera ensuite réexaminée pour une éventuelle reconduction.
• RÉMUNÉRATION : la marque « hôtesse » peut verser des redevances sur chiffre d'affaires à son « invitée ». L'inverse est possible, si l'invitée tire suffisamment d'avantages du partenariat.
• GARANTIE D'ACTIVITÉ : les parties peuvent s'accorder sur un volume minimal de ventes ou sur une redevance fixe obligatoire.
• CLAUSE DE NON-CONCURRENCE : le partenariat est logiquement assorti d'une exclusivité, soit limitée aux produits éventuellement concurrents, soit plus large.
• DROIT DE REGARD : la marque invitée souhaite généralement donner son aval aux décisions concernant la publicité et les promotions pour vérifier qu'elles sont en cohérence avec les siennes.

---

## A   Questions de compréhension
1. Qu'est-ce que le "cobranding" ?
2. Quelles sont les différentes formes du cobranding ?
3. Relevez les exemples de cobranding cités dans le texte.
5. Quels sont les effets positifs de ce type de partenariat ?
6. Quels sont les risques d'une telle coopération ?
7. Quel est le cadre juridique du cobranding ?

## B   Résumé
Faites un résumé du texte en vous appuyant sur vos réponses aux questions A.

## 6. Cher consommateur, nous vieillirons ensemble

Danone et Nestlé, les deux grands rivaux de l'agroalimentaire, ont eu la même révélation au même moment. Ils viennent de découvrir que depuis des années ils étaient tranquillement assis sur un tas d'or : les milliers de noms de nouveaux-nés que se procurent, aux fins de marketing, leurs marques de produits pour bébés, Blédina chez le premier, Nestlé chez le second. Jusqu'à l'âge de 3 ans, les petits - ou plutôt leurs parents - sont l'objet de toutes les attentions de la part des deux multinationales. Et ensuite, d'un seul coup, silence radio. Blédina n'écrit plus, puisque l'enfant ne mange plus de Blédine. Nestlé non plus. Tandis qu'il grandit, la boîte aux lettres reste vide. Puis la famille déménage et sa trace est définitivement perdue.

Quel gâchis! Alors qu'on aurait pu « lui souhaiter un bon anniversaire le jour de ses 3 ans en lui envoyant, par exemple, un échantillon de petit déjeuner Nesquik » rêve tout haut Yves Barbieux, le PDG de Nestlé-France. Et pourquoi ne pas inciter un enfant élevé aux bouillies Nestlé à manger du chocolat du même nom? A l'adolescence, il pourrait devenir un amateur de Nescafé, et quand il aura fondé une famille, la régaler de purée Mousline. Ainsi, le groupe capitaliserait toute une vie sur un lien privilégié noué dès la naissance.

Scénario futuriste ? Plus tout à fait. Nestlé-France constitue actuellement un fichier nominatif de plus de 1 million de consommateurs pour le mettre à la disposition de toutes les marques du groupe, et Danone fait de même. Ces bases de données ont toutes la même vocation : installer dans la durée une relation individualisée avec un très grand nombre de consommateurs. Du marketing direct, mais dans sa version la plus sophistiquée. Rebaptisée marketing de base de données, cette discipline émergente vise à rétablir entre l'entreprise et le consommateur une proximité qui s'apparente à celle du commerçant de quartier avec son client. Poursuivre au fil des années une correspondance entamée dès la petite enfance, l'idée des fabricants paraît simple. Alors, pourquoi ne pas y avoir pensé plus tôt ? En fait, les entreprises de la grande consommation ont depuis toujours adoré un dieu unique, le marketing de masse, qui montre depuis peu ses limites. Des budgets publicitaires toujours plus importants génèrent des gains de parts de marché de plus en plus faibles. Et les équipes de marketing ne savent plus à quel saint se vouer face à la montée des produits de distributeurs et premier prix. Pour rétablir un lien fort entre la marque et le consommateur, la fidélisation à base de fichiers de consommateurs apparaît comme l'une des solutions.

En France, le savoir-faire est à portée de main. D'un côté, la vente par correspondance, une des spécialités de l'Hexagone, a développé la technique des fichiers. De l'autre, le marketing industriel interactif a poussé très loin les méthodes de fidélisation. Plusieurs secteurs ont déjà profité de leur expérience : l'assurance, le transport aérien, l'automobile, les produits pour bébés et pour animaux domestiques.

Si la grande consommation arrive après tous les autres, c'est que, contrairement aux secteurs cités précédemment, elle doit surmonter au préalable un obstacle de taille : le coût élevé de la collecte des noms. Ses équipes doivent faire preuve d'imagination pour vaincre l'anonymat de l'habitué des supermarchés : bons de réduction ou points à découper sur les paquets, numéros verts, services minitel, location de fichiers existants. Une fois les noms obtenus, reste à les saisir (environ 20 francs l'unité). A ce stade, on a déjà beaucoup déboursé, et pas encore écrit (5 francs minimum par enveloppe). Ces coûts fixes, bien qu'élevés, ont un peu diminué avec la baisse du prix du matériel informatique depuis une dizaine d'années.

Le retour sur investissement est rapide, quand le produit est cher et la cible étroite, par exemple pour les couches. Il est beaucoup plus lent sur la tablette de chocolat à dix francs. Sauf si on rentabilise cet investissement sur plusieurs produits à l'intérieur d'un même groupe.

Séduits par le marketing de base de données, les fabricants de la grande consommation en pressentent les limites. Jean-Paul Richard, directeur du marketing chez Ricard, résume le sentiment général : « On sent bien qu'il faut y aller, mais pas forcément tête baissée. » En effet, cette démarche atteint son efficacité maximale pour des produits à propos desquels le consommateur s'implique dans l'achat. Ricard a donc choisi de s'essayer aux bases de données avec Jameson, un whisky irlandais haut de gamme, donc plus ciblé que son anisette. Autre limite : même pour un produit impliquant, les consommateurs ne sont pas tous demandeurs d'une relation personnalisée. « Les exemples américains montrent que le concept de relation de proximité ne fonctionne en moyenne que sur 20 % des consommateurs d'un produit donné », explique Laurent Blaizot, consultant de Wunderman Cato Johnson. Ce nouveau marketing ne peut que compléter le marketing de masse, et non s'y substituer.

Les bases de données ne sont donc pas la panacée, d'autant que leur utilisation est réglementée par la Commission nationale informatique et libertés (Cnil). L'avènement des bases de données aura aussi, à terme, des répercussions sur l'organigramme marketing des entreprises, actuellement structuré par type de produits, alors que le marketing de base de données conduit à adopter le point de vue du client.. Un jour viendra peut-être où vous, consommateur, pourrez vous adresser à votre correspondant attitré chez Nestlé afin de réclamer de nouveaux parfums pour vos yaourts Chambourcy, ou plus de cacao dans votre tablette de Crunch. (L'Expansion, 21/11/1994)


**A    Résumé**
Faites un résumé du texte.

**B    Exposé-débat**
Regroupez les idées et exemples du texte pour présenter et défendre votre point de vue dans un débat au sujet de la question :

*Les nouvelles méthodes de marketing -*
*où sont les limites ?*

## 7. Chez Total et Shell, les stations misent sur les services

Du kit bébé à la chaîne de télé, les pétroliers rivalisent d'imagination pour fidéliser le client.

Les départs en vacances accentuent une problématique à laquelle les distributeurs pétroliers sont confrontés à longueur d'année : comment fidéliser les automobilistes ? En effet, en dehors du prix du carburant, c'est souvent l'aiguille de la jauge ou l'impatience des enfants qui arrête le choix du consommateur. "Un constat absolument inacceptable pour nous", rétorque Benoît Luc, directeur marketing chez Total. Depuis quelques années, Total a décidé de lutter contre cette fatalité, avec le slogan "Vous ne viendrez plus chez nous par hasard". L'accent est mis sur la convivialité et le service. Exemple : des coins bébé équipés de tables à langer et de chauffe-biberons mis en place sur les aires d'autoroutes. Dans la même lignée, 250 000 kits bébé comprenant biberon, couche et autres compotes, conçus en partenariat avec des entreprises du secteur, ont été distribués gracieusement l'an dernier. Une opération chiffrée entre 12 et 15 millions de francs, qui sera renouvelée cet été, vu son succès. Autre service, payant cette fois, une carte à puce donnant accès à 400 stations de lavage modernisées (coût de l'opération : 215 millions de francs sur trois ans). "Les notions de service et de détente sont nos deux axes essentiels", conclut Benoît Luc.

Chez Shell, l'approche est différente. "Nous avons cherché un moyen de nous différencier qui ait un impact sur nos ventes sans engendrer d'investissements excessifs", explique François Petrequin, responsable de l'innovation à la direction du marketing. La firme a donc misé sur l'information, en créant une chaîne de télévision, Shell Info TV, émise sur la quasi-totalité de son réseau autoroutier. Des postes installés dans les lieux de détente des stations et commandés par un serveur diffuseront des programmes sur l'actualité, le trafic, la météo, ainsi que des sujets magazines (sports, tourisme) et des annonces publicitaires. "En dehors des informations pratiques, notre objectif est de communiquer sur la marque et sur nos produits, afin d'orienter les consommateurs vers les articles hors carburants", explique le directeur du projet. Les espaces publicitaires, réservés dans un premier temps aux annonceurs du réseau, ne devraient cependant pas occuper plus d'un sixième du temps de programme. "Nous ne voulons pas que cet outil devienne un tube à pub", affirme François Petrequin. Le matraquage risquerait, il est vrai, de faire fuir l'automobiliste.

(Le Nouvel Economiste, 18/06/1999)

**A Résumé**
Résumez le texte en quelques lignes.

**B Commentaire**
Commentez les méthodes présentées dans le texte dans la perspective des entreprises et des clients.

**C Exposé-débat**
Préparez vos arguments pour présenter et défendre votre point de vue à propos de la question :

*Peut-on fidéliser les clients dans tous les secteurs ?*

## 8. Choisir le sport qui colle avec sa stratégie

De plus en plus d'entreprises intègrent le sport dans leur plan de communication. En 1998, les annonceurs ont dépensé plus de 5 milliards de francs en parrainage sportif. Un chiffre qui ne cesse de croître depuis le début des années 90. Les raisons de cet engouement ? Sponsoriser un événement ou une équipe est moins onéreux et plus efficace que de financer une campagne de publicité traditionnelle.

En effet, le sponsoring permet non seulement d'accroître la visibilité de la marque, mais également de lui donner du sens en l'associant à des valeurs véhiculées par le sport, comme le dépassement de soi, l'esprit d'équipe, la concentration... Une aubaine, pour les entreprises qui veulent se faire un nom et une identité ! "Devenu un spectacle et un loisir, le sport est aujourd'hui un outil de communication stratégique, explique Didier Tibaut, P-DG de la société de conseil en marketing sportif Derby. Mais gare à l'amateurisme ! Sponsoriser un sportif, une équipe ou un événement est un acte qui engage fortement l'entreprise.

Premier impératif : identifier les différents acteurs du marché. Pour éviter d'affronter seule le détenteur des droits, l'entreprise peut faire appel à une société de conseil en marketing sportif. Deuxième travail, pour le postulant au sponsoring : définir précisément ses objectifs. Accroître la notoriété de la marque, mobiliser les salariés, renforcer l'image de l'entreprise, s'impliquer dans la vie locale..., l'éventail des possibilités est large. D'autant que le sport peut être utilisé pour communiquer auprès du grand public ou pour mener des actions de proximité. Reste ensuite à trouver le sport et l'équipe sur lesquels s'appuyer pour réaliser ses ambitions.

Précaution essentielle, avant de se lancer : s'assurer que le sport choisi et la marque sont en adéquation. "L'entreprise doit réaliser une étude sur l'image de sa marque pour vérifier que les valeurs véhiculées par le sport sont en cohérence avec les siennes", souligne Guy Decock, directeur du marketing et de la communication de la Fédération française d'athlétisme.

Le sponsoring sportif présente de nombreux avantages, mais il n'est pas sans risque. L'erreur consiste à s'engager dans le sponsoring par amour d'un sport, sans données de stratégie. "Dans un bon contrat de parrainage sportif, le résultat ne doit être que la cerise sur le gâteau", rappelle Didier Tibaut. Dernier piège majeur : le coup médiatique. Pour être efficace, le sponsoring doit s'inscrire dans la durée. L'idéal est de nouer un partenariat d'au minimum trois ans pour laisser le temps au public d'associer le sport à la marque. (L'Usine Nouvelle, 13/07/2000)

### A    Résumé
Résumez le texte en quelques lignes.

### B    Exposé-débat
Présentez, en vous appuyant sur le texte et vos connaissances, votre point de vue au sujet de la question :

*Le parrainage sportif, peut-il mener à des abus ?*

## 9. Dans la jungle des prix

La transparence des prix, c'est-à-dire la capacité des clients à comparer des offres équivalentes, est la pire des choses pour les entreprises", explique César Zeitouni, consultant marketing et stratégie chez Simon Kucher & Partners à Paris.

Le nouveau mot d'ordre : à chacun son produit, à chacun son prix. Au point que, dans la jungle des tarifs, bien malin celui qui parvient encore à s'y retrouver. Plus que jamais, les firmes s'efforcent de conserver la maîtrise de leurs prix, et donc de leurs profits. Tour d'horizon des différentes stratégies.

Dans un contexte d'hyperconcurrence, une façon de continuer à vendre cher est de mettre sur le marché des produits différents des autres. D'où l'intérêt d'innover en permanence. C'est ce que réussit Gillette depuis des années, sur le marché du rasoir, un bien de consommation courante, fabriqué en masse et, a priori, banal. Le Mach 3, dernier-né de la firme, a été lancé en 1998 à un prix 50 % plus élevé que l'ancien produit le plus cher de la gamme, le Sensor Excel. La différence de performances perçue par les clients a non seulement permis de justifier ce prix élevé, mais aussi de rafler des parts de marché : le Mach 3 s'est hissé en tête avec plus de 50 % des ventes aux Etats-Unis et dans plusieurs pays européens.

Comme l'explique Philip Kotler, "l'art du marketing réside en grande partie dans l'art de construire une marque. Si l'on n'est pas une marque, on est banalisé et alors seul le prix compte. Dans ce cas, le vainqueur est toujours celui qui maîtrise le mieux ses coûts". Rien ne sert d'avoir un produit différent si ces avantages ne sont pas perçus par les consommateurs. Même sans innovation majeure côté produit, le pouvoir des marques peut être suffisamment fort pour tirer les ventes. Le marché de l'eau minérale en est la meilleure illustration. Une bouteille d'Evian se vend près de cinq fois plus cher que la marque d'eau minérale la moins chère. Une bouteille de Perrier vaut trois fois plus qu'une eau gazeuse ordinaire...

Une stratégie de prix n'est réussie que si elle s'appuie sur une segmentation fine du marché. A chaque groupe homogène de clients doit correspondre une offre différente qui tient compte de leur sensibilité au prix. Là encore, l'eau minérale en fournit un bon exemple. Vendue en canette dans le distributeur automatique d'une gare, en spray pour l'hydratation de la peau ou en pack familial de six fois 1,5 litre dans un rayon de supermarché, le prix de la même eau d'Evian varie considérablement.

La créativité des firmes s'exerce aussi sur la façon de facturer leurs produits. Les opérateurs de télécommunications proposent ainsi toute une gamme de tarifs pour capter une clientèle la plus large possible. Différents forfaits de téléphonie mobile incluant plusieurs heures de conversation sont proposés aux gros consommateurs, alors que les utilisateurs plus parcimonieux se voient proposer une facturation à la minute. Une logique qui est en train de s'étendre au téléphone fixe.

Aboutissement de la logique de segmentation : les stratèges du marketing ne jurent désormais plus que par la personnalisation, ou "marketing one to one". L'offre ne s'adapte plus à un groupe de clients, mais à chaque personne. Une évolution accélérée par l'essor d'Internet. Si le Web favorise les comparaisons de prix par les acheteurs, il permet surtout aux vendeurs de collecter de nombreuses informations sur leurs clients. Ainsi, le libraire en ligne Amazon est capable de formuler une offre "sur mesure" à chacun de ses 25 millions de clients, parce qu'il les connaît individuellement. Amazon annoncera par courrier électronique à monsieur Martin qu'un nouvel ouvrage vient de paraître sur l'architecture contemporaine, son sujet de prédilection. Comme monsieur Martin est particulièrement sensible au prix et préfère souvent se déplacer chez son libraire plutôt qu'acheter en ligne, Amazon pourrait même lui accorder une remise de 50 % sur la livraison afin de l'appâter... On passe alors du produit personnalisé au prix sur mesure.

Quand toutes ces techniques sont utilisées simultanément, le client a peu de chance de pouvoir exercer facilement ses capacités de comparaison. Le client se décide pour une offre qu'il juge adaptée à ses besoins et qui se situe au-dessous du seuil maximum de prix qu'il s'est fixé. C'est justement pour exploiter au mieux ce seuil maximal que les firmes déploient aujourd'hui autant d'efforts.

La pratique des forfaits ou des produits groupés au sein d'une même offre ôte une partie de son sens à la notion de coût d'un produit et de marge par produit. Les firmes raisonnent plus désormais en termes de coût d'un client et de marge par client. Comment, dans ces conditions, déceler des ventes à perte ou des ententes sur le prix ? Cette nouvelle complexité représente un sérieux défi pour les autorités de régulation. (Alternatives Economiques, décembre 2000)

**A    Résumé**

Trouvez un titre pour chaque paragraphe et élaborez ensuite un résumé du texte.

**B    Exposé-débat**

Présentez et défendez votre point de vue dans un débat à propos de la question :

*Quelle chance les clients ont-ils aujourd'hui
de comparer les prix et d'opérer un choix rationnel ?*

| INFORMATIONS |

## La fonction de gros

Elle consiste à acheter des marchandises en quantités importantes au producteur pour les revendre, en plus petites quantités, à des revendeurs, collectivités, divers utilisateurs à l'exclusion des consommateurs finaux. La fonction de gros nécessite de gros investissements pour financer d'une part les entrepôts de stockage et d'autre part les produits stockés.

Elle peut être assurée :
- par des grossistes indépendants,
- par des centrales d'achat du commerce associé ou intégré,
- par des producteurs.

### Opérations réalisées dans le cadre de la fonction de gros

- Sélection de fournisseurs.
- Achat aux producteurs des produits demandés par la clientèle.
- Elaboration d'un assortiment de produits.
- Transport des marchandises des lieux de production aux lieux de stockage.
- Stockage des produits sur tout le territoire et à tous les niveaux intermédiaires de la distribution jusqu'aux points de vente.
- Fractionnement des quantités importantes livrées par le producteur en lots plus réduits conformes aux attentes des consommateurs.
- Conditionnement de certains produits (vin, fromage).
- Régulation de l'offre et de la demande par le stockage : il existe des productions (sucre, en novembre) et des consommations (jouets à Noël) irrégulières.
- Financement, lorsque les intermédiaires de distribution achètent aux producteurs, car ils prennent à leur charge les risques de la commercialisation (les producteurs sont parfois payés avant que les consommateurs finaux n'aient acheté et payé les produits).

## La fonction de détail

Elle consiste à acheter des produits pour les revendre au consommateur ou à l'utilisateur final en général par petites quantités et dans l'état.

### Opérations réalisées dans le cadre de la fonction de détail

- Mise à disposition des produits aux points de vente.
- Vente aux consommateurs ou aux utilisateurs.
- Information et promotion, publicité : affichage des prix, opérations de relations publiques, création de marques pour les distributeurs, PLV...
- Service : livraison à domicile, installation, SAV (service après-vente), information du consommateur.

# La distribution

|  | Grands magasins | Magasins populaires |
|---|---|---|
| **Exemples** | Le Printemps (créé en 1865), La Samaritaine (1869), Les Galeries Lafayette (1899) | Woolworth (1882), Uniprix (1929), Prisunic (1931), Monoprix (1932) |
| **Méthodes de vente** | Libre-choix. Rayons ressemblant à de petites boutiques indépendantes | Libre-choix. Libre-service dans le rayon alimentation et de plus en plus dans tous les rayons |
| **Implantation** | En centre-ville, années 70 : centre commercial | En centre-ville |
| **Assortiment** | Large et profond en milieu et haut de gamme. Différents rayons : habillement, textile, loisirs, culture. L'alimentation de moins en moins importante. Services : restauration, coiffure, voyages. | Moins important que celui des grands magasins, situé en milieu et bas de gamme, sauf en alimentaire, bazar, fantaisie, habillement. |
| **Marge** | Autour de 42 % | Faible, par rapport au C.A. H.T. légèrement inférieure à 30 %. |
| **Aménagement** | Très luxueux, très valorisant pour les produits | Simple, fonctionnel pour réduire les frais généraux |
| **Baromètre** | Crise grave années 1980 due à la concurrence des grandes surfaces et à l'incapacité à se renouveler. Fermeture de 30 unités en 10 ans. Retour progressif à la rentabilité depuis 1989. Spécialisation des enseignes (mode, luxe, bricolage), répartition de produits en espaces correspondant aux styles de vie. | Près de 400 fermetures ou transformations depuis 1973. Le mouvement des fermetures s'intensifie depuis 1987. Diminution du C.A. de 18 % en francs courants entre 1987 et 1990. Le rayon alimentaire se développe de plus en plus et contribue à rééquilibrer les résultats. |

## Les grandes surfaces en libre-service

| Critères | Hypermarché | Supermarché |
|---|---|---|
| Surface | S > 2500 m² | 400 < S < 2500 m² |
| Implantation | Périphérie des villes. | Périphérie des villes ; quartiers commerçants des grandes villes. |
| Assortiment | Large et peu profond (sauf pour les plus grands). | Assez large mais peu profond. |
| Marge | Nulle (voire négative) sur certains produits d'appel, faible ou confortable sur les autres. | Nulle (voire négative) sur certains produits d'appel, faible ou confortable sur les autres. |
| Méthode de vente | Libre-service | Libre-service |
| Emplacement des caisses | A la sortie du magasin | A la sortie du magasin |
| Nombre (1/1/93) | 945 | 7373 |
| Surface moyenne | 5570 m² | 988 m² |
| Nombre moyen d'employés | 177 | 23 |
| Nombre moyen de caisses | 27 | 6 |
| Parking | Très vaste. | Vaste. |
| Groupes leaders (nombre d'unités 1/1/93) | Leclerc (298) Carrefour (116) Euromarché (115). | Intermarché (1641) Promodès (1260) Système U (838). |

### Supérette

C'est un point de vente de proximité, en libre-service, d'une surface de vente comprise entre 120 et 400 m², présentant un assortiment restreint essentiellement alimentaire. Exemples : Promodès, Disco.

### Bazarette

C'est un point de vente en libre-service d'une surface de vente inférieure à 120 m² présentant un assortiment varié mais très peu profond.
Exemple : boutique d'une station-service.

## Les grandes surfaces spécialisées
Pour faire partie des grandes surfaces spécialisées (non alimentaires), une entreprise doit vérifier un des trois critères suivants :
- posséder au moins un magasin de plus de 2500 m² de surface de vente,
- posséder au moins 10 magasins,
- employer au moins 100 salariés.

Exemples : Castorama (bricolage), Darty (électroménager)...

## Magasin discount de proximité (hard discount)
C'est une petite surface de vente en libre-service présentant un assortiment restreint (essentiellement alimentaire) de produits où les grandes marques sont très peu représentées. Exemples : Lidl, Aldi...

## Magasin d'usine
C'est une surface de vente présentant des articles de marque (fins de séries le plus souvent) à des prix inférieurs de 30 % en moyenne par rapport à la distribution traditionnelle. Placés près des usines.

Les circuits de distribution peuvent être **organisés** de différentes manières en fonction des liens existant entre les intervenants.

### • Le commerce indépendant
Un commerce indépendant est géré par un commerçant libre de tout contrat envers ses fournisseurs ou envers d'autres commerçants exerçant une activité identique.

Autrefois, sa boutique s'intitulait « Epicerie » ou « Quincaillerie », parfois suivi de son nom de famille. Les problèmes de ce commerce sont de plus en plus importants face au commerce associé ou intégré. Ses atouts demeurent et reprennent de l'importance aux yeux de certains consommateurs : services, conseils, spécialisation, compétence...

### • Le commerce associé
C'est le regroupement d'intermédiaires du commerce. Les entreprises conservent leur autonomie juridique.

### • Les associations horizontales

| Groupements d'achat de détaillants | Les détaillants se regroupent pour : former leur propre centrale d'achat et assurer ainsi leur propre approvisionnement à un coût plus intéressant ; créer une enseigne commune, coordonner leurs actions de communication. Leur structure juridique est le plus souvent la coopérative, ce qui implique une participation active des coopérateurs tant aux votes pendant les assemblées générales qu'à la vie de la coopérative. Exemples : Intersport La Hutte, Leclerc, Intermarché. |
|---|---|
| Groupement d'achat de grossistes | Certains grossistes indépendants se regroupent et créent leur propre centrale pour : mettre en commun leurs systèmes de gestion, être plus forts face aux producteurs et obtenir de meilleures conditions d'achat. Leur structure juridique est souvent le GIE. |

- **Les associations verticales**

| Chaînes volontaires | C'est le regroupement de grossistes et de détaillants pour : gérer une enseigne commune, être plus forts face aux producteurs (achats coordonnés), mettre en place une politique commune de communication. Exemple : Caténa. |
|---|---|
| La franchise | Une entreprise, le franchiseur, concède à une autre, le franchisé, l'exploitation d'une marque et lui apporte une assistance en contrepartie d'un droit d'entrée et d'une redevance proportionnelle au chiffre d'affaires réalisé. C'est un moyen rapide de développement sans gros investissements, à condition de trouver des franchiseurs compétents et solvables. Les avantages, pour le franchisé : il bénéficie d'une enseigne connue, d'une publicité souvent nationale, d'une formation ; il est propriétaire du fonds de commerce. Ex. Coca-Cola, Mc Donald's |

- **Le commerce intégré**

Il s'agit d'entreprises uniques, assurant à la fois la fonction de gros (centrale d'achats) et la fonction de détail (points de vente).

| Les grandes entreprises de grandes surfaces (GEGS) | Sociétés d'envergure nationale, voire inter-nationale, exploitant, en activité principale, des hypers et / ou des supermarchés.<br>Exemples : Carrefour, Auchan, Continent, Promodès. |
|---|---|
| Les groupes de grands magasins et de magasins populaires | Sociétés exploitant des grands magasins et des magasins populaires.<br>Exemples : Printemps/Prisunic, Galeries Lafayette/Monoprix, Nouvelles Galeries/Uniprix. |
| Les maisons à succursales (MAS) | Ce sont des entreprises qui possèdent des surfaces de vente confiées à des gérants succursalistes.<br>Exemples : Casino (alimentaire), Fnac, Conforama. |
| Les groupes de grandes surfaces spécialisées | Plusieurs groupes exploitent plusieurs enseignes de grandes surfaces spécialisées.<br>Exemples : Groupe Auchan (Boulanger, Leroy-Merlin, Décathlon), Groupe Intermarché (Bricomarché, Vêtimarché, Logimarché, Stationmarché) |
| Les coopératives de consommateurs | Elles regroupent des coopérateurs réunis autour de l'idée de défense des consommateurs. |

# La mercatique

L'évolution de l'économie capitaliste, depuis le marché de pénurie du début du début du 19e siècle, jusqu'au marché de concurrence internationale de notre époque, a fortement influencé l'organisation interne de l'entreprise. La fonction commerciale y a pris une place de plus en plus importante. On distingue trois phases.

- **La phase production**
  Du début du 19e siècle à la seconde guerre mondiale. Priorité donnée à la fonction production, rôle primordial de l'ingénieur. Règne de la loi des débouchés de J.-B. Say : « l'offre crée sa propre demande ». Primauté de la production sur la vente.

- **La phase vente**
  Développement de la concurrence. Travaux de J.M. Keynes : rôle important de la demande. Jusqu'au début des années 60. Orientation de l'entreprise vers la connaissance des besoins du consommateur au moyen de diverses techniques d'enquêtes et de sondages. Amélioration de ses ventes par une meilleure adaptation au marché. Modernisation des circuits de distribution, remplacement de la réclame par la publicité.

- **La phase mercatique (marketing)**
  A partir des années 60 : ouverture des économies sur le marché international ; l'avenir = fonction de probabilités. But de la firme : le développement, généralement par croissance externe (fusions, rachats), pour assurer sa pérennité. Evolution de l'organisation vers la décentralisation et la participation. Règne de la vente : « vendre pour produire ».

## Conséquences : un nouvel état d'esprit

- Nouvelles techniques pour découvrir les besoins du consommateur.
- Adaptation du produit aux besoins du consommateur.
- Mercatique : fonction-clé de l'entreprise.
- Combinaison de variables, appelés « 4 P » : Product, Price, Place, Promotion (produit, prix, distribution, communication) : marketing-mix.
- Satisfaction des clients condition indispensable pour la conquête du marché.

## Procédés

- **Etudes du marché** à l'aide de sources internes ou externes, études quantitatives (sondages, panels etc.), études qualitatives. Premiers résultats : marché actuel de l'entreprise, marché actuel de la concurrence, non-consommateurs absolus et non-consommateurs relatifs. Ces derniers pourraient devenir acheteurs.

- **Segmentation** : regroupement des consommateurs en catégories homogènes d'après des critères définis en fonction du produit et du marché étudié, par exemple d'ordre démographique (âge, sexe), géographique (zone d'habitation), socio-économique (catégorie socio-professionnelle), psycho-sociologique (opinion, comportement).

- **Choix de la cible** : une analyse de segmentation débouche sur une sélection de segments cibles, puis, sur la définition des stratégies d'attaque du marché.

- **Positionnement** : sur les segments cibles, l'entreprise doit définir son offre de façon à se différencier des offres concurrentes. La différenciation repose à la fois sur la conception du produit et sur son image.

- **Plan marketing** : les 4 P, le produit, le prix, la distribution et la communication sont les variables autour desquelles se construit tout plan marketing.

- **Politique du produit** : caractéristiques : l'image, le conditionnement, la marque, la gamme (ensemble des produits de la même famille). Profondeur : nombre de produits distincts d'une ligne (différentes options pour un même modèle) ; largeur : nombre de lignes de produits de la gamme (différents modèles de voitures familiales).

- **Politique de gamme** : couverture de segments différents. Rentabilité assurée dans le temps par la rotation des modèles.

- **Positionnement sur la courbe de cycle de vie** : le chiffre d'affaires et la rentabilité d'un produit évoluent au cours du temps. Ces phases possèdent des caractéristiques bien précises qui impliquent une gestion appropriée.
  **Phase de lancement** : l'introduction du produit sur le marché. Faible croissance avec des coûts élevés et une rentabilité faible voire négative.
  **Phase de croissance** : diffusion rapide du produit sur le marché. Augmentation des profits par diminution du coût unitaire (économies d'échelle). L'entrée de la concurrence impose d'étendre la gamme des produits proposés.
  **Phase de maturité** : ralentissement de la croissance des ventes car le marché se sature et la concurrence se développe. L'accroissement des dépenses de mercatique.
  **Phase de déclin** : l'abandon du produit par le marché. Baisse des ventes, des profits et de la concurrence. Diminution de la gamme de produits proposés pour ne plus conserver que les produits majeurs.

- **Politique de communication**

**Publicité** : forme de communication impersonnelle réalisée au profit d'un annonceur et utilisant des supports payants. Objectifs : informer le client potentiel de l'existence du produit dans une phase de lancement ou début de croissance ; persuader le client d'acheter le produit, dans les phases de fin de croissance et de maturité ; rappeler que le produit existe toujours, dans une phase de déclin.

**Promotion des ventes** : ensemble de techniques qui tendent à réaliser un accroissement des ventes, pendant une courte période, en offrant aux distributeurs ou aux consommateurs un avantage exceptionnel. L'entreprise propose aux consommateurs des coupons à détacher qui accordent une réduction du prix ; une offre spéciale ; des concours. L'entreprise accorde aux distributeurs une remise spéciale ; des aides au point de vente ; des voyages. L'entreprise accorde à la force de vente une prime de fin d'année, des voyages.

**Marchandisage** : le marchandisage et son instrument principal, la **PLV (publicité sur le lieu de vente)** ont comme objectif principal d'attirer l'attention du consommateur, de l'informer, de le convaincre par des présentoirs ; des dégustations gratuites.

**Marketing direct** : l'entreprise contacte les prospects par téléphone ou par publipostage, courrier électronique.

**Relations publiques** : ensemble d'actions qui visent à conforter l'image du produit ou de l'entreprise. Elles exercent un effet de levier sur la publicité commerciale en renforçant son impact auprès des consommateurs. L'entreprise organise des événements ou diffuse des informations qui seront relayées auprès du public par les médias. Moyens : relations de presse, communication institutionnelle, parrainage et mécénat.

## Les formes de présence à l'étranger

| Formes de présence contrôlées | Formes de présence sous-traitées | Formes de présence concertées |
|---|---|---|
| Exportation directe | SCI SCE | Groupements d'exportateurs |
| VPC | Bureaux et centrales d'achat | Portage (Piggy Back) |
| Mandataires : agents, représentants | Courtiers | Franchise |
| Succursales | Négociants | Joint venture (Association d'entreprises) |
| Filiales de vente et de production | Commissionnaires | Cession de licence |

### Formes de présence contrôlées
L'entreprise exportatrice assure la maîtrise des opérations sur le marché et en supporte les risques.

- **L'agent commissionné ou le commissionnaire** agit sous son nom propre ou sous son nom social pour le compte d'un commettant. **L'agent ducroire** garantit les paiements des opérations qu'il traite.

- **Le représentant libre** travaille sur la base d'un contrat de représentation (multicarte). Il est mandataire du vendeur et payé à la commission.

- **Le représentant salarié** est lié à son entreprise par un contrat de travail. Il n'exerce son activité que pour son employeur. Il est payé avec un fixe et à la commission.

- **La succursale** est une simple extension de l'entreprise à l'étranger. Elle n'a pas la personnalité juridique et est donc étrangère à son pays d'accueil.

- **La filiale** est une société juridiquement autonome. Elle a la personnalité morale dans le pays d'implantation.

### Formes de présence sous-traitées
L'exportateur utilise les services d'un tiers qui exerce les responsabilités sur le terrain au contact de la clientèle, et en assume les risques.

- **Les sociétés de commerce international** (SCI) sont très efficaces sur certains marchés difficiles ou pour la commercialisation de certains produits agricoles ou matières premières. De plus, en achetant ferme, elles évitent à l'exportateur les problèmes de non-paiement. Mais leur coût est élevé.

- **Les bureaux d'achat** sont les représentants d'organismes étrangers et sont chargés de prendre contact avec des fournisseurs éventuels.

- **Les courtiers** mettent en contact un exportateur-vendeur et un acheteur étranger. Ils ne participent pas au contrat. Une prime de courtage rémunère leur intervention.

- **Les négociants** travaillent pour leur propre compte et en leur nom comme les **agents commerciaux**. Ils proposent aussi bien les moyens logistiques que des réseaux de commercialisation.

### Formes de présence concertées

Ce sont des formules de coopération entre entreprises exportatrices leur permettant d'accéder à des marchés trop importants pour chacune d'entre elles.

- **Les groupements d'exportateurs** sont formés par des PME qui s'associent pour obtenir à l'exportation la taille critique nécessaire pour agir sans devoir supporter des coûts prohibitifs. Cette association peut prendre des formes juridiques diverses.

- **Le portage (piggy back)** consiste pour une société, en général une PME, à faire appel au réseau commercial d'une grande entreprise pour exporter. L'entreprise porteuse met au service d'autres entreprises son réseau commercial et son savoir-faire export ainsi que son image de marque. La sélection se fait sur la complémentarité des produits avec ceux de sa gamme et sur leur qualité.

- **La franchise internationale** est un moyen rapide de développement à l'étranger sans gros investissements.

- **La joint venture** est une association avec un partenaire étranger. Elle porte sur un projet industriel ou commercial impliquant la mise en commun de moyens et de risques. Les décisions importantes doivent être partagées. C'est une formule très intéressante pour accéder à certains marchés difficiles.

- **La cession de licence** est un accord par lequel une entreprise - le donneur de licence - cède contre rémunération à une autre - le licencié - le droit d'utiliser un brevet, une marque ou un savoir-faire sur un territoire donné. Il faut avoir une avance technologique vendable.

**Pour attaquer les marchés étrangers**, l'exportateur peut :
- vendre sans se déplacer (par correspondance, par des exportateurs français, en approvisionnant des centrales d'achat, en cédant des licences à des étrangers) ;
- créer une force de vente internationale qui se charge de la prospection directe des clients finaux, des offres commerciales et de leur suivi, de la conclusion des affaires, et de l'organisation de l'après-vente ;
- employer des représentants étrangers, qui agissent sur leur marché comme le ferait un vendeur responsable d'une zone géographique en France ;
- vendre par implantations locales, éliminer ainsi les intermédiaires et exercer un contrôle étroit sur le suivi de ses ventes ;
- monter un réseau de partenaires qui le déchargent de certaines tâches.

# La correspondance

- ## Demande d'offre

Une demande d'offre écrite est adressée à des fournisseurs que l'on connaît ou dont on a lu l'adresse dans un journal, une revue, un annuaire. Elle n'engage en rien l'expéditeur qui pourra choisir le fournisseur dont les prix et les marchandises lui conviennent.

**Demande d'offre générale** : on ne demande que des renseignements généraux sur la fabrication ou le programme de vente du fournisseur.

**Demande d'offre spéciale** : elle contient la désignation exacte des articles, la quantité envisagée et la qualité désirée. On demande aux fournisseurs d'indiquer le prix, les conditions de paiement et les délais de livraison.

- ## Offres

Le fournisseur qui reçoit une demande de renseignements généraux, enverra sa documentation (prospectus, dépliant, catalogues, prix courants, échantillons). S'il a besoin d'un délai pour préparer une offre détaillée, il adressera au client un accusé de réception de la demande en le priant de patienter un peu. S'il n'est pas en mesure d'offrir les articles objet de la demande, il essaiera de suggérer au client des articles semblables qu'il serait à même de fournir ou il indiquera l'adresse d'autres fournisseurs.

**L'offre complète** : nature et qualité des marchandises offertes / quantités / prix (remises) / conditions d'expédition : emballage, mode de transport / conditions et délais de paiement / délais de livraison / durée de validité de l'offre / clauses particulières : règlement des litiges, tribunal compétent, renvoi à des conditions générales de vente.
A l'offre export, l'entreprise joint souvent une **facture pro forma** qui est un projet de facture ou devis.

**L'offre ferme** : le fournisseur s'engage à livrer aux prix et conditions indiqués si le client passe la commande dans un délai raisonnable.

**L'offre sans engagement** : dans ce cas, le fournisseur n'est pas lié par l'offre.

**L'offre spontanée** : elle sert à établir de nouvelles relations commerciales ou informer les clients habituels d'un nouveau produit.

### Lettres publicitaires et circulaires
Elles sont adressées à un grand nombre de personnes ou entreprises pour éveiller l'intérêt, pour déclencher des demandes d'informations. Elles sont souvent accompagnées d'une carte-réponse.

- **Commandes**
  Une commande peut être passée par lettre, par bon de commande, télégramme ou téléfax, ou par téléphone. Elle fait effet de contrat de vente si elle répond à une offre ferme. Dans les autres cas, le contrat de vente passe pour être conclu si le fournisseur accepte la commande, soit par un accusé de réception, soit tacitement en ne la refusant pas, soit par la livraison immédiate des marchandises commandées. Les clients qui s'approvisionnent régulièrement auprès d'un fournisseur passent souvent leurs commandes sous forme d'un programme de livraison où les différentes livraisons partielles sont cadencées suivant les besoins des clients.

- **Confirmation de commande** : les commandes passées verbalement doivent être confirmées par lettre. Celle-ci reprendra tous les détails de la commande proprement dite.

- **Accusé de réception de commande** : si le fournisseur accepte la commande sans réserves, il n'est pas obligé d'en accuser réception, mais pour la bonne forme il le fera souvent. L'accusé de réception est nécessaire, si le client a oublié un détail nécessaire à l'exécution de la commande ; si la commande ne peut être exécutée sans réserves ; si la commande n'est exécutée qu'au bout d'un certain délai. L'accusé de réception de la commande contient en général : formule de remerciement pour la commande / détails des marchandises commandées / mode de paiement / délai de livraison.
  L'accusé de réception d'une commande peut être donné sous forme d'une lettre ou sur un formulaire imprimé. Souvent, les liasses de bons de commande comprennent une copie conçue sous forme d'accusé de réception qui est signé par le fournisseur et renvoyé à l'acheteur.

## La disposition de la lettre

Pour la disposition exacte, s'adresser à l'Association française de Normalisation (AFNOR), Tour Europe, CEDEX 7, 92080 Paris LA DEFENSE.

- **L'en-tête** est imprimé en haut ou en bas de la feuille. Il comprend :
    - l'objet du commerce
    - le logo
    - la raison sociale
    - la forme juridique de la société et le capital social
    - l'adresse du siège social et la boîte postale
      CEDEX : courrier d'entreprise à distribution exceptionnelle.
    - les numéros de téléphone/fax ; l'adresse e-mail
    - le numéro d'inscription au Registre du commerce
      R.C.S. + ville où a lieu l'inscription + A (commerçant individuel), B (société commerciale), C (groupement d'intérêt économique), D (société civile) + numéro INSEE. Le Système Informatique pour le Répertoire des Entreprises et des Etablissements (SIRENE) attribue à chaque entreprise un numéro de 9 chiffres appelé SIREN. Ce numéro est suivi d'un numéro à 5 chiffres pour chacun des établissements, est appelé SIRET. APE: code d'activité principale (5 chiffres)
    - le numéro du compte de chèques postaux ou du compte bancaire

- **La date** : on utilise les nombres cardinaux à l'exception du premier du mois. Elle peut figurer au-dessus ou au-dessous de l'adresse du destinataire.

- **L'adresse du destinataire** contient le nom et éventuellement le titre du et des destinataires, le numéro et le nom de la rue, le code postal ainsi que la localité en majuscules.

- **Les références** servent à identifier la lettre et la réponse. Elles comprennent les initiales de la personne qui a dicté la lettre et celles de la personne qui l'a tapée.

- **L'objet** permet au destinataire de connaître immédiatement le sujet de la lettre. On indique le document ou le fait qui motive la lettre.

- **L'appellation** correspond au titre ou à l'appellation indiqués dans l'adresse du destinataire. Elle est suivie d'une virgule. Madame,... Messieurs,...

- **Le corps de la lettre** : le texte proprement dit commence par une majuscule.

- **Les formules de politesse**

- **La signature** s'appose après la formule de politesse, à droite.

- **Les annexes** : lorsqu'on joint à la lettre des documents, il faut ajouter, en bas de la feuille, à gauche : P.J. (Pièces jointes) ou Annexe(s).

# Etablissements Fournier
## 30, rue de l'Etoile - 61200 Argentan

Argentan, le 22 septembre 2000

Ets Thomson
160, avenue du Maine
75014 PARIS

Objet : Commande

Messieurs,

Nous sommes heureux de pouvoir vous passer aujourd'hui une commande et nous vous serions reconnaissants de bien vouloir nous envoyer les articles indiqués sur le bon de commande ci-joint.

Dès réception des marchandises, nous règlerons votre facture par chèque barré afin de bénéficier de 2 % d'escompte. Puisque le total de notre commande s'élève à plus de 10 000 F, nous espérons que vous nous accorderez une remise spéciale de 5 %.

Vous vous rappellerez que nous avons dû attendre assez longtemps l'exécution de notre dernier ordre. Veuillez prendre soin que cet ordre soit exécuté à notre entière satisfaction ; dans le cas contraire, nous serons obligés d'annuler le contrat ou de refuser la marchandise.

En attendant votre avis d'expédition, nous vous prions d'agréer, Messieurs, nos salutations distinguées.

Jean Guillemin
(gérant)

Pièce jointe :
1 bon de commande

# Les phases de la vente

| | |
|---|---|
| **Envoi de la commande par le client** | La commande est passée par<br>- téléphone<br>- lettre<br>- bon de commande |
| **Réception et vérification de la commande par le fournisseur** | Le client est-il solvable ?<br>Les marchandises commandées sont-elles disponibles ?<br>Les conditions demandées correspondent-elles à celles pratiquées par l'entreprise ? |
| **Enregistrement de la commande** | Mise à jour de la fiche client |
| **Envoi au client d'un accusé de réception de la commande** | Généralement on retourne le double du bon de commande |
| **Préparation de la commande** | Transmission de la commande au service magasin pour préparation des marchandises (emballage)<br>Préparation des documents : avis d'expédition, bon de livraison<br>Envoi du dossier au service comptable pour établissement de la facture |
| **Livraison des marchandises** | Chargement<br>Transport des marchandises<br>Remise au destinataire |
| **Facturation** | Indication du prix des marchandises +<br>Frais de transport, d'emballage... +<br>Taxes (T.V.A.) |
| **Règlement par le client** | Le paiement a lieu<br>- à la date convenue<br>- par le moyen convenu : espèces, chèque, virement, lettre de change |
| **Après-vente** | S'occupe des problèmes d'entretien et de garantie. La **garantie contractuelle** résulte d'une disposition du contrat de vente. Elle oblige le vendeur à assurer le fonctionnement du produit pendant un certain temps. La **garantie légale** protège l'acheteur contre les vices cachés qui pourraient l'empêcher d'utiliser normalement le produit. Elle s'applique en tout cas. |

**En droit français**, le transfert de propriété a lieu dès l'accord des parties lorsqu'il s'agit de choses individuellement déterminées. **En Allemagne**, le transfert de propriété est retardé jusqu'au paiement complet du prix (réserve de propriété). En France, le contrat peut faire explicitement référence à une telle clause.

# Transports

**Vocabulaire** ................................................................................................. **352**
    *Modes de transport*
    *Poste*                                         359
    *Douane*                                     361
    *Livraison*                                362
    *Réclamations*                       364
**Entraînement** ................................................................................................ **366**
**Exercices** ..................................................................................................... **370**
    *Modes de transport 1. ; 3. ; 4. ; 5. ; 8. ; 9.1-5 ; 12. ; 13. ; 14.1-6*
    *Poste 2.1-3 ; 6.1-3 ; 9.6 ; 14.7*
    *Douane 2.4-5 ; 6.4-7 ; 9.7-10 14.8-9;*
    *Livraison 2.6 ; 6.8-10 ; 10.1-3 ; 11.,*
    *Réclamations 2.7-10 ; 7. ; 10.4-10 ; 11. ; 14.10 ; 15. ; 16. ; 17. ; 18.*
**Textes** ......................................................................................................... **384**
    *Transports routiers : une facture salée (1.)*
    *Die Autobahn ersetzt das Lager (2.)*     385
    *Voici la meilleure façon d'utiliser la route (3.)*     386
    *Zurück unter die deutsche Flagge (4.)*     387
    *Toys "R" US réduit ses stocks de 25 % (5.)*     388
    *La Poste déserte le rural (6.)*     390
    *Fit für den Wettbewerb (7.)*     392
**Informations** ................................................................................................ **393**
    *Critères de choix du mode de transport*     393
    *L'infrastructure*     393
    *Les transporteurs / transitaires*     394
    *Les Incoterms*     395
    *Les documents de transport*     396
    *Les factures / contrôles / réserves*     397
    *Les opérations douanières*     398
    *La logistique / La Poste*     399

# VOCABULAIRE

## Modes de transport

| | |
|---|---|
| la logistique | die Logistik |
| le logisticien | der Logistiker |
| le transporteur | der Spediteur, Transportunternehmer |
| le transporteur, voiturier | der Frachtführer |
| le groupeur | der Sammelspediteur |
| le centre de groupage | das Sammelladezentrum |
| le service de messageries | der Transportdienst |
| la messagerie | das Transportunternehmen, der Kurierdienst |
| le transitaire | der Transitspediteur |
| l'opérateur | der Anbieter |
| le prestataire | der Anbieter, Dienstleister |

| | |
|---|---|
| **le mode de transport** | die Transportart |
| le transport ferroviaire, par rail | der Bahntransport |
| le transport routier | der Straßentransport |
| le transport fluvial | der Flussschifffahrtsverkehr |
| les transports intérieurs | der Binnenverkehr |
| le transport aérien/maritime | die Beförderung auf dem Luft-/Seeweg |
| les transports terrestres | die Beförderung auf dem Landweg |
| le transport de(s) voyageurs | die Personenbeförderung |
| par chemin de fer/camion/avion/bateau | per Bahn/LKW/Flugzeug/Schiff |
| le transport de(s) marchandises à courte/longue distance | Güternah-/Fernverkehr |
| le transport de(s) marchandises pondéreuses, lourdes | die Schwergutbeförderung |
| le transport de(s) matières dangereuses | die Gefahrgutbeförderung |
| le transport porte-à-porte | die Beförderung von Haus zu Haus |

| | |
|---|---|
| **le réseau de transports** | das Verkehrsnetz |
| le réseau, le maillage | das Netz, System |
| le maillon | das Glied (einer Kette) |
| la plaque tournante | die Drehscheibe |
| le moyeu, le hub | die Drehscheibe |

| | |
|---|---|
| les moyens de transport | die Verkehrsmittel |
| les voies de communication | die Verkehrswege |
| le trajet, le parcours, la ligne | die Strecke, Fahrstrecke |
| la desserte | die Verkehrsanbindung |
| desservir | anfahren, beliefern |
| approvisionner | beliefern, versorgen |
| l'approvisionnement (m) | die Versorgung, Belieferung |
| acheminer | befördern |
| l'acheminement (m) | die Beförderung, der Transport |

| | |
|---|---|
| le pays d'origine | das Ursprungsland |
| le pays de départ/de destination | das Versand-/Bestimmungsland |
| à partir de, depuis | von .. aus, ab |
| en provenance de/à destination de | aus/nach |
| en transit par | durch |

| | |
|---|---|
| **la logistique** | die Logistik |
| la logistique amont/aval | die vorgelagerte/nachgelagerte Lagerwirtschaft |
| la gestion des stocks | die Lagerverwaltung |
| la manutention | die Lagerwirtschaft |
| le manutentionnaire | der Lagerarbeiter |
| l'entrepôt (m), le magasin | das Lager |
| la capacité de stockage | die Lagerkapazität |
| l'entreposage (m) | die Einlagerung |
| les flux d'approvisionnement | die Wareneingangsströme |
| la fréquence des livraisons | die Lieferhäufigkeit, der Lieferrythmus |
| avoir en stock | auf Lager haben |
| l'entrée en/la sortie de magasin, stock | der Lagereingang/-ausgang |
| le réapprovisionnement | die Wiederbelieferung, Auffüllung des Lagers |
| déclencher | auslösen, in Gang setzen |
| le réassort | die Ergänzung eines Warenbestandes, Nachbestellung |
| premier (dernier) entré, premier sorti | F(L)IFO/First (Last) in first out |
| le juste-à-temps | Just-in-Time |
| en flux tendus | Just-in-Sequence |
| l'EDI/échange de données informatisé | der elektronische Datenaustausch |
| le magasin général | das öffentliche Lagerhaus |
| le récépissé-warrant | der Lagerpfandschein |
| le récépissé | die Empfangsbestätigung |
| le warrant | der Lagerschein, Pfandschein |
| le titre de gage | der Pfandschein |

| | |
|---|---|
| **le contrat de transport** | der Frachtvertrag, Speditionsvertrag |
| le fret | das Frachtgut, der Frachtpreis, die Frachtrate |
| la tarification | die Tarifgestaltung, Ratenfestsetzung |
| établir un tarif | einen Tarif festlegen |
| tarifaire | tariflich |
| le barème | der Frachttarif, die Tariftabelle |
| les échelons des tarifs | die Tarifstufen |
| les frais d'emballage | die Verpackungskosten |
| les frais d'assurance | die Versicherungskosten |
| les frais de dédouanement | die Verzollungskosten |
| les frais d'embarquement | die Verschiffungskosten |
| les surcoûts | die Mehrkosten |
| le coût du transport | die Transportkosten |
| le délai de transport | die Transportzeit |

| | |
|---|---|
| voyager aux **risques** et périls de | auf Risiko von .. befördert werden |
| le transfert du risque | der Gefahrenübergang |
| être transféré à | übergehen auf |
| en cas de non-respect des clauses du contrat | bei Nichteinhaltung der Vertragsklauseln |
| en cas de force majeure | im Falle höherer Gewalt |
| suspendre | aussetzen |
| il n'y a pas lieu à | es besteht kein Grund, Anlass zu |
| en cas de contestation, litige | Gerichtsstand: X |
| le tribunal de X est seul compétent | |
| | |
| A l'usine/Ex Works | Ab Werk |
| Franco transporteur/FCA | Frei Frachtführer |
| Franco le long du navire/FAS | Frei Längsseite Schiff |
| Franco bord/FOB | Frei an Bord |
| Coût et fret/CFR | Kosten und Fracht |
| Coût, assurance, fret/CIF | Kosten, Versicherung, Fracht |
| Fret payé jusqu'à/CPT | Frachtfrei |
| Fret et assurance payé jusqu'à/CIP | Frachtfrei versichert |
| Rendu frontière/DAF | Geliefert Grenze |
| Rendu à bord du navire/DES | Geliefert ab Schiff |
| Rendu à quai/DEQ | Geliefert ab Kai |
| Rendu droits non acquittés/DDU | Geliefert unverzollt |
| Rendu droits acquittés/DDP | Geliefert verzollt |
| | |
| **l'affrètement** (m) | die Befrachtung, Fracht, Charter |
| le chargeur | der Befrachter |
| charger | beladen |
| le chargement dans le train | das Beladen des Zuges |
| arrimer | verstauen |
| la manutention | das Umladen, das Ein- und Ausladen |
| transborder | umschlagen |
| le transbordement | das Umschlagen |
| décharger | entladen, löschen |
| le déchargement | das Entladen, Löschen |
| la plate-forme | die Laderampe, Verladestation |
| le convoyeur | das Förderband |
| trier | sortieren |
| | |
| **expédier** | verschicken, ausliefern |
| l'expédition (f) | die Versendung |
| la réexpédition | die Rücksendung |
| l'avis d'expédition | die Versandanzeige |
| les documents d'expédition | die Versandpapiere |
| la liste de colisage | die Packliste |
| le marquage | die Kennzeichnung |
| en partance pour | bereit zur Abfahrt nach |
| l'envoi (m) | die Sendung |
| enlever | abholen |
| mettre à disposition | zur Verfügung stellen, bereitstellen |

| | |
|---|---|
| la remise des marchandises | die Übergabe der Waren |
| prendre livraison de | die Lieferung von .. entgegennehmen |
| la prise en charge | die Abnahme, Übernahme |
| la réception | die Annahme, Abnahme |
| réceptionner | erhalten, den Empfang bestätigen |
| le réceptionnaire | der Abnehmer, Empfänger |
| le bon de livraison | der Lieferschein |
| le récépissé, l'accusé de réception | die Empfangsbestätigung |
| valoir preuve | als Nachweis gelten |
| en bon état apparent | in augenscheinlich gutem Zustand |
| | |
| les envois massifs | die Massensendungen |
| le colis de détail | das Stückgut |
| le colis | das Paket |
| en régime ordinaire/accéléré | als Fracht-/Eil(fracht)gut |
| par express/par exprès | als Expressgut (Bahn)/(Post) |
| | |
| **emballage** (non) compris | Verpackung (nicht) inbegriffen |
| consigné | leihweise überlassen, mit Pfand |
| emballage perdu | Einwegverpackung |
| les scellés | die Siegel |
| sous scellés | versiegelt |
| dûment emballé | ordnungsgemäß verpackt |
| le trafic conteneurisé | die Beförderung in Containern, der Containerverkehr |
| | |
| sur palette | auf Paletten |
| en vrac | lose |
| en conteneurs | in Containern |
| en caisses | in Kisten |
| en cartons | in Kartons |
| en sacs | in Säcken |
| en ballots | in Ballen |
| en barriques | in Fässern |
| les marchandises lourdes | das Schwergut |
| les marchandises encombrantes | die sperrigen Waren |
| les marchandises périssables | das verderbliche Gut |
| fragile | zerbrechlich |
| inflammable | feuergefährlich |
| poison | Gift |
| tenir au sec | vor Nässe schützen |
| conserver au frais | kühl aufbewahren |
| haut/bas | oben/unten |
| liquides - ne pas renverser | Flüssigkeit - nicht stürzen |
| ouvrir ici | hier öffnen |

| | |
|---|---|
| **la S.N.C.F./Société Nationale des Chemins de Fer** | die französische Eisenbahn |
| la compagnie de chemins de fer | die Eisenbahngesellschaft |
| le T.G.V./train à grande vitesse | der fr. Hochgeschwindigkeitszug |
| le R.E.R./Réseau Express Régional | das S-Bahnnetz in Paris und Umgebung |
| la R.A.T.P./Régie Autonome des Transports Parisiens | der öffentliche Pariser Verkehrsverbund |
| les cheminots | die Eisenbahner |
| les transports en commun, publics | die öffentlichen Verkehrsmittel |
| le titre de transport | der Fahrschein |
| muni de | versehen mit |
| | |
| les rails | die Schienen |
| les voies ferrées | die Schienenwege, Gleisanlagen |
| le tracé | die Streckenführung |
| le tronçon | der Bauabschnitt |
| la rame | der Zug, Waggon |
| desservir | bedienen, anfahren |
| la desserte | die Verkehrsanbindung |
| sur embranchement particulier | auf dem (eigenen) Firmenanschlussgleis |
| la gare de triage | der Rangier-, Verladebahnhof |
| | |
| **le réseau de voies navigables** | das Wasserstraßennetz |
| les voies, artères fluviales intérieures | die Binnenwasserstraßen |
| la navigation fluviale | die Binnenschifffahrt |
| le canal | der Kanal |
| le batelier | der Binnenschiffer, Partikulier |
| la capacité | das Fassungsvermögen |
| la charge utile | die Nutzlast |
| la péniche | der Frachtkahn |
| la barge, le chaland | der Lastkahn, das Binnenschiff |
| l'écluse (f) | die Schleuse |
| le gabarit | das Maß, die Größe |
| | |
| **la compagnie de navigation** | die Schifffahrtsgesellschaft |
| l'armateur (m) | der Reeder |
| le chantier naval | die Werft |
| la navigation marchande | die Handelsschifffahrt |
| la flotte marine marchande, commerciale | die Handelsflotte |
| le cabotage | die Küstenschifffahrt |
| | |
| le registre maritime | das Seeschifffahrtsregister |
| battre pavillon étranger | unter fremder Flagge fahren |
| sous pavillon français | unter französischer Flagge |
| les pavillons de complaisance | die Billigflaggen |
| le port d'attache | der Heimathafen |
| l'équipage (m) | die Besatzung |
| les marins | die Seeleute |

| | |
|---|---|
| **le bâtiment**, le navire | das Seeschiff |
| le porte-conteneurs | das Containerschiff |
| le méthanier | das Methangasschiff |
| le bateau-citerne | das Tankschiff |
| le pétrolier | der Öltanker |
| le bateau frigorifique | das Kühlschiff |
| le cargo | der Frachter |
| le remorqueur | der Schlepper |
| le paquebot | der Personendampfer |
| le car-ferry | die Autofähre |
| | |
| faire escale dans un port | einen Hafen anlaufen |
| le lamanage | der Lotsendienst, das Lotsen |
| le remorquage | das Schleppen |
| accoster | anlegen |
| prendre la mer, le large | auslaufen |
| embarquer/débarquer | verschiffen/ausladen, löschen; landen |
| le débarquement | das Abladen, Löschen; die Landung |
| la cargaison | die Fracht, (Schiffs)ladung |
| la cargaison en vrac | die Schüttladung |
| les tonneaux de jauge | die Bruttoregistertonnen, Bruttoraumzahl |
| la cale | der Frachtraum |
| le tirant d'eau | der Tiefgang |
| | |
| **les équipements portuaires** | die Hafenanlagen |
| le bassin | das Hafenbecken |
| la digue | der Deich |
| les quais | die Kaianlagen |
| le portique à conteneurs | die Containerbrücke |
| la grue | der Kran |
| le palan | die Zugwinde |
| le hangar | der Schuppen |
| les entrepôts frigorifiques | die Kühlhäuser |
| les dockers | die Hafenarbeiter |
| les cales sèches | die Trockendocks |
| | |
| **les documents d'embarquement** | die Verschiffungspapiere |
| le connaissement | das Konnossement, der Frachtbrief |
| le connaissement net de réserves | das reine Konnossement |
| le connaissement clausé, surchargé | das Konnossement mit Vorbehalt |
| le connaissement au porteur/à ordre/ | das Inhaber-/Order-/ |
| à personne dénommée | Namenskonnossement |
| la police d'assurance | die Versicherungspolice |
| la charte-partie | die Chartepartie |
| le manifeste | das Ladeverzeichnis |

| | |
|---|---|
| **la compagnie aérienne**, | die Fluggesellschaft |
| la compagnie de transport aérien | |
| l'aéroport (m) | der Flughafen |
| susceptible d'extension | ausbaufähig |
| la piste | die Start-, Landebahn |
| l'aérogare | das Terminal, der Flugsteig |
| le contrôleur aérien | der Fluglotse |
| l'appareil (m) | die Maschine |
| l'avion-cargo | die Frachtmaschine |
| le long-/moyen-courrier | das Langstrecken-/Mittelstreckenflugzeug |
| les lignes, liaisons intérieures | die Inlandsfluglinien |
| desservir une ligne | eine Linie befliegen |
| décoller | starten |
| atterrir | landen |
| la destination | das Ziel, der Zielflughafen |
| la correspondance | der Anschluss |
| l'embarquement (m) | das Boarding |
| le nombre de voyageurs, passagers | das Fluggastaufkommen |
| le taux de remplissage, d'occupation | die Auslastung |
| la lettre de transport aérien | der Flugfrachtbrief |
| | |
| **le réseau routier** | das Straßennetz |
| le trafic routier marchandises | der Straßengüterverkehr |
| le transport combiné, multimodal | der kombinierte Ladungsverkehr |
| le système rail/route | Lastwagen und Schiene |
| rail ou route | Schiene oder Straße |
| le ferroutage | der Huckepackverkehr |
| la route roulante | die rollende Landstraße |
| emprunter une route | eine Straße benutzen |
| sillonner | befahren, durchqueren, durchkreuzen |
| desservir | anfahren, beliefern |
| la tournée | die Fahrt, Tour |
| rouler à vide | eine Leerfahrt haben |
| le chronotachygraphe | der Fahrtenschreiber |
| | |
| **la flotte d'entreprise**, | der Fuhrpark |
| le parc de véhicules | |
| le matériel roulant | der Wagenpark, das rollende Material |
| le véhicule d'entreprise, de société | der Firmenwagen |
| le VUP/véhicule à utilisation professionnelle | das beruflich genutzte Fahrzeug |
| le véhicule utilitaire | das Nutzfahrzeug |
| le camion, le poids lourd | der Lastwagen |
| le camion avec remorque | der Lastzug |
| le semi-remorque | der Sattelschlepper |
| le camion-citerne | der Tankwagen |
| le camion frigorifique | der Kühlwagen |
| la camionnette, la fourgonnette | der Lieferwagen |
| le fourgon | der Lastwagen, Kastenwagen |
| le poids total autorisé | das zulässige Gesamtgewicht |

| | |
|---|---|
| **le crédit-bail** | das Leasen |
| louer | mieten |
| les loueurs | die Vermieter |
| la LLD/ location de longue durée | die langfristige Vermietung, Anmietung |
| la location-vente | der Mietkauf |
| la location avec option d'achat | die An-/Vermietung mit Kaufoption |
| la société de location de voitures courte durée | die Autovermietungsfirma |
| les coûts de maintenance | die Instandhaltungs-, Wartungskosten |
| l'entretien courant | der laufende Unterhalt |
| les réparations (f) | die Reparaturen |
| le véhicule de remplacement | das Ersatzfahrzeug |
| | |
| **la lettre de voiture,** | der Frachtbrief |
| la feuille de route | |
| le voiturier | der Frachtführer |
| la carte grise | der Kfz-Schein |
| le péage | die Autobahnbenutzungsgebühr, Maut |
| le code de la route | die Straßenverkehrsordnung |

## Poste

| | |
|---|---|
| le bureau de poste | das Postamt |
| les postiers | die Postbeamten, -angestellten |
| le préposé (facteur) | der Briefträger, Bote |
| le guichet | der Schalter |
| le distributeur automatique de timbres | der Briefmarkenautomat |
| l'expéditeur (m) | der Absender |
| le destinataire | der Empfänger |
| adresser une lettre à qn | einen Brief an jdn richten |
| à l'attention de | zu Händen von |
| à remettre en personne | persönlich zu übergeben |
| la procuration postale | die Postvollmacht |
| | |
| **affranchir** une lettre | einen Brief freimachen |
| l'affranchissement (m) | das Frankieren |
| le timbre (-poste) | die Briefmarke |
| coller | kleben |
| le port | das Porto |
| une lettre insuffisamment affranchie | ein unzureichend frankierter Brief |
| la surtaxe | das Strafporto |
| la franchise postale | die Portofreiheit |
| une enveloppe timbrée à votre adresse | ein frankierter Umschlag mit Ihrer Adresse |
| poster une lettre | einen Brief einwerfen |

| | |
|---|---|
| le code postal | die Postleitzahl |
| la boîte postale | das Postfach |
| Poste restante | postlagernd |
| Prière de faire suivre | Bitte nachsenden |
| se faire réexpédier le courrier | sich die Post nachsenden lassen |
| parti sans laisser d'adresse | unbekannt verzogen |
| l'avis de mise en instance | das Benachrichtigungsschreiben |
| | |
| **la lettre recommandée** | der Einschreibbrief, das Einschreiben |
| faire recommander une lettre | einen Brief einschreiben lassen |
| la lettre recommandée avec (demande d') avis de réception | das Einschreiben mit Rückantwort |
| la lettre chargée (avec valeur déclarée) | der Wertbrief |
| la lettre exprès | der Eilbrief |
| par avion | per Luftpost |
| contre remboursement | gegen Nachnahme |
| | |
| les imprimés | die Drucksachen |
| le courrier publicitaire, publipostage | die Werbung, Werbepost |
| le courrier ordinaire | der Standardbrief |
| le courrier express | die Eilsendungen |
| le courrier transfrontalier | die Sendungen ins Ausland, der grenzüberschreitende Postverkehr |
| le paquet | das Päckchen |
| le colis | das Paket |
| la petite messagerie | der Kurierdienst |
| rester en souffrance | liegenbleiben, unzustellbar sein |
| | |
| la boîte aux lettres | der Briefkasten |
| la levée | die Leerung |
| le centre de triage | das Postverteilungszentrum |
| trier | sortieren |
| le traitement des colis | die Paketabfertigung |
| le reroutage, repostage | das Re-Mailing |
| distribuer | zustellen |
| la distribution par exprès | die Eilzustellung |

## Douane

| | |
|---|---|
| la Douane | der Zoll, die Zollbehörde |
| le service des douanes | die Zollbehörde |
| le bureau de douane | das Zollamt |
| le douanier | der Zollbeamte |
| le commissionnaire (agréé) en douane | der (zugelassene) Zollspediteur, -agent |

| | |
|---|---|
| **la tarification douanière** | die Zollfestsetzung |
| la douane, le droit de douane | der Zoll, die Zollgebühr |
| le droit de sortie/d'entrée | der Ausfuhr-/Einfuhrzoll |
| le droit intérieur/protecteur | der Binnen-/Schutzzoll |
| le droit ad valorem | der Wertzoll |
| la taxe à l'exportation/l'importation | die Ausfuhr-/Einfuhrabgabe |
| la licence à l'exportation/l'importation | die Ausfuhr-/Einfuhrerlaubnis, -genehmigung, -bewilligung |
| la taxe de pénalité | der Strafzoll |

| | |
|---|---|
| relever | anheben, erhöhen |
| réduire | senken |
| percevoir | erheben |
| acquitter | entrichten |
| supporter des droits | Zölle tragen, zu entrichten haben |
| passible de droits | zollpflichtig |
| exempt, exonéré de droits | zollfrei |

| | |
|---|---|
| **les formalités douanières** | die Zollabfertigung, -formalitäten |
| le passage de la frontière | der Grenzübergang |
| le territoire national | das Staatsgebiet |
| le formulaire | das Formular |
| la déclaration en douane | die Zollerklärung |
| le DAU/document administratif unique | das Einheitsformular der EU für Zollerklärungen |
| dédouaner | verzollen |
| le dédouanement | die Verzollung |
| la PDD/procédure de dédouanement à domicile | die Zollabfertigung in den Firmenräumen |
| les marchandises sous douane | das Zollgut |
| l'entreposage sous douane | die Einlagerung unter Zollverschluss |
| l'entrepôt douanier | das Zolllager |
| le perfectionnement actif/passif | das aktive/passive Veredelungsverfahren |
| la suspension de droits et taxes | die Aussetzung der Zollabgaben |
| le rembours | die Exportsteuerrückerstattung |

| | |
|---|---|
| **la facture** pro forma | die Pro Forma Rechnung |
| la facture commerciale | die Handelsrechnung |
| la facture consulaire | die Konsulatsfaktura |
| le certificat d'origine | das Ursprungszeugnis |

| | |
|---|---|
| **la vérification** | die Überprüfung, Kontrolle |
| la fraude douanière, les infractions douanières | die Zollvergehen |
| passer qc en fraude | etw. über die Grenze schmuggeln |
| la marchandise de contrebande | die Schmugggelware |
| faire de la contrebande | schmuggeln |
| le contrebandier | der Schmuggler |
| le trafiquant | der Schwarzhändler (Drogen, Waffen) |
| les fouilles (f) | die Durchsuchung |
| la saisie | die Beschlagnahmung |
| la surtaxe | der Strafzoll |
| être démuni des documents requis | nicht im Besitz der erforderlichen Dokumente sein |
| des sanctions à l'encontre de | Sanktionen gegen |
| | |
| **l'accord douanier** | das Zollabkommen |
| le tarif extérieur commun | der gemeinsame Außenzoll |
| les pays tiers | die Drittländer |
| la clause de la nation la plus favorisée | die Meistbegünstigungsklausel |
| la dérogation | die Ausnahme, Abweichung, Befreiung |
| GATT/Accord Général sur les Tarifs Douaniers et le Commerce | GATT/Allgemeines Zoll- und Handelsabkommen |
| l'O.M.C./Organisation Mondiale du Commerce | die WTO/Welthandelsorganisation |
| la suppression | die Abschaffung |
| supprimer | abschaffen |
| le contingentement | die Kontingentierung |
| les barrières tarifaires, douanières | die Zollschranken |
| les mesures de rétorsion | die Gegen-, Vergeltungsmaßnahmen |

### ▣ Livraison

| | |
|---|---|
| en exécution de votre commande du .. | in Ausführung Ihrer Bestellung vom .. |
| faire le nécessaire, prendre toutes les dispositions, faire de son mieux | alles Notwendige veranlassen |
| livrer, fournir | liefern |
| effectuer la livraison dans les plus brefs délais | die Lieferung in kürzester Frist ausführen |
| dans les 8 jours | innerhalb von 8 Tagen |
| expédier | versenden, absenden |
| remettre les marchandises à qn | jdm die Waren übergeben |
| parvenir (à qn) en bon état | in gutem Zustand ankommen |
| à temps | rechtzeitig |
| sauf avis contraire | vorbehaltlich gegenteiliger Mitteilung |
| la totalité de la commande | die gesamte Bestellung |
| en stock, disponible | vorrätig, verfügbar |
| marchandise livrable | Ware lieferbar |

| | |
|---|---|
| le transport s'effectue(ra) | der Transport erfolgt |
| par chemin de fer/camion/avion/bateau | per Bahn/LKW/Flugzeug/Schiff |
| transporter en régime ordinaire/accéléré | als Fracht-/Eil(fracht)gut befördern |
| par express/par exprès | als Expressgut (Bahn)/(Post) |
| | |
| les frais de transport sont | die Transportkosten gehen |
| à notre charge | zu unseren Lasten |
| à la charge de l'acheteur | zu Lasten des Käufers |
| le transport s'effectuera à vos frais | der Transport geht zu Ihren Lasten |
| avoir à régler, supporter les frais | die Kosten bezahlen, tragen müssen |
| en port dû/payé | unfrei/portofrei |
| franco domicile/gare d'expédition/ | frei Haus/Versandbahnhof/ |
| gare de destination/frontière/à bord | Bestimmungsbahnhof/Grenze/ |
| | an Bord |
| | |
| notre stock est épuisé | unser Lager ist geräumt, leer |
| la rupture du stock | die Lieferschwierigkeiten, geräumtes |
| | Lager |
| arrêter la production | die Produktion einstellen |
| proposer en remplacement | als Ersatz vorschlagen |
| un article pareil | ein ähnlicher Artikel |
| une marchandise de qualité analogue | eine Ware von gleicher Qualität |
| | |
| **des retards de livraison** | Lieferverzug, verspätete Lieferung |
| rappeler la commande du | an die Bestellung vom .. erinnern |
| en date du ... nous vous avions passé | mit Datum vom hatten wir Ihnen eine |
| une commande portant sur | Bestellung über ... erteilt |
| nous vous avions commandé | wir hatten bei Ihnen bestellt |
| avoir demandé, promis de | gebeten, versprochen haben zu |
| observer le délai | die Frist einhalten |
| | |
| être surpris de | erstaunt sein über |
| ne pas avoir reçu l'envoi | die Sendung nicht erhalten haben |
| n'avoir reçu ni les marchandises ni | weder die Waren noch irgendeine |
| aucune nouvelle de votre part | Nachricht von Ihnen erhalten zu haben |
| le délai est dépassé depuis 8 jours | die Frist ist um 8 Tage überschritten |
| le dépassement du délai convenu | die Überschreitung der vereinbarten Frist |
| | |
| mettre qn dans un grand embarras | jdn in große Verlegenheit bringen |
| manquer une affaire importante | ein bedeutendes Geschäft verpassen |
| des ennuis auprès de nos clients | Unannehmlichkeiten, Ärger mit |
| | unseren Kunden |
| veiller à ce que nous soyons en | dafür sorgen, dass wir spätestens |
| possession de la marchandise | Ende des Monats im Besitz der |
| à la fin du mois au plus tard | Ware sind |
| mettre en demeure | mahnen |
| l'application de pénalités de retard | die Berechnung, Erhebung eines |
| | Säumniszuschlags |

## ⌐ Réclamations

| | |
|---|---|
| regretter, être au regret de vous informer, faire savoir | bedauern, Ihnen mitteilen zu müssen |
| malheureusement, à notre regret | leider, bedauerlicherweise |
| déballer | auspacken |
| vérifier | überprüfen |
| constater | feststellen |
| endommagé/brisé/mouillé | beschädigt/zerbrochen/durchnässt |
| très/légèrement/partiellement endommagé | schwer/leicht/teilweise beschädigt |
| les dégâts (m) | die Schäden |
| l'altération (f) | die Beeinträchtigung, Verschlechterung |
| avoir été causé par | verursacht worden sein durch |
| être dû à | zurückzuführen sein auf |
| l'insuffisance de l'emballage | die unzulängliche Verpackung |
| ne pas fonctionner | nicht laufen, funktionieren |
| impropre à l'usage | nicht verwendbar |
| présenter un manque de poids de | ein Fehlgewicht von .. aufweisen |
| livrer .. au lieu de .. | .. liefern anstatt .. |
| supposer qu'une erreur s'est produite | annehmen, vermuten, dass ein Irrtum unterlaufen ist |
| la non-conformité | die Nichtübereinstimmung |
| la qualité est médiocre/ laisse à désirer | die Qualität ist mittelmäßig/ lässt zu wünschen übrig |
| retourner à vos frais les marchandises livrées par erreur | die irrtümlich gelieferten Waren auf Ihre Kosten zurücksenden |
| déduire la somme des dégâts du montant de la facture | die Schadenssumme vom Betrag der Rechnung abziehen |
| réclamer des dommages-intérêts, une indemnité | Schadenersatz verlangen |

| | |
|---|---|
| **le constat d'avaries** | die Havariefeststellung |
| mentionner, émettre des réserves | Vorbehalte anmelden, vermerken |
| le procès-verbal | das Protokoll |
| l'avis (m) de défaut | die Mängelanzeige |
| prévenir qn de qch | jdn über etw. unterrichten |
| notifier le défaut | den Mangel offiziell mitteilen |

| | |
|---|---|
| les avaries subies par les marchandises | die Beschädigung der Waren |
| les dommages apparents | die offensichtlichen Schäden |
| le vice apparent/caché | der offenkundige/versteckte Mangel |
| le défaut de matière | der Materialfehler |
| le vice de construction | der Konstruktionsfehler |
| la perte des marchandises | das Inverlustgeraten der Güter |
| les colis manquants | die fehlenden Pakete |

| | |
|---|---|
| rendre qn **responsable** du préjudice subi | jdn für den erlittenen Schaden verantwortlich machen |
| être tenu pour responsable | haftbar gemacht werden |
| la présomption de responsabilité | die Haftungsvermutung |
| le défaut relève de la responsabilité de | der Mangel fällt unter die Haftung von |
| la faute intentionnelle | das vorsätzliche Verschulden |
| la faute inexcusable | die grobe Fahrlässigkeit |
| se retourner contre | gegen ... Ansprüche erheben |
| le recours | die Beschwerde, der Ersatzanspruch |
| | |
| être sous garantie | unter Garantie fallen |
| la demande en garantie | der Gewährleistungsanspruch |
| demander l'application de la garantie | den Garantieanspruch anmelden |
| la mise en jeu de la garantie | die Geltendmachung der Garantie |
| à titre de preuve | als Beweis |
| la charge de la preuve revient à | die Beweispflicht liegt bei |
| | |
| reprendre la marchandise | die Ware zurücknehmen |
| assumer la responsabilité | die Haftung übernehmen |
| dédommager qn du préjudice | jdm den Schaden ersetzen |
| ne pas tenir rigueur de | nicht übelnehmen |
| un incident fâcheux | ein ärgerliches Vorkommnis |
| indépendant de notre volonté | von uns nicht zu verantworten, unverschuldet |
| mettre tout en œuvre pour atténuer les conséquences | alles unternehmen, um die Folgen abzumildern |
| présenter ses excuses | sich entschuldigen |
| s'excuser pour un contretemps | sich für eine Unannehmlichkeit entschuldigen |
| | |
| être agréable à qn | jdm entgegenkommen |
| | |
| **le service du contentieux** | die Rechtsabteilung |
| le contentieux, litige | der Streitfall, Rechtsstreit |
| préserver son droit de recours | sein Einspruchsrecht wahren |
| il ressort de .. que .. | es geht aus .. hervor, dass |
| la période de garantie est écoulée | die Garantiezeit ist abgelaufen |
| la déchéance de garantie | der Verfall des Garantieanspruchs |

# ENTRAÎNEMENT

## 1. Vous le savez déjà !?

Pour répondre aux questions ci-dessous, recourez à vos expériences et à vos connaissances générales. Utilisez les expressions figurant sur la liste de vocabulaire. N'hésitez pas à deviner, à poser des questions, à dire des banalités ou à vous répéter. Essayez toujours de vous imaginer des situations concrètes et de trouver des exemples. Vous n'êtes obligé ni de répondre à chaque question isolément ni de suivre exactement l'ordre donné.

### Modes de transport

1. Quels sont les différents moyens de transport pour voyageurs ? Quel moyen de transport préférez-vous pour vos déplacements ? Pourquoi ?
2. Décrivez le réseau de voies de communication qui existe dans votre région. Le trouvez-vous adapté aux besoins des habitants et des entreprises ?
3. Quelles solutions les entreprises peuvent-elles choisir pour le transport de leurs produits ?
4. Quels sont les éléments d'un contrat de transport ? Connaissez-vous d'autres documents utilisés pour le transport ?
5. Quels sont les problèmes spécifiques du transport dans le commerce international ?
6. Qu'entendez-vous par logistique ? A quels problèmes les entreprises se voient-elles confrontées à cet égard ?
7. Quelle est l'importance des chemins de fer ? Quels sont les arguments pour et contre le transport ferroviaire ?
8. Quels ports connaissez-vous ? Décrivez les équipements portuaires et les activités dans un port.
9. Quels aéroports connaissez-vous ? Quels sont vos expériences en tant que voyageur ? Connaissez-vous l'importance de ces aéroports pour le transport de marchandises ?
10. Quels sont les problèmes du transport routier ? Pensez à la perspective des transporteurs, des chauffeurs, des autres usagers, des responsables politiques.

### Poste

1. Que faites-vous concrètement pour faire parvenir une lettre à son destinataire ?
2. A quels services de la Poste recourez-vous ?
3. Quels types de transport peuvent être effectués par la Poste / par d'autres messageries ?
4. Comment la Poste est-elle organisée dans votre pays / dans d'autres pays ?
5. La Poste a-t-elle changé ces derniers temps dans votre pays / dans d'autres pays ?

Douane

1. Quelles sont les activités de la Douane ? Pour quelles raisons les Etats perçoivent-ils des droits de douane ?
2. Avez-vous déjà été contrôlé(e) par les douaniers ? A quelle occasion ? Avez-vous déjà passé des marchandises en fraude ?
3. Où la contrebande existe-t-elle et pour quels produits ? Quelles mesures sont prises pour la combattre ?
4. Quelles formalités sont nécessaires pour dédouaner des marchandises?
5. A quoi sert un accord douanier ou la création d'une zone sans barrières tarifaires ? Connaissez-vous des exemples ?

Correspondance commerciale

1. Que fait le fournisseur après avoir reçu la commande ?
2. Quelles conditions doit-il prendre en considération ?
3. Quels incidents peuvent se produire ? Quels problèmes justifient une réclamation ?
4. Quels produits bénéficient de périodes de garantie ? Pourriez-vous donner des exemples concrets ?
5. Avez-vous déjà fait une réclamation ? Pourquoi ? Comment ? Avec quel résultat ?

## 2. Sujets d'approfondissement
Recourez à la rubrique INFORMATIONS pour aborder les sujets suivants. Procurez-vous des informations dans la presse, à la télévision, par Internet. Et n'oubliez pas que vous pourrez trouver des informations dans les TEXTES et les EXERCICES.

1. Décrivez le développement des moyens de transport modernes et analysez ses effets positifs et négatifs.
2. Analysez le problème des pavillons de complaisance.
3. Expliquez les fonctions de la logistique dans et pour les entreprises.
4. Expliquez le rôle des Incoterms dans la vente internationale.
5. Comparez les réseaux routiers, les ports, les fleuves... de votre pays et de la France, analysez leur fonctionnement, leurs particularités.

## 3. Sujets de discussion/de rédaction
En classe, vous pouvez traiter les sujets dans une discussion libre ou avec des rôles fixés préalablement. Les conclusions peuvent faire l'objet d'un devoir écrit. Si vous traitez les sujets par écrit, élaborez un plan : introduction - discussion de la question : opposez les arguments, appuyez-vous sur vos connaissances, lectures, expériences - conclusion : ce n'est qu'ici qu'intervient votre propre opinion. Veillez à ce que votre rédaction soit logique, que l'enchaînement de vos arguments soit convaincant.

1. La globalisation des transports : y a-t-il des limites imposées par le bon sens ?
2. Les transports en commun - correspondent-ils aux besoins des usagers ?
3. Le transport de matières dangereuses - trop de dangers pour la population ?
4. Un système de péage pour les autoroutes allemandes ?
5. Le douanier, est-il en train de devenir un personnage historique ?

## 4.    Sujets de commentaires

Exprimez librement tout ce qui vous vient à l'esprit à propos des informations et citations ci-dessous. Vos commentaires pourront comprendre, selon le cas, des explications de causes et d'effets, des analyses d'implications diverses, des considérations historiques, des comparaisons, des prises de positions personnelles etc.

1.

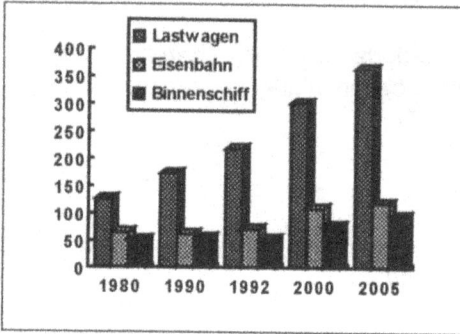

(Angaben in Milliarden Tonnenkilometern, ab 1992 incl. neue Bundesländer)

Caractérisez l'évolution des différents modes de transport en Allemagne et commentez ses causes et ses conséquences.

2.    La **guerre public-privé** dans le domaine du transport de marchandises continue. A la demande de la Fédération française des opérateurs et commissionnaires de transport, la Commission de Bruxelles a ouvert une procédure à l'encontre de La Poste. La plainte se base sur le non-respect des règles de concurrence. La Poste veut se doter de 13 plates-formes de messagerie d'ici à cinq ans en France. Elle s'occupera particulièrement du "petit colis". Or, elle bénéficie d'un régime dérogatoire avantageux pour le droit de timbre et pour certaines taxes (professionnelle, foncière et sur les salaires), auxquelles sont soumises les entreprises privées. Et elle a à sa disposition exclusive le réseau des 17 000 bureaux de poste, notoirement non rentables, mais renfloués par l'Etat au nom de l'aménagement du territoire.

3.    **Lastwagenabgabe ab 2003**
Schwere Lastwagen sollen künftig in Deutschland voraussichtlich eine Autobahngebühr von 25 Pfennig pro Kilometer zahlen. Erstmals solle die Schwerverkehrsabgabe 2003 erhoben werden, erklärte Bundesverkehrsminister Klimmt. Im Streit mit dem Transportgewerbe um die Einführung der streckenbezogenen Maut erhielt Klimmt Rückendeckung von Expertenseite. "Weder das deutsche Transportgewerbe noch der Standort Deutschland sind in Gefahr" heißt es in einer Studie des Karlsruher Verkehrswissenschaftlers Werner Rothengatter. Vermindern werde sich lediglich der Wettbewerbsvorteil der vornehmlich ausländischen "Billigfahrer".                    (SZ, 24/04/2000)

4.

## Répartition du trafic de voyageurs
## 1998 en voyageurs x kilomètres

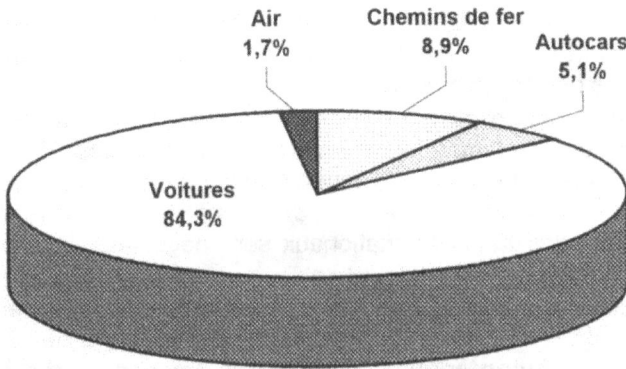

Air
1,7%

Chemins de fer
8,9%

Autocars
5,1%

Voitures
84,3%

5.

## Deutsche Post nach Sparten

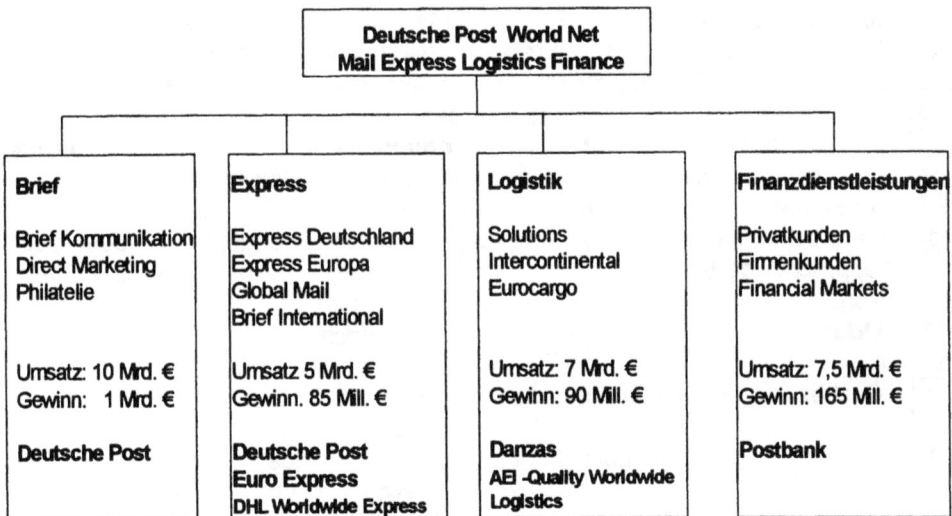

Deutsche Post World Net
Mail Express Logistics Finance

| Brief | Express | Logistik | Finanzdienstleistungen |
|---|---|---|---|
| Brief Kommunikation<br>Direct Marketing<br>Philatelie | Express Deutschland<br>Express Europa<br>Global Mail<br>Brief International | Solutions<br>Intercontinental<br>Eurocargo | Privatkunden<br>Firmenkunden<br>Financial Markets |
| Umsatz: 10 Mrd. €<br>Gewinn: 1 Mrd. € | Umsatz 5 Mrd. €<br>Gewinn. 85 Mill. € | Umsatz: 7 Mrd. €<br>Gewinn: 90 Mill. € | Umsatz: 7,5 Mrd. €<br>Gewinn: 165 Mill. € |
| Deutsche Post | Deutsche Post<br>Euro Express<br>DHL Worldwide Express | Danzas<br>AEI -Quality Worldwide<br>Logistics | Postbank |

(SZ, 13/10/2000)

## EXERCICES

**1.** Cochez le mot qui manque dans la phrase :

1. Les quatorze grands .... européens de transport bénéficieront d'une enveloppe totale de 19 milliards de francs.
   **a)systèmes     b)centres          c)réseaux          d)régimes**
2. Inauguré en 1981, le TGV Paris-Lyon .... chaque jour 51 000 voyageurs, soit 60 % de plus que la ligne ancienne.
   **a)accomplit   b)expédie          c)circule          d)achemine**
3. Nous sommes un groupe de transporteurs et assurons, dans 89 pays, des services dans le domaine du .... international, terrestre, maritime et aérien.
   **a)courtage     b)fret             c)convoi           d)louage**
4. La majoration des tarifs internationaux sera négociée .... avec les différents réseaux concernés.
   **a)cas par cas   b)à la hausse     c)au forfait       d)par rapport**
5. L'U.E. lutte également contre la prolifération des pavillons de .... .
   **a)plaisir       b)contenance     c)complaisance     d)plaisance**
6. Le coefficient .... des avions n'a atteint que 67 % sur la même période, en chute de 5,6 points par rapport au premier trimestre 1994.
   **a)de capacité   b)d'utilisation     c)d'affrètement     d)de remplissage**
7. Grâce aux nouveaux tarifs aériens sur les lignes intérieures d'Air Inter, le public pourra .... de prix attrayants sur de nombreuses destinations.
   **a)bénéficier    b)se vanter       c)se contenter     d)présumer**
8. Les ordinateurs destinés à la région parisienne sont livrés directement depuis la plate-forme du Sernam de Trappes, et ceux qui doivent être acheminés vers le reste de la France .... le réseau express.
   **a)exécutent     b)prêtent         c)empruntent       d)approvisionnent**
9. La gamme de véhicules .... Renault compte 80 modèles.
   **a)utilisables   b)utilitaires     c)lourds           d)utiles**
10. Le plasturgiste ardéchois, Inoplast, construira une usine à Douai pour se rapprocher de Renault et ..... à moindre coût ses principaux clients d'Europe du Nord.
    **a)desservir     b)servir          c)rejoindre        d)accoster**

**2.** Cochez le mot qui manque dans la phrase :

1. La Poste est responsable des correspondances que l'expéditeur soumet à la formalité de la .... qui est passible d'une taxe s'ajoutant à l'affranchissement.
   **a)procuration   b)franchise postale c)poste restante    d)recommandation**
2. Les envois contre .... ne sont remis à leur destinataire que contre paiement d'une certaine somme indiquée par l'expéditeur.
   **a)péage         b)remboursement c)paiement          d)connaissement**
3. Le ..... permet aux entreprises de réduire de 20 à 30 % les frais de courrier en faisant transiter les envois par l'étranger pour profiter des différences tarifaires entre les pays.
   **a)repassage     b)renvoi          c)repostage        d)retournement**
4. Sanctions commerciales américaines à l'égard du Japon : les .... de douane ont été portés à 100 % sur treize modèles automobiles haut de gamme.
   **a) droits       b)impôts          c) charges         d)taxes**

5. La Chine est devenue un gros producteur de cigarettes de contrefaçon - fausses Marlboro et Merit notamment - destinées à être écoulées en Europe sur le marché de la .....
   **a)contrebande b)drogue       c)concurrence       d)fraude**

6. Nous vous rappelons que, conformément à nos conditions générales de vente, le transport se fera entièrement .... .
   **a)à vos chargesb)à vos frais       c)à votre crédit       d)à votre relevé**

7. En réparation du .... causé, nous vous demandons de nous verser, à titre de dommages, la somme de 15 000 francs.
   **a) risque       b)sinistre       c)préavis       d) préjudice**

8. Nous vous demandons de ne pas nous tenir .... des ennuis que vous avez eus et espérons que nous aurons l'occasion de regagner votre confiance.
   **a)rancœur       b)rancune       c)rigueur       d)regret**

9. Nous regrettons vivement ce retard dû à un cas de.... .
   **a)litige       b)force majeure       c)grève       d)fraude**

10. Les ..... sur les vices apparents ou la non-conformité des produits doivent nous être formulées par écrit dans les huit jours.
    **a)demandes       b)garanties       c)recours       d)réclamations**


3. Complétez le texte suivant à l'aide des mots donnés en bas du texte :

## Notre région européenne

Le 26 juin 1993, une vaste région européenne se _____(1) du reste du monde. Au cœur de cette région : l' _____(2) de Genève-Cointrin. Un cœur qui bat, certains jours, au _____(3) de 400 mouvements d'avions, toutes _____(4) confondues. Désormais relié directement au _____(5) autoroutier franco-suisse par l'A 40 et le nouveau contournement de Genève, l'aéroport de Genève-Cointrin se rapproche en outre de celui de Lyon-Satolas. Le _____(6) entre les deux aéroports se trouve en effet sensiblement _____(7).

Parmi les 106 _____(8) du réseau mondial de Swissair, un grand nombre sont _____(9) par des vols non-stop au départ de Genève. C'est notamment le cas pour nos nouvelles _____(10). Et souvenez-vous qu'en notre compagnie, tout _____(11) donne droit aux _____(12) Qualiflyer. En échange de ces bonifications : un choix de _____(13) séduisants.

Parce que pour Swissair, votre _____(14) n'a pas de prix.

## SWISSAIR +

| | | | |
|---|---|---|---|
| cadeaux | compagnies | rythme | fidélité |
| destinations | desservies | aéroport | trajet |
| bonifications | accéléré | réseau | vol |
| liaisons | rapproche | | |

4. Complétez le texte suivant à l'aide des mots donnés en bas du texte :

## Un parc automobile de qualité et des économies en plus
## Ce que vous attendez d'un loueur

*Professionalisme*

Vous souhaitez être totalement _____(1) des formalités administratives et des charges d'entretien relatives à la _____(2) de votre parc automobile.

*Rigueur*

Vous voulez bien sûr connaître exactement le _____(3) d'exploitation de vos véhicules, et ainsi réduire au maximum vos _____(4), mais aussi avoir un partenaire dont la _____(5) et le sérieux sont reconnus.

_____(6)

Vous demandez des solutions _____(7) aux problèmes de gestion du parc, rapidité, choix des modèles, conseils. Vous voulez choisir votre _____(8) de livraison, votre réparateur.

*Compétence*

Vous avez besoin d'un conseil fiscal, d'un spécialiste financier. Vous voulez faire votre _____(9) entre achat et location ? Vous _____(10) que le rachat de votre parc peut être une opération intéressante ? Autant de questions qui se posent tous les jours.

*La vérité des prix*

Avoir le montant du _____(11) mensuel n'est pas suffisant. Vous devez _____(12) complètement le coût de gestion de votre parc automobile, connaître le coût réel de la location, des _____(13), en fait de chacun des postes constitutifs de la location.

**ARVAL SE TIENT à votre _____(14) pour mettre en place les solutions que vous attendez.**

**ARVAL** Service Lease, 119-121, Grande Rue, 92318 SEVRES
Tél. : 01 41 14 18 18  Fax : 01 41 14 18 70

| | | | |
|---|---|---|---|
| *disposition* | *lieu* | *charges* | *assurer* |
| *disponibilité* | *choix* | *gestion* | *déchargé* |
| *compétence* | *coût* | *adaptées* | *maîtriser* |
| *prestations* | *loyer* | | |

**5.** Traduisez :

1. Un récent rapport sur "les réseaux de transports français face à l'Europe" a révélé que la France devrait consacrer au moins 1 560 milliards de francs à la construction de nouvelles routes, voies ferrées, ports et aéroports au cours des quinze prochaines années.
2. Plaque tournante européenne sur le plan géographique, la France s'est fait reconnaître par son savoir-faire dans la gestion des flux de marchandises.
3. Les logisticiens et transporteurs assurent non seulement l'entreposage et la préparation des commandes, mais aussi des opérations d'emballage, de gestion de date limite de vente, d'étiquetage, et de présentation pour la vente en magasin.
4. Le fabricant américain Bose a intégré dans ses usines des collaborateurs de ses sous-traitants : ce sont eux qui gèrent le réapprovisionnement en pièces et qui déclenchent la fabrication dans leur entreprise d'origine.
5. Le transport combiné s'avèrera compétitif dans les zones économiques importantes, à condition que le chargeur soit relativement proche des grands chantiers de transbordement.
6. L'installation d'un convoyeur dans l'entrepôt a permis d'acheminer et de trier automatiquement les marchandises.
7. L'abandon du transport sur palette au profit du transport en vrac a réduit les coûts de 30 %.
8. L'envoi avec accusé de réception permet à l'expéditeur d'être informé de la bonne réception de son colis.
9. Vous recevrez un avis d'expédition avec notre facture en double exemplaire ainsi que les documents d'embarquement (connaissement et police d'assurance) dès expédition des marchandises.
10. Troisième transporteur mondial de fret, Air France met à votre disposition ses 178 destinations dans 79 pays.

**6.** Traduisez :

1. Le site de Bègles, choisi pour la proximité du réseau ferroviaire et autoroutier est le premier maillon du nouveau réseau de traitement des colis.
2. La Commission européenne suggère d'ouvrir à la concurrence, à partir de 2003, le marché pour les lettres de plus de 50 grammes et celles tarifées à plus de deux fois et demie le coût d'un courrier ordinaire.
3. La messagerie express et la logistique sont des domaines dans lesquels les postes possèdent des compétences, ainsi qu'une infrastructure de transport et un réseau d'agences commerciales qui procurent un maillage très fin du territoire national.
4. Le Traité de Rome, origine de la C.E.E., prévoyait une suppression progressive des droits de douane entre les pays membres de la Communauté.
5. Une marchandise importée en France du Canada, ayant supporté les droits de douane du tarif extérieur commun, pourra être acheminée vers l'Italie dans les mêmes conditions qu'une marchandise d'origine française exonérée des droits de douane.
6. Les Etats s'engagent à introduire dans leur législation nationale des sanctions à l'encontre des compagnies aériennes ou maritimes qui acheminent vers leur territoire des étrangers démunis des documents de voyage requis.

7.   Avant la suppression des frontières, le coût des formalités aux douanes en Europe, tous contrôles confondus, s'élevait en moyenne à 450 francs.
8.   En exécution de votre commande du 15 écoulé, nous avons expédié les marchandises par camion pour assurer le transport porte-à-porte que vous nous avez demandé.
9.   Etant donné un retard dans les fournitures de matière de base, nous ne serons probablement pas à même d'exécuter votre commande avant fin mai.
10.  Notre stock étant maintenant reconstitué, nous procédons ce jour à l'expédition des vêtements commandés.

**7.** Traduisez :

1.   Si par l'effet de la force majeure, le transport n'est pas effectué dans le délai convenu, il n'y a pas lieu à indemnité contre le voiturier pour cause de retard.
2.   Constituent des cas de force majeure les grèves entravant la bonne marche de la société ou celle de l'un de ses fournisseurs.
3.   Après un dépassement de 15 jours du délai prévu, vous pouvez mettre en demeure votre vendeur de vous livrer sous huit jours, ou annuler votre commande.
4.   Le destinataire qui constate des avaries doit en prévenir le transporteur et émettre des réserves.
5.   Dans le cas où les marchandises ne nous parviendraient pas sous 48 heures, nous serions amenés à exiger le versement de dommages et intérêts pour compenser le préjudice subi du fait du retard ; un délai plus important nous autoriserait, en outre, à refuser la livraison.
6.   Veuillez donc prendre des dispositions pour assurer des livraisons régulières dans les délais les plus brefs, faute de quoi nous nous verrions obligés de nous adresser à un autre fournisseur.
7.   Nous vous saurions gré de veiller à ce que de tels incidents ne se reproduisent plus à l'avenir.
8.   En espérant que vous reconnaîtrez votre responsabilité, nous vous demandons de bien vouloir nous dédommager de notre préjudice.
9.   Par votre lettre du 12 avril vous nous signalez ne pas avoir reçu la livraison correspondant à votre commande citée en référence.
10.  Veuillez nous excuser pour ce retard dû à des difficultés d'approvisionnement en pièces détachées auprès de nos propres fournisseurs.

**8.** Traduisez :

1.   Die großen Transportunternehmer wie Danzas haben sich in Richtung Komplettservice und Just-in-time orientiert.
2.   Der Lieferschein ist ein Dokument, das die Waren begleitet. Es soll dem Empfänger die Überprüfung der Lieferung und der Rechnung ermöglichen.
3.   Die Verpackung muss sich nach der beförderten Ware, der geplanten Strecke und der benutzten Transportart richten.
4.   Dank des automatischen Nachbestellsystems wird eine Ware, die im Laden durch die Kasse geht, bereits am folgenden Tag ersetzt.
5.   Die Anwendung  automatischer Sortiermethoden in Frankreich wird eine Halbierung des Selbstkostenpreises ermöglichen.

6. Der Bau dieses Werks wird es uns ermöglichen, die mit der Belieferung der Kunden vom Werk in Saint-Désirat aus verbundenen Mehrkosten abzubauen.

7. Wenn Sie abends im größten Ersatzteillager Europas (160 000 Artikel im Sortiment), ein Teil bestellen, wird es am darauf folgenden Morgen bei Ihnen eintreffen.

8. Container erfüllen zwei Funktionen: die Ware während des Transports zu schützen und das Umladen zu erleichtern.

9. Die Hälfte des französischen Frachtgutes, das sind 58 Millionen Tonnen, wird mit Lastwagen befördert.

10. Auf der Seine zwischen Le Havre und Paris ist eine Linie für Containerverkehr eröffnet worden.

## 9. Traduisez :

1. Seit dem Ausbau von 41 Zentren für den Kombinierten Ladungsverkehr von Lkw und Zug werden nur noch 30 % der jährlich 680 Millionen Sendungen per Bahn transportiert.

2. Die Beförderung auf dem Flussweg ist die umweltfreundlichste Transportart und wäre, unter der Bedingung, dass Bahn und Lastwagen die Kosten für die Umweltverschmutzung und Unfallrisiken, die sie verursachen, trügen, auch die preiswerteste.

3. Wir verfügen über unsere eigene Frachtmaschinenflotte, deren Abflug- und Landezeiten so festgelegt worden sind, dass jedes Paket zur vorgesehenen Stunde ankommt.

4. Die Dienste der Autovermietung Avis sind in Frankreich an 195 Bahnhöfen verfügbar.

5. Außer im Falle höherer Gewalt bieten wir Ihnen eine Entschädigung, wenn Ihr Thalys mit einer Verspätung von mehr als 30 Minuten am Ziel ankommt.

6. Die Postdirektion will, dass Werbepost an sechs Tagen der Woche zugestellt wird, einschließlich samstags.

7. Der Zoll erhebt bei der Einfuhr von Waren in das Staatsgebiet Zölle, die meistens nach dem Wert der Ware berechnet werden.

8. Bereits bei Eintreffen der Waren im Zollbüro muss eine auf dem Einheits-formular erstellte Erklärung mit den beigefügten Dokumenten abgegeben werden: Rechnung, Ladeliste, Ausfuhrerklärung oder -genehmigung.

9. Es wird hiermit bestätigt, dass diese Waren französischen Ursprungs sind.

10. Außer bei Verkäufen "Geliefert verzollt" (DDP) vereinbarter Bestimmungsort übernimmt der Käufer die Verzollung bei Ankunft der Waren.

## 10. Traduisez :

1. Wir bitten Sie darauf zu achten, dass die Ware uns innerhalb acht Tagen zugeht.

2. Wir teilen Ihnen mit, dass wir die Waren heute morgen der S.N.C.F. übergeben haben.

3. Wir werden Ihren Spediteur benachrichtigen, sobald die Sendung abholbereit ist.

4. Der Empfänger unserer Waren muss ihren Zustand bei Erhalt überprüfen und Vorbehalte unverzüglich beim Frachtführer anmelden.

5. Streiks werden als Fall höherer Gewalt betrachtet und setzen somit die Ausführung der vertraglichen Verpflichtungen aus.

6. Die Risiken für Verlust oder Beschädigung der Waren gehen bei Übernahme oder Lieferung auf den Käufer über.

7. Leider müssen wir Ihnen mitteilen, dass wir beim Überprüfen der Waren festgestellt haben, dass ihre Qualität deutlich unter der der Muster liegt.

8. Reklamationen finden nur innerhalb von 8 Tagen nach Empfang der Ware Berücksichtigung.

9. Wir werden unverzüglich alles Notwendige veranlassen, um Ihnen baldmöglichst portofrei die fehlenden Artikel zugehenzulassen.

10. Wir bitten Sie, den Fehler zu entschuldigen, der uns bei Ausführung Ihres Auftrags unterlaufen ist.

**11.** Complétez le texte suivant par 10 des 12 phrases ou parties de phrase données en bas :

### VPC - La livraison

..... (1) et le bien arrive en bon état. Mais il existe parfois des anomalies.

..... (2) : le vendeur doit reprendre le bien et vous rembourser.

..... (3) : dès réception, envoyez un courrier et mettez en demeure la société de reprendre le bien et de vous en envoyer un qui soit conforme à votre commande.

..... (4).

..... (5) : là encore, le vendeur doit reprendre le produit et en restituer le prix. ..... (6). Il ne doit pas être la conséquence d'une mauvaise utilisation de la part du client.

..... (7) : l'une des obligations du vendeur est de livrer dans les délais prévus au contrat. ..... (8). En revanche, si aucun délai n'est spécifié, vous ne pourrez exiger la livraison que si vous n'avez pas été livré dans un délai "raisonnable", ce qui est toujours difficile à déterminer.

..... (9) : vous n'avez pas reçu votre commande et la société de VPC affirme l'avoir envoyée. ..... (10) et non à l'acheteur de démontrer que la marchandise ne lui a pas été remise.                                       (Maison Magazine, septembre 1998)

a) *Spécifiez que les frais de réexpédition sont à sa charge*
b) *La livraison tarde*
c) *C'est au vendeur de prouver qu'il a bien procédé à la livraison*
d) *Le bien ne correspond pas à la commande*
e) *De toute façon, votre engagement n'est pas définitif*
f) *Dans la plupart des cas, la livraison s'effectue dans les délais*
g) *Le défaut doit rendre l'article impropre à l'usage et ne pas être visible le jour de la vente*
h) *Le bien reste propriété du vendeur*
i) *Le bien n'est pas livré*
j) *Le bien reçu est détérioré*
k) *Si le délai précisé par écrit est dépassé, il sera facile de vous retourner contre lui*
l) *Le bien présente un vice caché*

**12.** Prenez connaissance du document suivant et des questions posées en bas et cochez la réponse qui vous paraît exacte :

**Répartition du trafic des marchandises
1998 en tonnes x kilomètres**

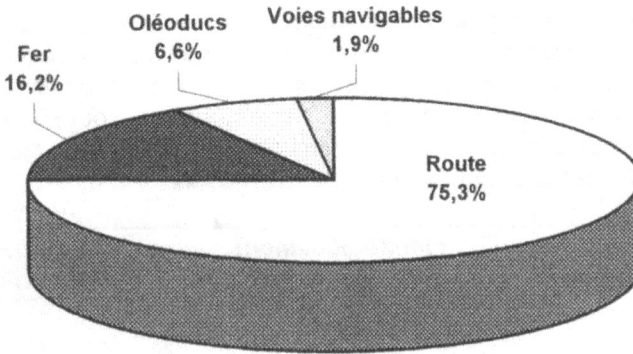

Oléoducs 6,6%  Voies navigables 1,9%  Fer 16,2%  Route 75,3%

1. Ce document montre, pour 1998,
   a) combien de tonnes de marchandises ont été transportées par les différents modes de transport.
   b) la part des différents modes de transport dans le transport des marchandises pondéreuses.
   c) la part des différents modes de transport dans le transport des marchandises, exprimée en poids des marchandises transportées et distances parcourues.
   d) le rapport entre le poids des marchandises et la distance des trajets, pour chaque mode de transport.

2. D'après ce document,
   a) les trois quarts du transport des marchandises se sont effectués, en 1998, par des véhicules utilitaires.
   b) plus de marchandises de toutes sortes sont transportées par les oléoducs que sur les voies navigables.
   c) les trains sont occupés à environ 80 % par des voyageurs et ne contribuent donc presque rien au transport des marchandises.
   d) le transport du pétrole se fait uniquement par les oléoducs.

**13.** Cherchez les notions qui correspondent aux définitions :

1. Document remis par l'expéditeur au transporteur lors de l'expédition et qui constitue la preuve du contrat de transport.
2. Contrat d'affrètement d'un bateau ou d'une partie d'un bateau.
3. Liste complète et détaillée de tous les colis transportés à bord d'un navire ou d'un avion.
4. Titre de gage transmissible et négociable délivré au propriétaire d'une marchandise mise en dépôt dans un magasin général, lui permettant d'obtenir une avance de fonds sans perdre la propriété de la marchandise.
5. Document utilisé dans les transports par eau et qui prouve le chargement et représente le titre de propriété des marchandises.
6. Document remis au destinataire lors de la livraison.

| | | |
|---|---|---|
| *a)warrant* | *c)connaissement* | *e)lettre de voiture* |
| *b)bon de livraison* | *d)charte-partie* | *f)manifeste* |

**14.** Répondez aux questions en cochant la réponse qui vous paraît exacte :

1. Vous travaillez dans les entrepôts d'un grand magasin. Vous êtes chargé de la réception des marchandises. Que devez-vous contrôler ?
   a) Les marchandises et le bon de livraison
   b) Le bon de livraison et la fiche client
   c) Les marchandises et la facture
   d) Les marchandises et le contrat de transport

2. Lors d'une opération d'importation, on vous demande de présenter un certificat d'origine. A quoi sert ce document ?
   a) Il atteste du point du départ du transport par mer.
   b) Il indique le pays où le produit a été fabriqué.
   c) Il constitue une facture libellée en dollars.
   d) Il indique la nationalité de la personne ou société assurant le transport de la marchandise.

3. Vous travaillez dans une PME qui n'a pas toujours des conteneurs complets à expédier ni de wagons entiers à charger. A quelle technique pouvez-vous recourir ?
   a) Le groupage
   b) Le crédit-bail
   c) Le ferroutage
   d) Le transport en vrac

4. Lequel parmi les documents suivants est aussi un titre représentatif de la propriété de la marchandise et est de ce fait négociable ?
   a) La facture pro-forma.
   b) La lettre de transport aérien
   c) Le connaissement
   d) Le bon de livraison

5. Avec quel Incoterm le transport se fait entièrement aux risques et périls et aux frais de l'acheteur ?
   a) A l'usine/Ex works
   b) Franco bord/FOB
   c) Fret et assurance payé jusqu'au lieu de destination/CIP
   d) Rendu droits non acquittés/DDU

6. Lesquels parmi les frais suivants ne doivent pas être supportés par le vendeur pour un transport effectué CPT/Fret payé jusqu'au point de destination convenu ? Les frais...
   a) d'emballage
   b) de manutention au lieu de départ
   c) de transport
   d) d'assurance

7. Vous adressez à votre assureur une lettre mettant fin au contrat d'assurance. Comment avez-vous intérêt à envoyer cette lettre ?
   a) Par télécopie
   b) Par lettre ordinaire
   c) Par lettre recommandée
   d) Par courrier électronique

8. Parmi les personnes suivantes, laquelle n'est pas habilitée à effectuer le dédouanement d'une marchandise ?
   a) Un commissionnaire en douane
   b) Un représentant d'une compagnie de transport nationale
   c) Un représentant multi-cartes
   d) Le détenteur de la marchandise

9. Vous souhaitez libéraliser les échanges de votre pays vers l'extérieur. Que devez-vous éviter de faire ?
   a) Supprimer les contingentements
   b) Mettre en place des normes techniques et administratives
   c) Abaisser les droits de douane
   d) Signer un traité d'union douanière avec d'autres pays

10. Dans la société où vous travaillez vient d'arriver un courrier relatif à un cas de conflit juridique. Vers quel service orientez-vous ce courrier ?
    a) Service du personnel
    b) Service du contentieux
    c) Service de la logistique
    d) Service de l'entretien

**15.** Ecrivez une lettre :

Vous travaillez au service des ventes de l'entreprise Nevers, qui fabrique des vêtements haut de gamme, qui sont vendus par des commerçants de détail dans différents pays européens. Votre chef, M. Gérard Decault, vous a remis ce matin la lettre de réclamation d'un nouveau client, la Boutique Etoile Bleue. Il vous demande de répondre à cette lettre à l'aide des annotations qu'il a écrites dans la marge.

Boutique Etoile Bleue
SARL au capital de 10 000 euros
100 rue de Siam
29200 BREST

Société Nevers
15 rue des Chanoines
29600 MORLAIX

Brest, le 6 mars 2001

N/Réf. : 220 A

Objet : votre livraison du 5 mars

Messieurs,

Nous accusons réception de votre envoi du 5 courant faisant suite à notre commande du 15 février.

Après vérification du contenu du colis, nous avons constaté qu'il comprenait 12 chemisettes "aigle", taille 42 au lieu des 12 chemisettes "aigle", taille 38. Les autres articles étaient conformes à notre commande.   *Excuses pour erreur commise. Envoi immédiat.*

Nous vous proposons de vous retourner les articles non conformes en vue de leur remplacement.   *D'accord pour retour en port dû.*

En même temps que les chemisettes demandées, nous souhaiterions recevoir dans un délai de 8 jours :   *Stock épuisé. Proposer envoi dans trois semaines.*
- 6 pantalons "perle", taille 44, à 169 F,
- 12 pantalons "rubis", taille 40, à 272 F

Veuillez agréer, Messieurs, l'expression de nos sentiments distingués.

Michel Assouline

**16.** Ecrivez un fax :

Il y a plus d'un mois, vous avez effectué une traduction d'un document professionnel, de votre langue vers le français, pour la SAPEC, 23, rue du Mail, 75002 PARIS. Mais depuis, vous n'avez reçu aucune nouvelle, vous n'avez pas été payé(e) et vous vous demandez même si votre envoi est bien arrivé à son destinataire.
Vous écrivez pour éclaircir la situation. Néanmoins, vous souhaitez rester en bons termes avec cette société car vous espérez qu'on vous confiera d'autres traductions.

**17.** Ecrivez une lettre :

Vous travaillez dans une centrale d'achats de vêtements : SAPEC, 80, boulevard Sébastopol, 75002 PARIS.
Ecrivez à l'un de vos fournisseurs - ETS. GRUBER, 46, boulevard Voltaire, 75011 PARIS - pour lui signaler que plusieurs livraisons récentes de marchandises ne correspondaient pas exactement à la commande ; elles présentaient quelques différences minimes de quantité, de coloris ou de taille.
Vous tenez à mettre en garde votre fournisseur, tout en gardant vos bonnes relations.

**18.** Ecrivez une lettre :

Une bonne partie des vins de Chablis en Bourgogne est exportée aux U.S.A. où ils jouissent d'une excellente réputation. Ainsi, les établissements Maurice Dublanchet, négociant en vin à Chablis, ont expédié en septembre 2000 cinq cents caisses de douze bouteilles de Chablis 90, premier cru côte de Vaillon, commandées par une chaîne de restauration américaine : les "Restaurants of France" dont le siège est à New York (U.S.A.).
Pour choisir son navire, cet acheteur a demandé au vendeur de mettre la marchandise à sa disposition dans le port du Havre. Le prix apparaissant dans le contrat est de 42 000 US $ F.A.S. Le Havre. Ajoutons qu'il est prévu un paiement échelonné par traite, la première arrivant à échéance le 1er février.
Ainsi le 22 septembre, conformément aux accords, les caisses de Chablis étaient déposées au Havre à l'emplacement désigné par l'acheteur. Elles furent prises à bord du "Pablo Columbo" de la "General Compañía de la navegación" par ordre des "Restaurants of France" le 30 septembre.
Les semaines passèrent et le 17 janvier Maurice Dublanchet reçut la lettre qui figure en annexe (annexe 1)
Or, ce négociant scrupuleux est absolument certain de la parfaite qualité de son vin. Il estime, en bon professionnel, que seules les conditions de transport peuvent être responsables de son altération.
Après une longue et difficile enquête, il parvient à prendre contact avec l'armateur qui lui fait parvenir la lettre que vous trouverez en annexe (annexe 2).

VOTRE TRAVAIL : Vous êtes un proche collaborateur de Maurice Dublanchet et, à ce titre, chargé de répondre aux "Restaurants of France". Présentez cette lettre, datée du 15 février et référencée US/63. Maurice Dublanchet la signera.

Transports

Annexe 1

**RESTAURANTS OF FRANCE**
**P.O. Box 1003**
**New York, NY 10036**

Etablissements M. Dublanchet
Négociant en vins
3 rue de la Poterne
89800 CHABLIS

N/Ref : JMC/DLR/602
Objet : vin impropre à la vente

New York, le 13 janvier 2001

Messieurs,

Nous venons de prendre livraison des caisses de vin de Chablis que vous nous avez expédiées en septembre dernier.

Comme il est d'usage, nous avons procédé à une dégustation du vin à partir de plusieurs bouteilles, prélevées au hasard dans le lot.

Or, quelle que soit la bouteille, le vin est aigre, piqué, bref imbuvable.

En conséquence, comme notre clientèle réclame toujours ce vin de Chablis, nous vous demandons de nous faire parvenir à New York, avant la fin février, délai de rigueur, 500 cartons de vin de Chablis, après vous être assuré qu'il est conforme au produit remarquable que nous avons goûté dans vos chais, lors de notre passage.

Il va sans dire que cet envoi, venant remplacer du vin impropre à la consommation, ne nous sera pas facturé. Le transport lui-même sera à votre charge.

Nous attendons des précisions sur les modalités de cette nouvelle expédition et en attendant une juste réparation de votre part, nous vous prions d'agréer, Messieurs, nos salutations distinguées.

**Mac Jones**
Mac-Jones
Directeur

Annexe 2 **GENERAL COMPAÑIA DE LA NAVEGACIÓN**
**Caracas - Venezuela**
**Agence commerciale de Bordeaux**
**3 avenue d'Aquitaine**
**33100 Bordeaux**

Maurice Dublanchet
Négociant en vin
3 rue de la Poterne
89800 CHABLIS

V/Ref : MD/CD/317
N/Ref : FH/RQ/101
Objet : "Pablo Columbo"

Bordeaux, le 13 février 2001

Messieurs,

Vous nous avez demandé dans votre lettre citée en référence, les conditions dans lesquelles s'était effectué le transport des caisses de vin sur le "Pablo Columbo" à destination de New York, pour le compte des "Restaurants of France".

Le 30 septembre, les caisses de vin prises au Havre, ont complété le remplissage d'un conteneur. Celui-ci, le dernier chargé, a été arrimé sur le pont supérieur.

Notre bâtiment devait déposer ou recueillir du fret, dans les principaux ports africains : Dakar, Port Gentil, Luanda, le Cap. De là, il a gagné Montevideo, puis Santos, Salvador, Caracas et enfin New York où il est arrivé le 4 janvier.

Les marchandises étaient à la disposition des "Restaurants of France" dès le 6 janvier. Ils les ont retirées le 7.

Nous devons préciser que le chargeur n'a demandé aucun renseignement, ni sur l'itinéraire suivi, ni sur la durée totale du transport ou la date probable d'arrivée.

Sans doute, avant de traiter avec nous, devait-il savoir que notre bâtiment "Pablo Columbo" n'exploite pas une ligne régulière et par conséquent n'est pas tenu au respect d'un horaire ni d'un parcours.

En espérant vous avoir été utile et restant à votre disposition pour vous apporter tout autre détail, nous vous prions de croire, Messieurs, à nos sentiments distingués.

**Hernandez**
Francisco Hernandez
Chef d'agence

TEXTES

## 1. Transports routiers : une facture salée

Les Européens de l'Ouest sont plus mobiles que jamais. Mesurés en voyageurs-kilomètres et en tonnes-kilomètres, les déplacements de voyageurs et de marchandises croissent de plus de 4 % par an, au lieu de moins de 2 % dans la période 1993-1997.

Le bénéfice de cette progression revient presque exclusivement à la route et au transport aérien. La saturation des aéroports et la multiplication des retards ont permis au constructeur Airbus de faire valider son projet d'un avion très gros porteur de 555 places, l'A3XX, qui, à trafic équivalent, permettra de réduire le nombre de décollages et d'atterrissages. Quant aux transporteurs routiers, ils éprouvent des difficultés à recruter des chauffeurs pour assurer leurs livraisons.

Les pouvoirs publics s'accommodent de cette situation, car ils y voient un frein à la hausse des prix à la consommation. Le transport pèse pour 7 à 10 % sur le prix des produits alimentaires et pour 0 à 2 % sur celui des produits manufacturés ; la vérité des prix appliquée au transport routier se solderait par une hausse de quelques points sur les étiquettes des hypermarchés.

Cependant, cette vision fait l'impasse sur les coûts externes ou invisibles liés aux déséquilibres croissants du système européen de transports. L'Union internationale des chemins de fer (UIC) a commandé une étude sur ce sujet au cabinet Infras et à l'université de Karlsruhe. L'étude concerne les quinze pays de l'Union européenne, ainsi que la Suisse et la Norvège. Elle évalue les coûts externes des transports (accidents, pollution, bruit...) à 530 milliards d'euros pour l'année 1995, soit 7,8 % du PIB concerné. En ajoutant le coût de la congestion (retards de livraison, embouteillages...), les coûts externes s'élevaient en 1995 à 658 milliards d'euros, soit 10 % du PIB européen, et ils devraient progresser de 42 % entre 1995 et 2010.

Les réactions des pouvoirs publics et de l'opinion sont encore timides. Dans les villes, les transports en commun perdent régulièrement du terrain face à la voiture particulière, malgré le retour des tramways. Le chemin de fer a mangé son pain blanc en lançant dans les années 80 les lignes à grande vitesse les plus profitables. Dans le fret, les espoirs placés en 1996 dans le transport combiné rail-route ont été déçus, du fait des handicaps techniques et des insuffisances des compagnies ferroviaires. La création de corridors européens pourrait toutefois améliorer la qualité de service du fret ferroviaire et freiner le recul du rail face aux transports routiers. Les principaux espoirs des promoteurs du rail et des transports "propres" résident dans l'instauration d'écotaxes sur les sources d'énergie les plus polluantes, les avions les plus bruyants (comme en Suède) ou encore les poids lourds (comme en Suisse). Elles permettraient une meilleure prise en compte, par les transporteurs et par les donneurs d'ordre, des coûts externes induits par les transports routier et aérien. (Alternatives Economiques, Hors-série, 4° trimestre 2000)

**Résumé**

Trouvez un titre pour chaque paragraphe et faites ensuite un résumé du texte.

## 2. Die Autobahn ersetzt das Lager

Handel und Industrie haben sich in Deutschland in einem Maße vom LKW abhängig gemacht, das manchem Manager jetzt einen Schrecken in die Glieder treibt. Vor 50 Jahren wurden noch 55 Prozent aller Güter in Deutschland per Bahn transportiert. Heute sind es nur noch 15 Prozent. Der Grund: Der Lastwagen ist das billigste Transportmittel - weil es vom Staat kräftig subventioniert wird. Das Institut für Wirtschaftsforschung hat ausgerechnet, dass die deutschen Autofahrer über die Kfz- und die Mineralölsteuer fast das Doppelte der von ihnen verursachten Kosten in der Infrastruktur bezahlen; bezogen auf die Autobahnen sogar das Dreifache. Die deutschen Laster dagegen brächten nur zwei Drittel der Kosten auf, die sie der Allgemeinheit aufhalsen. Bei ausländischen Lkw liege der Kostenbeitrag sogar nur bei 14,3 Prozent. Die Öffnung der Grenzen und die Liberalisierung der Märkte sorgten zudem dafür, dass in den neunziger Jahren der Preis für Lkw-Transporte stetig sank. Gleichzeitig blieben die Raten für den Schienentransport konstant. Der Spiegel fand heraus, dass das Transportgewerbe für einen Lkw pro Kilometer nur 1,70 bis 2 Mark berechnet.

Zu den Branchen, die sich am stärksten vom Lkw abhängig gemacht haben, gehört die Autoindustrie. Der Drang zur Kostensenkung führte dazu, dass die Autobauer ihre Warenlager drastisch reduzierten und ihre Zulieferer zwangen, die Autoteile erst in dem Moment ans Montageband zu liefern, in dem sie gebraucht werden.

"Damit wurde das Lager auf die Autobahn verlegt", kritisiert Axel Friedrich vom Umweltbundesamt das Verhalten der Autobranche. Mit dem Vorteil, dass die Kosten für den Transport die Erträge kaum belasten. Im Schnitt hat ein in Deutschland gefertigtes Produkt einen Transportkostenanteil von nur zwei Prozent. Dabei passe der Bahntransport viel besser zum Just-in-Time-Prinzip, meint Friedrich. Die Bahn könne ihre Ankunftszeit besser planen, während der Lkw immer häufiger im Stau stecken bleibe.

Unstrittig ist für den Vertreter des Umweltbundesamtes, dass die zunehmende Flexibilität zusätzlichen Verkehr erzeugt. Seit der "Otto Versand" in Hamburg seine Lieferzeiten auf 24 Stunden senkte, nahm, so Friedrich, der durch den Versender erzeugte Verkehr um 50 Prozent zu.

(SZ, 14/09/2000)

**Compte rendu**
Faites un compte rendu en français des informations contenues dans l'article.

## 3.   Voici la meilleure façon d'utiliser la route.
Grande capacité, peu d'encombrement :
le Mercedes 2044 S avec semi-remorque.

Cela semble inévitable : l'augmentation de la circulation diminue la mobilité. Alors, ne serait-il pas judicieux d'utiliser les routes de façon plus économique, c'est-à-dire, de rouler moins, mais de transporter plus ?

Tous les jours, le bon exemple est donné par les véhicules utilitaires et industriels. Ils sont peu nombreux (moins de 12 % du parc total, tous véhicules confondus), mais transportent beaucoup (plus de 67 % du tonnage transporté par voie terrestre). Cette prouesse est plus étonnante encore au regard de la vie quotidienne : où trouverait-on beurre, bifteck, biscottes et bière s'ils n'étaient pas livrés, tous les jours, par des camions et des camionnettes ? Partout, sans doute, sauf dans votre supermarché.

Chez Mercedes-Benz, nous ne nous satisfaisons pas d'une attitude passive : nous essayons constamment d'augmenter le rendement de nos véhicules.

Etrangement, cela passe souvent par des réductions. En effet, en 20 ans nous avons réduit la consommation de nos véhicules de 30 % et créé une nouvelle génération de moteurs, dont le niveau d'émissions réduit est nettement inférieur aux normes Euro 1.

Cette avance technologique a permis aussi de réduire très sensiblement le bruit des moteurs. Ainsi, il faudrait 12 camions d'aujourd'hui pour faire autant de bruit qu'un seul camion de 1974. Ce qui démontre bien que nos idées ne profitent pas seulement à nos produits mais à nous tous.

Mercedes-Benz
Véhicules Industriels
Entre nous, c'est solide.

**A   Compte rendu**
Faites un compte rendu synthétique des textes 1-3 en distinguant soigneusement informations, explications et propositions.

**B   Exposé-débat**
Préparez vos arguments ainsi que ceux d'un éventuel adversaire pour présenter et défendre votre point de vue au sujet de la question :

*L'augmentation du transport routier - faut-il y mettre fin ?*

## 4. Zurück unter die deutsche Flagge

Nach dem als kritisch bezeichneten Jahr 1999 fährt die deutsche Seeschifffahrt nun wieder auf Wachstumskurs. Dank der guten Konjunktur auf vielen Auslandsmärkten sind die weltweiten Transportmärkte in diesem Jahr um sieben Prozent gewachsen. Sowohl in der Linienschifffahrt als auch auf den Chartermärkten zogen die Frachtraten wieder an, berichtet der Verband Deutscher Reeder (VdR). Am deutlichsten stiegen die Preise bei mittelgroßen Containerschiffen, die in den vergangenen Jahren allerdings auch den schärfsten Ratenverfall erlebt hatten. Bei kleineren Schiffen besteht laut VdR noch ein erheblicher Nachholbedarf: Deren Ertragslage sei noch nicht befriedigend, vor allem wegen der sprunghaft gestiegenen Brennstoffkosten. Erste "Bremsspuren" in der Ratenentwicklung beobachtet die Branche allerdings wieder seit dem Herbst.

Der VdR-Vorsitzende Frank Leonhardt rechnet aber für 2001 noch mit einer relativ stabilen Entwicklung. Wegen der erwarteten Ausweitung des Angebots an Containertonnage seien die Marktprognosen für 2002 aber eher zurückhaltend.

Deutsche Reeder managten in diesem Jahr rund 1.900 Schiffe mit 21,1 Millionen BRZ (Bruttoraumzahl). Das waren 100 Schiffe oder 2,1 Millionen BRZ mehr als 1999. Der Auftragsbestand der Reeder für Neubauten wird zum Jahresende einen Wert von 16 Milliarden DM erreichen. Nach den Griechen sind sie damit die zweitgrößten Besteller. Die meisten Aufträge betreffen Containerschiffe, die in den Jahren 2001 und 2002 abgeliefert werden sollen. Mit ihrer regen Investitionstätigkeit liegen die Reeder im Trend: Der Weltauftragsbestand ist in diesem Jahr sprunghaft gestiegen und hatte zur Jahresmitte den höchsten Stand seit 1976 erreicht. Vier Fünftel aller Aufträge gehen nach Ostasien, und der größte Brocken (43 Prozent) entfällt dabei auf Süd-Korea. Deutsche Werften nehmen in der Statistik zwar den vierten Platz ein, aber ihr Anteil am gesamten Auftragsbestand liegt bei nur 3,3 Prozent.

Das 1999 eingeführte Tonnagesteuersystem hat sich laut Leonhardt stabilisierend auf den Schiffstandort Deutschland ausgewirkt : Die Reeder holen ihre Schiffe aus ausländischen, billigeren Seeschiffsregistern zurück und managen auch Teile ihrer Aktivitäten wieder von Deutschland aus. Dies gilt vor allem für das Personalmanagement, aber weniger für die Beschäftigung auf den Schiffen. An Bord ist der Arbeitsmarkt laut VdR differenziert zu sehen: Die Nachfrage nach Führungspersonal kann kaum befriedigt werden, während das Angebot an Arbeitsplätzen für nicht oder gering qualifizierte Beschäftigte schrumpft. Der VdR macht dafür die hohe Sozialkostenbelastung der Arbeitsplätze auf Schiffen unter deutscher Flagge verantwortlich und fordert, dass die Wettbewerbsbedingungen dieser Schiffe an das Niveau der europäischen Nachbarstaaten angepasst werden.

(SZ, 15/12/2000)

**Compte rendu**
Faites un compte rendu en français des informations de l'article.

## 5. Toys "R" US réduit ses stocks de 25 %
## La centralisation des commandes a permis de planifier les flux

### 1. Passage en caisse

Le scanner des caisses décode les informations fournies par le code-barres du jouet acheté par le client (dénomination de l'article, coloris, etc.). Les données sont ensuite automatiquement traitées durant la nuit.

### 2. Centralisation des baisses de stocks

Le lendemain matin, les services centraux, reliés par informatique aux trente succursales, disposent des volumes de vente et de l'état des stocks pour les 18 000 références.

### 3. Transmission des commandes

Le service achats détermine les besoins des magasins en analysant les variations de stock et les prévisions de vente, puis transmet ses commandes par informatique pour les livraisons comprises dans un délai de un à six mois.

Les réapprovisionnements à court terme sont pris en charge par le service gestion de stocks, qui affecte aux magasins les marchandises déjà en entrepôt ou sur le point d'être livrées.

### 4. Livraison fixée à 15 minutes près

Dès la confirmation de la commande, le service trafic fixe l'horaire de la livraison au quart d'heure près pour éviter les engorgements à l'entrepôt. Le délai est établi sur la base du flux journalier prévisionnel de cartons, calculé d'après le chiffre d'affaires quotidien de l'année précédente.

### 5. Calcul de la répartition des cartons

Deux jours avant la livraison, un logiciel calcule le nombre de cartons destinés à chaque magasin en fonction de la quantité d'articles commandés. Des étiquettes code-barres sont éditées. Elles comportent la référence de l'article et le numéro du magasin d'affectation.

### 6. Réception à l'entrepôt

Les camions des fournisseurs se présentent aux portes de réception de l'entrepôt où les cartons sont déchargés, étiquetés, puis placés sur une rampe du convoyeur. Un quart des articles (d'une dimension supérieure à 1mx78cm) sont traités à la main.

### 7. Tri électronique des marchandises

En cours d'acheminement, les cartons passent sous un lecteur de code-barres. Dès que l'étiquette est déchiffrée, les cartons sont dirigés vers la rampe correspondant à leur magasin d'affectation. Si le code-barres ne peut pas être lu, les cartons sont orientés vers une rampe d'attente et sont replacés dans le circuit après vérification.

### 8. Départ des cartons

Les semi-remorques en partance pour les 30 points de vente du réseau sont en attente aux 28 portes d'expédition. Les cartons sont chargés à la main, en vrac.

### 9. Livraison au magasin

Chaque magasin reçoit 3 à 4 camions par semaine en période normale et 2 à 7 par jour en période de pointe. Les responsables de boutiques réceptionnent les colis dont le contenu a été préalablement déterminé par le service central des achats.

La nouvelle logistique a fait passer le temps de transmission d'une commande de 6 jours à l'instantané et la durée du transit en entrepôt de 3 jours à 20 minutes. En 1994, la productivité s'est élevée à 47 cartons traités par heure en période de pointe, contre 22 en 1993 (il fallait 4 700 heures pour faire transiter 105 000 cartons en 1993, alors que l'an dernier 3 300 heures ont suffi pour en traiter 147 000). Dans le même temps, le nombre de cartons déstockés est passé de 80 000 à 47 000.

(L'Essentiel du Management. Août 1995)

### A    Questions de compréhension

1. Comment les services centraux reçoivent-ils les informations sur le nombre de jouets vendus dans les succursales ?
2. Combien d'articles différents sont mis à la vente par Toys "R" US ?
3. Quel est le rôle du service achats ?
4. Que se passe-t-il quand les magasins ont un besoin immédiat de marchandise ?
5. Comment évite-t-on les encombrements à l'entrepôt ?
6. Comment la distribution des marchandises est-elle préparée ?
7. De quelle manière le convoyeur fonctionne-t-il ?
8. Quels articles ne peuvent pas être triés automatiquement ?
9. Comment s'effectue le chargement ?
10. A quel rythme les livraisons aux magasins se font-elles ?

### B    Résumez le texte en quelques lignes.

### C    Analyse

1. Expliquez le rôle des différents services dans le système décrit. Faites un schéma. Expliquez les gains de temps et d'efficacité par rapport à un système traditionnel.
2. Expliquez "logistique", "centralisation des commandes", "planification des flux".

## 6. La Poste déserte le rural

Si un jour, passant par Cantoin, vous voulez affranchir une lettre ou déposer de l'argent sur votre CCP, allez directement à l'épicerie. Depuis que la poste, faute d'activité suffisante, a fermé son bureau voilà quelques années, c'est l'épicière qui donne les coups de tampon. A Huparlac, dans l'Aveyron, la poste s'est installée dans la mairie. Dans les Vosges, un même bâtiment héberge la poste et l'antenne locale de l'ANPE.

Ces initiatives pourraient faire croire que la Poste tente par tous les moyens de multiplier sa présence dans l'Hexagone. En fait, elle poursuit le but exactement inverse. Comme la SNCF, encombrée par les lignes secondaires non rentables, elle essaie aujourd'hui de se débarrasser de ses petits guichets ruraux. Parce que la présence en zone dépeuplée lui coûte cher : pas loin de 3 milliards de francs par an, soit à peu près le montant des pertes que l'entreprise publique a enregistrées en 1993... Un bureau de poste sur dix fonctionne, en effet, moins d'une demi-heure par jour, faute de clientèle. Aussi une cinquantaine de bureaux ont-ils été fermés dans les années récentes, remplacés (ou non) par une épicerie ou un guichet de la mairie. Et la Poste voudrait bien aller au-delà, pour rééquilibrer ses comptes.

Mais en plein débat sur la politique d'aménagement du territoire et sur la lutte contre la désertification des campagnes, l'entreprise ne peut pas afficher clairement son objectif. La Poste, toute "entreprise" qu'elle est, a une tutelle politique, le ministre des Postes et Télécommunications. Les élus font valoir aux yeux de cette tutelle le symbole et les revenus que la présence postale génère. Un village sans receveur des postes aura du mal à retenir ses commerces et donc, in fine, ses habitants. Ce sont près de 500 millions de francs qui sont injectés chaque année dans l'économie d'un département, sous la forme de salaires versés aux agents et de frais d'entretien des locaux.

L'Etat a accepté d'alléger la taxe professionnelle de la Poste, en ne la chargeant qu'à hauteur de 15 % de ce qu'elle devrait payer. Ce qui représente un avantage de 1,8 milliards par an. Mais le compte n'y est pas. D'autant que l'entreprise est obligée, dans le même temps, d'affronter la concurrence de sociétés privées sur le terrain de la distribution du courrier, qui était jadis sa chasse gardée. En particulier, celui des envois accélérés. La Poste préférerait d'ailleurs faire porter l'essentiel de ses efforts sur les services aux entreprises (85 % du courrier traité), un marché plus rentable et moins compliqué que celui des particuliers.

André Darrigrand, le président de l'entreprise publique, n'en démord donc pas : « La Poste présente partout directement et par ses propres bureaux en zone rurale, c'est une singularité française ! » Singularité d'autant plus difficile à maintenir que l'Etat impose à sa filiale postière deux objectifs qui semblent contradic-toires : assurer un service public auprès de tous, notamment auprès des personnes âgées et isolées, et équilibrer ses comptes... Tous les efforts consistent donc à faire passer le nouveau concept de « présence postale » auprès des responsables politiques d'abord, auprès du public ensuite. Le message est clair : il s'agit de démontrer que le service postal peut être assuré fort correctement alors même qu'il n'existe pas ou plus de bureau de poste.

Parallèlement, on recherche toutes les associations possibles. La Poste lorgne en particulier vers les réseaux bien implantés et susceptibles de prendre en charge à moindres frais ses opérations. Le premier est celui des 30 000 débits de tabac. Les buralistes, puisqu'ils vendent déjà des timbres, pourraient élargir leur palette de services à l'affranchissement, naturellement contre rémunération. Une convention a été signée dans ce sens avec leur syndicat professionnel. Autre réseau, celui des commerces. En juillet dernier, André Darrigrand a signé avec Alain Madelin, le ministre des Entreprises, un accord instituant des aides pour la création de « points-services » postaux tenus par des artisans ou des commerçants. Près de 500 points de ce genre existant déjà, l'objectif est de doubler ce chiffre d'ici à juillet 1996.

Le dernier réseau sur lequel La Poste a des visées est celui des mairies, plus particulièrement celles des 32 000 communes de moins de 2 000 habitants. Les mairies des petites communes disposent en effet d'agents qui sont loin d'être occupés toute la journée et qui pourraient donc jouer le rôle de postier. Mais les maires ne sont pas tous ravis de cette initiative. Ils sont nombreux à dénoncer le désengagement de la Poste, qui se double, selon eux, d'un transfert de charge du client vers le contribuable de la municipalité : si La Poste subventionne l'emploi du secrétaire de mairie-postier (environ 1 300 francs par mois), c'est à la commune de financer le reste... En bref, ce qui était auparavant un dû, le service public de proximité, est devenu un coût.

(L'Expansion, 21/11/1994)

## A    Questions de compréhension
1.    A quels problèmes la Poste se voit-elle confrontée dans les zones rurales ?
2.    Quelle est sa réponse à  ces problèmes ?
3.    Quels arguments s'opposent à la fermeture de bureaux de poste à la campagne ?
4.    De quelle manière l'Etat favorise-t-il la Poste ? Est-ce une mesure efficace ?
5.    Quel nouvel élément aggrave le problème de la Poste ?
6.    Caractérisez le nouveau concept de « présence postale ».
7.    Quelles associations la Poste envisage-t-elle ?
8.    Quelle critique est avancée par les maires ?

## B    Résumé
Résumez le texte en quelques lignes.

## 7. Fit für den Wettbewerb
### Interview mit Postchef Zumwinkel

*Focus*: Den weitaus größten Gewinn erzielt Ihr Unternehmen bis heute mit dem Brief. Ist es nicht eine Mogelpackung, die frühere Beamtenpost Anlegern als modernen Logistikkonzern zu verkaufen?

*Zumwinkel*: Wir haben uns extrem verändert, doch für uns zählt letztlich auch der Brief zur Logistik-Sparte. Der wird ja auch transportiert.

*Focus*: Aber dieses profitable Geschäft ist gefährdet- durch Internet und E-Mail.

*Zumwinkel*: Diese Befürchtung gab es auch, als sich Telefon und Fax verbreiteten. Trotzdem ist das Geschäft immer angestiegen. Der Standardbrief wird vermutlich in den nächsten zehn Jahren um ein bis zwei Prozent jährlich zulegen. Die Werbepost wächst sogar um sieben bis acht Prozent.

*Focus*: Die EU könnte Ihnen einen Strich durch die Rechnung machen und das Briefgeschäft liberalisieren.

*Zumwinkel*: Wir fühlen uns eigentlich fit für den Wettbewerb. Vorerst will Brüssel wohl nur das Geschäft mit den Briefen oberhalb von 100 oder 150 Gramm freigeben. Das trifft weniger als zehn Prozent unseres Umsatzes mit Briefen. Eines darf aber nicht passieren: dass wir auf null runtergehen und andere Länder ihre Schutzzäune aufrecht erhalten.

*Focus*: Kritiker sagen, die Post hätte dafür munter Beihilfen kassiert.

*Zumwinkel*: Unsinn. Seit ich bei der Post bin, hat es nie auch nur eine Mark gegeben - weder einen Zuschuss noch eine Steuersubvention.

*Focus:* Wenn die Konkurrenz erst mal den Fuß in der Tür hat, dürfte es aus sein mit Umsatzrenditen von 20 Prozent im Briefgeschäft.

*Zumwinkel:* In der Logistik wären schon fünf bis zehn Prozent sehr gut. Aber da steht zunächst die Integration an. Ziel ist es, dass in drei bis fünf Jahren der Brief und die anderen drei Bereiche Logistik, Express und Postbank je 50 Prozent zum Ergebnis beitragen.

*Focus:* Was lernen Sie eigentlich aus dem momentanen Absturz der T-Aktie?

*Zumwinkel:* Da sprechen wir uns mal in vier Wochen wieder.

*Focus:* Wann soll bei Ihnen die zweite Tranche folgen?

*Zumwinkel:* Ich wünsche mir, dass sich der Bund auch über die derzeit angestrebten 50 Prozent hinaus von Postanteilen trennt. Zur zweiten Tranche gibt es derzeit keine Planungen.

*Focus:* Und wie viele P-Aktien kauft der Chef?

*Zumwinkel:* Ich zeichne im Umfang des Mitarbeiterprogramms für 13 000 Mark. Natürlich bei Easytrade, unserer Online-Tochter.

(Focus, 03/11/2000)

**A    Compte rendu**
Faites un compte rendu en français de l'entretien avec M. Zumwinkel.

**B    Exposé-débat**
Préparez, en vous appuyant sur les textes 6 et 7, vos arguments pour présenter et défendre votre point de vue dans un débat à propos de la question :

*La Poste - devrait-elle devenir une entreprise*
*comme les autres ?*

## INFORMATIONS

**Critères de choix du mode de transport**
- rapidité
  - indispensable pour les denrées périssables
  - important pour augmenter les possibilités de bénéfice
- conservation de la marchandise
  - nécessaire de choisir le moindre risque
- prix

| | |
|---|---|
| Transport ferroviaire | Toutes les marchandises, surtout grandes quantités, grande distance |
| Transport routier | Toutes les marchandises, surtout quantités limitées, courte et moyenne distance |
| Transport fluvial | Marchandises encombrantes, envois massifs, grandes distances, sans considération de délais |
| Transport maritime | Marchandises encombrantes, envois massifs, à travers les océans, sans considération des délais |
| Transport aérien | Marchandises à livrer dans des délais d'urgence, marchandises de valeur et fragiles |

## L'infrastructure

- **Le réseau autoroutier**
  En 1960, les pouvoirs publics ont mis en place un vaste programme autoroutier. La construction et l'exploitation des autoroutes ont été concédées à des sociétés privées en 1969. Le réseau reflète le centralisme français : la plupart des autoroutes partent de Paris en forme d'étoile. La même constatation peut être faite pour le réseau ferroviaire. Malgré les efforts des dernières années, il est encore très difficile de contourner Paris.
  Le réseau autoroutier allemand est le plus long d'Europe. Sa construction avait déjà commencé avant la guerre. En général, le réseau routier et ferroviaire polynucléaire de l'Allemagne contraste fortement avec son homologue français.

- **Le réseau navigable**
  Concentré au nord-est d'une ligne Le Havre - Marseille, le réseau navigable français reflète la carte industrielle de la France de l'époque où l'industrie se concentrait dans les régions de l'Ile-de-France, du Nord, de l'Est et de la vallée du Rhône. Aussi le réseau n'est-il pas homogène, la France de l'Ouest, du Centre et du Midi étant mal desservie. La majeure partie du réseau effectivement utilisé comprend des canaux de petit et moyen gabarit. La France souffre donc d'un certain handicap.
  En Allemagne, les voies navigables assurent une bonne partie du transport intérieur de marchandises. Elles sont centrées sur le Rhin, qui, fort d'un aménagement continuel depuis plus d'un siècle, figure au rang des principales voies navigables mondiales. Sur le fleuve se greffent de nombreux canaux à grand gabarit.

- **Les grands ports maritimes**

  La France dispose de trois façades maritimes. Dès 1965, les pouvoirs publics créent six ports autonomes, gérés en commun par les collectivités locales et l'Etat : Dunkerque, Le Havre, Rouen, Nantes-Saint-Nazaire, Bordeaux, Marseille. En fait, seuls deux ports, Le Havre et Marseille, répondent entièrement aux exigences de la navigation actuelle. La situation des ports est mauvaise.

## Les transporteurs

- **Le transport par chemin de fer** est assuré en France par le SERNAM, Service National de Messagerie de la SNCF.

  Le SERNAM effectue les transports de moins de 5 tonnes par voie ferrée. L'expédition peut être faite en port payé (port payé par l'expéditeur) ou contre remboursement.

- **Les transports routiers** utilisent divers types de véhicules plus ou moins spécialisés. Beaucoup d'entreprises ont leur propre service de transport ; les autres confient les colis à des entreprises de messageries, les expéditions de détail à des transporteurs qui effectuent des groupages, les chargements complets en général à des transporteurs spécialisés (affrétage).

- **Les transports aériens :** les marchandises sont transportées soit dans des appareils mixtes passagers frets - soit dans des cargos. On distingue les colis postaux, d'un poids maximum de 20 kilos, accompagnés d'un bulletin d'expédition ; les envois de messageries accompagnés d'une lettre de transport aérien.

- **Les transports maritimes** de marchandises s'effectuent surtout par des navires spécialisés (pétroliers, porte-conteneurs.. ). Le document de transport est le connaissement.

### Les transitaires

Ce sont des intermédiaires qui font profiter l'entreprise de leurs compétences de spécialistes et des conditions plus favorables qu'ils obtiennent des transporteurs. C'est particulièrement intéressant pour les petites entreprises.

En France, il y a deux statuts juridiques :

- le **commissionnaire** qui choisit les sous-traitants, est responsable des fautes de ses substitués et est tenu à une obligation de résultat ;

- le **mandataire** qui exécute les ordres de son mandant, ne choisit pas le transporteur, n'est responsable que de ses propres fautes et est tenu à une obligation de moyens.

En Allemagne, cette distinction n'existe pas. Le "Spediteur" n'est responsable que de ses propres fautes.

# Les Incoterms

En 1936, la Chambre de Commerce Internationale a mis au point les principaux termes employés dans la vente internationale. En 1953, 1978 et 1990, les termes ont été remis à jour.

Ces Incoterms (International Commercial Terms) sont des règles qui définissent les obligations réciproques du vendeur et de l'acheteur, fixent la responsabilité et les devoirs de chacune des parties et répartissent entre les contractants les frais relatifs au transport, à l'assurance etc. Ils indiquent précisément le point de transfert du risque et des frais.

Les Incoterms ont un caractère facultatif, mais sont strictement applicables dans les contrats qui s'y réfèrent.

| Groupe E | EXW | Ex works | Ab Werk | À l'usine |
|----------|-----|----------|---------|-----------|
| Groupe F | FCA | Free carrier | Frei Frachtführer | Franco transporteur |
|          | FAS | Free alongside ship | Frei Längsseite Schiff | Franco le long du navire |
|          | FOB | Free on board | Frei an Bord | Franco bord |
| Groupe C | CFR | Cost and freight | Kosten und Fracht | Coût et fret |
|          | CIF | Cost, insurance, freight | Kosten, Versicherung, Fracht | Coût, assurance, fret |
|          | CPT | Carriage paid to | Frachtfrei | Fret payé jusqu'à |
|          | CIP | Carriage and insurance paid to | Frachtfrei versichert | Fret et assurance payé jusqu'à |
| Groupe D | DAF | Delivered at frontier | Geliefert Grenze | Rendu frontière |
|          | DES | Delivered ex ship | Geliefert ab Schiff | Rendu à bord du navire |
|          | DEQ | Delivered ex quay | Geliefert ab Kai | Rendu à quai |
|          | DDU | Delivered duty unpaid | Geliefert unverzollt | Rendu droits non acquittés |
|          | DDP | Delivered duty paid | Geliefert verzollt | Rendu droits acquittés |

**Obligations du vendeur selon les clauses :**

- **E :** mettre la marchandise dûment emballée à la disposition de l'acheteur, sur le terrain de l'usine.

- **F :** remettre la marchandise au transporteur désigné par l'acheteur.

- **C :** conclure un contrat de transport. Mais à partir de la remise de la marchandise au transporteur, l'acheteur supporte les risques du transport.

- **D :** prendre en charge tous les coûts et risques jusqu'à ce que la marchandise soit arrivée au lieu de sa destination.

# Les documents de transport

La reconnaissance de la prise en charge de la marchandise par le transporteur ou le transitaire est matérialisé par un document de transport.

- **Transport routier : la lettre de voiture CMR**
  C'est la preuve du contrat de transport et en même temps le seul document à faire foi des instructions données au transporteur. Il est donc indispensable qu'il accompagne chaque envoi. Elle est émise par l'expéditeur en 3 originaux + copies. Elle est en principe signée par l'expéditeur. La signature du transporteur vaut preuve de la prise en charge des marchandises en bon état apparent.

- **Transport ferroviaire : la lettre de voiture CIM**
  C'est la preuve du contrat de transport (des instructions données au chemin de fer) et de la prise en charge par le transporteur de marchandises en bon état apparent. Elle est émise par la Sernam (pour la messagerie) ou par la SNCF. Elle est remplie en partie par l'expéditeur, en partie par le chemin de fer. L'original est conservé par le chemin de fer, le "duplicata" est remis à l'expéditeur.

- **Transport maritime : le connaissement**
  Par le connaissement l'affréteur reconnaît s'être chargé du transport des marchandises déterminées et s'engage à les remettre dans le port de destination au réceptionnaire nommément désigné. C'est le seul document qui est en même temps un titre représentatif de la propriété de la marchandise. Il est émis en quatre exemplaires, dont deux originaux "commerciaux".
  Il peut être émis "à personne dénommée", "à ordre" : c'est alors un titre cessible par endossement ou au porteur (dangereux).
  Il peut être "net de réserves", ce qui certifie la prise en charge des marchandises en bon état apparent ou "surchargé" ou "clausé", c'est-à dire qu'il comporte des réserves du transporteur sur la quantité ou l'état de la marchandise.

- **Transport aérien : la lettre de transport aérien (LTA)**
  Ce n'est qu'avec la signature par la compagnie aérienne après embarquement et le numéro de vol que la LTA atteste de l'expédition effective. Elle est émise en 3 originaux et 6 à 11 copies.

Le fournisseur informe le client par un **avis d'expédition** qui contient : date et objet de la commande, date et mode d'expédition, marquage des colis ou caisses.

Pour les expéditions de détail, la signature du bon de livraison ou du récépissé suffit. Dans ce cas, c'est le chauffeur qui décharge.
Lors de la livraison, le transporteur remet au destinataire **le bon de livraison**, qui lui permet de vérifier l'envoi. Le destinataire signe le **bon de réception** qui est conservé par le transporteur.

## Les factures

- **La facture commerciale**
  Elle contient en général : date et numéro de la commande, quantité et spécification des marchandises, marquage des colis ou caisses, prix unitaire, frais additionnels, déductions et remises, prix total, délai de paiement.
- **La facture consulaire** : elle est visée au départ par le consulat du pays destinataire. Elle est établie pour être présentée, à titre de certificat d'origine, à la douane du pays destinataire. Elle est exigée, à l'importation, dans quelques pays, surtout de l'Amérique latine.
- **La facture proforma** : elle est établie par le vendeur si le client doit payer à l'avance, ou pour permettre à ce dernier de demander une licence d'importation etc.
- **La facture douanière** : c'est un document que la douane de certains pays, surtout le Canada et les pays du Commonwealth, demande à l'occasion de l'importation de marchandises. Elle sert de base à la fixation des droits de douane.

## Les contrôles

Le destinataire doit procéder à un certain nombre de contrôles : des scellés, de la qualité du chargement, du nombre de colis, de l'état de chacun des colis.
**Un bon de livraison ou d'entrée en magasin** est en général émis, précisant : l'identité du fournisseur, le numéro de la commande, la quantité reçue et la quantité ayant éventuellement subi des avaries.

## Les réserves

- **En cas de livraison par la route**
  Le destinataire qui constate des avaries doit en prévenir le transporteur et émettre des réserves. Si les dommages sont apparents, un constat contradictoire doit être établi avec le chauffeur, ou des réserves mentionnées sur le bon de livraison ou la lettre de voiture et confirmées ensuite par écrit. Si les dommages ne sont pas apparents, les réserves doivent être formulées par écrit au transporteur dans les 7 jours de la livraison. Les réserves doivent être précises et motivées.

- **En cas de livraison par chemin de fer**
  Les avaries constatées doivent être mentionnées sur un procès-verbal établi par le chemin de fer, en cas de dommages apparents, dès la livraison, en cas de dommages non apparents, dans les 7 jours de la livraison.

- **En cas de livraison maritime**
  Les avaries ou manquants doivent être signalés par écrit dès la livraison ou dans les 3 jours de la livraison.

Si une insuffisance de l'emballage a été mentionnée sur le document de transport et que le lien avec le dommage est établi, la présomption de responsabilité pesant sur le transporteur est annulée. La couverture d'assurance tombe aussi.

# Les opérations douanières

Les marchandises peuvent être dédouanées par l'importateur ou l'exportateur. L'entreprise peut créer son propre service douane. Mais elle peut également recourir à des opérateurs spécialisés qui réalisent le dédouanement pour le compte de tiers, au nom d'autrui (représentation directe avec responsabilité limitée) ou en leur propre nom (représentation indirecte avec responsabilité solidaire).

**Le commissionnaire agréé en douane** dispose d'un agrément de la Direction générale des Douanes. En cas de déclaration fausse ou inexacte, il est responsable vis-à-vis de la douane et il doit acquitter les droits, taxes et amendes exigibles.

- **Le DAU/document administratif unique**

  C'est le formulaire harmonisé, mis en place par l'Union européenne pour effectuer toutes les déclarations douanières. Depuis 1993, son utilisation ne concerne que les relations entre l'UE et les pays tiers ainsi que les départements d'outre-mer. Le DAU est un outil de contrôle pour les autorités douanières. Il se compose de huit feuillets qui peuvent être utilisés de façon totale ou partielle. Les informations qui sont portées sur le DAU concernent l'identification des opérateurs, les caractéristiques du contrat commercial et de la logistique, le régime douanier.

  Les marchandises sont acheminées vers un bureau de douane auquel est remis le DAU et les documents annexes tels que la facture, la liste de colisage et éventuellement un certificat sanitaire, un certificat d'origine etc.

Sous certaines conditions, l'entreprise peut bénéficier de modalités de paiement qui soulagent sa trésorerie : le crédit d'enlèvement ou le crédit de droits.

- **Procédure de dédouanement à domicile (PDD)**

  Dédouanement dans les locaux de l'entreprise. Modalités : déchargement des moyens de transport 24 heures sur 24 (chargements non scellés) sans information préalable au service des douanes ; celui-ci doit être avisé à l'issue du déchargement, au moyen d'un avis d'arrivée ; possibilité d'exporter, 24 heures sur 24, les marchandises non soumises à des contrôles particuliers ; envoi à la douane d'un préavis de chargement pour les marchandises exportées soumises à des contrôles particuliers.

- **Procédure simplifiée au bureau (PSB)**

  Le dédouanement au bureau de douane. Objectif : rapidité des opérations de dédouanement dans les échanges avec les pays situés hors de l'Union européenne grâce à la réduction du temps d'immobilisation au bureau de douane, du moyen de transport et des marchandises. Cette procédure permet de disposer des marchandises sans attendre que l'ensemble des formalités aient été effectuées. Modalités : dépôt d'une déclaration préalable au bureau de douane lors de l'arrivée des marchandises qui comporte uniquement les mentions permettant l'identification des marchandises et l'indication du régime douanier choisi. Elle sera régularisée par une déclaration au coup par coup ou par une déclaration récapitulative complémentaire décadaire ou mensuelle. Pour accélérer davantage les formalités de dédouanement, l'entreprise peut fournir les informations de la déclaration préalable de manière anticipée, avant la présentation des marchandises au bureau.

- **Perfectionnement actif**
  Objectif : permettre aux entreprises d'importer des pays situés hors de l'UE des marchandises étrangères pour les transformer, monter ou les incorporer à d'autres fabrications. A l'issue du régime, les marchandises doivent normalement être réexportées. Modalités : **système de la suspension** : les droits de douane, taxes et mesures de contrôle du commerce extérieur sont suspendus lors de l'importation des marchandises ; **système du rembours** : les droits de douane sont acquittés lors de l'importation mais peuvent être remboursés lors de la réexportation des produits hors de l'Union.

- **Perfectionnement passif**
  L'exportation temporaire pour opérations de perfectionnement de marchandises communautaires hors du territoire douanier de la Communauté permet à la réimportation des produits une exonération totale ou partielle des droits à l'importation et des taxes fiscales.

## La logistique

Depuis peu, une préoccupation nouvelle s'est imposée à l'entreprise : la logistique, l'étude de la circulation des flux et du stockage à l'intérieur de celle-ci. Beaucoup d'efforts ont été réalisés par les responsables des domaines de la production, du marketing, ou de l'administration pour réduire les coûts. L'enjeu de la logistique est d'assurer la meilleure fluidité possible des produits dans la filière de production, de réduire au minimum les stocks voire les supprimer. Dans cette optique, la maintenance et la manutention prennent de plus en plus d'importance. Cette action permet de diminuer les coûts de stockage, la durée du cycle de fabrication, donc le besoin en fonds de roulement nécessaire et d'améliorer le niveau de service auprès de la clientèle.

La mise en place de l'EDI (Echange de données informatisé) permet l'intégration des systèmes d'information entre partenaires et donc l'intégration de la chaîne logistique dans son ensemble. Le système permet également de retrouver la localisation d'une unité (colis, palette, conteneur, véhicule) et l'historique de ses déplacements.

## La Poste

En France, elle attend encore sa réforme. Elle reste un établissement autonome de droit public. Elle est l'un des vecteurs les plus puissants de la politique d'aménagement du territoire, et avec 300 000 salariés le premier employeur public. Elle est en train de s'ouvrir vers le commerce, propose de nouveaux services, comme Chronopost, un des leaders dans le transport express. Elle passe des accords, par exemple avec la Poste autrichienne.

En Allemagne, la Poste a été privatisée en 1995. En 2000, elle a été introduite en Bourse et se présente comme grand opérateur logistique.

# Banques et Assurances

| | |
|---|---|
| **Vocabulaire** ......................................................................... | **402** |
| Système bancaire | 402 |
| Compte bancaire | 403 |
| Moyens de paiement | 405 |
| Règlement | 408 |
| Crédits | 410 |
| Placements | 412 |
| Assurances | 416 |
| **Entraînement** ...................................................................... | **421** |
| **Exercices** ........................................................................... | **426** |
| Système bancaire 11.1 | |
| Compte bancaire 1.1-4 ; 4. ; 7.1-3 ; 11.2 ; 19.1-3 | |
| Moyens de paiement 1.5-10 ; 7.4-6 ; 11.3-7 ; 19.4-8 | |
| Règlement 2.1-7 ; 7.7-10 ; 8. ; 11.8-10 ; 12.1-5 ; 16. ; 20. | |
| Crédits 2.8-10 ; 9.1-5 ; 12.6-10 ; 14. ; 17. | |
| Placements 3.1-5 ; 5. ; 9.6-10 ; 15. ; 18. ; 19.9 | |
| Assurances 3.6-10 ; 6. ; 10. ; 13. ; 19.10 ; 21.-24. | |
| **Textes** ............................................................................... | **443** |
| Les Français plus riches aujourd'hui qu'en 1970 (1.) | |
| Bundesbürger werden immer reicher (2.) | 444 |
| Ouvrir un compte "jeunes" à la banque ? (3.) | 445 |
| Compte jeunes : Bagoo (La Poste) (4.) | |
| Les entreprises se passent des banques (5.) | 446 |
| Auslaufmodell Firmenkredit: Der vernachlässigte Mittelstand (6.) | 447 |
| Optionsscheine: Nervenkitzel pur (7.) | 448 |
| Accidents de la vie : comment choisir son contrat ? (8.) | 449 |
| **Informations** ...................................................................... | **450** |
| Le système bancaire français | |
| Les banques centrales | 451 |
| Moyens de paiement et règlement | 453 |
| Crédits | 457 |
| La Bourse | 458 |
| Les assurances | 462 |

## VOCABULAIRE

### Système bancaire

| | |
|---|---|
| **le système bancaire** | das Bankwesen |
| le contrôle de la profession bancaire | die Bankenaufsicht |
| les autorités (f) de tutelle | die Aufsichtsbehörden |
| la Commission bancaire | der Bankenausschuss |
| la réglementation bancaire | das Bankenrecht |
| l'agrément (m) | die Genehmigung, Zulassung |
| | |
| la banque centrale, -d'émission | die Zentral-, Notenbank |
| l'institut, l'établissement de crédit | die Kreditanstalt, das Kreditinstitut |
| la banque à réseau | die Filialbank |
| la succursale, l'agence | die Filiale |
| le guichet | der Schalter |
| la banque universelle, | die Universalbank |
| la banque à vocation générale | |
| la banque commerciale | die Geschäftsbank |
| la banque de dépôts | die Depositenbank |
| la caisse d'épargne | die Sparkasse |
| le crédit mutuel | die Raiffeisenbank |
| la banque spécialisée | die Spezialbank |
| la banque d'escompte | die Diskontbank |
| la banque hypothécaire | die Hypothekenbank |
| l'établissement financier | das Finanzinstitut |
| la société financière | die Finanzierungsgesellschaft |
| la banque d'investissement | die Investmentbank |
| la maison de titres | das Wertpapierhaus |
| OPCVM/organismes de placements | Sammelfonds und |
| collectifs de valeurs mobilières | Investmentgesellschaften |
| | |
| **les opérations/transactions bancaires** | die Bankgeschäfte |
| la création de monnaie scripturale | die Buchgeldschöpfung |
| l'intermédiation (f) bancaire | die Bankdienstleistung(en) |
| l'intermédiation financière | die Kapitalvermittlung |
| l'ingénierie financière | die Finanztechnik |
| les services bancaires de base | die elementaren Bankdienstleistungen |
| les opérations de détail | das Mengengeschäft |
| les opérations de la banque | die Eigengeschäfte |
| pour son propre compte | |
| le secret bancaire | das Bankgeheimnis |
| | |
| le taux d'intérêt | der Zinssatz |
| à long/court terme | lang-/kurzfristig |
| le TBB/taux de base bancaire | der Basiszinssatz, Bankeckzins |
| l'usure (f) | der Wucher |
| l'agio (m) | das Bankagio, die Bankprovision |
| les commissions (f) | die Provisionen |
| le produit net bancaire | das Nettobankprodukt |

| | |
|---|---|
| la compensation | die Verrechnung |
| la chambre de compensation | die Bankenabrechnungsstelle |
| les réserves obligatoires | die Mindestreserven |
| | |
| la surveillance/gestion des risques | die/das Risikoüberwachung/-management |
| le système d'alerte, de détection | das Warnsystem |
| le système de contrôle interne | das interne Kontrollsystem |
| les règles prudentielles | das bankenaufsichtliche Regelwerk |
| encourir, prendre des risques | Risiken eingehen |
| le ratio de solvabilité | der Verschuldungskoeffizient |
| le coefficient de fonds propres | die Eigenkapitalkennziffer |

| | |
|---|---|
| **le refinancement** | die Refinanzierung |
| le marché interbancaire | der Interbankenmarkt |
| le taux monétaire | der Geldmarktsatz |
| l'argent au jour le jour (JJ) | das Tagesgeld |
| le réescompte | die Rediskontierung |
| le nantissement de valeurs mobilières | die Verpfändung von Wertpapieren |
| le taux d'escompte/lombard | der Diskont-/Lombardsatz |
| les opérations d'open market | die Offenmarktgeschäfte |
| la (procédure de) prise en pension | das Pensionsgeschäft |
| l'appel d'offres | der Tender, die Ausschreibung, Zuteilung |
| l'adjudication à taux fixe/variable | der Mengen-/Zinstender |
| les banques soumissionnaires | die Bieterbanken |
| servir les offres | die Angebote bedienen |
| une fourchette allant de .. à .. | eine Bandbreite von .. bis.. |

| | |
|---|---|
| la masse monétaire | die Geldmenge |
| la monnaie fiduciaire | das Papiergeld |
| les dépôts à vue/à terme | die Sicht-/Termindepositen |
| les dépôts d'épargne | die Spareinlagen |

## Compte bancaire

| | |
|---|---|
| **le compte en banque** | das Bankkonto |
| le compte courant, commercial | das Geschäfts-, Kontokorrentkonto |
| le compte-dépôt, de particulier | das Girokonto, Privatkonto |
| le compte d'épargne | das Sparkonto |
| le C.C.P./compte chèques postaux | das Postscheckkonto |
| l'épargnant/déposant | der Sparer/Einleger |
| le livret d'épargne | das Sparbuch |
| le livret A exonéré d'impôt | das steuerfreie Sparbuch A |
| le plafond autorisé | die Höchsteinlage |
| le livret B | das Sparbuch B (Banken) |
| C.O.D.E.V.I./compte (d'épargne) | steuerfreies Konto mit |
| pour le développement industriel | Einlagenhöchstgrenze |
| l'épargne-logement | das Bausparen |
| des dépôts plafonnés à | Einlagenhöchstgrenze |
| le préavis légal pour les dépôts | die gesetzliche Kündigungsfrist für |
| d'épargne | Spareinlagen |

| | |
|---|---|
| la tirelire | die Sparbüchse |
| le bas de laine | der Sparstrumpf |
| la cagnotte (fam) | der Notgroschen |
| le coffre-fort | der Tresor |

**l'ouverture de compte**

| | |
|---|---|
| se faire ouvrir un compte | ein Konto eröffnen |
| l'agence qui tient le compte, | die kontoführende Stelle |
| l'établissement teneur du compte | |
| le chargé de compte | der Konto-, Kundenbetreuer |
| le titulaire d'un compte | der Kontoinhaber |
| la convention de compte | der Kontoführungsvertrag |
| le justificatif de revenu | der Einkommensnachweis |
| déposer sa signature | seine Unterschrift hinterlegen |
| attribuer, affecter un numéro de compte | eine Kontonummer zuweisen |
| le numéro de code confidentiel | die Geheimnummer |
| le relevé d'identité bancaire (R.I.B.) | der Bankkontenidentifizierungsausweis, die Bankverbindung |
| en compte-joint | auf einem gemeinsamen Konto |
| la procuration | die Vollmacht |
| la clôture de compte | die Kontoauflösung |

**la rentrée/sortie de fonds** — der Geldeingang/-ausgang

| | |
|---|---|
| alimenter un compte | ein Konto auffüllen |
| le versement | die Einzahlung |
| remplir un bordereau de versement | einen Einzahlungsschein ausfüllen |
| verser à | einzahlen auf |
| les dépôts à vue | die Sichtdepositen |
| l'avoir (m) | das Guthaben |
| retirer de l'argent | Geld abheben |
| les retraits en espèces, d'espèces | die Barabhebungen |
| créditer un compte de .., porter .. au crédit d'un compte | einem Konto .. gutschreiben |
| débiter un compte de .., porter .. au débit d'un compte | ein Konto mit .. belasten |
| l'avis de crédit/débit | die Gutschrift-/Lastschriftanzeige |
| la date de valeur | die Wertstellung |
| le solde débiteur/créditeur | das Verlust-/Gewinnsaldo, das Soll-/Habensaldo |
| le relevé, l'extrait de compte | der Kontoauszug |
| faire apparaître sur | auf ... aufführen |
| consulter | abfragen |
| la position, l'état d'un compte | der Kontostand |
| l'arrêté de compte | der Kontoabschluss |
| contester une opération erronée | eine irrtümliche Buchung anfechten |
| les encours (m) | das Obligo, die eingegangenen Verbindlichkeiten |

| | |
|---|---|
| faire honneur/manquer à ses engagements | seinen Verbindlichkeiten nachkommen/nicht nachkommen |
| parer aux imprévus | unvorhergesehenen Zahlungen nachkommen |
| la provision suffisante | die ausreichende Deckung |
| un compte approvisionné suffisamment | ein gedecktes Konto |
| mettre un compte à découvert | ein Konto überziehen |
| consentir un découvert à qn | jdm einen Dispokredit einräumen |
| régulariser un découvert, un compte, sa situation | einen Fehlbetrag, seinen Kontostand ausgleichen |
| remédier à | Abhilfe schaffen, ausgleichen |

## Moyens de paiement

| | |
|---|---|
| le moyen de paiement | das Zahlungsmittel |
| la monnaie scripturale | das Buchgeld |
| le billet de banque | die Banknote |
| la petite monnaie | das Kleingeld |
| les disponibilités , les liquidités (f) | die flüssigen Mittel |
| les espèces (f), l'argent liquide, le numéraire | das Bargeld |
| les coupures | die Scheine |
| | |
| le chéquier, le carnet de chèques | das Scheckheft |
| délivrer un chéquier | ein Scheckheft ausstellen |
| établir, faire, tirer, émettre un chèque | einen Scheck ausstellen |
| remplir un chèque | einen Scheck ausfüllen |
| au profit de qn | zugunsten von |
| veuillez payer à l'ordre de | zahlen Sie an |
| le chèque libellé en | der in .. ausgestellte Scheck |
| inscrire la somme | die Summe einsetzen |
| le bénéficiaire | der Empfänger |
| encaisser, honorer un chèque | einen Scheck einlösen |
| toucher de l'argent | Geld erhalten |
| le délai de présentation | die Vorlegefrist |
| | |
| le chèque barré | der Verrechnungsscheck |
| le chèque en blanc/au porteur | der Blanko-/Inhaberscheck |
| le chèque de voyage | der Travelerscheck |
| le chèque antidaté/postdaté | der rück-/vordatierte Scheck |
| le chèque visé, de banque | der Bankscheck |
| le chèque sans provision, en bois (fam) | der ungedeckte Scheck |
| le chèque retourné impayé | der unbezahlt zurückgegebene Scheck |
| le FNCI/fichier national des chèques irréguliers | staatliches Register der Unregelmäßigkeiten im Scheckverkehr |
| inscrire/rayer, effacer | eintragen/streichen, löschen |
| un incident sur le compte | eine Unregelmäßigkeit bei der Kontoführung |
| l'interdit bancaire (m) | das Scheckausstellungsverbot; Person, die mit Scheckverbot belegt ist |

| | |
|---|---|
| **le virement** | die Überweisung |
| les transferts de fonds | der Zahlungsverkehr |
| le transfert scriptural | die bargeldlose Zahlung |
| l'ordre de paiement | die Zahlungsanweisung |
| l'ordre de virement | der Überweisungsauftrag |
| donner ordre | Auftrag erteilen |
| virer à | überweisen auf |
| le mandat-poste | die Postanweisung |
| le talon | der Kontrollabschnitt |
| les ordres permanents, réguliers de virement, les virements automatiques | die Daueraufträge |
| l'avis de prélèvement | die Einzugsermächtigung |
| le prélèvement automatique | die automatische Abbuchung, die Lastschrift |
| faire prélever sur son compte | von seinem Konto abbuchen lassen |
| le procédé de recouvrement direct | das Lastschriftverfahren |
| le T.U.P./titre universel de paiement | die Zahlungsanweisung, |
| le T.I.P./titre interbancaire de paiement | der Einziehungsauftrag |
| **la carte bancaire**, la carte de retrait d'espèces | die Bankkarte |
| les distributeurs automatiques de billets /D.A.B. | die Geldautomaten |
| les heures d'ouverture | die Öffnungszeiten |
| 24 heures sur 24 | rund um die Uhr |
| la carte de crédit | die Kreditkarte |
| la cotisation annuelle | der Jahresbeitrag |
| repérer une **fraude** | einen Betrug feststellen, aufdecken |
| l'utilisation frauduleuse | die widerrechtliche Benutzung |
| un acte d'escroquerie | ein Betrug |
| sécurisé | gesichert |
| la carte périmée | die abgelaufene Karte |
| faire opposition à | sperren lassen |
| **les effets de commerce** | die Handelspapiere |
| la lettre de change | der Wechsel |
| le droit cambiaire | das Wechselrecht |
| le titre à ordre | das Orderpapier |
| la traite | die Tratte, der gezogene Wechsel |
| la LCR/lettre de change relevé | der elektronische Wechsel |
| le billet à ordre | der Solawechsel |
| la traite, remise documentaire | der Dokumentenwechsel |
| **le tireur/le tiré** | der Aussteller/Bezogene |
| le souscripteur | der Aussteller (Solawechsel) |
| tirer une traite sur qn | einen Wechsel ziehen, ausstellen auf |
| le tirage, l'émission, la création | die Ausstellung |
| l'acceptation (f) | das Akzept |
| accepter/honorer une traite | einen Wechsel annehmen/einlösen |

| | |
|---|---|
| escompter/endosser une traite | einen Wechsel diskontieren/indossieren |
| transmissible | übertragbar |
| l'endossement (m) | das Indossament, die Indossierung |
| l'endosseur, le cédant | der Indossant |
| l'endossataire | der Indossatar |
| au verso/recto | auf der Rück-/Vorderseite |
| mettre une traite en circulation | einen Wechsel in Umlauf bringen |
| une traite à trois mois | ein Dreimonatswechsel |
| la traite domiciliée | der domizilierte Wechsel |
| la domiciliation | die Domizilierung, Angabe des Zahlungsortes |
| venir, arriver à échéance | fällig werden |
| à échéance | bei Fälligkeit |
| l'échéancier (m) | das Fälligkeitsverzeichnis |
| présenter/prolonger une traite | einen Wechsel vorlegen/verlängern |
| l'avaliste | der Wechselbürge |
| "pour aval" | "als Bürge" |
| l'aval (m) | die Wechselbürgschaft |
| faire protester une traite | einen Wechsel protestieren lassen |
| la traite protestée/en souffrance | der geplatzte/notleidende Wechsel |
| le protêt | der Wechselprotest |
| le huissier | der Gerichtsbeamte |
| le timbre fiscal | die Steuermarke |

| | |
|---|---|
| **le récépissé-warrant** | der Lagerpfandschein |
| le récépissé | die Empfangsbestätigung |
| le warrant | der Lagerschein, Warrant |
| le droit de gage | das Pfandrecht |
| le créancier gagiste | der Pfandgläubiger |
| la marchandise déposée | die eingelagerte Ware |

| | |
|---|---|
| **le CREDOC**/crédit documentaire | das Dokumentenakkreditiv |
| irrévocable et confirmé | unwiderruflich und bestätigt |
| l'ouverture du CREDOC | die Akkreditiveröffnung |
| le donneur d'ordre | der Auftraggeber |
| la banque émittrice | die ausstellende Bank |
| la banque notificatrice | die avisierende Bank |
| le correspondant | der Geschäftspartner, die Korrespondenzbank |
| le bénéficiaire | der Akkreditivbegünstigte |
| la remise des documents | die Dokumentenübergabe |
| l'encaissement documentaire | das Dokumenteninkasso |
| le contre-remboursement | gegen Nachnahme, Zahlung cash bei Lieferung |
| la lettre de crédit commerciale | der Handelskreditbrief, CLC/Commercial Letter of Credit |
| le crédit adossé | das Gegenakkreditiv, der back-to-back credit |

## Règlement

| | |
|---|---|
| les conditions de règlement | die Zahlungsbedingungen |
| régler | bezahlen, begleichen |
| le règlement | die Bezahlung |
| le lieu de paiement | der Zahlungsort |
| le délai de règlement | die Zahlungsfrist |
| le mode de paiement | die Zahlungsweise |
| la monnaie de facturation | die Währung, in der fakturiert wird |
| payer (au) comptant | bar zahlen |
| comptant net | netto Kasse |
| pour acquit | Betrag erhalten |
| la quittance | die Quittung (nach Bezahlung) |
| le reçu | die Quittung, Empfangsbestätigung |

| | |
|---|---|
| **la gestion des comptes clients** | das Debitoren-Management |
| la facturation | die Rechnungsstellung, Fakturierung |
| la gestion des paiements | die Abwicklung des Zahlungsverkehrs |
| le paiement anticipé, par anticipation | die Vorauszahlung |
| l'avance sur règlement | die Abschlagszahlung |
| à valoir comme .. sur .. | anrechenbar als .. auf .. |
| payable à la commande | zahlbar bei Auftragserteilung |
| octroyer un délai de paiement | ein Zahlungsziel einräumen |
| l'encaissement (m), le recouvrement | das Inkasso, der Einzug |
| l'échéance, la date d'échéance | der Fälligkeitstermin |
| les créances échues | die fälligen Forderungen |
| les impayés | die unbezahlten Rechnungen, offenen Posten |

| | |
|---|---|
| **la facture jointe à l'envoi** | die der Sendung beigefügte Rechnung |
| la facture s'élevant à/ | die Rechnung über |
| au montant de/du montant de | |
| régler la facture déduction faite | die Rechnung bezahlen abzüglich 2 % |
| d'un escompte de 2 % | Skonto |
| créditer le compte du montant, porter | den Betrag dem Konto gutschreiben |
| le montant au crédit du compte | |
| sous les réserves d'usage | unter den üblichen Vorbehalten |
| adresser, remettre un chèque | einen Scheck übersenden, senden |
| en règlement, pour solde de | zum Ausgleich von |
| en paiement de | zur Zahlung von |
| pour recouvrement de | zum Einzug von |
| un chèque bancaire sur le | ein Bankscheck auf den |
| Crédit Lyonnais | Crédit Lyonnais |
| un chèque de la somme de | ein Scheck in Höhe von |
| charger la banque de | die Bank beauftragen |
| virer la somme à un compte auprès | die Summe auf ein Konto bei |
| d'une banque | einer Bank überweisen |
| payer, honorer la traite à l'échéance | den Wechsel bei Fälligkeit einlösen |
| retourner la traite dûment acceptée | den ordnungsgemäß akzeptierten Wechsel zurücksenden |

| | |
|---|---|
| **les difficultés de paiement** | die Zahlungsschwierigkeiten |
| un incident de paiement | die Unregelmäßigkeit bei den Zahlungen |
| le retard de paiement | die Zahlungsverzögerung |
| le défaut de paiement, la défaillance | der Zahlungsverzug, -ausfall |
| les paiements arriérés | die Zahlungsrückstände |
| des décalages ponctuels de trésorerie | punktuelle Liquiditätsengpässe |
| être gêné financièrement | finanziell in Schwierigkeiten sein |
| insolvable | zahlungsunfähig |
| le taux de pertes, défaillances | die Ausfallrate |
| le risque de défaillance | das Ausfallrisiko |
| | |
| demander un sursis | um Zahlungsaufschub bitten |
| proroger, reporter | aufschieben, stunden |
| la prorogation, l'ajournement (m) | die Stundung, der Aufschub |
| bénéficier d'un différé de paiement | Zahlungsaufschub erhalten |
| les facilités de paiement | die Zahlungserleichterungen |
| la remise de la dette | der Schuldenerlass |
| donner/accepter en paiement | in Zahlung geben/nehmen |
| | |
| **présenter un solde débiteur** | ein Sollsaldo aufweisen |
| un solde de .. reste en notre faveur | ein Saldo von .. steht zu unseren Gunsten offen |
| la facture est échue depuis | die Rechnung ist seit .. fällig |
| faire le nécessaire pour régler l'affaire | das Notwendige veranlassen, um die Angelegenheit zu erledigen |
| nous couvrir de ladite somme | uns die besagte Summe zugehen lassen |
| si vous ne payez pas sous huitaine | wenn Sie nicht binnen acht Tagen bezahlen |
| nous avons le regret de .. | wir bedauern |
| nous serons contraints de .. | wir werden gezwungen sein |
| remettre votre dossier à notre service contentieux | Ihr Dossier der Rechtsabteilung zuleiten |
| recourir à la voie légale, intenter une procédure devant le tribunal | den Rechtsweg beschreiten |
| l'action en justice | die Klage |
| la procédure de recouvrement de créances | die Inkassomaßnahmen |
| recouvrer une créance | eine Forderung eintreiben, beitreiben |
| une créance irrécouvrable | eine uneinbringliche Forderung |
| la clause de déchéance | die Verwirkungsklausel |
| la clause résolutoire | die Rücktrittsklausel |
| | |
| **la lettre de relance** | das Mahnschreiben |
| le rappel de paiement | die Zahlungserinnerung |
| la mise en demeure | die Mahnung |
| faute de paiement | mangels Zahlung |
| l'injonction de payer | die Zahlungsaufforderung |
| considérer une lettre comme nulle | ein Schreiben als gegenstandslos betrachten |

| | |
|---|---|
| la titrisation de créances bancaires | die Verbriefung von Bankforderungen |
| les titres de créances négociables | die handelbaren Forderungspapiere |
| la mobilisation d'une créance | die Mobilisierung einer Forderung |
| une créance née sur l'étranger | eine Auslandsforderung |
| les avances sur, la mobilisation de créances | die Forderungsbeleihung |
| l'assurance-crédit | die Kredit-, Forderungsversicherung |
| la société d'affacturage | die Factoring-Gesellschaft |
| céder | abtreten |

**Crédits**

| | |
|---|---|
| les crédits aux particuliers, aux consommateurs, à la consommation | die Verbraucherkredite |
| être endetté | verschuldet sein |
| l'endettement (m) | die Verschuldung |
| le surendettement | die Überschuldung |
| le désendettement | die Entschuldung |
| la reconnaissance de dette | der Schuldschein |
| les crédits aux entreprises | die Firmenkredite |
| le prêt | das Darlehen, die Geldausleihung |
| l'emprunt (m) | die Kreditaufnahme |
| contracter un emprunt | eine Anleihe, ein Darlehen aufnehmen |
| le prêteur/l'emprunteur | der Darlehensgeber/-nehmer |
| prêter/emprunter à qn | jdm/bei jdm leihen |
| le débiteur/créancier | der Schuldner/Gläubiger |
| devoir qc à qn | jdm etw schulden |
| acquitter, régler une dette | eine Schuld begleichen |
| la facilité de caisse | der (kurzfristige) Überziehungsrahmen |
| le crédit, l'avance en compte courant | der Kontokorrentkredit |
| le découvert autorisé | der Überziehungsrahmen, die geduldete Überziehung |
| le crédit permanent, revolving | der revolvierende Kredit |
| le crédit-relais, le crédit intercalaire | der Überbrückungskredit, die Zwischenfinanzierung |
| le crédit de préfinancement | der Vorfinanzierungskredit |
| le crédit de campagne | der Saisonkredit |
| le prêt d'accession sociale | staatlich gefördertes Darlehen zum Erwerb von Wohneigentum |
| le prêt conventionné | Kredit mit Sonderkonditionen (staatliche Zuschüsse) |
| le crédit fournisseur | der Lieferantenkredit |
| le crédit-bail | das Leasing |
| la valeur résiduelle | der Restwert |
| l'attribution, la distribution de crédits | die Kreditvergabe |
| l'octroi d'un crédit | die Kreditgewährung |
| accorder, octroyer, consentir un crédit | einen Kredit gewähren, bewilligen |

| | |
|---|---|
| accepter un dossier | einen Antrag annehmen |
| l'engagement de crédit | die Kreditverpflichtung |
| le dénouement du crédit | die Kreditabwicklung |
| les concours | die Ausleihungen |
| l'encours de crédits | das Kreditvolumen |
| allouer | bereitstellen, zuwenden, auszahlen |
| la mise à disposition du prêt | die Bereitstellung des Kredits |
| | |
| **la convention de crédit,** | der Kreditvertrag |
| le contrat de prêt | |
| aux termes du contrat | vertragsgemäß, laut Vertrag |
| au terme du prêt | im Rahmen des Darlehens |
| le droit découlant de | das aus .. sich ableitende Recht |
| s'engager à | sich verpflichten zu |
| | |
| le remboursement d'un crédit | die Rückzahlung eines Kredits |
| amortir, rembourser | tilgen, zurückzahlen |
| remboursable | rückzahlbar |
| les sommes dues | die Schuldsumme, geschuldeten Beträge |
| le montant en principal | die Kreditsumme |
| facturer des intérêts | Zinsen in Rechnung stellen |
| le taux initial | der Ausgangssatz |
| à taux fixe/variable | mit festem/variablem Zins |
| le TEG/taux effectif global | der effektive Jahreszins |
| les taux pratiqués | die gültigen Zinssätze |
| les taux préférentiels | die Vorzugskonditionen, günstigen Zinsen |
| les intérêts composés | die Zinseszinsen |
| les intérêts débiteurs | die Sollzinsen |
| les intérêts moratoires, de retard | die Verzugszinsen |
| les frais de dossier | die Bearbeitungsgebühren |
| les accessoires, frais annexes | die Nebenkosten |
| | |
| l'exigibilité du prêt entier | die Gesamtfälligstellung |
| le tableau d'amortissement | der Tilgungsplan |
| l'annuité d'amortissement | die jährliche Tilgungsrate, Annuität |
| être à jour de ses échéances | mit seinen Zahlungen auf dem laufenden sein |
| | |
| le remboursement anticipé | die vorzeitige Rückzahlung |
| le capital restant dû | die Restschuld |
| le différé d'amortissement | der Tilgungsaufschub |
| le cas d'exigibilité anticipée | die vorzeitige Fälligstellung |
| la novation | die Schuldumwandlung |
| la poursuite du prêt | die Fortsetzung des Kredits |
| | |
| la cote de crédit | die Bonität, Kreditwürdigkeitseinstufung |
| digne de crédit, solvable, honorable | kreditwürdig |
| la solvabilité | die Kreditwürdigkeit, Zahlungsfähigkeit |
| le taux de pertes sur crédits | die Ausfallquote im Kreditgeschäft |
| la couverture de crédits par des fonds propres | die Unterlegung von Krediten durch Eigenmittel |

**les sûretés**      die Sicherheiten

| | |
|---|---|
| la sûreté, garantie, couverture | die Besicherung |
| à titre de sûreté | als Sicherheit |
| la garantie réelle | die dingliche Sicherheit |
| la caution | die Bürgschaft, Kaution, der Bürge |
| se porter caution pour qn | für jdn bürgen |
| déposer un cautionnement | eine Kaution hinterlegen |
| | |
| nantir un fonds de commerce | ein Geschäft beleihen, verpfänden |
| le nantissement | die Verpfändung |
| mettre en gage | verpfänden |
| le creancier gagiste | der Pfandgläubiger |
| grever d'une hypothèque, hypothéquer | mit einer Hypothek belasten |
| l'inscription de privilège | die Eintragung einer Vorrangigkeit |
| la mainlevée | die Löschung, Ablösung |
| | |
| la cession à titre de garantie | die Sicherheitsabtretung |
| le cédant | der Abtretende |
| le créancier cessionnaire | der Abtretungsgläubiger |
| la cession des créances | die Forderungsabtretung |
| la délégation de police d'assurance | die Abtretung einer Versicherungspolice |
| la notification | die offizielle Zustellung |
| | |
| la réalisation de la sûreté | die Verwertung des Sicherheitsgutes |
| le titre exécutoire | der Vollstreckungsbescheid |
| la saisie-exécution | die Zwangsvollstreckung |
| la revendication | der Herausgabeanspruch |
| la saisie-attribution sur salaire | die Gehaltspfändung |
| insaisissable | unpfändbar |

**Placements**

| | |
|---|---|
| **la gestion de fortune**, de patrimoine | die Vermögensverwaltung |
| le gérant attitré de votre compte | der Privatkundenbetreuer |
| les opérations sur titres réglées au guichet | die Tafelgeschäfte |
| les droits de garde | die Depotgebühren |
| le portefeuille | das Portfolio, der Bestand |
| le détenteur d'un portefeuille | der Inhaber eines Portefeuilles |
| détenir des valeurs mobilières | Wertpapiere halten |
| la période, durée de détention | die Haltefrist |
| l'investisseur (m) | der Anleger |
| faire fructifier son argent | sein Geld arbeiten lassen, ertragreich anlegen |
| | |
| vivre de ses rentes | von seinen Kapitaleinkünften leben |
| le rentier | der Rentier, Privatier |
| les excédents de trésorerie | die Liquiditätsüberschüsse |
| placer son argent | sein Geld anlegen |
| le placement à long terme | die langfristige Anlage |
| investir sur le long terme | langfristig anlegen |

| | |
|---|---|
| les valeurs de père de famille | sichere, risikofreie Anlagen |
| valeurs de croissance | Wachstumswerte |
| valeurs pour audacieux | Risikowerte |
| se laisser leurrer par | sich ködern lassen von |
| l'engouement (m) | die Begeisterung, Eingenommenheit |
| | |
| le rendement | die Rendite |
| le taux actuariel | die Anlagerendite |
| les plus-values | die Wertsteigerungen, Kursgewinne |
| le rapport cours-bénéfice | das KGV/Kurs-Gewinn-Verhältnis |
| la rémunération | die Verzinsung |
| rapporter | einbringen |
| payer | sich auszahlen |
| | |
| passer les ordres par téléphone | die Aufträge telefonisch erteilen |
| l'avis d'opéré | die Ausführungsanzeige |
| disponible | verfügbar |

**les marchés boursiers**

| | |
|---|---|
| le marché officiel, la cote officielle | der amtliche Börsenhandel |
| le S.M./second marché | der Sekundärmarkt |
| le Nouveau Marché | der Neue Markt |
| le marché au comptant | das Kassageschäft, der Spotmarkt |
| le SRD/service à règlement différé | der Terminmarkt, Markt für Termingeschäfte (spätere Zahlung) |
| le marché à terme de marchandises | die Warenterminbörse |
| le M.A.T.I.F./marché à terme international de France | der Markt für Financial Futures, Derivate |
| le M.O.N.E.P./marché des options négociables de Paris | der Optionsmarkt |
| le marché réglementé | der geregelte Markt |
| le compartiment | das Börsensegment |
| le marché libre (OTC) | der Freiverkehr |
| le marché de gré à gré | der freihändige Verkauf, außerbörsliche Handel |
| le marché à la criée | der Präsenzhandel |
| la cotation en continu | die fortlaufende Notierung, der Computerhandel |

**les produits financiers**

| | |
|---|---|
| | die Finanzprodukte, Anlagepapiere |
| les dépôts à terme | die Termindepositen |
| les comptes rémunérés | die zinsbringenden Konten |
| le compte à terme | das Festgeldkonto |
| bloquer, immobiliser | festlegen |
| la durée | die Laufzeit |
| la durée d'immobilisation | die Festlegungsdauer |
| la durée légale minimum | die gesetzliche Mindestlaufzeit |
| récupérer son argent | sein Geld wiederbekommen, sich auszahlen lassen |

| | |
|---|---|
| le titre, la valeur mobilière | das Wertpapier |
| l'action (f) | die Aktie |
| la valeur à revenu variable | das Wertpapier mit variabler Verzinsung, das Dividendenpapier |
| la valeur, le titre à revenu fixe | das festverzinsliche Wertpapier, das Rentenpapier |
| | |
| émettre **des obligations** | Anleihen begeben |
| le syndicat de placement | das Bankenkonsortium |
| garantir la bonne fin du placement | die Platzierung garantieren |
| la prise ferme | die Festübernahme |
| le créancier obligataire | der Obligationsläubiger |
| l'émetteur | der Emittent |
| éligible au marché primaire | emissionsfähig |
| l'emprunt obligataire | die Schuldverschreibung |
| le prix d'émission | der Ausgabepreis |
| la valeur nominale | der Nennbetrag |
| la valeur de remboursement | der Rückzahlungswert |
| l'obligation à coupon zéro | die Nullkuponanleihe, der Zero-Bond |
| le talon | der Erneuerungsschein |
| le coupon | der Ertragsschein, Zinsschein, Zinszahlung |
| le détachement de coupon | die Kuponzahlung |
| l'emprunt, l'obligation à taux variable | der Floater |
| la coupure | die Stückelung |
| l'obligation remboursable en un seul versement | die gesamtfällige Anleihe |
| | |
| rémunérer | verzinsen |
| la date de jouissance | der Beginn der Zinsansprüche |
| le taux plafond | die Zinsobergrenze, Cap |
| le taux plancher | die Zinsuntergrenze, Floor |
| la durée de vie | die Laufzeit |
| la maturité | die Restlaufzeit |
| échéance .. | Laufzeit bis |
| l'indice de référence | die Richtgröße, der Referenzsatz |
| l'emprunt phare | der Benchmarkbond |
| | |
| le PEA/plan d'épargne en actions | der Aktiensparplan |
| le bon d'épargne | der Sparbrief |
| l'OAT/obligation assimilable du Trésor | die Staatsschuldverschreibung |
| le bon du Trésor négociable | der fungible Schatzwechsel, Schatzbrief |
| l'obligation hypothécaire | der Pfandbrief |

| | |
|---|---|
| **l'obligation convertible** | die Wandelanleihe |
| l'OCA/obligation convertible en actions | die Wandelanleihe |
| l'ORA/obligation remboursable en actions | Wandelanleihe ohne Optionsrecht |
| l'OBSA/obligation à bon de souscription d'action | die Optionsanleihe |
| le droit de souscription d'actions | das Bezugsrecht auf Aktien |
| le délai de souscription | die Optionsfrist |
| exercer | ausüben |
| la période de conversion | die Wandlungsfrist |
| la prime | das Aufgeld, Agio |
| le titre/la part bénéficiaire | der Genussschein |
| | |
| **le fonds commun de placement** | der Investmentfonds |
| la SICAV/société d'investissement à capital variable | die Investmentgesellschaft, der Investmentfonds |
| les SICAV monétaires | die Geldmarktfonds |
| le fonds indiciel | der Index-Fonds |
| le fonds sectoriel | der Branchenfonds |
| souscrire à un fonds | Fondsanteile zeichnen |
| l'investissement dans la pierre | die Anlage in Immobilien |
| la part de SCPI/société de placement | der Immobilienfondsanteil |
| le gestionnaire de fonds | der Fonds-Manager |
| pondérer | gewichten |
| panacher | mischen |
| | |
| **le contrat à terme** | der Terminkontrakt |
| l'éligibilité au marché à terme | die Termingeschäftsfähigkeit |
| la liquidation, dénouement | die Glattstellung, Abrechnung |
| la livraison | die Andienung |
| prendre livraison | abnehmen |
| la mise de fonds | der Kapitaleinsatz |
| | |
| **l'option** (f) | die Option |
| l'option d'achat/de vente | die Kauf-/Verkaufsoption |
| la date d'exercice | der Ausübungstag |
| la valeur intrinsèque | der Substanzwert, innere Wert |
| la valeur temps | die Zeitprämie |
| la date d'expiration | der Verfalltag |
| le dépôt de garantie | die Sicherheitshinterlegung |
| le warrant | der Optionsschein |
| le sous-jacent | das Underlying |
| l'effet de levier | der Leverage Effekt, die Hebelwirkung |
| les opérations à découvert | die Leerverkäufe |
| le différentiel, l'écart de taux | der Zinsabstand, Spread |

## Assurances

| | |
|---|---|
| les assurances | das Versicherungswesen |
| le secteur des assurances | die Versicherungswirtschaft |
| la compagnie d'assurances | die Versicherungsgesellschaft |
| les mutuelles | die Versicherungsvereine auf Gegenseitigkeit |
| l'entr'aide | die gegenseitige Hilfe |
| le sociétaire | das Mitglied des Versicherungsvereins |
| la bancassurance | die Allfinanz |
| la réassurance | die Rückversicherung |
| l'assureur | der Versicherer |
| l'assureur-conseil | der Versicherungsberater |
| les agents généraux | die Generalagenten |
| le courtier d'assurance | der Versicherungsmakler |
| le vendeur d'assurance multicarte | der Versicherungsvertreter |
| les éclaircissements (m) | die Erläuterungen |
| | |
| **la police d'assurance** | die Versicherungspolice |
| contracter, souscrire une assurance | eine Versicherung abschließen |
| la souscription d'une police | der Versicherungsabschluss |
| le libellé | die Abfassung, der Wortlaut |
| énoncer clairement | klar formulieren |
| énumérer | aufzählen |
| à cet effet | zu diesem Zweck |
| le cas échéant | gegebenenfalls |
| le certificat d'assurance | der Versicherungsnachweis |
| l'avenant (m) | der Nachtrag, Zusatz (zum Vertrag) |
| les clauses spéciales | die Sonderklauseln |
| les clauses primitives | die ursprünglichen Klauseln |
| résilier une assurance | eine Versicherung kündigen |
| la résiliation par consentement mutuel | die einvernehmliche Auflösung des Vertrags |
| la prime | die Prämie |
| verser une cotisation | einen Beitrag entrichten |
| | |
| **le preneur d'assurances**, souscripteur d'une police d'assurance | der Versicherungsnehmer |
| assurer qc | etw. versichern |
| s'assurer, se garantir contre | sich gegen versichern |
| se prémunir contre | sich absichern gegen |
| couvrir un risque | ein Risiko decken |
| la couverture, la garantie | der Versicherungsschutz |
| bénéficier d'une garantie | versichert sein |
| l'étendue de la garantie | der Umfang des Versicherungsschutzes |
| la prestation | die Versicherungsleistung |
| l'assuré | der Versicherte |
| le bénéficiaire | der Begünstigte |
| la stipulation pour autrui | der Vertrag zugunsten Dritter |

| | |
|---|---|
| **entrer en vigueur** | rechtswirksam werden |
| la date d'effet | der Vertragsbeginn |
| prendre effet | wirksam werden |
| le délai de carence | die Karenzzeit |
| expirer | ablaufen |
| l'échéance, la fin du contrat | das Ablaufen des Vertrags |
| la durée minimale | die Mindestlaufzeit |
| la tacite reconduction | die automatische Verlängerung |
| | |
| **l'assurance branche dommage** | die Schadensversicherung |
| l'assurance multirisque habitation | die Hausrats- und Haftpflichtversicherung |
| l'assurance-incendie | die Feuerversicherung |
| l'assurance vol et incendie | die Diebstahls- und Feuerversicherung |
| l'assurance responsabilité civile | die Haftpflichtversicherung |
| la protection, l'assistance juridique | der Rechtsschutz |
| l'assurance-accident | die Unfallversicherung |
| | |
| l'assurance automobile | die Kfzversicherung |
| l'assurance aux tiers, RC automobile | die Kfz-Haftpflichtversicherung |
| l'assurance tierce-collisions | die Kfz-Schadens- und Haftpflichtversicherung |
| l'assurance tous risques | die Vollkaskoversicherung |
| l'assurance multirisques limitée | die Teilkaskoversicherung |
| avec franchise | mit Selbstbeteiligung |
| le bonus | der Schadenfreiheitsrabatt |
| le malus | die Höherstufung |
| | |
| **l'assurance des marchandises** | die Warenversicherung |
| l'assurance de transport | die Transportversicherung |
| la police d'abonnement, globale, à alimenter | die Globalpolice, laufende Police |
| l'assurance au voyage | die Einzeltransportversicherung |
| l'assurance sur facultés | die Kargoversicherung, Ladungsversicherung |
| le contrat perte d'exploitation | der Vertrag für den Fall des Betriebsausfalls |
| le manque à gagner | der Verdienstausfall |
| entraver/bloquer la production | die Produktion beeinträchtigen/blockieren |

| | |
|---|---|
| **le sinistre** | der Schadens-, Versicherungsfall |
| survenir (à qn) | geschehen (jdm), eintreten (bei jdm) |
| en cas de sinistre | im Schadensfall |
| la nature du sinistre | die Art des Schadens |
| le dégât, dommage matériel | der Sachschaden |
| le dommage corporel | der Personenschaden |
| la victime | das Opfer |
| le, (la) sinistré(e) | der (die) Geschädigte |
| | |
| le vol par effraction | der Einbruchsdiebstahl |
| l'incendie (m) | der Brand, das Feuer |
| l'inondation (f) | die Überschwemmung |
| les dégâts des eaux | die Wasserschäden |
| le bris de glaces | der Glasbruch |
| la tempête | der Sturm |
| les chutes d'appareils aériens | die Flugzeugabstürze |
| faire naufrage | untergehen, Schiffbruch erleiden |
| l'avarie commune/particulière | große/besondere Havarie |
| l'avarie (f) | die Havarie |
| | |
| **la déclaration, l'avis de sinistre** | die Schadensanzeige |
| la demande de remboursement | der Antrag auf Erstattung |
| réclamer un dédommagement | eine Entschädigung verlangen |
| la mise en jeu de la garantie | die Geltendmachung von Versicherungsansprüchen |
| susceptible de faire jouer la garantie | geeignet, den Versicherungsfall eintreten zu lassen |
| s'appuyer sur l'un des motifs prévus | sich auf einen der vorgesehenen Günde berufen |
| c'est à l'assureur qu'incombe | die Beweispflicht liegt |
| la charge de prouver | beim Versicherer |
| l'expertise (f) | das Sachverständigengutachten |
| fixer de façon définitive | endgültig festsetzen |
| le montant approximatif du sinistre | die ungefähre Schadenssumme |
| l'état des pertes | die Verlustliste |
| l'état estimatif | die Schätzliste |
| la valeur à neuf/actuelle | der Neu-/Zeitwert |
| la valeur de remplacement | der Wiederbeschaffungswert |
| déduction faite de la dépréciation | unter Abzug der Wertminderung |
| causée par | aufgrund von |
| l'assurance insuffisante, la sous-assurance | die Unterversicherung |
| plafonner | in der Höhe begrenzen |
| sans limitation de montant | in der Höhe unbegrenzt |
| | |
| l'exclusion (f) | der Ausschluss |
| la déchéance | der Verfall |
| mentionner des réserves | Vorbehalte anmelden |
| le cas de force majeure | der Fall höherer Gewalt |

| | |
|---|---|
| **le règlement du sinistre** | die Schadensregulierung |
| la note de couverture | die Annahmeerklärung |
| le barème | der Satz |
| rembourser | erstatten |
| indemniser | entschädigen |
| l'indemnité (f) | die Entschädigung (Summe) |
| l'indemnisation (f) | die Entschädigung (Aktion) |
| les dommages-intérêts | der Schadenersatz |
| les frais consécutifs | die Folgekosten |
| | |
| **l'assurance-vie** | die Lebensversicherung |
| en cas de vie | im Erlebensfall |
| en cas de décès | im Todesfall |
| l'assurance décès | die Risikolebensversicherung |
| le questionnaire médical | der Fragebogen zum Gesundheitszustand |
| le capital stipulé | die vereinbarte, festgesetzte Summe |
| majorable au titre de la participation aux bénéfices, excédents | um die Gewinnbeteiligung erhöht |
| la protection financière | die finanzielle Absicherung |
| à l'égard de tiers | gegenüber Dritten |
| au bénéfice d'un tiers | zugunsten eines Dritten |
| en cas de sortie avant l'échéance | im Falle eines vorzeitigen Austiegs |
| l'épargne de précaution | das Vorsorgesparen |
| la prévoyance | die Vorsorge |
| | |
| **la Sécurité sociale** | die Sozialversicherung |
| C.N.P./Caisse Nationale de Prévoyance | Nationale Vorsorgekasse |
| les organismes de protection sociale | die Sozialversicherungsträger |
| l'assuré social | der Sozialversicherte |
| assujetti à l'assurance obligatoire | versicherungspflichtig |
| l'affilié(e) | der (die)Versicherte |
| le taux de cotisation | der Beitragssatz |
| le plafond de Sécurité sociale | die Beitragsbemessungsgrenze |
| | |
| **l'assurance-maladie** | die Krankenversicherung |
| les assurances maladies complémentaires | die Zusatzkrankenversicherungen |
| l'assurance obligatore | die Pflichtversicherung |
| l'assurance volontaire, facultative | die freiwillige Versicherung |
| l'assurance privée | die Privatversicherung |
| moyennant surprime | gegen Prämienzuschlag |
| prendre en charge les frais | die Kosten übernehmen |
| l'indemnité journalière | die Lohnfortzahlung |
| l'indemnité journalière en cas d'hospitalisation | das Krankenhaustagegeld |
| les soins médicaux | die ärztliche Behandlung |
| le ticket modérateur | die Selbstbeteiligung |
| l'incapacité de travail, l'invalidité | die Arbeitsunfähigkeit |
| l'invalidité absolue et définitive | die völlige und dauerhafte Erwerbsunfähigkeit |

| | |
|---|---|
| **l'assurance-vieillesse, -retraite** | die Rentenversicherung |
| les régimes de retraite | die Rentenversicherungen |
| le régime de répartition | das Umlageverfahren |
| le régime de capitalisation | das Kapitalisierungsverfahren |
| la retraite de base | die Grundversorgung |
| la retraite complémentaire obligatoire | die betriebliche Altersversorgung, die Betriebsrente |
| | |
| la rente viagère | die Leibrente |
| revaloriser, ajuster, adapter | anpassen |
| la pension alimentaire | der Unterhalt, die Unterhaltszahlung |
| la pension de réversion | die Hinterbliebenenrente |
| | |
| le calcul des pensions | die Rentenberechnung |
| remplir les conditions | die Bedingungen erfüllen |
| avoir droit à | Anspruch haben auf |
| la période d'affiliation nécessaire | die notwendige Beitragsdauer |
| la période prise en compte | die anrechenbare Zeit |
| les droits acquis du cotisant | die erworbenen Anwartschaften des Versicherten |

## ENTRAÎNEMENT

### 1. Vous le savez déjà ?!

Pour répondre aux questions ci-dessous, recourez à vos expériences et à vos connaissances générales. Utilisez les expressions figurant sur la liste de vocabulaire. N'hésitez pas à deviner, à poser des questions, à dire des banalités ou à vous répéter. Essayez toujours de vous imaginer des situations concrètes et de trouver des exemples. Vous n'êtes obligé ni de répondre à chaque question isolément ni de suivre exactement l'ordre donné.

### Système bancaire

1. Quels types de banques connaissez-vous ? Quel est leur rôle ?
2. Quels services les banques offrent-elles généralement ? Pensez aux besoins des particuliers, des entreprises et des banques elles-mêmes.
3. Que font les banques pour contrôler leurs risques ?
4. Quel est le rôle des banques centrales ? La monnaie unique a-t-elle beaucoup changé le rôle des banques centrales nationales des pays membres ?
5. Que savez-vous du marché monétaire ?

### Compte bancaire

1. Avez-vous un compte bancaire / postal ?
2. Avez-vous un livret d'épargne ? Pourquoi / pourquoi pas ?
3. Que faut-il faire pour ouvrir un compte ?
4. Quelles rentrées / sorties de fonds y a-t-il sur votre compte ? Mettez-vous quelquefois votre compte à découvert ?
5. Quelles opérations effectuez-vous à partir de votre compte ?

### Moyens de paiement

1. Quels moyens de paiement connaissez-vous ?
2. Quels sont les avantages du chèque ? L'utilisez-vous souvent ?
3. Comment les différents types de chèques se distinguent-ils ? Le système est-il sûr ?
4. Pour quels types de paiement utilisez-vous le prélèvement automatique ?
5. Quels sont les avantages des distributeurs automatiques de billets ?
6. Avez-vous une carte de crédit? Quels en sont les avantages / les dangers ?
7. Quels moyens de paiement les entreprises utilisent-elles dans le commerce international ?
8. Quelles sont les fonctions de la gestion des comptes clients ?
9. Que se passe-t-il en cas de difficultés de paiement du débiteur ?
10. De quelle manière les entreprises peuvent-elles mobiliser leurs créances ?

### Crédits

1. Quelle est la motivation d'un particulier pour demander un crédit à la consommation ? Qui peut le lui accorder et à quelles conditions ?
2. Avez-vous déjà acheté à crédit ? Qu'en pensez-vous ?
3. Quels types de crédit la banque accorde-t-elle aux entreprises ?
4. Quels sont les éléments d'une convention de crédit ?
5. De quelle manière la banque peut-elle se protéger contre le risque de pertes ?

### Placements

1. Comment un particulier qui dispose d'argent peut-il le faire fructifier ? Que font les entreprises pour placer leurs excédents de trésorerie ?
2. Quels marchés boursiers y a-t-il et comment fonctionnent-ils ?
3. Quels produits de placement connaissez-vous ? Quels produits sont risqués / sûrs ? Avez-vous des expériences en la matière ?
4. De quelle manière les entreprises peuvent-elles recourir à la Bourse pour se financer ?
5. Quelles relations y a-t-il entre les banques et la Bourse ? Quel rôle les banques jouent-elles en matière d'intermédiation financière ?

### Assurances

1. A quoi servent les compagnies d'assurances ? Selon quel principe le système de l'assurance fonctionne-t-il ?
2. Quels sont les éléments d'une police d'assurance ?
3. Quelles assurances avez-vous souscrites ? Pourquoi ? Quelles assurances vous paraissent superflues ?
4. Quelles assurances existent autour de la voiture ? Qu'est-ce que vous avez choisie ?
5. Quelles assurances sont importantes pour l'entreprise ? Comment fonctionnent-elles ?
6. Que faut-il faire en cas de sinistre ? Avez-vous des expériences en la matière ?
7. Quelles sont les particularités d'une assurance-vie ?
8. Quelles sont les différences entre l'assurance obligatoire de la Sécurité sociale et l'assurance privée ? Comment êtes-vous assuré(e) en cas de maladie ?
9. L'assurance paie-t-elle à 100 % toutes les dépenses en cas de maladie ?
10. Comment l'assurance-retraite est-elle organisée ? Suffit-elle pour vivre confortablement jusqu'à la fin de ses jours ?

## 2. Sujets d'approfondissement

Recourez à la rubrique INFORMATIONS pour aborder les sujets suivants. Procurez-vous des informations dans la presse, à la télévision, par Internet. Et n'oubliez pas que vous pourrez trouver des informations dans les TEXTES et les EXERCICES.

1. Décrivez le rôle des banques dans l'économie.
2. Expliquez le fonctionnement des différents moyens de paiement.
3. Décrivez et analysez les risques qu'encourent les banques et les entreprises.
4. Cherchez des recommandations de placement actuelles et présentez-les.
5. Analysez le fonctionnement des régimes de retraite par répartition et par capitalisation.

## 3. Sujets de discussion/rédaction

En classe, vous pouvez traiter les sujets dans une discussion libre ou avec des rôles fixés préalablement. Les conclusions peuvent faire l'objet d'un devoir écrit. Si vous traitez les sujets par écrit, élaborez un plan : introduction - discussion de la question : opposez les arguments, appuyez-vous sur vos connaissances, lectures, expériences - conclusion : ce n'est qu'ici qu'intervient votre propre opinion. Veillez à ce que votre rédaction soit logique, que l'enchaînement de vos arguments soit convaincant.

1. Le système bancaire mondial est-il en danger ?
2. Les banques s'intéressent-elles encore aux PME et aux particuliers ?
3. La "banque directe" - les guichets seront-ils bientôt superflus ?
4. Les crédits à la consommation - un piège ?
5. L'Europe souffre-t-elle d'une frénésie d'assurances ?
6. Le ticket modérateur parvient-il à responsabiliser les consommateurs de soins ?
7. Les fonds de pension - l'unique chance pour sauver la retraite ?
8. La bancassurance - le modèle du futur ?

## 4. Sujets de commentaires

Exprimez librement tout ce qui vous vient à l'esprit à propos des informations et citations ci-dessous. Vos commentaires pourront comprendre, selon le cas, des explications de causes et d'effets, des analyses d'implications diverses, des considérations historiques, des comparaisons, des prises de positions personnelles etc.

1. **Kreditkarten sind im Kommen**

   Immer mehr Deutsche verzichten beim Bezahlen auf das Bargeld und zücken statt dessen ihre Kredit- oder EC-Karte. Ende 1999 verfügte im Durchschnitt praktisch jeder Einwohner der Bundesrepublik über eine Eurocheque- oder Kundenkarte mit Zahlungsfunktion. Kreditkarten müssen sich im Vergleich dazu in den Geldbörsen noch mit einer Minderheitsposition zufrieden geben, breiten sich jedoch ebenfalls rasant aus. In Europa verbucht beispielsweise die "Eurocard" zweistellige Wachstumsraten. Im Gegensatz dazu geraten Euroschecks mehr und und mehr auf das Abstellgleis. (SZ, 16/03/2000)

2. **COFACE    Pour qu'aucun marché ne vous soit étranger.**

   Vous souhaitez vous développer à l'international. C'est un effort coûteux : frais de voyages, études de marché, adaptation et tests de produits, publicité, création d'un bureau ou d'une filiale, recrutement et formation de cadres à l'exportation. Partenaire des entreprises, la Coface prend en compte l'ensemble de ces frais dans le cadre de ses formules d'assurance-prospection. Vous êtes indemnisé si vos dépenses ne sont pas compensées par un gain de chiffre d'affaires suffisant. De plus, vous bénéficiez, dans tous les cas, d'un relais de trésorerie. Vous soutenez ainsi, en toute sécurité, un effort organisé et durable de conquête des marchés étrangers ; un effort qui vous donne toutes les chances de gagner. Renseignez-vous sur ces possibilités, et sur bien d'autres, auprès d'une de nos vingt-deux délégations régionales.

3. **Le banquier des plus démunis**

   "Les pauvres, si vous leur laissez une chance, ils ne la laisseront pas passer. Parce que leur survie en dépend." Sur cette conviction, Mujammad Yunus a lancé en 1974 la "banque des pauvres" au Bangladesh. L'idée est simple : prêter aux plus démunis de quoi créer une micro-activité qui leur permettra de générer leurs propres revenus et d'accéder progressivement à la santé, l'hygiène, l'éducation ... En 1983, l'aventure prend de l'ampleur avec la création de la Grameen Bank, première banque spécialisée dans le micro-crédit (300 francs en moyenne). En un quart de siècle, l'expérience a sauvé 12 millions de personnes de la pauvreté. Elle affiche plus de 2 millions de clients, dont 97 % de femmes, ne compte que 2 % d'impayés. Elle a fait des émules dans 56 pays, dont les Etats-Unis, même si la France y semble encore rétive. Une belle réussite pour ce brillant économiste qui fustige la politique d'aide au développement des institutions internationales. "Les fonds servent le plus souvent à financer des infrastructures et des achats de biens et services en provenance des pays riches, quand ils ne sont pas détournés par des administrations corrompues. Il faut trouver le moyen d'acheminer ces fonds directement vers le secteur privé et la sphère civile", martèle-t-il. En 1974, les banquiers classiques lui riaient au nez, aujourd'hui son nom figure parmi les "nobélisables". (Enjeux, juillet-août 2000)

4. **Anlagestrategien der Bundesbürger**
Ersparnis der privaten Haushalte in Deutschland 1998 in Milliarden Mark

| Versicherungen | 99,4 |
|---|---|
| Erwerb von Wohneigentum durch Bausparen | 66,4 |
| Investmentzertifikate | 65,9 |
| Bargeld- und Sichteinlagen | 39,8 |
| Spareinlagen | 27,1 |
| Betriebliche Pensionsfonds | 15,8 |
| Aktien | 8,0 |
| Termingelder | 6,6 |
| Sparbriefe | - 4,6 |
| Festverzinsliche Wertpapiere | -15,9 |

(- heisst mehr abgehoben als eingezahlt)                    (SZ, 22/07/2000)

Die Zahl der Aktionäre in Deutschland ist im Jahr 2000 um rund 4,1 Millionen auf 12,3 Millionen Deutsche gestiegen, womit knapp jeder fünfte Bürger Aktien oder Anteile an Aktienfonds besitzt.                    (SZ, 10/01/2001)

5. **Les Français et la Bourse : 5 600 000 actionnaires, dont...**
...4 256 000 détiennent un PEA
...4 424 000 misent sur les vedettes du CAC 40
...2 128 000 possèdent des actions étrangères
...2 016 000 gèrent un portefeuille de plus de 250 000 francs
...1 288 000 s'intéressent à l'achat d'actions à crédit
...1 120 000 réalisent plus de 2 opérations par mois
...1 010 000 transmettent leurs ordres en direct (Internet ou Minitel)
...    952 000 interviennent sur le Nouveau Marché
...    404 000 possèdent des actions cotées aux Etats-Unis
                    (Le Revenu, décembre 2000)

6. **Un placement pour les 12-25 ans**
Les jeunes sont très sensibles aux valeurs de justice et d'égalité sociale. Aussi, le Crédit coopératif et l'Adie, qui aide des exclus à créer leur propre emploi, viennent de lancer un "livret Jeune solidarité emploi". Principe : le compte est rémunéré à 4 % exonéré d'impôts ; une option permet de donner jusqu'à 100 % des intérêts perçus à l'Adie (les sommes déposées restent disponibles à tout moment).                    (Alternatives Economiques, septembre 2000)

## EXERCICES

**1.** Cochez le mot qui manque dans la phrase :

1. Oui à la banque à domicile, mais à condition de garder l'accès au traditionnel
..... : c'est ce qui ressort d'une enquête menée par Andersen Consulting auprès
de 200 particuliers âgés de 25 à 45 ans.
   **a)guichet**　　**b)crédit**　　　　**c)livret**　　　　　　**d)compte**
2. Vous ..... votre CCP en faisant verser directement votre salaire ou en déposant
de l'argent liquide.
   **a)remplissez**　**b)occupez**　　**c)alimentez**　　　　**d)encaissez**
3. Prière de joindre votre relevé d'identité bancaire ..... la première demande de
remboursement ou en cas de changement de compte.
   **a)au cas où**　　**b)grâce à**　　　**c)lors de**　　　　**d)alors que**
4. Offrant une modeste rémunération de 4,5 % l'an sur des dépôts .....
à 15 000 francs, le Codevi n'est pas imposable.
   **a)restreints**　　**b)plafonnés**　　**c)plongés**　　　**d)équivalents**
5. Pour plus de sécurité, les ..... de chèques seront envoyés sous pli recommandé.
   **a)relevés**　　　**b)carnets**　　　**c)comptes**　　　**d)prélèvements**
6. Votre facteur peut même vous verser en liquide le montant d'un chèque ..... sur
votre compte.
   **a)prélevé**　　　**b)attitré**　　　**c)tiré**　　　　　**d)garanti**
7. La banque qui refuse le paiement d'un chèque doit adresser au ..... une lettre
recommandée avec accusé de réception pour demander la restitution de tous
ses chéquiers.
   **a)destinataire**　**b)bénéficiaire**　　**c)titulaire**　　　**d)coupable**
8. Leclerc est devenu le premier réseau de distributeurs automatiques de billets
en grande distribution, ce qui contribuera à faire baisser la commission sur les
..... .
   **a)dépôts**　　　**b)versements**　　**c)retraites**　　　**d)retraits**
9. La carte bleue vous donne ..... à plus de 9 500 distributeurs répartis dans toute
la France.
   **a)accès**　　　**b)droit**　　　　**c)rémunération**　**d)raison**
10. Les cartes bancaires à puce permettent bien sûr de retirer de l'argent ..... dans
les distributeurs automatiques de billets de n'importe quelle banque.
   **a)frais**　　　　**b)liquide**　　　**c)comptant**　　　**d)courant**

**2.** Cochez le mot qui manque dans la phrase :

1. Toute commande doit être obligatoirement ..... de son paiement par chèque
bancaire, chèque postal ou mandat-lettre à l'ordre de l'UICF.
   **a)justifiée**　　**b)mentionnée**　　**c)accompagnée**　**d)adjointe**
2. Nos ventes et prestations sont payables sans escompte au ......
   **a)comptant**　　**b)virement**　　**c)plus tôt**　　　**d)compte**
3. En cas de règlement par effet de commerce, la ..... devra nous être retournée
acceptée dans un délai de quinze jours.
   **a)lettre**　　　**b)traite**　　　　**c)commande**　　**d)documentation**

4. Si vous ne payez pas sous huitaine, nous avons le regret de vous informer que nous remettrons votre dossier à notre service ..... .
   **a)comptable   b)réclamations   c)financier   d)contentieux**

5. Si vous ne ..... pas votre situation sous huitaine, nous serons contraints de bloquer votre compte et de recourir à la voie légale.
   **a)régularisez   b)compensez   c)légalisez   d)justifiez**

6. A défaut de paiement du prix à ..... convenue, le vendeur pourra reprendre les marchandises.
   **a)l'expiration   b)l'échéance   c)la fin   d)clôture**

7. Factofrance Heller, numéro 1 de l'affacturage en France, rachète les ..... à hauteur de 100 %, pour une commission de 0,50 à 1,50 %.
   **a)créances   b)amortissements c)dettes   d)prestations**

8. Dans certaines banques, le compte « jeunes » permet au titulaire de bénéficier à sa majorité de ..... à taux préférentiels pour financer ses études, sa première installation ou l'acquisition d'un premier véhicule.
   **a)paiements   b)prêts   c)titres   d)liquidités**

9  Chaque prêteur ..... à mettre à la disposition de l'emprunteur sa partie du montant du prêt.
   **a) s'engage   b)confirme   c)procède   d) prévoit**

10. Les ..... relatifs au prêt seront calculés sur la base d'un mois de 30 jours et une année de 360 jours et en utilisant un taux mensuel proportionnel au taux fixe sur montant de l'encours.
    **a)parts   b)contributions   c)plafonds   d)intérêts**

**3.** Cochez le mot qui manque dans la phrase :

1. Vous disposez d'un capital que vous souhaitez faire ....., jusqu'à une échéance précise, sans vous en préoccuper.
   **a)fertiliser   b)fructifier   c)rendre   d)grossir**

2. Pour réaliser votre premier ..... , 25 000 francs suffisent ; cette somme peut être répartie sur un ou plusieurs placements.
   **a)prélèvement a)intéressement   c)investissement   d)amortissement**

3. Ce type de compte a un taux d'intérêt élevé ; en revanche, le déposant ne peut effectuer de retrait avant ..... fixée.
   **a)l'issue   b)la cote   c)la passation   d)l'échéance**

4. Dans ce type de placement, vous choisissez le profil correspondant au ..... que vous êtes prêt à supporter.
   **a)rendement   b)travail   c)risque   d)cours**

5. Vous recevez régulièrement un extrait de compte reprenant vos opérations, le solde de votre compte ainsi que les ..... acquis à la fin de la quinzaine précédente.
   **a) intérêts   b)investissements c)placements   d)prélèvements**

6. En vous appuyant sur l'un des motifs prévus au contrat, vous pouvez demander la ..... d'une police d'assurance.
   **a)suppression b)résignation   c)résiliation   d)finition**

7. La compagnie d'assurances Concorde ne se contente pas de ..... tous les risques d'entreprise et de particulier ; elle aime aussi innover.
   **a)courir   b)couvrir   c)combler   d)souscrire**

8. A quelques nuances près, les divers contrats d'assistance proposent les mêmes ..... : un secours aux personnes et une aide au véhicule.
   **a)fournitures     b)préservations     c)prestations          d)allocations**

9. L'incendie qui a dévasté Zindel, société de sous-traitance automobile à Seloncourt, a fait près de 40 millions de francs de ..... .
   **a)dégâts          b)dégrèvements     c)charges          d)contributions**

10. Outre l'assurance perte ou vol des bagages, qui ne fonctionne que lors des vols aériens, les cartes bancaires haut de gamme ..... aussi le retard de livraison des bagages si celui-ci est supérieur à six heures.
    **a)soutiennent  b)remplacent       c)subissent          d)indemnisent**

**4.** Complétez le texte suivant à l'aide des mots donnés en bas :

## 3 SERVICES A LA CARTE 24 H SUR 24

UN ÉCRAN POUR DIALOGUER
Introduisez la carte dans le guichet automatique. Le _____(1) de protection s'efface pour laisser apparaître le clavier et l'écran. Composez votre _____(2) confidentiel et choisissez votre opération sur le _____(3). Les instructions aparaissent au fur et à mesure sur l' _____(4) pour mieux vous aider. Rien de plus simple !
3 _____(5) POUR VOUS FACILITER LA VIE
Elles sont accessibles dans tous les _____(6) automatiques, partout en France. Le retrait d' _____(7) :
Vous pouvez retirer jusqu'à 1 800 francs par semaine. Avant chaque _____(8) vous êtes automatiquement informé du _____(9) encore disponible, dans la limite de ce _____(10) hebdomadaire.
Le _____(11) de vos comptes :
A tout moment, cette fonction vous permet de connaître la _____(12) de votre compte. Le solde communiqué s'entend, bien sûr, sous _____(13) des opérations en cours. Vous pouvez également obtenir la position de vos comptes d' _____ (14).
Les 10 dernières opérations :
De plus, les guichets automatiques vous délivrent un _____(15) des dernières opérations enregistrées sur votre _____(16) . Pratique pour savoir où l'on en est !
LES GUICHETS AUTOMATIQUES VOUS FACILITENT LA VIE. PENSEZ-Y PLUS SOUVENT !

| | | | |
|---|---|---|---|
| *clavier* | *épargne* | *montant* | *réserve* |
| *code* | *relevé* | *plafond* | *guichets* |
| *compte* | *solde* | *position* | *espèces* |
| *volet* | *écran* | *retrait* | *fonctions* |

**5.** Complétez le texte suivant à l'aide des mots donnés en bas :

**En choisissant le Luxembourg, profitez vous aussi d'un environnement fiscal très favorable et garantissez, en plus, à votre capital, une croissance sûre et une totale disponibilité avec le Compte de Placement Assurlux Invest.**

COMPTE DE PLACEMENT
ASSURLUX INVEST          Votre capital est à l'abri.

**Rentabilité garantie**

L'objectif d'Assurlux n'est pas de faire courir des risques à votre argent dans l'espoir de _____(1) hypothétiques. Il vise plutôt la protection durable de votre _____(2), en _____(3) une croissance certaine sur le long terme.

- Les placements sont diversifiés en _____(4) d'Etat et de première catégorie. Ils sont _____(5) au choix dans les principales devises pour _____(6) des meilleures opportunités.

- Un taux minimum est _____(7) dans les fonds obligataires de référence pour une durée maximum de 15 ans.

- 100 % des bénéfices nets sont _____(8) chaque année.

- Les frais sont _____(9) au plus juste afin d'_____(10) le meilleur rendement avec une gestion de qualité.

**Souplesse**

Versements et retraits libres

Le fonctionnement d'Assurlux Invest est d'une grande simplicité puisqu'il se _____(11) comme un compte à retraits et versements libres qui vous _____(12) une liquidité permanente.

- Vous _____(13) vous-même la durée de votre compte.

- Aucune périodicité, aucune date limite ne vous sont _____(14) pour vos versements et retraits.

- Vous pouvez _____(15) un ou plusieurs versements quand vous le voulez et du montant que vous souhaitez.

- Vous _____(16) à tout moment des sommes placées.

Liberté totale à la fin de votre compte

- Vous pouvez choisir de _____(17) le montant du capital et des revenus acquis.

- Vous pouvez le _____(18) aux conditions en vigueur à cette date.

- Vous pouvez _____(19) pour une rente viagère.

- Vous pouvez aussi _____(20) toutes ces solutions.

*AXA*

*Assurances Luxembourg*

| | | | |
|---|---|---|---|
| *gère* | *effectués* | *opter* | *panacher* |
| *assure* | *imposées* | *effectuer* | *rendements* |
| *patrimoine* | *calculés* | *obtenir* | *privilégiant* |
| *redistribués* | *garanti* | *profiter* | *disposez* |
| *obligations* | *percevoir* | *replacer* | *fixez* |

**6.** Complétez le texte suivant à l'aide des mots donnés en bas :

FAUT-IL MOURIR POUR PROFITER DE SON ASSURANCE-VIE ?
Les assurances-vie sont le plus souvent perçues comme un moyen de
_____(1) la famille en cas de _____(2). Aujourd'hui, notamment à la
CNP, elles ont aussi une autre _____(3) : vous permettre de vivre mieux.
Plusieurs formules existent :
- L'assurance épargne : c'est un _____(4) à moyen terme. Elle permet de
constituer et _____(5), chaque année, un _____(6) tout en bénéficiant
des avantages de l'assurance-vie (taux de _____(7) minimum garanti,
_____(8) avantageuse, etc.).
- L'assurance retraite : plus orientée sur le long terme, elle vous permet d'
_____(9) régulièrement pour _____(10) un capital ou bénéficier de
_____(11) réguliers dont vous disposerez lors de votre _____(12).
- L'assurance pour la _____(13) de la personne et de la famille : elle vous
aide à faire face financièrement à des problèmes graves, maladie, _____(14),
invalidité, décès.
- Comme vous pouvez le _____(15), l'assurance-vie s'intéresse plus à la vie
qu'à la mort. La CNP est l'un des tout premiers assureurs-vie avec 14 millions
d'assurés. Elle se devait de vous fournir ces _____(16). Pour vivre bien
assuré, il faut être bien informé.           CNP ; VIVEZ BIEN ASSURÉ

| | | | |
|---|---|---|---|
| *capital* | *chômage* | *placement* | *épargner* |
| *retraite* | *décès* | *éclaircissements* | *constituer* |
| *vocation* | *fiscalité* | *revenus* | *constater* |
| *rendement* | *protection* | *valoriser* | *protéger* |

**7.** Traduisez :

1. Si votre compte n'est pas suffisamment approvisionné ou si votre débit
   dépasse 50 000 F, votre ordre ne sera pas exécuté.
2. Si vous remarquez le débit d'une somme injustifiée correspondant à une
   commande par correspondance, écrivez à votre banquier pour contester.
3. En cas de découvert, des avances vous sont automatiquement accordées.
   Vous avez droit à un délai de 90 jours pour régulariser ce découvert.
4. Le Livret et le Plan d'Epargne Logement vous rapportent intérêts et prime, nets
   d'impôts ; ils peuvent déboucher sur un prêt qui permet la réalisation de vos
   projets immobiliers.
5. En France, dès l'âge de seize ans, on peut avoir un carnet de chèques ; les
   banques proposent aussi à leurs jeunes clients d'autres services, comme les
   cartes de retrait d'espèces, qui permettent d'utiliser les distributeurs de billets
   de banque.
6. En cas de perte ou de vol, vous êtes assuré contre l'utilisation frauduleuse de
   votre carte. Il vous suffit de prévenir immédiatement votre centre de chèque ou
   le centre Carte Bleue à votre service 24h/24h et sept jours sur sept.
7. Le paiement sera effectué par chèque sous huit jours date de livraison.

8.  Nous joignons à la présente un chèque bancaire d'un montant de 3 000 F en règlement de votre facture, déduction faite de 2 % d'escompte.
9.  Veuillez trouver ci-joint un chèque de 1 500 francs, à valoir comme arrhes sur le montant total de la location qui s'élève à 4 500 francs.
10. Nous vous remercions du prompt règlement de notre facture et vous remettons en annexe une quittance dûment signée.

**8.** Traduisez :

1.  Toute entrée en relation fera l'objet soit d'un paiement anticipé, soit au minimum du paiement d'un acompte de 30 % avant livraison ou début d'exécution de la réalisation de la prestation.
2.  Etant donné que le règlement a été effectué après l'expiration du délai habituellement respecté pour paiement au comptant, nous ne pouvons pas accepter la déduction de 2 % d'escompte.
3.  Nous vous serions reconnaissants de bien vouloir faire le nécessaire pour nous couvrir de ladite somme.
4.  Au cas où vous auriez déjà envoyé votre chèque, nous vous en remercions et vous prions de considérer cette lettre comme nulle.
5.  Pour le solde de 3 000 F restant en notre faveur, nous vous accordons un nouveau délai de 3 mois.
6.  Tout défaut de paiement entraînera la suspension immédiate de toute livraison, sans aucune indemnisation, et les acomptes déjà perçus nous resteront définitivement acquis.
7.  Le vendeur autorise l'acheteur à revendre les marchandises désignées, sous réserve que l'acheteur s'acquitte, dès la revente, de l'intégralité du prix restant dû, les sommes correspondantes étant nanties au profit du vendeur.
8.  Qu'il s'agisse de maîtriser le risque de change ; de mettre en œuvre les procédures de paiement les mieux adaptées selon le pays concerné ; de garantir le paiement de vos exportations ; de mieux négocier les conditions de vos contrats ; de vous prémunir contre les risques de défaillances d'un acheteur étranger ou un risque politique ; ou encore de financer vos créances export... le Crédit Agricole a des réponses adaptées à vos besoins.
9.  UFB Locabail prend en charge les impayés à hauteur des encours autorisés pour la totalité des pertes engendrées par la défaillance du client.
10. La SFAC, n° 1 de l'assurance crédit, est un partenaire qui engage la procédure de recouvrement la mieux adaptée et vous indemnise en cas de non-récupération rapide de votre créance.

9. Traduisez :

1. Les publicités et les informations relatives à des crédits à la consommation doivent mentionner l'identité du prêteur et le type de crédit, ainsi que les conditions de prêt : durée de l'opération, taux effectif global (qui comprend les frais de dossier, l'assurance obligatoire et tous les frais annexes) et coût total (c'est-à-dire la somme des intérêts et des frais accessoires payés sur la durée du crédit).
2. Lorsque le prêt arrive à l'échéance, l'épargnant récupère les sommes versées, les intérêts capitalisés et la rémunération de 1,5 % versée par l'Etat, plafonnée à 10 000 francs.
3. L'emprunteur remboursera le principal du prêt et réglera les intérêts au moyen d'annuités trimestrielles et constantes, conformément au tableau d'amortissement qui lui est adressé.
4. Les sommes restant dues pendant une année entière à compter de leur date d'exigibilité seront capitalisées et produiront des intérêts sans mise en demeure préalable.
5. La perception des intérêts de retard n'impliquera ni octroi de délais de paiement ni renonciation à un droit quelconque découlant, pour les prêteurs, de la convention de crédit.
6. Le principe des comptes à terme : lorsque l'on accepte de bloquer ses dépôts dans une banque pour une durée de plusieurs mois, on peut obtenir un rendement indexé sur le marché monétaire, en fonction du montant et de la durée d'immobilisation.
7. Selon une enquête réalisée par l'institut Taylor Nelson/Sofres auprès d'un échantillon de 800 personnes, plus de 80 % des épargnants, actuellement non détenteurs d'actions, sont satisfaits de ne pas avoir investi en Bourse au cours des deux dernières années, en raison du risque lié à ce type de placement.
8. Un portefeuille correctement diversifié, afin de pondérer les risques pris, exige une capacité d'investissement d'au moins 300 000 francs.
9. Les sicav d'obligations convertibles offrent à la fois des performances correctes sur la durée (+ 91,8 % sur cinq ans, et 51,1 % sur trois ans) et une volatilité annuelle de 12,9 %, deux fois inférieure à celle d'une sicav d'actions françaises.
10. Appartenant à la famille des options, les warrants donnent le droit, mais non l'obligation d'acheter ou de vendre un actif financier à un prix et à une date fixés à l'avance et pour une mise de fonds relativement modeste.

10. Traduisez :

1. Le fait de régler un billet de voyage ou une location de voiture avec la carte bleue vous donne automatiquement droit à une assurance gratuite (décès, invalidité) allant jusqu'à 200 000 F.
2. Cette assurance couvre également votre conjoint et vos enfants.
3. Une compagnie d'assurances peut librement ouvrir une succursale, un bureau ou une filiale dans le pays européen de son choix et y vendre des contrats d'assurance-dommages (incendie, vol, responsabilité civile) ou d'assurance-vie.
4. Les assureurs ont remboursé en 1994 moins de dégâts qu'ils n'ont encaissé de primes. Entre 1993 et 1994, les primes ont crû de 6,2 % alors que le prix des sinistres n'augmentait que de 3 %.

5. Les indemnités journalières sont destinées à compenser les pertes de salaire occasionnées par la maladie.

6. A condition d'avoir été prescrits par un médecin, les frais d'analyse médicale et d'examens de laboratoire sont remboursés à 70 %.

7. Les frais d'hospitalisation sont directement pris en charge par la Sécurité sociale, sous réserve d'un ticket modérateur ultérieurement réglé par l'assuré.

8. La déclaration d'accident adressée à votre compagnie d'assurances doit être faite par lettre recommandée, dans les 5 jours qui suivent l'accident.

9. Les compagnies d'assurances prévoient un contrat "perte d'exploitation" qui indemnise le chef d'entreprise pour le manque à gagner lorsque les dommages subis en cas d'incendie, dégâts des eaux, tempête, chutes d'appareils aériens par exemple, entravent ou bloquent la production.

10. Pour couvrir les risques commerciaux liés à la détérioration ou à la destruction de la marchandise pendant le transport, il est souvent admis que les entreprises puissent s'assurer pour une valeur de marchandise dépassant de 20 % sa valeur réelle.

---

**11.** Traduisez :

1. Das deutsche Bankensystem zeichnete sich lange durch die Vorrangstellung der Universalbanken und durch das hohe Niveau der Finanzbeteiligungen der Geschäftsbanken an der Industrie aus.

2. Der Jahresbeitrag Ihrer Carte Bleue wird direkt von Ihrem Postscheckkonto abgebucht.

3. Mit dieser Kreditkarte können Sie in Europa an den 200 000 Schaltern des Euroschecknetzes Geld abheben.

4. Die Fernseh- und Telefongebühren sowie die Miete zahlen wir im Lastschriftverfahren.

5. Es ist Betrug, mit einem ungedeckten Scheck zu bezahlen.

6. Die in US-Dollar ausgestellten Reiseschecks von American Express werden in der ganzen Welt akzeptiert.

7. Sparzinsen und eventuelle Sparprämien werden einmal jährlich, zu Beginn des Monats Januar, dem Konto gutgeschrieben.

8. Anbei finden Sie die Rechnung über 5 000 DM zur Bezahlung der Waren, die Sie am 15. April bestellt haben.

9. Wir haben heute unsere Bank angewiesen, den Rechnungsbetrag in Höhe von 400 000 DM abzüglich 3 % Skonto auf Ihr Konto bei der BNP in Blois zu überweisen.

10. Wir haben Ihren Wechsel akzeptiert und werden ihn bei Fälligkeit prompt einlösen.

---

**12.** Traduisez :

1. Bei Durchsicht unserer Bücher stellten wir fest, dass auf Ihrem Konto noch ein Saldo von 1 000 F offensteht.

2. Dürfen wir Sie daran erinnern, dass unsere Rechnung vom 15.10. bereits vor über einem Monat fällig war?

3. Zu unserem großen Bedauern war es uns bis heute nicht möglich, Ihre Rechnung vom 17. März dieses Jahres in Höhe von 120 000 DM zu begleichen.

4. Aufgrund der Zahlungsunfähigkeit eines größeren Kunden wird es uns nicht möglich sein, den Fälligkeitstermin Ende des Monats einzuhalten.
5. Da Sie Ihre Rechnungen stets prompt beglichen haben, sind wir bereit, Ihnen den erbetenen Zahlungsaufschub zu gewähren.
6. Sollten Sie ein Darlehen für den Kauf Ihres Eigenheims benötigen, nehmen Sie mit unserem Kundenberater Kontakt auf.
7. Das im genannten Kreditvertrag aufgeführte Bankenkorsortium hat der Firma X ein Darlehen über 50 Millionen Francs bewilligt, das zur teilweisen Refinanzierung der von dem Unternehmen begebenen Schuldverschreibung über 25 Millionen Francs bestimmt ist.
8. Die bereitgestellten Sicherheiten müssen so beschaffen sein, dass im Falle ihrer Verwertung der Darlehenbetrag und die ausstehenden Zinsen abgedeckt sind.
9. Die abgetretenen Forderungen werden insgesamt alle Verbindlichkeiten des Kunden gegenüber der Bank besichern.
10. Die Banken sichern sich immer mehr mit Hilfe von Derivaten gegen Zinsrisiken ab.

**13.** Traduisez :

1. Der Sektor der Versicherungsvereine auf Gegenseitigkeit ist stark entwickelt und bietet etwa jedem zweiten Franzosen Versicherungsschutz.
2. Wählen Sie die richtige Versicherung für Ihre Firmenwagen. Ich schlage eine Vollkaskoversicherung mit Selbstbeteiligung vor.
3. Die Berechnung der Prämie erfolgt nach den von den Versicherungsgesellschaften festgelegten Sätzen.
4. Auf all Ihren Reisen genießen Sie und Ihre Familienmitglieder Versicherungsschutz bis zu 1 200 000 Francs bei Unfall, Tod und Invalidität, unter der Voraussetzung, dass Ihre Reise mit der Kreditkarte bezahlt wurde.
5. Die Lebensversicherung ist neben der gesetzlichen und betrieblichen Rente die dritte Säule, auf der unser Vorsorgesystem aufbaut.
6. Die gesetzliche Unfallversicherung zahlt bei Erwerbsunfähigkeit im günstigsten Fall 96 000 DM pro Jahr.
7. Im Schadensfall muss der Versicherte den Schaden dem Versicherer melden, sobald er von ihm Kenntnis erlangt, aber spätestens innerhalb von fünf Tagen.
8. Im französischen Kfz-Haftpflichtversicherungsvertrag sind die Personenschäden immer in unbegrenzter Höhe gedeckt, während Sachschäden pro Fahrzeug und Versicherungsfall mit mindestens drei Millionen Francs versichert sind.
9. Alle Versicherungsverträge für Sachschäden schließen für eine Reihe von Schadensfällen den Versicherungsschutz aus: Personenschaden, durch Krieg hervorgerufene Schäden, absichtlich vom Versicherungsnehmer herbeigeführte Schäden, Folgen von strafrechtlichen Sanktionen.
10. Bei Beförderung auf dem Seeweg verlangen die Spediteure vom Befrachter eine Versicherung für große Havarien.

**14.** Prenez connaissance du document suivant et des questions posées en bas et cochez la réponse qui vous paraît exacte :

En novembre 1999, 50,4 % des Français étaient endettés, d'après les données de l'Observatoire de l'endettement des ménages. Après un fort mouvement de désendettement au cours de la première moitié des années 90, la reprise des emprunts, entamée en 1996, s'est confirmée. La proportion de ménages qui font appel aux prêts immobiliers a continué à baisser. Une évolution qui peut paraître paradoxale, au regard du dynamisme actuel du marché immobilier qui se traduit par une progression des crédits accordés. En fait, on assiste à une forte sortie de l'endettement de la part des ménages qui avaient emprunté au cours des années 80. La reprise de l'endettement est plutôt portée par les crédits de trésorerie. Près de la moitié servent à acheter une voiture ou une moto et 37 % environ sont destinés à l'acquisition d'un bien d'équipement de la maison. Un ménage sur quatre a recours au découvert bancaire.                    (Alternatives Economiques, septembre 2000)


1.   Le texte nous montre
     a)   combien de familles françaises ont recours au crédit chaque année.
     b)   quel usage les familles françaises font de l'argent qu'ils ont emprunté.
     c)   quels types de crédit sont sollicités de préférence par les familles françaises.
     d)   l'évolution que l'emprunt privé a connue dans les années 90 en France.

2.   D'après le texte, en 1999,
     a)   la moitié des Français s'endettent pour acheter un bien d'équipement de la maison ou une voiture.
     b)   moins de Français ont demandé des crédits pour construire ou acheter une maison.
     c)   le pourcentage que représentent, dans l'ensemble des prêts, les emprunts destinés à financer un projet immobilier a connu une diminution.
     d)   sur 37 % des comptes privés en France, les encours dépassent régulièrement la provision.

**15.** Complétez le texte suivant par cinq des sept phrases données en bas :

Après des années où le nombre de Français propriétaires de valeurs mobilières (actions, obligations, Sicav, etc.) n'a pas montré de signe de progression, la tendance à la hausse s'affirme désormais nettement. ..... (1) Sur un an, près de 1 million de Français ont franchi le pas de la détention de valeurs mobilières. ..... (2) L'engouement pour le marché d'actions est au cœur de la hausse. ..... (3) 4,2 % (630 000 personnes) des détenteurs de portefeuilles utilisent le réseau pour consulter les cours de Bourse ou s'informer sur les sociétés cotées. ..... (4) Environ 5,6 millions de personnes âgées de 15 ans ou plus (12,7 % de la population) sont propriétaires en direct d'actions cotées en Bourse, soit 400 000 de plus qu'en 1999 (une progression annuelle de 7,7 %. ..... (5) Les détenteurs d'actions ont respectivement crû de 26,9 % et de 15,2 % chez les moins de 25 ans et les 25 à 34 ans.

(L'Usine Nouvelle, 13/07/2000)

a) *Et 5,9 % se disent disposés à le faire.*
b) *C'est le résultat de la septième enquête annuelle réalisée par la Sofres en mai dernier pour le compte de ParisBourse SA et de la Banque de France.*
c) *Fini le temps où le seul placement sûr consistait à mettre ses économies dans "la pierre".*
d) *Les jeunes sont les plus concernés.*
e) *L'Internet a joué un rôle important.*
f) *Les Français qui investissent dans la finance sont plutôt âgés.*
g) *Au total, quelque 9 millions de personnes - soit 20,5 % de la population totale du pays - possèdent des produits financiers.*

**16.** Cherchez les notions correspondant aux définitions :

1. Paiement automatique par la banque, pour le compte de son client, de redevances périodiques.
2. Indication du lieu de paiement, en général la banque du débiteur.
3. Opération effectuée sur ordre écrit d'un client, par laquelle la banque débite le compte de celui-ci pour en créditer un autre.
4. Engagement du débiteur de payer le montant d'une lettre de change à l'échéance.
5. Signature du porteur au verso d'un titre "à ordre" afin de le transmettre.
6. Opérations visant à obtenir le paiement d'une dette.

| | | |
|---|---|---|
| **a)acceptation** | **c)endossement** | **e)recouvrement** |
| **b)prélèvement** | **d)virement** | **f) domiciliation** |

**17.** Prenez connaissance du document suivant et des questions posées en bas et cochez la réponse qui vous paraît exacte :

**Mode de financement des agents non financiers**
(ménages, entreprises, acteurs publics), cumul 1991-1997, en %

|  | Prêts des banques | Financements de marché | Autres financements |
|---|---|---|---|
| **Allemagne** | 60,9 | 29,0 | 10,1 |
| **Espagne** | 32,9 | 36,3 | 30,8 |
| **France** | 7,9 | 60,0 | 32,1 |
| **Italie** | 13,3 | 64,2 | 22,5 |

(Alternatives Economiques, septembre 2000)

1. Le document donne, pour quatre pays européens, des informations sur
   a) l'importance du secteur bancaire pour le fonctionnement de l'économie.
   b) les montants mis à la disposition des agents économiques par les banques et les établissements financiers.
   c) l'affectation des différents financements aux ménages, entreprises et administrations publiques.
   d) la répartition des sources de financement des agents économiques, à l'exception du secteur bancaire et financier.

2. D'après ce document,
   a) les Espagnols ne se financent que peu par prêt bancaire.
   b) la part du financement par prêt bancaire en Allemagne correspond à celle du financement par recours au marché en France.
   c) les Allemands s'adressent uniquement aux banques quand ils veulent lever des fonds ou contracter un emprunt.
   d) le rapport entre financements de marché et prêts bancaires est très équilibré en Espagne et en Italie.

**18.** Prenez connaissance du document suivant et des questions posées en bas et cochez la réponse qui vous paraît exacte :

**Répartition des portefeuilles de placements
par catégories socioprofessionnelles, en %**

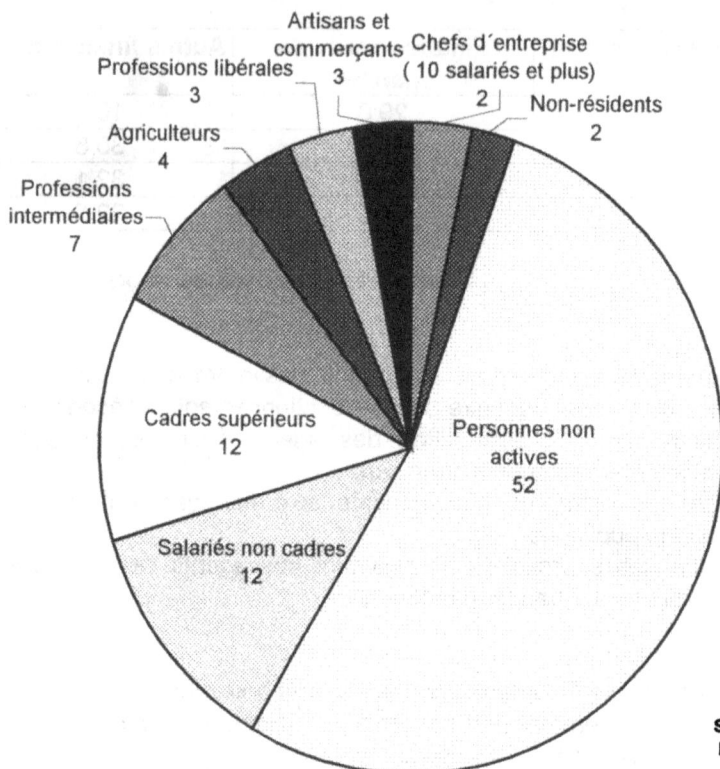

(Alternatives Economiques, septembre 1999)

1. Le document nous donne des informations sur
   a) la part, dans la totalité des placements, qu'investissent les membres des différentes catégories socioprofessionnelles (INSEE).
   b) le rapport entre les placements des actifs et celui des retraités.
   c) le nombre de personnes par catégorie socioprofessionnelle qui effectuent des placements en Bourse.
   d) le pourcentage des placements effectués par les différentes catégories socioprofessionnelles par rapport à leur revenu.

2. D'après ce document,
   a) les exploitants agricoles sont, avec les étrangers, ceux qui investissent le moins.
   b) plus de la moitié des placements sont effectués par des personnes qui n'exercent pas d'activité professionnelle.
   c) les dirigeants d'entreprise effectuent un quart des placements.
   d) les salariés placent presque autant d'argent que les personnes non actives.

**19.** Répondez aux questions en cochant la réponse qui vous paraît exacte :

1. Quelle formalité parmi les suivantes **ne** devez-vous normalement **pas** exécuter lors de l'ouverture d'un compte ?
   a) Signer la convention de compte
   b) Présenter une pièce d'identité
   c) Présenter une quittance de loyer à titre de vérification de domicile
   d) Approuver le règlement intérieur de la banque

2. Vous voulez vérifier les opérations effectuées sur votre compte bancaire. Quel document de la banque consultez-vous ?
   a) Le certificat
   b) Le reçu
   c) Le relevé
   d) Le récépissé

3. Vous venez de créer une micro-entreprise. Vos affaires ont démarré assez bien, mais vous êtes souvent confronté(e) à des décalages importants entre les sorties et les rentrées de paiements qui font passer vos comptes dans le rouge, quelquefois même pour 3 semaines. Que pouvez-vous négocier avec votre chargé de compte pour éviter ce genre de problèmes ?
   a) Un découvert autorisé
   b) Un prêt personnel
   c) Une remise de la dette
   d) Un amortissement différé

4. Lequel parmi les arguments cités ci-après **n'est pas** un avantage des chèques de voyage ?
   a) Ils sont émis pour une durée illimitée.
   b) Ils sont reconnus dans le monde entier.
   c) Les chèques achetés sont débités d'avance sur le compte.
   d) Ils sont attribués sans condition d'âge.

5. Vous recevez un chèque prébarré. Qu'est-ce que cela signifie pour vous ?
   a) La banque du tireur du chèque vous garantit que la provision existe à hauteur de la somme qui vous est due.
   b) Vous devez encaisser le montant du chèque en espèces au guichet de la banque de l'émetteur.
   c) Vous pouvez endosser le chèque pour régler une dette envers un fournisseur.
   d) Le chèque sera encaissé par la banque qui portera le montant correspondant au crédit de votre compte.

6. Vous venez de créer une revue spécialisée en matière économique. Quel mode de paiement proposez-vous à vos abonnés pour éviter les retards de paiement dus à une négligence éventuelle de vos clients ?
   a) Le virement
   b) Le prélèvement automatique
   c) L'envoi d'un chèque
   d) Le mandat-poste

7. Laquelle parmi les opérations suivantes **n'est pas** effectuée lors d'un crédit documentaire ?
   a) La banque de l'importateur notifie le crédit à l'exportateur.
   b) Le souscripteur s'engage à payer à l'échéance la somme au bénéficiaire.
   c) L'exportateur remet les documents à son banquier.
   d) La banque de l'importateur rembourse à la banque de l'exportateur le montant versé à l'exportateur.

8. Vous êtes responsable d'une entreprise de gardiennage, de nettoyage et de livraison de colis qui connaît un développement considérable. Vous avez embauché 150 personnes en trois ans et repris deux autres sociétés de nettoyage. Seul problème : vos besoins accrus de financement rendent votre trésorerie très vulnérable. Le moindre retard de paiement d'un client important peut vous mettre dans l'embarras. Que faites-vous pour résoudre ce problème ?
   a) Recourir à l'affacturage
   b) Demander un différé de paiement à vos créanciers
   c) Procéder à des licenciements
   d) Adresser des mises en demeure à tous les clients

9. Vous disposez régulièrement d'excédents de trésorerie. Que pouvez-vous faire de ce capital pour le faire fructifier ?
   a) Le céder à titre de garantie
   b) Le placer dans votre tirelire
   c) Le verser sur votre compte courant
   d) Le placer dans des produits financiers

10. Vous êtes amené à modifier votre police d'assurance multirisques habitation, puisque vous venez d'exécuter des travaux importants dans votre maison. Quel document demandez-vous à votre assureur ?
    a) Un avenant
    b) Une clause supplémentaire
    c) Un aval
    d) Un protêt

**20.** Ecrivez une lettre :

Vous travaillez chez Dumontier Père et Fils, Entreprise de travaux publics, 36 rue des Tilleuls, 94350 VILLIERS SUR MARNE. Votre client, les Etablissements Buissounnet, 25 rue de l'Oratoire, 69000 LYON, vous doit 50 000 francs. L'échéance est dépassée depuis deux semaines. Votre client n'a pas réagi à vos appels téléphoniques. Vous êtes chargé(e) d'écrire une lettre de rappel aimable, mais ferme. Demandez le motif du non-paiement et annoncez la facturation d'intérêts de retard.

## 21.

Monsieur Alain Renouf - né le 11 septembre 1963, célibataire - habite 25, rue Béranger, 38000 Grenoble (Tél.: 04 74 63 35 21). Il a obtenu son permis de conduire en 1985 et est salarié d'une grande banque (Tél.: 04 76 43 19 28) en tant que chargé de clientèle.

Depuis 1990, il possède une RENAULT 25 (type GTS 89, 7 CV) immatriculée 1395 ZX 38, achetée neuve et payée à crédit ; il l'utilise pour ses trajets domicile-travail et dispose d'un garage en sous-sol.

Mécontent de son assurance actuelle, il décide d'en changer dans les six mois et de demander un devis à une autre compagnie.

1.    Remplissez la demande de devis ci-dessous :

LE CONDUCTEUR HABITUEL
Nom et prénom du conducteur habituel :   ☐M.   ☐Mme ☐ Mlle
.................................................................................................................................
Date de naissance (jour, mois, année) :
Situation de famille :         Célibataire        Oui ☐Non ☐
Année de permis de conduire (catégorie B) :
Profession :
Êtes-vous salarié ?           Oui ☐Non ☐
Utilisez-vous votre véhicule pour des tournées de clientèle ou avez-vous des lieux de travail multiples ?    Oui ☐Non ☐

VOTRE VÉHICULE
Marque :                                              Puissance fiscale :    CV
Modèle commercial/version  Exemples : 205 GR, R21 Nevada, AX 10E
..........................................................
Type (aidez-vous de votre carte grise) :
Numéro d'immatriculation du véhicule :
Année d'acquisition (ou année d'achat prévue) :
Année de première mise en circulation :
Couche-t-il dans un garage couvert :        Oui ☐Non ☐
A-t-il été acquis en crédit-bail ?           Oui ☐   Non ☐

LE DEVIS EST A  RETOURNER A :
Nom :
Prénom :
Adresse :
Code postal :
Ville :
Tél. professionnel :              Tél. personnel :

2.    Rédigez la demande de résiliation du contrat d'assurance.

**22.** Ecrivez une lettre :

Lors de la visite d'un bar, on vous a volé votre chéquier qui contenait encore 3 chèques. Vous avez immédiatement prévenu votre agence bancaire par téléphone. Confirmez par lettre recommandée.

**23.** Ecrivez une lettre :

Vous travaillez pour un cabinet de médecins généralistes : SCM Médecins, 13, rue du Marché, 78110 LE VESINET. Depuis quelques mois, le cabinet a pris de l'expansion et les médecins ont acquis des meubles et des appareils médicaux qu'ils souhaitent assurer.
Vous êtes chargé(e) d'écrire à la Compagnie d'assurances LE MONDE, 54, rue Lafitte, 78000 VERSAILLES, pour demander l'estimation de ces biens matériels et la modification du contrat d'assurances.

**24.** Ecrivez une lettre :

Vous êtes devenu(e) victime d'un cambriolage survenu le 13 mars à votre appartement, pendant que vous étiez au travail. Vous déclarez le sinistre à votre assurance : S.A.A., 4, rue Montmoreau, 16000 ANGOULÊME. Votre numéro de sociétaire : 16.2567 L. Vous lui adressez également la copie du récépissé de déclaration de vol du commissariat de police ainsi que les factures des objets volés.

# TEXTES

## 1. Les Français plus riches aujourd'hui qu'en 1970

Les Français sont riches. Ils se sont même considérablement enrichis. Entre 1970 et 1992, la part des particuliers dans le patrimoine national est en effet passée des deux tiers aux trois quarts. Les actifs du pays étant évalués par l'Insee à un peu plus de 26 000 milliards de francs, ce sont donc 20 000 milliards, ou encore 350 000 francs par personne (avec une répartition très inégale non détaillée par l'enquête), qui appartiennent aux Français sous forme de logements, terrains, fonds de commerce ou actifs financiers. L'Etat et les entreprises se partagent le reste. Le gâteau dans lequel les ménages se sont taillé une tranche de plus en plus large a lui-même bien épaissi en un peu plus de vingt ans. Sa valeur a été multipliée par 8,3 en francs courants entre 1970 et 1992, tandis que le PIB était multiplié par 8,8.

Mais que possèdent les Français ? A la fin de 1992, principalement des actifs financiers (45 % de leur patrimoine) et des logements (43 %). Une répartition fort différente de celle de 1970, quand leur patrimoine se répartissait à peu près à parts égales entre logement (33 % en 1970), actifs financiers et actifs professionnels tels que terrains ou fonds de commerce.

Selon les économistes de l'Insee, cette redistribution reflète deux phénomènes successifs. Dans un premier temps, le niveau élevé d'inflation, rendant les taux d'intérêt négatifs, a incité les Français à rechercher du solide, en l'occurrence de la pierre. C'est ainsi que leur patrimoine logement a progressé de 16,4 % en moyenne annuelle au cours de la période.

Puis la montée en puissance des actifs financiers, depuis le début des années 80, a pris le relais. Les ménages ont succombé aux sirènes de la Bourse, des privatisations et d'une fiscalité plus attractive. Résultat : ils ont multiplié par 17 la valeur de leurs portefeuilles d'actions, d'obligations et leurs placements d'assurance vie. Cette préférence pour l'épargne financière ne s'est toujours pas démentie. Les réserves financières des Français représentent aujourd'hui plus d'un an et demi de revenu, un niveau jamais atteint.

(Le Nouvel Economiste, 12/8/94)

### Questions de compréhension
1. Quel est le sujet de l'article ?
2. Quelle est la valeur du patrimoine national français ?
3. Quelle part du patrimoine national les ménages détiennent-ils, en pourcentage, en francs, par personne ?
4. Caractérisez, chiffres à l'appui, l'évolution de la richesse nationale française entre 1970 et 1992.
5. Comment la répartition du patrimoine de 1970 se distingue-t-elle de celle de 1992 ?
6. Comment les économistes de l'Insee expliquent-ils cette évolution ?

## 2. Bundesbürger werden immer reicher

Die Bundesbürger haben im Vorjahr wieder kräftig gespart. Insgesamt wurden rund 277 Milliarden DM auf die hohe Kante gelegt. Das waren 10,3 Prozent oder 26 Milliarden DM mehr als 1998, wie der Bundesverband der Deutschen Volksbanken und Raiffeisenbanken (BVR) am Freitag in Bonn berichtete. Zusammen mit deutlichen Kurssteigerungen an den Aktienmärkten legte damit das gesamte Geldvermögen der Haushalte um 11,6 Prozent auf 6,75 Billionen DM zu. Im Jahre 1998 waren es noch sechs Billionen DM.

Trotz der leicht gestiegenen Sparsumme ist die Sparquote - der Anteil des zurückgelegten Geldes vom Nettoeinkommen - aber weiter rückläufig. Sie sank 1999 erneut von 10,1 auf 9,7 Prozent. Für den absoluten Anstieg der Sparsumme gibt es daher laut BVR im wesentlichen zwei Gründe: Zum einen steigern Aktien- und Fondbesitzer ihr Geldvermögen, ohne dafür Einkommen zur Seite legen zu müssen. Darauf entfalle inzwischen die Hälfte des Vermögenszuwachses. Darüber hinaus steigt das jährliche Durchschnittseinkommen, so dass auch bei sinkender Sparquote mehr Geld zur Seite gelegt werden kann. Entsprechend war insbesondere das Aktiensparen in Fonds auch 1999 sehr gefragt. Dem BVR zufolge legte die Anlage in Investmentfonds um 43 Prozent auf 90,4 Milliarden DM zu. Weiter im Aufwind war auch das Versicherungssparen: Hier stieg die Summe um fünf auf 128 Milliarden DM.

Damit legten die Privathaushalte in den vergangenen fünf Jahren mindestens zwei Fünftel ihrer neuen Ersparnisse bei Versicherungen an. Die Bestände an Bargeld und Sichtguthaben bei Banken und Sparkassen wurden um 59,4 Milliarden DM aufgestockt nach 55,6 Milliarden in 1998. Durchschnittlich legte jeder der 37,5 Millionen Privathaushalte im Vorjahr rund 7400 DM neu an und verfügte damit zum Jahresende über ein Geldvermögen von 180 000 DM sowie ein Nettovermögen von 342 000 DM. Das Gesamtvermögen der Bundesbürger für 1999 bezifferte der BVR mit 12,8 Billionen DM. Davon entfielen 7,45 Billionen DM auf Wohneigentum und 1,38 Billionen DM auf sonstige Anlagen. (SZ, 14/10/2000)

Die Deutschen werden immer wohlhabender. Nach Angaben des Bundesverbandes Deutscher Banken steigt das Geld- und Sachvermögen der privaten Haushalte in der Bundesrepublik in diesem Jahr auf etwa 18 Billionen Mark. Davon entfalle mit 7,6 Billionen Mark der größte Teil auf Wohnimmobilien. Das Geldvermögen, beispielsweise Bankeinlagen, Wertpapiere und Lebensversicherungen beläuft sich auf rund sieben Billionen Mark. Langlebige Gebrauchsgüter und sonstiges Sachvermögen summieren sich auf 3,2 Billionen Mark. Dem stehen Baudarlehen und sonstige Kredite von insgesamt drei Billionen Mark gegenüber. Unter dem Strich bleibe damit ein beachtliches Reinvermögen von etwa 15 Billionen Mark. (SZ, 11/09/2000)

**A Résumé**
Résumez les textes 1 et 2 en français.

**B Exposé-débat**
Préparez vos arguments ainsi que les objections aux éventuelles réponses d'un interlocuteur pour présenter et défendre votre point de vue dans un débat à propos de la question :
*Avons-nous trouvé la clé de l'enrichissement continu ?*

## 3. Ouvrir un compte « jeunes » à la banque ?

Le bas de laine et la tirelire en forme de petit cochon ont fait leur temps. Les premiers comptes « jeunes » sont apparus en 1983. Depuis lors, ils n'ont cessé de prospérer. Toutes les banques proposent aujourd'hui une gamme de services diversifiés en direction des adolescents qu'elles s'emploient ainsi à fidéliser. Selon une enquête de l'Association française des banques réalisée en août 1991, le solde moyen d'un compte « jeunes » oscille entre 1 500 et 2 000 F. Quatre millions et demi de mineurs ont aujourd'hui un livret de caisse d'épargne. Cette entrée massive des jeunes au sein de l'institution bancaire est une bonne chose pour les responsabiliser à la gestion d'un budget et leur apprendre que l'argent a une valeur et qu'un distributeur n'est pas une presse à billets providentielle. Il n'en demeure pas moins que les parents doivent savoir choisir la meilleure formule de compte en fonction de la psychologie et de l'âge de l'enfant dont ils sont les représentants légaux.

*Christiane Ch..., mère d'une fille de 16 ans.*

J'ai ouvert un compte sur livret à ma fille quand elle avait quatorze ans et demi. Elle était une petite fourmi, elle mettait tous ses sous dans une boîte. Elle avait le souci de mieux gérer son argent. Je voulais la familiariser avec les intérêts générés par l'épargne. J'ai une grande confiance en elle. Elle est économe. Elle ne prélève jamais la totalité de son argent hebdomadaire. Elle met l'argent qu'elle reçoit de ma part et de la part de la famille à l'occasion des fêtes sur son compte épargne. Ainsi il fructifiera. A l'ouverture de son compte, le guichetier nous a mis en garde contre les dangers qui pourraient venir de son entourage, ses copains au lycée. Elle a trouvé amusant d'avoir une carte - utilisable simplement dans le réseau bancaire interne - et de s'en servir à sa guise. En fait, elle s'en sert peu car elle garde suffisamment d'argent sur elle. L'an prochain, si ma fille est reçue au baccalauréat, elle partira en province. Je songe donc à lui ouvrir un compte normal avec chéquier et Carte bleue. (Le Monde de l'Education, juin 1995)

## 4. Compte jeunes : Bagoo (La Poste)

La Poste souhaite se rapprocher des jeunes. L'établissement a donc décidé de leur faire une offre. Le compte Bagoo, destiné aux jeunes de 18 à 25 ans, comprend un chéquier, une carte bancaire internationale, la possibilité de consulter son compte sur Internet, Minitel ou par téléphone. Une assurance permet également de faire opposition sans frais en cas de perte ou de vol de son chéquier ou de sa Carte Bleue. Enfin, le détenteur aura également accès à des produits de placement comme le Livret Jeunes. D'après l'établissement, cette offre permet aux jeunes de bénéficier de conditions avantageuses. Ainsi avec une carte Réalys, le coût annuel est de 157 francs, soit le prix de la carte. "Si chaque service était acquis séparément, cela coûterait au jeune de 35 à 55 % de plus", précise l'établissement. Par ailleurs, avec un magazine spécifique, un site Internet, des promotions, etc., Bagoo présente d'autres atouts que les seuls services financiers pour séduire ses jeunes clients...

(Le Revenu, décembre 2000)

**Exposé-débat :**
Préparez vos arguments pour prendre position dans un débat à propos de la question :

*Le compte « jeunes » - "une bonne chose pour les responsabiliser à la gestion d'un budget" ou simple instrument des banques pour "séduire leurs jeunes clients" ?*

## 5. Les entreprises se passent des banques

Les moyens utilisés par les entreprises pour se financer ont connu des transformations radicales au cours du XXe siècle, corrélatives aux changements de comportement des banques et à l'évolution du rôle de l'Etat.

Durant tout le XIXe siècle, et jusqu'au milieu du XXe, l'autofinancement est demeuré la source principale du financement à long terme des entreprises. Grâce à des taux de profit élevés et des dividendes distribués faibles, les entreprises ont financé la croissance de leur entreprise sur leurs profits. Est-ce à dire que les banques n'ont joué aucun rôle ? Certes, elles préféraient les prêts de court terme ou les placements institutionnels aux placements industriels de longue durée. Pourtant, au moins jusqu'en 1914, les banques locales et régionales ont joué un rôle déterminant, en alimentant la trésorerie des entreprises et en favorisant la diffusion des titres d'emprunt émis par les firmes de quelques secteurs lourds (sidérurgie, par exemple).

Le désengagement industriel des banques date davantage de l'entre-deux-guerres. La suspension de la convertibilité du franc en 1914 et la forte inflation de l'après-guerre obsèdent les banques, qui vivent dans la hantise du court terme et diminuent les crédits consentis à l'économie, dans un contexte, il est vrai, de dégradation de l'investissement privé.

Prenant une place croissante tout au long des années 30, l'Etat, au sortir de la Seconde Guerre mondiale, devient l'acteur majeur du financement de l'économie. Le Trésor contrôle près de 50 % du financement total des investissements de 1950 à 1967. Il accorde lui-même des prêts et oriente le crédit vers les secteurs clés de la croissance au moyen de taux bonifiés.

Dans les années 60-70, on a pu alors parler d'"économie d'endettement". L'essentiel du financement externe des entreprises est constitué de crédits distribués par des banques et l'essentiel de l'épargne est collecté sous forme de dépôts. En effet, les entreprises sont fortement incitées à emprunter, car la rentabilité des investissements est largement supérieure aux taux d'intérêt réels (déduction faite de l'inflation).

A partir des années 80, avec la remontée des taux et la baisse de la rentabilité des investissements, l'endettement devient extrêmement onéreux. L'époque est à la libéralisation : dérégulation (suppression du contrôle des changes en 1986, fin de la politique d'encadrement du crédit en 1987) et surtout désintermédiation financière. Pour leur financement externe, les entreprises ont désormais recours aux marchés de capitaux et elles se financent directement auprès des épargnants et des institutions financières non bancaires, en émettant des titres (obligations, actions, mais aussi billets de trésorerie, certificats d'investissement). Avec l'importance croissante des placements financiers des ménages (actions, obligations, assurance-vie...), de l'épargne collectée par les fonds de pensions et des émissions de titres, on entre ainsi dans une "économie de marchés financiers".

(Alternatives Economiques, 4° trim.1999)

### Résumé
Trouvez un titre pour chaque paragraphe et faites ensuite un résumé du texte.

## 6.   Auslaufmodell Firmenkredit: Der vernachlässigte Mittelstand

Die Vorwürfe häufen sich. Immer wieder beklagen Vertreter der mittelständischen Wirtschaft, dass sich die Banken aus dem Kreditgeschäft mit kleineren Unternehmen zurückzögen. Die Kreditanstalt für Wiederaufbau (KfW) hat bereits vor einem Jahr ihre Sorgen publik gemacht. Das Gesamtvolumen der KfW-Förderkredite in den neunziger Jahren habe zwar expandiert, doch werde das Wachstum im Wesentlichen von Kreditgenossenschaften und Sparkassen getragen. Der Anteil der Großbanken habe sich hingegen halbiert und sei bei Krediten bis 100 000 DM sogar auf ein Drittel des Ausgangswertes gesunken, bemängelte KfW-Chef Hans Reich. Auch die Vereinigung Mittelständischer Unternehmen (VMU) beklagte unter der Überschrift "Die Großbanken verraten den Mittelstand", dass die Geschäftsbanken kaum mehr Kredite vergäben. Ähnliches verlautete kürzlich vom Verband Deutscher Maschinen- und Anlagenbauer (VDMA). Die Banken vernachlässigten mehr und mehr den Arbeitsplätze schaffenden Maschinenbau. Stattdessen setzten sie auf Aktien- und Anleihemärkte und dabei auf Unternehmen der New Economy. Ihr Ziel sei der kurzfristige Erfolg über Gewinne am Neuen Markt, warf VDMA-Vizepräsident Diether Klingelnberg dem privaten Geldgewerbe vor.

Die privaten Banken: Partner des Mittelstandes? (Titel einer Broschüre des Bundesverbandes deutscher Banken) Daran zweifeln nach wie vor viele Betroffene. Wohl auch deshalb, weil die Großbanken häufig und eindringlich in der Öffentlichkeit die mangelnde Rentabilität im Firmenkundengeschäft beklagen und die tollen Profitchancen im Investmentbanking beschwören. In der Tat sind die großen Institute unter Druck. Denn die von den internationalen, institutionellen Investoren verlangten hohen Eigenkapitalrenditen sind im traditionellen Kreditgeschäft nicht zu verdienen.

Das hat Folgen. Der VDMA registriert nach eigenem Bekunden immer mehr Beschwerden seiner Mitglieder. Da werde kleineren Unternehmen häufig gesagt, Kredite gebe es nur noch, wenn zusätzlich andere Produkte abgenommen würden. Anstelle von Krediten böten die privaten Banken außerdem viel lieber Beteiligungskapital an. Generell verschlechterten sich die Modalitäten zunehmend. Die privaten Banken zögen sich aus der Fläche zurück, daher gebe es vor Ort kaum noch kompetente Ansprechpartner. Die Unternehmen würden vielmehr an die Zentrale verwiesen, die Kreditbearbeitung dauere dann Wochen.

Obwohl ein exakter Vergleich der Kreditvergabe an den Mittelstand der privaten, genossenschaftlichen und öffentlichen Banken nicht möglich ist, da es keine einheitliche Statistik gibt und jeder mit anderen Zahlen aufwartet, ist unumstritten, dass die Genossenschaftsbanken und Sparkassen aufgrund ihrer flächendeckenden Präsenz eine starke Stellung im mittelständischen Firmenkundengeschäft haben. Der Deutsche Sparkassen- und Giroverband gibt den Marktanteil der Sparkassen-Finanzgruppe bei kleineren und mittleren Unternehmen mit "etwa zwei Drittel" an - bei steigender Tendenz.          (SZ, 26/10/2000)

**A    Compte rendu**
Faites un compte rendu des informations contenues dans le texte.

**B    Exposé-débat**
Présentez, en vous appuyant sur les textes 5 et 6, votre point de vue au sujet de la question :      *Les banques remplissent-elles encore leur rôle de prêteurs aux entreprises ?*

## 7.    Optionsscheine: Nervenkitzel pur

Die Zuwächse im Optionsscheinhandel sind enorm. Markus Herdina vom Deutschen Aktieninstitut (DAI) erklärt das steigende Interesse der Privatanleger an Optionsscheinen mit dem gleichzeitig gestiegenen Interesse an dem Thema Geld- und Kapitalmarkt.

Dabei ist diese Form der Geldanlage vor allem für Anleger gedacht, die das Risiko nicht scheuen und sich am Aktienmarkt auskennen. Ähnlich wie bei einer Wette spekulieren Optionsscheinkäufer bereits zum Zeitpunkt des Erwerbs darauf, dass ein bestimmter Basiswert in Zukunft an Wert gewinnen oder verlieren wird. Das Interessante an den Scheinen ist dabei ihre Hebelwirkung. Wenn die dem Schein zugrunde liegende Aktie um zehn Prozent zulegt, kann ein ausgewählter Kauf-Optionsschein durchaus um 25 Prozent steigen. Umgekehrt droht der Totalverlust, wenn die Aktie im Kurs fällt.

An sich sind Optionsscheine nichts anderes als "Rechte". Und zwar handelt es sich bei ihnen um zeitlich begrenzte Rechte, die dem Besitzer erlauben, ein Wertpapier oder eine Währung zu im Voraus fixierten Konditionen zu kaufen oder zu verkaufen. Dabei geht es nicht immer in erster Linie darum, möglichst hohe Gewinne zu machen. Vielmehr kann man die Scheine auch nutzen, um sich gegen Kursschwankungen abzusichern. Wenn etwa ein Investor, der sein Depot in Euro abrechnet, viele amerikanische Aktien hält und einen fallenden Dollarkurs erwartet, dann kann er sich durch den Kauf von Devisenoptionsscheinen gegen Währungsverluste in seinem Depot absichern.

Die Grundlagen des Optionsscheinhandels sind einfach. Wer einen "Call" kauft, erwartet steigende Kurse des zugrunde liegenden Basiswerts. Je mehr sich die Aktie dem vorgegebenen Kursziel (Basispreis) nähert, umso größer wird der so genannte innere Wert eines Scheins. Lukrativ wird es für den Anleger, wenn der Basispreis überschritten wird. Der Erwerber von Verkaufsoptionsscheinen (Put) wettet dagegen auf sich abschwächende Kurse von Aktien oder Währungen.

Es ist aber keineswegs nur der innere Wert eines Optionsscheins, der über den aktuellen Kurs entscheidet. Von wesentlicher Bedeutung ist auch die Laufzeit des Papiers. Die Laufzeit beschreibt den Zeitraum von der Begebung des Scheins bis zu dem Tag, an dem das Optionsrecht endet. Dabei gilt folgendes Prinzip: Je kürzer die Restlaufzeit, desto klarer der Kurs, mit dem der Anleger am Laufzeitende rechnen kann. Die große Unbekannte im Optionsscheinhandel ist die Schwankungsbreite des Basiswertes, die Volatilität. Sie hat einen besonderen Einfluss auf den Zeitwert des Scheins.

Keine Frage, dass im Optionsgeschäft ein hohes Risiko lauert. Bevor sich Anleger an Optionsscheine heranwagen, sollten sie sich gründlich über das betreffende Unternehmen sowie die dahinter steckende Branche informieren. Der Anteil am Gesamtdepot sollte einen geringen einstelligen Prozentbetrag nicht überschreiten.

(SZ, 09/02/2001)

**A    Compte rendu**
Faites un compte rendu en français des informations fournies par le texte.

**B    Exposé-débat**
Préparez vos arguments ainsi que les objections aux réponses d'un éventuel interlocuteur dans un débat à propos de la question :
*Les investisseurs d'aujourd'hui, prennent-ils trop de risques ?*

# 8.   Accidents de la vie : comment choisir son contrat ?

Depuis quelques semaines, les contrats "garantie accidents de la vie" (GAV) se multiplient : La Mondiale, les MMA, par exemple, viennent de lancer les leurs. Cette nouvelle assurance, née au printemps dernier, est destinée à indemniser les particuliers en cas d'invalidité ou de décès survenus à la suite d'un accident, même lorsqu'il n'y a pas de responsable. Elle couvre les accidents de la vie privée (domestiques, sports et loisirs, bricolage par exemple, à l'exception des accidents de la route), les agressions, les attentats, les catastrophes naturelles ou technologiques.

Pour bénéficier du label "garantie accidents de la vie", toutes les compagnies d'assurances sont tenues de respecter le socle commun défini par la Fédération française des sociétés d'assurances (FFSA). Il prévoit que, en cas de blessure, l'indemnisation couvre l'incapacité permanente, le préjudice esthétique et les souffrances endurées. Et, en cas de décès, les préjudices économiques et moraux subis par les proches du défunt.

Cette indemnisation, dont le montant varie selon l'ampleur de ces préjudices, est plafonnée à un million d'euros. En théorie, elle peut être versée sous forme de rente ou de capital. Mais la majorité des assureurs ont opté pour la seconde solution. "Cela permet à la victime de faire face à des dépenses importantes tout de suite", explique Vincent Colart, chef de produit prévoyance à La Mondiale.

Si chaque compagnie est tenue de respecter les garanties minimales prévues par la FFSA, rien ne lui interdit d'offrir des garanties supérieures. Ce qui explique des différences importantes entre les contrats. La première ? Le taux d'invalidité à partir duquel l'assurance joue. Autre différence entre les contrats : les services d'assistance que de nombreuses compagnies ont ajoutés. Le coût de l'assurance varie aussi, dans certaines compagnies, selon que le contrat couvre la famille du souscripteur (son conjoint - ou son concubin - et les enfants rattachés au foyer fiscal) ou une personne vivant seule.                     (Le Figaro, 25/09/2000)

**Résumé**
Résumez, en quelques phrases, les caractéristiques de la nouvelle formule d'assurance présentée dans le texte.

INFORMATIONS

## Le système bancaire français

### Les Etablissements de Crédit

- Les **banques** : les établissements habilités à réaliser tous types d'opérations de banque.

- Les **Caisses d'épargne** et de prévoyance (par exemple réseau de l'Ecureuil, créé en 1837) étaient de simples associations de loi de 1901, mais sont devenues, depuis 1983, un véritable réseau financier soumis à la législation bancaire. La force de ces caisses est venue de la popularisation des livrets d'épargne bénéficiant d'une exonération fiscale. Aujourd'hui, elles diversifient leurs produits et participent à la concurrence bancaire générale. En 2000, elles sont devenues des établissements coopératifs. Leur capital est détenu par les sociétés locales d'épargne (SLE), dirigées par un directoire agréé par la Caisse nationale des caisses d'épargne (CNCE).

- La **Caisse des Dépôts et Consignations** (CDC)
  Créée en 1816 avec, en dotation une partie des forêts françaises, la CDC a recueilli tous les fonds qu'on voulait protéger de malversations. Pour cela, elle dispose du circuit de collecte des Caisses d'épargne et bénéficie de placements obligatoires en provenance des compagnies d'assurances et des organismes de Sécurité sociale. Elle a un encours de crédit comparable au budget de l'Etat et finance les H.L.M., les collectivités locales, les autoroutes et l'industrie.

- Les **banques mutualistes ou coopératives** (Crédit agricole, banques populaires...) ont été créées pour combler le vide dans les circuits de financement des domaines d'activité à haut risque : agriculture, PME, particuliers. Aujourd'hui, elles effectuent tous types d'opérations de banque.

- Les **Sociétés Financières** et assimilées (SF) orientées vers certains types spécifiques de financement (crédit-bail, maisons de titres par exemple)

- Les **Institutions Financières Spécialisées** et assimilées (IFS) ont une mission permanente d'intérêt public.

### Les entreprises non bancaires

- Les **Organismes de Placement Collectif en Valeurs Mobilières** (OPCVM)
  Les sociétés d'Investissement à Capital Variable (SICAV)
  Les Fonds Communs de Placement (FCP) qui n'ont pas la personnalité morale. Mais il est vrai que la plupart des OPCVM sont gérés par des filiales de banques.

- Les **compagnies d'assurance** offrent des produits bancaires.

- La **grande distribution** offre des cartes ou même des cartes bancaires.

- La **Poste** est un concurrent direct qui dispose d'un réseau très dense de bureaux.

Pendant longtemps, l'organisation du crédit en France reposait sur la spécialisation : les banques de dépôts ne devaient s'engager qu'à court terme, les crédits à long terme et les placements dans les entreprises étaient réservés à des banques d'affaires. Depuis 1985, tous les organismes de crédit sont soumis aux mêmes règlements.

Aujourd'hui, les frontières entre institutions disparaissent (les banques vendent des produits d'assurance...), le développement de titres financiers de plus en plus sophistiqués contribue à gommer les fonctions spécifiques de chacun d'eux (les obligations sont convertibles en actions) et la division du travail entre institutions financières et non financières tend aussi à s'effacer (la filiale financière de General Electric lui rapporte plus que ses activités industrielles).

Le rôle du système financier est de mobiliser les ressources des épargnants qui disposent de capacités de financement, afin que les ménages, les entreprises et les acteurs publics (tous baptisés agents non financiers) qui ont besoin d'argent pour faire fonctionner l'économie puissent en trouver. On distingue alors deux circuits de financement :

- **la finance directe** : les épargnants fournissent des ressources directement aux agents qui en ont besoin en achetant sur les marchés financiers les titres (actions, obligations) émis par ces agents ;

- **la finance indirecte** : des établissements financiers, en particulier les banques, jouent le rôle d'intermédiaires entre les agents qui ont de l'argent à placer et ceux qui veulent en obtenir. On parle également de "finance intermédiée". Le passage d'une économie où les banques jouent un rôle important à une économie où elles sont supplantées par la finance directe est ainsi baptisée de "désintermédiation".

## Les banques centrales

La **Banque de France** : fondée en 1800, nationalisée en 1945, indépendante depuis 1994. Banque centrale du pays et instrument important de l'Etat dans la politique de crédit et de contrôle.

La **Banque centrale européenne** dispose d'une forte indépendance vis-à-vis des pouvoirs politiques nationaux des pays qui ont créé la monnaie unique. Ses membres sont nommés pour huit ans, avec un mandat non renouvelable, ce qui les protège des pressions de leur gouvernement. Pourtant, les gouvernements nationaux conservent une place importante. Ils nomment les membres du directoire, l'organe dirigeant de la BCE ; ils négocient en permanence avec les gouverneurs des banques centrales nationales, dans leur pays et au sein de l'Euro 12, la structure qui regroupe les représentants des ministères de Finances et des banques centrales nationales des pays membres de l'euro, et à l'Ecofin, la réunion des ministres de l'Economie et des Finances des Quinze.

## Le marché monétaire

La seule variable directement contrôlée par les autorités monétaires est le taux d'intérêt à court terme. C'est en faisant varier le niveau de leur taux d'intervention sur le marché monétaire que les banques centrales espèrent influencer la croissance. Les banques obtiennent en effet une partie importante de leurs ressources en empruntant sur ce marché. Les conditions offertes par la banque centrale aux banques qui veulent se procurer à court terme de la monnaie de banque centrale ou placer leurs liquidités excédentaires, constituent des valeurs de référence essentielles pour la formation des taux sur le marché monétaire.

Mais les autorités monétaires ont perdu une grande partie de leurs pouvoirs face aux marchés financiers. Les moyens financiers à leur disposition (les réserves) sont largement inférieurs à ceux des opérateurs privés.

## Le refinancement

Par refinancement on entend l'octroi par la banque centrale de crédits aux établissements de crédit, réalisé par le biais de l'achat d'effets de commerce (réescompte) et le nantissement de valeurs mobilières (lombard).

## Les opérations d'open market

Les opérations d'open market, qui deviennent de plus en plus importantes, désignent les achats et les ventes de valeurs mobilières effectués par la banque centrale pour son propre compte. Les **procédures de prise en pension** se font par appels d'offres, soit à taux fixe : à partir du montant total des offes reçues, la banque centrale alloue la quantité de monnaie qui correspond à sa politique de liquidité et la répartition se fait à un pourcentage égal entre les différentes soumissions ; soit à taux variable : les établissements de crédit doivent aussi indiquer dans leur offre le taux auquel ils sont prêts à conclure une opération de pension.

## La compensation

Comme toutes les banques accordent des crédits en même temps, des fuites se produisent dans les deux sens. Il en résulte que chaque banque a des chèques à payer et d'autres à encaisser. Tous les jours, dans les locaux des succursales de la Banque de France, les dettes et les créances réciproques sont annulées. Ce mécanisme est appelé compensation.

## Réserves obligatoires

Sommes que les banques doivent maintenir à leur compte chez l'institut d'émission et qui ne rapportent le plus souvent aucun intérêt. C'est un pourcentage des dépôts et/ou crédits.

## Le Comité de Bâle

Ce comité est formé de représentants des pays du G 11 : Etats-Unis, Canada, Japon et huit Européens. Il entend renforcer les règles prudentielles pour l'activité bancaire internationale : ratio des fonds propres des banques ; évaluation de la gestion des risques et des risques pris par les banques ; transparence.

# Moyens de paiement et règlement

On distingue les ventes au comptant : dans les 48h. de la réception de la facture et les ventes à crédit : à 30, 60 ou 90 jours de fin de mois.

- **Le chèque**

  C'est un instrument de paiement comptant et de retrait de fonds. Depuis 1979, tous les chèques sont prébarrés.

  Le chèque **de banque** a remplacé le chèque certifié. Le porteur du chèque est assuré de son paiement pendant toute la durée de validité du chèque.

  Le chèque **visé** est un chèque à la date d'émission duquel le banquier atteste de l'existence de la provision. Il ne bloque pas la provision.

  Le chèque **de voyage** utilisé par les particuliers présente plusieurs avantages : reconnaissance mondiale, aucun risque de débit frauduleux, remplacement sous 48 heures des chèques perdus ou volés, possibilité d'utiliser les chèques à deux personnes etc. Une seule réserve : l'intégralité des chèques achetés est débitée d'avance sur le compte.

  Dans les transactions internationales, le chèque est peu utilisé. Son statut juridique et la possibilité de faire opposition varient d'un pays à l'autre ; mais l'inconvénient principal réside dans les délais d'encaissement.

- **Les virements**

  Il s'agit d'ordres passés par une banque à une autre de débiter ou de créditer un ou plusieurs comptes.

  Le SWIFT (Society for Worldwide Interbank Financial Telecommunications) est un réseau télématique privé de messagerie qui permet aux banques abonnées d'échanger des messages structurés, entre autres des ordres de virements. Le système est fiable, rapide et peu coûteux pour la clientèle.

- **T.U.P. (Titre universel de paiement)**

  Ils s'emploient pour des factures répétitives. On envoie son R.I.B. ou son R.I.P. à son créancier pour qu'il puisse les établir et lorsqu'on les reçoit, on n'a qu'à vérifier le montant à payer, on signe et on renvoie. Le T.U.P. disparaît peu à peu pour laisser la place au T.I.P.

- **T.I.P. (Titre interbancaire de paiement)**

  Il existe depuis 1988. Il suffit de signer la formule de paiement qui génère un débit de son compte. C'est au créancier d'envoyer le TIP à son débiteur. Celui-ci doit le signer et le renvoyer à un centre de traitement que lui précise le créancier.

- **L'encaissement simple**

  C'est un mode de règlement utilisé entre partenaires qui se connaissent de longue date.

- **Le contre-remboursement (cash on delivery)**

  Cette technique de paiement donne au transporteur final de la marchandise un mandat d'intermédiaire financier. En effet, c'est lui qui assure l'encaissement du prix et son rapatriement. Elle n'est utilisable que lorsque l'exportateur est sûr que l'acheteur acceptera la marchandise et lorsque les expéditions sont des colis de faible valeur unitaire.

- **Les effets de commerce**

  Ils sont autant moyen de paiement qu'instrument de crédit, surtout interentreprises. Ce sont des promesses écrites d'acquitter une dette à une date fixée : l'échéance. Il est d'usage de domicilier l'effet de commerce auprès d'une banque, aux guichets de laquelle il sera présenté par le bénéficiaire pour paiement à l'échéance. Ils présentent l'avantage d'être négociables auprès d'une banque, si le bénéficiaire a besoin de liquidités avant l'échéance.

- **La lettre de change**

  C'est un effet de commerce par lequel le créancier - le tireur - donne l'ordre à son débiteur - le tiré - de payer à une date fixée - l'échéance - une somme déterminée à une personne désignée - le bénéficiaire - qui peut être le tireur lui-même. On présente la traite au tiré à l'acceptation et à l'encaissement. La traite peut être cédée à un tiers - l'endossé - ou à une banque qui verse la somme immédiatement au créancier sous déduction des intérêts - escompte -.
  Mentions obligatoires :
  - "Lettre de change"
  - Nom et adresse du tiré
  - Bénéficiaire
  - Echéance
  - Montant
  - Signature du tireur

  | Autres mentions: |
  | --- |
  | •    Tireur |
  | •    Domiciliation (banque du tiré) |
  | •    Acceptation du tiré (signature) |
  | •    Timbre fiscal acquitté |

- **Le billet à ordre**

  C'est un effet de commerce par lequel le débiteur - le souscripteur - s'engage à payer à une date fixée - l'échéance - une somme déterminée à une personne déterminée - le bénéficiaire. Les mentions obligatoires sont celles de la lettre de change. Le billet est en général domicilié à la banque du souscripteur. Par contre, un billet à ordre ne comporte pas d'acceptation puisqu'il est rédigé par le débiteur lui-même.

  Depuis 1992, on a remplacé l'effet de commerce traditionnel au profit de l'effet de commerce relevé (**LCR** et **BOR**). La créance fait l'objet d'une dématérialisation ce qui entraîne la suppression de la circulation du papier sur lequel étaient tracées les créances. Mais la LCR ne relève pas du droit cambiaire. Il n'y a pas de possibilité d'envoyer la LCR à l'acceptation. L'escompte entraîne donc un risque plus élevé pour la banque.

- **Le crédit documentaire (CREDOC)**

  C'est un mode de règlement très utilisé en commerce international, car il est le seul à présenter une sécurité satisfaisante pour les deux parties. C'est un engagement de paiement pris par une banque et remis au vendeur à la demande de l'acheteur : le règlement s'effectue selon le mode de règlement et le délai prévus, sur présentation des documents.

  On utilise surtout le crédit irrévocable et confirmé qui représente une garantie supplémentaire : le crédit est confirmé par la banque de l'exportateur.

  - L'acheteur (l'importateur) demande l'ouverture d'un crédit documentaire en faveur du vendeur (l'exportateur).
  - La banque de l'importateur ouvre le crédit documentaire auprès de la banque de l'exportateur.
  - Cette dernière notifie le crédit à l'exportateur.
  - L'exportateur expédie les marchandises.
  - L'exportateur remet les documents à son banquier.
  - La banque de l'exportateur effectue le paiement.
  - Elle envoie les documents à la banque de l'importateur.
  - Cette banque rembourse à l'autre banque le montant versé à l'exportateur.
  - Elle fait parvenir les documents à l'importateur, son commettant.
  - L'importateur prend livraison des marchandises et effectue le règlement auprès de sa banque.

Un principe juridique important du crédit documentaire est la dissociation complète entre l'opération bancaire et le contrat commercial. Les banques ne sauraient être tenues pour responsables si les marchandises expédiées ne correspondaient pas aux mentions des documents.

- **La remise documentaire**

  C'est une technique de paiement par laquelle un exportateur mandate sa banque pour recueillir, par l'intermédiaire de son correspondant, le règlement ou l'acceptation de l'acheteur, au moment de la présentation des documents représentatifs de la marchandise. Dans cette procédure, les banques n'interviennent que comme mandataires de leurs clients respectifs. Elles ne s'engagent pas à payer le vendeur.

  La remise documentaire peut se réaliser sous deux formes : documents contre paiement ou documents contre acceptation. Elle est utilisée par les exportateurs lorsqu'ils connaissent leur acheteur, lorsque la situation du pays de l'acheteur est stable, lorsque la marchandise peut être revendue facilement sur place en cas de désistement de l'acheteur. Pour l'importateur, c'est un mode de paiement souple et moins onéreux qu'un crédit documentaire. Il offre les mêmes garanties. Il lui est possible d'inspecter la marchandise avant de payer ou d'accepter la traite.

- **La lettre de crédit commerciale**

  Sa définition est celle du crédit documentaire, mais elle n'est pas régie par les Règles et Usance uniformes de la Chambre de commerce internationale. Elle est d'une utilisation très rare. La lettre de crédit stand-by est une garantie donnée par une banque qui s'engage à payer le vendeur en cas de défaillance de l'acheteur.

- **Le récépissé-warrant**

  C'est un effet de commerce en deux parties qui est établi lors du dépôt de marchandises dans des entrepôts contrôlés par l'Etat (**magasins généraux**). La première partie, le récépissé est un reçu qui atteste du dépôt des marchandises. C'est un titre de propriété. La deuxième partie, le warrant, est un document qui permet à l'entreprise d'obtenir un financement. Pour obtenir une avance, l'entreprise endosse le warrant au profit de sa banque. La somme est à rembourser à une échéance précisée sur le warrant. Ce type de financement est de moins en moins utilisé.

- **L'affacturage**

  C'est un transfert de créances commerciales d'un titulaire à un "affactureur" qui se charge d'en opérer le recouvrement et qui en garantit la bonne fin, même en cas de défaillance momentanée ou permanente du débiteur. De plus, le factor peut régler par anticipation tout ou partie des créances transférées.

  L'affacturage comporte trois volets : le préfinancement des factures, rémunéré par des agios (le factor finance entre 80 et 90 % des factures) ; la garantie contre les impayés ; la gestion des comptes clients. C'est une solution financière pour les jeunes entreprises : l'affacturage soulage leur trésorerie en leur assurant des liquidités dans un délai très court. Mais il coûte cher.

  Dans le commerce international, l'affacturage peut aussi comprendre la couverture du risque de change. Là, il est plutôt réservé aux entreprises dont le chiffre d'affaires export à couvrir est supérieur à 5 millions de francs, et dont les factures sont d'un montant moyen d'au moins 10 000 francs.

- **La COFACE** (Compagnie française d'assurance crédit)

  Elle gère pour le compte de l'Etat, des garanties à l'exportation offertes à des entreprises françaises. Une partie des services rendus concerne la prospection. Leur but est de limiter les conséquences d'un échec commercial. Le taux des primes est très avantageux.

## Le traitement des incidents de paiement

En général, l'entreprise concernée adresse au débiteur **trois lettres** :
- la première lettre rappelle simplement que l'échéance est passée et que le règlement n'a pas été enregistré : elle laisse supposer un oubli de la part du client, ou impute le retard à d'éventuels délais de transmission ;
- la seconde constate le non-paiement et utilise donc un ton pus ferme, elle peut laisser envisager un recours d'ordre juridique en cas d'absence de réaction.
- la troisième lettre constitue une mise en demeure avant recours contentieux : elle doit être envoyée en recommandé, avec avis de réception.

# Crédits

- **Le crédit de campagne** est accordé aux entreprises dont l'activité est régie par des rythmes saisonniers de production ou de commercialisation, généralement de six à neuf mois.

- **Le crédit de trésorerie** est destiné à financer un besoin cyclique qui provient d'un décalage entre les recettes et les dépenses : **la facilité de caisse** permet, pour faire face à un petit incident passager, d'avoir un solde négatif sur une durée courte et pour un montant limité ; **le découvert autorisé** : il s'agit de négocier, avec son chargé de compte, un découvert d'un montant plus important et pour une durée plus longue (maximum 90 jours). Les conditions de remboursement sont convenues avec la banque. Pour l'entreprise, le découvert est la possibilité de rendre le compte débiteur pour une période donnée dans l'attente d'une rentrée de fonds, c'est-à-dire qu'il permet de faire face à un décalage temporaire de trésorerie.

- **Le crédit permanent ou "revolving"** est une réserve d'argent fixée d'avance avec la banque, dans laquelle on peut puiser à tout instant à un taux prédéterminé. Il représente aujourd'hui 44 % des crédits à la consommation. Ce type de crédit est souvent proposé lors de la délivrance d'une carte de grand magasin. Les taux d'intérêt appliqués sont très élevés.
  **Le crédit de préfinancement export "revolving"** est accordé aux entreprises dont le chiffre d'affaires à l'export est régulier. Son montant est fonction de celui des ventes et de la durée du cycle de production.

- **Le crédit affecté ou classique** est accordé pour l'achat d'un bien ou d'un service déterminé.

- **Le prêt personnel** n'est lié à aucun achat en particulier. La durée du crédit, le taux de remboursement, le montant et le nombre de mensualités sont déterminés en fonction de la situation personnelle de l'emprunteur.

- **Le crédit-bail** est une bonne solution pour les premiers investissements. Le contrat de crédit-bail est un contrat de location avec option d'achat. Si l'entreprise lève l'option en fin de contrat, elle est propriétaire du bien. Elle doit alors payer le solde du prix (la valeur résiduelle). Cette formule est pus facile à obtenir que le crédit classique. Elle permet de financer la plupart des actifs. Comme le crédit-bailleur reste propriétaire du matériel utilisé par la société, il n'exige pas de caution personnelle.

Les innovations financières ont permis la création d'actifs liquides, c'est-à-dire mobilisables rapidement pour financer l'économie, bien qu'ils soient censés servir d'instruments de placement. (titrisation)

- La **cession Dailly** : une entreprise qui est confrontée à des problèmes de trésorerie en raison des délais de paiement accordés aux clients, peuvent recourir à un financement au titre de la loi Dailly. Cette technique permet à une entreprise de mobiliser ses créances par la cession au profit d'une banque. Pour prévenir les risques d'impayés, le banquier peut notifier la cession au débiteur ou demander au cédé de s'engager à le payer. La banque préfinance les factures ou accorde une avance en compte pour les créances cédées.

  **La cession à titre de garantie** sert à assurer le règlement du crédit accordé en instituant au profit du banquier un procédé de remboursement de l'avance consentie. Elle se rapproche du nantissement de créances. Elle présente l'avantage d'opérer un transfert de propriété des créances cédées au profit de la banque, ce qui permet à cette dernière d'échapper au concours des créanciers privilégiés en cas de faillite du cédant.

## Garanties

L'obtention des crédits nécessite la présentation d'un dossier et l'apport de garanties. Les garanties peuvent être :

- **réelles** : elles portent souvent sur le bien faisant l'objet du financement. Les garanties se présentent sous la forme de nantissement de titres ou encore d'hypothèques ;
- **délégations de polices d'assurance COFACE** sous la forme de cession de créances "loi Dailly" ;
- **personnelles** : elles sont représentées par l'aval d'effets et par des cautions solidaires. Lorsqu'elles concernent le dirigeant, elles confirment la confiance de celui-ci dans la pérennité et le développement de son affaire.

**Les agences de notation** ont pour objet de déterminer la capacité d'une entité emprunteuse à rembourser une émission donnée dans les termes prévus au contrat.

## La banque de données FIBEN

La banque de France a constitué un fichier de renseignements qui lui permettait de vérifier la qualité des signatures portées sur les effets qui lui étaient présentés à l'escompte. Il peut être utilisé par les établissements de crédits pour renforcer la sécurité de leurs engagements. Les entreprises se voient attribuer une cotation qui se compose de la cote d'activité, la cote de crédit et la cote de paiement.

# La Bourse

La Bourse est le marché où sont effectuées les opérations d'achat et de vente des valeurs mobilières. Il s'agit de placements, mais en même temps d'outils de financement.

C'est un circuit court entre l'épargne à long terme et les besoins de financement des entreprises et des collectivités publiques. A ce titre, la Bourse se pose en concurrente du système bancaire qui joue un rôle d'intermédiation entre les dépôts et les prêts. C'est un moyen essentiel et alternatif au crédit bancaire pour financer l'économie.

C'est un instrument de liquidité de l'épargne. C'est un lieu d'évaluation des actifs et de restructuration sectorielle (OPA, OPE).

Pour les nouveaux marchés d'instruments financiers, c'est un lieu de transfert des risques.

La **COB** est un organisme qui surveille le bon fonctionnement de la Bourse et donne son accord pour toute admission de nouveaux titres sur le marché boursier.

### Le **Conseil des marchés financiers**
Une fusion est prévue entre la COB et le CMF, qui devrait donner naissance à l'AMF (Autorité des marchés financiers). Cette nouvelle autorité aura la haute main sur toutes les opérations de marché, le contrôle des établissements financiers étant confié à un autre organisme, regroupant la Commission bancaire et la Commission de contrôle des assurances.

- **Le comptant de la Cote officielle** : toutes les opérations de la place parisienne sont maintenant réalisées au comptant. Cette modification permet à la Bourse de Paris (Paris Bourse SA) de s'aligner sur celles de Bruxelles et d'Amsterdam, dans le cadre de la création d'Euronext.
- **Le SDR** (Service de règlement différé) a remplacé en septembre 2000 le règlement mensuel. Il n'est pas du ressort de Paris-Bourse. Ce sont les intermédiaires financiers qui offrent ce service à leurs clients. Il est possible d'acheter les valeurs éligibles au SDR et de ne les régler qu'en fin de mois ou encore de vendre des actions qu'on ne possède pas encore.
- **Le Second marché** : un compartiment de la cote officielle dont le but est de favoriser l'accès de sociétés en Bourse grâce à des conditions d'admission simplifiées.
- **Le Nouveau marché** : il est destiné à accueillir dès 1996 des entreprises de petite taille et innovantes.
- **Le marché libre OTC** (over the counter) qui remplace le hors cote : il traite les valeurs non inscrites à la cote officielle. C'est un marché de gré à gré qui n'est pas réglementé comme les autres compartiments de la Bourse. Ce marché n'est ouvert aux entreprises qu'à la condition qu'un actionnaire veuille céder ses titres.

- ## Les marchés d'actions

  Les **actions** représentent une partie du capital d'une Société. Elles peuvent être au porteur (anonyme) ou nominative. L'actionnaire participe à la gestion de la Société par son vote aux Assemblées Générales ; il reçoit chaque année un dividende, une part du bénéfice attribué à chaque action.

  La capitalisation boursière représente la valeur boursière d'une société cotée. On l'estime en multipliant le nombre d'actions constituant le capital d'une entreprise par son cours en Bourse.

  Une action (ou obligation) peut être achetée au moment de l'émission (**marché primaire**) ou ensuite en Bourse (**marché secondaire**) à un prix (cote) qui dépend de l'offre et de la demande.

  Dans les émissions, les banques jouent un rôle très important. Elles n'agissent pas seulement en tant que syndicat de placement, mais sont capables de fournir, moyennant perception de commissions, une garantie de bonne fin. Elles s'engagent à acheter ferme (contrat de prise ferme) tous les titres pour les placer sur le marché. Les banques assurent ainsi le succès des émissions. Facultative au niveau des augmentations de capital en numéraire, la garantie de bonne fin est la règle en matière d'emprunt obligataire.

  Le **CAC 40** est l'indice de la Bourse de Paris. Il est calculé toutes les 30 secondes à partir d'un échantillon de 40 actions. Le système de cotation en continu fonctionne depuis 1986 à la Bourse de Paris. Ainsi chaque titre fait-il l'objet de plusieurs cotations au cours d'une même séance boursière.

  Depuis 1995, le MidCac, composé d'un échantillon de 100 "valeurs moyennes", sert à promouvoir les entreprises moyennes.

- ## Les marchés obligataires

  Les **obligations** représentent une partie d'un emprunt d'une société ou d'une collectivité publique. Elle peut être au porteur ou nominative. Elle est émise pour une durée précise. L'obligataire reçoit chaque année un intérêt, d'après un taux fixe établi lors de l'émission ; il est remboursé à l'échéance prévue. Les obligations à taux fixe versent un coupon connu pendant toute la durée de l'emprunt, une obligation à taux variable détache périodiquement un coupon dont le montant suit un indice de référence. La valeur d'une obligation est très sensible à l'évolution des taux et à la date de paiement des intérêts.

  Les **obligations convertibles** peuvent être transformées en actions sur la demande du souscripteur, à une date déterminée ou échangées contre des actions créées lors d'une augmentation de capital. Le souscripteur allie la sécurité de l'obligation (revenu fixe) à la possibilité de participer à l'extension du capital de l'entreprise. Les obligations à bons de souscription d'actions (OBSA) et les actions à bon de souscription d'actions (ABSA) permettent aux acquéreurs de participer une seconde fois, en exerçant leur bon de souscription. Les obligations remboursables en actions (ORA) : plutôt que de rembourser l'emprunt lorsqu'il arrive à échéance, l'émetteur propose à l'acheteur de lui donner des actions de sa société. Les actions convertibles en actions (OCA) : leur propriétaire passe du statut de créancier à celui d'actionnaire.

• **Le MONEP** : marché des options négociables de Paris.

S'y négocient les **options**, qui sont un droit d'acheter ou de vendre une quantité donnée de l'actif, à un prix donné soit à une date donnée, soit pendant une période donnée. L'option peut porter sur des devises ou sur des taux d'intérêt. Ce marché permet la couverture d'un risque assortie de la possibilité de réaliser une plus-value sur l'actif couvert si le cours de celui-ci progresse, mais celui qui se couvre doit acquitter une prime.

Les **warrants** sont des options. Ils ne représentent aucun actif financier mais seulement le droit - mais non l'obligation - de négocier ces actifs dans des conditions définies d'avance. Ces options sont réparties en deux catégories : le droit de vendre, "put", et le droit d'acheter, "call". Un put sert à se protéger contre les baisses et un call permet de parier sur les hausses. Il existe des warrants sur tout : actions, indices boursiers, taux d'intérêt... (sous-jacents). Depuis octobre 2000, les entreprises entrant dans la composition d'un indice, par exemple le CAC 40, n'ont plus de droit d'opposition concernant l'émission de produits dérivés les concernant.

• **Le MATIF** : marché à terme international de France.

C'est le marché des contrats à terme de marchandises et des instruments financiers, tels que les "futures", des produits standardisés (montant et date d'échange fixés). Il permet à l'entreprise de se couvrir contre son risque de taux ou son risque de change, en prenant sur le marché à terme une position inverse à laquelle elle est exposée dans son bilan. Il constitue un système d'assurance à primes variables contre les risques de fluctuation dans le temps des cours de devises ou de taux d'intérêt.
Le **Notionnel** est un contrat à terme sur une obligation d'Etat fictive de 500 000 F de nominal, d'une durée de vie de dix ans. Le montant notionnel est un indicateur de l'activité qui se déploie sur les marchés dérivés. Il correspond à un montant fictif calculé par les financiers qui leur sert à homogénéiser les différents produits.

Les produits négociés sur le MONEP et le MATIF ont été baptisés de **produits dérivés,** car leur valeur évolue en fonction de celle de l'action, de l'obligation, de la devise etc. qui leur sert de support. A l'origine, ils servaient à protéger les investisseurs contre les risques de fluctuation de certains prix.

La criée ne concerne que le Notionnel et le CAC-40, les deux contrats phares du MATIF.

• **Le marché monétaire**
Depuis le décloisonnement des marchés de capitaux et l'ouverture du marché monétaire en 1985, les entreprises disposent avec les titres de créances négociables (certificats de dépôt, billets de trésorerie et bons du Trésor négociables) de nouveaux modes de placement pour autant que leurs excédents de trésorerie soient supérieurs à un million de francs.

# Les assurances

## Les assurances de personnes

- **L'assurance-vie** qui conduit au versement d'un capital à un bénéficiaire après le décès de l'assuré (assurance en cas de décès) ou d'un capital ou d'une rente à l'assuré s'il est vivant à une certaine date (assurance en cas de vie).

- **L'assurance-accidents** qui verse, en cas d'accident un capital ou des indemnités pour couvrir les risques de décès ou d'invalidité de l'assuré et les frais divers.

## Les assurances de dommages

- **L'assurance des dommages aux biens** qui a pour but d'indemniser l'assuré à la suite d'un sinistre (incendie, insolvabilité d'un client, dégâts matériels lors d'un accident).

- **L'assurance de responsabilité** qui garantit l'assuré contre les conséquences pécuniaires des recours où la responsabilité de l'assuré est en jeu (dommages causés dans l'exercice d'une profession ou par un accident de voiture).
  Toute entreprise qui utilise des véhicules pour les besoins de son activité professionnelle doit impérativement souscrire une assurance RC automobile.

Les assurances à primes fixes sont gérées par des sociétés à capitaux qui réalisent des profits. Les mutuelles sont gérées, sans recherche de bénéfice, par les assurés eux-mêmes ; les primes sont fixées en fonction des indemnités à régler.

La **Sécurité sociale** est une sorte d'assurance publique obligatoire pour les salariés. L'assurance-maladie : L'assuré français paie lui-même et est remboursé par sa caisse des frais et des honoraires. Toutefois, une part des frais reste à sa charge : elle est de 25 % pour les honoraires (ticket modérateur).

- **La police d'assurance** reproduit tous les termes du contrat d'assurance.

- **Le certificat d'assurance** est un extrait de la police et en indique les caractéristiques essentielles.

- **L'avenant d'assurance** est émis en cas de couverture des risques de transport, expédition par expédition, en utilisation d'une police globale.

**Les exclusions** : le préjudice commercial, les dommages liés à une faute intentionnelle de l'assuré, le vice propre de la marchandise, les conséquences de l'insuffisance de l'emballage... Seulement les événements imprévisibles, insurmontables et extérieurs peuvent être invoqués à titre de **force majeure**.

## L'assurance des marchandises

En commerce maritime, l'assurance des marchandises est obligatoire.

- **La police globale ou d'abonnement ou à alimenter** couvre globalement tout un courant d'affaires. L'assuré est tenu de déclarer l'expédition par un avis d'aliment. La contrepartie de l'exclusivité accordée à l'assureur réside dans un taux de prime sensiblement inférieur à celui qui serait pratiqué dans le cadre d'une **assurance au voyage**.

- **Les polices d'assurance sur facultés**

  - **Les avaries communes** :
  ce sont celles dont les conséquences seront      partagées entre le navire et tous les chargeurs, car leur origine est une action ayant pour but de sauver le navire.
  - **Les avaries particulières** :
  ce sont celles qui n'ont concerné qu'une partie de la cargaison, et dont les conséquences seront supportées par les seuls ayants droit à ces marchandises.

Deux **polices d'assurance maritime** peuvent être souscrites : une garantie FAP sauf" qui couvre les avaries communes et certaines avaries particulières énumérées. Cette garantie est conforme aux exigences minimales d'assurance prévue par les Incoterms CIP et CIF ; une garantie "Tous risques" qui couvre les avaries communes et la pupart des avaries particulières.
Le risque de guerre et les risques assimilés ne sont pas couverts par ces deux garanties.

Pour le **transport terrestre et aérien**, il y a deux polices : une police "Accidents caractérisés" ne couvrant que les événements majeurs  et une police "Tous risques".

**En cas d'avaries** ou de manquants, le réceptionnaire doit émettre les réserves, prévenir le commissaire d'avaries qui est chargé du constat des dommages pour l'estimation du préjudice.
Un dossier doit être constitué. Il comprendra l'original de la police, le titre de transport mentionnant les réserves, le rapport du commissaire d'avaries, le certificat définitif de perte, le montant de la réclamation et les pièces justificatives.

Pour mettre en œuvre une police d'assurance crédit, l'exportateur doit, dès qu'il a connaissance d'un retard de paiement, aviser la compagnie d'assurance. Il doit suspendre toute nouvelle livraison. Ces mesures sont indispensables pour préserver ses droits.

# Nouvelles technologies de l'informatique et de la communication

**Vocabulaire** ........................................................................ *466*
    *Informatique*
    *Télécommunication*                                   472
    *Internet*                                                      474
    *E-commerce*                                        476
***Entraînement*** ..................................................................... *477*
***Exercices*** ........................................................................... *480*
    *Informatique  1.1-2 ; 3.1-5 ; 5.1-5 ; 9.*
    *Télécommunication  1.2-4 ; 2. ;3.6 ; 5.6-8*
    *Internet 1.5-7; 3.7-10 ; 5.9-10*
    *E-commerce  1.8-10 ; 4. ; 6. ; 7. ; 8.*
**Textes** ............................................................................... *487*
    *Le Visor arrive en France (1.)*
    *Câble : La Lyonnaise clique sur le multimédia (2.)*            488
    *Virtuelle Teams (3.)*                               490
    *Le premier moteur de recherche d'emploi (4.)*           491
    *Derrière le portail, la simplification (5.)*                492
    *Prototypage via Internet (6.)*                        493
    *Sites d'achat : les vrais magasins à domicile  (7.)*       494
    *An der Zustellung hapert es noch  (8.)*               495
    *Hold-up sur la banque ?  (9.)*                       496
    *Okassurance.com :deux contrats enligne  (10.)*        497

# VOCABULAIRE

## Informatique

| | |
|---|---|
| le centre informatique | das Rechenzentrum |
| le système d'information | das Informationssystem |
| la fibre optique | die Glasfaser |
| numérique | digital |
| les données numérisées | die digitalisierten Daten |
| codé numériquement | digital verschlüsselt |
| | |
| l'unité centrale | die Zentraleinheit |
| les composants | die Komponenten |
| le matériel | die Hardware |
| l'ordinateur (m) | der Computer |
| l'ordinateur portable | der Laptop |
| le micro-ordinateur | der PC |
| le moniteur 17 pouces | der 17-Zoll-Monitor |
| le moniteur plat | der Flachbildschirm |
| des cristaux liquides | Flüssigkristalle |
| l'écran (m) | der Bildschirm, das Display |
| l'écran tactile | der Touchscreen |
| l'affichage électronique | das Display |
| le clavier | die Tastatur |
| la souris | die Maus |
| le repose-main | das Mouse-Pad |
| le lecteur de disquettes | das Diskettenlaufwerk |
| le lecteur de CD-Rom | das CD-Rom-Laufwerk |
| le graveur de CD | der CD-Brenner |
| le lecteur DVD-Rom | das DVD-Abspielgerät |
| l'équipement de base | die Grundausstattung |
| | |
| **équipé de** | ausgestattet mit |
| doté de | versehen mit |
| disposer de | verfügen über |
| le circuit imprimé | der Schaltkreis |
| le processeur | der Prozessor |
| la vélocité | die Geschwindigkeit |
| la carte à puce | der Microchip |
| l'environnement informatique | die Informatikumgebung |
| le réglage | die Einstellung |
| le disque dur | die Festplatte |
| la mémoire de masse | der Festspeicher |
| la mémoire vive | der Arbeitsspeicher |
| la capacité de stockage | die Speicherkapazität |
| les mégaoctets de mémoire | die Megabytes Speicherplatz |
| extensible à | erweiterbar auf |
| l'interface (m), le port | die Schnittstelle |
| le connecteur d'extension | der Slot |
| le commutateur | die Schnittstelle, Andockstelle |
| le port à liaison infrarouge | die Infrarot-Schnittstelle |

| | |
|---|---|
| le système d'exploitation | das Betriebssystem |
| sous DOS | unter DOS |
| (faire) fonctionner | laufen (lassen) |
| la compatibilité | die Kompatibilität |
| | |
| allumer l'ordinateur | den Computer einschalten, hochfahren |
| éteindre l'ordinateur | den Computer ausmachen, herunterfahren |
| l'extinction (f) automatique | das automatische Herunterfahren |
| sous tension | an den Strom angeschlossen, unter Strom |
| l'ordinateur est planté (fam), | der Computer ist abgestürzt, |
| ne répond plus | reagiert nicht |
| la défaillance | der Absturz |
| la fiabilité | die Verlässlichkeit |
| | |
| le support de données | der Datenträger |
| introduire un CD/une disquette | eine CD/eine Diskette einlegen |
| le cédérom réinscriptible | die wieder beschreibbare CD-Rom |
| | |
| connecter à, brancher sur | verbinden mit, anschließen an |
| se connecter à | angeschlossen werden an |
| la connexion | die Verbindung |
| | |
| **le périphérique** | das Peripheriegerät, das externe Gerät |
| l'imprimante (f) | der Drucker |
| l'imprimante jet d'encre/laser | der Tintenstrahl-/Laserdrucker |
| le télécopieur | das Faxgerät |
| émettre/réceptionner des télécopies | Faxe versenden/empfangen |
| le copieur | der Fotokopierer |
| le magasin d'alimentation | der Papierbehälter |
| la cartouche | die Patrone |
| la résolution | die Auflösung |
| points par pouce | pixel |
| fonctionner avec du papier ordinaire | mit Normalpapier laufen, arbeiten |
| l'impression recto-verso | das beidseitige Drucken |
| la vitesse d'impression | die Druckgeschwindigkeit |
| la trieuse | die Sortierfunktion |
| en mode A4 | in DIN A-4 |
| en monochrome | einfarbig |
| en noir et blanc | schwarzweiß |
| en couleur | farbig |
| imprimer depuis un portable | von einem Laptop aus drucken |
| transmettre | übertragen |
| mémoriser | speichern |
| les consommables | die Betriebsmaterialien |

| | |
|---|---|
| une webcam installée sur .. | eine an .. angebrachte Webkamera |
| la carte graphique | die Grafikkarte |
| traiter la 3D | 3D bearbeiten |
| la définition de l'image | die Bildauflösung |
| le traitement d'image | die Bildbearbeitung |
| un microphone intégré | ein eingebautes Mikrophon |
| ajouter des commentaires | den Bildern sprachliche Kommentare |
| vocaux aux images | hinzufügen |
| le rendu des couleurs | die Farbwiedergabe |
| la carte son | die Soundkarte |
| la reconnaissance vocale | die Spracherkennung |
| | |
| **le logiciel** | die Software |
| l'installation des logiciels | die Installierung der Programme |
| la suite de logiciels préinstallés | das vorinstallierte Softwarepaket |
| le progiciel | die Standardsoftware |
| conçu autour de | auf der Basis von .. konzipiert |
| conçu pour les besoins bureautiques | für Büroanwendungen konzipiert |
| fonctionner, tourner | funktionieren, arbeiten, laufen |
| la version de base | die Grundversion |
| la version antérieure | die Vorgängerversion |
| facile à manipuler, simple d'utilisation | leicht zu bedienen |
| l'utilisateur (m) | der Anwender, Nutzer, User |
| les copies illicites, | die Raubkopien |
| le piratage de logiciel | |
| le mot de passe | das Password |
| le code secret | die Geheimnummer |
| | |
| les applications | die Anwendungen |
| le travail simultané sur plusieurs | die gleichzeitige Arbeit an mehreren |
| applications | Anwendungen |
| faire tourner plusieurs applications | gleichzeitig mehrere Anwendungen |
| simultanément | laufen lassen |
| | |
| **le traitement des données** | die Datenverarbeitung |
| les banques/bases de données | die Datenbanken |
| la gestion documentaire | die Dokumentenverwaltung |
| les données | die Daten |
| entrer des données | Daten eingeben |
| la saisie de données | die Erfassung von Daten |
| une erreur de saisie | ein Tipp-, Eingabefehler |
| une mauvaise manipulation | ein Bedienungsfehler |
| | |
| lancer, démarrer un programme | ein Programm starten |
| quitter un programme | ein Programm schließen |
| redémarrer | neu starten |
| arrêter | beenden |
| la barre des tâches | die Taskleiste |
| la barre d'outils | die Symbolleiste |
| la barre de défilement vertical | die vertikale Bildlaufleiste |
| la boîte de dialogue | das Dialogfeld |

| | |
|---|---|
| un simple clic sur la souris | ein einfacher Mausklick |
| un double-clic | ein Doppelklick |
| le bouton droit de la souris | die rechte Maustaste |
| la touche d'entrée | die Eingabetaste |
| le bouton d'arrêt | die Stopptaste |
| presser la touche | die Taste drücken |
| maintenir enfoncée | gedrückt halten |
| la combinaison de touches | die Tastenkombination |
| la commande | der Befehl |
| un raccourci clavier | ein Shortcut |
| annuler | abbrechen |
| | |
| le menu déroulant | das Pulldownmenü |
| dérouler un menu | ein Menü scrollen lassen, öffnen |
| le pointeur | der Cursor |
| pointer sur | zeigen auf, den Cursor auf .. bringen |
| l'onglet (m) | der Abschnitt |
| la case | das Feld |
| | |
| paramètres | Einstellungen |
| le Bureau | das Desktop |
| Mes documents | Eigenen Dateien |
| Favoris | Favoriten |
| Historique | Verlauf |
| | |
| le Compagnon Office | der Office Assistent |
| fournir l'assistance requise | die gewünschte Hilfe liefern |
| l'astuce (f) | der Trick, Kniff |
| | |
| créer un document vierge | ein leeres Dokument öffnen |
| le modèle de document | die Dokumentvorlage |
| exécuter une tâche | eine Aufgabe ausführen |
| apporter des modifications | Änderungen vornehmen |
| mettre à jour | aktualisieren |
| sélectionner | markieren |
| faire glisser | verschieben mit Drag&Drop |
| le glisser-déposer | das Verschieben mit der Maus |
| déplacer des données | Daten verschieben |
| le Presse-papiers | die Zwischenablage |
| couper, copier et coller | ausschneiden, kopieren, einfügen |
| le point d'insertion | die Einfügemarke |
| insérer | einfügen |
| incorporer | einbetten, einfügen |
| supprimer, effacer | löschen |
| rétablir | wieder herstellen |

| | |
|---|---|
| enregistrer sous | speichern unter |
| le fichier | die Datei |
| le dossier | der Ordner |
| la sauvegarde | das Speichern |
| l'archivage (m) | die Archivierung |
| la mémorisation de fichiers | das Abspeichern von Dateien |
| attribuer un nom à | einen Namen zuweisen |
| renommer | umbenennen |
| | |
| afficher | anzeigen |
| le mode d'affichage | der Anzeigemodus |
| Propriétés | Eigenschaften |
| Aperçu | Vorschau |
| | |
| rechercher | suchen |
| atteindre | gehe zu |
| parcourir | durchsuchen |
| par modification | nach Bearbeitung |
| par titre | nach Überschrift |
| par objet graphique | nach Grafik |
| | |
| **le traitement de texte** | die Textverarbeitung |
| enregistrer, traiter des textes | Texte verarbeiten |
| la vérification de l'orthographe | die Rechtschreibhilfe, -überprüfung |
| arrêter le formatage, la mise en forme | die Formatierung festlegen |
| par défaut.. | Standard |
| personnalisé | benutzerdefiniert |
| la plage de texte | der Textabschnitt |
| les caractères | die Zeichen |
| (en caractères) gras | fett |
| italique | kursiv |
| souligné | unterstrichen |
| graisser le texte | den Text fett formatieren |
| placer en italique | kursiv formatieren |
| mettre en majuscules | in Großbuchstaben setzen |
| | |
| Police | Schriftart |
| Style | Schriftschnitt |
| Taille | Schriftgrad |
| Soulignement | Unterstreichung |
| Attributs | Effekte |
| Barré (double) | (doppelt) durchgestrichen |
| Exposant | hochgestellt |
| Indice | tiefgestellt |
| Ombré | schattiert |
| Empreinte | Gravur |
| Petites majuscules | Kapitälchen |
| Majuscules | Großbuchstaben |
| Masqué | ausgeblendet |

| | |
|---|---|
| justifier le paragraphe | den Absatz in Blocksatz setzen |
| aligner à gauche/à droite | linksbündig/rechtsbündig ausrichten |
| centrer | zentrieren |
| Paragraphe | Absatz |
| Retrait et espacement | Einzüge und Abstände |
| Enchaînement | Zeilen- und Seitenwechsel |
| Alignement | Ausrichtung |
| Niveau hiérarchique | Gliederungsebene |
| Interligne | Zeilenabstand |
| la tabulation | das Setzen des Tabulators, der Tabulator |
| tabuler | den Tabulator setzen |
| l'ajout de points de suite | das Setzen von Füllzeichen |
| les points/tirets | die Punkte/gestrichelten Linien |
| le multicolonnage | der Spaltensatz |
| les lignes/colonnes (f) | die Zeilen/Spalten |
| le dessin, le graphisme | die Graphik |
| | |
| Puces | Aufzählungszeichen |
| Numérotation | Nummerierung |
| une liste à puces | eine Liste mit Aufzählungszeichen |
| une liste numérotée | eine nummerierte Liste |
| | |
| l'orientation de l'impression | das Druckformat |
| portrait/paysage | Hochformat/Querformat |
| bordures | Rahmen |
| aucun | ohne |
| encadré | Kontur |
| ombre | schattiert |
| personnalisé | anpassen |
| trame de fond | Schattierung |
| | |
| les en-têtes et pieds de page | die Kopf- und Fußzeilen |
| créer des notes de bas de page | Fußnoten erzeugen |
| la table des matières | das Inhaltsverzeichnis |
| | |
| la feuille de calcul | das Tabellenblatt |
| le tableur | die Tabellenkalkulation |
| la cellule | die Zelle |
| la plage de cellules | der Zellbereich |
| le tableau croisé | die Tabelle, das Tabellenblatt |
| disposition | Anordnung |
| tracer des graphiques | Diagramme erstellen |
| histogramme | Säulendiagramm |
| barres | Balken |
| courbes | Linien |
| secteurs | Kreis |
| aires | Fläche |
| anneau | Ring |
| radar | Netz |
| bulle | Blase |
| boursier | Kurs |

| | |
|---|---|
| PréAO/Présentation Assistée par Ordinateur | die computerunterstützte Präsentation |
| le modèle de conception | die Entwurfsvorlage |
| nouvelle présentation | leere Präsentation |
| mode Trieuse de diapositives | Foliensortieransicht |
| l'arrière-plan | der Hintergrund |
| le jeu de couleurs | die Farbskala |
| imprimer les diapositives sur des transparents | die Präsentationen auf Folien drucken |
| | |
| la présentation sur écran | die Bildschirmpräsentation |
| visionner | abpielen, vorführen |
| le programme de mise en page | das Layout-Programm |

### Télécommunication

| | |
|---|---|
| la téléphonie fixe | das Festnetz, die Festnetztelefonie |
| la prise téléphonique | der Telefonanschluss |
| l'inscription à l'annuaire | der Eintrag ins Telefonbuch |
| la demande d'installation de téléphone | der Antrag auf Telefonanschluss |
| l'abonné | der Teilnehmer |
| | |
| l'émission/la réception d'appels | das Anrufen/Angerufenwerden |
| joindre qn | jdn. erreichen |
| la communication locale, l'appel local | das Ortsgespräch |
| la communication interurbaine, longue distance | das Ferngespräch |
| un appel en P.C.V. (à percevoir) | ein R-Gespräch |
| l'horloge parlante | die Zeitansage |
| le service de réveil | der Weckdienst |
| le service des abonnés absents | der Fernsprechauftragsdienst |
| le service de renseignements | der Fernsprechauskunftsdienst |
| le transfert d'appel | die Rufumleitung |
| faire porter son numéro sur la liste rouge | sich eine Geheimnummer geben lassen |
| | |
| le réseau local | das Ortsnetz |
| la circonscription de taxe | die Gebührenzone |
| la redevance de téléphone | die Telefongebühren |
| le compte téléphonique | das Fernsprechgebührenkonto |
| le tarif préférentiel | der Sondertarif |
| il vous en coûtera | es wird Sie kosten |
| afficher le coût des communications | die Gesprächskosten anzeigen |
| avec indication de durée et de prix (IDP) | mit Gebührenzähler |
| le numéro vert | Nummer, die man gebührenfrei anruft |
| | |
| interrogeable, à interrogation à distance | mit Fernabfrage |
| disposer d'un répertoire de .. numéros | über einen Speicher an .. Nummern verfügen |
| le répertoire électronique | das elektronische Telefonbuch |
| posséder une fonction de rappel | eine Wiederholungstaste besitzen |

| | |
|---|---|
| **la téléphonie cellulaire** | die Mobiltelefonie, der Mobilfunk |
| le portable, le mobile | das Mobiltelefon, Handy |
| l'autonomie (f) | die Betriebsdauer, das Standby |
| en veille | im Standby-Modus, in Bereitschaft |
| la boîte vocale | die Mailbox |
| appuyer sur une touche | auf eine Taste drücken |
| adapter un fax | ein Fax anschließen |
| | |
| le téléphone mains-libres | die Freisprechanlage |
| le haut-parleur | der Lautsprecher |
| le microphone intégré | das eingebaute Mikrofon |
| les casques | die Kopfhörer |
| | |
| l'abonnement téléphonique | das Telefonabonnement, der Handyvertrag |
| le forfait | die Pauschale |
| la tacite reconduction | die automatische Verlängerung |
| le désabonnement | die Kündigung des Abonnements |
| les cartes prépayées | die Prepay-Karten |
| le réaprovisionnement du compte | die Wiederauffüllung des Kontos |
| | |
| l'ART/Autorité de régulation des télécoms | die Regulierungsbehörde für Telekommunikation |
| la protection des données personnelles | der Datenschutz, Schutz persönlicher Daten |
| | |
| les opérateurs | die Anbieter |
| la couverture | die Reichweite, Ausdehnung des Servicenetzes |
| | |
| les opérateurs de télévision par satellite/par câble | die Anbieter von Satelliten-/Kabelfernsehen |
| la parabole | die Satellitenschüssel |

| | |
|---|---|
| | <div style="border:1px solid">**Internet**</div> |

**la transmission de données** — die Datenübertragung
un nouveau concept de communication — ein neues Kommunikationskonzept
les NTIC/nouvelles technologies de l'informatique et de la communication — die neuen Kommunikationstechnologien
les liaisons par satellite — die Verbindungen über Satellit
les canaux de transmission — die Übertragungskanäle
véhiculer — übermitteln, transportieren
le réseau est encombré — das Netz ist überlastet
le débit du réseau — die Übertragungsgeschwindigkeit, -rate, -leistung
le réseau haut débit — das Hochgeschwindigkeitsnetz

la transmission d'images — die Bildübertragung
décomposer à raison de .. images par seconde en fichiers numériques — .. Bilder pro Sekunde in digitale Dateien umwandeln
lire des séquences vidéo numériques — digitale Videosequenzen lesen
la compression — die Komprimierung

**les réseaux d'ordinateurs interconnectés** — miteinander vernetzte Computer, Netzwerke, der Verbund von Datennetzen
EDI/l'échange de données informatisé — der elektronische Datenaustausch
mettre en réseau — vernetzen
partageable en réseau — netzfähig
la mise en réseau — die Vernetzung
les autoroutes de l'information — die Datenautobahnen, der Datenhighway

**l'accès à (l')Internet** — der Internetzugang, Internetanschluss
les internautes — die Internauten
se connecter — sich anschließen, einklinken
se déconnecter — sich ausklinken, Offline gehen
la connexion est active — die Verbindung ist hergestellt
couper la connexion — die Verbindung abbrechen
le modem — das Modem
le logiciel de navigation — die Navigationssoftware
le code d'accès — die Zugangskennung
le code personnel — das persönliche Kennwort
le FAI/fournisseur d'accès à Internet — der Internetprovider
le point d'accès au réseau — der Einwahlknoten

souscrire un abonnement — einen Vertrag abschließen
en connexion illimitée — mit zeitlich unbegrenztem Internetzugang
hors coût des communications téléphoniques locales — außer Kosten für Ortsgespräche
les droits de connexion — die Onlinegebühren
l'heure de connexion — die Verbindungszeit, On-Line-Zeit
le paiement à l'acte — die Bezahlung pro Nutzung
les services en ligne — die Online-Dienste

| | |
|---|---|
| **le courrier électronique** | die E-Mail |
| l'adresse électronique | die E-Mail-Adresse |
| @ = arobase | @ = at |
| le nom de domaine | der Domainname |
| l'extension (f) | die Erweiterung |
| | |
| la messagerie électronique | die Mailbox |
| adresser un message à qn | an jdn eine Mail richten |
| l'afflux (m) de mails | die E-Mail-Flut |
| submergé par les courriers électroniques | von E-Mails überschwemmt |
| consulter les messages | die Nachrichten abrufen |
| prendre connaissance des messages | die Mails zur Kenntnis nehmen |
| gérer l'e-mail | die E-Mail verwalten |
| attacher des documents | Dokumente anhängen |
| la pièce attachée, jointe | der Anhang |
| | |
| **la Toile** | das World Wide Web |
| l'espace virtuel | der virtuelle Raum |
| la communication planétaire | die weltweite Kommunikation |
| le site web/Internet | die Web Page/Internetseite |
| la page web | die Homepage |
| le portail | das Portal |
| les portails verticaux | die Themenportale |
| la page d'accueil du site | die Startseite |
| la partie sécurisée | der geschützte, gesicherte Bereich |
| | |
| le serveur central | der Hauptserver |
| le fournisseur d'hébergement de site | der Hosting-Provider, Web-Hoster |
| héberger un site | eine Webseite hosten |
| l'administrateur d'un site Web | der Webmaster |
| envoyer sur le Net, mettre en ligne | ins Netz stellen, Online bringen |
| faire référencer | in Verzeichnisse aufnehmen lassen |
| le référencement | die Listung |
| les liens hypertextes | die Hyperlinks |
| | |
| **la navigation Internet** | das Surfen im Internet |
| la recherche sur Internet | die Internetsuche |
| le moteur de recherche | die Suchmaschine |
| effectuer des recherches à la demande | Suchaufträge durchführen |
| l'annuaire (m) web | das Web-Verzeichnis |
| les mots-clés | die Schlüssel-, Stichwörter |
| la consultation | die Abfrage, der Zugriff |
| la requête | die Anfrage |
| le temps de consultation | die Benutzungsdauer |
| | |
| le clic | das Anklicken |
| l'icône (f) | das Ikon |
| clignoter | blinken |
| s'afficher | angezeigt werden |
| apparaître | erscheinen |
| valider/annuler | bestätigen/rückgängig machen |

| | |
|---|---|
| charger une page | eine Seite laden |
| télécharger | herunterladen |
| le téléchargement | das Download, Herunterladen |
| le signet électronique | das elektronische Lesezeichen, Bookmark |

### E-commerce

| | |
|---|---|
| le commerce en ligne | der E-Commerce |
| le site marchand | die kommerzielle Webseite |
| les point.com | die dot.coms |
| les bannières publicitaires | die Werbebanner |
| les guides d'achat sur Internet | die Internet-Einkaufsführer |
| la mise en ligne d'un catalogue | die Veröffentlichung eines Katalogs im Netz |
| le magasin virtuel | der virtuelle Laden |
| l'achat sur Internet | der Kauf im Internet |
| le site d'achat groupé | die Webseite für group buying |
| les achats groupés | group buying |
| les e-enchères | die Versteigerungen im Netz |
| la sécurisation de paiement | die Sicherung der Zahlung |
| le cryptage | die Verschlüsselung |
| la place de marché électronique | der elektronische Marktplatz |
| le commerce interentreprises | B2B |
| la GPAO/gestion de production assistée par ordinateur | die computerunterstützte Produktion |
| la CAO/conception assistée par ordinateur | die computergestützte Entwicklung |
| la CFAO/conception et fabrication assistées par ordinateur | computergestützte Entwicklung und Herstellung |
| la maquette numérique | das digitale Modell |
| le RAO/routage assisté par ordinateur | die computergestützte Logistik |
| le camion équipé d'un système de positionnement du véhicule | der mit einem Ortungssystem ausgestattete Lastwagen |
| un ordinateur embarqué couplé à un modem | ein mit einem Modem verbundener Computer an Bord |
| le système de repérage | das Ortungssystem |
| le porte-monnaie électronique | die elektronische Geldbörse |
| le chargement | das Aufladen |
| les rectangles de plastique | die Plastikkärtchen |
| le lecteur de carte bancaire | das Lesegerät für Bankkarten |
| le décodeur | der Decoder |
| le distributeur à reconnaissance de l'iris | der Geldautomat mit Iriserkennung |
| l'authentification (f) | die Kontrolle, Verifizierung |
| le télétravail | die Tele(heim)arbeit |
| à partir de, depuis son domicile | von zu Hause aus |
| l'équipe virtuelle | das virtuelle Team |

## ENTRAÎNEMENT

### 1. Vous le savez déjà !?

Pour répondre aux questions ci-dessous, recourez à vos expériences et à vos connaissances générales. Utilisez les expressions figurant sur la liste de vocabulaire. N'hésitez pas à deviner, à poser des questions, à dire des banalités ou à vous répéter. Essayez toujours de vous imaginer des situations concrètes et de trouver des exemples. Vous n'êtes obligé ni de répondre à chaque question isolément ni de suivre exactement l'ordre donné.

1. Utilisez-vous un ordinateur dans votre vie professionnelle / privée ? De quels logiciels disposez-vous ?
2. Pourriez-vous décrire quelques fonctions fondamentales de votre logiciel (peut-être Word, Excel ..) ? Quelles tâches exécutez-vous ?
3. Avez-vous le téléphone ? Quel est votre équipement technique ? Comment se procure-t-on le téléphone, comment paie-t-on ?
4. Décrivez tout ce que vous faites pour joindre quelqu'un par téléphone.
5. Avez-vous un téléphone mobile ? Quels sont ses avantages / inconvénients ?
6. Avez-vous un répondeur automatique ? Quels sont les arguments en faveur / contre un tel appareil ?
7. Que peut-on faire avec un télécopieur ? Vous en avez un ? Dans quelles circonstances l'utilisez-vous ?
8. Utilisez-vous le courrier électronique ? Qu'en pensez-vous ?
9. Avez-vous accès à l'Internet ? Quel usage en faites-vous ? Quels sites préférez-vous ?
10. Quels produits achèteriez-vous / n'achèteriez-vous pas par Internet ? Pourquoi ? Quelles sont vos expériences ?

### 2. Sujets d'approfondissement

Recourez à la rubrique INFORMATIONS pour aborder les sujets suivants. Procurez-vous des informations dans la presse, à la télévision, par Internet. Et n'oubliez pas que vous pourrez trouver des informations dans les TEXTES et les EXERCICES.

1. Expliquez toutes les "révolutions" dans l'histoire de l'humanité induites par les progrès de la technologie.
2. Décrivez toutes les applications des nouvelles technologies dans la vie professionnelle et privée.
3. Analysez les conséquences d'une mise en place d'entreprises virtuelles.
4. Décrivez le fonctionnement de la recherche sur Internet. Cherchez des adresses, testez-les et racontez vos expériences.
5. Décrivez quelques sites Internet d'entreprises françaises - ou autres - que vous avez choisis.

### 3. Sujets de discussion/rédaction

En classe, vous pouvez traiter les sujets dans une discussion libre ou avec des rôles fixés préalablement. Les conclusions peuvent faire l'objet d'un devoir écrit. Si vous traitez les sujets par écrit, élaborez un plan : introduction - discussion de la question : opposez les arguments, appuyez-vous sur vos connaissances, lectures, expériences - conclusion : ce n'est qu'ici qu'intervient votre propre opinion. Veillez à ce que votre rédaction soit logique, que l'enchaînement de vos arguments soit convaincant.

1. La nouvelle économie - va-t-elle bouleverser notre existence ?
2. Nouvelle ou vieille économie - laquelle sera la pus performante ?
3. La télécommunication - tuera-t-elle la communication ?
4. Le portable - mène-t-il à un nouvel esclavage ?

5. Le téléphone - sera-t-il bientôt superflu ?
6. Le télétravail - chance ou malédiction ?
7. La voiture - sera-t-elle bientôt un bureau roulant ?
8. Le futur - une société sans travail, une entreprise déserte ?
9. B2B, le commerce interentreprises - y aura-t-il bientôt des cartels virtuels ?
10. L'Internet rendra-t-il superflus le livre et la presse écrite ?
11. La libre circulation des informations - un rêve ?
12. Les Européens - rattraperont-il leur retard dans les NTIC ?

## 4. Sujets de commentaires

Exprimez librement tout ce qui vous vient à l'esprit à propos des informations et citations ci-dessous. Vos commentaires pourront comprendre, selon le cas, des explications de causes et d'effets, des analyses d'implications diverses, des considérations historiques, des comparaisons, des prises de positions personnelles etc.

1. **La toile mondiale reste un espace de riches**, en dépit d'une forte progression de l'accès à Internet dans les pays en développement. Plus de 30 % des habitants des Etats-Unis sont branchés sur le Web, contre 0,5 % des Africains. Le manque d'infrastructures de communication est la cause première de ce retard : rapportée au nombre de lignes de téléphones disponibles, la diffusion d'Internet est plus rapide dans beaucoup de pays du Sud qu'aux Etats-Unis. Quant aux Coréens, ils sont déjà 20 % à avoir accès à Internet, un niveau supérieur à celui de nombreux pays européens.

   (Alternatives Économiques, janvier 2001)

2. Origine des 111 **entreprises des NTIC** les plus importantes par la capitalisation boursière, en avril 2000 :

| Etats-Unis 63   Japon 25 | Union européenne 14 | Autres 9 |
|---|---|---|
| | France 4 | Taiwan 3 |
| | Royaume-Uni 3 | Inde 2 |
| | Allemagne 2 | Canada 1 |
| | Pays-Bas 2 | Corée du Sud 1 |
| | Espagne 1 | Hongkong 1 |
| | Finlande 1 | Suisse 1 |
| | Suède 1 | |

   (Alternatives Economiques, novembre 2000)

3. "Si le PC incite à l'isolement, le mobile privilégie la rencontre."

   (Challenges, juin 2000)

4. **Recrutement**
   Pour simplifier la vie des recruteurs, la start-up britannique JobPartners a eu l'idée d'automatiser le processus d'embauche en ligne. Activerecruiter.com couvre tout le cycle de recrutement : description du poste à pourvoir via un formulaire paramétrable et personnalisable en fonction de l'entreprise, sélection des canaux de recherche, publication des offres d'emploi, analyse des candidatures, sélection, convocations, grilles d'entretien, reporting, etc. Destiné aux responsables des ressources humaines, le service est également accessible à tous les acteurs concernés par le recrutement au sein de l'entreprise. (L'Usine Nouvelle, novembre 2000)

Deutschland im Jahr 2010. Wer einen Job sucht, trifft sich mit Arbeitgebern auf virtuellen Recruiting-Messen, stöbert in der Online-Stellenbörse oder schickt einen Robot durchs Internet, der dieses automatisch durchkämmt. Dass es einmal voluminöse Stellenanteile in den Zeitungen gab, erscheint unvorstellbar archaisch. Ist das die Zukunft der Jobsuche?

(SZ, 10-11/02/2001)

5.  Équipés d'un ordinateur portable, d'un téléphone mobile et d'une caméra vidéo, les "webcamers" du Printemps se déplacent en rollers entre les rayons du grand magasin. Ils communiquent en temps réel avec les **cyberclients** connectés à un forum de discussions et peuvent leur montrer sous différents angles les produits désirés pour leur en faire apprécier les caractéristiques (forme, taille, couleur, matière ...).                    (Le Nouvel Economiste, 01/09/2000)

6.  **Online-Bestseller**:
    Kunden im Alter von 14 bis 64 Jahren kaufen bevorzugt (Mehrfachnennungen):

    | | |
    |---|---|
    | Bücher, CDs, Videos | 62% |
    | Computerhardware und Zubehör | 27% |
    | Software zum Herunterladen | 24% |
    | Bahn- und Flugtickets | 23% |
    | Reisebuchungen | 19% |
    | Hotelreservierungen | 17% |
    | Kleidung und Schuhe | 15% |
    | Aktien | 13% |
    | Theater- und Konzertkarten | 12% |
    | Informationsdienste | 9% |

    (SZ, 02-03/09/2000)

7.  **Tout est à repenser dans la chaîne**
    Dans la chaîne qui va du fournisseur au consommateur final, les échanges d'informations sont permanents : l'entreprise communique avec ses fournisseurs, ses transporteurs, ses distributeurs, ses clients. L'objectif du "supply chain management" est d'intégrer la gestion des flux tout au long de cette chaîne, notamment grâce à l'informatisation des données. Résultat : les besoins des clients sont mieux pris en compte, les délais de livraison réduits, et les différents maillons de la chaîne n'ont plus besoin d'avoir de stocks de sécurité.
    (L'Essentiel du Management, mai 1999)

8.  **La banque sur Internet**
    Le nombre d'Européens utilisant les services d'une banque sur Internet devrait passer de 20 millions aujourd'hui à 55 millions en 2003, d'après un rapport de la banque d'investissement J.P. Morgan. Les services bancaires en ligne seraient alors utilisés par la moitié des consommateurs en Suède, par 36 % des clients en Suisse et 25 % en Allemagne. Un tiers des nouveaux flux d'épargne seraient gérés par Internet, qui pourrait capter près de 20 % de la gestion d'épargne collective (Sicav, fonds communs de placement..). Au total, la banque sur Internet représenterait 15 % du marché des services bancaires en Europe en 2003.                                (Alternatives Économiques, juillet-août 2000)

## EXERCICES

**1.** Cochez le mot qui manque dans la phrase :

1. Certains ordinateurs portables se ..... à un lecteur CD-Rom pour se transformer alors en véritable station multimédia.
   **a)relient      b)connectent      c)branchent           d)mettent**

2. Le CD-Rom ne donne pas seulement ..... à des encyclopédies, à des visites guidées de musée et à des jeux, mais offre aussi la possibilité de visualiser d'immenses bases de données pour enrichir ses connais      sances.
   **a)autorisation b)communication  c)connexion           d)accès**

3. La plupart des ..... publics du téléphone vont faire l'objet de privatisations progressives.
   **a)opérateurs  b)clients               c)animateurs           d)prestataires**

4. Pour vous permettre de téléphoner et ..... n'importe où, France Télécom développe un nouveau concept de communication.
   **a)d'adresser   b)d'avoir un accès c)de joindre        d)d'être joint**

5. L'Union européenne va mettre en place un réseau à haut ..... de 2,5 Gbits d'ici fin 2001 pour relier les universités et les centres de recherche.
   **a)débit            b)puissance           c)accès                 d)circuit**

6. Sur les 1012 fournisseurs ..... à Internet recensés en France, une cinquantaine seulement assurent eux-mêmes les prestations.
   **a)de portail     b)de connexion     c) d'accès             d)de site**

7. Après avoir tapé l'adresse Internet de votre courtier en ligne, vous êtes sur la page ..... du site.
   **a)première     b)de départ          c)d'accueil            d)principale**

8. Le portail Net-Trans, qui vient de rejoindre la place de marché du fret Cargo-Hub, a ouvert un ..... d'emploi dédié au transport et à la logistique : jobtransport.com.
   **a)créneau       b)site                   c)mode                 d)bureau**

9. Les commandes entrent directement dans les systèmes de gestion de production .... par ordinateur du fournisseur, pour lancer la fabrication sans perte de temps ni information erronée.
   **a)reçus           b)executée             c)assistée             d)transmise**

10. Seuls les abonnés qui ont installé les ..... adéquats sur leur système informatique peuvent voir la place de marché.
    **a)ordinateurs b)connecteurs      c)réseaux              d)logiciels**

**2.** Complétez le texte suivant à l'aide des mots donnés en bas :

APPELEZ RADIOCOM 2000 AU NUMERO VERT 05 108 108
Avec Radiocom 2000, vous _____(1) et le monde vous suit. Grâce à
Radiocom 2000, le téléphone de voiture de France Télécom, vous pouvez
_____(2) le monde entier où que vous _____(3). Tout comme les
300 000 clients qui bénéficient de ce service, vous avez au moins 4 bonnes
_____(4) de le choisir :
• Vous vous _____(5) en toute tranquillité.
• Vous _____(6) avec souplesse votre vie professionnelle en ayant une
  possibilité de _____(7) permanent avec vos clients ou votre entreprise.
• Vous _____(8) parmi les abonnements celui qui correspond le mieux à
  vos _____(9) en fonction de vos _____(10) de déplacement.
• Vous _____(11) d'une _____(12) étendue de téléphones de voiture
  (fixes, portables ou portatifs) à votre choix.
• A ces _____(13) s'ajoutent tous ceux du _____(14) téléphonique :
  _____(15) d'appel ou inscription à l'annuaire et vous pouvez même
  _____(16) un fax, un répondeur ou un minitel.
Appelez le 05 108 108 et recevez une invitation personnelle pour bénéficier d'une
démonstration dans les meilleures conditions et d'une offre commerciale
avantageuse.

| | | | |
|---|---|---|---|
| *a)adapter* | *e)bougez* | *i)réseau* | *n)zones* |
| *b)joindre* | *f)disposez* | *k)transfert* | *o)raisons* |
| *c)soyez* | *g)gérez* | *l)gamme* | *p)avantages* |
| *d)choisissez* | *h)déplacez* | *m)contact* | *r)besoins* |

**3.** Traduisez :

1. Les géants européens et japonais de l'électronique grand public ont tous décidé
   d'investir des sommes considérables sur les nouveaux marchés du multimédia
   nés du rapprochement de la télévision, de l'ordinateur personnel et du
   téléphone.
2. Le sans-fil a de bonnes chances de prendre son envol avec les technologies
   Bluetooth et Airport, dernières-nées des normes de liaisons par ondes radio, qui
   s'adaptent facilement et dont le débit est élevé, sur de longues distances.
3. La gamme de progiciels ARCOLE, développée sous Oracle, couvre l'ensemble
   des besoins de votre entreprise : comptabilité, affaires, paie et ressources
   humaines, achats, stocks, gestion commerciale, service après-vente.
4. Quand les Editions Jacques Lafitte ont voulu connecter trois PC
   supplémentaires à leur serveur, celui-ci a purement et simplement refusé
   d'effectuer ses sauvegardes automatiques.
5. Certains logiciels permettent d'effectuer sans difficulté les tâches courantes,
   comme l'installation d'un antivirus ou le nettoyage d'un disque dur encombré.
6. D'ici à quatre ans, plus de la moitié des utilisateurs de téléphones mobiles
   accéderont régulièrement à Internet via leurs mobiles, non seulement pour
   consulter des informations, mais encore pour commander des articles, réserver
   des voyages ou télécharger de la musique.
7. Les principaux logiciels de messagerie utilisés dans les entreprises sont Lotus
   Notes et Microsoft Exchange, deux outils puissants de communication interne.

8.   Les fonctions de tri des messages permettent d'éliminer les courriers non sollicités : les e-mails publicitaires (spams) et les courriers anonymes (spoofs).
9.   Le Sénat a proposé une loi abordant la valeur probatoire du courrier électronique en insistant en particulier sur "l'authentification par une signature électronique fiable, (et une) conservation du message sous contrôle du signataire".
10.  En fait, les professionnels voient Internet avant tout comme un outil de recherche, et restent méfiants sur les possibles transactions électroniques.

**4.** Traduisez :

1.   Le site facture des services complémentaires, tels que le téléchargement de fichiers et de documents.
2.   Quand vous cliquez sur le bouton Valider après le processus de commande, vous déclarez accepter celle-ci ainsi que l'intégralité des présentes Conditions générales de Vente pleinement et sans réserve.
3.   Sur votre écran un message vous confirme que votre achat de 30 actions Accor a été pris en compte. Il est exécuté dans les minutes qui suivent.
4.   Outre l'accès et la mise en ligne, les e-solutions de first:telecom vous offrent : 5 adresses e-mail, le référencement sur les moteurs de recherche et les statistiques de fréquentation de votre site.
5.   Lorsque nous insérons des messages publipromotionnels respectueux de l'internaute dans nos lettres d'information, le taux de clic atteint 27 à 30 %, contre 2,5 % en moyenne sur des bannières publicitaires traditionnelles.
6.   Pour que votre numéro de carte bancaire ne soit pas lu par tous les internautes de la planète, deux solutions : le mandat international (la plus sûre) et le cryptage (automatique parfois ou sur un simple clic) qui code les informations le temps de leur transmission au vendeur.
7.   Les sites d'achat groupé reposent sur la contre-enchère, c'est-à-dire des sessions d'achats en ligne où plus le nombre d'acheteurs d'un produit est élevé, plus son prix baisse.
8.   Grâce au site Express Marketplace, les acheteurs mettent en concurrence immédiate des centaines de fournisseurs, tandis que ces derniers peuvent être en contact avec des centaines d'acheteurs sans avoir à les démarcher.
9.   Les sites marchands en B to C (business to consumer) sont confrontés à deux problèmes majeurs : la logistique et la sécurisation des paiements.
10.  Le centre de gestion assure le suivi du camion et des données : heure et adresse du prochain chargement, mais le système peut aussi corriger la conduite du chauffeur.

**5.** Traduisez :

1.   Bis zum Ende des Jahres werden 30 Prozent der französischen Haushalte mit Computern ausgestattet sein.
2.   Computer müssen mit einfach zu bedienender Software laufen, so dass keine kostspieligen Schulungen erforderlich sind.
3.   Datenübertragung von Arbeitsplatz zu Arbeitsplatz macht Kommunikation ohne dicke Aktenordner, Leerlauf und Wartezeiten möglich.
4.   Die heutigen Faxgeräte sind in der Lage, mit Normalpapier zu arbeiten, zu einem ausgewählten Zeitpunkt zu drucken, als Anrufbeantworter zu dienen, zu scannen und im Internet zu surfen.

5. Jährlich werden rund ein Drittel aller Daten auf den neuesten Stand gebracht.
6. Schon jetzt ermöglicht Itineris Ihnen das Telefonieren im Wagen von den meisten großen Städten und großen Verkehrsverbindungen aus.
7. In wenigen Sekunden können die Teilnehmer wichtige Rufnummern in Deutschland und Europa abfragen.
8. Ende 2000 dürfte es in Frankreich fast ebenso viele Mobiltelefonkunden (30 Millionen) wie Festnetzkunden (33 Millionen) geben.
9. Mit dem HP Jornada 545 können Sie Adressen und Termine verwalten, E-Mails senden und empfangen, im Internet surfen.
10. Das E-Mail-System erlaubt es, Informationen - kurze Dienstanweisungen oder Berichte von Hunderten von Seiten inklusive Fotos, sogar Videosequenzen mit digitalisiertem Ton - an jedweden Empfänger weltweit zu verschicken, vorausgesetzt, dass dieser einen Interanschluss hat und Inhaber einer E-Mail-Adresse ist.

**6.** Traduisez :

1. Als erster Autohersteller bietet DaimlerChrysler in Deutschland Neuwagen im Internet an.
2. Die in der Welt verstreuten Entwicklungsteams können die digitalen Modelle gemeinsam visualisieren und untereinander und mit den Ausrüstern und den Werken komplexe Dateien in Realzeit austauschen.
3. Der elektronische Marktplatz von BASF, Degussa-Hüls, Henkel und SAP Markets für die Beschaffung von technischen Gütern und Dienstleistungen geht im Oktober online.
4. Informationen über Wareneingänge, Qualität, Rechnungen, Zahlungen stehen jederzeit über ein einziges Portal zur Verfügung.
5. Webshipping, das aus einer Partnerschaft zwischen IBM und der Post entstanden ist, wird es den Endkunden der kommerziellen Websites ermöglichen, ihre Lieferart zu wählen und die Beförderung ihres Pakets von der Website aus zu verfolgen.
6. Seine Ausschreibungen für Einzelteile im Internet zu verbreiten und per Internet zu verhandeln, bedeutet viel gewonnene Zeit.
7. Die elektronische Geldbörse erlaubt die Bezahlung kleiner Einkäufe: Sie funktioniert mittels einer Chipkarte, die mit elektronischem Geld aufgeladen und beim Händler oder am Geldautomaten belastet wird.
8. Mit der Online-Bank können Sie Ihre Konten direkt auf dem Bildschirm Ihres Computers abfragen.
9. Die elektronische Signatur ist ein Verfahren für Computernutzer, mit dem der Empfänger einer elektronischen Nachricht den Sender identifiziert; und er kontrolliert, ob das Dokument auf dem "Postweg" verändert wurde.
10. Die Neue Wirtschaft ist das Ergebnis technologischer, politischer, rechtlicher, technologischer Umwälzungen: die allgemeine Anhebung der Qualifikationen, die Entwicklung des Flugverkehrs, der schneller, und des Seetransports, der günstiger geworden ist, die Öffnung der Grenzen, die Informatik und die Deregulierung der Finanzmärkte.

7. Prenez connaissance du document suivant et des questions posées en bas et cochez la réponse qui vous paraît exacte :

**Les sites marchands en France**

| Répartition par catégories | % | % var. 1 an | sept 2000 | sept 1999 |
|---|---|---|---|---|
| Alimentation et boissons | 21,1 | + 113 | 491 | 230 |
| Galeries marchandes, VPC | 15,9 | + 249 | 370 | 106 |
| Informatique, multimédia | 15,3 | + 76 | 367 | 209 |
| Livres, cédé, vidéo | 13,7 | + 88 | 320 | 170 |
| Décoration, bricolage | 12,7 | + 143 | 301 | 124 |
| Mode, accessoires | 10,6 | + 106 | 257 | 125 |
| Tourisme, voyages | 9,7 | + 135 | 221 | 94 |
| Services aux entreprises | 9,3 | + 114 | 223 | 104 |
| Beauté, santé | 7,9 | + 116 | 179 | 83 |
| Jeux, jouets | 6,0 | +106 | 146 | 71 |
| High-tech, téléphonie | 5,9 | + 156 | 141 | 55 |
| Sports | 5,2 | + 167 | 120 | 45 |
| Informations | 5,1 | + 57 | 116 | 74 |
| Fleurs, jardins | 4,1 | + 133 | 100 | 43 |
| Musique | 4,0 | + 133 | 100 | 43 |
| TV, hi-fi | 3,9 | + 162 | 89 | 34 |
| Automobiles, transports | 3,5 | + 171 | 76 | 28 |
| Finances, assurances | 2,9 | + 61 | 66 | 41 |
| Cinéma, spectacles | 1,9 | + 93 | 52 | 27 |
| Services à domicile | 2,0 | + 225 | 52 | 16 |
| Immobilier | 1,5 | +1.600 | 34 | 2 |

(Entreprendre, décembre 2000)

1. Le document nous montre
   a) les parts de marché des sites marchands en comparaison avec celles des magasins traditionnels des mêmes catégories.
   b) le palmarès des sites marchands français selon le chiffre d'affaires qu'ils dégagent.
   c) l'augmentation des ventes en ligne en France entre septembre 1999 et septembre 2000 ainsi que la classification des sites d'après leur taux de croissance.
   d) l'évolution du nombre des sites marchands français entre septembre 1999 et septembre 2000 ainsi que leurs parts dans l'ensemble des sites marchands.

2. D'après ce document,
   a) les sites immobiliers ne sont pas très nombreux, mais leur nombre a augmenté plus fortement que celui des autres.
   b) les secteurs de la mode et des jeux sont représentés par le même nombre de sites sur la Toile.
   c) en septembre 2000, il y a 133 sites de musique de plus que l'année précédente.
   d) les catégories de sites marchands qui figurent aux premiers rangs par leur nombre sont aussi celles qui ont connu la plus forte augmentation.

8. Prenez connaissance du document suivant et des questions posées en bas et cochez la réponse qui vous paraît exacte :

La CAO (conception assistée par ordinateur) n'est plus isolée dans les bureaux d'études des PME. Elle n'est pas non plus l'apanage des seuls grands groupes industriels. Ces deux constats marqueront Solutions CFAO (conception et fabrication assistées par ordinateurs).
Ce salon se veut avant tout "une plate-forme d'échanges et de rencontres". Pour cela, les organisateurs ont choisi de le coupler avec Solutions SGDT, dont l'offre est centrée sur la gestion des données techniques et la maîtrise des flux d'informations dans l'entreprise. Vient s'ajouter à ces événements le salon Sisqual, qui s'intéresse à tous les aspects de la qualité.
En ce qui concerne les conférences, les organisateurs ont choisi de présenter du concret. Ainsi, les six sessions s'appuieront sur des témoignages d'industriels. Une large place sera consacrée à la maquette numérique, à tous les stades de la vie d'un produit, mais également à l'ingénierie de données et au travail en collaboration. La gestion des données de l'entreprise, technologiques, mais aussi humaines, sera une autre des facettes de ces conférences. Les nouvelles technologies ne seront, bien sûr, pas oubliées, avec notamment l'apport du Web dans l'intégration des outils.
A ce cycle de conférences viendront s'ajouter trois ateliers, fondés sur des cas concrets d'applications et de mise en œuvre de solutions logicielles "ouvertes", comme Autocad, pour ne citer que lui. PME et PMI seront les bienvenues ...
Du 19 au 21 septembre à Paris-Porte de Versailles

(L'Usine Nouvelle, 13/07/2000)

1. Ce document annonce
   a) plusieurs salons qui auront lieu à Paris autour de différents sujets concernant les PME.
   b) un salon qui aura lieu à Paris autour du sujet des applications industrielles de l'informatique.
   c) un salon centré sur le sujet de l'utilisation de l'Internet dans la conception industrielle.
   d) une rencontre de spécialistes reconnus des NTIC qui, à cette occasion, offriront des conférences.

2. D'après ce document,
   a) la CAO ne peut être appliquée que par les grandes entreprises.
   b) les organisateurs du salon veulent surtout faire connaître aux professionnels du secteur une nouvelle maquette numérique qui implique une petite révolution.
   c) les salons annoncés sont surtout des forums d'échanges d'idées où les résultats des recherches récentes seront présentés au public.
   d) les visiteurs du salon concernant les applications de la CFAO auront la possibilité de s'informer sur d'autres aspects tels que la qualité ou la gestion des flux des données technologiques ou encore la communication dans l'entreprise.

9. Ecrivez une lettre :

Vous débutez dans un mois dans un nouvel emploi où vous aurez à utiliser de manière régulière un micro-ordinateur. Pour être mieux préparé(e), vous décidez d'aller vous initier sur le micro-ordinateur d'un ami. L'annonce ci-dessous a attiré votre attention. Vous écrivez au fournisseur pour savoir si son produit correspond à vos besoins, et pour connaître ses caractéristiques, prix, conditions d'achat, possibilités de démonstration, etc.

---

## *Fassy Pour S'apprendre l'informatique*

41-43 av. Marceau
94200 Courbevoie
Tél. (1) 43.34.50.50

*Avant de vous former à un logiciel spécifique, apprenez l'informatique avec FASSY. Logiciel d'autoapprentissage, FASSY vous apprendra les concepts de base de la machine et des logiciels, avant leur manipulation, à votre rythme, chez vous ou à votre bureau. Il vous simulera le fonctionnement d'un tableur, d'un traitement de texte ou d'une base de données au travers d'exemples très simples. Et vous permettra de commencer sur de bonnes bases.*

---

## TEXTES

### 1. Le Visor arrive en France

Pour Jeff Hawkins et Donna Dubinsky, faire du neuf avec du vieux constitue un nouveau défi. Les parents du Palm Pilot - un petit assistant personnel électronique déjà vendu à 7 millions d'exemplaires - sont en train d'en donner une brillante démonstration. Sitôt partis de Palm Computing, ils ont créé une nouvelle société, Handspring, installée à Mountain View, au sud de San Francisco.

Leur projet : faire du Visor, leur nouvelle création, l'un des rois d'un marché en pleine expansion. Son originalité vient de sa ressemblance presque parfaite avec les Palm Pilot originaux. Comme eux, il a sept boutons et un petit stylo pour saisir sur un écran tactile des rendez-vous, accéder à un répertoire, rédiger quelques notes ou des e-mails, etc. Le Visor va jusqu'à utiliser le même système d'exploitation que le Palm. La différence s'arrête là. Vendu à partir de 1 200 francs (pour la version de base avec 2 Mo de mémoire vive et 1 800 francs environ pour un modèle avec 8 Mo), le nouveau venu innove en proposant sur tous ses modèles une prise pour connecter des modules extérieurs. En plus de ses fonctions de base, un Visor peut se transformer en télécommande infrarouge universelle, en GPS, en enregistreur-lecteur de musique MP 3 ou en tuner, en terminal Web, en appareil photo numérique, etc. Tout cela pour un prix inférieur au Pilot, dont il reprend les milliers de logiciels. Autre originalité du Visor : sa compatibilité d'origine avec un Mac ou un PC pour effectuer des sauvegardes automatiques ou des synchronisations de fichiers grâce à sa connexion USB de série. Plus besoin d'acheter, donc, un kit d'adaptation supplémentaire.

La sortie du Visor est paradoxalement une consécration pour Palm Computing. En fournissant sous licence son système d'exploitation à Handspring, l'entreprise va asseoir davantage sa position mondiale.

Le Visor peut-il devenir un succès ? C'est possible. Chaque semaine, la liste des nouveaux modules qui font sa spécificité s'allonge. Par ailleurs, la politique de prix bas pourrait porter ses fruits.

(Le Point, 25/08/2000)

**A    Compte rendu**
Rendez compte, en quelques phrases, du contenu du texte.

**B    Analyse**
Analysez l'utilité des fonctions du "Visor" dans la vie professionnelle/privée.

## 2.   Câble : La Lyonnaise clique sur le multimédia

Il pourrait s'appeler Pierre. Domicilié dans le 7$^e$ arrondissement de Paris, Pierre va découvrir, le 15 juin, une nouvelle façon d'utiliser son micro-ordinateur. En se connectant à Télémarket, le supermarché à domicile jusqu'ici accessible par minitel, il pourra promener son caddie dans un magasin virtuel : les paquets de pâtes et les yaourts s'afficheront en couleur sur son écran. Un clic de la souris sur un produit, un numéro de carte Bleue, et la commande sera enregistrée... Toujours sur son PC, Pierre aura la possiblité de consulter Le Monde du jour ou de feuilleter le catalogue interactif du voyagiste Degriftour... Ses enfants pourront jouer à une course de bolides virtuels avec leurs copains de l'immeuble d'en face, ou découvrir la peinture du XVIII$^e$ siècle en se promenant dans le musée, tout aussi virtuel, imaginé par un conservateur de la Direction des musées de France et un informaticien de l'Inria (Institut national de recherche en informatique et en automatique).

Pierre appartient en effet à la crème des abonnés parisiens au câble : habitant un quartier aisé, peuplé de cadres aux familles nombreuses, il fait partie des 18 000 câblés du 7$^e$ auxquels Lyonnaise Communications va proposer la première plate-forme expérimentale de services en ligne sur micro. "A Paris, 42 % de nos abonnés au câble possédaient un micro-ordinateur personnel, contre 15 % en moyenne dans le reste du pays", précise son PDG, Cyrille du Peloux. Les premiers privilégiés auront accès à une douzaine de services : supermarché et banque (CCF) à domicile, agence de voyages, journaux ou revues, guide des restaurants parisiens, jeux vidéo, annuaire électronique...

A la différence du minitel, Multicâble alliera l'image, le texte et le son. Surtout, la grande nouveauté, c'est que toutes ces données seront transmises par les seuls réseaux câblés et non par une ligne téléphonique, comme c'est le cas pour le réseau informatique mondial Internet ou les services en ligne proposés par l'américain CompuServe.

"Après le 7$^e$ , il nous faudra de quatre à six mois pour opérer les réglages nécessaires et permettre à tous les Parisiens d'accéder au nouveau service", promet Pierre Bouriez, directeur du développement de Lyonnaise Communications. Alliée à France Télécom, qui a pris une participation de 30 % dans Multicâble, la filiale de la Lyonnaise des eaux a prévu d'investir une centaine de milions de francs dans son projet. Elle vise les 100 000 abonnés en 1997, ce qui générerait un chiffre d'affaires de plus de 100 millions.

Avec Multicâble, l'abonné ne paiera aucune communication téléphonique. Mais il aura besoin d'un micro, bien sûr, sur lequel il greffera une carte modem câble, pour relier sa machine au réseau, fournie par Lyonnaise Communications pour environ 2 000 francs. Il devra aussi s'acquitter d'un abonnement mensuel, compris entre 50 et 70 francs, qu viendront en sus des 145 francs de l'abonnement au câble. Pour ce tarif, les Parisiens accéderont, sans limite de temps, à des services standards de commerce à distance ou à des musées virtuels subventionnés...

Mais pour consulter Le Monde du jour, il faudra régler à chaque fois le prix du journal. Il faut aussi compter environ 90 francs de plus par mois pour accéder à une quinzaine de jeux vidéo fournis par l'éditeur Ubisoft et autour de 150 francs pour se connecter à Internet, autre service proposé en option. Techniquement, le nombre de services qui peuvent transiter par le câble est quasiment illimité. Après leurs factures de téléphone, les Français devront s'habituer à surveiller leur budget câble.

(Le Nouvel Economiste, 19/05/1995)

## A    Questions de compréhension

1. Quel nouveau service la Lyonnaise Communication offre-t-elle dans le 7$^e$ arrondissement de Paris ?
2. Pourquoi a-t-elle choisi le 7$^e$ pour lancer son service ?
3. Quel usage concret les habitants du 7$^e$ peuvent-ils faire de leur micro-ordinateur à l'aide du nouveau service ? Nommez les exemples.
4. Quelles sont les caractéristiques de Multicâble en comparaison avec d'autres services ?
5. De quelles conditions techniques l'abonné doit-il disposer ?
6. Quels coûts l'abonné doit-il  prévoir pour l'abonnement et l'emploi du Multicâble ?
7. Quels sont les objectifs de Multicâble dans l'immédiat et pour 1997 ?
8. Quelles sont les prévisions générales pour le secteur ?
9. Quelles informations concernant l'entreprise Multicâble le texte donne-t-il ?


## B    Résumé
Trouvez un titre pour chaque paragraphe du texte et faites ensuite un résumé du texte.

## 3. Virtuelle Teams

Karl-Heinz Fischbach ist Senior Consultant bei Siemens Business Services und berät in dieser Funktion Unternehmen bei der Einführung von Telearbeit.

*SZ:* Wird die Arbeitsform nicht überbewertet?

*Fischbach:* In Deutschland ist Telearbeit in der Tat noch recht wenig verbreitet, in Skandinavien dagegen ist sie schon Standard. Die Kulturen sind unterschiedlich, angefangen von der deutschen Mentalität, nichts aus der Hand geben zu wollen.

*SZ:* Heißt das, dass das Management der Hemmschuh ist?

*Fischbach:* Sehr oft kommt der Anstoß zur Einführung von Telearbeit von den Mitarbeitern, die Initiative wird von der Personalabteilung aufgegriffen - und dann passiert nichts, weil die Führungskräfte befürchten, die Macht und Kontrolle über ihre Mitarbeiter zu verlieren, gleichzeitig aber nicht wissen, welche Produktivitäts-steigerungen durch diese Arbeitsweise möglich sind. Aber das ist der falsche Ansatz. Man muss Telearbeit als strategisches Medium für die Unternehmensentwicklung betrachten und nicht als Einzellösung für die Sekretärin, die im Erziehungsurlaub auf 19-Stunden-Basis zu Hause arbeiten möchte.

*SZ:* Medium für die Unternehmensentwicklung - in welche Richtung ?

*Fischbach:* Telearbeit ist ein Vehikel, um die Arbeit über Entfernungen zu lernen. Unternehmen, deren Mitarbeiter diese Art zu arbeiten beherrschen, werden in vier oder fünf Jahren einen Wettbewerbsvorteil haben. Telearbeit ist der erste Schritt, um virtuelle Teams praktisch umsetzen zu können.

*SZ:* Ist der deutsche Manager hin- und hergerissen zwischen dem Reiz der Kostenersparnis und der Furcht die Kontrolle zu verlieren?

*Fischbach:* Eindeutig ja. Natürlich erwartet man sich Kosteneinsparungen durch Telearbeit. Bei einem gewissen Anteil an Telearbeit kann man die Bürofläche verringern, was theoretisch eine Kosteneinsparung bringt - freilich nicht sofort, denn zunächst kosten Telearbeitsplätze Geld. Kostenersparnis darf auch nicht das einzige Ziel sein. Die Aspekte Produktivitätssteigerung und Weiterbildung der Mitarbeiter müssen in der Zielsetzung enthalten sein.

*SZ:* Wie kommt der Produktivitätsfortschritt zustande?

*Fischbach:* Viele Telearbeiter berichten, dass sie am Telearbeitsplatz ungestörter arbeiten können. Hauptquelle für Unterbrechungen im Arbeitsfluss ist nicht das Telefon - das ja auf den Telearbeitsplatz durchgeschaltet wird und weiterhin klingelt -, sondern es sind die Störungen durch Kollegen. In den Tagen, an denen der Mitarbeiter zu Hause arbeitet, schafft er deutlich mehr als im Büro. Hinzu kommt eine indirekte Produktivitätssteigerung durch den Wegfall von Fahrzeiten. *SZ:* Wie schafft man die Vertrauenskultur, auf der Telearbeit fußt?

*Fischbach:* Vertrauen ist sicher wichtig. Aber durch Telearbeit wird nicht die große Freiheit geschaffen. Auch bei solchen verteilten Arbeitsweisen muss es eine Art Kontrolle geben - allerdings im Sinne einer Ergebniskontrolle, nicht im Sinne der Überwachung der Person.

*SZ:* Löst Telearbeit die Trennung zwischen Arbeit und Freizeit auf?

*Fischbach:* Die landläufige Vorstellung, der Telearbeiter gehe nachmittags ins Schwimmbad, können wir nicht bestätigen. In der Regel arbeiten die Personen den ganzen Tag am Telearbeitsplatz, denn sie müssen ja für Kunden und Kollegen telefonisch erreichbar sein. (SZ, 03/11/2000)

**A    Compte rendu**
Faites un compte rendu en français de l'entretien avec M. Fischbach

**B   Exposé-débat**
Prenez position dans un débat à propos des questions:
*Les équipes virtuelles pourront-elles fonctionner ?*
*Le télétravail, qui en profitera ?*

## 4.   Le premier moteur de recherche d'emploi

Après la Bourse, premier secteur à avoir véritablement percé sur Internet, c'est au tour du recrutement en ligne d'exploser. Selon plusieurs cabinets d'études, près de 30 millions d'offres d'emploi dans le monde seraient actuellement en ligne. Avec quelques mois de retard (seulement !) sur le marché américain, le Web français est à son tour en proie à la fièvre du cyber-recrutement. Alors qu'on n'en dénombrait qu'une demi-douzaine il y a un an, les sites dédiés à la recherche d'emploi sont aujourd'hui une cinquantaine. Si on ajoute les espaces emploi développés par les sites des grandes entreprises, on recense près de 400 adresses de recrutement concernant la France.

Pour aider les internautes à y voir plus clair dans ce fourmillement, trois entrepreneurs viennent de lancer Keljob, un moteur de recherche transversale de recrutement. 100 000 visiteurs ont fréquenté le site et 1 million de pages ont été vues durant l'été. Le fonctionnement se déroule en trois phases. Tout d'abord, l'internaute décrit le type d'emploi qu'il souhaite dénicher. Ensuite, les robots intelligents de Keljob partent surfer sur la Toile et sillonnent la centaine de milliers de pages spécialisées du Web français. Quelques secondes plus tard, les résultats s'affichent sur l'écran. Il suffit alors de cliquer sur l'une des propositions pour être automatiquement orienté vers le site qui détient l'annonce. Au total, www.keljob.com référence près de 80 % des offres d'emploi mises en ligne chaque jour sur les sites de recrutement. Simple moteur de recherche, Keljob ne se présente pas comme un énième acteur du marché. "Nous sommes un intermédiaire. Et, donc, le concurrent de personne. Au contraire, nous contribuons à accroître le trafic des sites de recrutement vers lesquels nous amenons les internautes !" explique Jacques Birol, 49 ans, cofondateur de Keljob.

Pour mettre au point ce moteur de recherche transversale de recrutement, premier du genre, l'ancien président de Publicis Etoile a pu compter sur le savoir-faire de deux associés : Stéphna Kolodziejczyk, 37 ans, titulaire d'un DEA en intelligence artificielle, qui a conçu les programmes des robots intelligents, et Cyril Janin, 37 ans, ancien de DDB, qui a utilisé son expérience en matière de communication et de recrutement. L'équipe a mis en place un système d'alerte par e-mail sur son site. "Le visiteur entre une fois pour toutes ses critères de recherche et reçoit automatiquement un mail dès que les robots ont trouvé une offre susceptible de l'intéresser", indique Jacques Birol. Soucieux avant tout de l'efficacité de la recherche, Keljob ne permet pas aux internautes de déposer leur CV. De même, l'équipe ne semble pas pressée d'étoffer le site par des services annexes et des contenus éditoriaux.                           (Le Nouvel Economiste, 01/09/2000)

**A   Compte rendu**
Faites un compte rendu du texte.

**B   Exposé-débat**
Préparez vos arguments pour présenter et défendre votre point de vue à propos de la question :
*L'Internet est-il un outil adéquat de recrutement et de recherche d'emploi ?*

## 5. Derrière le portail, la simplification

Avec l'ouverture du site service public.fr, l'Etat a décidé de se mettre à l'heure des nouveaux médias. C'est lors du dernier comité interministériel pour la réforme de l'Etat, le 12 octobre, que Michel Sapin, ministre de la Fonction publique a annoncé cette minirévolution.

Le portail donne accès à 4 600 sites de services publics, qu'ils soient français ou européens, le droit communautaire devenant extrêmement important avec le temps. Au début de l'année 2001, il sera possible d'y effectuer une vingtaine de démarches en ligne. Il s'agira, pour les particuliers, selon le document établi à la suite du Comité "de la mensualisation du paiement de l'impôt sur le revenu, de la télétransmission des feuilles de soins, des demandes de bourse d'enseignement supérieur ou de logement, de l'inscription au permis de conduire par l'intermédiaire de leur auto-école, de l'inscription aux concours de recrutement d'enseignants et de chercheurs, etc.". Il est également prévu de nouveaux services pour les entreprises comme, par exemple, la déclaration et le paiement de la TVA, par le biais de transmissions sécurisées.

Par ailleurs, il est aussi prévu de mettre gratuitement en ligne les données juridiques, puisque nul n'est censé ignorer la loi. C'est ainsi que, d'ici à la fin de l'année, le service gratuit offert sur Légifrance sera enrichi. Seront ainsi en ligne "la totalité des codes, lois et décrets réglementaires en vigueur, la collection du Journal officiel depuis 1999 et un service d'abonnement gratuit par e-mail, les conventions collectives ayant fait l'objet d'une extension au niveau national.

Comme tous les Français, et de loin, ne sont pas encore connectés à Internet, plus de 7 000 points d'accès gratuits seront ouverts dans les lieux publics d'ici à trois ans.

(Le Monde, 31/10/2000)

**A     Compte rendu**
Rendez compte des nouveaux services offerts par le service public.

**B     Exposé-débat**
Prenez position dans un débat à propos de la question :

*Le service public sur Internet - un progrès pour les citoyens ?*

## 6. Prototypage via Internet

Dopée par les technologies de prototypage rapide et par Internet, Materialise est passée du stade de sous-traitant spécialisé dans les prototypes en plastique à celui d'un leader mondial dans les logiciels de prototypage rapide. Précurseur dans la téléindustrie, cette PME de Louvain (Belgique) réalise des prototypes pour le compte d'industriels établis à l'autre bout du monde et les livre vingt-quatre heures après avoir reçu par Internet les données nécessaires.

"Internet n'est pas le seul facteur de notre réussite. Notre succès repose surtout sur l'originalité de notre logiciel de prototypage rapide, qui réalise aussi bien des maquettes de crâne humain que des prototypes industriels", explique Wilfried Van Craen, administrateur délégué de Materialise.

"Au début des années 90, nous avions le projet de vendre directement nos produits sur le marché", expose Wilfried Van Craen. C'est alors que l'idée vient de créer un logiciel faisant le lien entre les données fournies par la tomographie informatisée - un diagnostic combinant rayons X et informatique - et des "imprimantes" en 3 D, de façon à réaliser rapidement des modèles prototypes. "C'était un projet ambitieux, dans la mesure où nous ne maîtrisions pas l'intégralité de la chaîne technologique, et alors que nous ne disposions pas des moyens financiers nécessaires".

Materialise fait alors le pari d'un partenariat européen. En tant qu'ancien collaborateur du centre de recherche industriel Fabrimétal, l'administrateur délégué a l'expérience des projets européens. Il n'hésite pas à se tourner vers l'Hôpital universitaire de Louvain et vers deux industriels majeurs, Siemens (Allemagne) et Zeneca (Royaume-Uni, devenu Avecia). L'allemand apportait l'équipement d'imagerie médicale produisant les données du diagnostic, tandis que Zeneca se chargeait de la photopolymérisation permettant la solidification rapide au laser des prototypes réalisés en résine. Aidé de ses partenaires, Materialise obtient de la Commission européenne une aide de plus de 8 millions de francs.

Le projet ne se limite pas aux applications médicales, puisqu'il concerne désormais la fabrication de maquettes industrielles. Une fois les données reçues par Internet, la réalisation du prototype demande deux à trois heures seulement. Ce qui explique le succès de Materialise, qui, avec ses 125 employés, vend aux divisions prototypage de firmes comme Ford, DaimlerChrysler, Philips, Sony et British Aerospace.

(L'Usine Nouvelle, 13/07/2000)

**Compte rendu**
Faites un compte rendu des informations contenues dans l'article.

## 7. Sites d'achat : les vrais magasins à domicile

Pour rien au monde, Léo Golovine ne franchirait aujourd'hui la porte d'une agence de voyages. Non qu'il soit casanier, mais, depuis deux ans, il préfère les portails Internet et réserve les billets sur www.sncf.fr ou www.degriftour.fr Terminée, aussi, la corvée des courses au supermarché. Une fois par quinzaine, il commande ses bouteilles d'eau, son pack de lait et ses surgelés sur www.telemaret. fr. Et ce n'est pas tout : cet analyste financier fait porter des fleurs à son amie via www.aquarelle.fr et gère son portefeuille boursier chez l'un des cinq courtiers en ligne qu'il a sélectionnés.

Accro à la souris ? Pas spécialement. Simplement urbain branché qui a décidé de se simplifier la vie. Malade à la seule idée de faire la queue devant une caisse ou de se heurter à l'humeur d'un vendeur. Comme lui, 1,9 million de consommateurs (18 % des internautes français) font déjà leurs achats sur Internet. On est bien loin de la Grande-Bretagne, où la frénésie d'e-achat concerne 35 % des internautes (6 millions de personnes). Très loin, également, des Etats-Unis. Là-bas, la fièvre cyberacheteuse touche plus de 30 millions de personnes. Mais le nombre de Français qui s'en remettent au web pour faire leurs emplettes ne cesse de croître. Les hommes de moins de 35 ans n'ont plus le monopole de la cyberconsommation : les femmes s'y mettent (53 % des nouveaux internautes, d'après le cabinet d'études Novartis), rejointes par les habitants de communes de moins de 5 000 habitants (25 % des nouveaux venus).

(Challenges, janvier 2001)

**Compte rendu**
Faites un compte rendu en quelques phrases du texte.

# 8. An der Zustellung hapert es noch

Bequem vom eigenen Arbeitsplatz oder Wohnzimmer aus können Waren aller Art mit wenigen Mausklicken geordert werden - das spart Zeit und Geld. Eines ist allerdings trotz ständiger Neuentwicklungen im E-Commerce-Bereich beim Alten geblieben: Noch immer muss jede bestellte Ware ganz traditionell geliefert werden, und zwar nicht übers Daten- sondern über das Verkehrsnetz. "Atomisierung der Sendung" nennt Logistikexperte Lars Siebel vom Fraunhofer Institut für Materialfluss und Logistik (IML) in Dortmund das Problem und macht dessen Bedeutung an einem Beispiel aus der Lebensmittelbranche anschaulich.

Nach dem traditionellen Verfahren erhält eine beliebige Einzelhandelskette ihre Warenlieferungen in Form von Europaletten mit jeweils 60 Verpackungseinheiten, die regelmäßig zu den rund 500 Einzelläden der Kette in Deutschland gebracht werden. Dorthin kommen die Endkunden zum Einkaufen. Wenn diese jedoch ihre Einkäufe im Online-Shop der Kette erledigen würden, bedeutet das bei derzeit rund 20 Millionen E-Commerce-Nutzern in Deutschland, dass der Anbieter individuell zusammen gestellte Warensortimente in Form von einzelnen Paketen an Millionen von Standorten transportieren muss. Dass sie auf diese Weise "im Nu eine Kundenzahl haben, die in die Millionen geht", überlegten sich vor allem viele Startup-Unternehmen nicht, wenn sie ihren Online-Handel eröffnen, sagt Siebel. Das Liefer-Desaster ist dann vorprogrammiert. Etwa 1,6 Milliarden Pakete wurden 1998 und 99 in Deutschland von allen Paketdienstleistern befördert.

Die neue E-Commerce-Kundschaft ist erheblich anspruchsvoller. Sie rekrutiert sich aus Berufstätigen aller Bereiche und Schichten, die schnell und bequem Angebote aller Art vergleichen, ordern und preisgünstig geliefert haben wollen. Das größte Problem bilden derzeit die "riesigen Schwankungen" bei den täglichen Bestellungen durch individuelle Kunden mit der fatalen Folge, dass dann der zumeist vom Anbieter versprochene 24-Stunden-Lieferservice nicht klappt, sagt Siebel. Erhebliche Probleme gebe es außerdem dadurch, dass zahlreiche E-Commerce-Kunden an ihrem Arbeitsplatz sind, wenn die Ware geliefert wird. Im Hinblick auf die neuen Kundenzielgruppen müssten Anbieter und Carrier viel flexibler werden und Lieferung auch in den Abendstunden anbieten.

Doch auch noch so flexible Online-Händler stehen vor dem Problem, an ihre Millionenkundschaft zahllose Kleinstsendungen an ebenso zahllose Orte ausliefern zu müssen. Das Projektteam von Siebel hat eine Lösung für dieses Problem in Form einer "dezentralen Pickupstelle" vorgestellt. Die Grundidee für ein solches Warentransfersystem besteht darin, dass bestellte Waren für jeweils etwa 50 Kunden an einem bestimmten Ort in Kundennähe gebündelt und gelagert werden. Jeder Kunde kann rund um die Uhr bei einem"Drive-in-Schalter" seine Bestellung abholen und auch gleich bargeldlos bezahlen. (SZ, 03/11/2000)

**A** **Compte rendu**
Faites un compte rendu en français des informations et argumentations contenues dans le texte. Prenez également en considération le contenu du texte 7.

**B** **Exposé-débat**
Préparez vos arguments pour présenter et défendre votre point de vue dans un débat à propos de la question :
*Les achats sur Internet - un rêve ou un cauchemar ?*

## 9. Hold-up sur la banque ?

La création d'une nouvelle banque est toujours un événement. A plus forte raison quand il s'agit d'un établissement financier totalement nouveau et présent exclusivement sur Internet.

Lancée par le fonds d'investissements europ@web du groupe LVMH, Ze Bank accueillera ses premiers clients français dans le courant de ce mois. Pas d'agences ni de guichets, mais un simple site Web pour ouvrir un compte, recevoir son chéquier, sa Carte bleue, souscrire une assurance automobile ou un prêt à la consommation. A la différence de Banque directe, véritable pionnière de la banque à distance depuis 1995 dans notre pays, Ze Bank se positionnera avant tout comme un portail proposant des produits propres, mais aussi des produits d'autres établissements. Nuance.

Il fallait s'y attendre, le succès de la Bourse en ligne n'était que le début d'un phénomène beaucoup plus vaste, touchant l'ensemble du monde bancaire. Au-delà des transactions boursières, qui ont déjà séduit plus de 1,3 million de clients en Europe selon Forrester Research, la banque enligne concerne aujourd'hui une grande partie des produits financiers : prêts, assurances, gestion de compte, virements... Une palette de services jusque-là réservés aux agences ou au Minitel, mais que les internautes découvrent à leur tour, de plus en plus nombreux, sur la Toile.

Selon Datamonitor, l'Europe comptait en 1999 4,5 millions de titulaires d'un compte bancaire en ligne. Ils devraient être plus de 21 millions à l'horizon 2004. Un engouement qui n'échappe à personne.

Pour séduire les internautes, ces nouvelles institutions disposent de trois atouts majeurs : la rapidité, le choix et les prix. Rapidité pour consulter les comptes, passer un ordre en Bourse, ou faire un virement. Choix, car les banques en ligne se transforment en supermarchés financiers pour faire jouer la concurrence sur des taux de prêt ou des tarifs d'assurance. Prix, enfin, car à l'heure où les banques entendent élargir leur tarification de services, les banques en ligne vont jouer la carte du moindre coût ou de la gratuité. (Le Monde, 03/05/2000)


**Compte rendu**
Faites un compte rendu du texte.

## 10. Okassurance.com : deux contrats en ligne

Okassurance.com, filiale des AGF, a choisi de se lancer doucement dans l'assurance en ligne. Pour le moment, seuls deux types de contrats sont proposés : une assurance auto et une multirisque habitation (MRH). Le site présente les produits et offre la possibilité d'obtenir des devis en ligne... même s'il est parfois trahi par la technique. Après avoir rempli trois pages de questionnaire pour un devis auto, il faut en effet s'armer de patience pour obtenir une réponse. Ce n'est qu'à la quatrième tentative de connexion que le devis nous a été transmis ! Les tarifs auto sont attractifs et les services associés au contrat appréciables (assistance 24 heures sur 24 et protection juridique pour les assurés tous risques).

Le contrat multirisque habitation offre lui aussi un niveau de couverture plutôt satisfaisant. Un point positif : les mauvaises surprises et les exclusions ne sont pas inscrites en tout petit et en bas de page, mais bien lisiblement, en plein écran. Par exemple, les objets de valeur ne sont garantis ni dans les résidences secondaires ni dans les dépendances des résidences principales.

Mais les tarifs obtenus grâce au devis en ligne ont de quoi laisser sceptique : ils n'ont rien de particulièrement attractif !

Pour souscrire, la démarche est en revanche plus compliquée : il faut d'abord devenir membre (L'inscription est gratuite, mais l'informatique capricieuse... impatients, s'abstenir). Le choix est ensuite proposé entre une souscription en ligne ou hors ligne.

Dans les deux cas, un dossier complet est envoyé par la poste. Il doit être complété, signé, avant d'être renvoyé par la même voie. Un acompte peut toutefois être payé en ligne. L'intégralité du processus n'est donc pas encore dématérialisée, essentiellement pour des raisons juridiques. (Le Figaro, 25/09/2000)

### A    Résumé
Faites un résumé du texte en quelques phrases.

### B    Commentaire
Exprimez librement votre opinion concernant les services en ligne offerts par les banques et les assurances. Le cas échéant, faites des propositions pour améliorer l'offre.

## Introduction  Le circuit de l'économie nationale

**1.** 1. Um den Handel zu erleichtern, sind die Menschen darauf gekommen (dazu gebracht, angeregt worden), das Geld einzuführen. 2. Die Tätigkeit der Menschen wurde immer mehr in Abhängigkeit vom Geld organisiert. (Die Organisation der Tätigkeit der Menschen wurde immer mehr vom Geld abhängig). 3. Die Interdependenz der Wirtschaftssubjekte ist beträchtlich gewachsen. 4. Dadurch dass wir arbeiten, um Waren zu produzieren, erhalten wir die Einkommen, die es uns ermöglichen, das zu kaufen, was wir zu verbrauchen wünschen. 5. Die Beschreibung der Wirtschaft als Kreislauf und Geld- und Warenstrom ist nicht die einzig mögliche. 6. Unter Gut im wirtschaftlichen Sinne versteht man einen materiellen Besitz, den der Mensch sich aneignen kann, um ein Bedürfnis zu befriedigen. 7. Selbst in einer liberalen Wirtschaft sind die Eingriffe der öffentlichen Hand ins Wirtschaftsleben zahlreich: Steuern und Zölle, Subventionen, Importbeschränkungen. 8. Der Staat vergrößert die Nachfrage durch die Kaufkraft, die er verteilt und die Käufe, die er tätigt (vornimmt). 9. Wenn die Haushalte sich einer Abnahme ihrer Kaufkraft gegenübersehen, versuchen sie, ihren Lebensstandard zu halten, indem sie ihre Spartätigkeit verringern (ihren Lebensstandard durch Verminderung ihrer Ersparnisse zu halten). 10. Die Einführung der Marktwirtschaft führt oft zu schweren sozialen Ungleichgewichten, zu einer unerträglichen Steigerung der Ungleichheiten und ruft so Abwehrreaktionen hervor. **2.** 1. Par rapport aux besoins illimités des hommes, les biens qui servent à leur satisfaction sont toujours rares. 2. Beaucoup d'hommes manquent même des biens de première nécessité comme la nourriture, les vêtements et le logement. 3. Les activités des banques, des assurances et du commerce sont considérées comme des services. 4. La division du travail a mené à une hausse (augmentation) de la productivité de l'économie nationale et a ainsi amélioré le niveau de vie. 5. Le circuit de l'économie nationale représente les flux de monnaie et de biens entre les ménages, les entreprises, l'Etat et les banques. 6. L'offre est la quantité de biens que les entreprises veulent vendre sur un marché. 7. Tandis que les ménages consomment et épargnent, les entreprises ont la fonction de produire et d'investir. 8. Les versements des administrations publiques entraînent (ont pour effet) une redistribution des revenus. 9. Les administrations publiques effectuent des versements aux particuliers. 10. Les consommateurs qui disposent du pouvoir d'achat nécessaire se procurent tout ce dont ils ont besoin. - **4.** 1-b, 2-c, 3-b, 4-a, 5-c, 6-d, 7-b, 8-c, 9-a, 10-c **5.** 1-b, 2-d, 3-e, 4-a, 5-c, 6-f **6.** 1-c, 2-h, 3-f, 4-i 5-g, 6-a, 7-e, 8-b, 9-d

## Chap. 1  Environnement politique

**1.** 1-d, 2-b, 3-a, 4-b, 5-b, 6-d, 7-b, 8-c, 9-d, 10-c **2.** 1-a, 2-b, 3-d, 4-d, 5-a, 6-b, 7-a, 8-d, 9-c,10-a **3.** 1-a, 2-d, 3-b, 4-c, 5-b, 6-c, 7-a, 8-c, 9-a, 10-d **4.** 1-i, 2-k, 3-b, 4-e,-5-a, 6-f, 7-h, 8-g, 9-c, 10-d **5.** 1-c, 2-f, 3-e, 4-b **6.** 1. Aus der Studie (Umfrage, Untersuchung) geht hervor, dass eine Reihe von Gemeinden weit davon entfernt sind, der Gesetzgebung bezüglich der (zur) Entsorgung von Haushaltsabfällen zu entsprechen (mit der Gesetzgebung .. übereinzustimmen) 2. Die 5. Republik hat das Mehrheitswahlrecht mit zwei Wahlgängen eingeführt: jeder Wähler muss nicht für eine Liste, sondern für einen Kandidaten stimmen. Wenn einer der Kandidaten des Wahlkreises im ersten Wahlgang mehr als die Hälfte der abgegebenen Stimmen auf sich vereint, ist er gewählt; wenn nicht, nimmt man einen zweiten Wahlgang mit relativer Mehrheit vor (wird ein zweiter W... durchgeführt). 3. Am 7. Mai 1995 gewinnt Jacques Chirac mit 52,64 % der Stimmen, gegen 47,36 % für Lionel Jospin den zweiten Wahlgang, der gekennzeichnet ist durch 20,33 % Enthaltungen und 5,97 % ungültiger Wahlscheine. 4. Da wo Deutschland auf Zwischeninstitutionen vertraut, die, oft paritätisch, Gewerkschaften, Arbeiter, Arbeitgeberverbände und Länder zusammenführen (verbinden), privilegiert (bevorzugt) das sozio-ökonomische System in Frankreich direktes staatliches Handeln. 5. Die Gesetze zur Dezentralisierung leiten eine Stärkung der regionalen und lokalen Instanzen ein und setzen ein Gegengewicht zur exzessiven französischen Zentralisierung, aber sie machen die Regionen Frankreichs nicht ebenso erfolgreich und selbständig wie ihre deutschen Entsprechungen. 6. Zum Abschluss einer Zusammenkunft zwischen dem Premierminister und den Hauptverantwortlichen der Gewerkschaften und landwirtschaftlichen Berufsgruppen sind einige Maßnahmen zugunsten der Landwirtschaft angekündigt worden. 7. Das Parlament hat im Mai 1999 ein nach Le Texier benanntes Gesetz einstimmig verabschiedet, das den Gebietskörperschaften abverlangt, beim Kauf von Material für Schulen auf die Einhaltung sozialer Kriterien zu achten, insbesondere was Kinderarbeit angeht. 8. Bei ihrem Amtsantritt im Herbst 1998 hat die rot-grüne Regierung Gerhard Schröders sich verpflichtet, der Nutzung der Kernenergie so schnell wie möglich ein Ende zu setzen. 9. Der Gesetzentwurf zum Arbeitnehmersparen, der am 3. Oktober der Nationalversammlung gleich zu Sitzungsbeginn vorgelegt werden wird, war am Dienstag, dem 19. September, Gegenstand einer Reihe von kritischen Anmerkungen innerhalb der PS-Fraktion der Nationalversammlung. 10. Bei der letzten Haushaltsdebatte hat der ehemalige Budgetminister, Nicolas Sarkozy, versucht, das Prinzip der nicht rückwirkenden Gültigkeit neu verabschiedeter Steuerbestimmungen durchzubringen. **7.** 1. Um sein Budget 2000 mit einem Sparprogramm über

30 Milliarden DM auszugleichen, sieht Hans Eichel für die nächsten zwei Jahre eine Koppelung der Rentenerhöhungen an die Inflation vor. 2. Im 4. Jahr in Folge verringern sich die für die traditionelle Beschäftigungspolitik vorgesehenen Mittel, während das Budget für Städteförderung und Soziales wächst. 3. Die Anhebung der "CSG" (Allgemeine Solidaritätsteuer) wird den Steuerzahlern eine Belastung um 41,5 Milliarden Francs auferlegen (die Steuerzahler mit 41,5 ... belasten). 4. Von einer Summe von 100 Francs, die von den Gebietskörperschaften, dem Staat und den Sozialversicherungsträgern abgeschöpft werden, stammen nur 13,50 Francs aus der Einkommensteuer. 5. Nach den vorläufigen Zahlen des Finanzministeriums ist die Zahl der von der Einkommensteuer befreiten Steuerpflichtigen 1994 um 360 000 gestiegen, während die Zahl der besteuerten Personen nur um 200 000 gewachsen ist. 6. Ein Mechanismus zur Stabilisierung der Treibstoffsteuern wird so am 1. Oktober in Kraft treten: die Mineralölsteuer wird jedes Mal sinken, wenn die Rohölpreise die Mehrwertsteuereingänge steigern. 7. Die Reform der Gewerbesteuer wird von der nächsten Regierung mit Vorrang eingeleitet (in Angriff genommen) werden müssen. 8. Im Bemühen um Raumordnung und Erhaltung des örtlichen Lebens werden die Einnahmen aus der Gewerbesteuer in umgekehrtem Verhältnis zur Einwohnerzahl an die Gemeinden verteilt (werden), was den ländlichsten Gemeinden einen Vorteil gibt. 9. Es gibt für die Senkung der Besteuerungssätze eine Grenze. Sie darf das Prinzip der Steuerprogression nicht in Frage stellen. Dieses hat in Frankreich gemäß Artikel 13 der Erklärung der Menschenrechte Verfassungsrang: die gemeinsamen Lasten müssen gleichmäßig auf alle Bürger verteilt werden, in Abhängigkeit von ihren Möglichkeiten (ihrer Leistungsfähigkeit). 10. Um den "Forec", den Fonds zur Senkung der mit der Arbeitszeitverkürzung verbundenen Belastungen (86 Milliarden Francs 2001) auszugleichen, wird die Regierung die gesamten Einnahmen aus dem Tabak (der Tabaksteuer) an die Sozialversicherung überweisen (transferieren). **8.** 1. Ein in der Oiseregion durchgeführter Versuch zeigt, dass die Einrichtung eines Systems von Sozialhilfe und häuslicher Pflege für die über Sechzigjährigen sich als segensreich (vorteilhaft) für die alten Leute und als wirtschaftlich (kostengünstig) für die Sozialversicherung erweist. 2. Die Präfektur des Departement Saône-et-Loire führt seit mehreren Jahren immer mehr Aktionen zugunsten der Ausgegrenzten durch, aber die Situation verschlechtert sich unaufhörlich. 3. Der Aufschwung der Erwerbsbevölkerung von 1962 an hat sich daraus ergeben, dass der Einstieg der geburtenstarken Jahrgänge in den Arbeitsmarkt, die wachsende Beschäftigungsrate bei Frauen zwischen 25 und 49 Jahren und ein beträchtlicher Zustrom ausländischer Arbeitskräfte zusammenkamen (zusammenwirkten). 4. Von den 26 Millionen Erwerbspersonen, die am 1. Januar 1999 in Frankreich wohnen, sind 2, 1 Millionen - das heißt 8,1 % Immigranten, gibt eine Studie von Insee an, die die ersten Ergebnisse der Erhebung zu diesem Thema liefert. 5. Die Brüsseler Kommission wird die Bedingungen für eine mögliche Erweiterung der Union auf die ost- und mitteleuropäischen Länder untersuchen. 6. Die europäische Einheitsakte, die am 1. Juli 1987 in Kraft getreten ist, setzte sich die Bildung eines Raums ohne innere Grenzen zum Ziel, in dem der freie Waren-, Personen-, Dienstleistungs- und Kapitalverkehr sichergestellt (gewährleistet) ist. 7. Alle sechs Monate, am Ende jeder Präsidentschaft, treten die Staats- und Regierungschefs der Fünfzehn bei einem Gipfeltreffen zusammen, das für das vergangene Halbjahr Bilanz zieht und die großen Orientierungslinien für die Zukunft skizziert. 8. Das europäische Parlament hat dem Vorschlag für eine Richtlinie zugestimmt, die darauf abzielt, durch eine bessere Information des Rauchers den Tabakkonsum einzuschränken. 9. Trotz der Aussicht auf eine Erweiterung der Gemeinschaft um die Länder des Ostens im Jahre 2002 wird Spanien weiterhin Kohäsionsfonds beziehen, solange bis sein Pro-Kopf-Einkommen 90 % des europäischen Durchschnitts erreicht, was 2006 eintreten dürfte. 10. Die europäische Kommission wird in spätestens einer Woche Verfahren wegen Vertragsverletzung gegen vier Länder - Frankreich, Deutschland, Luxemburg und Portugal - eröffnen, die beschuldigt werden, die Richtlinie zur Öffnung des europäischen Gasmarktes für die Konkurrenz nicht umgesetzt zu haben. **9.** 1. Aux législatives de 1986, les socialistes ont perdu la majorité, ce qui a mené à la Cohabitation. 2. Aux élections en Rhénanie-du-Nord-Westphalie, les "Grünen" (Verts) ont obtenu (remporté) 10 % des voix et ont ainsi doublé leur score de 1990. 3. Selon des résultats provisoires, après dépouillement des suffrages exprimés dans 17 de 40 bureaux de vote, le maire d'Ajaccio arrive en tête au premier tour, avec 44, 37 % des voix. 4. 63 % des électeurs considèrent le parti d'extrême droite, le NPD, comme danger pour la démocratie en Allemagne. 5. L'Allemagne est un Etat fédéral composé de 16 Länder qui disposent chacun d'un Parlement et d'un gouvernement régional. 6. Les dirigeants politiques de l'Etat fédéral et des Länder ont refusé d'accorder aux secteurs touchés par la maladie de la vache folle les aides d'Etat élevées que ceux-ci avaient réclamées (exigées, demandées). 7. Le président fédéral allemand a soulevé la question sous quelle forme le service militaire obligatoire devrait persister. 8. Le nouveau président de la République française a annoncé la mise en place d'une réforme constitutionnelle dont l'objectif essentiel (principal) sera de renforcer le rôle du Parlement. 9. Pour la quatrième fois en une année, le Premier ministre français,

Lionel Jospin, a dû procéder à un remaniement ministériel. 10. L'amendement levant le principe de l'interdiction du travail de nuit des femmes est très contesté dans la majorité du gouvernement.

**10.** 1. Aujourd'hui (De nos jours), deux Français sur trois sont préoccupés (inquiétés) de la dégradation (détérioration) de l'environnement. 2. Les dépenses nouvelles ont été financées grâce à des économies réalisées sur d'autres postes budgétaires à hauteur de 22,3 milliards de francs. 3. Les excédents réalisés (dégagés) dans la Sécurité sociale ainsi que dans les Länder et les communes permettent à l'Allemagne de combler le déficit de son budget fédéral déjà d'ici à l'an 2004. 4. Le professeur T.P., président de la Fédération nationale des centres de lutte contre le cancer, estime (considère) que les moyens alloués au secrétariat d'Etat à la Santé sont insuffisants pour réaliser les objectifs du plan de la lutte contre le cancer. 5. La déclaration d'impôt sur le revenu doit être déposée (remise) chaque année avant le premier mars. 6. Depuis le premier octobre 1994, le plafond des réductions d'impôt pour travaux d'amélioration dans le logement a été relevé. 7. L'efficacité de la politique de l'emploi est faible, malgré l'importance des sommes qui y sont consacrées. 8. Les personnes qui n'ont jamais cotisé doivent s'adresser à leur mairie pour recevoir (bénéficier d') une allocation spéciale de vieillesse. 9. Depuis plus de vingt ans, la population active croît de façon continue et subit de profondes transformations. 10. Les prévisions de l'ONU annoncent pour l'an 2025 qu'en Allemagne une personne sur quatre aura plus de 65 ans et qu'un seul actif cotisera pour un retraité. **11.** 1. Le nombre des naissances ne cesse de diminuer, tandis que l'espérance de vie a augmenté de 5 ans depuis le début des années soixante-dix. 2. Pour 2030, on estime à 35 % la part des plus de 60 ans dans la population. 3. La baisse des naissances et la réduction de l'âge légal de la retraite entraînent des charges supplémentaires pour les caisses de la Sécurité sociale. 4. Cet accord devrait servir de modèle pour d'autres accords avec des pays d'Europe centrale et orientale (PECO). 5. Avec 52,2 % de votes favorables, les électeurs suédois se sont prononcés pour l'adhésion de leur pays à l'Union européenne. 6. Les nouveaux membres (l'Autriche, la Suède, la Finlande - élargissement de l'UE en 1995) sont des Etats riches, qui contribuent davantage au budget européen qu'ils n'en bénéficient. 7. La Commission doit veiller à ce que le droit communautaire soit correctement appliqué et respecté. 8. Le Parlement européen a approuvé à une large majorité la charte des droits de l'Homme de l'Union européenne. 9. Le vice-président de la banque européenne d'investissement s'est prononcé pour un début de l'élargissement à l'Est en 2004, avec huit pays. 10. Le secrétaire général de l'ONU, Kofi Annan, a appelé hier les chefs d'Etat et de gouvernement du G8 à annuler la dette publique des pays pauvres très endettés et de ceux affectés par des conflits ou des catastrophes naturelles. **12.** 1-f, 2-e, 3-b, 4-a, 5-c, 6-d **13.** 1-b, 2-b, 3-a, 4-d **14.** 1-a, 2-c, 3-d, 4-c, 5-a, 6-b, 7-d, 8-a, 9-b, 10-c

## Chap. 2 Conjoncture économique

**1.** 1-c, 2-a, 3-d, 4-d, 5-c, 6-b, 7-a, 8-b, 9-a, 10-c **2.** 1-b, 2-d, 3-a, 4-c, 5-d, 6-b, 7-a, 8-c, 9-d, 10-c **3.** 1-i, 2-g, 3-h, 4-e, 5-f, 6-b, 7-d, 8-c, 9-a **4.** 1-Selon, 2-redresser, 3-raffermie, 4-amorcé, 5-nette, 6-confirme, 7-demande, 8-derniers, 9-anticipations, 10-prévoir, 11-au cours, 12-croissance, 13-amélioration, 14-capacités, 15-atteint, 16-au-dessous, 17-réponses, 18-réductions, 19-moindre, 20-augmenteraient, 21-sauf, 22-hausses, 23-effet, 24-par rapport, 25-variations, 26-comparé 27 passant, 28-explique **5.** 1. Von den 700 000 vom Staatlichen Amt für Statistik erfassten Landwirten haben 400 000 mit 85 bis 90 % des Gesamtumsatzes der Branche ein tatsächliches wirtschaftliches Gewicht, während 200 000 nur ein Hundertstel des Umsatzes erwirtschaften und ein landwirtschaftliches Einkommen von weniger als 35 000 Francs jährlich beziehen. 2. Die chronische Überproduktion und die europäische Konkurrenz zusammen halten die Preise auf einem Niveau, das zu niedrig ist, um die Rentabilität der Betriebe sicherzustellen. 3. Die Bauern werden einen Preis nehmen (kassieren), der dem Weltmarktpreis nahe kommt (sich dem W. annähert) und werden eine Direkthilfe erhalten, um ihren Verdienstausfall auszugleichen, unter der Bedingung, dass sie ihre Produktion durch Stilllegung von 15 Prozent ihres Betriebes begrenzen. 4. Die wachsenden Überschüsse, die die europäische Landwirtschaft auf die Weltmärkte wirft, rufen Preiseinbrüche hervor. 5. Heute macht die Atomenergie fast 70 % der Produktion aus, während der Prozentsatz 1973 nur 3,3 % betrug. Umgekehrt hat sich die Kohleproduktion auf die Hälfte, die Erdgasproduktion auf ein Drittel verringert. 6. Die Konjunkturexperten sind überzeugt davon, dass Europa nun die Talsohle (der Rezession) durchschritten hat und in eine neue Wachstumsphase eingetreten ist. 7. Die Auslastung der Produktionskapazitäten könnte wieder auf ein normales Niveau gelangen, das heißt 85 % schon zum Ende des Jahres. 8. Zwischen 1960 und 1973 hat Frankreich eine der höchsten Wachstumsraten der Industriestaaten verzeichnet (eine Verdreifachung des BIP innerhalb von 20 Jahren). 9. Die erste Ölkrise 1974 hatte als unmittelbare Folge eine Rezession im Jahre 1975, mit einer Verringerung der Produktion, der eine allmähliche Erlahmung der Wirtschaft (eine fortschreitende Wirtschaftsflaute) folgte, die bis 1983 andauern sollte. 10. Die Verringerung der Wachstumsrate ist eine gute Nachricht: die Überhitzung des Jahres 1999 ließ das Auftreten von

Engpässen befürchten, die einen Preisanstieg hervorgerufen hätten. 6. 1. Durch den Aufschwung hat die Arbeitslosigkeit ziemlich rasch zu sinken begonnen, und die Arbeitslosenquote dürfte in der Region von 10 Prozent in 1999 auf um die 8 Prozent 2001 fallen. 2. Die Exporte, die im Maschinenbau die Hälfte des Umsatzes ausmachen, haben gegenüber dem gleichen Vorjahreszeitraum um 10 Prozent zugelegt. 3. Die Verringerung der Investitionen ist auf die Verschlechterung der Firmenergebnisse und auf einen starken Rückgang der Sparquote zurückzuführen. 4. Die Industrieproduktion ist in den sieben größten Industrieländern um 0,6 Prozent zurückgegangen, nach einem ebensolchen Rückgang im Jahre 1991. 5. Im Herbst 1992 ist die französische Wirtschaft plötzlich (jäh) in die Krise gestürzt, als die Bestellungen und die Verkäufe zusammenbrachen und einen Rückgang der Industrieproduktion um 4 % aufs Jahr berechnet mit sich brachte. 6. Man rechnet in Frankreich mit einer besonders starken Dynamik, mit einem realen Wachstum der Investitionen um circa 8 % in 2000 und 2001, nach 8,3 Prozent in 1999. 7. Der Verbrauch der Haushalte dürfte beschleunigt wachsen und von einer Steigerung um 2,5 Prozent in diesem Jahr auf ungefähr 3 Prozent im Jahre 2001 kommen. 8. Die kürzlich erfolgte Erwerbung von USFilter, dem amerikanischen Marktführer für Wasserversorgung, bringt (hebt) Vivendi auf den Rang (Platz) des unumstrittenen Weltmarktführers in der Wasserbranche. 9. Renault rechnet in Europa in den nächsten vier Jahren mit einem 66-prozentigen Anstieg beim Verkauf von Luxusklassewagen. 10. Der weltweite Wettbewerb im Schiffbau verstärkt sich in dem Maße wie neue koreanische Werften in den Wettlauf um Bestellungen eintreten. 7. 1. Die Kehrtwende zu einer Sparpolitik hat 1983 stattgefunden: Die vorrangigen Ziele waren von da an die Drosselung (Abschwächung) der Inflation, der Abbau des Haushaltsdefizits ohne Erhöhung der Steuern und Abgaben und die Beendigung der häufigen Franc-Abwertungen. 2. Die Regierung setzt alle traditionellen Instrumente (Mittel) der Wirtschaftspolitik ein, um die Wirtschaftsaktivität anzukurbeln und die öffentlichen Ausgaben wieder in den Griff zu bekommen. 3. Die Aufnahme von 17 Millionen Ostdeutschen hat jenseits des Rheins (in Deutschland) eine Überhitzung der Konjunktur und inflationäre Spannungen erzeugt, was die Buba dazu bewegt hat, für lange Zeit hohe Zinsen aufrechtzuerhalten. 4. Die Börsen von Paris, Amsterdam und Brüssel haben am 22. September fusioniert und damit Euronext entstehen lassen, die erste europäische Börse, was das Handelsvolumen angeht und die zweite, was die Marktkapitalisierung betrifft. 5. Die mittleren Wertpapiere der Pariser Börse sind im Laufe des 1. September 2000 Gegenstand einer Rekordhandelstätigkeit gewesen, mit einem Handelsumsatz von 20,33 Milliarden Euro, gegen 15,8 Milliarden Euro im gesamten Jahr 1999. 6. Unterstützt durch den Rentenmarkt und die Veröffentlichung zufrieden stellender Unternehmensergebnisse hat die deutsche Börse in Frankfurt in dieser Woche einen Höhenflug erlebt. 7. Die Aktie der deutschen Gruppe SAP hat gestern an der Frankfurter Börse aufgrund des Klimas der Ungewissheit, das im Bereich der Hochtechnologiewerte herrscht, mit einem Rückgang geschlossen. 8. Die Aktie des niederländischen Elektronikkonzerns Getronics ist gestern an der Amsterdamer Börse um 41,58 Prozent gefallen und hat die Sitzung bei 7,36 Euro gegen 12,6 Euro am Vortag beendet. 9. Die Erholung des Euro wird die Aufgabe der europäischen Zentralbank (EZB) erleichtern, die ihre Zinsen zweimal senken dürfte, um sie zum Jahresende auf 4,25 Prozent zu bringen. 10. China ist seit fast zwei Jahren einer ausgeprägten deflationistischen Tendenz (stetiger Preisrückgang) ausgesetzt, die im wesentlichen aus der Aufwertung des Yuan gegenüber anderen Währungen der Region resultiert.
8. 1. Après la réunification, l'Allemagne est devenue le premier producteur européen pour les viandes bovine et porcine et pour les céréales, elle est au deuxième rang derrière la France. 2. Pour réduire la surproduction, la CE avait engagé (mis en place) une politique de limitation par des quotas. 3. Les aides publiques au gel des terres (à la mise en jachère) sont en moyenne de 30 % supérieures aux incitations financières au reboisement. 4. Entre 1973 et 1990, la part de l'industrie dans le produit national brut ouest-allemand est passée de 48,7 à 40,6 %. 5. Dans un communiqué, les ministres des Finances et les gouverneurs des banques centrales du G7 demandent à l'Opep et à d'autres pays exportateurs de pétrole d'engager (initier, de prendre) des mesures pour assurer une plus grande stabilité des marchés pétroliers. 6. La reprise européenne améliore les débouchés des industriels français, notamment dans le secteur des biens d'équipement et dans l(e secteur) automobile. 7. En France, un petit nombre de secteurs d'activité (construction de véhicules, armement, chimie, agro-alimentaire) affichent des excédents considérables à l'exportation et contribuent ainsi à la balance commerciale excédentaire. 8. Au cours des premiers huit mois de l'année, le déficit de la balance des transactions courantes de la zone euro s'élevait à 18,9 milliards d'euros. 9. L'industrie allemande a gagné sensiblement en compétitivité ces dernières années. 10. La reprise se profile à l'horizon. Les investissements ont déjà augmenté. Mais la consommation privée ne croît que lentement. 9. 1. Le taux de chômage devrait passer, pour la première fois depuis 1993, au-dessous de 9 %. 2. Selon les estimations des instituts de conjoncture, les prix à la consommation connaîtront, l'année prochaine, une hausse moyenne de 1,8 %, après avoir monté (augmenté) de 2,2 % cette année. 3. Les pronostics (prévisions) de croissance que les instituts de conjoncture ont publié(e)s pour l'économie

française sont encourageant(e)s. 4. Pour l'année prochaine, la Banque mondiale table sur une croissance en volume du commerce mondial de 12,5 %. 5. La production manufacturière dépassera les prévisions de l'INSEE pour le second trimestre. 6. La construction mécanique allemande renoue avec les taux de croissance forts. 7. Dans la plupart des branches (secteurs) d'activité, les carnets de commandes se sont regarnis. 8. Thermador affiche un chiffre d'affaires de 583 millions de francs pour 1999 et le groupe s'attend, pour 2000, à une croissance de 6 % par rapport à l'année précédente. 9. Le groupe français ST Dupont a dégagé (réalisé) un chiffre d'affaires de 34,6 millions d'euros au premier semestre de son exercice 2000-2001. 10. Le groupe japonais Sony a enregistré (accusé) des pertes de bénéfices nettement supérieures aux prévisions des analystes. **10.** 1. Jeudi, l'euro est tombé au-dessous du seuil de 0,94 dollars. 2. Le gouverneur de la banque centrale chinoise, Dai Xianglong, a assuré que le yuan chinois ne sera pas dévalué cette année. 3. La Lituanie a l'intention de procéder à un ancrage de sa monnaie nationale, Litas, à l'euro dans la première moitié de 2002. 4. Renforcer la coopération monétaire dans la zone asiatique est le meilleur moyen de faire face aux soubresauts boursiers. 5. Le refroidissement de l'économie us-américaine et les turbulences de la Nasdaq sont un second facteur négatif qui touche (affecte) la Bourse japonaise plus (plus fortement) que les marchés boursiers européens. 6. Les flux d'investissements internationaux ont augmenté de 16 % en 1999 pour atteindre 800 milliards de dollars. 7. Selon des informations (indications) de l'Unctad, les investissements directs à l'étranger dépasseront cette année, à l'échelle mondiale, le seuil des 1000 milliards de dollars. 8. Les déséquilibres des balances des opérations courantes sont un facteur de risque pour les marchés financiers ainsi que pour l'économie réelle. 9. Grâce à l'ancrage de la monnaie au dollar us-américain, les monnaies asiatiques avaient une valeur externe stable. 10. Actuellement, le billet vert représente les deux tiers des réserves de change du monde, alors que les Etats-Unis ne réalisent que 17 % du commerce mondial (seulement 17 % du commerce mondial sont réalisés par les Etats-Unis). **11.** 1-f, 2-c, 3-a, 4-d **12.** 1-b, 2-a **13.** 1-d, 2-b **14.** 1-b, 2-d **15.** 1-c, 2-b,3-a, 4-b, 5-a, 6-d, 7-c, 8-d, 9-d, 10-b

### Chap. 3 L'entreprise

**1.** 1-a, 2-c, 3-b, 4-c, 5-a, 6-c, 7-c, 8-d, 9-b, 10-a **2.** 1-b, 2-c, 3-a, 4-b, 5-c, 6-c, 7-a, 8-c, 9-c, 10-d **3.** 1-tenue, 2-présidence, 3-conseil, 4-réuni, 5-représentant, 6-approuvé, 7-statuts, 8-légales, 9-rapport, 10-commissaires, 11-arrêté, 12-exercice, 13-s'élève, 14-fixé, 15-revenu, 16-attribution, 17-dividende, 18-distribution, 19-mise, 20-lieu **4.** 1. Um ein Einzelunternehmen zu gründen, genügt es von nun an, ein Einheitsformular bei einem einzigen Schalter abzugeben - Handelskammer, Handwerkskammer, Geschäftsstelle des Handelsgerichts oder Stelle zur Einziehung der Sozialabgaben, je nach der Rechtsform, die der Unternehmer wählt. 2. Gegen (als Gegenleistung für) einen direkten finanziellen Beitrag - die Gebühr - oder einen indirekten - die Verpflichtung zum Kauf von Produkten und/oder Dienstleistungen -, benutzt der Franchisenehmer einen Firmennamen oder eine Marke, versehen mit einem Know-how und geschäftlicher und technischer Hilfe (Unterstützung). 3. Der Makler ist ein unabhängiger Kaufmann, der Verkäufer und Käufer in Kontakt bringt. Die Vergütung, auf die er als Mittler ein Anrecht hat, heißt Courtage; sie ist fällig, sobald ein Geschäft endgültig abgeschlossen wird. 4. Der Delkrederekommissionär steht für die ordnungsgemäße Beendigung der Geschäfte, bei denen er tätig wird, ein; er springt für den zahlungsunfähigen (ausfallenden) Vertragspartner ein. Dafür erhält er eine zusätzliche Provision. 5. Die Verpachtung wird genutzt, wenn der Besitzer des Geschäfts zeitweise oder endgültig aufhören möchte zu arbeiten: Sie ist oft das Vorspiel zu einem Verkauf des Geschäfts. 6. Ein französischer Firmenchef, der eine Gesellschaft oder Tochtergesellschaft in einem anderen europäischen Land gründen will (möchte), ist von den vorhergehenden Genehmigungen und Verwaltungsformalitäten befreit. 7. Ein Einzelunternehmen gehört einer einzigen Person, die dessen Leitung sicherstellt und persönlich alle Risiken übernimmt. 8. In einer GmbH ist die Haftung der Gesellschafter auf ihre Kapitaleinlage begrenzt. 9. Der Verwaltungsrat liefert den Aktionären die Informationen über die Konten (Rechnungslegung, Abschlüsse) und den Gang der Geschäfte der Gesellschaft. 10. Der Rat wird der Ordentlichen Hauptversammlung, die am 8. Juni 1994 stattfinden wird, die Ausschüttung einer Nettodividende von 25 Francs pro Aktie vorschlagen, gegen 23 Francs 1992. **5.** 1. Die Rechnungslegung einer Firma spiegelt sich in zwei Dokumenten wider: in der Betriebsbuchhaltung, in der die Ströme verzeichnet sind (was im Laufe eines Jahres eingegangen und hinausgegangen ist) und die Bilanz, in der die Bestände aufgezählt (aufgeführt) werden (der Wert all dessen, was das Unternehmen besitzt und was es schuldig ist). 2. Jede Wertminderung von Posten des Anlagevermögens des Unternehmens stellt einen Substanzverlust dar, der von der Buchhaltung verzeichnet werden muss. 3. Finanztitel werden gewöhnlich mit ihrem Ankaufswert verbucht. 4. Damit es Wertschöpfung gibt, muss die Rentabilität der Investition höher sein als die Kosten ihrer Finanzierung. 5. Das Eigenkapital stellt das Kapital dar, dessen Funktion es ist, das Restrisiko zu übernehmen (tragen). 6. Zum Abschluss jeden Geschäftsjahres stellt die Geschäftsführung das Inventar der verschiedenen, zu diesem Zeitpunkt vorhandenen Aktiv- und Passivposten auf und erstellt, entsprechend den gültigen gesetzlichen

Bestimmungen, eine regelmäßige Buchführung der Geschäftsvorgänge der Gesellschaft. 7. Chefs von KMU (Mittelstandsunternehmen) führen mehrheitlich die Gewinne wieder ihrem Eigenkapital zu und sind nicht auf der Suche nach einer starken Rentabilität ihres Kapitals. 8. Da die Automobilbauer nicht mehr die Mittel haben, um eine Beherrschung und direkte Kontrolle aller mit dem Auto verbundenen Technologien sicherzustellen, haben sie sich auf ihre traditionellen Kompetenzen konzentriert und einen wachsenden Anteil der Produktion von Komponenten und kompletten Teilsystemen an ihre Zulieferer abgegeben (übertragen). 9. Die Unternehmen ziehen sich aus den Geschäftsfeldern, die nicht zu ihrem Kerngeschäft gehören, zurück und lagern daher ihre Informatik und ihre Telekommunikation aus. 10. Microsoft, der amerikanische Software-Riese, der der Verletzung des amerikanischen Antitrust-Gesetzes für schuldig erklärt wurde, soll in zwei unterschiedliche Einheiten zerschlagen werden. **6.** 1. Großes internationales und stark diversifiziertes Industrieunternehmen sucht französisches mittelständisches Unternehmen, das auf Industriestrom spezialisiert ist, für eine 100-prozentige Übernahme oder lediglich für eine Mehrheitsbeteiligung. 2. Das Angebot eines amerikanischen Pharmakonzerns, den französischen Marktführer für Aspirin, Upsa, aufzukaufen (zu übernehmen), wird am 26. Juli den Gesellschaftern des Unternehmens zur Zustimmung vorgelegt. 3. Nachdem er sich die französische Firma Sipse geleistet hat, wird der Verpackungshersteller CPC bei Haferkamp, dem drittgrößten deutschen Etikettenhersteller die Kontrolle übernehmen. 4. Die Kapitalerhöhung durch Umwandlung von Rücklagen wird meistens vom Kapitalmarkt als günstiges Signal interpretiert. 5. Wenn die Gesellschaft von Zahlungsunfähigkeit bedroht ist (Gefahr läuft, zahlungsunfähig zu werden), müssen die Wirtschaftsprüfer ein Warnverfahren zur Einleitung der Sanierung auslösen (in Gang setzen). 6. Der Kaufmann, der sich gezwungen sieht, seine Zahlungen einzustellen, muss dies bei der Geschäftsstelle des Handelsgerichts seines Wohnortes melden und muss Konkurs anmelden. 7. Das gerichtliche Sanierungsverfahren erlaubt (ermöglicht) den Firmenchefs, einen Plan vorzulegen, in dem sie ein Programm zur Bereinigung der Schulden vorschlagen, einschließlich der Abtretung ihres Geschäfts an einen Käufer. 8. Wenn der Schuldner seinen Verbindlichkeiten nicht nachkäme, könnte ein Gläubiger, der mindestens 15 % der Außenstände (Forderungen) repräsentierte, das Gericht anrufen, damit dieses ein gerichtliches Sanierungsverfahren einleitet, das zur Abtretung oder zur Liquidierung führt. 9. Bei ausbleibender Zahlung bei Ablaufen der Frist sieht Artikel 93 des Handelsgesetzbuches vor, dass der Gläubiger nach einer Frist von acht Tagen (einer Woche) die Versteigerung der ihm als Pfand überlassenen Gegenstände vornehmen lassen kann. 10. Die Auflösung der GmbH kann bei Auslaufen des Vertrags, auf Beschluss der Gesellschafter und im Falle der Pleite stattfinden. Die OHG wird im Prinzip durch den Tod eines der Gesellschafter aufgelöst. **7.** 1. Selon le Code de Commerce français, toutes les personnes qui exercent des actes de commerce et qui en font leur profession, sont des commerçants. 2. L'inscription au Registre du Commerce est condition préalable pour exercer une activité commerciale. 3. Un commerçant est obligé de conserver ses livres de comptabilité et sa correspondance pendant dix années. 4. Le propriétaire d'un fonds de commerce peut confier celui-ci à un gérant salarié qui représente la société vis-à-vis de tiers. 5. En France, le capital minimum de la S.A.R.L. est de 50 000 francs et peut consister en apports en espèces et en nature. 6. Le décès d'un associé n'entraîne pas la dissolution de la société. 7. La forme juridique de la S.A.R.L. n'a été introduite en France qu'en 1925 selon le modèle allemand. 8. Dans la société en commandite, les commandités sont responsables sur la totalité de leur patrimoine, tandis que les commanditaires ne sont responsables que sur leurs apports. 9. La société anonyme et la société à responsabilité limitée sont considérées comme des personnes morales. 10. Une S.A. française doit disposer d'un capital social de 1,5 million de francs, si elle est cotée en bourse. **8.** 1. Le Conseil de surveillance nomme les membres du directoire et désigne son président. 2. En France, une nouvelle loi prévoit que dans les sociétés cotées en bourse, le directeur général ne peut plus exercer en même temps les fonctions du président du Conseil d'administration. 3. Le Conseil d'administration a convoqué l'assemblée générale ordinaire et en a fixé l'ordre du jour. 4. Je vous rappelle l'assemblée générale. Elle aura lieu mardi, le 16 mai, à 20 heures. 5. Posséder une action donne au détenteur le droit d'élire les dirigeants de la société, d'obtenir une partie des bénéfices annuels (dividendes) et de partager les boni de liquidation en cas de dissolution. 6. Le groupe lyonnais, Thermador, a distribué un dividende de 25 francs, plus avoir fiscal, pour une action qui cote à 300 francs ce qui fait un rendement de 12 %. 7. La source principale d'informations pour l'analyste externe est constituée par les comptes annuels. 7. Les immobilisations sont des actifs destinés à servir à l'entreprise à long terme. 8. Le résultat d'exploitation ne tient pas compte des éléments exceptionnels et financiers du compte de résultat. 10. Pour chaque centre d'analyse, l'écart entre le coût réel et le coût estimatif est calculé. **9.** 1. Le directoire propose de se désengager des activités pour lesquelles il n'y a plus de futur. 2. À l'avenir, Aventis veut (a l'intention de, entend) se recentrer sur son activité pharmaceutique. 3. La "Deutsche Bank" cèdera à la banque "BCP" et d'autres investisseurs sa participation d'environ 19 % dans la banque polonaise "Big Bank". 4. L'émission d'obligations n'est permise qu'aux sociétés de capitaux ayant deux années d'existence et ayant établi deux bilans approuvés par les actionnaires. 5. L'augmentation de capital limitera l'endettement à moins de 40 % des fonds propres. 6. La privatisation de cette petite banque, qui compte moins de 2 000 salariés, peut prendre deux formes : soit la vente de gré à gré, qui impliquerait une mise aux enchères, soit l'introduction en Bourse. 7. A l'issue de l'offre publique d'échange amicale, le groupe de BTP Vinci détient, au vu d'un comptage provisoire, plus de 98 % du capital et des droits de vote du groupe GTM. 8. Le débiteur qui n'a pas déposé le bilan dans les 15 jours suivant la cessation de paiements, peut être sanctionné par (passible d') une interdiction de gérer. 9. L'adoption du plan de redressement ne dépend plus de l'accord des créanciers, mais de la décision du Tribunal de Commerce. 10. Aujourd'hui, la moitié des entreprises assurent leur pérennité grâce à la reprise par une autre société. **10.** 1-d, 2-a, 3-d, 4-b, 5-c, 6-d, 7-c, 8-b,9-a, 10-b **11.** 1-b, 2-a, 3-c, 4-d, 5-d, 6-c, 7-b, 8-b, 9-a,10-c **12.** 1-a, 2-d **13.** 1-a, 2-b **14.** 1-d, 2-b, 3-c

## Chap. 4   Le Monde du travail

**1.** 1-b, 2-c, 3-c, 4-b, 5-b, 6-a, 7-d, 8-a, 9-c, 10-d **2.** 1-b, 2-a, 3-c, 4-a, 5-d, 6-c, 7-c, 8-d, 9-a, 10-b **3.** 1-d, 2-c, 3-d, 4-a, 5-b, 6-a, 7-c, 8-a, 9-c, 10-d **4.** 1-Bénéficiez, 2-mettre, 3-proposées, 4-représentants, 5-demandes, 6-réalise, 7-financées, 8-versées, 9-fonction, 10-salariale, 11-suivre, 12-imposer, 13-rémunéré, 14-charge, 15-comprendra, 16-entreprenez, 17-effectuer, 18-appelle, 19-issue, 20-correspondant, 21-directement, 22-refuse **5.** 1-d, 2-b, 3-a **6.** 1-c, 2-d **7.** 1. Um ihre Führungskräfte und Ingenieure zu rekrutieren (anzuwerben), zahlen viele große Unternehmen einer Personalvermittlung eine einem Jahresgehalt entsprechende Summe. 2. Französische Tochtergesellschaft eines großen Pharmakonzerns sucht ihren Leiter der Finanzabteilung, der direkt der Generaldirektion unterstellt sein wird. 3. Wenn diese Stelle Sie interessiert, senden Sie bitte Ihre Unterlagen (handgeschriebener Brief + Lebenslauf + Foto) unter der Referenz 56704 an Media System, das sie an uns weiterleiten wird. 4. Europa fehlt es an qualifiziertem Personal zur Befriedigung der Nachfrage der neuen Informations- und Kommunikationstechnologien, und die Branche läuft Gefahr, dass die Zahl der nicht besetzten Stellen 2002 auf 1,6 Millionen kommt. 5. Pharmazeutisches Labor sucht einen Werksmeister für die Produktion: an der Spitze eines Teams aus Leuten des Bedienungspersonals werden Sie die Produktion unter Einhaltung der Mengen, Fristen, vorgesehenen Kosten und in Übereinstimmung mit den Sicherheits- und Qualitätsnormen sicherstellen (für .. sorgen). 6. Ihre Ausbildung wird umso effizienter sein, wenn Sie die Kenntnisse, die sie Ihnen gebracht hat, anwenden (benutzen), und zwar (und das) in naher Zukunft. 7. Um eine berufliche Tätigkeit zu beherrschen und nicht nur einfach eine Aufgabe auszuführen braucht man 18 Monate bis 2 Jahre Erfahrung. 8. Bevor Sie ein Stellenangebot beantworten oder Ihre Spontanbewerbung abschicken, bestimmen Sie Ihre berufliche Orientierung, verbessern Sie Ihr(e) Anschreiben und Ihren Lebenslauf. 9. Die Beratungsgesellschaft Aideco hat auf einem einzigen Dokument alle möglichen Hilfen bei der Stellensuche erfasst, abhängig vom Profil des Kandidaten, von der Situation des Unternehmens und vom zu besetzenden Posten. 10. Die Anmeldungen für den Fortbildungslehrgang können per Telefon von Montag bis Freitag, 10 bis 18 Uhr vorgenommen werden. **8.** 1. In den letzten zehn Jahren hat die Entwicklung der Informatikdienstleistungen in Frankreich die Einstellung von fast 100 000 Personen mit sich gebracht. 2. Von 2,6 Millionen Teilzeitarbeitenden in Frankreich, das heißt 12 % der Erwerbsbevölkerung, sind 2,2 Millionen Frauen. 3. Die Verhandlungen über einen neuen Tarifvertrag für die Börsenberufe sind zum Abschluss gekommen und eine Übereinkunft ist unterzeichnet worden. 4. Herr Dumont bittet Sie, Ihren Termin (Gesprächstermin) zu verschieben und bereits in der nächsten Woche wieder Kontakt mit ihm aufzunehmen. 5. Sie werden gebeten, alle notwendigen Maßnahmen zu ergreifen, um dieser Dienstanweisung Folge zu leisten. 6. Die Arbeitsplätze sind immer häufiger mit einem multifunktionalen PC ausgestattet, der selbständige Arbeit, interne Kommunikation von Büro zu Büro und einen Zugang zu zentralen Datenbanken ermöglicht. 7. Nach verbreiteter Meinung der Ausbilder ist das Fehlen einer Struktur einer der häufigsten Mängel in firmeninternen Schriftstücken und dieser Mangel ist dem Textverständnis am abträglichsten. 8. Stellen Sie während der Dauer dieser Besprechung alle Anrufe ins Sekretariat durch. 9. Sie sprechen mit der Gesellschaft XYZ: unser Büro ist zur Zeit geschlossen, aber Sie können Ihren Namen und Ihre Adresse und (sowie) eine Nachricht auf dem Anrufbeantworter hinterlassen. 10. Ihre Nachricht wird aufgezeichnet: Sprechen Sie bitte nach dem Signalton. **9.** 1. Le secteur a recruté (embauché) en 1992 3 000 personnes dont 1500 cadres et ingénieurs. 2. 2 000 postes de techniciens seraient à pourvoir en vente et en réparation automobile. 3. 400 places d'apprentis sont disponibles en Ile-de-France, dans divers secteurs, à pourvoir avant le 31 décembre. 4. Autrefois, la plupart des entreprises ne recouraient à l'intérim que quand elles avaient à pourvoir un poste de faible qualification. 5. Merci de nous adresser votre candidature et d'y joindre un C.V. manuscrit et une photo. 6. Comptable, âgé de 39 ans, avec 15 ans d'expérience professionnelle, recherche emploi lui permettant de travailler de façon autonome et d'assumer plus de responsabilité. 7. Le candidat doit disposer d'au moins deux ans d'expérience professionnelle et doit être disposé à voyager. 8. Nous nous permettons de vous confirmer votre engagement à partir du 1$^{er}$ du mois prochain. 9. Nous regrettons de devoir vous communiquer que votre candidature n'a pas été retenue. 10. Quelques organismes de formation proposent des tarifs préférentiels pour les stagiaires dont la formation n'est pas prise en charge par l'entreprise.

**10.** 1. Le salarié doit se conformer au règlement intérieur en ce qui concerne la discipline, l'hygiène et la sécurité du travail. 2. Les Conseils des prud'hommes sont compétents pour tous les différends nés du contrat de travail opposant un employeur à un salarié. 3. La rémunération varie de 5 000 F à 7 000 F par mois en fonction de la taille de l'entreprise. 4. Mettrez-vous à ma disposition une voiture de fonction ? 5. Dans le groupe BASF, l'aménagement du temps de travail a mené à d'authentiques gains d'emplois. 6. Le travailleur ne pouvait pas être licencié parce qu'on n'avait pas respecté le délai de préavis. 7. La convention collective profite à tous les salariés, aussi (même) aux non syndiqués. 8. Le Code du travail impose aux entreprises employant au moins 50 salariés et procédant au licenciement d'au moins 10 personnes d'élaborer un plan social. 9. Quatre secteurs présentent des risques supérieurs à la moyenne en matière de santé et de sécurité du travail : le travail en mer, l'agriculture, la construction, les carrières et les mines. 10. De 1936 à 1982, le minimum (la durée minimale) des congés payés dont bénéficient (auxquels ont droit) tous les salariés français est passé(e) de 15 jours à 5 semaines. **11.** 1. Depuis 1991, il n'est plus permis de fumer dans les locaux de l'entreprise, notamment dans les salles de réunion. 2. De plus en plus de dirigeants d'entreprise (cadres supérieurs) ne disposent plus d'un bureau individuel. 3. Notre ordinateur a déchargé considérablement le service. 4. Le travail sur écran doit être interrompu au cours de la journée et les employés devraient pouvoir se faire examiner les yeux. 5. Bonjour. Je vous appelle pour déplacer l'entretien avec M. Bartsch du 1$^{er}$ février, 16 h. au 13 mars, 18 h. 6. Quand pourrais-je rappeler Monsieur Lutter sans le déranger? 7. Malheureusement, je ne peux pas vous passer le chef de service, car il est en réunion. 8. Bonjour. Vous êtes en rapport avec le répondeur automatique de la société X. A notre regret, vous ne pouvez pas nous joindre actuellement. Mais vous avez la possibilité de laisser un court message avec vos coordonnées après le signal sonore. Nous vous rappellerons dès que possible. 9. Nous nous référons à notre entretien téléphonique du 20 octobre et nous aimerions vous rencontrer pour parler d'une éventuelle coopération. 10. Je vous appelle pour vous dire que M. Jäger ne pourra pas participer (assister) à la rencontre. Il vous demande de (bien vouloir) lui envoyer le compte rendu par courrier électronique. **12.** 1-c, 2-b, 3-h, 4-g, 5-i, 6-k, 7-f, 8-a, 9-e, 10-d **13.** 1-c, 2-a **14.** 1-d, 2-b **15.** 1-b, 2-a, 3-c, 4-a, 5-d, 6-b, 7-b, 8-d, 9-c, 10-b **16.** 1-c, 2-a, 3-d, 4-d, 5-b, 6-b, 7-a, 8-c, 9-a, 10-c

## Chap. 5  Marketing

**1.** 1-c, 2-d, 3-a, 4-a, 5-b, 6-d, 7-d, 8-c, 9-a, 10-c ; **2.** 1-c, 2-d, 3-a, 4-d, 5-a, 6-b, 7-d, 8-b, 9-b, 10-c ; **3.** 1-salon, 2-obligation, 3-fonction, 4-vol, 5-classe, 6-tirage, 7-saisir, 8-effet, 9-jeu, 10-résidant, 11-métropolitaine, 12-exclusion, 13-réseau, 14-demande **4.** 1. Der Verkauf (die Verkaufstätigkeit) braucht Männer und Frauen, die ihre Produkte perfekt kennen und die Kommunikations- und Verhandlungstechniken beherrschen. 2. Der Chef der Handelsniederlassung ist für die Kundengewinnung (Akquisition), die Erstkontakte mit der Kundschaft und die Beziehungen zu den Kunden während der Ausführung der Arbeiten verantwortlich. 3. Die Karte für den Kundenkontakt (Kundenkarte) muss mindestens sechs Punkte aufführen: den Namen des Verkäufers, der den Besucher am Stand empfangen hat (er wird später bei der Nachfassaktion auf dem Schreiben erwähnt werden, um dieses persönlich zu gestalten); den Namen und die Adresse des Besuchers oder seine an die Karte angeheftete Visitenkarte; die Branche, in der seine Firma tätig ist; den Namen eines Entscheiders; die laufenden oder zukünftigen Projekte; und schließlich eine freie Rubrik für verschiedene Anmerkungen (Bitte um Unterlagen (Infomaterial) zum Beispiel). 4. Die Verbrauchermarktkette Casino startet in ihren Géant-Zentren die Vermarktung von 308 Automobilen der Marke Daewoo zu konkurrenzlosen Preisen. 5. Im Verkauf im Fernsehen steht "Teleshopping" mit 91,4 Millionen Euro 1999 auf dem ersten Platz, dank der hohen Einschaltquote seiner Sendung und seinem Katalog, der eine Auflage von 17 Millionen Exemplaren hat. 6. Sein gesamtes Werbebudget (seinen gesamten Werbeetat) auf einen Star aus Show-Business oder Sport zu setzen kann sich als verhängnisvoll (katastrophal) für das Image des Unternehmens erweisen. 7. Die Vivendi-Gruppe startet Havas Advertising Sport, eine aus der Fusion dreier in diesem Bereich spezialisierten Unternehmen hervorgegangene Einheit, die sich Sportevents widmet. 8. In der Provinz ist der Prospekt eines der bevorzugten Medien der Verbrauchermärkte, um Kunden an die Verkaufsstelle zu bringen. 9. Die Plakatwerbung in Bahnhöfen hat einen Zuwachs um 23 Prozent erfahren. 10. Das Fernsehen machte 1990 in Frankreich 24,8 % der Werbeeinnahmen aus.

**5.** 1. Die im Laufe der Studie (Umfrage) befragten Kunden schätzen vor allem die Qualität des Kundendienstes. 2. Die Resultate der Studien (Umfragen) werden regelmäßig in einem 2-Wochen-Rhythmus an die auftraggebenden Firmen (Firmenkunden) geschickt. 3. Die Gesellschaft Consodata hat gerade eine Datenbank für Verhaltensweisen geschaffen, die bis zum Ende des Jahres fast die gesamten Konsumgewohnheiten (Markennamen, Häufigkeit der Einkäufe, Freizeit ...) von 1,5 Millionen Haushalten, das heißt von 4 Millionen Personen enthalten soll. 4. Ein Drittel des Spielzeugmarktes besteht aus Modeprodukten, deren Erfolg im Handel von schwer vorhersehbaren (absehbaren, voraussagbaren) Gegebenheiten abhängt. 5. Die Lebensmittelläden verfügen dank der allgemeinen Verbreitung der Registrierkassen, die die Daten des Bar-codes erfassen, über immer präzisere Informationen bezüglich des Verkaufs und des Produktumschlags. 6. Um sich gegenüber der Konkurrenz der modernen Handelsformen zu behaupten, schließen sich unabhängige Kaufleute in Verbänden zusammen, mit dem Ziel, sich gemeinsam zu versorgen und die vorteilhaftesten Bedingungen zu erhalten. 7. Mächtige Einkaufszentralen sind geschaffen worden, die in der Lage sind, bei ihren Lieferanten ihre Forderungen in puncto Preisen und Zahlungsfristen durchzusetzen. 8. Bei VHM wird die Hälfte der Weinverkäufe direkt auf den Messen, zu Hause oder per Katalog getätigt; der Rest wird über die traditionellen Vertriebswege abgesetzt. 9. Die Verbrauchermärkte sind jetzt verpflichtet, bereits montierte Fahrräder von einer (gewissen) Mindestqualität anzubieten und können folglich nicht mehr Material unterster Kategorie als Lockangebote zu Schleuderpreisen absetzen. 10. Eine europäische Direktive definiert (legt .. fest) die Regeln für Aufmachung und Etikettierung von Lebensmitteln: die Etiketten müssen die Zusammensetzung der Lebensmittel, ihre Haltbarkeitsdauer und die verwendeten Zusatzstoffe aufführen. ⬛ 6. ⬛ 1. Wir beziehen uns auf Ihre Anzeige im "Nouvel Economiste" und bitten Sie, uns genauere Informationen über Ihre Produkte zu geben. 2. Wir verdanken Ihre Adresse Herrn Dupont, der uns die Erzeugnisse Ihrer Herstellung empfohlen hat. 3. Bitte teilen Sie uns Ihre kürzeste Lieferfrist für diese Waren mit. 4. Wenn Ihr Angebot günstig ist und die Preise Ihrer Waren wettbewerbsfähig sind, sind wir bereit, Ihnen einen Probeauftrag zu erteilen. 5. Wir hoffen, dass die Qualität Ihrer Produkte unseren Anforderungen entspricht (entsprechen wird). 6. Ich möchte unverbindlich eine Informationsmappe über Ihre Produkte erhalten. 7. Ihr Angebot wird nicht berücksichtigt werden, wenn es nicht alle Angaben und das Datum der vorliegenden Preisanfrage wieder aufnimmt. 8. Bitte teilen Sie uns postwendend den Nettopreis ohne Mehrwertsteuer für die folgenden Ersatzteile mit. 9. Wie wir bei unserem Telefongespräch am 20. September vereinbart hatten, lasse ich Ihnen mit diesem Schreiben die Unterlagen (Informationsmappe) zu unserer neuen Kollektion zugehen. 10. Wir bestätigen den Eingang Ihrer Anfrage vom 20. des letzten Monats und bedanken uns für das entgegengebrachte Vertrauen. ⬛ 7. ⬛ 1. Nachdem ich von den ergänzenden Informationen Kenntnis erhalten habe, die uns mitzuteilen Sie die Freundlichkeit hatten, bestätige ich Ihnen meinen Entschluss, Ihre Wohnung zu mieten 2. In Beantwortung Ihres Schreibens vom 10. dieses Monats freuen wir uns, Ihnen folgendes unverbindliches Angebot zu unterbreiten. 3. Unsere Liefer- und Zahlungsbedingungen stehen auf der Rückseite der Preisliste. 4. Unser Sondertarif ist besonders für nicht in Frankreich wohnende Personen gedacht. 5. Auf einfache Anfrage (hin) wird Ihnen Ihr Magazin (Ihre Zeitschrift) an Ihre Ferienadresse geschickt. 6. Wenn dieses Angebot Sie interessiert, bitten Sie um einen unverbindlichen Kostenvoranschlag. 7. Bei Barzahlung werden wir Ihnen einen Preisnachlass von 10 % gewähren. 8. Ausnahmsweise und für eine Erstbestellung über mehr als 8000 Francs, werden Sie einen Sonderrabatt von 5 % erhalten. 9. Sie werden die im Vertrag eingegangenen Verpflichtungen genau (buchstabengetreu) einhalten müssen. 10. Auf die Waren erhalten Sie für die Dauer eines Jahres vom Datum ihres Erhalts an eine Garantie gegen jegliche Materialfehler und Konstruktionsmängel. ⬛ 8. ⬛ 1. Die von uns bestellten Artikel müssen uns vor Ende dieses Monats zugehen, damit wir sie zu Beginn des nächsten Jahres absetzen können. 2. Ich bitte Sie, an meinem Wohnsitz Arbeiten durchzuführen, entsprechend dem Kostenvoranschlag vom 3. November, den ich am 10. November gebilligt (akzeptiert) habe. 3. Aufträge, die bei einer Kundenwerbung zu Hause erteilt worden sind, können binnen 7 Tagen widerrufen (rückgängig gemacht) werden. 4. Telefonisch erteilte Bestellungen werden erst bei Erhalt einer schriftlichen Bestätigung als endgültig (definitiv) angesehen. 5. Ihre Bestellungen werden von unserer Verkaufsabteilung innerhalb von 24 Stunden bearbeitet. 6. Wir haben eine zu große Nachfrage, um Ihren Auftrag in einer so kurzen Frist ausführen zu können. 7. Wenn die gelieferten Artikel nicht der Bestellung entsprechen, können Sie entweder ihre Annahme verweigern oder sie innerhalb von einer Woche zur Erstattung des Kaufpreises oder zum Umtausch zurückschicken. 8. Ich habe am 10. Oktober mehrere Produkte, die ich bei Ihrer Firma bestellt hatte und die mir am 8. Oktober geliefert worden waren, in einem Paket als Einschreiben mit Rückantwort zur Rückerstattung des Kaufpreises zurückgesandt. 9. Wir können Ihnen kein Geld zurückerstatten, aber der Artikel kann gegen Vorlage des Kassenzettels umgetauscht werden. 10. Wie es der beigefügte Garantieschein bescheinigt (belegt), hatten Sie sich für die Dauer von 12 Monaten verpflichtet, jeglichen Defekt kostenlos zu reparieren. ⬛ 9. ⬛ 1. Nous avons l'intention de mettre en place un réseau de distribution important dans ce pays. 2. Les supermarchés ont une surface de vente entre 400 et 2 500 m² et vendent des produits d'alimentation ainsi que de consommation en libre-service. 3. La vente par correspondance est une forme de vente adaptée à la

vie moderne. On estime qu'un ménage français sur deux commande régulièrement des marchandises par catalogue. 4. Les atouts du commerce de détail sont le conseil personnalisé fourni à la clientèle et l'aménagement libre des heures d'ouverture des magasins. 5. De plus en plus de magasins d'alimentation vendent en libre-service. 6. Beaucoup de clients achètent par correspondance, parce qu'ils peuvent consulter le catalogue en toute tranquillité à la maison. 7. Nos experts vous conseillent gratuitement et s'adaptent à vos besoins. 8. En raison du service après-vente, je préfère acheter dans un magasin spécialisé. 9. Pour promouvoir les ventes, on recourt à des représentants (la force de vente) qui mènent (mène) des entretiens de vente avec les clients dans la région cible. 10. Le vendeur conseille le client et essaie de le convaincre des qualités du produit.
**10.** 1. Le voyageur de commerce (représentant) doit soigner les contacts avec les clients, proposer (offrir) des marchandises et des services, prendre des commandes et des réclamations et procurer (rassembler, collecter) des informations sur la vente. 2. Nous avons visité la foire dans l'intention de nouer de nouveaux contacts commerciaux. 3. Pour lancer un nouveau produit sur le marché, une coûteuse campagne publicitaire et une étude de marché auprès des éventuels consommateurs (potentiels) sont indispensables. 4. Le montant du budget de publicité dépend (est fonction) des objectifs assignés à la publicité. 5. Un catalogue bien fait est un instrument (outil) excellent de promotion des ventes. 6. 28 % des téléspectateurs se sont souvenus du spot publicitaire qu'on avait émis. 7. Je suis chargé de l'enquête sur les nouveaux débouchés de l'industrie électronique grand public. 8. Plus de 10 000 personnes ont été interrogées à l'aide d'un questionnaire de 130 pages. 9. Le destinataire examine l'offre qui lui est parvenue et la compare avec d'autres offres. 10. Le produit ne se vend pas bien parce qu'il ne correspond pas aux attentes de la clientèle. **11.** 1. Nous avons un besoin urgent de machines agricoles et vous prions donc de bien vouloir nous faire parvenir votre dernier catalogue. 2. Faites-nous parvenir votre offre dès que possible. 3. Comme nous sommes très intéressés par vos marchandises, nous vous prions de nous faire savoir vos conditions de livraison et de paiement. 4. Nous sommes disposés à vous passer une commande importante, si la qualité de vos marchandises nous donne satisfaction. 5. Nous accusons réception de votre demande du 31 écoulé et vous en remercions beaucoup. 6. Nous nous référons à l'entretien téléphonique de ce matin et vous faisons parvenir en annexe (ci-joint) notre dernier tarif. 7. Nos conditions de vente : à la commande un acompte de 40 % sur le montant total, les 60 % restants ne sont payables qu'à la livraison. 8. Nous sommes à votre disposition pour vous fournir des renseignements plus détaillés. 9. Nous vous remercions de votre demande et vous faisons parvenir en annexe, à titre d'information générale, la documentation que vous désirez. 10. Les échantillons vous parviendront par courrier séparé. **12.** 1. Nous voudrions attirer votre attention sur la qualité extraordinaire de nos marchandises. 2. Le paiement de la marchandise s'effectuera à trente jours net. Pour paiement au comptant dans les 8 jours, nous vous accorderons un escompte de 2 %. 3. A notre regret, nous devons vous informer que nous ne sommes pas en mesure de vous accorder une nouvelle remise. 4. Nous vous conseillons de passer commande sans tarder, parce que (puisque) notre stock s'épuise. 5. Nous commandons au prix unitaire de 250 francs T.V.A. incluse les marchandises figurant sur le bon de commande ci-joint. 6. Nous vous prions de bien vouloir veiller à ce que les marchandises livrées correspondent exactement (soient conformes) aux échantillons. 7. Nous nous réservons le droit d'annuler la commande, si la livraison ne s'est pas effectuée jusqu'au 15 décembre au plus tard. 8. Pour éviter des erreurs, nous vous prions de confirmer par écrit votre commande verbale d'hier (la commande que vous nous avez passée verbalement hier). 9. Vous pouvez compter sur l'exécution rapide et soigneuse de votre commande. 10. En réservant un voyage chez nous, vous avez reconnu les clauses (dispositions) du contrat. **13.** 1-f, 2-a, 3-c, 4-e, 5-b, 6-d **14.** 1-d, 2-a **15.** 1-c, 2-a, 3-d **16.** 1-d, 2-c, 3-b, 4-a, 5-c, 6-a, 7-a, 8-d, 9-d, 10-b **17.** 1-a, 2-b, 3-b, 4-c, 5-c, 6-a, 7-d, 8-c, 9-b, 10-d

## Chap. 6 Transports

**1.** 1-c, 2-d, 3-b, 4-a, 5-c, 6-d, 7-a, 8-c, 9-b, 10-a **2.** 1-d, 2-b, 3-c, 4-a, 5-a, 6-b, 7-d, 8-c, 9-b, 10-d
**3.** 1-rapproche, 2-aéroport, 3-rythme, 4-compagnies, 5-réseau, 6-trajet, 7-accéléré, 8-destinations, 9-desservies, 10-liaisons, 11-vol, 12-bonifications, 13-cadeaux, 14-fidélité **4.** 1-déchargé, 2-gestion, 3-coût, 4-charges, 5-compétence, 6-disponibilité, 7-adaptées, 8-lieu, 9-choix, 10-assurer, 11-loyer, 12-maîtriser, 13-prestations, 14-disposition **5.** 1. Ein neuer (kürzlich veröffentlichter) Bericht über "die französischen Verkehrsnetze angesichts Europas" hat (auf)gezeigt, dass Frankreich im Laufe der nächsten 15 Jahre mindestens 1560 Milliarden Francs für den Bau neuer Straßen, Eisenbahnstrecken, Häfen und Flughäfen aufwenden müsste. 2. Frankreich, das geographisch gesehen europäische Drehscheibe ist, hat sich durch sein Know-How im Management des Warenflusses (in der Logistik, Warenwirtschaft) Anerkennung erworben. 3. Die Logistiker und Transportunternehmer (Spediteure) stellen nicht nur Zwischenlagerung und Bereitstellung (Vorbereitung) der Bestellungen (Aufträge) sicher, sondern auch Verpackung, Kontrolle der Verfallsdaten, Etikettierung und Aufmachung für den Verkauf im Geschäft. 4. Der amerikanische Hersteller Bose hat Mitarbeiter seiner Zulieferer in seine Werke integriert: Sie sind es, die die Auffüllung des Lagers mit Einzelteilen verwalten und in ihrer Ursprungsfirma die Herstellung in Gang setzen. 5. Der kombinierte Ladungsverkehr wird sich in den größeren (wichtigen) Wirtschaftsräumen als wettbewerbsfähig erweisen, vorausgesetzt, dass der Befrachter sich relativ nahe an den großen Umschlagplätzen befindet. 6. Die Aufstellung eines Förderbandes im Lager hat eine automatische Beförderung und Sortierung der Waren möglich gemacht. 7. Die Aufgabe des Transports auf Paletten zugunsten einer losen Beförderung hat die Kosten um 30 % gesenkt. 8. Die Versendung mit Empfangsbestätigung erlaubt dem Absender, über den ordnungsgemäßen Erhalt seines Pakets informiert (unterrichtet) zu sein. 9. Sie werden eine Versandanzeige mit unserer Rechnung in doppelter Ausführung sowie die Verschiffungspapiere (Konnossement und Versicherungspolice) erhalten, sobald die Waren versandt worden sind. 10. Air France, weltweit drittgrößte Warentransportgesellschaft, stellt Ihnen ihre 178 Zielflughäfen in 79 Ländern zur Verfügung.
**6.** 1. Der Standort Bègles, der wegen der Nähe des Eisenbahn- und Autobahnnetzes ausgewählt worden ist, ist das erste Glied des neuen Gepäckabfertigungssystems. 2. Die EU-Kommission regt an, den Markt für Briefe über 50 Gramm und Briefe, die den Tarif für einen Standardbrief um das Zweieinhalbfache übertreffen, ab 2003 für die Konkurrenz zu öffnen. 3. Der Expressversand und die Logistik sind Bereiche, in denen die Postunternehmen Kompetenzen besitzen ebenso wie eine Infrastruktur für die Beförderung und ein Zweigstellennetz, das für eine sehr feine Vernetzung des nationalen Gebietes sorgt. 4. Die Römischen Verträge, die die EWG begründet haben, sahen eine allmähliche Aufhebung der Zollgebühren zwischen den Mitgliedsländern der Gemeinschaft vor. 5. Eine aus Kanada nach Frankreich eingeführte Ware, für die der gemeinsame Außenzoll entrichtet wurde, kann zu den gleichen Bedingungen wie eine Ware französischen Ursprungs zollfrei nach Italien transportiert werden. 6. Die Staaten verpflichten sich, in ihre nationale Gesetzgebung Sanktionen gegen Luftfahrt- und Schifffahrtsgesellschaften einzuführen (aufzunehmen), die Ausländer ohne die erforderlichen (notwendigen) Reisedokumente (Papiere) auf ihr Staatsgebiet befördern. 7. Vor der Aufhebung der Grenzen beliefen sich die Kosten für Zollformalitäten (Zollabwicklung) in Europa, wenn man alle Kontrollen zusammen nimmt, auf durchschnittlich 450 Francs. 8. In Ausführung Ihrer Bestellung vom 15. des vergangenen Monats haben wir die Waren per Lastwagen versandt, um die von Ihnen gewünschte Beförderung von Haus zu Haus zu gewährleisten (sicherzustellen). 9. Aufgrund eines Lieferverzugs bei den Grundstoffen werden wir voraussichtlich nicht in der Lage sein, Ihre Bestellung vor Ende Mai auszuführen. 10. Da unser Lager jetzt wieder aufgefüllt ist, nehmen wir heute die Versendung der bestellten Kleidungsstücke vor. **7.** 1. Wenn durch Einwirkung höherer Gewalt der Transport nicht in der vereinbarten Frist durchgeführt wird, gibt dies kein Anrecht auf eine Verzugsentschädigung von Seiten des Frachtführers . 2. Fälle höherer Gewalt sind Streiks, die die ordnungsgemäßen Geschäftsabläufe der Gesellschaft oder eines ihrer Zulieferer behindern 3. Nach einer Überschreitung des vorgesehenen Termins um 2 Wochen können Sie Ihren Verkäufer mahnen, Sie binnen acht Tagen zu beliefern oder die Bestellung rückgängig machen. 4. Der Empfänger, der Schäden feststellt, muss den Spediteur davon unterrichten und Vorbehalte vermerken. 5. Falls die Waren uns nicht binnen 48 Stunden zugehen (eigentl. zugingen), sehen (eigentl. sähen) wir uns veranlasst, eine Schadensersatzleistung zum Ausgleich des durch die Verzögerung erlittenen Schadens zu verlangen; eine längere Frist würde uns außerdem gestatten, die Lieferung zurückzuweisen (die Annahme zu verweigern). 6. Wir bitten Sie also, Maßnahmen zu ergreifen (Vorkehrungen zu treffen), um regelmäßige Lieferungen innerhalb kürzester Fristen zu gewährleisten, andernfalls sähen wir uns gezwungen, uns an einen anderen Lieferanten zu wenden. 7. Wir wären Ihnen dankbar, wenn Sie darauf achteten, dass sich in Zukunft solche Zwischenfälle nicht mehr ereignen. 8. In der Hoffnung, dass Sie Ihre Haftung anerkennen, bitten wir Sie, uns für den Schaden zu entschädigen. 9. In Ihrem Schreiben vom 12. April machen Sie uns darauf aufmerksam

(weisen Sie uns darauf hin), dass Sie die Ihrer im Bezug genannten Bestellung entsprechende Lieferung nicht erhalten haben. 10. Bitte entschuldigen Sie die Verzögerung, die auf Lieferschwierigkeiten unserer eigenen Zulieferer bei Einzelteilen zurückzuführen ist. **8.** 1. Les grands transporteurs comme Danzas se sont orientés vers le service complet et le juste-à-temps. 2. Le bon de livraison est un document qui accompagne les marchandises. Il a pour objet de permettre au destinataire de vérifier la livraison et la facture. 3. L'emballage doit être adapté à la marchandise transportée, au trajet envisagé et au mode de transport utilisé. 4. Grâce au système de réassort automatique, une marchandise passée en caisse au magasin est remplacée dès le lendemain. 5. L'application de méthodes de tri automatisé en France permettra d'abaisser le prix de revient de moitié (diviser le prix .. par deux). 6. La construction de cette usine nous permettra de supprimer les surcoûts liés à l'approvisionnement des clients à partir de Saint-Désirat. 7. Si vous commandez, le soir, une pièce au plus grand entrepôt (magasin) de pièces de rechange en Europe (160 000 références), elle vous parviendra le lendemain matin. 8. Les conteneurs assurent (remplissent) deux fonctions : protéger la marchandise pendant le transport et faciliter le transbordement. 9. La moitié du fret français, soit 58 millions de tonnes, est acheminée par camions. 10. Une ligne de transport de conteneurs sur la Seine a été ouverte entre le Havre et Paris.

**9.** 1. Depuis l'aménagement de 41 centres (plates-formes) pour le transport combiné rail route, ce ne sont plus que 30 % des 680 millions d'envois par an (annuels) qui sont transportés par chemin de fer. 2. Le transport fluvial est le mode de transport le moins polluant et serait également le moins cher, à condition que le train et le camion supportaient les coûts de la pollution et de l'insécurité qu'ils provoquent. 3. Nous disposons de notre propre flotte d'avions-cargos, dont les heures de décollage et d'atterrissage ont été déterminées pour que chaque colis arrive à l'heure prévue. 4. En France, les services de la société de location de voitures Avis sont disponibles à 195 gares. 5. Sauf en cas de force majeure, nous vous offrons une indemnité, si votre Thalys arrive à destination avec un retard de plus de 30 minutes. 6. La direction de la Poste veut que le courrier publicitaire soit distribué six jours sur sept, y compris le samedi. 7. La Douane perçoit des droits à l'entrée des marchandises sur le territoire national, calculés le plus souvent selon la valeur de la marchandise. 8. Dès l'arrivée des marchandises au bureau de douane, une déclaration établie sur le formulaire DAU doit être déposée avec les documents annexes : facture, liste de colisage, déclaration d'exportation ou licence. 9. Il est confirmé par la présente que ces marchandises sont d'origine française. 10. Sauf pour les ventes "Rendu droits acquittés" lieu de destination convenu (DDP), l'acheteur prend en charge les opérations de dédouanement des marchandises à l'arrivée. **10.** 1. Nous vous prions de veiller à ce que la marchandise nous parvienne dans les (sous) huit jours. 2. Nous vous faisons savoir que nous avons remis les marchandises à la S.N.C.F. ce matin. 3. Nous informerons votre transporteur dès que l'envoi est prêt à être enlevé. 4. Le destinataire de nos marchandises doit vérifier leur état à la réception et émettre sans délai les réserves au transporteur (voiturier). 5. Les grèves sont considérées comme des cas de force majeure et suspendent donc l'exécution des obligations contractuelles prévues dans le contrat. 6. Les risques de perte ou de dommage des marchandises sont transférés à l'acheteur dès leur prise en charge ou leur livraison. 7. A notre regret, nous devons vous communiquer qu'en vérifiant les marchandises, nous avons constaté que leur qualité est nettement inférieure à celle des échantillons. 8. Nous ne pouvons tenir compte de réclamations que si elles nous sont adressées dans les huit jours suivant la réception de la marchandise. 9. Nous ferons immédiatement tout le nécessaire pour vous faire parvenir au plus tôt, franco de port, les articles manquants. 10. Veuillez nous excuser pour l'erreur qui s'est produite dans l'exécution de votre ordre.

**11.** 1-f, 2-j, 3-d, 4-a, 5-l, 6-g, 7-b, 8-k, 9-i, 10-c **12.** 1-c, 2-a **13.** 1-e, 2-d, 3-f, 4-a, 5-c, 6-b **14.** 1-a, 2-b, 3-a, 4-c, 5-a, 6-d, 7-c, 8-b, 9-c, 10-b

*Solutions*

## Chap. 7 Banques et Assurances

**1.** 1-a, 2-c, 3-c, 4-b, 5-b, 6-c, 7-c, 8-d, 9-a, 10-b **2.** 1-c, 2-a, 3-b, 4-d, 5-a, 6-b, 7-a, 8-b, 9-a, 10-d
**3.** 1-b, 2-c, 3-d, 4-c, 5-a, 6-c, 7-b, 8-c, 9-a, 10-d **4.** 1-volet, 2-code, 3-clavier, 4-écran, 5-fonctions,
6-guichets, 7-espèces, 8- retrait, 9-montant, 10-plafond, 11-solde, 12-position, 13-réserve,
14-épargne, 15-relevé, 16-compte **5.** 1-rendements, 2-patrimoine, 3-privilégiant, 4-obligations,
5-effectués, 6-profiter, 7-garanti, 8-redistribués, 9-calculés, 10-obtenir, 11-gère, 12-assure, 13-fixez,
14-imposées, 15-effectuer, 16-disposez, 17-percevoir, 18-replacer, 19-opter, 20-panacher
**6.** 1-protéger, 2-décès, 3-vocation, 4-placement, 5-valoriser, 6-capital, 7-rendement, 8-fiscalité,
9-épargner, 10-constituer, 11-revenus, 12-retraite, 13-protection, 14-chômage, 15-constater,
16-éclaircissements **7.** 1. Wenn Ihr Konto nicht gedeckt ist (keine ausreichende Deckung aufweist)
oder wenn Ihr Soll 50 000 Francs überschreitet, wird Ihr Auftrag nicht ausgeführt (werden). 2. Wenn
Sie die unberechtigte Belastung Ihres Kontos mit einer Summe bemerken, die einer Bestellung im
Versandhandel entspricht, schreiben Sie Ihrer Bank (Ihrem Kundenbetreuer) um sie anzufechten.
3. Im Falle einer Überziehung werden Ihnen automatisch Vorschüsse gewährt. Sie haben Anspruch
auf eine Frist von 90 Tagen, um diesen Fehlbetrag auszugleichen. 4. Das Bausparen (Bausparbuch
und Bausparvertrag) bringt Ihnen steuerfrei Zinsen und Prämie ein; es kann auf ein Darlehen
hinauslaufen (in ein .. einmünden), das Ihnen die Realisierung (Verwirklichung) Ihrer Immobilienpläne
ermöglicht. 5. In Frankreich kann man bereits im Alter von 16 Jahren ein Scheckheft haben; die
Banken bieten ihren jungen Kunden auch weitere Dienstleistungen an wie die Bankkarten für
Barabhebungen, mit denen man Geldautomaten benutzen kann. 6. Im Falle des Verlustes oder
Diebstahls sind Sie gegen die unrechtmäßige Benutzung Ihrer Karte versichert. Sie brauchen nur
unverzüglich Ihr Scheckzentrum oder Kreditkartenzentrum zu benachrichtigen, das Ihnen rund um die
Uhr die ganze Woche über zur Verfügung steht. 7. Die Bezahlung erfolgt per Scheck innerhalb einer
Woche nach Lieferdatum. 8. Wir fügen diesem Schreiben einen Bankscheck über 3 000 F zur
Begleichung Ihrer Rechnung bei, unter Abzug von 2 Prozent Skonto. 9. Als Anlage übersenden wir
Ihnen einen Scheck über 1 500 Francs, als Anzahlung anzurechnen auf den Gesamtbetrag für die
Anmietung, der sich auf 4 500 Francs beläuft. 10. Wir danken Ihnen für Ihre prompte Zahlung und
legen eine ordnungsgemäß unterschriebene Quittung bei (überreichen Ihnen als Anlage ..).
**8.** 1. Jeder Auftrag im Rahmen einer neuen Geschäftsbeziehung wird Gegenstand entweder einer
Vorauszahlung oder zumindest der Leistung einer Anzahlung von 30 Prozent vor Lieferung oder
Beginn der Ausführung der Leistung sein. 2. Aufgrund der Tatsache, dass (Da) die Zahlung nach
Ablauf der üblichen Barzahlungsfrist vorgenommen wurde, können wir den Abzug von 2 % Skonto
nicht akzeptieren. 3. Wir wären Ihnen dankbar, wenn Sie alles Notwendige veranlassten, um uns die
besagte Summe zukommen zu lassen. 4. Falls Sie Ihren Scheck bereits abgeschickt haben, danken
wir Ihnen dafür und bitten Sie, dieses Schreiben als gegenstandslos zu betrachten. 5. Für die 3 000
Francs, die noch zu unseren Gunsten offen stehen, gewähren wir Ihnen eine weitere Frist von drei
Monaten. 6. Jeder Zahlungsverzug wird die unverzügliche Aussetzung jeglicher Lieferung nach sich
ziehen, ohne irgendeine Entschädigung, und die bereits erhaltenen Anzahlungen bleiben endgültig in
unserem Besitz. 7. Der Verkäufer gestattet dem Käufer, die bezeichneten Waren weiterzuverkaufen,
unter dem Vorbehalt, dass der Käufer, sofort bei Weiterverkauf den noch geschuldeten Rest des
Gesamtpreises entrichtet, wobei die entsprechenden Summen zugunsten des Verkäufers verpfändet
sind. 8. Ob es sich um die Kontrolle des Wechselrisikos handelt, um die Anwendung der je nach
betroffenem Land geeignetsten Zahlungsmodalitäten, um eine Sicherung der Bezahlung Ihrer
Exporte, um eine bessere Aushandlung Ihrer Vertragsbedingungen, um die Absicherung gegen
Ausfallrisiken bei einem ausländischen Käufer oder gegen ein politisches Risiko, oder auch um die
Finanzierung ihrer Exportforderungen... der Crédit Agricole hat die Ihren Bedürfnissen
entsprechenden Antworten. 9. UFB Locabail übernimmt die unbezahlten Rechnungen bis zur
maximalen Höhe des Kreditvolumens für sämtliche durch den Ausfall des Kunden bedingten
Verluste. 10. Die SFAC, Marktführer bei der Kreditversicherung, ist ein Partner, der das geeignetste
Einziehungsverfahren einleitet und Sie für den Fall, dass Sie Ihre Forderungen (Außenstände) nicht
schnell eintreiben, entschädigt. **9.** 1. Die Werbungen und Informationen bezüglich Konsumenten-
krediten müssen die Identität des Kreditgebers und den Kredittypus sowie die Kreditbedingungen
aufführen: Laufzeit des Kredits, effektiver Jahreszins (der die Bearbeitungsgebühren, die
Pflichtversicherung und alle Nebenkosten umfasst) und die Gesamtkosten (das heißt die Summe an
Zinsen und Nebenkosten, die während der Laufzeit des Kredits gezahlt werden). 2. Wenn die Anleihe
fällig wird, bekommt der Sparer die eingezahlten Beträge zurück, die kapitalisierten Zinsen und die
1,5 % Verzinsung, die der Staat bis zur Höchstgrenze von 10 000 Francs zahlt. 3. Der
Darlehensnehmer wird mittels vierteljährlicher und konstanter Annuitäten die Hauptsumme des
Darlehens zurückzahlen und die Zinsen begleichen, entsprechend dem Tilgungsplan, der ihm
zugeleitet wurde. 4. Die während eines ganzen Jahres ab Fälligkeitsdatum verbleibende
Schuldsumme wird kapitalisiert und ohne vorherige Mahnung verzinst. 5. Die Erhebung von

Verzugszinsen bedeutet weder eine Gewährung von Zahlungsfristen noch einen Verzicht auf irgendeinen für die Darlehensgeber aus dem Kreditvertrag sich ableitenden Anspruch. 6. Das Prinzip der Festgeldkonten: Wenn man bereit ist, seine Einlagen bei einer Bank für die Dauer von mehreren Monaten festzulegen, kann man eine auf den Geldmarkt indizierte Rendite erzielen, abhängig von Betrag und Dauer der Festlegung. 7. Nach einer vom Institut Taylor Nelson/Sofres bei einer Stichprobe von 800 Personen durchgeführten Umfrage sind mehr als 80 Prozent der Sparer, die im Augenblick keine Aktien halten, zufrieden damit, dass sie während der letzten zwei Jahre nicht an der Börse investiert haben, aufgrund des Risikos, das mit diesem Anlagetyp verbunden ist. 8. Ein angemessen diversifiziertes Portfolio erfordert zur Gewichtung der eingegangenen Risiken eine Anlagekapazität von mindestens 300 000 Francs. 9. Die Investmentfonds in Wandelschuldverschreibungen bieten gleichzeitig ordentliche Ergebnisse für die Laufzeit (+ 91,8 Prozent auf fünf Jahre, und 51,1 Prozent auf drei Jahre) und eine jährliche Volatilität von 12,9 Prozent, halb so hoch wie die der französischen Aktieninvestmentfonds. 10. Die Warrants, die der Familie der Optionen angehören, verleihen das Recht, aber nicht die Verpflichtung, eine Finanzanlage zu einem im Voraus festgesetzten Preis und Termin zu kaufen oder zu verkaufen und dies für einen relativ bescheidenen Einsatz. **10.** 1. Wenn Sie ein Reiseticket oder einen Mietwagen mit der Carte bleue bezahlen, haben Sie automatisch Anrecht auf eine kostenlose Versicherung (Todesfall, Arbeitsunfähigkeit) bis zur Höhe von 200 000 Francs. 2. Diese Versicherung bietet auch Ihrem Ehepartner und Ihren Kindern Versicherungsschutz. 3. Einer Versicherungsgesellschaft steht es frei, im europäischen Land ihrer Wahl eine Zweigstelle, ein Büro oder eine Tochtergesellschaft zu eröffnen und dort Versicherungsverträge für Sachversicherungen (Feuer, Diebstahl, Haftpflicht) oder Lebensversicherungen zu verkaufen. 4. Die Versicherer haben 1994 weniger Schäden beglichen als sie an Prämien eingenommen haben. Zwischen 1993 und 1994 sind die Prämien um 2 % gestiegen, während die Kosten der Schadensfälle nur um 3 % zunahmen. 5. Das Krankenhaustagegeld soll die krankheitsbedingten Einkommensverluste ausgleichen. 6. Unter der Voraussetzung, dass sie von einem Arzt verschrieben worden sind, werden die Kosten für ärztliche Analysen und Laboruntersuchungen zu 70 % erstattet. 7. Die Krankenhauskosten werden direkt von der Sozialversicherung übernommen, vorbehaltlich der später vom Versicherten gezahlten Selbstbeteiligung. 8. Die Unfallmeldung an Ihre Versicherung muss per Einschreiben innerhalb von 5 Tagen nach dem Unfall vorgenommen werden (erfolgen). 9. Die Versicherungsgesellschaften sehen einen Vertrag für Betriebsausfall vor, der den Unternehmer für den Verdienstausfall entschädigt, wenn die zum Beispiel im Falle eines Brandes, Wasserschadens, Sturms, Flugzeugabsturzes erlittenen Schäden die Produktion behindern oder blockieren. 10. Um die kommerziellen Risiken abzudecken, die mit der Beschädigung oder der Zerstörung der Ware während des Transports verbunden sind, wird es oft zugelassen, dass die Unternehmen sich für einen um 20 Prozent über dem tatsächlichen Wert liegenden Warenwert versichern können.

**11.** 1. Le système bancaire allemand était longtemps caractérisé par la prédominance des banques universelles et le niveau élevé des participations financières des banques d'affaires dans l'industrie. 2. La cotisation annuelle de votre carte Bleue est prélevée directement sur votre CCP. 3. En Europe, cette carte de crédit vous permet de retirer de l'argent aux 200 000 guichets du réseau Eurochèque. 4. Nous réglons par prélèvement automatique les redevances de télévision et de téléphone ainsi que le loyer. 5. C'est un acte d'escroquerie de payer avec un chèque sans provision. 6. Les chèques de voyage American Express libellés en dollars US sont acceptés dans le monde entier 7. Les intérêts d'épargne et les primes éventuelles sont portés au crédit de votre compte une fois par an, au début du mois de janvier. 8. Vous trouverez ci-joint la facture d'un montant de 5 000 DM pour le règlement des marchandises que vous avez commandées le 15 avril. 9. Nous avons chargé aujourd'hui notre banque de virer le montant de la facture de 400 000 DM, déduction faite de 3 % d'escompte, à votre compte auprès de la BNP à Blois. 10. Nous avons accepté votre traite et l'honorerons promptement à l'échéance. **12.** 1. En vérifiant nos livres, nous avons constaté que votre compte présente toujours un solde de 1 000 francs en notre faveur. 2. Nous nous permettons de vous rappeler que notre facture du 15 octobre était payable il y a déjà plus d'un mois. 3. A notre grand regret, il ne nous était pas possible jusqu'à aujourd'hui de régler votre facture du montant de 120 000 DM en date du 17 mars de cette année. 4. En raison de la défaillance d'un client important, il ne nous sera pas possible de faire face à (respecter) notre échéance de fin de mois. 5. Comme vous avez toujours promptement réglé vos factures, nous sommes disposés à vous accorder le sursis demandé. 6. Au cas où vous auriez besoin d'un crédit pour l'acquisition d'une maison individuelle, contactez notre conseiller client. 7. Le syndicat bancaire figurant dans ledit contrat de prêt a consenti à la société X un prêt pour le montant de 50 millions de francs ayant pour objet le refinancement partiel de l'emprunt obligataire émis par l'entreprise (destiné à refinancer partiellement l'emprunt..). 8. Les garanties mises à disposition doivent être de nature à couvrir, en cas de réalisation, le montant du prêt en principal ainsi que les intérêts restant dus. 9. La totalité des créances cédées garantira tous les engagements du client à l'égard de la banque. 10. Les banques se servent de plus en plus de produits dérivés pour se couvrir contre les risques des taux (d'intérêts). **13.** 1. Le secteur des mutuelles est très développé et offre une couverture des risques à environ un Français sur deux. 2. Choisissez l'assurance adéquate pour votre voiture de fonction (d'entreprise). Je vous propose une assurance tous risques avec franchise. 3. Le calcul de la prime s'effectue selon (suivant) les barèmes fixés par les compagnies d'assurances. 4. Pendant tous vos voyages, vous et les membres de votre famille bénéficiez d'une garantie accident, décès, invalidité, jusqu'à (à concurrence de) 1 200 000 francs, à condition d'avoir réglé votre voyage par carte de crédit. 5. Outre la retraite légale et complémentaire, l'assurance-vie est le troisième pilier sur lequel repose notre système de prévoyance. 6. Dans le meilleur des cas, l'assurance-accident légale verse 96 000 DM par an en cas d'invalidité. 7. En cas de sinistre, l'assuré doit déclarer le sinistre à l'assureur, dès qu'il en a connaissance, mais au plus tard dans les cinq jours. 8. Dans le contrat d'assurance RC automobile, les dommages corporels sont toujours garantis sans limitation de montant, tandis que les dommages matériels bénéficient d'une garantie d'au moins 3 millions de francs par véhicule et par sinistre. 9. Tous les contrats d'assurance de dommages aux biens excluent la garantie de quelques catégories de dommages : les dommages corporels ; les dommages occasionnés par la guerre ; les dommages causés intentionnellement par l'assuré ; les conséquences de sanctions pénales. 10. Pour le transport maritime, les transporteurs exigent du chargeur une couverture des avaries communes. **14.** 1-d, 2-c **15.** 1-b, 2-g, 3-e, 4-a, 5-d **16.** 1-b, 2-f, 3-d, 4-a, 5-c, 6-e **17.** 1-d, 2-b **18.** 1-a, 2-b **19.** 1-d, 2-c, 3-a, 4-c, 5-d, 6-b, 7-b, 8-a, 9-d, 10-a

### Chap. 8 Nouvelles technologies de l'informatique et de la communication

**1.** 1-b, 2-d, 3-a, 4-d, 5-a, 6-c, 7-c, 8-b, 9-c,10-d ; **2.** 1-e, 2-b, 3-c, 4-o, 5-h, 6-g, 7-m, 8-d, 9-r, 10-n, 11-f, 12-l, 13-p, 14-i, 15-k, 16-a; **3.** Die europäischen und japanischen Riesen der Unterhaltungs-elektronik haben alle beschlossen, beträchtliche Summen in die neuen Märkte für Multimedia zu investieren, die aus der Kombination von Fernsehen, PC und Telefon hervorgegangen sind. 2. Die Schnurlostechnik hat gute Chancen ihren Aufschwung zu erleben mit den Technologien Bluetooth und Airport, den neuesten Übertragungsnormen per Radiowellen, die sich leicht anschließen lassen und deren Übertragungsleistung auf langen Strecken sehr hoch ist. 3. Die Palette an Standardsoftware (Softwarelösungen) ARCOLE, die unter Oracle entwickelt wurde, deckt sämtliche Bedürfnisse Ihres Unternehmens ab: Buchhaltung, Geschäftsabschlüsse, Gehaltszahlung und Personalwirtschaft, Einkauf, Lagerhaltung, kaufmännische Leitung, Kundendienst. 4. Als der Verlag J.L. drei zusätzliche PC an seinen Server anschließen wollte, hat dieser sich schlicht und einfach geweigert, seine automatischen Speicherungsvorgänge durchzuführen. 5. Bestimmte Software-programme ermöglichen die problemlose Ausführung gängiger Arbeiten wie die Installation eines Antivirenprogramms oder die Säuberung einer überlasteten Festplatte. 6. In vier Jahren werden mehr als die Hälfte der Nutzer von Mobiltelefonen regelmäßig mit ihren Handys ins Internet gehen, nicht allein um Informationen abzurufen, sondern auch um Artikel zu bestellen, Reisen zu buchen oder Musik herunterzuladen. 7. Die in Unternehmen hauptsächlich genutzten E-Mail-Programme sind Lotus Notes und Microsoft Exchange, zwei starke Instrumente für interne Kommunikation. 8. Sortierfunktionen für Nachrichten erlauben das Aussortieren von unerwünschter Post: Werbemails und anonyme Mails. 9. Der Senat hat eine Gesetzesvorlage eingebracht, die das Thema der Beweiskraft von E-Mails (Gültigkeit von E-Mails als Beweismittel) angeht und dabei besonderen Nachdruck auf den Echtheitsnachweis durch eine verlässliche elektronische Unterschrift und eine Aufbewahrung der Nachricht unter Kontrolle des Unterzeichners gelegt. 10. Tatsächlich sehen die Vertreter der Branchen (sieht die Wirtschaft) das Internet vor allem als Suchinstrument (Mittel zur Recherche) und bleiben (bleibt) misstrauisch , was mögliche elektronische Geschäfte angeht.

**4.** 1. Die Webseite stellt ergänzende Dienstleistungen in Rechnung, wie das Herunterladen von Dateien und Dokumenten. 2. Wenn Sie nach dem Bestellvorgang auf Bestätigen klicken, erklären Sie damit, dass Sie diese Allgemeinen Verkaufsbedingungen in ihrer Gesamtheit voll und ohne Vorbehalte akzeptieren. 3. Auf Ihrem Bildschirm bestätigt Ihnen eine Nachricht, dass Ihre Kauforder für 30 Accor-Aktien berücksichtigt worden ist. Der Auftrag wird in den darauf folgenden Minuten ausgeführt. 4. Die E-Lösungen von first:telecom verschaffen Ihnen nicht nur den Internetzugang und bringen Sie Online, sondern bieten Ihnen außerdem: 5 E-Mail-Adressen, die Aufnahme in Suchmaschinen und Statistiken zur Zahl der Besucher Ihrer Webseite. 5. Wenn wir in unsere Informationsschreiben Werbenachrichten einfügen, die den Internauten respektieren, erreicht die Anklick-Rate 27 bis 30 Prozent, gegen 2,5 Prozent bei den traditionellen Werbebannern. 6. Damit die Nummer Ihrer Bankkarte nicht von allen Internauten der Erde gelesen wird, (gibt es) zwei Lösungen: die Auslandsanweisung (die sicherste)und die Verschlüsselung (automatisch oder auf einfaches Anklicken), die die Informationen während der Dauer der Übertragung an den Verkäufer kodiert. 7. Die Webseiten für group buying beruhen auf dem Gegenprinzip der Versteigerung, das bedeutet Online-Kaufsitzungen, bei denen der Preis eines Produktes umso mehr sinkt, je größer die Käuferzahl ist. 8. Dank der Webseite Express Marketplace bringen die Käufer Hunderte von Lieferanten in direkte Konkurrenz, während letztere in Kontakt mit Hunderten von Käufern sein können ohne sie akquirieren zu müssen. 9. Die kommerziellen Webseiten B to C stehen zwei Hauptproblemen gegenüber: der Logistik und der Sicherung der Zahlungen. 10. Das Logistikzentrum (hier) gewährleistet die laufende Überwachung des Lastwagens und der Daten: Stunde und Adresse der nächsten Ladung, aber das System kann auch die Fahrweise des Fahrers korrigieren. **5.** 1. D'ici à la fin de l'année, 30 % des ménages français seront équipés d'ordinateurs. 2. Les ordinateurs doivent fonctionner avec un logiciel facile à manipuler, de sorte que de coûteux stages de formation ne soient pas nécessaires. 3. La transmission de données d'un poste de travail à l'autre permet la communication sans classeurs épais, temps mort et temps d'attente. 4. Les télécopieurs de nos jours sont en mesure de travailler avec du papier normal, d'imprimer au moment choisi, de servir de répondeur téléphonique, de scanner et de naviguer sur Internet. 5. Chaque année, environ un tiers des données est actualisé (mis à jour). 6. Dès maintenant, Itineris vous permet de téléphoner en voiture à partir de la plupart des grandes villes et des grands axes routiers. 7. En quelques secondes, les abonnés peuvent consulter des numéros de téléphone en Allemagne et en Europe. 8. Fin 2000, il devrait y avoir en France presque autant d'abonnés au téléphone mobile (30 millions) qu'au fixe (33 millions). 9. Sur le HP Jornada, vous pouvez gérer des adresses et des rendez-vous, envoyer et réceptionner du courrier électronique, naviguer sur Internet. 10. Le système E-Mail (du courrier électronique) permet d'envoyer des informations - courtes notes ou rapports de centaines de pages incluant des photos, voire des séquences vidéo et du son numérisé - vers n'importe quel destinataire à travers le monde, pourvu qu'il ait accès (soit connecté) à Internet et qu'il soit titulaire d'une adresse électronique. **6.** 1. DaimlerChrysler est le premier constructeur automobile en Allemagne qui offre (à offrir) des voitures neuves sur Internet. 2. Les équipes de conception dispersées à travers le monde peuvent visualiser les maquettes numériques ensemble et échanger des fichiers complexes en temps réel entre elles et avec les équipementiers et les usines. 3. La place de marché électronique de BASF, Degussa-Hüls, Henkel et SAP Markets destinée à approvisionner ces entreprises en biens et services technologiques sera mise en ligne en octobre. 4. Un portail unique met à votre disposition, 24h. sur 24, des informations concernant l'entrée des marchandises, la qualité, les factures, les paiements. (Vous pouvez consulter, 24h. sur 24, un portail unique ...) 5. Webshipping, né d'un partenariat entre IBM et La Poste, permettra aux clients finals des sites marchands de choisir leur mode de livraison et de suivre l'acheminement de leur colis à partir du site. 6. Pouvoir diffuser ses appels d'offres de pièces et négocier sur Internet signifie beaucoup de temps gagné. 7. Le porte-monnaie électronique permet de régler les petits achats : il fonctionne grâce à une carte à puce, chargée en argent électronique et débitée chez le commerçant ou au distributeur automatique de billets. 8. Grâce à la banque en ligne, vous pouvez consulter vos comptes directement sur l'écran de votre ordinateur. 9. La signature électronique est une méthode par laquelle un utilisateur d'informatique destinataire d'un message électronique identifie l'expéditeur (l'émetteur) ; et il vérifie si le document a été modifié pendant la transmission (le trajet). 10. La nouvelle économie est le fruit de bouleversements technologiques, politiques, juridiques, culturels : la hausse générale (du niveau) des qualifications ; le développement du transport aérien, qui est devenu plus rapide, et maritime, devenu moins cher ; l'ouverture des frontières ; l'informatique et la déréglementation financière. **7.** 1-d, 2-a **8.** 1-b, 2-d

# Bibliographie

## Généralités
Aktuell. Harenberg Lexikon der Gegenwart
Le Monde. Bilan économique et social
Quid

## Presse française
Alternatives Economiques
Banque Magazine
Capital
Challenges
Défis
Enjeux
Entreprendre
La Tribune
Le Point
L'économie politique
L'Essentiel du Management
L'Etudiant
L'Expansion
L'Express
Le Figaro
Le Monde
Le Monde de l'Education
Le Monde diplomatique
Le Nouvel Economiste
Le Nouvel Observateur
Le Revenu
Les Echos
Libération
L'Usine Nouvelle

## Presse allemande
Deutsche Bundesbank. Auszüge aus Presseartikeln
Die Zeit
FAZ
Focus
Frankfurter Rundschau
Handelsblatt
Kapital
Manager-Magazin
Süddeutsche Zeitung
Wirtschaftswoche

**Environnement politique et économique**
*H. Boldt, D.C. Umbach, W. Haus u.a.*
Der moderne Staat, Meyers Lexikonverlag Mannheim/Wien/Zürich
*F. Boucher, J. Echkenazi*
Le Guide de l'Europe des 15, Editions Nathan
*Ch. et D. Bultez*
Démarches quotidiennes. Guide et mode d'emploi, Nathan
*D. Chagnollaud (éd)*
La vie politique en France, Editions du Seuil
*S. Deraime*
Economie et Environnement, Le Monde - éditions
*A. Dusart, S. Bujoc*
Les institutions publiques, Editions Foucher
*H. Große, H.-H. Lüger*
Frankreich verstehen. Eine Einführung mit Vergleichen zu Deutschland, WBG
Darmstadt
*B. de Gunten, A. Martin, M. Niogret*
Les Institutions de la France, Editions Nathan
*G. Labrune*
L'Histoire de France, Editions Nathan
La Géographie de la France, Editions Nathan
*A. Moog*
Nachbar Frankreich. Gebrauchsanweisung für einen wohlüberlegten Umgang mit
Franzosen
*G. Sauvageot*
Précis de fiscalité, Editions Nathan

Conjoncture, Editions Bréal
L'Etat de la France, Editions La Découverte
Géographie. Classes de première A,B,S. P: Hachette

**Economie générale**
*J.-M. Albertini, H.Beitone, C. Dollo*
Les rouages de l'économie nationale, les éditions ouvrières
*J. et G. Brémond*
L'économie française face aux défis mondiaux, Hatier
*J.-Y. Capul, D. Meurs*
Les grandes questions de l'économie française, Nathan
*J.-P. Guidoni, A. Legardez*
Economie générale, Editions Sirey
*G. Haensch, Y. Desportes*
Wirtschaftsterminologie, Beck Verlag München
*D. Martina*
Le précis d'économie
*M. v. Thielmann*
Taschenhandbuch Betriebswirtschaft, München

## Economie d'entreprise

*G. Bressy, Ch. Konkuyt*
Economie d'entreprise, Editions Sirey
*P. A. Gaeng*
Le monde de l'entreprise française. Initiation au langage des affaires, egert Verlag
*J.-M. Gogue*
Management de la Qualité, Ed. Economica
Le paradigme de la qualité, Ed. Economica
*M. Lévêque, O. Messonnet*
L'entreprise de A à Z, Les Editions Foucher

## Droit commercial

*Ch. Aimé, M. Rochedy, B. Hess-Fallon*
Droit fiscal, Editions Sirey
*C. Bertrand-Barrez, M. Bressot et autres*
L'avocat chez vous. Le conseiller juridique pour tous , Editions De Vecchi
*K. Brenner*
Grundwissen Recht, Gondrom Verlag (Bindlach)
*G. Cornu*
Vocabulaire juridique, Presses universitaires de France
*M. Fontaine, R. Cavalerie, J.-A. Hassenforder*
Dictionnaire de droit, Editions Foucher
*R. Guillien,G. Montagnier*
Termes juridiques, Editions Dalloz
*B. Hess-Fallon, A.-M. Simon*
Droit commercial et des affaires, Editions Sirey
*G. Köbler*
Rechtsfranzösisch. Rechtswörterbuch für jedermann, Verlag Vahlen
*A.-M. Simon*
Droit du travail et législation sociale, Editions Sirey

## Comptabilité et finances

*B. Colasse*
L'analyse financière de l'entreprise, Editions La Decouverte
*G. Charreaux*
Finance d'entreprise, Editions Litec
*D. Fixari*
Méthodologie de l'investissement dans l'entreprise, Editions La Decouverte
*C. et G. Lavabre*
Comptabilité des sociétés. Fusion. Consolidation, Editions Litec
*L. Perridon, M. Steiner*
Finanzwirtschaft der Unternehmung, Verlag Vahlen
*G. Sauvageot*
Précis de comptabilité, Editions Nathan

## Marketing

*C. Demeure*
Vente. Action commerciale, Editions Sirey

**Commerce international**
*A. Brelier et autres*
Exporter. Pratique du commerce international, Les Editions Foucher
*H. Coiffier, F. Duphil, N. Gevaudan et autres*
Exporter. Pratique du commerce international, Les Editions Foucher
*J. Duboin, F. Duphil, J. Paveau, J.-M. Sarhan*
Le commerce international
*A. Guyomar, E. Morin*
Commerce international, Editions Sirey
*M. Lelart*
Le système monétaire international, Editions La Découverte

**Bourse**
*R. Beike/J. Schlütz*
Finanznachrichten lesen-verstehen-nutzen, Schäffer Poeschel Verlag Stuttgart
*D. Gallois*
La Bourse, Le Monde Editions
*V. Haderer*
L'Ecole Pratique de la Bourse, Edition Le Journal des Finances
*H. Kiehling*
Finanzplatz Europa, dtv  Beck Verlag München
*E. Pichet*
Guide pratique de la Bourse, Editions Séfi Montréal
*R. Schätzle*
Handbuch Börse, Heyne Verlag München

**Banques**
*L. Bernet-Rollande*
La banque et vous, Editions Prat
*H.E. Büschgen*
Einführung in die Bankbetriebslehre, Fritz Knapp Verlag
*S. de Coussergues*
Gestion de la banque, Editions Dunod
*J.-P. Deschanel*
Droit bancaire. L'institution bancaire, Editions Dalloz
*G. Rouyer, A. Choinel*
La banque et l'entreprise, La Revue Banque Editeur
*C. J. Simon*
Les banques, Editions La Decouverte
*N. et G. Tournois*
La Banque. Organisation. Produits. Services, Editions Belfond

**Assurances**
*H. Groutel*
Le contrat d'assurance, Editions Dalloz
*J. Martin*
L'assurance sans risque, Axiome Editions

## NTIC
*G. Fouchard*
Recherche sur Internet, Simon&Schuster Mcmillan (France)
*G. Harvey u.a.*
Office 2000 für Dummies Verlag Moderne Industrie Landsberg
*D. Lowe*
Office 2000 pour les nuls, Sybex Paris et autres
*A. Ohrmund, P. Tiedemann*
Internet für Historiker, Eine praxisorientierte Einführung WBG Darmstadt
*N. Vercors*
Windows 2000 Professionnel, Editions OEM
*Stiftung Warentest*
Internet. Nichts leichter als das


## Emploi
Guid'Bac
Le vrai guide des diplômes. Le nouvel Observateur
L'Atlas des emplois. Hors-série du mensuel Formation
Le guide des opportunités de carrière. Les entreprises qui recrutent
La vie pratique de L'étudiant. Hors-Série de La Revue des Parents
Vos droits, votre argent, vos intérêts, Editions Francis Lefebvre


*L. Dubois, M.-C. Halpern*
Code commenté du travail, Editions De Vecci
*Y. Jeaneau*
La législation du travail, Editions Nathan


## Correspondance commerciale, communication interne
*S. Gérard, P. Lièvremont*
La correspondance
*H. Germann, R. Kern, H. Ziegler*
Französische Handelskorrespondenz, Verlag Dr. Max Gehlen, Bad Homburg
*O. Girault*
Les outils de la communication écrite d'entreprise, Les Editions Foucher
*P. Ilgenfritz, R. Sachs*
Einführung in die moderne Handelskorrespondenz, Hueber Verlag München
*A. Marret, R. Simonet, J. Salzer*
Ecrire pour agir, Les Editions d'Organisation
*P.Quellet, J.Maruenda*
Documents commerciaux. Etude et utilisation.
*D. Sandrieu*
Cinq cents lettres pour tous les jours, Larousse


## Résumé, Exposé-débat..
*M. Bouchard-Lespingal, B. Réauté*
Le résumé de texte, Hachette
*H.-O. Hohmann*
Französisch diskutieren, Langenscheidt Verlag
*G. Vigner*
Ecrire et convaincre, Hachette
Parler et convaincre, Hachette

www.ingramcontent.com/pod-product-compliance
Lightning Source LLC
Chambersburg PA
CBHW080148310326
41914CB00090B/915